ERICH ADICKES

KANT
ALS NATURFORSCHER

BAND I

1 9 2 4

VERLAG W. DE GRUYTER & CO. / BERLIN

Alle Rechte vorbehalten.

DRUCK VON H. LAUPP JR IN TÜBINGEN.

KARL GROOS

dem lieben Kollegen und Freunde

als Zeichen inneren Verbundenseins

Vorwort.

Das „nonum prematur in annum“ ist bei diesem Werk weit überschritten. Seine Anfänge reichen fast 20 Jahre zurück. Im Frühjahr 1914 begann ich mit der Ausarbeitung. Sie führte mich zu dem naturwissenschaftlichen Teil des letzten, von Kant unvollendet hinterlassenen Werkes. Der Versuch, ihn kurz zusammenfassend darzustellen, rollte eine Fülle von Fragen auf, zu deren Beantwortung sich ein Durchforschen des Manuskripts als notwendig erwies. Das freundliche Entgegenkommen der Erben des Hauptpastors Albr. Krause in Hamburg und eine pekuniäre Unterstützung seitens der Berliner Akademie der Wissenschaften ermöglichten mir im Sommer 1916, in der Hamburger Stadtbibliothek Einsicht in die Handschrift zu nehmen: in vierwöchentlicher intensiver Arbeit konnten die schwierigen Probleme betreffs Entstehung und Zusammenhang der einzelnen Blätter der Lösung entgegengeführt werden.

Als Frucht der Beschäftigung mit dem Werk erschien 1920 meine Schrift: „Kants Opus postumum“ (50. Ergänzungsheft zu den Kantstudien, XX und 855 S.). In ihr stellte ich unter anderem fest, daß Kant schon um 1796, also zu einer Zeit, wo sich noch keine Zeichen von Senilität bei ihm bemerkbar machten, in einem Entwurf von 9 Oktavblättern alle Hauptthemata behandelt hat, die später den Inhalt des „Elementarsystems der bewegenden Kräfte“ bildeten. Daraus leitete ich die Folgerung ab, daß eine unverkürzte, würdige Gesamtausgabe nach streng wissenschaftlichen Grundsätzen eine Ehrenpflicht Kant gegenüber sei. Das Interesse am Opus postumum ist durch mein Werk so lebendig geworden, daß der Gedanke einer solchen Gesamtausgabe Aussicht auf baldige Verwirklichung hat: der Verlag W. de Gruyter u. Co. hat von den Krause'schen Erben das Recht der Veröffentlichung des Manuskripts erworben und wird es in der Akademie-Ausgabe im Rahmen von Kants handschriftlichem Nachlaß nach den für diesen aufgestellten Editionsprinzipien abdrucken lassen.

Als ich zuerst an das Opus postumum herantrat, hoffte ich mit seinem naturwissenschaftlichen Teil innerhalb einer Frist von 4 Wochen fertig werden zu können. Aus den 4 Wochen sind 4 Jahre geworden, und um ebensoviel wurde leider die Fertigstellung des vorliegenden Werkes hinausgezögert.

Sein Erscheinen ist durch einen namhaften Beitrag seitens der „Notgemeinschaft der deutschen Wissenschaft" ermöglicht worden. Ihr sei hiermit verbindlichster Dank ausgesprochen. Ebenso dem Verlag, der trotz der schweren Zeitläufte es gewagt hat, sich für ein Spezialwerk von solchem Umfang einzusetzen.

Doch ist zu hoffen, das durch das Kantjubiläum verstärkte Interesse werde auch ihm zugute kommen, zumal es bisher keine zusammenfassende, erschöpfende Darstellung der Leistungen Kants auf naturwissenschaftlichem und naturphilosophischem Gebiet [1]) gibt.

Eine solche Gesamtdarstellung strebte ich an, und außerdem suchte ich die Grundlage für eine objektive Beurteilung der Ansichten Kants dadurch zu gewinnen, daß ich sie in den Zusammenhang seiner Zeit hineinstellte und überall den Problemstand erörterte, den er vorfand. Nur wenn man seine Theorien und Hypothesen gegen diesen Hintergrund hält, läßt sich ein wirklich gerechtes Urteil über sie fällen. Doch ist dazu auch noch ein Zweites nötig: daß man nämlich Kants Geistesanlage nicht als die eines Naturwissenschaftlers im eigentlichen Sinn betrachtet und von dieser Auffassung aus dann falsche Anforderungen an ihn stellt. Das ist oft geschehn, und daraus erklären sich die gegensätzlichen Urteile, die über seine Bedeutung als Naturforscher gefällt worden sind. Ich habe es mir deshalb besonders angelegen sein lassen, hier volle Klarheit zu schaffen und nachzuweisen, daß Kant seiner ganzen Geistesart nach zum Typus der abstrakten, philosophischen Denker, nicht zum naturwissenschaftlichen Typus gehört. Ich lege auf diese Untersuchungen besonderen Wert, weil sie uns einen tiefen Einblick in das Wesen eines der größten wissenschaftlichen Genies gewähren, und nur auf Grund solcher individual-psychologischen Studien kann die Einsicht in das Wesen des Genies überhaupt und damit in eines der größten und zugleich geheimnisvollsten Phänomene der Menschheit erwachsen.

Für mannigfache Unterstützung und Förderung spreche ich meinen hiesigen Kollegen, den Herren E. Lehmann, K. Kommerell, F. Paschen und H. Rosenberg, ferner den Herren E. Fischer in Freiburg i. Br., R. Gans in La Plata und Edg. Meyer in Zürich herzlichsten Dank aus.

---

1) Beide Gebiete sollen in dem Titel „Kant als Naturforscher" zusammengefaßt werden. Das Wort „Naturforscher" ist also in dem früher üblichen weiteren Sinn zu verstehn, bei dem man nicht unwillkürlich auch an experimentelle Betätigung und nicht einmal immer an Detailforschung dachte.

Band II ist im Druck.

Zum Schluß gebe ich eine alphabetische Uebersicht über die gebrauchten Abkürzungen:

A	=	Jahrgang 1882 der Altpreußischen Monatsschrift.
d'Alembert	=	d'Alembert: Réflexions sur la cause générale des vents. Pièce qui a remporté le prix proposé par l'académie royale des sciences et belles lettres de Prusse pour l'année 1746. À laquelle on a joint les pièces qui ont concouru. 1747. XXIV, 136 S. Angebunden: D. Bernoulli: Recherches physiques et mathématiques sur la théorie des vents reglés (S. 137—176), und Mylius: Versuch einer Bestimmung der Gesetze der Winde, wenn die Erde überall mit einem tiefen Meere bedeckt wäre (S. 177—224).
A.M.	=	Altpreußische Monatsschrift.
A.N.u.Th.	=	Kant: Allgemeine Naturgeschichte und Theorie des Himmels. 1755.
B	=	Jahrgang 1883 der Altpreußischen Monatsschrift.
Bergman	=	T. Bergman: Physikalische Beschreibung der Erdkugel. Aus dem Schwedischen übersetzt von L. H. Röhl. 1. Aufl. 1769, 2. Aufl. in 2 Bdn. 1780.
Berliner Physik-Nachschrift	=	Ms. germ. Quart. 400 der Berliner Staatsbibliothek, ein Sammelband, in dem sich auch ein Fragment einer Physik-Nachschrift nach Kants Vorlesung befindet.
Beweisgrund	=	Kant: Der einzig mögliche Beweisgrund zu einer Demonstration des Daseins Gottes. 1763. II 65 ff.
Buffon	=	Buffon: Allgemeine Historie der Natur. T. I Bd. 1 und 2 1750, T. II Bd. 1 1752.
C	=	Jahrgang 1884 der Altpreußischen Monatsschrift.
Crusius	=	Chr. Aug. Crusius: Anleitung über natürliche Begebenheiten ordentlich und vorsichtig nachzudenken. T. I. II. 1749.
Danziger Physik-Nachschrift	=	Kollegheft nach Kants Vorlesung über theoretische Physik im Besitz der Danziger Stadtbibliothek.
Dieterich I	=	K. Dieterich: Kant und Newton. 1876.
Dieterich II	=	K. Dieterich: Kant und Rousseau. 1878.
Drews	=	A. Drews: Kants Naturphilosophie als Grundlage seines Systems. 1894.
Dühring	=	E. Dühring: Kritische Geschichte der allgemeinen Prinzipien der Mechanik ². 1877.
G. Eberhard	=	Gust. Eberhard: Die Kosmogonie von Kant. Münchner I.-D. 1893.
J. P. Eberhard	=	Joh. Pet. Eberhard: Erste Gründe der Naturlehre. 1. Aufl. 1753. 4. Aufl. 1774.

Ebert	=	Kant: A.N.u.Th. hrsg. von H. Ebert, in: Ostwalds Klassiker der exakten Wissenschaften. Nr. 12. 1890.
E. n. a. K.	=	E. Adickes: Ein neu aufgefundenes Kollegheft nach Kants Vorlesung über physische Geographie. 1913. (Universität Tübingen. Doktoren-Verzeichnis der philosophischen Fakultät für 1907.)
Endler	=	R. Endler: Kants physische Monadologie im Verhältnis zur Philosophie und Naturwissenschaft der Zeit. Leipziger I.-D. 1902.
Erxleben	=	J. Chr. P. Erxleben: Anfangsgründe der Naturlehre. 1. Aufl. 1772. 2. Aufl. 1777. 3. Aufl. 1784. 5. Aufl. 1791. 6. Aufl. 1794.
Faye	=	H. Faye: Sur l'origine du monde. Théories cosmogoniques des anciens et des modernes. 4. éd. 1907.
Fischer	=	Jh. C. Fischer: Anfangsgründe der Physik. 1797.
Fr. Urt.	=	Freye Urtheile und Nachrichten zum Aufnehmen der Wissenschaften und der Historie überhaupt. 8. Jahr, 1.—3. St. Hamburg 1751.
Gehler	=	J. S. Tr. Gehler: Physikalisches Wörterbuch Bd. I 1787, Bd. II 1789, Bd. III 1790, Bd. IV 1791, Bd. V 1795, Bd. VI 1796.
Gensichen	=	Will. Herschel: Ueber den Bau des Himmels. Drei Abhandlungen aus dem Englischen übersetzt. Nebst einem authentischen Auszug aus Kants A.N.u.Th. ⟨von Jh. Fr. Gensichen⟩. 1791.
Gerland	=	G. Gerland: Kant, seine geographischen und anthropologischen Arbeiten, in: Kantstudien 1905 X 1 bis 43, 417—547.
Günther	=	S. Günther: Handbuch der Geophysik. 2. Aufl. 1897. Bd. I.
Hann	=	Jul. Hann: Lehrbuch der Meteorologie [2] 1906.
Hastie	=	Kant's Cosmogony as in his essay on the retardation of the rotation of the earth and his natural history and theory of the heavens with interduction and appendices edited and translated by W. Hastie. 1900.
Höfler	=	Al. Höfler: Studien zur gegenwärtigen Philosophie der Mechanik. Als Nachwort zu Kants M.A.d.N. (Veröffentlichungen der Philosoph. Gesellschaft a. d. Universität zu Wien. Bd. III b). 1900.
Holstein-Beck'sches Heft	=	ein dem Herzog v. Holstein-Beck überreichtes, von Kant durchkorrigiertes Geographie-Heft mit dem Diktattext Kants. 4°. Besitzer: Herr Ed. Stahlberg-Friedenau b. Berlin.
K.A.	=	E. Adickes: Kants Ansichten über Geschichte und Bau der Erde. 1911.
Kants Op. p.	=	E. Adickes: Kants Opus postumum dargestellt und beurteilt. 1920.

Keferstein	= H. Keferstein: Die philosophischen Grundlagen der Physik nach Kants M.A.d.N. und dem Op. p. Wissenschaftliche Beilage zum Jahresbericht der Höheren Bürgerschule vor dem Lübeckertor zu Hamburg für 1891/92. 1892.
König	= E. König: Kant und die Naturwissenschaft. 1907. [Die Wissenschaft. Heft 22.]
Kuttner	= O. Kuttner: Historisch-genetische Darstellung von Kants verschiedenen Ansichten über das Wesen der Materie. Als Preisschrift gekrönt von der philos. Fakultät zu Berlin am 3. Aug. 1880. Hallenser I.-D. 1881.
L.Bl.	= Lose Blätter aus Kants Nachlaß hrsg. von R. Reicke. Heft I—III. 1889, 1895, 1898.
Lehmann	= F. W. P. Lehmann: Kants Bedeutung als akademischer Lehrer der Erdkunde. Separatabdruck aus den Verhandlungen des 6. deutschen Geographentages zu Dresden. 1886.
Lulof	= J. Lulof: Einleitung zu der mathematischen und physikalischen Kenntnis der Erdkugel, übers. von A. G. Kästner. T. I. II. 1755.
Mach	= E. Mach: Die Mechanik in ihrer Entwickelung. 6. Aufl. 1908.
M.A.d.N.	= Kant: Metaphysische Anfangsgründe der Naturwissenschaft. 1786.
Mariotte	= Oeuvres de Mariotte. T. I. II (durchpaginiert). 1717.
Musschenbroek [1]	= P. van Musschenbroek: Essai de physique. Traduit du Hollandais. T. I. II. 1739.
Musschenbroek [2]	= P. van Musschenbroek: Elementa physicae conscripta in usus academicos. 2. ed. 1741.
Musschenbroek [3]	= P. van Musschenbroek: Introductio ad philosophiam naturalem. T. I. II. 1762.
Newcomb-Engelmann	= Newcomb-Engelmann: Populäre Astronomie. 5. Aufl. 1914. 7. Aufl. 1922. (Ist nichts weiter angegeben, so wird nach der 7. Aufl. zitiert.)
Newton	= J. Newton: Philosophiae naturalis principia mathematica. 1714. 4°. Newtons Optice wird in der lateinischen Uebersetzung von S. Clarke (Lausannae et Genevae 1740, 4°) zitiert.
Nyrén	= Magn. Nyrén: Ueber die von E. Swedenborg aufgestellte Kosmogonie, als Beitrag zur Geschichte der s.g. Kant-Laplace'schen Nebular-Hypothese; nebst einem Resumé von Th. Wrights „New Hypothesis of the Universe", in: Vierteljahrsschrift der astronomischen Gesellschaft. 14. Jahrgang. 1879. S. 80—91.
Op. p.	= Opus postumum Kants.

v. Oettingen	= Kant: A.N.u.Th. hrsg. von A. J. v. Oettingen, in: Ostwalds Klassiker der exakten Wissenschaften. Nr. 12. 2. Aufl. 1898.
Reuschle	= G. Reuschle: Kant und die Naturwissenschaft, mit besonderer Rücksicht auf neuere Forschungen, in: Deutsche Vierteljahrsschrift. 31. Jahrgang. 1868. 2. Heft. S. 50—102.
Rink	= Kants Physische Geographie hrsg. von Fr. Th. Rink. 1802.
Rosenberger [1]	= Ferd. Rosenberger: Die Geschichte der Physik in Grundzügen. T. I 1882. T. II 1884. T. III 1887 bis 1890.
Rosenberger [2]	= Ferd. Rosenberger: J. Newton und seine physikalischen Prinzipien. 1895.
R.V.	= Kants Kritik der reinen Vernunft.
Schöne	= G. H. Schöne: Die Stellung J. Kants innerhalb der geographischen Wissenschaft. Leipziger I.-D. 1896. Sonderabdruck aus A.M. Bd. 33.
Simmel	= Georg Simmel: Das Wesen der Materie nach Kants physischer Monadologie. Berliner I.-D. 1881.
Stadler	= Aug. Stadler: Kants Theorie der Materie. 1883.
Thiele I, II	= G. Thiele: Die Philosophie J. Kants nach ihrem systematischen Zusammenhange und ihrer logisch-historischen Entwicklung. I. Bd. 1. Abteil. Kants vorkritische Naturphilosophie. 1882. 2. Abteil. Kants vorkritische Erkenntnistheorie. 1887.
U	= Kant: Kritik der Urteilskraft.
Unold	= J. Unold: Die ethnologischen und anthropogeographischen Anschauungen bei J. Kant und J. R. Forster. Leipziger I.-D. 1886.
Untersuchungen	= E. Adickes: Untersuchungen zu Kants physischer Geographie. 1911.
Varenius [1]	= B. Varenius: Geographia generalis ed. J. Newton. 1681.
Varenius [2]	= Dasselbe Werk ed. J. Jurin 1712.
W.A. = Wärme-Aufsatz	= E. Adickes: Zur Lehre von der Wärme von Fr. Bacon bis Kant, in: Kantstudien XXVII 1922, S. 328—68.
Wolf	= C. Wolf: Les hypothèses cosmogoniques. Examen des théories scientifiques modernes sur l'origine des mondes, suivi de la traduction de la Théorie du Ciel de Kant. 1886.
Wright	= Thom. Wright (of Durham): An original theory or new hypothesis of the universe. 1750. (Ausführlicher Titel in § 259.)
Zöllner [1]	= J. C. F. Zöllner: Photometrische Untersuchungen mit besonderer Rücksicht auf die physische Beschaffenheit der Himmelskörper. 1865.

Zöllner[2] = J. C. F. Zöllner: Ueber die Natur der Kometen. Beiträge zur Geschichte und Theorie der Erkenntnis. 3. Aufl. 1883.

Die Kantausgabe der Berliner Akademie wird ohne Titel nur durch Band und Seitenzahl (V 60) zitiert.

Tübingen, den 20. August 1924.

Erich Adickes.

Inhaltsverzeichnis von Bd. I.

Einleitung.

1. Ueber die Bedeutung Kants als Naturwissenschaftler und Naturphilosoph [1]) sind sehr verschiedenartige Urteile gefällt worden.

Nach Reuschle S. 50 ist er, der Heros der deutschen Philosophie, auch zu den bedeutendsten naturwissenschaftlichen Größen des 18. Jahrhunderts zu rechnen.

Auch J. K. Fr. Zöllner [2]) preist seine naturwissenschaftlichen Leistungen in hohen Tönen und sieht in ihnen den induktiven Beweis dafür, daß ein schärferer Verstand, als er beim Durchschnitt der mathematischen Physiker vorzuliegen pflege, schon auf Grund eines relativ geringen empirischen Materials auf deduktivem Wege zu wichtigen Folgerungen über kausale Beziehungen in der Natur gelangen könne, die von der Fachwissenschaft erst 100 Jahre später „zum Teil auf Grund genauerer Beobachtungen und mathematischer Entwicklungen, zum Teil durch vollkommen identische Deduktionen" endgültig als Wahrheiten erkannt und anerkannt würden. Zöllner betrachtet Kants Geistesart als eine echt naturwissenschaftliche und erhebt sie als solche weit über die der ausgesprochen mathematischen Physiker (z. B. eines Lord Kelvin); bei diesen liege die große Gefahr vor, daß die häufige Anwendung eines bewunderungswürdig eingerichteten Instruments, wie die Infinitesimalrechnung es darstelle, auf Mechanik und Physik dazu führe, bewußte Verstandesoperationen in unbewußte zu verwandeln, neben denen dann die bewußte Verstandestätigkeit wegen mangelhafter Uebung allmählich verkümmere. Und Zöllner ist offenbar der Meinung: wenn Kants Geistesart (d. h. naturwissenschaftliche Veranlagung verbunden mit rationeller philosophischer Ausbildung) sich

1) Im folgenden spreche ich der Einfachheit halber nur von Kant als Naturforscher oder Naturwissenschaftler und von seinen naturwissenschaftlichen Schriften, begreife darunter aber, wenn ich die Termini ganz allgemein ohne näheren Zusatz gebrauche, regelmäßig auch die naturphilosophischen Gebiete wie die M.A.d.N., die Teleologie und ähnliches.

2) Ueber die Natur der Kometen [3] 1883, S. 231—292.

unter den Naturwissenschaftlern weiter verbreite, dann werde die Entwicklung der exakten Wissenschaften sich in stark beschleunigtem Tempo vollziehen.

H. Helmholtz [1]) erkennt gleichfalls an, daß die naturwissenschaftlichen Schriften Kants mit einer Anzahl der glücklichsten Gedanken ihrer Zeit weit vorauseilen. Er geht so weit zu behaupten, der jugendliche Kant sei seiner Neigung und Anlage nach vorzugsweise Naturforscher gewesen und sei vielleicht nur durch die Macht der äußeren Verhältnisse, durch den Mangel der für selbständige naturwissenschaftliche Arbeit nötigen Hilfsmittel und durch die Sinnesweise seiner Zeit an der Philosophie festgehalten worden.

Nach Stadler 116 wohnten in Kants Brust zwei Seelen von gleich hoher Begabung. Nach den Anschauungen seiner Zeit durfte er sich zugleich als Naturforscher betrachten, und in der vorkritischen Periode war er überhaupt mehr als Naturforscher denn als Philosoph öffentlich tätig.

A. Drews verlegt in seinem Werk „Kants Naturphilosophie als Grundlage seines Systems" (1894) sogar den Schwerpunkt des Kantischen Denkens und Forschens in die Naturphilosophie. Seine ganze Erkenntnistheorie soll aus naturphilosophischen Erwägungen hervorgegangen und oft in den wichtigsten Punkten von ihnen bestimmt worden sein. Kant war nach Drews also wesentlich Naturphilosoph und hat sich mit Erkenntnistheorie nur deshalb befaßt, weil er meinte, bloß durch sie seiner Naturphilosophie eine sichere wissenschaftliche Grundlage verschaffen zu können. Insbesondere war es von vornherein sein Streben, eine dynamische Theorie der Materie unerschütterlich fest zu begründen. Die Idee des Dynamismus beherrscht schon die Erstlingsschrift, diese enthält zwischen den Zeilen bereits gleichsam das Programm von Kants ganzer künftiger Entwicklung, und der Dynamismus bildet dann auch das treibende Motiv des weiteren Gedankenfortschritts [2]).

---

1) Ueber die Entstehung des Planetensystems (Vortrag von 1871), in: Vorträge und Reden [4] 1896, II 56; früher in: Populäre wissenschaftliche Vorträge Heft III, 1876.

2) So auch bei der Wendung zur Metaphysik im Jahre 1755: die tiefere Bedeutung der Nova dilucidatio besteht darin, daß sie das metaphysische Fundament für die künftige Naturphilosophie legen sollte. Die allmähliche Loslösung von der Leibniz-Wolffischen Schule in den ersten 60er Jahren hat ihren Grund in der Erkenntnis, daß die veränderte Grundansicht über die Prinzipien der Naturlehre auch eine völlige Umwälzung in der Metaphysik nach sich ziehen müsse. Was ihn in dieser Zeit veranlaßt, das Dasein Gottes zu beweisen, ist nicht so sehr ein ethisches oder religiöses Interesse, sondern die Naturphilosophie verlangt diesen Beweis. Zu

Einen Irrtum gerade entgegengesetzter Art begeht Gerland, wenn er behauptet, Kants Absicht in der A.N.u.Th. sei eine rein philosophische gewesen, und auf eine Berichtigung des Gottesbegriffs sowie eine neue Art des Gottesbeweises ausgegangen, die naturwissenschaftlichen Resultate hätten für ihn nur die Bedeutung von erfreulichen Nebendingen gehabt (vgl. u. § 251). Beide Extreme finden in den Tatsachen keine Stütze.

Für Hastie ist die A.N.u.Th. die genialste und bedeutendste Schrift Kants. Für unsere Zeit ist sie wichtiger als die R.V. und das kritische System. Von diesem mit seinen phänomenalistisch-subjektivistisch-agnostischen Tendenzen möchte Hastie die philosophische Entwicklung am liebsten zu Kants Jugendwerk zurückführen und auf ihm eine transzendente Metaphysik mit theoretischer Gotteserkenntnis — Hastie ist Theologe! — aufbauen. Er betont überhaupt einseitig die naturwissenschaftlichen Verdienste Kants und hält im Zusammenhang damit auch seine ganze Geistesart für eine echt naturwissenschaftliche. „All the science ⟨= Naturwissenschaft!⟩ of our age may still gather new strength and confidence from his bold thoughts and fruitful suggestions. There can be no doubt that he was specially endowed with the peculiar gift of the scientific mind, and that he used it to noblest purpose“ (Einleit. S. 98, vgl. 9—17, 29 f., 85—91, 94—96, 108 f.).

Auch J. H. v. Kirchmann [1]) hält die A.N.u.Th. für eine „vortreffliche Abhandlung, in welcher das Genie Kants sich auf eine Weise betä-

---

der Wendung des Jahres 1769, in der Kant dem Skeptizismus der letzten 60er Jahre den Rücken kehrt, nötigt ihn das Problem der Mathematik, zu dem er letzten Endes auch wieder nur durch naturphilosophische Erwägungen geführt wurde. Sogar auf die R.V. wendet Drews sein Prinzip an: auch ihr Gebäude hat vor allem die Aufgabe, seiner dynamischen Naturanschauung eine sichere Heimstätte zu bieten; das ganze Kantische System ist in seinen wesentlichsten Punkten bewußt oder unbewußt in hohem Maße durch die Rücksichtnahme auf die Naturphilosophie bestimmt (S. III f., 13 f., 51, 53 f., 59, 69, 78 f., 88, 104, 106, 122, 130 ff., 170, 187, 204, 238, 250 ff., 313, 443, 473, 493).

Der Grundgedanke der Drews'schen Schrift weicht von der üblichen Auffassung weit ab. Originalität ist ihm also nicht abzusprechen, auch ist er nicht ohne Geschick durchgeführt. Das ist aber auch alles, was sich zu seinen Gunsten sagen läßt. Es fehlt überall an der nötigen Tatsachengrundlage, er ist nichts als eine apriorische, luftige Konstruktion und gibt außerdem von Kants intellektuellem Geisteshabitus ein ganz falsches Bild. Er legt zwar ein beredtes Zeugnis ab für die Größe der Drews verliehenen Phantasie und für seine Fähigkeit, alles Mögliche und Unmögliche selbstherrlich in die Dokumente von Kants Entwicklung hineinzulesen, zeigt aber auch, wie sehr ihm der Tatsachensinn abgeht und die Fähigkeit, die wirklichen Zusammenhänge scharf und unentstellt von subjektiven Zutaten zu erfassen. Vgl. auch die letzte Anmerkung von § 24.

1) Erläuterungen zu Kants Schriften zur Naturphilosophie 1877, S. 15.

tigt, die durch das, was er in seiner kritischen Periode geleistet hat, kaum übertroffen sein dürfte".

Gerade über die A.N.u.Th. sind nun aber von naturwissenschaftlicher Seite in den letzten Jahrzehnten sehr scharfe Urteile gefällt worden, am schärfsten wohl von G. Eberhard, von G. Holzmüller [1]), der die Schrift eine philosophisch angehauchte Dichtung und naturwissenschaftliche Plauderei und Kant selbst vorschnell und leichtfertig nennt, und von E. Dühring (S. 387—92), der seine prinzipielle Antipathie gegen Kant, den „metaphysischen Ideologen", auch auf diese Schrift überträgt und fast kein gutes Haar an ihr läßt (vgl. u. § 285). Er tadelt an ihr unter anderem das „unstät Schweifende der durchaus nicht ernsthaft mechanischen Denkweise", wirft Kant ganz allgemein „eine metaphysische Verzerrung positiv feststehender Vorstellungen" vor und meint, seine Untersuchungen über „einzelne mechanische Grundvorstellungen" in dem Neuen Lehrbegriff (1758) und in den M.A.d.N. ließen von „dem positiv wissenschaftlichen Charakter der bereits vorhandenen Mechanik und Naturanschauung" nichts mehr spüren. Von der dynamischen Theorie der Materie behauptet er, der Jdeologe Kant wolle die Materie nach dem Muster des Bischofs Berkeley beseitigen < ! > und setze sie daher einfach einer Kräftekombination gleich, vergesse aber bei dieser träumerischen Wendung die Wirklichkeit der Materie, die sich nicht durch gegenstandslose Kräfte ersetzen lasse. — Auch Gerland neigt stark dazu, die naturwissenschaftlichen Leistungen Kants, insbesondere die A.N.u.Th., in ein ungünstiges Licht zu stellen.

2. Diese starken Abweichungen in der Beurteilung sind sehr auffallend, denn es handelt sich meistens um rein oder wenigstens vorwiegend *naturwissenschaftliche* Fragen. Und bei ihnen liegt doch in den bis heute von der Wissenschaft aufgefundenen und allgemein anerkannten Tatsachen und Gesetzen ein fester Maßstab vor, an dem Kants Behauptungen auf ihren Wert hin unparteiisch geprüft werden können.

Die tiefere Ursache für jene Abweichungen ist darin zu suchen, daß man sich von Kants Anlagen und Geistesart einen ganz falschen Begriff gemacht hat, indem man ihn für einen Naturwissenschaftler im eigentlichen Sinn hielt. Das ist er nie gewesen und konnte es seiner ganzen Geistesrichtung nach gar nicht sein. Aber indem man ihn dazu machte, sah man sich gezwungen, an seine Schriften Anforderungen in Exaktheit, plastischer Anschaulichkeit und Durchführung im einzelnen zu stellen, denen sie naturgemäß nicht genügen konnten. Und ebensowenig konnte

---

1) Elementare kosmische Betrachtungen über das Sonnensystem, 1906. Genaueres s. u. § 285.

es ausbleiben, daß Uebertreibungen auf der einen Seite solche nach der andern hin zur Folge hatten. Die einen sahen und priesen nur die genialen Intuitionen und Aperçus, die Kant als einem außerordentlich reich begnadeten, auch in den Naturwissenschaften sehr beschlagenen Geist zuteil wurden. Die andern sahen und tadelten nur das Mangelhafte in Durchführung und Ausgestaltung der genial konzipierten Ideen.

Man kann Kant nur dann gerecht werden, wenn man ihn nicht als eigentlichen Natur*wissenschaftler*, sondern als Natur*philosophen* betrachtet. Das heißt: einerseits hat er als Erkenntnistheoretiker und Metaphysiker sich wiederholt über die Grenzgebiete zwischen Naturwissenschaft und Philosophie ausgesprochen, so z. B. in seiner dynamischen Theorie der Materie. Anderseits hat er als Mann von besonders reichem Wissen, nicht zuletzt auch auf naturwissenschaftlichem Gebiet, von großer Weite und Tiefe des Denkens, von seltener Divinationsgabe, von stärkstem Drang zur Vereinheitlichung und zum Brückenschlagen in genialer Intuition Ideen und Anschauungen in die Naturwissenschaft eingeführt, die, wären sie genügend bekannt geworden, auch die exakte Forschung seiner Zeit wesentlich gefördert haben würden. Aber trotzdem war und blieb er Zeit seines Lebens ein Dilettant in naturwissenschaftlichen Dingen, zwar ein äußerst kenntnisreicher und auch mathematisch gebildeter, aber doch immerhin ein bloßer Dilettant [1]).

Gegen diese Auffassung darf man sich nicht etwa darauf berufen, daß Kants Schriften bis zum Anfang der 60er Jahre größtenteils naturwissenschaftlichen Inhalts gewesen seien, oder daß er sich gar, wie v. Kirchmann a. a. O. S. 2 behauptet, erst um das Jahr 1760 logischen und metaphysischen Arbeiten zugewandt habe. Seine Vorlesungen sind von vornherein gleichmäßig der Philosophie und den Naturwissenschaften gewidmet. Soweit unsere Nachrichten reichen, hat er von 1755/56 bis 1760 in *jedem* Semester Logik [2]), Metaphysik, Mathematik, Physik (bzw. Mecha-

1) Als einen Dilettanten in geologisch-mineralogischer Hinsicht bezeichnet er selbst sich in einem Brief an den Mineralogen und Bergrat Karsten vom 15. März 1795: „Ich bin nicht so tief in Metaphysik versunken, daß ich nicht an Ihrer glücklichen Erweiterung der Wissenschaften im Felde der Erfahrung, sofern diese Stufen des Aufsteigens zur Philosophie legt, wenigstens als Dilettante, Anteil nehmen sollte: zumal die Reformation unserer Begriffe in der Archäologie der Natur von dem praktischen Bergkundigen, der zugleich Philosoph ist, vorzüglich erwartet werden muß“ (XIII 600). In seinem Schreiben an Soemmering vom 10. Aug. 1795 nennt Kant sich einen „in der Naturkunde nicht ganz Unbewanderten“ (XII 31). In einer Vorarbeit zu diesem Schreiben will er eine vitalistische physiologische Hypothese „als Laie dem reiferen Urteile“ der medizinischen Fakultät unterwerfen (XIII 398 f.).

2) Durch X 4—6 ist für 1757/58 auch die Logik sichergestellt, für 1758/59, wo sonst überhaupt keine Vorlesungen bekannt sind, sowohl Logik als Metaphysik.

nik) gelesen bzw. angekündigt, daneben noch 6mal physische Geographie und 4mal Ethik. Seine Habilitationsschrift war eine rein philosophische. Und auch die meisten seiner sogenannten naturwissenschaftlichen Schriften hängen doch aufs engste mit der Philosophie zusammen, sei es daß sie auf dem Grenzgebiet zwischen ihr und der Naturwissenschaft Begriffe, wie die der Kraft, der Materie, des Raumes, der Bewegung erörtern, die auch den Philosophen Kant stark beschäftigten, sei es daß sie einem philosophischen Gesamtbilde der Welt zustreben und insofern wenigstens auch mit aus philosophischen Interessen und Antrieben hervorgegangen sind. Wo keiner von diesen beiden Gesichtspunkten zutrifft, da handelt es sich entweder um Gelegenheitsschriften, wie bei den Erdbeben-Aufsätzen, oder um die Ausgestaltung jener Intuitionen und Aperçus, von denen schon die Rede war. Auf einer solchen Intuition, freilich einer gänzlich falschen, die Nicht-Vorhandenes als wirklich vorspiegelte, scheint mir auch Kants Erstlingsschrift zu beruhen; ihr verdankte er vermutlich die Begriffe der Intension und der Vivifikation toter Kräfte, die ihm eine Vereinigung der beiden streitenden Parteien, der Cartesianer und der Leibnizianer, zu ermöglichen schienen (vgl. u. § 36, 48). Auf eigentliche Detailuntersuchungen treffen wir überhaupt nicht. Wo Kant sich mit Einzelfragen beschäftigt, wird er entweder durch Anwendung höchster Forschungsmaximen bzw. von philosophischen Gesichtspunkten aus auf sie geführt, oder er steigt von ihnen alsbald aufwärts zu philosophischen Höhen und weitumspannenden Ausblicken.

3. Du Bois Reymond sagt einmal [1]), mit Kant ende „die Reihe der Philosophen, die im Vollbesitz der naturwissenschaftlichen Kenntnisse ihrer Zeit sich selber an der Arbeit der Naturforscher beteiligten". Damit will er offenbar Kant in eine Reihe mit Männern wie Descartes und Leibniz stellen. Aber sehr mit Unrecht! Diese beiden Philosophen waren ihrer ganzen Geistesart nach zugleich wirkliche Naturwissenschaftler bzw. Mathematiker. Nicht so Kant. Er hat sich nie der beiden wichtigen Hilfsmittel zu bedienen gewußt, durch welche die moderne Naturwissenschaft groß geworden ist: des Experiments und der Mathematik.

Nur einmal in seinem Leben hat er, so viel wir wissen, experimentiert, und zwar in seinen Jugendjahren, bei Schießübungen. Aber da handelte es sich, wie es scheint, auch nur um gelegentliche Beobachtungen aus Anlaß eines Tuns, das zu ganz andern Zwecken geschah. Seine Feststellung, daß Flintenkugeln bei gleicher Pulverladung unter sonst gleichen Umständen viel tiefer in das Holz dringen, wenn sie einige S c h r i t t e,

1) Zu Anfang seiner Rede über „Leibnizische Gedanken in der neueren Naturwissenschaft" (1870).

als wenn sie nur einige Zoll vom Ziel entfernt abgeschossen werden, ist richtig, aber nicht neu. Und die Schlüsse, die er daraus zieht, sind voreilig und falsch und naturwissenschaftlicher Denkungsart geradezu entgegen (vgl. u. § 36).

In den „Negativen Größen" (II 186 f.) empfiehlt er, zur Entscheidung der Frage, ob sich bei der Wärme auch wie bei der Elektrizität Pole bilden, ob also wirklich, wie er annimmt, die Erwärmung eines Ortes eine Abkühlung in der Nachbarschaft herbeiführe, ein sehr einfaches Experiment zu veranstalten: eine blecherne, horizontale, einen Fuß lange Röhre mit in die Höhe gebogenen Enden soll mit Weingeist gefüllt und letzterer am einen Ende angesteckt werden, bzw. mit Salzwasser, in das am einen Ende gestoßenes Eis geworfen wird; am andern Ende werde dann das eine Mal Abkühlung, das andere Mal Erwärmung eintreten. Hätte Kant die Gewohnheit gehabt oder auch nur das leiseste Bedürfnis in sich gespürt, experimentell vorzugehen und insbesondere neue, von den geltenden abweichende Gedanken experimentell zu erweisen, so würde er diesen, doch durchaus nicht schwierigen Versuch selbst, entweder allein oder in Verbindung mit einem physikalischen oder chemischen Kollegen, angestellt haben. Damit hätte dann auch zugleich die Frage, die er jetzt, obwohl er ihr fast 4 Seiten widmet, unentschieden lassen muß, ihre endgültige, freilich negative Antwort erhalten. Daß er es nicht tut, ist bezeichnend für seine ganze Geistesrichtung, der die experimentelle Betätigung offenbar durchaus nicht lag (vgl. u. § 200).

Diesen Eindruck bestätigt auch E. A. Ch. Wasianskis [1]) Bericht über zwei Versuche, die er auf Wunsch Kants nach dessen Angaben vornahm. Er ist so charakteristisch, daß es wünschenswert erscheint, seinen Hauptinhalt wörtlich abzudrucken. Wasianski schreibt: „Kants mechanische Probleme praktisch, und mit dem von ihm verlangten Erfolge aufzulösen, hatte so manche Schwierigkeit. Da er keine Kenntnis von der praktischen Mechanik hatte, so verlangte er oft die Ausführung unmöglicher Aufgaben. Ich führe aus früheren Jahren ein Beispiel an. Er verlangte vor etwa zehn Jahren meinen Beistand zur Erfindung und Verfertigung eines Elastizitätsmessers der Luft. Zwei Glasröhren von sehr ungleichem Kaliber, wie bei Thermometern, mit zylindrischen Gefäßen, sollten aneinander geschmolzen werden; beide offen und in einem Winkel von 45 Graden gebogen sein. Die dickere Röhre sollte etwa ein Vierteil Zoll im Durchmesser halten, die dünnere eine Hahrröhre sein und mit Quecksilber zur Hälfte gefüllt werden. Dieses meteorologische Instrument

1) Kant in seinen letzten Lebensjahren, 1804, S. 163—8.

sollte auf ein Brett dergestalt befestiget werden, daß die dickere Röhre eine perpendikulare Richtung; die dünnere, an welcher eine Skala von 100 Graden laufen sollte, die Richtung unter 45 Graden erhielte. Bei verminderter Elastizität der Luft sollte der Merkurius sich in der kleineren Röhre zurückziehen; bei vermehrter aber steigen. Ich protestierte wider diesen Erfolg, der, nach meinem Dafürhalten, dem Gesetze widerspricht, nach welchem Tubi communicantes ohne Unterschied des Kalibers der Röhren die in denselben befindlichen Flüssigkeiten ins Gleichgewicht setzen, die Adhäsion ans Glas vielleicht abgerechnet. Der Elektrometer[1]) wurde fertig, die mit demselben angestellten Beobachtungen und Resultate wurden in den Kalender geschrieben: ‚Der Elektrometer steht auf 49 Grade'. Am folgenden Morgen war er 50. Kant wollte schon sein: Gefunden! ausrufen, allein er war seinem Ziele noch nicht so nahe, als Archimedes. Als ich ihn auf die vermehrte Stubenwärme, die den Merkurius ausgedehnt haben möchte, aufmerksam machte, wurde er still und traurig. Es wurden Versuche mit Elektrometer, Barometer, Thermometer und Hygrometer angestellt und nichts Bestimmtes und Korrespondierendes bemerkt; außer, daß bei Wärme und Kälte der Elektrometer schwach als Thermometer wirkte .... Kant baute seine Theorie und die etwannige Haltbarkeit derselben auf die verschiedenen Bogen der sphärischen Wölbung des Quecksilbers an beiden äußersten Enden desselben in den, in ihren Durchmessern, verschiedenen Röhren .... Kant versprach sich sehr viel Gewinn für die Meteorologie von jedem Instrumente, das eine Eigenschaft der Luft nur mit einiger Sicherheit bestimmte [2]) .... Zu der Zeit, da Hr. Dr. Chladny in Königsberg seine akustischen Versuche machte [3]), mich oft besuchte, und mir die Handgriffe zeigte, die Töne sichtbar darzustellen; so kam nach seiner Abreise im Gespräch mit Kant die Rede auf diese sonderbaren Erscheinungen. Kant schätzte diese Erfindung, als eine Entdeckung eines bis dahin unbekannten Naturgesetzes, und machte mir einen sinnreichen Vorschlag zu einem physikalischen Versuch. Er schlug nämlich vor, die durch einen Bogenstrich erschütterte Glasscheibe unter ein Sonnenmikroskop [4]) zu bringen; um zu sehen, was durch diesen

---

1) Von Wasianski in seinem Handexemplar überall in „Elaterometer" umgeändert; vgl. Sitzungsberichte der Altertumsgesellschaft Prussia für 1891/92, 17. Heft, S. 109 ff.

2) Auch im Op. p. kommt Kant in Verbindung mit den Haarröhrchenphänomenen an zwei Stellen (B 357, 435) auf seinen Luftelastizitätsmesser zu sprechen.

3) Febr. 1794, vgl. XIV 520.

4) Nach Gehler IV 99 ist das Sonnenmikroskop „eine Vorrichtung, durch welche man vergrößerte Bilder kleiner von der Sonne stark erleuchteter Gegen-

wellenförmig bewegten durchsichtigen Körper die so schnell hintereinander, unter verschiedenen Winkeln, gebrochenen Sonnenstrahlen für eine Wirkung auf der Leinwand hervorbringen würden. Bei mir machte, ich muß es gestehen, diese Idee viel Sensation. Ich eilte beim ersten Sonnenblick, Versuche anzustellen, die aber bei der gewöhnlichen Einrichtung der Sonnenmikroskope kein Resultat liefern konnten. Auch diese Idee halte ich der Aufbewahrung wert."

Soweit der getreue Wasianski, der den Gedanken Kants auch hier, wo sie sich entschieden auf dem Holzwege befinden, noch eine gewisse Bedeutung zuerkennen möchte, die ihnen sicher nicht zukommt. Die beiden experimentellen Vorschläge Kants sind typische Laieneinfälle, mit denen auch der geschickteste Experimentator der Jetztzeit nichts anfangen könnte. Doch steckt im 2. Vorschlag immerhin insofern ein gesunder Kern, als Kant hier wenigstens das Vorliegen eines Problems erkannt hat, wenn auch die von ihm empfohlene Art der experimentellen Lösung ganz und gar unbrauchbar ist. Es handelt sich um die Möglichkeit, die durch die Schwingungen im Glas auftretenden Unregelmäßigkeiten direkt sichtbar zu machen. Dies Problem ist heutzutage gelöst, aber auf einer damals noch gar nicht vorhandenen Grundlage: der Polarisation des Lichts, und daher auf einem ganz anderen Weg und mit viel komplizierteren Mitteln, als Kant sie ins Auge faßte.

Auch in Kants handschriftlichem Nachlaß treffen wir zweimal auf Ideen zu Experimenten, ohne daß er sie doch selbst ausgeführt oder, soweit unsere Kenntnis reicht, versucht hätte, sie durch andere ausführen zu lassen. Und doch hätte er die erste Idee ohne große Mühe verwirklichen können.

Er stellt nämlich XIV 522 die Frage: „Ob ein Pendul, woran ein Magnet ist, von einer gewissen Länge ebensoviel Schwingungen in einer Minute tut, als woran ein Bleigewicht hängt?" Das Pendelgewicht soll also statt aus Blei aus einem Magneten bestehn, und Kants Intention geht offenbar dahin, aus etwaigen Veränderungen in der Schwingungszahl (gegenüber einem Pendel mit Bleigewicht) Schlüsse auf die erdmagnetische Kraft zu ziehen. Hier ist er ausnahmsweise auf richtiger Fährte, denn solche Veränderungen würden faktisch eintreten müssen, da zu der Direktionskraft der Gravitation noch die des Erdmagnetismus hinzuträte.

Anders steht es mit der zweiten Idee: sie hätte ein chemisches Experiment nötig gemacht und wäre deshalb für Kant selbst unausführbar

---

stände auf einer Wand oder Tafel im verfinsterten Zimmer darstellen kann". Es handelt sich also um einen Projektionsapparat.

gewesen. Denn, wenn wir R. B. Jachmann [1]) Glauben schenken dürfen, hat Kant ein chemisches Experiment nicht nur nie selbst gemacht, sondern auch nicht einmal von andern gesehen, obwohl er nach seinem 60. Jahr die Chemie ganz besonders liebgewonnen und die neuen chemischen Systeme mit größtem Eifer studiert haben soll, und obwohl, kann man hinzufügen, er mit dem tüchtigen Königsberger Chemiker K. G. Hagen näher befreundet war. Dieser hat nach Jachmann gelegentlich eines Gesprächs über Chemie an Kants Tisch einmal voll Verwunderung erklärt: „es sei ihm unbegreiflich, wie man durch bloße Lektüre ohne Hilfe anschaulicher Experimente die ganze Experimentalchemie so vollkommen wissen könne als Kant.“ Hätte Kant auch nur den geringsten Drang und ein irgendwie inneres Verhältnis zu experimentellen Untersuchungen gehabt, so würde er doch sicher nicht versäumt haben, Hagen einmal bei seinem praktischen Arbeiten zuzusehen. Wenigstens in früherer Zeit, als (um 1790) die neue Chemie in seinen Gesichtskreis trat und — nach Jachmann — sein Interesse stark erregte. Denn daß er am 2. April 1800 Hagen nur brieflich bittet, die Behauptung des Taurinius [2]) nachzuprüfen, statt bei dem Versuch selbst zugegen zu sein, würde bei dem fast 76jährigen Greis auch dann als selbstverständlich erscheinen, wenn seine Freude am Experiment so groß gewesen wäre, wie sie in Wirklichkeit klein war.

Aus derselben Zeit wie dieser Brief stammt folgende Bemerkung aus dem handschriftlichen Nachlaß, von der wir nicht wissen, ob auch sie Hagen zur Begutachtung vorgelegt ist: „Von der Platina, wenn sie mit Kupferfeile vermengt würde, ist vielleicht zu erwarten, daß sie, so unschmelzbar sie an sich ist, doch mit dieser vermischt zusammenschmelzen dürfte, indem das mit jener vermischte Eisen ausgestoßen und zwischen beide Scheiben als Ablösung zwischen zwei Mineralien verschiedener Art treten würde: wie die Bergart und die Gangart noch zwischen sich zu beiden Seiten Saalbänder hat“ (XIV 536). Platin wurde früher für eine Mischung von Gold und Eisen gehalten; erst v. Sickingen stellte es 1782 rein dar und erwies es als ein besonderes edles Metall. Daß es mit Kupferfeile vermengt leichter schmilzt als in reinem Zustand, steht fest. Kant will aber nicht reines, sondern mit Eisen verunreinigtes Platin mit Kupferfeile vermengen; ob eine solche Vermengung auch dann das Schmelzen erleichtern würde, ist unsicher. Durchaus sicher ist dagegen, daß das Eisen

1) Kant geschildert in Briefen an einen Freund, 1804, 3. Brief.

2) „Daß geschmolzenes Kupfer über Wasser gegossen darüber ruhig starr werde, dahingegen Wasser über geschmolzenes Kupfer gegossen dieses gänzlich zersprengen werde“ (XII 298 f.).

auf diesem Wege niemals ausgeschieden werden würde, und der Gedanke, die Art, wie die Natur bei Hervorbringung der Mineralien im großen wirkt, im Experiment im kleinen nachzuahmen [1]), ist vollends ganz unausführbar und phantastisch.

4. Um das eine der beiden großen Werkzeuge, denen die moderne Naturwissenschaft ihre Entstehung und ihren Siegeslauf verdankt, ist es also bei Kant sehr schlecht bestellt. Man kann auch nicht etwa als Gegeninstanz anführen, daß er wahrscheinlich 21mal (von 1755/56 bis 1787/88) 4st. über Physik oder, wie es auch allgemein heißt, über Naturwissenschaft und 2mal (1759/60, 1761) über mechanische Wissenschaften (Mechanik, Hydrostatik, Hydraulik und Aerometrie) gelesen hat, angeblich auch sogar über Fortifikation und Pyrotechnie [2]). Das waren aber keine Experimentalvorlesungen, wie denn die Physik auch in der Mehrzahl der Ankündigungen den Zusatz „theoretische" bekommt.

Die einzigen beiden Bruchstücke, die uns von Nachschriften nach dem Physik-Kolleg erhalten sind [3]), bestätigen, wie fern Kant auch in dieser Vorlesung alles Experimentieren lag. Die beiden Hefte sind ganz elementar gehalten, setzen nichts voraus und stehen etwa auf einer Stufe mit dem Physik- und Chemieunterricht auf den heutigen Gymnasien, nur daß natürlich das mitgeteilte Tatsachenmaterial heutzutage ein sehr viel größeres ist und daß bei Kant, wie gesagt, die Experimente ganz fehlen. Was er gab, war eigentlich nichts als Schulunterricht, allerdings mit der Besonderheit, daß er nur vortrug und das Frage- und Antwortspiel also wegfiel. Auch der Zwang, ein Kompendium [4]) zugrunde zu legen,

---

1) Vgl. meine Anmerkung XIV 537.

2) Wegen der Vorlesungen verweise ich ein für allemal auf E. Arnoldts (von O. Schöndörffer ergänzte) Feststellungen in Arnoldts Gesammelten Schriften Bd. IV und V. Hinsichtlich der Fortifikation vgl. dort V 274, 343.

3) Berliner Staatsbibliothek Ms. germ. Quart 400 (S. 841—893) und Stadtbibliothek Danzig aus dem S.S. 1785 (103 Seiten). Es ist sehr zu bedauern, daß die Akademie-Ausgabe wegen der Ungunst der Zeiten auf einen Abdruck der beiden Bruchstücke hat verzichten müssen. Doch ist in den Anmerkungen zu Bd. XIV immerhin schon so viel aus den beiden Heften abgedruckt worden, daß der Leser über ihren Gesamtcharakter nicht im unklaren sein kann. Hinsichtlich des Berliner Heftes vgl. XIV 66, 94 f., 137, 184, 201, 228 f., 257, 288—91, 313, 326 f., 356, 387, 390, 414—6, 418, 443, 456, hinsichtlich des Danziger Heftes XIV 66, 70, 131 f., 184, 234, 257 f., 277—9, 290, 293, 309, 318 f., 322, 347, 375, 385 f., 389 f., 395, 443, 471 f.

4) Zuerst wählte Kant J. P. Eberhards Erste Gründe der Naturlehre, seit 1776 Erxlebens Anfangsgründe, einmal (1785) W. J. G. Karstens Anleitung zur gemeinnützlichen Kenntnis der Natur (1783). In dem Kolleg über mechanische Wissenschaften legte er 1759/60 Chr. Wolff zugrunde.

verlieh den Vorlesungen schon etwas Schulmäßiges. Doch drückte auch hier die Persönlichkeit Kants dem Unterricht ihren charakteristischen Stempel auf. Nicht zum wenigsten dadurch, daß er selbst die Physik nach Möglichkeit philosophisch behandelte, indem er, wo sich nur Gelegenheit bot, von höheren naturphilosophischen Gesichtspunkten ausging oder zu ihnen hinleitete.

Noch mehr als in den Nachschriften zeigt sich das auf drei Kollegzetteln aus der 2. Hälfte der 70er Jahre, die XIV 287—412 abgedruckt und kommentiert sind. Das Detail sucht Kant hier überall seiner Vereinzelung zu entreißen und größeren Zusammenhängen einzureihen; sein Streben geht offensichtlich auf ein Gesamtbild der materiellen Welt aus. Darum drängt es ihn zu allgemeinen Fragen, wie denen nach der Konstitution der Materie, nach den Ursachen des Zusammenhanges, der Körpergestalt und der verschiedenen Aggregatzustände, nach den Aufgaben des Aethers und seinem Verhältnis zur ponderablen Materie. Er schlägt Brükken von einem zum andern und bildet größere Gruppen, wobei es gelegentlich auch etwas gewaltsam zugeht. So vergleicht er Gravitation und Kohäsion. Unter dem Stichwort „durchdringend" vereinigt er Gravitation und Aether, Licht und Wärme, Elektrizität und Magnetismus. Dann wieder stellt er drei Nahanziehungen (Zusammenhang, Elektrizität, Magnetismus) und drei innere Bewegungen der Ausspannungskraft (Wärme, Licht, Schall) einander gegenüber. Oder er bespricht unter dem Titel „oscillierende Bewegung" Schall, Licht, Wellen und Zitterungen fester Materien, oder gruppiert den Hauptinhalt eines ganzen Kollegzettels um den Begriff der Anziehung.

Auch über Mathematik [1]) hat Kant 4stündig gelesen, mindestens wohl 14, vielleicht sogar 16mal, im letzteren Fall von 1755/56 bis 1763 Semester für Semester. Auch hier dürfen wir aller Wahrscheinlichkeit nach nicht an eigentlich wissenschaftliche Vorlesungen denken, vor allem nicht in der höheren Mathematik, die er selbst nicht beherrschte [2]). In Betracht kommen kann wieder nur ein elementarer Unterricht, entsprechend dem in den höheren Klassen des heutigen Gymnasiums.

Darauf deutet schon die gewaltige Stundenzahl hin, die Kant für einige Semester ankündigte: für 1761 nicht weniger als 34 St., für 1766/67: 26—28 St., für 1759/60 und 1761/62 immerhin noch 24 St. [3]). In dieselbe

1) Zweimal ist sie in der Ankündigung als „reine" näher gekennzeichnet, zweimal in Arithmetik, Geometrie und Trigonometrie spezialisiert.

2) So urteilt auch El. Fink: Kant als Mathematiker. Erlanger I.-D. 1889, S. 45.

3) Nach Fr. Paulsens Geschichte des gelehrten Unterrichts [2] II 142 haben noch um 1780 20—24 Wochenstunden ungefähr den Durchschnitt der Lehrtätigkeit

Richtung weisen die Worte, die er am 28. Okt. 1759 an Lindner schreibt: „Ich meines Teils sitze täglich vor dem Ambos meines Lehrpults und führe den schweren Hammer sich selbst ähnlicher Vorlesungen in einerlei Takte fort.“ Auch über das Motiv zu einer solchen Häufung der Stundenzahl bleiben wir nicht im unklaren: es ist der bittere Mangel. Denn Kant fährt fort: „Bisweilen reizt mich irgendwo eine Neigung edlerer Art mich über diese enge Sphäre etwas auszudehnen allein der Mangel mit ungestümer Stimme so gleich gegenwärtig mich anzufallen und immer wahrhaftig in seinen Drohungen treibt mich ohne Verzug zur schweren Arbeit zurück“ (X^2 18 f.). Daß er auch über Physik und Mathematik las, war sicher nicht darin begründet, daß er sich vermöge seiner ganzen Geistesanlage gerade zu diesen Wissenschaften berufen und gedrängt fühlte, sondern ebenfalls in der Sorge für seinen Lebensunterhalt und in dem Wunsch, möglichst bald in eine feste akademische Stellung zu gelangen. Rufe nach auswärts waren damals, besonders für Privatdozenten, selten. Kant mußte also vor allem auf Vakanzen an der heimatlichen Universität rechnen, und er hatte größere Chancen, wenn er in zwei oder drei Sätteln gerecht war.

Dabei schloß er sich nur dem Herkommen an. Chr. Wolff und M. Knutzen hatten sich sowohl in der Philosophie als in der Naturwissenschaft-Mathematik wissenschaftlich ausgezeichnet und über beide Gebiete auch vielbesuchte Vorlesungen gehalten[1]). Sowohl über Mathematik als über Philosophie lasen in Königsberg ferner Knutzens Lehrer, der Magister Ammon, die Extraordinarien für Mathematik G. H. Rast und C. G. Marquardt, über Naturwissenschaften und Philosophie C. G. Fischer, E.-O. für Naturlehre (Erdmann a. a. O. S. 16 ff., 49 f.). C. Langhansen war zugleich Ordinarius für Mathematik und Theologie, Oberhofprediger und Konsistorialrat (XIII 572), J. G. Teske zugleich Ordinarius für Physik und Konsistorialrat, Christiani, Ordinarius für Moral, las auch über

---

des deutschen Universitätsprofessors dargestellt. Auch er betont stark, daß die Vorlesungen dem Schulunterricht, auch innerlich, nahe verwandt waren. — Knutzen hält 1744 sogar 6 St. täglich Vorlesungen (B. Erdmann: Knutzen und seine Zeit, 1876, S. 51).

1) Andere Beispiele bietet Paulsen a. a. O. In Leipzig ist Richter um 1740 Ordinarius für Moral und Politik, E.-O. für Mathematik (I 541). In Göttingen lesen um 1765 drei Ordinarien „die Philosophie in dem alten Umfang: jeder liest über Logik, Metaphysik, Physik, Moral, Naturrecht“ (II 12). „Die Professoren des 18. Jahrhunderts tragen beinahe regelmäßig noch den ganzen Umkreis der Wissenschaften ihrer Fakultät in Vorlesungen vor.“ Auch von dem Ordinarius für Philosophie gilt, „daß er Inhaber der gesamten philosophischen Wissenschaften ist und sie alle lehren kann“ (II 136).

Mathematik (X 87). Mathematik und Physik pflegten also in Königsberg vielfach eine Verbindung mit andern Fächern einzugehen, und Kant folgte nur einer alten Tradition, vor allem aber auch dem Beispiel seines geliebten Lehrers Knutzen, wenn auch er seine Lehrtätigkeit auf jene Gebiete ausdehnte.

Vielleicht trug er sich im stillen von vornherein mit der Hoffnung auf das E.-O. Knutzens für Logik und Metaphysik, das nach dessen Tod (1751) zwar dem Juristen Gregorovius übertragen, von diesem aber nicht angetreten war. Jedenfalls bewarb Kant sich schon am 8. April 1756, also kurz nach Abschluß seines 1. akademischen Semesters, um die Stelle, freilich ohne Erfolg, da sie aus Sparsamkeitsrücksichten nicht wieder besetzt wurde (X^2 3, XIII 3). Wenn er in seinem Bewerbungsschreiben sagt, er habe „die philosophischen Wissenschaften" zum vornehmsten Feld seiner Bestrebungen gewählt, so meint er, wie der Fortgang zeigt, den Ausdruck im allgemeinsten Sinn, der Mathematik und Naturwissenschaften mit einschließt. Wichtiger ist, daß er nicht nur die Nova dilucidatio, sondern auch die Meditationes de igne als „Dissertationen von metaphysischem Inhalt" bezeichnet. Für den heutigen Sprachgebrauch kann kein Zweifel sein, daß der Inhalt der zweiten Schrift ein rein naturwissenschaftlicher ist. Daß Kant den Ausdruck „metaphysisch" wählte, und zwar in einem Schriftstück offiziellster Art, also offenbar ohne Furcht vor Beanstandung, zeigt, in wie hohem Maße man damals auch rein naturwissenschaftliche Untersuchungen noch als philosophische empfand, sobald sie allgemeinere Fragen betrafen oder das einzelne unter allgemeineren Gesichtspunkten und in größeren Zusammenhängen betrachteten.

2½ Jahre später, im Dezember 1758, richtete Kant nach Kypkes Tod an den Rektor und Senat, an die Fakultät und an die russische Kaiserin Elisabeth Bewerbungsschreiben um das erledigte Ordinariat für Logik und Metaphysik (X 4—6). Bemerkenswert ist an ihnen, daß sie sowohl von der Erstlingsschrift wie von der A.N.u.Th. wie von den Erdbebenschriften wie von den Aufsätzen über das Veralten der Erde und eine etwaige Aenderung der Rotationsgeschwindigkeit der Erde als von philosophischen Traktaten bzw. Abhandlungen sprechen [1]), ferner daß Kant

1) Wenn der Senatsbericht an die russische Kaiserin die drei Vorlesungsprogramme von 1756—58 (die Theorie der Winde, physische Geographie, Bewegung und Ruhe betreffend) „über verschiedene metaphysische Materien" handeln läßt, so beruht das offenbar auf einem Versehen, dem H^2 zugrunde lag, in der die Worte „in 3 programmatibus" unmittelbar auf „über metaphysische Materien" folgten. — Auf Empfehlung des Senats wurde die Stelle Fr. J. Buck, bis dahin E.-O. der Mathematik, übertragen.

versichert: Logik und Metaphysik seien jederzeit das vornehmste Augenmerk seiner Studien gewesen, beziehungsweise: seine vorzügliche Neigung habe jederzeit auf die Kultur dieser Wissenschaften gezielt.

Man hat keinen Grund, an der Aufrichtigkeit dieser Versicherungen zu zweifeln, zumal sie durch Kants ganze Geistesveranlagung und durch die weitere Entwicklung bestätigt werden. Diese führt nämlich dazu, daß Kant seit dem WS. 1763/64 die Mathematik dauernd aus dem Kreis seiner Vorlesungen ausschließt; die Physik, die er bis zum S.S. 1759 wahrscheinlich Semester für Semester vorgetragen hatte, liest er in den 60er Jahren nur noch etwa einmal jährlich, in den ganzen 70er Jahren nur 2mal, in den 80er Jahren nur 4mal.

Als Mitte März 1770 durch Langhansens Tod das Ordinariat für Mathematik frei wird, rechnet er dieses nicht zu den Stellen, die seiner Geschicklichkeit und Neigung angemessen sind, und bittet deshalb einen Tausch eintreten zu lassen, der zugleich im Interesse seiner wie in dem der Universität liege: das mathematische Ordinariat solle einem der beiden Philosophen (Christiani oder Buck, dem früheren mathematischen E.-O.) und ihm selbst dafür das eine philosophische Ordinariat übertragen werden (X 86 ff.). Sein Wunsch wurde diesmal erfüllt, er trat an die Stelle Bucks und konnte so, als Professor der Philosophie, seiner „eigentlichen Bestimmung" folgen (X 87).

Den Anforderungen, die an eine mathematische oder naturwissenschaftliche Professur gestellt wurden, hätte freilich auch Kant, abgesehen von der experimentellen Seite, sicher Genüge tun können. Für die große Mehrzahl der Professoren kam nur der (mehr schulmäßige) Unterricht in Betracht, nicht eigene Forschung und selbständige Erweiterung der Wissenschaft. Ihre Aufgaben und Leistungen gingen nicht wesentlich über die der höheren Lehrer an den oberen Klassen der heutigen Gymnasien hinaus [1]). Um diese Aufgaben zu erfüllen, wird wohl schon das reiche Wissen auf naturwissenschaftlich-mathematischem Gebiet, das Kant sich unter dem anregenden Einfluß Knutzens [2]) auf der Universität und nachher während seiner Hauslehrzeit angeeignet hatte, vollständig ausgereicht haben. Die Vorlesungen, die er seit 1755/56 hielt, förderten ihn weiter. Und wäre er auf eine mathematische oder naturwissenschaftliche Professur berufen, so würde er selbstverständlich seine betreffenden Fähigkeiten und Kenntnisse noch nach allen Seiten hin vervollkommnet und vertieft haben.

5. Aber trotzdem würde er sich, wie er 1770 selbst klar erkennt, auf einer solchen Professur deplaciert vorgekommen sein. Er war nun einmal

1) Vgl. Paulsen a. a. O. II 133 ff.

2) Durch ihn wurde er auch mit Newtons „Principia" bekannt.

eine echte Forschernatur, mit dem entschiedenen Drang, unbegangene Wege zu versuchen, von dem Wunsch beseelt, für die Wissenschaft Neuland zu gewinnen. Dazu wäre er aber in methodischer Forscherarbeit auf naturwissenschaftlich-mathematischem Gebiet nicht fähig gewesen.

Die neuen, großen Ideen, die er hier brachte, beruhten auf Intuitionen und Aperçus, mit denen er nicht als Naturwissenschaftler im eigentlichen Sinn, sondern als allgemein reich begabter Geist und wissenschaftliches Genie begnadet wurde. Intuitionen und Aperçus aber lassen sich nicht kommandieren, noch regeln, noch zu einer Methode verdichten, auf Grund ihrer allein wird niemals eine kontinuierliche Entwicklung der Wissenschaft möglich sein. Die kann es nur geben, wenn sie vorbereitet und ergänzt werden durch methodische, die Probleme organisch weiter entwickelnde Forschung, wenn sie immer wieder ausmünden in treue, nie ermattende Kleinarbeit, in der es gilt, das in der Intuition in allgemeinen Umrissen Erschaute experimentell zu bewahrheiten, im einzelnen auszugestalten und womöglich exakt zu berechnen.

Zu jenem Forschen und dieser Kleinarbeit fehlte es Kant aber auf naturwissenschaftlichem Gebiet am nötigen Handwerkszeug: an der Fähigkeit zu experimentieren und die Mathematik auf die Probleme der Physik anzuwenden. Und dies Manko konnte auch durch das fleißigste Studium und den größten Kenntnisreichtum nicht ausgeglichen werden, weil es auf einer Einseitigkeit in der Veranlagung und Geistesrichtung beruhte. Diese ursprüngliche Veranlagung müssen wir verstehen lernen und in ihr den entscheidenden Faktor suchen. Wie das Erbgut durch erworbene Eigenschaften (wenigstens im allgemeinen) nicht modifiziert wird, so vermochten auch weder die eifrigen naturwissenschaftlichen Studien der Universitäts-, Hauslehrer- und Dozentenjahre noch die Ausarbeitung der genialen Aperçus jene Einseitigkeit aufzuheben oder auch nur zu mildern. Und sie würde sich auch dann behauptet haben, wenn Kant Professor der Physik oder Mathematik geworden wäre und nicht nur die gemeinsam mit Hamann geplante Physik für Kinder (X 18—29) ausgeführt, sondern auch noch viele streng wissenschaftliche Werke auf jenem Gebiet geschrieben hätte.

Ein *wirklicher* Naturwissenschaftler oder Mathematiker wäre er auf diese Weise nicht geworden, weil seinem Geist wesentliche Eigenschaften abgehen, die beim echten Naturwissenschaftler niemals fehlen. Das zeigt der I. Band seines handschriftlichen Nachlasses auf das klarste. Erst während der Arbeit an ihm ist mir das rechte Licht über Kants wahre Geisteskonstitution aufgegangen, und vor allem, um die damals in mir entstandene Ueberzeugung zum Allgemeingut der Wissenschaft zu machen, habe ich die entsagungsreiche Arbeit auf mich genommen, von allen Seiten her das Material zusammenzutragen, das zum Verständnis der in diesem Band veröffentlichten Reflexionen, hingeworfenen Bemerkungen und bloßen Stichworte erforderlich ist — eine Arbeit, die überflüssig erscheinen kann, wenn man sich an die einzelnen Stellen hält, die aber auch in den Einzelheiten unbedingt notwendig ist, wenn man das große Ganze und den letzten Zweck: die Erforschung von Kants Geisteskonstitution ins Auge faßt.

Es tritt einem auf diesen verhältnismäßig wenigen Blättern aus Kants Nachlaß, die sich mit mathematisch-naturwissenschaftlichen Gegenständen beschäftigen, mit überraschender Deutlichkeit immer wieder von neuem die Tatsache entgegen, daß Kant auch da, wo es sich um naturwissenschaftliche Fragen handelt, nicht, wie der echte Naturwissenschaftler, in mathematischen Formeln denkt oder ihnen doch wenigstens überall zustrebt, daß er ferner nicht von festbestimmten Definitionen ausgeht und die Termini nur in der einmal festgesetzten Bedeutung gebraucht, sondern vielmehr die Begriffe (auch die wichtigsten, wie den der Kraft, des Moments usw.) vag und vieldeutig bald so bald anders verwertet, wodurch schwere logische Fehler, Verwechselungen, Homonymien und ähnliche Unzuträglichkeiten entstehn, daß ihm schließlich das Grundbedürfnis des wahren Naturforschers in hohem Maße abgeht: das Bedürfnis, sich alle Behauptungen und Vorgänge möglichst plastisch zu vergegenwärtigen und die letzteren als Bewegungen oder Spannungszustände anschaulich darzustellen.

Es ist sehr charakteristisch, wie überaus selten in Kants handschriftlichem Nachlaß die Zeichnungen und Formeln sind. Man kann sich kaum einen größeren Gegensatz denken als zwischen diesen Manuskripten und den Blättern, die mein physikalischer Kollege, Herr Prof. R. Gans, — nicht mit Worten beschrieb, sondern — mit Zeichnungen und Formeln füllte, als er mir half, schwierige Gedankengänge des Nachlasses in ihren letzten Absichten wie in den zu ihrer Erreichung gewählten Mitteln zu verstehen, wobei sich dann die von Kant eingeschlagenen Wege sehr oft als Irrwege erwiesen. Da war es für ihn selbstverständlich, daß er, wo sich die Gelegenheit bot, zur Bleifeder griff und durch Zeichnungen anschaulich zu machen versuchte, welche Verhältnisse Kant etwa vorgeschwebt haben könnten. Und wo es nur irgendwie ging, da bediente er sich der Mathematik, um durch ihre Anwendung Deutlichkeit und Genauigkeit zu erreichen und womöglich zu bestimmten Formeln zu kommen. Diese Arbeitsweise ist nicht etwa erst eine Errungenschaft des 19. Jahrhunderts, sondern sie wird samt den ihr zugrunde liegenden Bedürfnissen auch schon zu Kants Zeiten bei jedem echten Naturwissenschaftler vorhanden gewesen sein. Man schlage nur z. B. Abr. Gtth. Kästners Anfangsgründe der höhern Mechanik oder Chr. Wolffs Elementa Mechanicae [1]) auf, um davon einen sehr lebhaften Eindruck zu bekommen. Und sehr viele der Bemerkungen, in denen Kant auf Formeln, Rechnungen und Veranschaulichung durch Zeichnungen entgegen der dringenden Forderung der Sache so gänzlich verzichtet, beziehen sich gerade auf Probleme der Mechanik. Und zwar auf verhältnismäßig sehr einfache, die erst durch das große Ungeschick, das Kant beweist, und durch die Vieldeutigkeit der gebrauchten Termini, die ihm Mißverständnisse, Verwechselungen und falsche Schlüsse fast aufnötigen, zu schwerverständlichen Ausführungen Anlaß geben.

Was diesen Bemerkungen des handschriftlichen Nachlasses so ganz besonderen Wert gibt, ist der Umstand, daß sie nicht für die Oeffentlichkeit bestimmt sind, sondern uns die Art, wie Kant den naturwissenschaftlichen Problemen, die ihm aufstießen, faktisch zu Leibe zu gehen pflegte, in unübertrefflicher Weise vor Augen führen. Keine Rücksicht auf etwaige Leser bestimmt ihn: er schreibt ja nur für sich selbst, um sich klarzuwerden über das, was er im Augenblick nicht versteht oder nicht gegenwärtig hat oder auf keinen befriedigenden Ausdruck zu bringen vermag. Und die Hilfsmittel, die er da nun wählt, und die, welche er n i c h t wählt, um zur Klarheit zu gelangen, sind beide in gleicher Weise bezeichnend für ihn und seine Geisteskonstitution. Immer wieder geht er abstrakt-philosophisch vor, belastet rein naturwissenschaftliche Begriffe, wie den der Kraft (im Sinne der Mechanik), mit metaphysischen Nebenbedeutungen, vermeidet ängstlich sie zu definieren und stellt dann vage Behauptungen über sie auf, statt sie in der Anschauung darzustellen und auf Grund davon zu bestimmten Sätzen und Formeln zu kommen.

Gewiß darf man bei den „Losen Blättern" an die Genauigkeit und Angemessenheit der Ausdrücke nicht dieselben Anforderungen stellen wie in den von Kant selbst herausgegebenen Schriften. Oft handelt es sich in den Manuskripten sicher nur um rasche vorläufige Fixierung von Gedanken, deren weitere Feilung und Ausarbeitung der Zukunft überlassen blieb. Manche Unklarheiten wird Kant selbst herausgefühlt haben, ohne doch augenblicklich in der Lage oder in der Laune zu sein, ihnen abzuhelfen. Manchmal hat er vielleicht mit Absicht vage Ausdrücke gewählt, um verschiedenartige Tatsachengruppen zusammenzufassen, was dann freilich zur Folge hat, daß, sobald man ins einzelne geht, jene Ausdrücke auf keine einzige von diesen Tatsachengruppen genau passen.

---

1) Bd. II der Elementa matheseos universae.

Anderswo mögen Vieldeutigkeiten zugelassen sein, weil sie ihm unschuldig vorkamen, da er selbst wußte, wie die Termini in jedem Fall zu verstehn seien, oder schiefe Wendungen mögen mit der reservatio mentalis niedergeschrieben sein, eigentlich müsse es hier und dort so und so heißen.

Sicher kann man manches Auffallende auf diese Art psychologisch erklären und Kant dadurch bis zu einem gewissen Grad entlasten. Aber das ändert alles nichts an der Tatsache, daß auch schon zu jener Zeit ein an naturwissenschaftliche Arbeitsweise Gewöhnter niemals so vorgegangen sein würde. Ihm wäre ohne Zweifel Kants Art nicht bloß nutzlos, sondern geradezu schädlich erschienen, weil sie statt aus Unklarheiten heraus nur tiefer in sie hinein führen kann. Nie wäre ihm der Gedanke gekommen, sich die Sache dadurch zu erleichtern, daß er unter Verzicht auf Formeln, Rechnungen und Zeichnungen halb richtige oder ganz falsche Sätze voll von vieldeutigen Begriffen niederschrieb, geschweige denn daß er es je über sich gewonnen hätte, einen solchen Gedanken wirklich auszuführen.

Zum Beleg meiner Ausführungen gebe ich einige Beispiele aus Band I des handschriftlichen Nachlasses, muß aber im übrigen den Leser bitten, diesen Band selbst in die Hand zu nehmen und sich durch eigenes Studium mit ihm bekanntzumachen. Nur so kann die Fülle des Materials, das immer wieder dieselben charakteristischen Züge aufweist, auf ihn wirken.

6. Zunächst ein Wort über die L.Bl. mathematischen Inhalts, die für die Mathematik als Wissenschaft, auch für ihre Geschichte, ohne jede Bedeutung sind. Desto größeren Wert haben sie aber als psychologische Dokumente. Denn aus ihnen lassen sich sichere Schlüsse auf die Größe von Kants mathematischer Begabung und Fertigkeit ziehen, und von beiden wird man nach Ausweis der L.Bl. nicht allzu hoch denken dürfen.

Die Rfl. 2—4 (XIV 4—22) aus den letzten 70er Jahren wollen Umfang und Inhalt des Kreises geometrisch nach der Exhaustionsmethode berechnen. Den Ausgangspunkt bildet das Quadrat über dem Radius, von ihm geht Kant zum umschriebenen regulären 8eck, 16eck usw. über. Den U m f a n g des Kreises erhält man auf diese Weise annäherungsweise, indem man z. B. die Seite des umschriebenen regulären 128ecks ausrechnet und dann mit 128 multipliziert. Der I n h a l t des Kreises bzw. zunächst eines Quadranten ergibt sich annäherungsweise, indem man 1. von dem Quadrat über dem Radius (Figur 1: a d g b) 2 rechtwinklige Dreiecke (e c b und u c b) abzieht, welche die halbe Seite des umschriebenen regulären 8ecks (e c, c u) und die ihr gleiche Differenz (c b) zwischen dem Radius (Diagonale) des Quadrats (d b) und dem Radius des Kreises (d c) zu Katheten haben, 2. von dem Flächeninhalt der so entstandenen Figur (= 4. Teil des 8ecks) 4 rechtwinklige Dreiecke abzieht, welche die halbe Seite des umschriebenen regulären 16ecks (x o) und die (ihr nicht gleiche) Differenz (o e) zwischen dem Radius des 8ecks (d e) und dem des Kreises (d o) zu Katheten haben, 3. von dem Flächeninhalt der jetzt entstandenen Figur (= 4. Teil des 16ecks) 8 rechtwinklige Dreiecke abzieht, die zu Katheten die halbe Seite des umschriebenen regulären 32ecks und die (ihr nicht gleiche) Differenz zwischen dem Radius des 16ecks und dem des Kreises haben, und so fort, bis man schließlich bei dem 4. Teil eines umschriebenen regulären Polygons anlangt, dessen Inhalt von dem des Quadranten nur so wenig mehr abweicht, daß man den Unterschied für die gerade in Betracht kommenden Zwecke vernachlässigen kann.

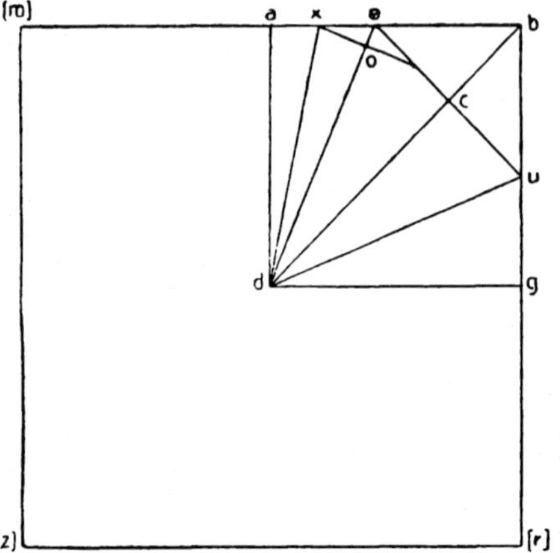

Um die Aufgabe zu lösen, an der Kant sich versucht, braucht man also nur die Seite des 8ecks, 16ecks usw. sowie die Differenz zwischen den Radien des Quadrats, 8ecks, 16ecks usw. und dem Radius des Kreises zu berechnen. Die Werte für diese beiden Reihen von Größen lassen sich unschwer feststellen. Denn der Radius (Diagonale) des Quadrats (d b) ist, wenn der Kreisradius (a d) = 1 gesetzt wird, nach dem Pythagoreischen Lehrsatz $= \sqrt{2}$, die Differenz zwischen ihm und dem Kreisradius (d c) und damit auch die halbe Seite des 8ecks (c b) also $= \sqrt{2} - 1$. Der Radius des umschriebenen 8ecks (d e) ist die Hypotenuse eines rechtwinkligen Dreiecks e c d, dessen Katheten die halbe 8eck-Seite (e c) und der Kreisradius (d c) sind; er ist also $= \sqrt{1 + (\sqrt{2}-1)^2} = \sqrt{4-2\sqrt{2}}$ und die Differenz zwischen ihm und dem Kreisradius $= \sqrt{4-2\sqrt{2}}-1$.

Von den nach Nr. 2 des vorigen Absatzes abzuziehenden 4 rechtwinkligen Dreiecken kennt man also die eine Kathete (o e); die andere (die halbe Seite des umschriebenen 16ecks = x o) läßt sich leicht berechnen auf Grund der Aehnlichkeit des Dreiecks x o e mit dem eben genannten (d c e = d a e), dessen Hypotenuse der Radius des 8ecks (d e) ist: wie sich die Differenz zwischen 8eck-Radius und Kreisradius (o e) zur halben 16eck-Seite (x o) verhält, so die halbe 8eck-Seite (a e) zum Kreisradius (a d); da dieser = 1 gesetzt ist, muß also die halbe 16eck-Seite gleich der Differenz zwischen 8eck-Radius und Kreisradius dividiert durch die halbe 8eck-Seite sein $= \sqrt{\frac{4-2\sqrt{2}-1}{\sqrt{2}-1}}$. In ganz analoger Weise schreitet dann die Berechnung ohne die geringste Schwierigkeit zum Radius des 16ecks fort, zur halben Seite des 32ecks usw. Es handelt sich also um eine Aufgabe der Elementargeometrie, die jeder Durchschnittsprimaner einer höheren deutschen Schule heutzutage ohne Mühe lösen könnte.

Kant dagegen kommt lange Zeit nicht darüber hinaus, Proportionen an Proportionen zu reihen, ohne sein Ziel zu erreichen oder sich ihm auch nur erheblich zu nähern. Er schlägt Umwege und Irrwege ein und zeigt in der ganzen Art, wie er an die Lösung seiner Aufgabe herantritt und sie unsicher tastend bald von hier bald von dort her versucht, ein bemerkenswertes Ungeschick. Zahlreiche Unrichtigkeiten laufen mit unter, die sich keineswegs alle als Rechenfehler oder Flüchtigkeitsversehen erklären lassen. Der Grund liegt vielmehr tiefer. Sowohl daraus, daß Kant überhaupt den richtigen Weg verfehlen konnte und ihn dann solange vergeblich suchen muß, wie aus den Gleichungen und Rechnungen, die er in dieser Zeit des Ringens zu Papier bringt, geht auf das Unzweideutigste hervor, daß ihm die Fähigkeit zu unmittelbarer, intuitiver Erfassung geometrischer Verhältnisse nur in sehr geringem Maß eignete. So müht er sich z. B. in Rfl. 2 (XIV 5—7) ab, für die halbe Seite des 8ecks einen kurzen rechnerischen Ausdruck zu finden; es ist aber alles vergebens, da er nicht auf den so naheliegenden Gedanken kommt, sie als die Differenz zwischen dem Radius des Quadrats und dem des Kreises zu betrachten. Ebenso schlägt er sich vergebens mit den Katheten der 4 vom 8eck abzuziehenden rechtwinkligen Dreiecke herum. Wie er auch die Gleichungen hin- und herwendet: es bleiben immer zwei Unbekannte, weil es ihm seltsamerweise nicht einfällt, daß man den Radius des 8ecks als die Hypotenuse eines rechtwinkligen Dreiecks berechnen kann, dessen Katheten der Kreisradius und die halbe 8eck-Seite sind. Auf jenen Gedanken kommt er in Rfl. 3, auf diesen aber erst in den spätesten der vielen, vielen Gleichungen von Rfl. 4 (XIV 14—22). Und selbst dann wendet er die für den 8eck-Radius gewonnene Lösung nicht sofort in entsprechender Weise auf den 16eck-Radius an, sondern ergeht sich zunächst wieder (XIV 17 $_{7-11}$) in Aufstellung von Proportionen, die für sein Ziel ganz unbrauchbar sind und also einen neuen Irrweg bedeuten.

Gewiß ist in Rücksicht zu ziehen, daß er im S.S. 1763 zum letztenmal über Mathematik las und in den danach verflossenen 15 Jahren natürlich viel an Uebung und Fertigkeit eingebüßt haben mußte. Aber die übbare Rechenfertigkeit spielt hier gar keine Rolle. Besondere Tricks, wie sie zur Auflösung von schwierigeren geometrischen und besonders algebraischen Aufgaben erforderlich sind, mögen in Vergessenheit geraten; aber um sie handelt es sich bei dem vorliegenden einfachen Problem nicht. Was ich aus den Rfl. 2—4 erschließe, betrifft vielmehr die Art, wie Kant seine Aufgabe angreift. Ein echter Mathematiker hätte durch die bloß anschauliche Vertiefung in die Figur schon sehr bald erkannt, auf welchem Weg die Lösung allein zu erreichen sei; das Tunliche und Zweckmäßige hätte sich seinen Blicken unmittelbar offenbart, und so wären ihm Unwege und Irrwege erspart geblieben. Es kommt hier eine ursprüngliche Anlage in Betracht, die durch Uebung wohl entwickelt, aber nicht geschaffen und auch nicht ersetzt werden kann. Und anderseits: ist sie durch Uebung einmal zu voller Entfaltung gebracht, dann geht sie auch durch Nicht-Uebung nicht wieder verloren. Hätte Kant diese Gabe einer intuitiven Erfassung geometrischer Verhältnisse überhaupt besessen, dann würde sie sich auch im vorliegenden Fall geltend gemacht haben. Dann hätte er viele der falschen Proportionen überhaupt nicht niederschreiben können, weil er ihre Unrichtigkeit schon halb instinktiv durch einen Blick auf die Figur erkannt haben würde. Und die Anschauung würde ihn belehrt haben, daß er sein Heil zunächst überhaupt nicht in Proportionen zu suchen habe, sondern — bei Bestimmung aller Radien — in der Anwendung des Pythagoreischen Lehrsatzes, daß die halbe 8eck-Seite ohne weiteres als Differenz der Radien des Quadrats und Kreises gegeben und zur Berechnung der halben Seiten des 16ecks, 32ecks usw. nur je eine höchst einfache Proportion mit drei bekannten Gliedern nötig sei. Statt dessen stellt er, ohne Klarheit über die zur Erreichung seines Zieles erforderlichen Etappen gewonnen zu haben, eine Anzahl von Proportionen mit mindestens zwei Unbekannten auf und sucht dann durch deren Umwandlung und Kombination rein rechnerisch zu brauchbaren Resultaten zu gelangen; doch führt ihn selbstverständlich all dies Hin- und Herwenden seiner Proportionen keinen Schritt weiter. Und selbst als er in Rfl. 3 glücklich die halbe 8eck-Seite direkt, ohne Zuhilfenahme von Proportionen, bestimmt hat, gelingt es ihm noch nicht, die Fortsetzung dieses vielversprechenden Weges aufzufinden; er kehrt vielmehr für längere Zeit wieder zu der unfruchtbaren rein rechnerischen Behandlung seiner Proportionen mit zwei oder drei Unbekannten zurück.

Der echte Mathematiker wäre hier, was die intuitive Erfassung der Verhältnisse betrifft, etwa einem geübten Felskletterer von guter Anlage und reicher Erfahrung zu vergleichen, der es einem Felsturm schon von unten aus ansieht, von welcher Seite und wie er am besten zu nehmen ist, der den richtigen Einstieg ohne Schwierigkeiten findet und an 100 Einzelheiten den Weg erkennt, den andere vor ihm gingen, der aber auch bei neuen Routen schon auf Grund des Anschauungsbildes, das sich ihm bietet, fast instinktiv das Mögliche und Aussichtsreiche wählt und auch schweren Hindernissen gegenüber nicht verzweifelt, sondern ihrer durch Geschick, Mut und Ausdauer Herr wird. Kant dagegen ist wie ein bergsteigerischer Dilettant, der selbst bei leichten Partien schon den Einstieg verfehlt, hier und dort herumprobiert, zurück muß oder sich gar versteigt, schließlich aber durch einen Glückszufall doch noch auf einen ausgetretenen Klettersteig stößt.

Aehnliche Schlüsse wie aus Rfl. 2—4 lassen sich aus den Rfl. 7—10 (XIV 32—51) ziehen. Sie beschäftigen sich mit dem alten, vielerörterten Problem, ob und wie man der Lehre von den Parallellinien die ihr bei Euklid fehlende absolut sichere Grundlage verschaffen könne. Euklid definiert Parallellinien als solche, die in einerlei Ebene liegen und auf beiden Seiten nach Belieben verlängert werden können, ohne jemals zusammenzustoßen. Er kann dann im 27. und 28. Lehrsatz des I. Buchs einwandfrei beweisen, daß zwei gerade Linien parallel sind, wenn sie von einer dritten so geschnitten werden, daß Wechsel- bzw. Gegenwinkel einander gleich oder die nach derselben Seite hin liegenden Innenwinkel = 2 R sind. Um aber auch die Umkehrung dieser Sätze in I 29 zu beweisen, muß Euklid einen besonderen Grundsatz, den viel umstrittenen 11. des I. Buchs, aufstellen: „Wenn zwei gerade Linien von einer dritten so geschnitten werden, daß die innern auf einer Seite befindlichen Winkel kleiner als 2 R sind, so werden die nach dieser Seite verlängerten Linien zusammenstoßen." Dieser Grundsatz hat, wie oft mit Recht eingewandt ist, bei weitem nicht die Selbstverständlichkeit und Evidenz wie die ihm vorhergehenden zehn; er ist überhaupt eigentlich gar kein Grundsatz, sondern eine Umkehrung des Lehrsatzes I 17. Weil es den Mathematikern nicht gelang, einen apodiktischen, allgemein anerkannten Beweis für den 11. Grundsatz zu liefern, versuchte man es mit einer andern Definition der Parallellinien und erklärte sie als überall gleichweit voneinander abstehende Linien. So auch Chr. Wolff, der dann zu der Definition die Folgerung hinzufügt, daß solche Linien, wenn sie auch ins Unendliche verlängert werden, niemals zusammentreffen. Die Umkehrung dieser Folgerung, daß gerade Linien, die, ins Unendliche verlängert, nicht zusammenstoßen, parallel im Sinn von äquidistant sind, würde eines besondern Beweises bedürfen (vgl. XIV 25). Wolff kann seinerseits Euklids Satz

I 29 (also die Umkehrung von I 27, 28) streng beweisen: daß nämlich bei zwei parallelen geraden Linien, die von einer dritten geschnitten werden, die Wechsel- bzw. Gegenwinkel einander gleich und die nach derselben Seite hin liegenden Innenwinkel = 2 R sind. Aber für den 27. und 28. Satz Euklids kann Wolff keinen strengen Beweis erbringen und daher auch nicht einmal die Möglichkeit paralleler, d. h. äquidistanter Linien dartun. Also auch dieser Versuch, von der Definition der Parallelen als äquidistanter gerader Linien aus der Parallelentheorie und damit der Geometrie überhaupt eine vollkommen feste Grundlage zu verschaffen, scheitert.

Natürlich gaben die Mathematiker ihre Bemühungen nicht auf. An die 30 verschiedene Beweisversuche lagen vor, als Kant, durch einen Aufsatz des Hofpredigers Jh. Schultz in den „Königsberger Gelehrten und Politischen Zeitungen" vom 11. Mai 1780 und wahrscheinlich auch durch mündliche Besprechungen mit ihm angeregt (vgl. XIV 30, 38), in den Nrn. 7—10 das Parallelenproblem aufgriff. 1784 gab Schultz eine Schrift heraus mit dem Titel: „Entdeckte Theorie der Parallelen nebst einer Untersuchung über den Ursprung ihrer bisherigen Schwierigkeit." Hier unterscheidet Schultz mit aller Deutlichkeit und Schärfe die beiden ganz verschiedenen Wege, die man einschlagen muß, je nachdem man die Parallellinien mit Euklid als nicht zusammenstoßende oder mit Wolff als äquidistante definiert; er weist darauf hin, welche Sätze man im einen und im andern Fall beweisen kann, welche nicht.

Kant dagegen ist es in den Nrn. 7—10 nicht gelungen, den ganzen Fragenkomplex geistig wirklich zu durchdringen und sich zu eigen zu machen. Die Schuld dürfte auch hier in seiner Unfähigkeit zu suchen sein, die in Frage kommenden Verhältnisse unmittelbar intuitiv zu erfassen. Er ist sich weder über den großen Unterschied der beiden Definitionen noch über die nicht minder große Verschiedenheit der von ihnen weiter führenden Wege klar. Er übernimmt nämlich Wolffs Parallelendefinition, müht sich aber XIV 33 f., 42 ff. trotzdem damit ab zu erklären, warum Euklids Satz I 29 sich nicht streng beweisen lasse, während doch dieser Beweis in Wirklichkeit, sobald man von Wolffs Definition ausgeht, gar keine Schwierigkeiten macht. Kant aber möchte für ihn auch dann, wenn er sich auf der Definition der Parallelen als äquidistanter Linien aufbaut, einen Paralogismus konstruieren. Natürlich vergebens; die Folge ist nur die, daß er sich selbst dabei in Paralogismen ergeht. XIV 48 ff. sucht er nach Gründen dafür, weshalb man (angeblich!) bei der Wolff'schen Definition wohl aus der Gleichheit der Wechselwinkel die Parallelität, nicht aber umgekehrt aus dieser jene Gleichheit erschließen bzw. beweisen könne; was er findet, sind nichts als Scheingründe, da in Wahrheit das gerade Entgegengesetzte von dem, was er begründen und erklären will, der Fall ist.

Alles zeigt also, daß Kant die Problemlage durchaus nicht beherrscht und vor allem keine Klarheit über die große Verschiedenheit der beiden Definitionen und Ausgangspunkte sowie die daraus folgende prinzipielle Verschiedenheit der Beweisgänge besitzt, in deren einem gerade das unbeweisbar wird, was im andern streng bewiesen werden kann. Und der Grund wird, wie gesagt, hauptsächlich darin zu suchen sein, daß ihm die Gabe fehlt, vor dem inneren Auge die ganzen Verhältnisse mit plastischer Deutlichkeit erstehen zu lassen und sich das je nach den verschiedenen Ausgangspunkten verschiedenartige Verhältnis zwischen Voraussetzungen und Folgerungen nicht nur abstrakt-logisch, sondern unmittelbar-anschaulich vorzustellen. Damit geht ihm aber eine Fähigkeit ab, ohne die wahrhaft große Leistungen, wenigstens auf dem Gebiet der Geometrie, unmöglich sind.

7. Aus den L.Bl. physikalischen Inhalts ergibt sich, daß es Kant geradezu innerlich widerstrebt haben muß, sich der strengen Zucht der in der mathematischen Physik gehandhabten Methode zu fügen: d. h. vor allem — als conditio sine qua non — seine Begriffe genau zu bestimmen, die einmal festgesetzten Bedeutungen strikte innezuhalten und nach Möglichkeit in den allgemein üblichen Formeln und Gleichungen zu denken.

Typisch für diese Seite seiner Geistesorganisation ist die verschiedenartige Verwendung des Terminus „Moment". Hier muß man, wie ich XIV 122—8 mit Belegen nachgewiesen habe [1]), nicht weniger als sieben verschiedene Bedeutungen in Kants Sprachgebrauch unterscheiden. Moment ist 1. die Ursache oder Kraft selbst, 2. der Grad ihrer Wirksamkeit, die Größe der bewegenden Kraft oder die Stärke, in der eine Ursache ihre Kausalität geltend macht, 3. das bloße Bestreben einer Kraft, einem Körper eine gewisse Geschwindigkeit mitzuteilen, oder ein unendlich kleiner Grad von Wirksamkeit, gleichsam ein Differential der Kraft oder Wirksamkeit, d. h. der Grad von Einfluß, den eine Kraft in einem unendlich kleinen Zeitteil ausübt, 4. die Bewegungsgröße ($m v$), 5. die Größe oder der Grad der mitgeteilten Geschwindigkeit (das v in $m v$), 6. unendlich kleiner Grad oder Differential der Geschwindigkeit, ihr unendlich kleiner Zuwachs in jedem unendlich kleinen Augenblick, 7. Bestreben des in Ruhe befindlichen Körpers, sich zu bewegen, wobei der

1) Vgl. auch u. § 150.

Ausdruck „Moment der Geschwindigkeit" (oder Bewegung) dann oft geradezu in die Bedeutung von Ruhe übergeht.

Als Beispiel für das Schillern des Begriffs „Moment" und zugleich auch für Kants Abneigung gegen die naturwissenschaftlichen Formeln wähle ich zunächst XIV 148—150:

„Ruhe ist eine Bewegung mit unendlich kleiner Geschwindigkeit. Moment des Widerstandes oder der Beschleunigung. Durch dasselbe Moment wird die Geschwindigkeit in der Zeit gleichförmig vergrößert.

Die Größe der hinzukommenden Räume sind wie die erworbenen Geschwindigkeiten, folglich wie die verflossenen Zeiten. Die Menge der Räume sind auch wie die Zeiten (Menge der Zeitteilchen). Folglich die Summe der Räume, d. i. die ganzen, wie die Größe multipliziert mit der Menge, d. i. wie die Zeiten in sich selbst multipliziert, d. i. die Quadrate der Zeiten.

Anfang aller Geschwindigkeit ist das Moment der Acceleration. Das Moment hat keine Geschwindigkeit, sondern bringt in einer gewissen Zeit eine Geschwindigkeit hervor. Wenn die Zeiten gleich seyn, so verhalten sich die Räume wie die *momenta*. (Wenn die Räume gleich seyn, so verhalten sich die Momente umgekehrt wie die Quadrate der Zeiten.) Wenn die Quadrate der Zeiten sich umgekehrt verhalten wie die Momente, so sind die Räume gleich.

⟨Nachträglicher Zusatz:⟩ Die Momenten verhalten sich wie die Geschwindigkeiten, die in gleichen Zeiten erworben worden. Wie die Quadrate dieser Geschwindigkeiten sind die Räume; also sind die Momenten wie die Quadratwurzeln der Räume in gleichen Zeiten."

Im Anfang kann nur die 3. Bedeutung von „Moment" in Betracht kommen. Darauf weist die Zusammenstellung von Moment und Ruhe hin, und dieses selbe Moment soll es sein, das in jedem Augenblick kontinuierlich einen unendlich kleinen Geschwindigkeitszuwachs hervorbringt. Im 3. Absatz kann der „Anfang aller Geschwindigkeit" nur eine unendlich kleine Geschwindigkeit sein, also etwas von einem Moment im 1.—3. Sinn Gewirktes. Und wenn von ihm gesagt wird, es sei „das Moment der Acceleration", so muß hier das Moment auf die Seite der Wirkung versetzt und darunter das Differential der Geschwindigkeit verstanden werden. Im 2. Satz ist entweder die 1. oder 3. Bedeutung am Platz. Weiterhin dagegen, auch im Zusatz, kann Moment nur im 1. Sinn die Kraft selbst oder höchstens noch im 2. Sinn die Größe der Kraft bedeuten, wie es denn auch in einer Parallelstelle geradezu heißt: die Kräfte verhalten sich wie die Geschwindigkeiten und also auch wie die Räume (XIV 129).

Im 2. Absatz will Kant das „t^2“ in der Formel für den beim freien Fall zurückgelegten Weg ($s = \frac{1}{2} g t^2$) erklären und begründen, setzt aber bezeichnenderweise die Formel selbst nicht hin. Er betrachtet die Größe der in jeder Zeiteinheit (etwa 1 Sek.) hinzukommenden Fallräume als ersten Faktor, die Menge der Räume oder, was dasselbe ist, die Menge der in Betracht kommenden Zeiteinheiten als zweiten Faktor. Da nun beide Faktoren (nach Kant) im Verhältnis der Zeit wachsen, muß „die Summe der Räume“, d. h. der ganze Fallraum am Ende der t Sekunden, dem Quadrat der Zeiten (t^2) proportional sein. In Wirklichkeit verhalten sich aber die Fallräume ($s : s'$) in den einzelnen Sekunden (t und t') nicht wie die am Ende der jedesmaligen Sekundenzahl erworbenen Geschwindigkeiten ($c : c'$), folglich auch nicht wie die Zeiten ($t : t'$), sondern vielmehr wie $\frac{g}{2}([t-1] + t) : \frac{g}{2}([t'-1] + t') = \frac{g}{2}(2t-1) : = \frac{g}{2}(2t'-1) = 2t - 1 : 2t' - 1$. Ist $t = 3$, $t' = 5$, so ist zwar $c = 3g$, $c' = 5g$, aber $s : s'$ verhalten sich nicht wie 3 : 5; sondern der in der 3. Sek. durchlaufene Weg muß gerade in der Mitte stehen zwischen den beiden Wegen, die durchlaufen werden würden einerseits mit der Geschwindigkeit am Anfang der 3. Sek. (= 2 g), anderseits mit der an ihrem Ende (= 3 g); er wird also $= \frac{5}{2}$ g sein und der Fallraum der 5. Sek. $= \frac{9}{2}$ g. Es gilt also nicht, wie Kant behauptet, die Gleichung s:s' = 3:5, sondern s:s' = 5:9.

Die Behauptungen des 3. Absatzes sind richtig. Kant ist aber nachträglich an ihnen irre geworden und will sie im Zusatz offenbar berichtigen, verballhornt sie aber in Wirklichkeit. Seine Absicht geht auf eine Vergleichung verschieden großer Momente, d. h. gleichmäßig beschleunigender Kräfte, bei gleichen Massen. Als nächstliegendes Maß für ihre Größe bietet sich der von ihnen in gleichen Zeiten hervorgebrachte Geschwindigkeitszuwachs (Beschleunigung) dar. Bezeichnet man die Kräfte als K und k, die beiderseitige Beschleunigung als G und g, so ist $K : k = G : g$. Da man die Formeln der Fallgesetze auf alle gleichmäßig beschleunigten Bewegungen anwenden kann, so ist, wenn man die Zeit mit t, die am Ende derselben erlangten Geschwindigkeiten mit V und v, die in ihr durchlaufenen Räume mit S und s bezeichnet, $G = \frac{V}{t}$, $g = \frac{v}{t}$, ferner $G = \frac{2S}{t^2}$, $g = \frac{2s}{t^2}$; da aber die Zeit (t) für beide Kräfte dieselbe ist, wird sich $G:g$ wie $V:v$ oder wie $S:s$ verhalten. Sind dagegen die Zeiten (T und t) verschieden und die Räume (s) gleich und sollen die Zeiten, die nötig sind, um den gleichen Raum zu durchmessen, das Maß abgeben, so kann man auf Grund der Formel $s = \frac{1}{2} g t^2$ die Gleichung bilden: $\frac{1}{2} g t^2 = \frac{1}{2} G T^2$, woraus sich unmittelbar die Proportion $g : G = T^2 : t^2$ ergibt.

Eine solche Selbstkorrektur im schlimmen Sinn, wie Kant sie in dem Zusatz an den richtigen Behauptungen des 3. Absatzes vornimmt, wäre nicht möglich gewesen, wenn er sich der üblichen Formeln bedient und in ihnen gedacht hätte. Denn in ihnen hätte er dann auf Grund einer „symbolischen Konstruktion“ (R.V.[2] 745) die fraglichen Verhältnisse anschaulich klar und bestimmt vor Augen gehabt und hätte auch in ihrer begrifflichen Wiedergabe gar nicht irren können. So aber geht er von abstrakten Begriffen aus und bewegt sich, denkt nur in ihnen, statt sie, wie es doch das Wesen der von ihm so klar erkannten mathematischen Methode verlangt, anschaulich zu konstruieren. Nur so wird auch der Irrtum des zweiten Absatzes möglich. Wenn das begriffliche Denken bei solchen Berechnungen (quantitativen Bestimmungen) nicht von einer lebendigen, leicht ansprechenden Anschauung gestützt und getragen wird — und die fehlt eben bei Kant —, kommt es nur zu leicht auf Irrwege. Um festzustellen, was er in den obigen vier Absätzen mit seinen abstrakten, zum Teil vieldeutigen und vom Sprachgebrauch der Mechanik abweichenden Begriffen eigentlich meint, bedarf es eines längeren Nachdenkens und einer Veranschaulichung an den gebräuchlichen Formeln. Erst dann, wenn man das nachholt, was Kant selbst zu seinem Unheil versäumte, kann man — mit Mühe — hinter den Sinn seiner Worte kommen.

Eine weitere Bestätigung des Gesagten bietet folgende Stelle: „Die Kräfte verhalten sich wie die Geschwindigkeiten. Denn wenn das Moment der Acceleration immer eben dasselbe bleibt, so ist in der zweiten Zeit ein ebenso großer Grad Geschwindigkeit und Kraft als in der ersten entstanden, der ganze Grad der Geschwindigkeit ist aber alsdenn 2 und auch die mitteilende Kraft 2“ (XIV 154).

Im ersten dieser beiden Sätze versteht Kant unter „Kraft“ etwas ganz anderes, als im zweiten Satz. Der in der 2. Zeit entstandene Grad Kraft und „die mitteilende Kraft“ können nur im Sinn von Bewegungsgröße $(m\,v)$ aufgefaßt werden. Davon kann aber im Anfang nicht die Rede sein, denn dafür, daß bei gleichen Massen die Bewegungsgrößen sich wie die Geschwindigkeiten verhalten, wäre kein Beweis nötig gewesen; hätte Kant aber die Gleichsetzung der Bewegungsgröße mit $m\,v$ noch weiter begründen und rechtfertigen wollen, so hätte er in ganz anderer Weise vorgehen müssen, als wie es im 2. Satz geschieht. Es bleibt nur übrig, im Anfang eine Parallele zu XIV 129 und dem Zusatz zu XIV 148—50 (vgl. o. S. 26) zu erblicken und bei den Kräften demgemäß an verschiedene gleichmäßig beschleunigende Kräfte zu denken, bei denen ja „das Moment der Acceleration ⟨ = Streben, eine Beschleunigung hervorzubringen⟩ immer eben dasselbe bleibt“. Und Kant *will* offenbar eigentlich beweisen, daß *verschiedene* derartige gleichmäßig beschleunigende Kräfte in demselben Verhältnis zueinander stehn wie ihre Geschwindigkeiten. In *Wirklichkeit* beweist er aber nur, daß v in gleichem Maß wie t wächst; er spricht also nur von zwei aufeinanderfolgenden Augenblicken im Wirken *ein und derselben Kraft* (wobei selbstverständlich mit dem Faktor v auch das Produkt mv der Zeit gemäß wächst). Er hätte also noch fortfahren müssen: da die Geschwindigkeit der Zeit gemäß wächst, kann die Wirkungsgröße *verschiedener* gleichmäßig beschleunigender Kräfte (G und g) direkt an den Geschwindigkeiten gemessen werden, die sie in irgendeiner Zeit hervorbringen ($V = Gt$, $v = gt$; $G = \frac{V}{t}$, $g = \frac{v}{t}$, wobei t, weil in beiden Fällen gleich, wegfällt). Kant hat sich offenbar durch den Doppelsinn des Wortes Kraft verführen lassen: er deduziert das der Zeit proportionale Wachstum der Geschwindigkeit und das beiden proportionale Verhalten der Bewegungsgröße (mitteilenden Kraft) bei einem Körper, der unter dem Einfluß einer gleichmäßig beschleunigenden Kraft steht, meint aber über das Verhalten beschleunigender Kräfte selbst etwas festgestellt zu haben. Eine solche Verwechselung wäre ausgeschlossen gewesen, hätte er sich der üblichen Formeln und Gleichungen bedient.

Aber diesen großen Vorzug der mathematischen Naturwissenschaft verschmäht Kant gerade, fast möchte man sagen: prinzipiell. Er fühlt sich offenbar wohler bei seinen vieldeutigen abstrakten Begriffen als bei den scharf bestimmten mathematischen Symbolen. Und darum sind seine Aufzeichnungen so außerordentlich schwer zu verstehen: es ist oft ein richtiges Rätselraten, bis man heraus hat, welche Faktoren, welche anschaulichen Wirklichkeiten er bei seinen vagen Ausdrücken eigentlich im Sinn hat. Und weil er nicht in klaren Formeln denkt, ihnen auch nicht zustrebt, irrlichterieren seine Gedanken so oft hin und her, vermengen ganz verschiedene Dinge, ohne sich doch dieser Verschiedenheit bewußt zu sein. So tritt an die Stelle der eindeutigen Bestimmtheit der echten Naturwissenschaft, bei der man ohne weiteres weiß, was gemeint ist, eine unklare Verschwommenheit.

Noch ein weiteres Beispiel möge diese Vorwürfe rechtfertigen: „Daß die Räume, in denen ein kontinuierlicher Widerstand ist, sich nicht ver halten wie die Kräfte, sondern deren Quadrate, kommt daher, weil die Elemente der Räume nicht sind wie die Elemente der Kräfte, sondern wie diese multipliziert in die ganze schon erworbene Geschwindigkeit" (XIV 157).

Nach dem Anfang will Kant erläutern, weshalb bei gleichmäßig verzögerten Bewegungen (z. B. Aufwärtsbewegungen gegen den Widerstand der Schwere) sich die Räume nicht wie die Kräfte (meßbar an den von ihnen hervorgebrachten Anfangsgeschwindigkeiten bzw. an den Zeiten des Steigens), sondern wie deren Quadrate verhalten. In der 2. Hälfte spricht er aber faktisch von gleichmäßig beschleunigten Bewegungen (vgl. den Ausdruck: „die ganze schon erworbene Geschwindigkeit") und erläutert, weshalb bei ihnen sich die Räume nicht wie die Zeiten oder erlangten Geschwindigkeiten, sondern wie deren Quadrate verhalten. Dazu verführt wurde er wohl dadurch, daß die Formeln $v = gt$, $s = \frac{v^2}{2g}$, $s = \frac{1}{2} g t^2$ für beide Arten von Bewegungen gültig sind (wobei freilich v das eine Mal so viel wie die am Ende der Zeit t erlangte Geschwindigkeit, das andere Mal so viel wie Anfangsgeschwindigkeit bedeutet). Weil in der 2. Hälfte des Satzes von gleichmäßig beschleunigten Bewegungen die Rede ist, gewinnt auch der Terminus Kraft hier eine ganz andere Bedeutung. Er bezeichnet nicht mehr die einmal wirkenden Kräfte, die der Kugel beim vertikalen Wurf aufwärts eine größere oder geringere Anfangsgeschwindigkeit verleihen, sondern die dauernd wirkende accelerierende Kraft (wie beim freien Fall die Schwerkraft der Erde). Da aber die accelerierende Kraft bei einer gleichmäßig beschleunigten Bewegung, wie sie in der 2. Hälfte des Satzes zur Erörterung steht, stets dieselbe bleibt, ist hier der Plural nicht am Platz.

Wie XIV 148 betrachtet Kant den Fallraum als ein Produkt aus zwei Faktoren, deren einer die Größe der in jeder Zeiteinheit (etwa 1 Sek.) hinzukommenden Räume, deren anderer die Menge dieser Räume (= die Menge der in Betracht kommenden Zeiteinheiten) ist. Neu gegenüber XIV 148 ist aber, daß, wie der Ausdruck „Elemente der Räume" andeutet, der ganze Raum als in unendlich viele unendlich kleine Raumteilchen (Raumdifferentiale) zerlegt zu denken ist, deren jedes in einem unendlich kleinen Zeitteilchen (Zeitdifferential) durchmessen wird. Die Zahl (Menge) der Raumdifferentiale richtet sich also nach der Zahl der Zeitdifferentiale und damit nach der Größe der verflossenen Zeit. Die Raumdifferentiale aber haben verschiedene Größe, und auch diese richtet sich wieder nach der Zeit; denn sie sind nicht den „Elementen der Kräfte", d. h. der unendlich kleinen Kraftwirkung (Geschwindigkeitsdifferential = g) im Anfangsaugenblick der Bewegung proportional, sondern dieser Kraftwirkung „multipliziert in die ganze schon erworbene Geschwindigkeit" (= $g\,t$; eigentlich meint Kant: „in die ganze schon verflossene Zeit"). Der Zeitfaktor tritt also zweimal auf, und darum, folgert Kant, müssen die Räume nicht der Zeit (Geschwindigkeit, Kraft), sondern ihrem Quadrat proportional sein. Die Zerlegung von Fallraum und -zeit in Differentiale wird nur durch die Wendungen „Elemente der Räume" bzw. Kräfte angedeutet.

Aehnliches findet sich in Kants Aufzeichnungen, die er nur für sich selbst, nicht für andere niederschrieb, sehr häufig, fast möchte man sagen: es sei für sie charakteristisch. Es genügt ihm oft, gewisse Gedanken oder auch nur gewisse Seiten oder Teile von Gedanken festzulegen, ohne die Umgebung, aus der sie stammen, auch nur zu skizzieren. Sie waren durch tausend Fäden mit seiner Ideenwelt verknüpft, und deshalb hatten auch abgerissene, nur andeutende Bemerkungen für ihn volles Leben, sowohl wenn er sie schrieb, als wenn er sie wieder las, weil er das für uns schwer Begreifliche und Unvollständige aus der Fülle seiner Gedanken interpretierte und ergänzte. Für uns dagegen liegt über diesen im Orakelton gehaltenen Andeutungen vielfach ein mystisches Dunkel. Wir müssen den Gedankenhintergrund und -unterbau mühsam rekonstruieren und hypothetisch erschließen, denn nur von solchen größeren Zusammenhängen aus wird es möglich, den Sinn des sonst ganz Unverständlichen wenigstens einigermaßen zu erfassen. Doch würde man dieser Schwierigkeiten bedeutend leichter Herr werden können, wenn Kant sich wenigstens in dem, was er niederschreibt, klar und bestimmt ausdrückte, unter Einhaltung der von der mathematischen Naturwissenschaft festgesetzten Begriffsbedeutungen und unter Benutzung der in ihr allgemein üblichen Formeln und Gleichungen (z. B. für die Fallgesetze). Wäre er an beides gewöhnt gewesen, so hätte er nicht nur dem heutigen Leser, an den er ja nicht dachte, viel Zeit und Mühe erspart, sondern auch vor allem sich selbst und wäre vor vielen Um- und Irrwegen bewahrt geblieben. Er wäre zu völliger Klarheit gekommen, wo er jetzt im Halbdunkel tappt, die Formeln hätten geradezu Hebammendienste leisten können, ein Blick auf sie hätte manche Schnitzer unmöglich gemacht, die jetzt mit unterlaufen. Kurz und gut: erst die Anwendung der Formeln würde ihn instand gesetzt haben, wirklich naturwissenschaftliche Arbeit zu treiben. Jetzt äußert er sich über naturwissenschaftliche Dinge in der Weise eines Dilettanten, der sich seine eigene Terminologie zurechtmacht, weil die der Wissenschaft ihm ungewohnt ist; er geht vor wie ein des Landes und des Wanderns Unkundiger, der sich, statt das Gelände zunächst auf Karten methodisch zu studieren, mühsam durch dichtes Gestrüpp einen Weg bahnt, und nicht weit davon läuft eine alte, vielbenutzte Landstraße.

Kants Unfähigkeit, in den üblichen Formeln zu denken, hat auch XIV 224 unheilstiftend gewirkt in den Worten: „Daß sich in einer krummen Linie die zurückgelegte Bogen verhalten wie die Zeiten (also motu aequabili), beruht darauf, daß in unendlich kleinen Bogen die Sehnen, wo sie größer seyn, auch die respektive Zentralkraft in Proportion des Quadrats desselben größer ist usw.; also muß eine solche Linie ein Zirkel sein.“

Was Kant hier dunkel vorschwebt, scheint die für Zentralbewegungen gültige Formel $K = \frac{c^2 m}{r}$ zu sein, in der K die Zentralkraft bedeutet, r den Radius, m die Masse, c die peripherische Geschwindigkeit, wie sie gemessen wird durch die Größe der Bogen, die in einer bestimmten Zeit zurückgelegt werden. Aus dieser Formel folgt e r s t e n s, daß, wenn K, m und r unverändert bleiben, auch c sich nicht verändern kann, so daß also ein „motus aequabilis“ stattfindet und „die zurückgelegte Bogen sich wie die Zeiten verhalten“; z w e i t e n s: daß, wenn r und m gleich bleiben, c sich aber ändert, auch K sich ändern muß, und zwar „in Proportion des Quadrats“ von c; eine Aenderung von c hat aber zur Folge, daß die durchmessenen Bogen sich n i c h t m e h r wie die Zeiten verhalten, daß also, wenn man gleiche unendlich kleine Zeiten nimmt, in ihnen verschieden große „unendlich kleine Bogen“, die man dann auch als „Sehnen“ betrachten kann, zurückgelegt werden; diese verschiedenen unendlich kleinen Sehnen können als das Maß der Geschwindigkeit angesehen werden und also auch statt c in die Formel $K = \frac{c^2 m}{r}$ eintreten. Beide Folgerungen nehmen r als konstant an und haben also zur Voraussetzung, daß die in Frage kommenden „krummen Linien Zirkel“ sind. Bei einer Zentralbewegung in einer Ellipse wäre ein motus aequabilis nicht möglich, da in ihr (gemäß dem 2. Kepler'schen Gesetz) die in bestimmter Zeit von dem Körper durchlaufenen Bogen v e r s c h i e d e n groß sein müßten, damit die vom Radius Vector in derselben Zeit beschriebenen Flächen g l e i c h groß sein könnten. Es handelt sich also in dem Satz um zwei ganz verschiedene Fälle, deren einen Kant fälschlicherweise in direkte Abhängigkeit vom andern bringt. Zwei verschiedene bei Zentralbewegungen unter gewissen Umständen sich zeigende Eigenschaften stehen zur Untersuchung; es müßte gefragt werden: unter welchen Voraussetzungen treffen sie ein?, und die Antwort würde lauten: b e i d e sind nur möglich bei kreisförmigen Zentralbewegungen. Statt dessen läßt

Kant die eine auf der andern „beruhen", macht jene also abhängig von dieser. Einigermaßen korrekt müßte, bei möglichster Wahrung des Wortlauts, der Satz etwa so lauten: „Dafür, daß sich in einer krummen Linie bei Zentralbewegungen die zurückgelegten Bogen verhalten wie die Zeiten (also motu aequabili), sowie dafür, daß, wenn bei gleichbleibendem Radius die in unendlich kleinen Zeiten zurückgelegten unendlich kleinen Bogen oder Sehnen größer sind als andere in denselben unendlich kleinen Zeiten durchlaufene, auch die respektive Zentralkraft in Proportion des Quadrats der Sehnen größer ist: für beides ist die gemeinsame Voraussetzung, daß die betreffenden krummen Linien Zirkel sind" [1]).

Sehr bezeichnend für die allgemeine Verschwommenheit des Kantischen Denkens über naturwissenschaftliche Gegenstände ist ein längerer Absatz auf XIV 213, wo die Begriffe der Substanz und der Quantität der Substanz (= Masse) fortwährend ineinander gewirrt werden. Daß der Massenbegriff nicht im Substanzbegriff enthalten ist noch mit logisch-begrifflicher Notwendigkeit aus ihm hergeleitet werden kann, daß beide vielmehr auf ganz verschiedenen Voraussetzungen beruhen und deshalb auch getrennt entwickelt und behandelt werden müssen, wie das seitens Kants auch anderswo, besonders in den M.A.d.N. wirklich geschehen ist, habe ich XIV 213—6 eingehend auseinandergesetzt. Und daß Einsteins Relativitätstheorie die Behauptung durchführen kann, die Masse sei von der Geschwindigkeit abhängig, ist der beste Beweis für die Unabhängigkeit des Substanzbegriffs vom Massenbegriff. Die Verwechselung beider Begriffe zieht sich durch den ganzen Absatz hindurch. Die ersten vier Sätze lauten:

„Der Begriff der Substanz bei den Erscheinungen beruht auf dem Widerstande, welcher der bewegenden Kraft geschieht, wenn sie eine gewisse Geschwindigkeit hervorbringt. Wenn wir den Gegenständen nicht Kräfte beilegten bei den Bewegungen, die sie haben, so würden sie nicht als Substanzen, d. i. als bestehende Subjekte der Bewegung angesehen werden. Die Bestrebung, eine gewisse Bewegung zu erhalten, und nicht diese Bewegung selbst ist die Kraft; ginge diese Bewegung sogleich durch jede Gegenbewegung verloren, so wäre keine Selbständigkeit. Also ist die Substanz die beständige Größe der Kraft bei gegebener Geschwindigkeit."

Statt „Begriff der Substanz" müßte es im Anfang heißen: „Begriff der Masse". Oder soll „Substanz" beibehalten werden, so müßte nach

1) Erwähnenswert wären in diesem Zusammenhang auch noch XIV 170—2, 258, 263 f. (in Verbindung mit 155). Doch muß es genügen, den Leser hier auf diese Stellen und meine Anmerkungen zu ihnen verwiesen zu haben.

„Widerstande" etwa fortgefahren werden: „welchen die Materie leistet, wenn der von ihr erfüllte Raum (der Raum ihrer Ausdehnung) verringert werden soll." Mit den Kräften, die wir nach dem 2. Satz den Gegenständen bei den Bewegungen, die sie haben, beilegen, können nicht die ursprünglichen Kräfte der Anziehung und Abstoßung gemeint sein, auf deren Gegeneinanderwirken die Materie als Substanz beruht; sondern die Definition der Kraft im 3. Satz (= Bestrebung, eine gewisse Bewegung zu erhalten) gilt auch schon für den 2. Satz. Kant will mit dieser Definition nicht etwa eine besondere Trägheitskraft einführen; jene „Bestrebung" ist vielmehr nur ein ins Positive gewendeter Ausdruck für den Widerstand, den die mit endlicher oder unendlich kleiner Geschwindigkeit bewegte Materie jeder Geschwindigkeitsänderung entgegensetzt, und dieser Widerstand ist nach XIV 167 „in Proportion der Massen". Der Begriff der Masse und ihr die Bewegung bzw. die Beschleunigung bestimmender Einfluß ist also d a s , worauf die obigen Zeilen eigentlich hinauswollen. Auch im 4. Satz muß das Subjekt „Substanz" durch „Quantität der Substanz" ersetzt werden, denn diese, die Masse, ist es, die durch „die beständige Größe der Kraft bei gegebener Geschwindigkeit" geschätzt wird. Dabei wechselt der Begriff „Kraft" seine Bedeutung, indem die Kraft nicht mehr wie im 3. Satz der Masse (m) schlechthin, sondern der Bewegungsgröße ($m v$) proportional ist, der Masse allein also nur dann, wenn bei Vergleichen die Geschwindigkeiten als einander gleich unberücksichtigt bleiben können.

Die eigentliche Absicht der vier Sätze geht also ohne Zweifel auf eine Untersuchung des Massenbegriffs und seiner Voraussetzungen. Es gelingt Kant aber nicht, den Begriff deutlich und bestimmt zu erfassen, vielmehr vermischt er ihn in unklarer Weise mit dem Substanzbegriff, und daher schreibt sich dann das Dunkel, das über der Stelle lagert, das Schillernde der einzelnen Ausdrücke, ihre teilweise Unvereinbarkeit miteinander, der Wechsel in den Bedeutungen. Die Fähigkeit der Masse, die Bewegung bzw. Beschleunigung zu beeinflussen, wird als Kraft bezeichnet; beim Ausdruck Kraft tauchen in nebelhafter Unbestimmtheit das Maß der Kraft durch die Bewegungsgröße ($m v$), die ursprünglichen Kräfte, vielleicht sogar die Trägheitskraft auf; die Begriffe gehen ineinander über, geben Gelegenheit zu Wendungen, die nur für die einen passen, aber auch auf die andern bezogen werden müssen; Voraussetzungen, die nur für den Massenbegriff gelten, werden auf den Substanzbegriff übertragen. Sobald der Anwendung des Massenbegriffs die Grundlage entzogen wird, sollen die Gegenstände nicht mehr „als Substanzen, d. i. als ⟨für sich⟩ bestehende Subjekte der Bewegung angesehen werden" können, obwohl doch durch den Wegfall der Masse als bewegungbestimmenden Faktors die Substantialität in keiner Weise tangiert werden würde.

Dasselbe Bild bieten die drei letzten Sätze des Absatzes: „Die Vielheit der Substanzen ohne den Grad der Substantialität gibt keine Größe. Der Raum kann in Ansehung des Innern nicht bestimmend sein, mithin die Größe des Raumes die Substantialität, die in demselben sein kann, nicht dem Grade nach bestimmen. Dieses würde aber sein, wenn ein gegebener Raum nicht mehr als einen gewissen Grad Substanz enthalten könnte."

Wo hier von „Grad der Substantialität" oder „Grad Substanz" gesprochen wird, kann der echte Begriff der Substanz nicht in Betracht kommen. Denn Substanz bleibt Substanz und behält alle ihre Merkmale auch dann, wenn der Grad der Raumerfüllung durch sie der denkbar kleinste ist; eine Materie kann also auch nicht in höherem Maße Substanz sein als eine andere, und von einem „Grad" der Substanz oder des Substanz-Seins kann eigentlich gar nicht gesprochen werden. Was Kant im Auge hat, ist auch hier im Grunde gar nicht der Substanzbegriff, sondern der Massenbegriff und seine Voraussetzungen. Nur von diesem Standpunkt aus betrachtet hat der erste der drei Sätze seine Richtigkeit. „Größe" im Sinn von Quantität der Materie oder Masse hat eine „Vielheit der Substanzen" nur dann, wenn die einzelnen Substanzen Massencharakter an sich tragen, d. h. wenn sie die Fähigkeit besitzen, bewegung- bzw. beschleunigungbestimmende Faktoren zu sein, eine Fähigkeit, die auf der Intensität der Raumerfüllung beruht und mit ihr wechselt. „Größen" aber im Sinn von selbständigen Realitäten, von für sich „bestehenden Subjekten der Bewegung" würden die Substanzen auch dann sein, wenn jene Fähigkeit ihnen abginge (vgl. XIV 213 f.).

Manchmal zeigt sich die Unklarheit von Kants naturwissenschaftlichem Denken darin, daß er ganz verschiedenartige Gesichtspunkte und Begründungen — nicht etwa mit bewußter Kunst ineinander arbeitet, sondern sie — mehr oder weniger unterschiedslos ineinander verschwimmen läßt, sei es, daß er ihre Verschiedenheit überhaupt nicht bemerkt, sei es, daß er sie dunkel ahnt, ohne sie doch auf einen klaren Ausdruck bringen zu können.

Zum Beleg mögen die beiden folgenden Sätze dienen: „Die ursprünglichen ⟨Kräfte⟩ sind jederzeit zwischen zweien Körpern wechselseitig und gleich. Denn wenn ein Körper *a* den andern *b* zöge und nicht wieder von diesem gezogen würde, so würde *b* sich gegen *a* bewegen, und, da *a* sich nicht gegen *b* bewegt, so würde es von *b*, mithin *a* von sich selbst bewegt werden, und es entstünde in der Welt eine Bewegung, die nicht relativ, sondern absolut wäre" (XIV 188 f.).

Der Beweis, den der 2. Satz für den 1. erbringt, ist ein indirekter. Seine Grundlage bildet die hypothetische Annahme, daß ein Körper *a* den andern *b* zöge und nicht wieder von ihm gezogen würde. Diese Annahme ist das kontradiktorische Gegenteil dessen, was erwiesen werden soll (der Wechselseitigkeit und Gleichheit ursprünglicher Kräfte). Sie leitet aber auf eine physikalische Unmöglichkeit (nämlich eine Bewegung, die nicht relativ, sondern absolut wäre, d. h. die im Verhältnis auf einen schlechthin ruhigen Körper stattfände) und wird durch die Tatsache, daß aus ihr mit Notwendigkeit eine derartige Folge fließt, ad absurdum geführt, muß also durch ihr kontradiktorisches Gegenteil, d. h. durch die zu beweisende Behauptung ersetzt werden.

Was sollen aber in diesem Zusammenhang die Worte: „mithin *a* von sich selbst"? Eine absolute Bewegung fände auch dann schon statt, wenn *b* sich gegen das als absolut ruhend gedachte *a* hin in Bewegung setzte, und ebenso wieder, wenn das absolut ruhende *a* von *b* in Bewegung gesetzt würde. Jene fünf Worte sind also für den Beweis ganz überflüssig. Dazu kommt, daß aus der Unmöglichkeit einer absoluten Bewegung kein Beweisgrund gegen die Möglichkeit abgeleitet werden kann, daß ein Körper „von sich selbst bewegt" werde. Die Notwendigkeit der Relativität der Bewegung gilt für alle Bewegungen innerhalb eines Systems bewegter Materie. Für den ersten Eintritt einer Bewegung in dies System hat es dagegen gar keinen Sinn, von Absolutheit oder Relativität der Bewegung zu sprechen. Was der Annahme einer an sich denkbaren spontanen Bewegung der Materie aus sich selbst heraus entgegensteht, ist also nicht die Notwendigkeit der Relativität a l l e r Bewegung, wohl aber das Gesetz der Trägheit [1]). Die Worte „mithin *a* von sich selbst" enthalten also noch einen 2. Grund für die Unzulässigkeit der hypothetisch gemachten Annahme: sie würde einem Grundgesetz der Mechanik, dem Gesetz der Trägheit, widersprechen, insofern sie eine absolut erste Bewegung aus der Materie selbst heraus entstehen lassen würde.

Diese beiden Gründe werden aber nicht als zwei verschiedene nebeneinander gestellt und getrennt erörtert, sondern in unklarer Weise miteinander vermengt. Kant wollte ursprünglich wohl nur die Relativität aller Bewegung gegen die hypothetisch zugrunde gelegte Annahme ausspielen. Aber indem er dachte und schrieb, kam ihm der Gedanke, daß die Bewegung des absolut ruhenden *a* durch das von ihm angezogene *b*

1) Die vier letzten Sätze sind XIV 189 f. näher ausgeführt und begründet.

im Grunde eine (wenn auch nur indirekt zustande gebrachte) Bewegung des *a* durch sich selbst, mithin ein erster Anfang der Bewegung oder eine absolut erste Bewegung durch bloße Materie, und auch aus diesem Grund unmöglich sei. Dabei wurde ihm aber nicht klar, daß dieser Gedanke einen zweiten, von dem zunächst allein beabsichtigten Einwand ganz verschiedenen, schon an und für sich durchschlagenden Grund gegen die bekämpfte Ansicht darstelle, und sich auf ein besonderes Fundament (das Gesetz der Trägheit) stütze. Er meinte vielmehr, diesen Gedanken dem ersten Einwand als ein weiteres, in dieselbe Richtung weisendes und darum verstärkendes Moment beigesellen und beide in den Schlußworten „es entstünde — wäre“ zusammenfassen zu können. Die Subsumtion heterogener Gedankenreihen unter e i n e n Ausdruck erscheint so betrachtet als die leicht begreifliche Folge der sachlichen Unklarheit, in der Kant sich befand.

Aehnlich wie an dieser Stelle ist die Sachlage auch XIV 138 f., wo Kant den Nachweis führen will, daß die Phänomene des Zusammenhanges nur aus einer äußeren Kraft: dem Druck des Aethers erklärt werden können. Gegen die Annahme, daß sie „die Wirkung einer selbständigen Kraft der Materie“ seien, werden zwei Gründe vorgebracht: e n t w e d e r zieht sie, wenn man die Kraft des Zusammenhanges als Flächenkraft faßt, als notwendige Konsequenz die Unmöglichkeit nach sich, daß in einer endlichen Zeit eine unendliche Geschwindigkeit hervorgebracht werde; o d e r , wenn man den Zusammenhang als durchdringende Kraft betrachtet, so hat sie einen Widerspruch mit den Tatsachen zur Folge, insofern dann bei den „kleinesten Massen“ nur eine unendlich kleine Dichtigkeit möglich sein würde, während ihnen (z. B. kleinsten Teilchen Gold) doch in Wirklichkeit eine große Härte zukommen kann [1]). Diese beiden Gründe werden nun aber nicht deutlich voneinander gesondert und jeder in seiner Eigenart gekennzeichnet, sondern in e i n e m Satz, durch ein ganz unlogisches „aber“ verbunden, aneinandergereiht, als ob es sich nur um e i n e n Grund handle, der bloß von verschiedenen Seiten aus betrachtet werde. Und Schuld daran ist wieder die Verschwommenheit von Kants Denken. Es drängt ihn nicht, sich die beiden Fälle in ihrer ganzen Verschiedenheit anschaulich klar vor das innere Auge zu führen, sie mit seiner Phantasie gleichsam plastisch auszugestalten. Er wird sich wohl bewußt gewesen sein, daß er z w e i verschiedene Argumente vorbringe; w i e verschieden aber die bei ihnen in Betracht kommenden Faktoren seien, wird er höchstens dunkel geahnt haben. Und dabei beruhigte er sich,

1) Beide Gründe sind u. § 211 ausführlich dargestellt.

weil er nicht das Bedürfnis fühlte, sein Vorstellen mit Anschaulichkeit zu sättigen, worauf dann der adäquate begriffliche Ausdruck sich von selbst eingefunden haben würde.

Dieser Mangel an Anschaulichkeit, an Plastik im naturwissenschaftlichen Denken und Vorstellen tritt uns in den L.Bl. immer wieder von neuem entgegen, sehr stark z. B. in den Lehren über Kohäsion und Aggregatzustände in der 2. Hälfte der 70er Jahre (vgl. u. § 212). Hinzu kommt hier wie so oft noch die nebelhafte Unbestimmtheit der Theorien und Hypothesen, ihre unzulängliche Durchbildung im einzelnen. Diesen charakteristischen Eigenschaften werden wir aber auch außerhalb der L.Bl., z. B. in den Meditationes de igne und in der A.N.u.Th. begegnen (vgl. u. § 174, 177—183, 188 f., 199, 284, 288). Und im letzten, unvollendet gebliebenen Ms. ist das Bild noch ganz dasselbe. Immer wieder habe ich in meinem Buch über das Op. p. auf dies Manko hinweisen müssen: es macht sich geltend in Ausführungen des Oktaventwurfs über die den Haarröhrchenphänomenen ähnlichen Erscheinungen im Gewächsreich (a. a. O. S. 76), in der Lehre vom Starrwerden und Kristallisieren (S. 501—11, 527 f.), von der Kohäsion (S. 553—5), von der Reibung und Polierung (S. 555—68), vom Metallglanz (S. 568—80).

8. Zusammenfassend muß man also sagen, daß Kant d i e Fähigkeiten in hohem Maß abgehn, auf denen die Leistungen der großen Naturwissenschaftler beruhen, die in der Geschichte ihrer Wissenschaft Epoche gemacht oder die Wissenschaft doch wesentlich gefördert haben. Er hat seinen Platz weder in der Reihe der großen Experimentalphysiker noch in der Reihe der großen Theoretiker, die ihre auf Grund intimster Kenntnis der Tatsachen entworfenen Theorien streng mathematisch durchführten und dann die Folgerungen aus ihnen in schönster Weise wieder an den Tatsachen bestätigt fanden. Auf der einen Seite fehlt Kant die manuelle Geschicklichkeit zum Experimentieren, die Gewöhnung daran und die Lust, der Drang dazu. Auf der andern genügt seine mathematische Durchbildung nicht. Er ist auch kein guter Rechner. Die rechnerischen Nachweise in seinen gedruckten Schriften sind öfter falsch als richtig, und es ist auffallend, daß er in seinen Manuskripten ganz elementare Rechnungen nicht selten schriftlich ausführt (auf S. 107 des II. Dorpater Briefbandes z. B. 72 : 6). Doch muß man wohl auch hier die Sache tiefer fassen und aus den vorliegenden Tatsachen einen Mangel in seiner Geistesart (vom Standpunkt des Naturwissenschaftlers aus gesehen!) erschließen: er hatte nicht das Bedürfnis, überall nach Möglichkeit einer mathematischen Formulierung zuzustreben, und eben darum drängte es ihn auch nicht, sein mathematisches Können so auszugestalten (be-

sonders auch in der Integral- und Differentialrechnung) [1]), daß es ihm bei all seinen Problemen, auch solchen, die abseits von der gewöhnlichen Heeresstraße lagen, zu vollständig freier Verfügung stand. Ihm fehlt ferner das bei jedem wahren Naturwissenschaftler so stark ausgeprägte Bedürfnis nach plastischer Vergegenwärtigung aller Vorgänge und nach Veranschaulichung durch Zeichnungen. In Verbindung damit steht seine große (leider muß man sagen: echt philosophische) Vorliebe für vage, vieldeutige Begriffe. Innere Hemmungen machen es ihm offenbar unmöglich, sich der strengen Zucht der mathematisch-physikalischen Methode zu unterwerfen, in den üblichen Formeln zu denken, seine Begriffe durch klare Definitionen genau zu bestimmen und den so festgestellten Sprachgebrauch konsequent durchzuführen.

9. So wird es verständlich, daß gegen Einzelheiten auch in sonst anerkannten naturwissenschaftlichen Schriften Kants von Fachmännern schwerwiegende Einwände erhoben sind. Kants Stärke ist die Konzeption großer, umfassender Ideen, nicht ihre Durchführung im einzelnen. Die bildet im Gegenteil seine schwache Seite. Ich halte es deshalb für keine glückliche Formulierung, wenn König (29) behauptet, Kant habe durchweg eine exakte physikalische Behandlungsweise der Erscheinungen angestrebt. Das zu tun wurde er vielmehr durch seine Geisteskonstitution geradezu verhindert.

Gewiß hat er seine Aperçus nicht nur so hingeworfen, sondern mit allen ihm zu Gebote stehenden Mitteln versucht, sie zu wirklichen Theorien auszugestalten und im einzelnen zu bewahrheiten. Aber gerade bei diesen Versuchen treten uns überall die Schranken seines Geistes entgegen, die es ihm unmöglich machen, ein echter, insbesondere auch: ein exakter Naturforscher zu sein. Als Mittel zur Exaktheit oder — anders betrachtet — als Feld ihrer Betätigung kommt vor allem dreierlei in Betracht: Beobachtung, Experiment und mathematische Behandlung. Mit den letzten beiden war es, wie wir sahen, bei Kant schlecht bestellt. Und was die erste betrifft, so sagt Lehmann (4) sehr richtig: „Der kritische Scharfsinn Kants war größer als seine Beobachtungsgabe, scharfe Prüfung der gefundenen Resultate und feine Kombination derselben von Anfang an mehr seine Sache als Erweiterung des Beobachtungsmaterials.“

---

1) Mit diesen scheint Kant sich überhaupt nicht näher beschäftigt zu haben. Er kennt natürlich Zweck und Bedeutung der betreffenden Rechnungen, gebraucht gelegentlich (z. B. I 310) auch den Ausdruck „Differentialgröße“, meistens aber statt dessen den Ausdruck „Moment“ in der 3., 6., 7. Bedeutung (vgl. o. S. 25 f.). Weiter aber geht seine Kenntnis kaum. Der Symbole dx und dy bedient Kant sich, soweit ich sehe, nur XI 381 und da nur im Anschluß an Beck (XI 347, 371).

10. Wenn Kant auch prinzipiell und theoretisch die große Bedeutung von Experiment und Beobachtung willig anerkannte (vgl. z. B. XI 142), so war er selbst doch unstreitig ein mehr deduktiver und architektonisch-konstruktiver Geist.

Seine reichen naturwissenschaftlichen Kenntnisse hat er an keinem Punkt als Basis benutzt, um von ihr aus durch empirische, streng methodische ev. experimentelle Forschung in irgendeiner Einzelfrage unser Wissen um Tatsachen zu vermehren oder neue Gesetzmäßigkeiten festzustellen und in Formeln zu fassen [1]). Auf der andern Seite ist es kennzeichnend für ihn, daß er die erdgeschichtlichen Probleme mit einer unverkennbaren Vorliebe behandelt: mehr als vierzig Jahre hat er an seinen Theorien gemodelt. Nicht etwa nur deshalb, weil sein Kolleg über physische Geographie ihn immer wieder zwang, sich mit ihnen zu beschäftigen. Sondern sie lagen ihm offenbar ganz besonders. Und der Grund? Er ist ohne Zweifel darin zu suchen, daß für ihn als stark deduktiven Geist eben diese Art der Betätigung (scharfsinnige Schlüsse und umfassendste Kombinationen auf Grund geringen Erfahrungsmaterials, also großer freier Raum für Vernunftkonstruktionen, ohne fürchten zu müssen, durch Tatsachen rektifiziert zu werden) etwas sehr Lockendes haben mußte. Das war gerade sein Fall: wenig Detail, aber dies wenige von Ideen durchleuchtet, erweitert und großen Zusammenhängen eingeordnet. So verdanken wir seinen geogonischen bzw. geologischen Arbeiten und Ansichten, sowohl in dem, was sie geben, als in dem, was sie nicht geben und auch nicht in Angriff nehmen, wertvolle Aufschlüsse über seine Geistesart: sie zeigen ihn uns als vorwiegend deduktiven Geist, als einen jener damals so zahlreichen aprioristischen Träumer, die ohne genügende Erfahrungsgrundlage, oft auf ein Minimum eigener Anschauung gestützt, ihr geogonisches System, wie die Spinne ihr Netz, aus sich selbst herausspannen, aber als ganz ungeeignet, durch methodische empirische Forschung zur Weiterentwicklung beizutragen.

Die architektonisch-konstruktive Veranlagung ist oft mit einer Neigung zur Vergewaltigung der Wirklichkeit verbunden. Bei Kant war das in hohem Grade der Fall: seine Kategorientafel hat den Tatsachen gegenüber oft die Rolle eines Prokrustesbettes spielen müssen. So wird es begreiflich, daß apriorische Gewalttätigkeiten und schematische Konstruktionen auch seinen naturwissenschaftlichen Schriften nicht fremd sind, wenn sie dort auch, abgesehn von den M.A.d.N. und dem Op. p.,

1) Auch seine Theorie der Winde macht keine Ausnahme. Denn auch bei ihr handelt es sich nicht um empirische, methodische Forschung, sondern um Deduktion gewisser Erscheinungen aus allgemeinsten Gesetzen.

naturgemäß weniger Gelegenheit haben hervorzutreten, als auf eigentlich philosophischem Gebiet. Bei der Bildung größerer Gruppen für Kollegzwecke, von der o. S. 12 die Rede war, geht es z. B. nicht immer ohne Gewaltsamkeit ab. Vor allem sei hier auf XIV 349—51 (mit Kommentar 351—64) verwiesen, worüber weiter unten (§ 217) des näheren berichtet werden wird. In diesem Zusammenhang ist noch erwähnenswert, daß Kant die Brown'sche Lehre nach ihrer formalen Seite hin billigt und sogar als untadelhaft bezeichnet, und zwar charakteristischerweise mit der Begründung, daß sie das „System der bewegenden Kräfte des Lebens im Menschen" und dementsprechend auch das der Krankheiten nach einem Vernunftprinzip völlig a priori darstelle und einteile (XV 963, XII 294). Und wie sehr er selbst gewohnt ist, auf medizinisch-psychologischem Gebiet schematisch konstruierend nach apriorischen Gesichtspunkten vorzugehen, zeigen seine wiederholten, im einzelnen stark voneinander abweichenden Einteilungen der Gemütskrankheiten (II 257 ff., XV 206 ff., 705 ff., 809 ff., VII 202 ff.).

11. Vielleicht ist man geneigt, sich gegen meine Behauptung, daß es Kant an dem naturwissenschaftlichen Grundbedürfnis nach plastischer Vergegenwärtigung physikalischer Vorgänge und Theorien gefehlt habe, auf Jachmann zu berufen, der ihm in seinem 3. Brief eine bewunderungswürdige innere Anschauungs- und Vorstellungskraft zuschreibt. Einst habe Kant in Gegenwart eines geborenen Londoners die Westminsterbrücke in allen Einzelheiten so genau geschildert, daß der Engländer ihn fragte, wieviel Jahre er in London gelebt habe und ob er Architekt sei. Und auch Brydone „soll" sich nach einem Gespräch mit ihm über Italien erkundigt haben, wie lange er dort gewesen sei. Daß er auf Grund bloßer Lektüre, ohne je einem Experiment beigewohnt zu haben, auch die ganze Experimentalchemie beherrscht haben soll, wurde schon o. S. 10 mitgeteilt. Mögen diese Berichte auch ausgeschmückt und übertrieben sein [1]) — die Tatsache, daß Kant überhaupt in hohem Maß die Kunst anschaulicher Darstellung eigen war, kann füglich nicht bezweifelt werden; auch die Berichte über seine Vorlesungen bezeugen sie, ja sogar — trotz ihrer Dürftigkeit! — die erhaltenen Kollegheftе.

Aber man darf dies und anderes nicht mit E. Cassirer (Kants Leben und Lehre, 1918, S. 45) in dem Sinne deuten, als ob Kant eine „exakte

1) Das „soll" bei Brydone rührt von Jachmann selbst her! Vor allem hätte Kant sich wahrscheinlich zahlreiche kleinere Ungenauigkeiten zuschulden kommen lassen können, ohne daß die Ausländer sie bemerkt hätten. Und hätten sie es getan, so würde sie das wahrscheinlich doch nicht gehindert haben, ihre Fragen zu stellen.

sinnliche Phantasie" besessen habe. Wohl aber besaß er scharfe Sinne [1]) und ein erstaunlich gutes, insbesondere auch anschauliches (visuelles) Gedächtnis. Vermittelst jener erfaßte er nicht nur das Charakteristische, sondern auch kleine, unscheinbare Züge, die den Vorstellungen erst ihre Anschaulichkeit zu geben pflegen und die von seinem Gedächtnis treu bewahrt wurden. Infolgedessen vermochte dieses ihm bei der Lektüre von Beschreibungen und Schilderungen eine Menge von lebhaften sinnlichen Vorstellungen zur Verfügung zu stellen, so daß, was er las, für ihn alsbald die Form konkreter Bilder annahm. Auch diese blieben in seinem Gedächtnis haften, und mit ihnen zugleich eine Fülle von Einzelbestimmungen, die das Gelesene bot. Was sich in dem allen betätigte, war nicht wirklich schöpferische, frei gestaltende Phantasie. Alles läßt sich vielmehr darauf zurückführen, daß rein assoziationsmäßig, durch Variation und verschiedenartige Kombination, ein engbegrenztes Anschauungsmaterial — Kant kam ja nur selten über Königsberg, nie über Ostpreußen hinaus — vervielfältigt wurde.

Sicher ist ein produktives geistiges Schaffen, auch in der Wissenschaft, ohne Phantasie in weiterem Sinn nicht möglich. Aber die wissenschaftliche Phantasie nimmt verschiedene Formen an: sie ist eine andere beim Naturforscher und Techniker [2]), eine andere beim abstrakten Denker. Und was ich nachzuweisen suche, ist eben, daß Kant zu diesen, nicht zu jenen gehört. Beim abstrakten Denker bezieht sich die Phantasie vor allem auf abstrakte Gegenstände: auf Begriffskombinationen, Gedankenverbindungen, logische Zusammenhänge usw. Da ist kein Grund vorhanden, weshalb sie einen sinnlichen Charakter tragen sollte, meistens ist sogar nicht einmal die Möglichkeit dazu gegeben. Ganz anders beim ausgesprochenen Naturwissenschaftler: dessen Phantasie ist nicht auf das Abstrakte, sondern auf das Sinnlich-Konkrete gerichtet. Beim produktiven Schaffen sind seine Gedanken mit Anschauung gesättigt, seinen Begriffen schieben sich Bilder unter, Hypothesen und Theorien lösen sich ihm in räumliche Vorgänge und Verhältnisse auf, die er, wo nur irgend möglich, anschaulich vorzustellen strebt, oder vielmehr: er strebt gar nicht erst mit Bewußtsein und Willensanstrengung danach, sondern seine Phantasie führt ihm ganz von selbst, freiwillig, ja! ungerufen, die betreffenden Anschauungen vor. An ihnen und aus ihnen *erschaut* er neue Probleme und Lösungen, während der abstrakt Geartete sie sich abstrakt *erdenken* muß.

---

1) Jachmann, 14. und 18. Brief.

2) Vgl. R. Crain: Ueber Wesen und Bedeutung technischer Anschauung, in: Technik und Wirtschaft 1913, Heft 2, 3.

Daß Kant nicht zum naturwissenschaftlichen, sondern zum abstrakten Typ gehört, wird, wie ich zeigte, durch seine Werke und Manuskripte unwiderleglich bewiesen: sowohl durch die häufige Unanschaulichkeit seiner Ausführungen und Theorien, ihre mangelhafte Durchbildung und Unbestimmtheit im einzelnen, als auch seine Vorliebe für vage, vieldeutige Begriffe und den Mangel an Zeichnungen und Formeln (welch' letztere ja, im Gegensatz zu seiner eigenen, rein abstrakten Behandlung der betreffenden Probleme, entschieden auch als ein anschauliches Element zu bewerten sind).

12. Wenn aber die Sache so liegt, wie sind dann die großen Leistungen [1]) zu erklären, durch die Kant seinen Namen mit goldenen Lettern in die Geschichte der Naturwissenschaften eingetragen hat?

In manchen Fällen handelt es sich um Grenzgebiete zwischen Philosophie und Naturwissenschaft, auf denen Kant als Erkenntnistheoretiker und Metaphysiker redet, so vor allem bei seiner wichtigen dynamischen Theorie der Materie, bei seinen Untersuchungen über das Wesen des Raumes und über die Grundlagen der Mathematik.

In eigentlich naturwissenschaftlichen Dingen dagegen hat er das Wort ergriffen als Ausnahmegeist, als wissenschaftliches Genie mit der stark ausgeprägten Fähigkeit zur Synthese, zur vereinheitlichenden Zusammenschau des weit Getrennten. Selbstverständlich bedurfte es dazu eines ausgebreiteten naturwissenschaftlichen Studiums, eines Beschlagenseins auf den verschiedensten Gebieten und fortwährenden Weiterarbeitens, um durch Lektüre der wichtigeren Neuerscheinungen auf der Höhe zu bleiben. Das alles wird uns ja auch von Kants Freunden und Biographen als in hohem Maß für ihn zutreffend berichtet [2]), und auch Kants Biblio-

---

1) Diese Leistungen bleiben auch dann groß, wenn man, wie es im folgenden geschehen wird, irrige Meinungen und Uebertreibungen zurückweisen muß, wie die oft gehörten, daß Kant ein Vorläufer des Darwinismus oder der modernen mechanischen Wärmetheorie gewesen sei.

2) Es genüge, das Zeugnis von dem ihm besonders nahestehenden Chr. J. Kraus anzuführen: „Kant las unbändig viel, nämlich ungebunden aus dem Buchladen." „In dem jedesmaligen halbjährigen Meßkatalog strich er sich, sowie er ihn bekam, fast alle Reisebeschreibungen, chemische und physische und andere Schriften, die von seiten der Verfasser etwas Lehrreiches erwarten ließen, an, und so las er nun alles der Reihe nach durch und war gewöhnlich lange vor Ausgebung des neuen Katalogs, mit dem er es ebenso machte, fertig" (R. Reicke: Kantiana, 1860, S. 16, 18). Danach kann man wohl nicht zweifeln, daß Kant sich, wenigstens in seiner besten Zeit, regelmäßig eine wenn auch nicht erschöpfende, so doch für seine Zwecke vollkommen ausreichende Uebersicht über die Arbeiten und Fortschritte auf naturwissenschaftlichem Gebiet verschaffte. Er war eben nicht nur ein wissenschaftliches Genie: er hatte auch viel von dem, was er selbst in seiner Anthropologie als den

thek, deren Verzeichnis neuerdings von A. Warda aufgefunden und mit vorbildlicher Sorgfalt herausgegeben ist, zeigt uns die naturwissenschaftlichen Abteilungen verhältnismäßig reich vertreten.

Aber auch solche ausgedehnten Studien haben nicht vermocht, Kants Geistesanlage zu ändern, sie aus einer philosophischen in eine echt naturwissenschaftliche zu verwandeln. Ihre Aufgabe konnte nur sein, den Stahl in Kants Geist zu härten, damit, wenn die äußeren Anregungen als Stein auf ihn träfen, der geniale Funke des Neuen aufblitze. Oder ohne Bild: alle jene Studien konnten nur die Bedeutung haben, daß sie Kants Geist mit dem nötigen Rohmaterial versorgten, auf Grund dessen er dann eine ganz neue, höhere, eben die dem Genie eigentümliche Tätigkeit vollziehen konnte und mußte: das Zusammenschaun des scheinbar Heterogenen in höherer Einheit, das intuitive Erfassen durchgehender Gemeinsamkeiten und Gesetzmäßigkeiten.

Der diskursive Verstand für sich allein ist in solchen Fällen unzulänglich. Er muß sich mit der innern Anschauung verbinden, damit der Geist zu jenen seltenen Höchstleistungen fähig werde. Denken und Intuition vereinigen sich in eigenartiger Weise, wobei der Intuition die Führung zufällt. So entsteht eine Art intuitives Denken, ein Denken, das sich gleichsam in den Formen der Anschauung bewegt. Es sucht die Vorteile des abstrakten Denkens mit den Vorteilen der Anschauung zu verbinden, um so die freie Kombinationstätigkeit und die Erfassung des Wesentlichen auf das höchste zu steigern. Die Bedeutungserfüllung der Begriffe vollzieht sich nicht, wie beim rein diskursiven Denken, an der Hand einer in der Sphäre des Allgemeinen sich bewegenden, abstrakten Analyse des Begriffsinhalts, sondern auf anschaulicher Basis: auf Grund innerer Wahrnehmung einzelner, konkreter, auch den äußeren Sinnen zugänglicher Begriffsgegenstände — eine Parallelerscheinung zur räumlichen Konstruktion geometrischer Begriffe — oder, wo derartige sinnlich-konkrete Einzelgegenstände nicht möglich sind, bei den (in grammatischem Sinn) abstrakten Begriffen: durch ein gleichsam anschauliches Hervortreten der entscheidenden Begriffsmerkmale. Vergleichen und Unterscheiden, Verbinden und Trennen erfolgt gleichfalls nicht auf diskursivem Wege, sondern auf Grund einer unmittelbaren Einsicht in das von der Intuition Gebotene. Alles ist nach Möglichkeit mit Anschauung gesättigt. Die spezifisch diskursiven Denkmittel bleiben im Hintergrund

„allgemeinen Kopf" bezeichnet, „der alle verschiedenartige Wissenschaften befaßt". Er besaß eine „vaste", aber keine „zyklopische" Gelehrsamkeit, denn überall hin drang das „Auge der wahren Philosophie", und darum war er weit mehr als ein bloßer Polyhistor.

des Bewußtseins, sind dort aber jeden Augenblick bereit, in Tätigkeit zu treten, sobald man ihrer bedarf. Es ist ein Anschaun auf höherer Stufe: die ganze gewaltige Technik des diskursiven Denkens wirkt in ihm unbewußt mit, es ist mit ihr gleichsam imprägniert, auch dann, wenn sie für das Bewußtsein bescheiden abseits steht, des Winks gewärtig, der sie zum Dienst ruft. Es ist gleichsam Kultur, die wieder zur Natur, aber zu einer höheren Natur geworden ist.

Hier feiert die wissenschaftliche Phantasie ihre höchsten Triumphe, einerlei ob sie wie bei Naturwissenschaftlern und Technikern als exakte innerliche Phantasie auftritt, oder wie bei Kant und andern abstrakten Denkern in unsinnlichem, rein gedankenmäßigem Gewand. Von innerer Schau und Intuition darf, ja! muß auch im letzteren Fall gesprochen werden, nur ist von diesen Begriffen alles zu entfernen, was sie irgendwie in das Gebiet des Sinnlichen hinabzuziehn droht. Was geschaut und intuitiv erfaßt wird, sind beim zweiten Typ nicht räumlich-zeitliche, sondern logische Verhältnisse, innere Zusammenhänge, Aehnlichkeiten und Verschiedenheiten, neue eigenartige Kombinationen von Begriffen, die bislang unverbunden waren oder gar als unvereinbar galten, Abhängigkeiten funktioneller und kausaler Art, Begründungen, Beweise, Dispositionen usw. Aber in all dem ist doch eine durchgehende Aehnlichkeit mit den Eigentümlichkeiten der sinnlichen Anschauung unverkennbar, die das Recht gibt, auch hier von einer Schau, einer Intuition zu sprechen: das kleinere oder größere Ganze liegt offen vor einem da, mit e i n e m Blick überschaubar und als Ganzes erfaßbar, zugleich übersichtlich in seiner Gliederung und durchsichtig auch in seinen innern Zusammenhängen. Das Denken hört auf zu analysieren, zu vereinzeln; wie die Anschauung umfaßt es seinen Gegenstand auf einmal und ganz.

Dieses Moment der Totalität, das den großen Intuitionen stets eignet, ist in seinem Gegensatz zur Detailforschung mit ihrem „zum Einzelnen streben“ und oft auch „am Einzelnen kleben“ außerordentlich wichtig. Es kann nur aus vollster Stoffbeherrschung geboren werden und verleiht ein Gefühl der Souveränität, das erregend und erhöhend auf alle Geisteskräfte wirkt. In diesem einheitlichen Umfassen, diesem ungehinderten Uebergange vom Ganzen auf die Teile und von den Teilen wieder zurück zum Ganzen fühlt man sich mit seinem Gegenstand in einer sonst nie erreichbaren Weise eins.

Die Detailforschung gleicht einem mühevollen Aufstieg im Hochgebirge: bald in dieses, bald in jenes Tal öffnet sich der Blick, neue Spitzen tauchen auf, um bei einer Wendung des Pfades wieder zu verschwinden, der zögernd nur und einseitig die Gestalt des Gipfels offenbart; altbekannten Berggruppen verleihen wechselnde Vordergründe neue Reize, Wolkenschatten kommen und gehen, verschiedenartige Beleuchtung vervielfacht die Schönheit. Aber der Blick ist und bleibt begrenzt, nur Bruchstücke bieten sich ihm dar; vor einem oder zur Seite steht, die Aussicht sperrend, die Bergwand. Erst auf der Spitze entfaltet sich die volle Herrlichkeit. Ungehindert, wie bei der Intuition, schweift der Blick über Nahes und Fernes, bald verliert er sich grenzenlos an das Ganze, bald sammelt er sich zu hingebender Betrachtung der Teile. Der Aufbau des Massivs, auf dessen Gipfel man steht, die benachbarten Bergzüge und Täler, deren Konfiguration während des Aufstiegs so manche Probleme stellte — alles liegt jetzt offen vor dem Auge da.

Eine solche intuitive Erkenntnis war es, die einst dem alten Heraklit zuteil wurde, als er in innerer Schau, im stärksten Gegensatz zum Augenschein, die ganze Welt als im Fluß begriffen und auch die starrsten Gegenstände, auch Berge und Metalle, von einer unendlichen ewigen Kette von Bewegungen durchzogen sah. Eine Intuition war es, in der Galilei, wieder im stärksten Gegensatz zum Augenschein, die ganze Welt als eine dem Gesetz der Trägheit unterworfene Einheit erblickte, eine Intuition, in der Newton die Wahrheit aufging, daß ein und dieselbe Gesetzmäßigkeit im fallenden Apfel und in den Bewegungen der Himmelskörper zutage trete.

Ueberhaupt gerade die wichtigsten wissenschaftlichen Entdeckungen und Erfindungen sind oftmals nicht dem diskursiven, analysierenden und (selbst bei den allgemeinsten und umfassendsten Begriffen) doch immer vereinzelnden, weil abstrahierenden Denken allein zu verdanken gewesen. Sondern geniale Intuitionen gaben den Anlaß, in ihnen wurde die neue belebende Idee zuerst erfaßt, und erst in ihrer womöglich mathematischen Durchführung und Ausgestaltung, in dem etwaigen experimentellen Nachweis ihrer Richtigkeit übernahm der diskursive Verstand wieder die ihm dabei ohne Zweifel zustehende Führung.

Die höchsten Errungenschaften des Geistes wurden nur selten mühsam, d. h. in gerade auf *sie* gerichteten gewaltigen Anstrengungen, erarbeitet, sondern fielen durch die Gunst der Stunde, oft mitten in anderer Beschäftigung, dem vom Schicksal Begnadeten in den Schoß. Weshalb es einen tiefen Sinn hat, wenn die Hellenen Athene, die Göttin des Gedankens, fertig, in voller Waffenrüstung aus der Stirn des Olympiers treten ließen. Die Höhepunkte wissenschaftlichen Forschens stehen auf derselben Stufe und unter denselben Bedingungen wie das künstlerische Schaffen: Intuitionen und Inspirationen, aus dem unbewußten Geistesgrunde plötzlich auftauchend, geben beiden ihr Gepräge. Was beim künstlerischen Produzieren, auch dem des metaphysischen Genies, beim Werden und Wachsen seines Systems vor sich geht, das mag man in den Selbstbekenntnissen Hugo Wolfs, Schopenhauers und Nietzsches nachlesen.

Aber etwas von dem Eigenartigen, das diese höchsten Zustände und Fähigkeiten auszeichnet, greift auch in den Alltag des Lebens überall da ein, wo ein Produzieren, ein Werden von Neuem, und sei es noch so beschränkt und gering, in Frage kommt. Ueberall da wirkt der unbewußte Untergrund unseres Geistes in wichtiger Weise mit. In ihm müssen sich die bewußten Prozesse in einer uns schlechthin unbegreiflichen Weise fortsetzen, und was wir dem Geschick durch angestrengteste Konzentration, durch stundenlanges Ueberlegen und Hin- und Herwenden nicht abtrotzen konnten, das ist, oft inmitten ganz anderer Arbeit, auf einmal da, liegt offen vor dem geistigen Auge und braucht nur aufgenommen und verarbeitet zu werden. Schon auf dem Gymnasium hatte ich beim Lösen mathematischer Aufgaben, beim Entwerfen von Aufsätzen derartige Erlebnisse, sie haben mich durch die Jahre begleitet, und ich zweifle nicht, daß sie bei andern Menschen ebenso häufig sein werden. Gewiß ist das Spiel der Assoziationen hierbei von größter Bedeutung. Aber das Bezeichnende ist eben, daß es seine schönsten Früchte gerade im Unbewußten reifen läßt. Es ist, als ob hier die Schlußtätigkeit weiter ginge, als ob hier die beiden Prämissen, die im bewußten Geistesleben in keiner Verbindung miteinander standen, wie von geheimer Wahlverwandtschaft gezogen, zusammenträfen, um in der Conclusio das Neue, Ueberraschende, das Aperçu zu erzeugen. Natürlich ist volle Vertrautheit mit dem Gegenstand überall die unentbehrliche Voraussetzung, und die ist nur durch lange konzentrierte Arbeit und Vertiefung in ihn zu erreichen. Aber sie gipfelt — und das ist das Wichtige — nicht in dem, was man zielbewußt, mit voller Absicht aus ihr zu gestalten sucht, sondern in dem, was sie im Unbewußten weiter wirkt und was aus diesem dann mehr oder weniger plötzlich hervorbricht in einer Form, bei der das intuitive Element, das „offen da liegen vor der inneren Schau", meistens eine große Rolle spielt [1]).

---

1) Es soll damit nicht gesagt sein, daß jedes Aperçu sich in das Gewand der Intuition kleiden müsse, geschweige denn jeder kleine Einfall. Aber je bedeutender und umfassender ein Aperçu ist, je weitschichtiger der Gegenstand, auf den es sich bezieht, um so weniger wird das intuitive Element bei ihm fehlen. Und umgekehrt braucht nicht jede Intuition den Charakter des Aperçu an sich zu tragen und mit der dieses kennzeichnenden überraschenden Plötzlichkeit aus dem unbewußten Geistesgrunde hervorbrechen; aber in den meisten Fällen und gerade bei den bedeutendsten Intuitionen wird es so sein.

13. Und darauf beruht das relative Recht der Lobhymnen, die Schopenhauer, Bergson und andere auf die Intuition und die intuitive Erkenntnis angestimmt haben. Nur darf man aus der Intuition nie eine besondere Methode oder auch nur eine besondere, methodisch zu verwertende Erkenntnisquelle machen wollen, wie das der deutsche Idealismus nach Kant mit seiner intellektuellen Anschauung getan hat und wie es jetzt die Anthroposophie Steiners marktschreierisch ankündigt. Denn solche Intuitionen treten viel zu sporadisch auf, sind viel zu rätselhaft und unberechenbar, als daß sie zur Grundlage eines besonderen methodischen Verfahrens gemacht werden könnten. Und außerdem: auf e i n e gute, fruchtbare Intuition kommen schon bei einem Kant zehn schlechte, unfruchtbare. Bei den diis minorum gentium aber, denen sein (wenigstens so oft) treffender Blick fehlt, würde das Verhältnis noch viel ungünstiger sein.

Die Wissenschaft als Ganzes kann daher von glücklichen Intuitionen, genialen Aperçus und Aehnlichem auf die Dauer nicht leben. Gewiß können ihr auf diese Weise ganz neue Aussichten eröffnet, es können Erkenntnisse antizipiert werden, die es erst weit späteren Generationen an der Erfahrung zu bewahrheiten gelingt. Aber das sind Ausnahmefälle, und besonders erlesene Geister, wie Kant ja sicher einer war, sind dazu nötig. Darauf rechnen, es auf Gesetze bringen, es künstlich herbeiführen kann man nicht. Und auch die glücklichste Intuition, der glänzendste Einfall können, solange sie nicht m e h r sind als das, der Wissenschaft nur als heuristisches Prinzip dienen, um neue Erfahrungen zu machen, um methodische Forschung in bestimmter Richtung zu ermöglichen, aber sie können diese methodische Arbeit nicht selbst leisten noch sie ersetzen.

14. Im weiteren Verlauf der Untersuchung wird sich überall da, wo Kant auf naturwissenschaftlichem Gebiet neue Wege eröffnet oder spätere Forschungsergebnisse vorausgenommen hat, immer wieder bestätigen, daß er zu diesen Leistungen nicht durch methodische Arbeit nach naturwissenschaftlichen Forschungsprinzipien und in naturwissenschaftlicher Art befähigt worden ist, sondern durch geniale Intuitionen und kühne Aperçus, die ihm als von der Natur besonders begünstigtem Menschen, als wissenschaftlichem Genie zufielen. Dadurch wird verständlich, wie er, ohne die charakteristische Geisteskonstitution des echten Naturwissenschaftlers zu besitzen, trotzdem in den Naturwissenschaften und für sie so Großes leisten konnte. Denn jene Intuitionen und Aperçus entsprangen eben nicht empirischen Einzelforschungen oder gar experimenteller Betätigung noch gingen sie mit ihnen Hand in Hand. Sondern sie waren die Frucht weit ausholender Synthesen, die zudem noch unter dem bestimmenden Einfluß allgemein philosophischer oder gar allgemein wissenschaftlicher Maximen standen.

So war z. B. die Kosmogonie für Kant nicht nur ein naturwissenschaftliches, sondern zugleich auch ein metaphysisches Problem: indem er das Werden und die Konstitution des Weltsystems auf rein mechanische Grundsätze zurückführt, will er zugleich einerseits in allgemein wissenschaftlichem Interesse die ignava ratio verhindern, unter Verzicht auf natürliche Erklärung Gott in den Naturlauf eingreifen zu lassen, anderseits in metaphysisch-religiösem Interesse die Gottesauffassung läutern, den Begriff seiner Allmacht und Weisheit erhöhn und dem physikotheologischen Argument vermehrte Beweiskraft verleihen. Und wo sich in der A.N.u.Th. eine Gelegenheit bietet, greift er von den kosmogonischen Fragen auf die Metaphysik, insbesondere die rationale Theologie und Psychologie über (vgl. vor allem u. § 278, 281). Anderswo, z. B. bei Feststellung der Faktoren, welche die Erdrotation verlangsamen bzw. beschleunigen, und bei der Theorie der Winde, sind erkenntnistheoretische bzw. methodologische Erwägungen prinzipiellster Art von entscheidender Bedeutung gewesen, die der Naturwissenschaft damals noch nicht in dem Grad wie heute in Fleisch und Blut übergegangen waren und deren Verwendung deshalb dem damaligen Forscher noch nicht so nahelag und noch nicht so selbstverständlich war: so die Ueberzeugung von der Kontinuität alles Geschehens und von der großen Bedeutung auch der geringsten Arbeitsleistung, wenn sie nur genügend lange dauert oder regelmäßig wiederkehrt, ferner die Anwendung des Trägheitsgesetzes und des Satzes vom Parallelogramm der Kräfte auf ein Gebiet, wo man bis dahin nicht verstanden hatte sich ihrer zu bedienen. So redet Kant also selbst da, wo er am meisten reiner Naturwissenschaftler zu sein scheint, doch immer noch halb als Philosoph oder wenigstens als allgemeiner Methodologe oder bekommt mindestens von diesen Richtungen her die Anregung zu seinen neuen Problemen und Behauptungen.

15. Sehr charakteristisch ist sein Bekenntnis in dem Brief an Biester vom 31. Dez. 1784, daß er „beständig über Ideen brüte" (X^2 397). Und als ihm von Breitkopf am 21. März 1778 vorgeschlagen wird, in einer von dessen Schwiegersohn Oehme herauszugebenden allgemeinen Naturgeschichte seine Ansichten über die Menschenrassen näher auszuführen, stellt er ihm zwar für seinen Verlag ein selbständiges Werk über dies Thema in Aussicht, weigert sich aber, es im Rahmen einer allgemeinen Naturgeschichte zu behandeln, da er dann seine Aussichten sehr erweitern und auch das Spiel der Rassen bei den Tier- und Pflanzengattungen ausführlich betrachten müßte; das würde ihn aber in neue ausgebreitete Belesenheit verflechten, die doch gewissermaßen außer seinem Felde liege, weil die Naturgeschichte nicht sein Studium, sondern nur sein Spiel sei und seine vornehmste Absicht darauf gehe, die Kenntnis der Menschheit auch vermittelst ihrer zu berichtigen und zu erweitern. Zugleich erklärt er sich aber bereit, unter Umständen auch etwas zum allgemeinen Teil der Naturgeschichte beizutragen, jedoch „mehr durch Ideen, als deren ausführliche Anwendung" (X^2 227 ff.). In einer Vorarbeit zu seinem Schreiben an Soemmering vom 10. Aug. 1795 zeigt Kant sich sehr geneigt, neben den mechanischen und chemischen Zusammenhängen sich noch eine der chemischen „analoge Verwandtschaft der tierischen Materien nach Vitalitätsgesetzen zu denken und in allen Teilen, auf welche und deren Bewegung Nerven wirken, eine absonderliche Lebenskraft (wenn sie auch allenfalls Irritabilität heißen möge), mithin ein Prinzip der eigenen Sensibilität dieses Teils [1]) anzunehmen, wiewohl die Vereinigung der Empfindungen von so vielen belebten Organen in einem Bewußtsein der Seele nur durch die von dem affizierten Organ zum Gehirn gehende Nerven geschehen kann"; er will diese Gedanken jedoch nur als „Meinung" angesehen wissen, die er „als Laie dem reiferen Urteile der ⟨medizinischen⟩ Fakultät gänzlich preisgebe" (XIII 398 f.). Was er hier „Meinung" nennt, hätte er geradesogut wie an den andern beiden Briefstellen als „Idee" bezeichnen können.

Denn diese Ideen [2]) sind nicht etwa mit den Ideen der Dialektik in der R.V. auf eine Stufe zu stellen. Sie sind keineswegs Vernunftbegriffe, die als solche auf das Unbedingte gehn, denen daher im Reich der Erscheinungen nichts wirklich Entsprechendes an die Seite gesetzt werden kann. Doch teilen sie mit ihnen die Richtung auf systematische Einheit (R.V.[2] 702 f.), auf das ganz Grundsätzliche sowie das Weitumspannende. Die Ideen, über denen Kant brütete, sollten vermutlich Brücken schlagen zwischen weit Getrenntem und doch vielleicht innerlich Verwandtem oder sonstwie Zusammengehörigem, oder sollten als heuristische Grundsätze dienen, als Leitfäden, die durch dunkle Labyrinthe führen, oder als ordnende Prinzipien, wie z. B. der neue Rassenbegriff Kants die Rasse gegenüber Geschlecht, Art, Spielart, Varietät und Schlag ein für allemal klar abgrenzen will oder wie die „Idee zu einer allgemeinen Geschichte in weltbürgerlicher Absicht" ein unübersichtliches Gewirr von Tatsachen e i n e m leitenden Gesichtspunkt unterordnet und es dadurch erst der Macht des Gedankens unterwirft.

1) Wohl verschrieben für „dieser Teile".

2) Vgl. hinsichtlich Kants Sprachgebrauch auch noch X^2 397_{20}.

16. Die monistische Tendenz, die in Kants Geistesart einen so wesentlichen Zug bildet, wird auf jeden Fall überall ein gewichtiges Wort mitgesprochen haben. In seinen Veröffentlichungen wie im handschriftlichen Nachlaß zeigt sie sich bei naturwissenschaftlichen Untersuchungen überall von großer, oft von ausschlaggebender Bedeutung [1]). Kant ist entschieden ein synoptischer Geist, besitzt also das, was Plato vom Philosophen großen Stils fordert (*ὁ μὲν γὰρ συνοπτικὸς διαλεκτικός, ὁ δὲ μὴ οὔ*. Rep. VII 537). Daher seine außerordentliche Kraft der Synthese, sein Bedürfnis nach umfassenden Ausblicken und Rundblicken, seine Fähigkeit, weit Entlegenes zusammenzuschaun, in Dingen und Vorgängen, die durch eine Welt getrennt zu sein scheinen, Aehnlichkeiten, innere Verbindungen, Korrespondenz in der beiderseitigen Gesetzmäßigkeit zu entdecken: alles Eigenschaften, in denen nicht speziell die Besonderheit

---

1) Die nötigen Nachweise im Verlauf des Werkes. Hier nur vier Beispiele! I 211 f. und I 381 f. stellt er sein allgemeines Säureprinzip mit dem Spiritus Rector und der 5. Essenz gleich, sowie mit der „flüchtigen Säure, die allenthalben in der Luft ausgebreitet ist, die das aktive Prinzipium in den meisten Arten der Salze, den wesentlichen Teil des Schwefels und das Vornehmste in dem Brennbaren des Feuers ausmacht, deren Anziehungs- und Zurückstoßungskräfte sich bei der Elektrizität so deutlich offenbaren, welche so geschickt ist, die Federkraft der Luft zu bezwingen und Bildungen zu veranlassen", sucht also J. J. Becher, G. E. Stahl, H. Boerhaave und St. Hales unter einen Hut zu bringen (vgl. u. § 190—4). — Nach II 113 (vgl. 187 und u. § 200 Anm. 3) „präsumiert man mit großem Grunde: daß die Ausdehnung der Körper durch die Wärme, das Licht, die elektrische Kraft, die Gewitter, vielleicht auch die magnetische Kraft vielerlei Erscheinungen einer und eben derselben wirksamen Materie, die in allen Räumen ausgebreitet ist, nämlich des Aethers, sei, und man ist überhaupt unzufrieden, wenn man sich genötigt sieht, ein neues Prinzipium zu einer Art Wirkungen anzunehmen." — In dem „Beweisgrund" (II 148) rechnet Kant es seiner Kosmogonie zum Verdienst an, daß sie sich nicht von der Regel der Einheit entferne, indem selbst die bei der Bewegung der Himmelskörper sich betätigende Schwungkraft als eine Folge aus der Gravitation abgeleitet werde, „wie es zufälligen Bewegungen anständig ist, denn diese sollen als Erfolge aus den der Materie auch in Ruhe beiwohnenden Kräften hergeleitet werden". — Im letzten Paragraphen seiner Inauguraldissertation (II 418) spricht Kant von den drei principia convenientiae, jenen Urteilsregeln, denen wir uns, gleich als Axiomen, deshalb gern unterwerfen, weil unser Verstand, wenn er von ihnen abginge, sich selbst fast die Möglichkeit, über gegebene Objekte zu urteilen, nehmen würde. Das 2. dieser Prinzipien ist „favor ille unitatis, philosophico ingenio proprius, a quo pervulgatus iste canon profluxit: principia non esse multiplicanda praeter summam necessitatem; cui suffragamur, non ideo, quia causalem in mundo unitatem vel ratione vel experientia perspicimus, sed illam ipsam indagamus impulsu intellectus, qui tantundem sibi in explicatione phaenomenorum profecisse videtur, quantum ab eodem principio ad plurima rationata descendere ipsi concessum est." Vgl. ferner § 199 Schluß.

naturwissenschaftlicher, auch nicht philosophischer Begabung und Forschertätigkeit zum Ausdruck kommt, sondern die vielmehr in kleinerem Maß bei jeder fruchtbaren wissenschaftlichen Tätigkeit unentbehrliche Voraussetzungen sind, während sie, zu voller Blüte entwickelt, verbunden mit treuem Gedächtnis und reichem Wissen, mit der Gabe der Intuition und Divination, mit scharfem Verstand und kritischer Selbstzucht, das Wesen dessen ausmachen, was man als wissenschaftliches Genie zu bezeichnen pflegt.

Sein synoptischer Geist drängt Kant, einem Gesamtbild des Kosmos und der Erde zuzustreben und die ganze Natur als Einheit zu erfassen. Ihr gegenüber steht der Mensch, zwar ihr Produkt, aber doch zugleich bestimmt, sich über sie zu erheben, von der Natur zur Kultur, zu Recht und Moral fortzuschreiten. Der Entwicklungsgedanke ist es, der beide Gebiete, das der Natur und das der Freiheit, zusammenhält. Er führt uns vom Werden des Sternensystems über das Werden der Erde zum Werden der Menschheit: zu dem, was die Natur aus dem Menschen macht, und zu dem, was er selbst aus sich macht im Gegensatz zur Natur, indem er sich moralischen Wert und Würde gibt. In dieses allumfassende Fachwerk wird nun das Material eingeordnet, das Kant von allen Seiten herbeiträgt. Er prägt ihm den Stempel seines Geistes auf und stellt es in den Dienst der einen großen Aufgabe: der Herstellung eines einheitlichen, in sich geschlossenen Weltbildes. Dieser Aufgabe ist alles untergeordnet, zu ihr wird alles in Beziehung gesetzt. Das Vielwissen ist Kant nie Selbstzweck, sondern stets nur Mittel zum höchsten Zweck. Alles Vereinzelte, alles bloße Detail, das nicht in höhere Zusammenhänge eingegangen, nicht vereinheitlichenden Gesichtspunkten unterworfen ist, genügt ihm nicht, ist in seinen Augen minderwertig, ist kein Objekt eigentlicher Wissenschaft. Ueberall sucht er deshalb nach inneren Verbindungen, das Einzelne wird als Teil eines größeren oder kleineren Ganzen und in seiner Bedeutung für dieses Ganze begriffen und gewertet. Was A. Hettner [1]) von Al. v. Humboldt sagt, paßt auch auf Kant: „Nie bleibt ihm eine Tatsache isoliert; er geht stets vergleichend und kombinierend vor.“ Und zieht man nur die Absicht, den „Kosmos“ als Einheit zu erfassen, in Betracht, nicht ihre Durchführung, so darf man Kant wohl mit einigem Recht als Vorgänger Humboldts bezeichnen, wie Helmholtz [2]) und König (28) das getan haben.

1) Die Entwicklung der Geographie im 19. Jahrhundert (Geograph. Zeitschrift, 4. Jahrg., 1898, S. 5).

2) Vorträge und Reden [4] 1896, II 56.

17. Der Trieb zur Synopsis und Synthesis läßt Kant ferner bei jedem Problem, an das er neu herantritt, nach allen Seiten hin die Fäden verfolgen, die von ihm aus zu andern, sei es verwandten, sei es sonst irgendwie mit ihm zusammenhängenden führen, und wo noch keine vorhanden sind, da knüpft er sie selbst, und zwar oft in ganz origineller, überraschender Weise. Kant ist einer von den großen Fragern. Kausalfunktion und Kausalbedürfnis sind bei ihm ungemein stark entwickelt. Und auf gleicher Höhe steht seine Kombinationsgabe und der geniale Blick, mit dem er innere Zusammenhänge divinatorisch erschaut. Auf sie konzentriert sich deshalb seine ganze Aufmerksamkeit, sobald, und oft sogar schon: bevor er das Erfahrungsmaterial in seinen Einzelheiten übersieht. So sucht er überall nach Theorien [1]), um die Tatsachen zu erklären.

Ich gebe einige Beispiele. Kant übernimmt von Buache die Begriffe Platteform (Hochplateau) und Strombassin. Der Franzose hatte mit diesen Ausdrücken nur tatsächliche Verhältnisse auf der heutigen Erdoberfläche zusammenfassen wollen, und bei den Platteformen die asiatischen Sandplateaus dem kanadischen Seenplateau gegenübergestellt, ohne die Frage der Genesis der verschiedenen Formen zu behandeln. Kant begnügt sich nicht mit der Feststellung und Zusammenfassung von Tatsachen. Er fragt nach dem Warum?, und so erwachsen ihm aus Buaches Anregungen sofort geogonische Probleme und Theorien. Er zieht eine Verbindungslinie von dem Problem der Sandplateaus zu dem ihn gerade beschäftigenden, scheinbar weitab liegenden Rassenproblem und entwirft so eine scharfsinnige Wüstentheorie, die heute zwar in keiner Weise mehr befriedigt, aber, vom damaligen Standpunkt aus betrachtet, so ziemlich innerhalb der Grenzen des Möglichen bleibt. Und noch weiter wird Kant durch den Stachel des Warum getrieben. Er glaubt in den Wüsten Ueberbleibsel früherer Meere erkannt zu haben, und nun quält ihn die neue Frage: woher diese Meere in solcher Höhe? Er verknüpft Entlegenstes miteinander: die ihm aus eigener Anschauung bekannten preußischen Nehrungen und Strandrücken mit den Randgebirgen der Wüste Gobi und meint in den Meeresanspülungen das gemeinsame Agens gefunden zu haben, — eine geistreiche Kombination, aber am Schreibtisch vollzogen und nicht am Meeresstrande inmitten der Empirie, und

1) Ich mache in meinem Werk im Hinblick auf Kant keinen prinzipiellen Unterschied zwischen den Terminis Theorie und Hypothese, wie es von streng logischem Standpunkt aus geschehen müßte. Es ist das sachlich darin begründet, daß man bei den betreffenden Gedankengängen Kants, auf welche die beiden Termini angewendet werden, sehr häufig nicht imstande ist, objektiv zu entscheiden, welcher von beiden, logisch betrachtet, am Platz wäre.

darum zu wenig mit der Wirklichkeit rechnend, um wahr zu sein. Buaches Strombassins anderseits verbindet er mit der angeblichen Entdeckung von Mondvulkanen durch Herschel und dem, wie behauptet wurde, vulkanischen Ursprung der kraterähnlichen Gebilde auf der Mondesfläche; den Begriff der Eruption behält er bei, prägt ihn aber um, indem er sowohl die Strombassins der Erde als die Mondkrater aus gewaltigen atmosphärischen Ebullitionen entstehen läßt. Und ebenso muß auch Crawfords neue Wärmetheorie alsbald in den Dienst seiner Ideen treten und Antwort geben auf die Frage nach der Herkunft der Wärme der Himmelskörper, die seiner kosmogonischen Theorie bis dahin unbeantwortbar war [1]).

Auch bei solcher Uebernahme fremder Gedanken zeigt sich also Kants geistige Größe in ganz überraschender Weise, besonders in der Art, wie er die von außen her empfangenen Anregungen innerlich verarbeitet und umgestaltet, sie in allseitige Beziehung zu den schon vorhandenen Gedanken und Problemen bringt, weit Entlegenes kombiniert und so zu Schlüssen kommt, an die seine Gewährsmänner auch nicht von ferne dachten. Es gibt für ihn nichts Vereinzeltes, kein totes Wissen. Was in seinen Geist neu eintritt, bekommt das Siegel seiner Eigenart aufgedrückt und wird dadurch entweder selbst etwas völlig Neues oder wenigstens fähig, Neues hervorzubringen. Und so tritt denn bei Kant selbst in der Abhängigkeit von andern noch seine Genialität hervor.

Noch zwei weitere Beispiele! Als Kant 1800 in einer Reisebeschreibung des Taurinius liest, daß geschmolzenes Kupfer, über Wasser gegossen, darüber ruhig starr werde, kombiniert er diese Beobachtung sofort mit einem Experiment des Grafen Rumford, aus dem hervorgehe, daß der Wärmestoff aufwärts, d. h. der Gravitation entgegen, wirke; daher könne das Kupfer nicht auf das Wasser unter ihm einwirken, während Wasser, über geschmolzenes Kupfer gegossen, dieses gänzlich zersprengen würde. Der Chemiker Hagen wiederholt auf Bitten Kants die Beobachtung des Taurinius und bestätigt brieflich ihre Richtigkeit, aber — typisch für den Gegensatz zwischen dem nüchternen, exakten Naturwissenschaftler Hagen und dem auf schwankem Grund sich in kühnen Gedankenverbindungen ergehenden Kant! — ohne dessen erklärende Theorie auch nur mit einem Wort zu streifen, obwohl Kant doch am Schluß seines Briefes die Meinung ausgesprochen hatte, die Beobachtung würde im Fall ihrer Richtigkeit eine sehr wichtige Erweiterung in der Physik zur Folge haben. (XII 298 ff., XIII 504 ff., vgl. auch o. S. 10).

---

1) Näheres in K.A. 83 ff., 130 ff. und u. § 311 f.

1797 liest Kant in Fr. A. C. Grens Grundriß der Naturlehre[3], 1797, S. 670, flußspatsaures Gas, aus einer gläsernen Retorte destilliert, setze bei seiner Zersetzung durch hinzugelassenes Wasser sogleich eine kieseligte Rinde ab, zum Beweise, daß die Flußspatsäure die Kieselerde sogar in Luftgestalt bringen und verflüchtigen könne. Alsbald kommt er in geistige Erregung, seine Phantasie wird wach und späht nach Analogien aus, die Kombinationsgabe tritt in Tätigkeit, der Einheitstrieb fängt Feuer, und das Ergebnis ist eine kühne Theorie des Magnetismus, nach der vielleicht eine andere uns noch unbekannte Luftart auch das Eisen zu verflüchtigen imstande ist und demgemäß Eisen oder wenigstens die Basis desselben, die mit einer gewissen Erdart verbunden Eisen machen kann, in sich enthält; diese Materie würde dann vielleicht alle Körper durchdringen, ohne sich an eine andere als das Eisen zu hängen. Und noch weiter wird Kant durch seine Phantasie geführt: der Mond und alle Trabanten erscheinen ihm als große Magneten, und er ist versucht, aus diesem Magnetismus des Mondes auch seinen Einfluß auf die Witterung herzuleiten (XIV 532). Was Kant hier nur flüchtig andeutet, hat er dann auf dem L.Bl. Essen 11 in zwei Entwürfen weiter ausgeführt (vgl. u. § 207).

18. Auffallend ist, bestätigt aber zugleich meine Auffassung von Kants Geistesart, daß er sich auch durch solche äußeren (oft experimentellen) Anregungen nie bewogen fühlt, empirisch-induktiv vorzugehn, daß er auch da nie versucht, durch methodisch geregelte Einzelforschung, durch exakte Beobachtung und evtl. auch auf experimentellem Wege den innern Zusammenhängen auf die Spur zu kommen, wie das für den richtigen Naturforscher eine Selbstverständlichkeit gewesen wäre. Sondern das Handwerkszeug, dessen Kant sich hauptsächlich, ja! fast allein bedient, sind Kombination, Generalisation, Deduktion und mehr oder weniger freie Konstruktion. Bei dieser Einseitigkeit kann es nicht fehlen, daß sehr viel Unhaltbares mit unterläuft. Hier verallgemeinert Kant voreilig auf Grund weniger Einzelfälle und kommt so zu falschen oder wenigstens ungenügend begründeten Gesetzen, oder er wendet richtige Gesetze falsch an, indem er sich von nur scheinbaren Analogien täuschen läßt, oder er kombiniert in gewagter Weise Dinge und Vorgänge, die in Wirklichkeit weder durch Verwandtschaft noch durch Aehnlichkeit noch durch innere Zusammenhänge verbunden sind, oder er läßt sich bei seinen Konstruktionen Willkürlichkeiten und Gewaltsamkeiten zuschulden kommen. Es genügt ihm eben, seine Theorien zu entwerfen, durch sie eine mögliche Erklärung an die Hand zu geben und so den Plaggeist des Warum zu beschwichtigen; dagegen liegt es ihm absolut nicht, ihre Richtigkeit empirisch, womöglich experimentell, zu erweisen. Und darum wählt er mit einer gewissen Vorliebe für seine Theorien und Hypothesen Gebiete, wo ein derartiger Nachweis wenigstens für die damalige Zeit ausgeschlossen war (vgl. z. B. § 190—4). Dem echten Naturwissenschaftler wäre es gerade in solchen Gegenden wenig behaglich; er würde versuchen, neue Methoden zu indirekter Verifizierung zu ersinnen, und, hätte er damit keinen Erfolg, so spräche er mit Newton sein „hypotheses non fingo" und zöge sich in das fruchtbare Bathos der Erfahrung zurück.

Auch bei andern Forschern stellt Kant mit Bezug auf die Bestätigung ihrer Gedanken durch Beobachtung und Experiment nicht die Anforderungen, die einem Naturwissenschaftler unerläßlich scheinen würden. Manchmal zeigt er eine überraschende Schwäche für unfruchtbare, rein spekulative, ja! geradezu phantastische Ideen und ist auch schon mit bloßen willkürlichen Konstruktionen zufrieden. Nur muß alles kühn und geistreich gedacht sein, auf weitgreifenden Synthesen beruhn und sich in entschieden monistischer Richtung bewegen. Beispielshalber verweise ich auf sein Verhältnis zu Schäffer und J. W. Ritter (VIII 318, vgl. u. § 206; Kants Op. p. 471 ff., vgl. auch die übernächste Seite).

19. Weil Kant nie als naturwissenschaftlicher Einzelforscher gearbeitet hat, sieht er Dinge und Vorgänge viel zu einfach, noch viel einfacher, als es nach den damaligen Kenntnissen und Beobachtungen natürlich und erlaubt war. Und seine monistische Anlage drängt ihn in dieselbe Richtung und macht ihn geneigt, im Streben nach dem einheitlichen Ziel die vorhandenen Unterschiede und Mannigfaltigkeiten zu übersehen oder zu unterschätzen. Darin ist es oft begründet, daß seine Theorien und Hypothesen im einzelnen so ungenügend sind. Aber gerade wegen dieser Einfachheit, in der sich ihm die Verhältnisse darstellten, war es ihm dann auch wieder leichter möglich, solche tiefe divinatorische Blicke zu tun und in ihnen wenigstens einzelne Fäden zu erfassen, die er sonst, in einer großen Fülle von Eindrücken und Beobachtungen, vielleicht nicht beachtet hätte. Das Typische trat so mehr hervor [1]).

20. Eine starke synthetisch-deduktive Veranlagung, wie die Kants war, ist nicht ohne große Gefahren. Geht sie nicht mit vollkommener Beherrschung des Tatsachenmaterials, mit strenger Selbstkritik und ehrfürchtiger Achtung vor dem Gegebenen Hand in Hand, so macht sie aus den Menschen leicht bloße Möglichkeitsfexe nach Art H. St. Chamberlains. Bei solchen Leuten artet die Fähigkeit, das Fernste und Nächste unter

---

1) Vgl. M. Born: Die Relativitätstheorie Einsteins und ihre physikalischen Grundlagen, 1920, S. 39. Born weist dort an den Beispielen Galileis und Keplers nach, daß die Ungenauigkeit der wissenschaftlichen Beobachtung sehr oft zur Entdeckung großer Zusammenhänge beiträgt.

einen Begriff zu bringen, in Phantasterei und in ein geistreichelndes, selbstüberzogenes Spiel mit sogenannten großen Gesichtspunkten aus. Mit dem ganzen Fluch des Dilettantismus beladen, halten sie vage Möglichkeiten ohne weiteres für Wirklichkeiten; sie sind zu ungeduldig, als daß es sie lange beim Fundamentieren litte, zu eingebildet, um einer sorgsamen Prüfung ihrer Gedanken an der allein entscheidenden Welt der Erfahrung zu bedürfen, und so glauben sie denn kühn von der Höhe ihrer apriorischen Ideen aus die Tatsachen kommandieren zu können.

Unwillkürlich richtet sich der Blick hier auf Schelling, der nach Geistesanlage und Methode des Forschens noch am ehesten mit Kant verglichen werden kann. Er gehört nicht zu den wissenschaftlichen Genies, steht ihnen aber nahe in dem Reichtum seiner Gaben, vor allem in der Kraft der Intuition und dem Drang zur Synthese. Gerade diese Eigenschaften freilich wurden sein Verderben: durch sie meinte er Einzelwissen und mühsame Einzelforschung mehr als ersetzen zu können, und so verfiel er dem Dilettantismus. Die Folge war, daß er und noch mehr seine Schule als Naturphilosophen die Philosophie den Naturwissenschaftlern verächtlich machten.

Auch Kant hatte ohne Zweifel viel von einem solchen Naturphilosophen an sich. Und er würde den damit verbundenen Gefahren sicher in noch viel höherem Maß erlegen sein, als es sowieso schon der Fall war, wäre Naturphilosophie das Hauptgebiet seiner Tätigkeit gewesen und hätten nicht seit den 60er Jahren rein philosophische Fragen im Mittelpunkt seines Interesses gestanden und ihn zu wirklicher Forschung gezwungen. Freilich, ein Schelling vor Schelling zu werden, davor würden ihn wohl auch dann seine Selbstkritik, sein Wirklichkeitssinn und sein „richtiger Geschmack“ in naturwissenschaftlichen Dingen (I 471) bewahrt haben. Aber immerhin, auch er bewegt sich schon entschieden auf einer schiefen Ebene, und manche seiner Ansichten streifen wenigstens an das Phantastische nahe heran. Das tritt in seinen Veröffentlichungen weniger hervor als in seinem handschriftlichen Nachlaß (einschl. Op. p.). Dort ist er immer noch ein gut Teil vorsichtiger und kritischer, auch gegen sich selbst. Er zügelt seine Phantasie, unterdrückt manche Einfälle und erscheint so als der wissenschaftliche Kopf gegenüber Schelling dem Phantasten. Aber der handschriftliche Nachlaß beweist, daß die Anlage auch bei Kant vorliegt und daß die Richtung, in der beide sich bewegen, dieselbe ist. Nur zeigt sich, wie so oft, der Schüler noch behender und stürmischer als der Meister und überholt ihn deshalb. Trotzdem gilt, daß nicht Schelling, sondern Kant es ist, der die ganze naturphilosophische Bewegung Ausgangs des 18. und Anfangs des 19. Jahrhunderts inauguriert hat.

Was Schelling in seiner „Weltseele“ (1798) über Aether, Licht, Wärme, Elektrizität und Magnetismus schreibt [1]), hätte Kant selbst auch großenteils sagen können: es ist Geist von seinem Geist. Und wie nahe er innerlich auch der Weiterentwicklung in Schellings Schule steht, beweist ein Auszug aus einer Mitteilung des zwar gedankenreichen, aber sehr unkritischen und oft phantastischen Physikers und Schelling-Schülers J. W. Ritter [2]), die sich im Op. p. (C 376) findet. Von den Experimenten, durch die Ritter im Anschluß an Herschels Entdeckung der ultraroten Wärmestrahlen die Existenz von ultravioletten, chemisch wirkenden Strahlen im Sonnenspektrum nachgewiesen hatte, notiert Kant sich nichts — es handelt sich da nur um nüchterne Tatsachenangaben —, sondern beschränkt seinen Auszug auf die von Ritter angeschlossenen überkühnen, phantastischen Folgerungen und wählt aus ihnen wieder besonders d a s aus, was seiner monistischen Tendenz entgegenkommt, welche die Erscheinungen der Natur aus möglichst einheitlichen Prinzipien erklären möchte [3]).

Den gemeinsamen Ausgangspunkt bildet für Kant und Schelling die unheilschwangere Ansicht, daß sich auf naturwissenschaftlichem bzw. naturphilosophischem Gebiet etwas a priori ausmachen lasse, daß insbesondere eine erschöpfende systematische Anordnung und Uebersicht über die höchsten Gesetze und Kräfte, die allgemeinsten Probleme und Möglichkeiten sich nicht auf naturwissenschaftlicher Erfahrung aufzubauen brauche, ja! nicht einmal auf ihr aufbauen könne, sondern allein allgemeinen erkenntnistheoretisch-metaphysischen Gesichtspunkten zu verdanken sei. In dieser Ansicht finden beide die theoretische Rechtfertigung für die in ihrer Geistesanlage wurzelnde Neigung zu apriorischen Konstruktionen und Spekulationen, die sich hoch oben in luftigen Höhen bewegen und dort dem Widerstand, dem sie auf dem Boden der Tatsachen begegnen und auch — erliegen würden, nicht ausgesetzt sind. Und infolge davon bei beiden dann dieselbe kühne, aber auch voreilige und ungeduldige Art des Vorgehens. Beiden genügt es nicht und liegt es nicht, sich mit der strengen Erfahrungswissenschaft langsam, Schritt für Schritt, durch Beobachtung, Experiment und Berechnung vorzutasten. Sie wollen mit prophetischem Blick die Ergebnisse ferner Zukunft vorwegnehmen, wollen weit Auseinanderliegendes unter e i n e n Begriff vereini-

---

1) Vgl. die Blütenlese in „Kants Op. p.“ 472 f.

2) Vgl. über ihn neuerdings Graf K. v. Klinckowstroem: J. W. Ritter und der Elektromagnetismus, in: Archiv für die Geschichte der Naturwissenschaften und der Technik IX 2, 1922, S. 68—85.

3) Näheres in „Kants Op. p.“ 471 f.

gen, mögen auch für die Erfahrungswissenschaft dazwischen noch Abgründe gähnen.

Zufallstreffer können auf diesem Wege erreicht werden, in genialen Intuitionen und Divinationen mag dann und wann erst künftig Erweisbares antizipiert und damit der Forschung Weg und Ziel gewiesen werden. Aber zur Methode kann und darf solch ein Vorgehen niemals erhoben werden: es würde nur den ganzen Betrieb der Wissenschaft desorganisieren und ihren Fortschritt hemmen.

21. Die Art, wie Kant sich mit der Naturwissenschaft beschäftigte, hätte daher, wenn sie allgemein geworden wäre, dieser niemals zu einer organischen Weiterentwicklung, geschweige denn zu einer Blüte verholfen. Unerläßliche Voraussetzung dafür ist nun einmal methodisches Forschen in den Dingen und Vorgängen selbst und Denkarbeit in engster Beziehung zur Erfahrung, um so Tatsachen, Gewohnheiten, regelmäßige Zusammenhänge erst im kleinsten, dann im größern und größten Kreis festzustellen, das Gefundene mit allen Mitteln intellektueller Betätigung zu verarbeiten und zu durchdringen und schließlich in Gesetzen jene Zusammenhänge und Gewohnheiten zusammenzufassen und womöglich mathematisch zu formulieren. Bei all diesem Tun müssen gewiß Ideen voranleuchten und den Weg weisen, und große, weit umfassende Synthesen müssen folgen; und Ideen wie Synthesen können auch sicher nicht anders als aus der Vernunft geboren werden, aber nicht auf dem Wege der Parthenogenesis, sondern nur aus der Vernunft befruchtet durch die Erfahrung: zum Zweck der *Erfahrung* müssen sie konzipiert, an *ihr* müssen sie orientiert sein, und allein durch *sie* können sie schließlich auch bewahrheitet, an *ihr* allein bewährt werden. Auch dem wissenschaftlichen Genie muß wie dem Riesen Antäus aus dem Boden der Tatsachen immer wieder neue Kraft quellen, und nur durch methodische Einzelforschung kann es die Berührung mit ihm auf die Dauer aufrechterhalten.

Was der Naturwissenschaft nottut, das sind empirisch-induktiv gerichtete Männer von echt naturwissenschaftlichem Geisteshabitus, die, in den Methoden ihrer Disziplin, vor allem auch den experimentellen, geübt und an Detailarbeit gewöhnt, doch nicht in ihr aufgehen, sondern stets auf das Ganze blicken, einen starken Drang zur Synthesis und Synopsis in sich tragen und zugleich jene Gabe der Intuition und Divination besitzen, die das Kennzeichen des wissenschaftlichen Genies ist.

22. Noch ein kurzes Wort über Kants Verhältnis zur Chemie! Nach Reuschle 72 sind die schwächsten Stellen der Kantischen Theorien die, wo er auf Chemisches im weitesten Sinn des Worts zu sprechen kommt.

Aehnlich spricht sich Schöne 287 f. aus: „Die Begrenztheit des naturwissenschaftlichen Vermögens des großen Philosophen äußert sich ... an nicht wenigen Stellen seiner geographischen Schriften in einem charakteristischen Rekurs auf Ursachen chemischer Natur bei Behandlung von Aufgaben, welche seine Kräfte übersteigen. Die Kritik darf den Regreß auf die Chemie geradezu als Symptom schwacher Erklärungen bei Kant benutzen, woran sie nur ihre Sonde anzusetzen braucht."

Und allerdings, mißt man die betreffenden Ausführungen Kants [1]) an dem heutigen Stande der chemischen Wissenschaft, so erscheinen sie einem als sehr abwegig, ja! geradezu als abenteuerlich und phantastisch. Aber die Gerechtigkeit erfordert, sie mit dem damaligen sichern Wissen zu vergleichen. Und dann muß man zugeben, daß sie sich im allgemeinen immer noch in den Grenzen dessen halten, was man zu jener Zeit als naturwissenschaftlich möglich betrachten konnte. Das ist aber auch das einzige, was man zu ihren Gunsten sagen kann. Von erfahrungsmäßiger Begründung, geschweige denn von experimenteller Bewahrheitung ist keine Rede. Es handelt sich um reine Produkte der Phantasie, um Spekulationen und Konstruktionen, entworfen allerdings im Anschluß an physische Kausalketten, sei es, daß diese wirklich als solche nachgewiesen waren, sei es, daß man sie nur fälschlicherweise allgemein dafür hielt. So sind Kants chemische Aeußerungen wohl als Zeugnis für die Größe seiner Kombinationsgabe und für die Fruchtbarkeit seiner Phantasie zu verwerten, keineswegs aber als ein Zeichen für sein Sich-Einleben in eine ihm eigentlich fremde Wissenschaft. Man darf wohl mit gutem Gewissen behaupten, daß er solche Betrachtungen nicht flieht, sondern sie fast sucht; wenigstens bringt er sie an, wo sich nur eine Gelegenheit bietet. Es zeigt sich auch da wieder seine Vorliebe für Gebiete, die noch einigermaßen im Dunkel lagen, auf denen die sicher festgestellten Tatsachen noch nicht so zahlreich waren, daß sie das Spiel der Hypothesen fühlbar eingeengt und ihre experimentelle Nachprüfung möglich oder gar erforderlich gemacht hätten [2]). Im übrigen gilt von der Chemie noch mehr als von der Physik, daß Kant in ihr zeitlebens Dilettant blieb, freilich auch hier ein Dilettant mit sehr reichhaltigen Kenntnissen. Sie ermöglichten ihm, in seinen Vorlesungen über theoretische Physik auch die chemischen Partien der zugrunde gelegten Kompendien seinen Zuhörern zu erläutern.

In den L.Bl. kommt er wiederholt auf chemische Dinge zu sprechen, so auf zwei Kollegzetteln im Anschluß an Erxleben, die wahrscheinlich

1) Vgl. z. B. u. § 190—195, 206—208, 309 (Erdbeben), 325 gegen Ende, 334 Anm. 2.

2) Vgl. o. S. 40, 55 f

aus dem S.S. 1776 stammen (vgl. XIV 287, 371—387, 390, 396, 398 f., 402—405, 407—412). Erwähnenswert dürfte nur sein, daß auch von den Elementen (Erde, Wasser, Luft und Feuer) die Rede ist, aber nur in Stichworten und Andeutungen, aus denen nicht klar ersichtlich ist, ob Kant sich der traditionellen Lehre von den Elementen anschloß [1]), oder ob er im Kolleg nur kritisch über sie berichten wollte, um sie dann durch eine neue „Einteilung aus bloßen Grundbegriffen der Vernunft" (XIV 371) zu ersetzen. Diese reine Vernunfteinteilung kehrt dann auch in der R.V.[2] 673 f. und in der Danziger Physik-Nachschrift Blatt 45′, 45 wieder. Natürlich, wie es bei solchen willkürlichen Konstruktionen zu gehen pflegt, mit einigen Abweichungen. Ueberall wird die Erde, im Anschluß an die Lehre vom Hebel, als onus (Last) bezeichnet, als potentia (Kraft) XIV 371 Feuer und Wasser [2]), XIV 396 dagegen ebenso wie in der R.V. und im Danziger Heft Salze und brennliches Wesen (Phlogiston). Eben diese beiden heißen XIV 371 „machina", während die Luft das hypomochlion der chemischen Wirkungen genannt wird. Nach der R.V. sind Luft und Wasser die Vehikeln („gleichsam Maschinen, vermittelst deren Salze und brennliche Wesen wirken"), nach dem Danziger Heft dagegen Wasser (für die Salze) und Elementarfeuer (für die brennlichen Wesen). Es ist für Kants Geistesart außerordentlich kennzeichnend, daß er in dieser rein empirischen Tatsachenfrage nach Wesen und Zahl der Elemente nicht etwa von der Zukunft auf Grund einer Vervollkommnung der experimentellen Methoden Klarheit und Gewißheit erhofft, sondern lieber den augenblicklichen Stand des Wissens, nach dem „sich schwerlich reine Erde, reines Wasser, reine Luft usw. finde", als endgültigen betrachtet, um so ohne weiteres zu einer reinen Vernunfteinteilung seine Zuflucht nehmen zu können. Der Begriff des Elements, dem die Chemie seit R. Boyle mit steigendem Erfolg eine rein empirische Basis zu geben suchte (vgl. XIV 371 ff.), wird Kant zu einem Vernunftbegriff (Idee), insofern die Begriffe „reine Erde" usw., „was die völlige Reinigkeit betrifft, nur in der Vernunft ihren Ursprung haben", und auch in den Einteilungen der Naturforscher soll ein Einfluß der Vernunft und ihrer Ideen sehr leicht zu entdecken sein (R.V.[2] 674). Noch weiter geht das Danziger Heft, wenn es die Behauptung: „Unsere Vernunft macht gewisse Einteilungen, die vor der Erfahrung vorhergehen und nach denen wir dann unsere Erfahrungen ordnen", aufstellt und als Beweis für sie die Ein-

1) Im Anfang der 60er Jahre (II 280) bezeichnet er die Ansicht der alten Naturlehrer, daß alle Materie der Natur aus den sogenannten vier Elementen bestehe, als unrichtig; der Gedanke sei durch bessere Beobachtung aufgehoben worden.

2) Zunächst hatte Kant „Luft" geschrieben, dann aber das Wort durchstrichen.

teilung der Elemente gemäß den Verhältnissen am Hebel anführt. Es bedarf kaum eines Hinweises darauf, daß diese Ansichten Kants sich keineswegs in der Richtung bewegen, in der die Fortschritte der Chemie erzielt worden sind. Die Voraussetzung für diese war gerade, daß von dem Begriff „Element" alles Metaphysische, Vag-Philosophische abgestreift wurde, was ihm von seiner Abstammung her anhaftete, oder mit andern Worten: daß er aus einer Vernunftidee zu einem empirischen Begriff wurde, der zur Zusammenfassung einer Reihe experimentell festgestellter Tatsachen dient.

Nach Jachmann hat Kant „die neuen chemischen Systeme mit dem größten Eifer studiert" (vgl. o. S. 10). Daraus darf man nicht etwa folgern, daß er die führenden Geister, die umwälzenden Entdeckungen und die zukunftsreichen Theorien frühzeitig als solche erkannt und gewürdigt habe. Auf Lavoisier scheint er erst in den letzten 80er Jahren aufmerksam geworden zu sein, obwohl Karstens Anleitung zur gemeinnützlichen Kenntnis der Natur (1783), die er im S.S. 1785 seiner Physik-Vorlesung als Kompendium zugrunde legte, sich (besonders S. 651 f.) über Lavoisiers neue Verbrennungs- und Verkalkungstheorie [1]) schon sehr günstig aussprach. Kant dagegen bleibt noch lange entschiedener Anhänger der Stahl'schen Phlogiston-Theorie [2]). In der Schlußanmerkung des 2. Rassenaufsatzes aus dem Jahr 1785 (VIII 103) [3]) spielen die Begriffe Phlogiston und dephlogistisieren eine wichtige Rolle. Nach dem Danziger Physik-Heft aus demselben Jahr hat Stahl das Phlogiston oder reine Elementarfeuer in die Chemie eingeführt und als ein Element bewiesen, das in allen brennbaren Wesen von einerlei Art sei; an Stelle der Luft, die kein Element, sondern nur eine gewisse Gestalt, in die alles verwandelt werden könne, zu sein scheine, solle man lieber das Phlogiston setzen (Blatt 45 ff.). Als Kant 1787 in der Vorrede zur R.V.[2] (III 10) markante Beispiele für die richtige naturwissenschaftliche Methode angeben will, wählt er nicht Lavoisier, sondern Stahl, der „Metalle in Kalk und diesen wiederum in Metall verwandelte, indem er ihnen etwas ⟨sc. Phlogiston⟩ entzog und

---

1) 1780 zuerst veröffentlicht.

2) Hinsichtlich ihrer vgl. I 212 (u. § 195), XIV 377—9, 383—6, 390 f., 489—94, 521 f. Was die heutige Chemie als Oxydationsprozeß bezeichnet, beruht nach Stahl darauf, daß Phlogiston (ein bloß in seiner Phantasie vorhandener Stoff) austritt, der Desoxydationsprozeß darauf, daß Phlogiston hinzutritt. Metalle, Schwefel, Phosphor werden demgemäß als zusammengesetzt betrachtet: sie entstehen durch Verbindung des Phlogistons mit den relativ einfachen Metallkalken, bzw. mit Schwefel- oder Phosphorsäure.

3) Und ebenso XV 599—601 in einigen Bemerkungen auf dem L.Bl. J 6 aus derselben Zeit.

wiedergab". Eine Aufzeichnung aus den letzten 80er Jahren (XIV 489), die, ohne selbst Partei zu nehmen, Stahls und Lavoisiers Ansichten über den Verbrennungsprozeß in aller Kürze einander gegenüberstellt, beweist immerhin, daß Kant mittlerweile auf die Bedeutung der Lavoisier'schen Revolution aufmerksam geworden ist. Um die Wende des Jahres 1793 auf 94 (XIV 502) macht er sich Notizen chemischen Inhalts [1]) aus einem Werk Mich. Hubes (1793), das ganz auf Lavoisiers Standpunkt steht, auch hinsichtlich der Zusammengesetztheit und Zerlegbarkeit des Wassers [2]), während er selbst gerade diese Lehre um dieselbe Zeit im Anschluß an Priestley, de Luc, Lichtenberg und Voigts scharf bekämpft (XII 510, 513 ff., vgl. u. § 222 f.). Erst der Brief an Soemmering vom 10. Aug. 1795 (XII 33) zeigt ihn uns zu Lavoisiers Ansicht von der Zerlegbarkeit des Wassers bekehrt. Zur Entlastung Kants muß jedoch darauf hingewiesen werden, daß in den 90er Jahren auch noch Männer wie de Luc, J.W. Ritter, C. H. Pfaff und Lichtenberg ausgesprochene Gegner der neuen Ansicht vom Wesen des Wassers waren. Kant setzte eben auf das falsche Pferd, wenn er sich an sie statt an Lavoisier anschloß.

Ob er nach seiner späten Bekehrung zu Lavoisier wirklich „die neuen chemischen Systeme mit dem größten Eifer studiert" hat? Wahrscheinlich haben wir in dieser Behauptung eine der häufigen Uebertreibungen Jachmanns vor uns. Der handschriftliche Nachlaß zeigt auf jeden Fall nichts davon. Nach ihm zu schließen sind seit der Mitte der 90er Jahre Fr. A. C. Grens Schriften und Gehlers physikalisches Wörterbuch Kants Hauptquellen für naturwissenschaftliche Ansichten gewesen (vgl. XIV 521—526, 532, Kants Op. p. 59, 87 f., 101, 113, 443). Selbstverständlich hat er daneben auch noch manche Monographie und manchen Aufsatz gelesen, wie das hinsichtlich einiger bezeugt ist [3]); bei andern hat er sich vielleicht keine Exzerpte gemacht, oder sie sind verloren gegangen. Allein es ist doch selbstverständlich, daß seine früher so ausgebreitete Lektüre neuer Erscheinungen sich mit der Verminderung der Aufnahmefähigkeit als unausbleiblicher Alterserscheinung in steigendem Maß auf einen kleineren Kreis beschränken mußte, und die Chemie hat da kaum eine Ausnahme gebildet. Auf jeden Fall kann keine Rede davon sein, daß Kant

---

1) Es sieht so aus, als bekäme er erst jetzt genauere Kenntnis von der antiphlogistischen Chemie und ihrer Nomenklatur. Wenigstens schreibt er sich extra auf, daß Vitriolsäure eine Verbindung von Schwefel und Sauerstoff, Salpetersäure eine solche von Stickstoff und Sauerstoff ist usw.

2) Lavoisier vertrat diese Lehre schon seit 1783/84.

3) Vgl. z. B. Kants Op. p. 80, 107, 125, 128 ff., 147 f., 151, XV 956, 961 ff., 967 f., 970 f., 976 f., 978.

in den 90er Jahren hinsichtlich der chemischen Literatur auch nur einigermaßen auf dem laufenden gewesen wäre.

23. Wir stehen am Ende der Einleitung. Ihre Aufgabe war, begreiflich zu machen, wie Kant, obwohl er seiner ganzen Geisteskonstitution nach durchaus kein empirischer Forscher und in den Naturwissenschaften nur ein Dilettant war, diese trotzdem mit neuen großen Gedanken zu befruchten vermochte. Er war, wie wir sahen, dazu imstande als wissenschaftliches Genie: weil ihm als einem Ausnahmegeist von großer Divinationsgabe, starkem monistischen Drang und einer nicht gewöhnlichen Kraft der Synthesis und Synopsis eine Reihe glücklicher Intuitionen und treffender Aperçus beschieden war. Sie beziehen sich aber, wie der Fortgang der Schrift beweisen wird, durchweg nicht auf das naturwissenschaftliche Detail, sondern auf die Anwendung allgemeinster Grundsätze und Gesetze, die Durchführung prinzipieller erkenntnistheoretischer bzw. methodologischer Erwägungen und ähnliches, sind also nicht aus speziell naturwissenschaftlichem, sondern aus allgemein philosophisch-methodologischem Geist geboren.

Bei Darstellung und Besprechung der naturwissenschaftlichen und naturphilosophischen Ansichten Kants werden wir nicht chronologisch, sondern systematisch vorgehn. Nur die Erstlingsschrift, die eine Stelle ganz für sich einnimmt, werden wir nicht im Zusammenhang mit der Mechanik behandeln, zu der sie ja, systematisch betrachtet, eigentlich gehören würde, sondern an den Anfang setzen, zumal ihre Ausführungen über das Wesen der Kraft und des Raumes von den weiteren Abschnitten vorausgesetzt werden. Sie wird daher den Inhalt des I. Abschnitts bilden. Der II. stellt die dynamische Theorie der Materie von der Monadologia physica bis zu den M.A.d.N. dar, der III. die Lehre von der Bewegung und ihren allgemeinsten Gesetzen. Der IV. behandelt Kants Ansichten über Wärme, Feuer, Aether und Aggregatzustände, während der V. der allgemeinen Naturgeschichte und Theorie des Himmels, der VI. der Naturgeschichte der Erde und der physischen Geographie gewidmet ist. In zwei Anhängen zu diesem letzten Abschnitt wird noch ein Blick auf Kants Geschichtsphilosophie und die Teleologie von U. geworfen.

I. Abschnitt.

Kants Erstlingsschrift über die wahre Schätzung der lebendigen Kräfte.

1. Kapitel.

Der Streit der Cartesianer und Leibnizianer. Kants prinzipieller Standpunkt.

24. Mit seiner Erstlingsschrift [1]) griff Kant in den Streit der Cartesianer und Leibnizianer um das Maß der lebendigen Kräfte ein. Er selbst bezeichnet ihn als eine der größten Spaltungen unter den Geometern Europas (I 16) und hofft, durch seine Schrift Wesentliches zu seiner Beendigung beitragen zu können. Ein kühner Traum! der indessen bald verflogen sein wird. Denn Kants Stimme verhallte fast ungehört.

Liest man die Vorrede, so tritt einem unwillkürlich das Bild des Jünglings vor die Seele, der mit tausend Masten in den Ozean schifft.

Die Zeit der Autoritäten, hören wir, ist vorbei, die Zeit, da Widerspruch gegen große Männer als Verbrechen galt. Der menschliche Verstand hat „sich der Fesseln glücklich entschlagen, die ihm Unwissenheit und Bewunderung ehemals angelegt hatten. Nunmehr kann man es kühnlich wagen, das Ansehen der Newtons und Leibnize für nichts zu achten, wenn es sich der Entdeckung der Wahrheit entgegensetzen sollte, und keinen anderen Ueberredungen als dem Zuge des Verstandes zu gehorchen" (I 7). Ein starkes Bedürfnis nach freimütiger Aufrichtigkeit er-

1) Der nach Art der Zeit ziemlich umständliche Titel lautet: „Gedanken von der wahren Schätzung der lebendigen Kräfte und Beurteilung der Beweise, deren sich Herr von Leibniz und andere Mechaniker in dieser Streitsache bedient haben, nebst einigen vorhergehenden Betrachtungen, welche die Kraft der Körper überhaupt betreffen." Die Widmung an J. Chr. Bohlius ist vom 22. April (Kants Geburtstag!) 1747 datiert. Das Buch erschien aber erst 1749; die Jahreszahl 1746 auf dem Titelblatt bezeichnet nur den Anfang des Drucks (vgl. I 521 f., X 1).

füllt Kant, insbesondere das Bedürfnis: nur die Sache gelten zu lassen und alle Dinge, auch Irrtümer, Falschheiten und Verblendungen großer Männer, unbeschadet der Ehrerbietigkeit und Hochachtung gegen sie selbst und ihre Verdienste, beim rechten Namen zu nennen; groß ist aber auch der Drang, jenes Bedürfnis wortreich zu bekennen und überhaupt, nach Art der Jugend, mehr als nötig von sich selbst zu reden. „Ein gewisses edles Vertrauen in seine eignen Kräfte" scheint ihm sehr erwünscht zu sein: es belebt alle Bemühungen und erteilt ihnen einen gewissen Schwung, der der Untersuchung der Wahrheit sehr beförderlich ist; der Gedanke, daß es möglich sei, einen Leibniz auf Fehlern zu ertappen, spornt an, alle Kräfte einzusetzen, um eine solche Vermutung wahr zu machen. Und mag man auch tausendmal in die Irre gehn, so ist doch der Gewinst, der dabei der Erkenntnis zuwächst, viel erheblicher, als wenn man nur immer die Heeresstraße gehalten hätte [1]). „Hierauf gründe ich mich. Ich habe mir die Bahn schon vorgezeichnet, die ich halten will. Ich werde meinen Lauf antreten, und nichts soll mich hindern, ihn fortzusetzen" (I 10).

Offenbar ist Kants Glaube an sich selbst und an seine Zukunft nicht gering. Doch äußert er sich nicht renommistisch, nicht beleidigend und herausfordernd. Was sich in solchen Worten ausspricht, ist nur das berechtigte Bewußtsein inneren Wertes, ein kecker Wagemut, wie er der Jugend gut ansteht, wenigstens dann, wenn sie sich reich weiß und viel in die Wagschale zu werfen hat. Ob das wirklich der Fall sei, kann nur die weitere Entwicklung des einzelnen lehren. Bei Kant hat sie bewiesen, daß nicht leere Großsprecherei ihm jene Worte eingab, sondern daß hinter ihnen das Bewußtsein ungewöhnlicher Begabung und Leistungsfähigkeit stand. Und als eine Vorahnung künftiger kritischer Meisterschaft klingt es, wenn er in § 19 schreibt: „Unsere Metaphysik ist wie viele andere Wissenschaften in der Tat nur an der Schwelle einer recht gründlichen Erkenntnis; Gott weiß, wenn man sie selbige wird überschreiten sehen. Es ist nicht schwer ihre Schwäche in manchem zu sehen, was sie unternimmt. Man findet sehr oft das Vorurteil als die größte Stärke ihrer Beweise. Nichts ist mehr hieran Schuld, als die herrschende Neigung derer, die die menschliche Erkenntnis zu erweitern suchen. Sie wollten gerne eine große Weltweisheit haben, allein es wäre zu wünschen, daß es auch eine gründliche sein möchte. Es ist einem Philosophen fast

1) In diesem Zusammenhang wird auch das Wort Senecas bedeutungsvoll, das Kant als Motto über die Vorrede setzt: „Nihil magis praestandum est, quam ne pecorum ritu sequamur antecedentium gregem, pergentes, non qua eundum est, sed qua itur."

die einzige Vergeltung für seine Bemühung, wenn er nach einer mühsamen Untersuchung sich endlich in dem Besitze einer recht gründlichen Wissenschaft beruhigen kann. Daher ist es sehr viel von ihm zu verlangen, daß er nur selten seinem eigenen Beifall traue, daß er in seinen eigenen Entdeckungen die Unvollkommenheiten nicht verschweige, die er zu verbessern nicht imstande ist, und daß er niemals so eitel sei, dem Vergnügen, das die Einbildung von einer gründlichen Wissenschaft macht, den wahren Nutzen der Erkenntnis hintan zu setzen. Der Verstand ist zum Beifalle sehr geneigt, und es ist freilich sehr schwer, ihn lange zurückzuhalten; allein man sollte sich doch endlich diesen Zwang antun, um einer gegründeten Erkenntnis alles aufzuopfern, was eine weitläuftige Reizendes an sich hat."

Diese Worte bezeugen, daß gewisse geistige Tendenzen, die Kants spätere Entwicklung beherrschen, schon im 22jährigen mächtig sind: so der Wahrheitsdrang, der Zug nach Selbständigkeit gegenüber dem Zwang der Schule [1]), das Verlangen nach strenger Wissenschaftlichkeit und daraus hervorgehend das Bedürfnis, die geltenden Methoden und Beweise auf ihre Fruchtbarkeit und Haltbarkeit zu prüfen, in engem Zusammenhang damit ferner die Neigung, die Ausdehnung in die Breite zugunsten tieferer, einwandfreier Begründung der Ergebnisse zu beschränken. In der Schrift selbst freilich tragen jugendlicher Wagemut und ungestümer Drang nach Abschluß noch fast durchweg den Sieg über jene kritische Einstellung davon. Aber immerhin: Kants Geistesart, sein Forscherhabitus sucht und findet hier in grundsätzlichen, charakteristischen Forderungen seinen Ausdruck; er selbst vermag sie zwar für den Augen-

1) B. Erdmann (M. Knutzen und seine Zeit 1876, S. 143 f.) betrachtet es als ein Zeichen der starken Abhängigkeit Kants von Knutzen, daß Kant in seiner Erstlingsschrift als ein entschiedener Anhänger jener freieren Richtung des Wolffianismus erscheine, zu deren bedeutendsten Vertretern Knutzen gehörte. Tiefer erfaßt man, glaube ich, die Kausalzusammenhänge mit der Annahme, daß Kants ursprünglicher Selbständigkeitsdrang gegenüber jedem Zwang einer Schule es war, der ihn sich an den gleichgerichteten Knutzen anschließen ließ, daß dieser Selbständigkeitsdrang sich aber ebensosehr gegen Knutzen wie gegen Wolff richtete, wie das ja auch die Bemerkung über und gegen Knutzen in § 6 klar zeigt. Daß Knutzens unmittelbarer Einfluß Kants philosophischen, naturwissenschaftlichen und mathematischen Standpunkt „fast ausschließlich bedingt" habe — Erdmann setzt allerdings mildernd hinzu: „soweit dies bei einer so selbständigen Natur wie Kant möglich war" —, dafür lassen sich auf jeden Fall aus der Erstlingsschrift keine Beweise erbringen. Und Erdmanns Behauptung, daß auch die Frage nach den Entstehungsgründen der Kantischen Schrift wahrscheinlich auf Knutzen hinweise, ist eine bloße Annahme, die völlig in der Luft schwebt; eine vage Möglichkeit ist natürlich zuzugeben, aber mehr auch nicht. Vgl. auch u. § 30 Anm.

blick noch nicht zu erfüllen, aber die Zeit ist nicht mehr fern, wo er den ihm präsentierten Wechsel einzulösen imstande sein wird.

Von dem Neuen, was er bringt, denkt Kant sehr hoch. Er ist, wie er I 15 f. durchblicken läßt, im geheimen überzeugt, daß seine Schrift, unparteiisch aufgenommen und geprüft, den großen Streit binnen kurzem seinem Ende zuführen werde. Die wahre Lösung des vielbehandelten Problems, „um die sich die größten Meister der menschlichen Erkenntnis vergeblich beworben haben", hat sich, wie er fest glaubt, seinem Verstande zuerst dargestellt (I 10). Demgemäß beabsichtigt er die Kräfteschätzung Descartes' sowohl wie Leibnizens durch eine ganz neue zu ersetzen, für die er die „allgemeinsten und beobachtungswürdigsten Gesetze" in §§ 124 ff. festlegt; sie bilden zugleich das Gerüst für eine neue: die „wahre" Dynamik (I 148, 153 f., vgl. 117)[1]. Der Ertrag seiner Schrift

---

1) Diese Ausdrücke sind so ungefähr das einzige Tatsächliche, was Drews etwa für seine Ansicht anführen könnte, daß der Wert der Erstlingsschrift auf der ihr zugrundeliegenden Idee des Dynamismus beruhe, dem Kant, „im Besitz einer neuen Kräftelehre", von vornherein gegenüber der abstrakt mechanischen Naturanschauung habe zum Siege verhelfen wollen und der auch weiterhin das treibende Prinzip seines Gedankenfortschritts geblieben sei, so auch in der A.N.u.Th., wo Kant nachgewiesen habe, daß die Naturwissenschaft durch Annahme einer dynamischen Theorie der Materie keine Einbuße erleide; die Erstlingsschrift, die Leibniz und Newton in einem Dynamismus zu versöhnen suche, der metaphysisch und physisch zugleich sei, enthalte gleichsam zwischen den Zeilen bereits das Programm von Kants ganzer künftiger Entwicklung (S. 4, 13 f.). — Aber unmittelbare Entwicklungsfäden laufen von der Erstlingsschrift höchstens zu der A.N.u.Th. hinüber (vgl. u. S. 127 f., 131), nicht zu der Monadologia physica, geschweige denn zu den späteren Schriften. In der A.N.u.Th. und ebenso in den Meditationes de igne von demselben Jahr ist Kant Anhänger nicht der dynamischen, sondern der atomistisch-stofflichen Theorie der Materie ganz wie Newton und seine Schüler; nur schreibt er dieser rein stofflich gedachten Materie Anziehungs- und Abstoßungskräfte zu, wieder im Anschluß an Newton und besonders seine Schüler (vgl. u. § 173). Was den in der Erstlingsschrift gebrauchten vieldeutigen Ausdruck „Dynamik" und seine Derivate betrifft, so hat Drews sich offenbar verleiten lassen, ihn in dem späteren Sinn der M.A.d.N. zu nehmen, obwohl er in der Erstlingsschrift mit einer dynamischen Theorie der Materie, die ihr gänzlich fernliegt, absolut nichts zu tun hat. Kant benutzt ihn dort in derselben Bedeutung, in der Leibniz in seiner nachgelassenen Schrift „Dynamica" (Gesammelte Werke, hrsg. v. G. H. Pertz, III. Folge: Mathematik Bd. 6, S. 281 ff.) und Wolff in seinen „Principia dynamica" (vgl. I 113 ff., 117, 527) ihn gebraucht hatten, nämlich zur Bezeichnung eines Teils der höheren Mechanik, der im Gegensatz zur Phoronomie nicht nur die Bewegungen als solche, sondern auch ihre Ursachen: die bewegenden Kräfte und deren Wesen zum Gegenstand hat (vgl. Gehler I 645 f., II 656). Und das „Neue" an Kants „Kräftelehre" oder „Dynamik" bezieht sich keineswegs auf neue Beweise für schon früher angenommene Kräfte oder gar auf eine Deduktion neuer Kräfte, erst recht

ist nach I 179 f. nicht nur „eine hinlängliche Gewißheit von den lebendigen Kräften, sondern auch ein Begriff von ihrer Natur, der nicht allein richtiger, sondern auch vollständiger ist, als er sonst jemals gewesen ist, oder auch hat sein können.“ Und er steht nicht an, für seine Untersuchungen, „insonderheit was das Hauptwerk betrifft, auf eine unwidersprechliche Gewißheit Anspruch“ zu machen (I 181).

Zwar sollen nach I 10 f. solche Aeußerungen nicht die innerste Herzensmeinung des Autors zum Ausdruck bringen, sondern nur als „kleine Kunstgriffe“ dienen, um seinen Ansichten einen größeren Einfluß auf den Leser zu verschaffen. Aber das ist eine sehr durchsichtige captatio benevolentiae, die nur etwaigen unangenehmen Eindrücken vorbeugen soll, die der häufig angeschlagene dogmatische Ton leicht hätte auslösen können.

Kants Erwartungen wurden schwer enttäuscht. Seine Schrift erwies sich als ein völliger Fehlschlag. Zwar, daß der 22jährige den Streit nicht schlichtete, an dem Größere beteiligt waren, ist kein Wunder und kann ihm nicht zum Vorwurf gemacht werden. Wohl aber, daß er sich mit seiner Lösung, die einen Bruch des Trägheitsgesetzes in sich schließt, in scharfen Gegensatz zu den Prinzipien gesunder Naturwissenschaft stellte. Der Weg, den er einschlug, führte in die Irre. Es liegt hier einer der Fälle vor, wo die unrichtige Einstellung des Blicks, die Wahl einer falschen Grundlage das Ganze bis in die einzelnen Behauptungen und Folgerungen hinein unbrauchbar macht, trotz alles Wissens und Könnens des Autors. Kant war sicher auch damals, als 22jähriger, schon größer als sein Werk. Wer sich 1749, ohne ihn persönlich zu kennen, in seinem Urteil nur durch dieses bestimmen ließ: durch seinen Inhalt und dessen Haltbarkeit und Tragweite, dem mochte wohl der große Kontrast zwischen dem Wert, der dem Werk wirklich zukam, und der Bedeutung, die sein Verfasser ihm beilegte, lebhaft zum Bewußtsein kommen, und die Ausdrücke eines berechtigten Selbstgefühls mochten ihm im Hinblick auf das Ungenügende der Leistung als bloße Ruhmrederei erscheinen. Das war vermutlich auch die Stimmung, aus der heraus Lessings bekannte Spottverse entstanden:

„Kant unternimmt ein schwer Geschäfte,
Der Welt zum Unterricht.
Er schätzet die lebendgen Kräfte;
Nur seine schätzt er nicht.“ [1])

nicht auf eine etwaige neue dynamische Theorie der Materie, sondern ganz allein auf die neuen Ansichten über das Kräftemaß und die im Zusammenhang damit aufgestellten Gesetze (vgl. I 148, 153 f.).

1) Neuestes aus dem Reiche des Witzes, Juli 1751, S. 32. Lessings Sämtliche Schriften hrsg. von Lachmann-Muncker 3. Aufl. 1886 I 41.

Bevor wir auf einzelnes eingehen, bedarf es eines Blicks auf den Streit selbst, in den Kant eingriff, und seine Besonderheiten.

25. Den Ausgangspunkt bildeten Behauptungen, die Descartes 1644 in seinen Principia philosophiae (II § 36) aufgestellt hatte. Die allgemeine und ursprüngliche Ursache aller Bewegungen in der Welt sieht er in Gott, der die Materie samt ihrer Bewegung und Ruhe im Anfang schuf; er erhält auch, allein durch seinen gewöhnlichen Beistand (per solum suum concursum ordinarium), gerade so viel Bewegung und Ruhe in ihr als Ganzem, als er damals in sie legte. In den einzelnen Teilen der Materie kann die Bewegung zwar wechseln, trotzdem bleibt aber im ganzen Universum immer dasselbe Quantum Bewegung, gemessen an dem Produkt mv. Bewegt ein Teil sich doppelt so schnell wie ein anderer doppelt so großer, so ist in beiden gleich viel Bewegung; vermindert die Bewegung des einen Teils sich, so muß die eines andern gleich großen entsprechend wachsen. Gottes Vollkommenheit schließt seine Unveränderlichkeit sowohl im Wesen als im Wirken ein, und aus dieser fließt ohne weiteres als natürliche Folge die Konstanz der Bewegungsgröße (mv) im Weltall.

Die Begründung dieses Konstanz-Gesetzes ist also eine durch und durch metaphysisch-theologische, d. i. unwissenschaftliche. Und die Metaphysik spielt auch weiterhin in Descartes' Untersuchungen eine wichtige Rolle, sehr zum Schaden der Sache.

Für den Wechsel in der Einzelbewegung gibt er drei Grundgesetze, die gleichfalls aus der Unveränderlichkeit Gottes folgen sollen. Nach dem ersten verharrt jedes einfache und ungeteilte Ding, soviel an ihm ist, stets in demselben Zustand sowohl der Gestalt als der Ruhe oder Bewegung nach; gemäß dem zweiten strebt jeder materielle Teil, seine Bewegung in gerader Linie fortzusetzen. Beide zusammen kommen also auf Galileis Trägheitsgesetz hinaus; nur tritt dieses in streng wissenschaftlicher Formulierung auf, ganz auf die Bedürfnisse der Mechanik zugeschnitten, unter weiser Beschränkung auf das absolut Notwendige, während Descartes für sein erstes Gesetz eine möglichst allgemeine metaphysische Fassung und Begründung vorzieht, leider auf Kosten der Präzision. Beim 3. Grundgesetz macht sich seine gleichfalls der Metaphysik entstammende Neigung zu apriorischen Konstruktionen stark geltend und in Verbindung damit eine ihm eigentümliche Voreiligkeit, die ihn auf Grund einiger weniger Erfahrungen die weitgehendsten, mit den Tatsachen oft in Widerspruch stehenden Folgerungen ziehen läßt. So kommt er im 3. Gesetz zu der, vermutlich an den optischen Reflexionserscheinungen orientierten, sowohl den Grundprinzipien mechanischer Auffassung als den Tatsachen widersprechenden Behauptung, daß ganz allgemein ein bewegter Körper, der auf einen andern schwereren stößt, den er nicht in Bewegung zu setzen vermag, seine Bewegung unvermindert, jedoch mit veränderter Richtung beibehalte. Im Anschluß daran stellt er 7 Regeln für den Stoß vollkommen harter Körper auf, von denen die große Mehrzahl (5) geradezu falsch ist, der Rest wenigstens ungenau [1]).

Die Metaphysik, die bei der ersten Konzeption des Konstanzgesetzes mitgewirkt hatte, übte nun auch auf die weitere Entwicklung der Frage ihren unheilvollen Einfluß aus.

26. Im März 1686 wandte Leibniz in einem kleinen Aufsatz [2]) gegen Descartes ein, das wahre Maß für die Wirkungsgröße einer Kraft sei das Produkt aus der Masse und dem Quadrat der Geschwindigkeit. Um das zu erweisen, geht er von der mit Recht als selbstverständlich betrachteten Annahme aus, daß es gleichviel „Kraft" erfordert, 1 Pf. 4 Ellen oder 4 Pf. 1 Elle hoch zu heben. Nach Galileis Fallgesetzen ist aber die Kraft (Geschwindigkeit), die einem Körper mitgeteilt werden muß, um ihn von der Erdoberfläche aus zu einer Höhe h aufsteigen zu lassen, der gleich, die dieser Körper beim freien Fall von derselben Höhe bei seiner Ankunft auf dem Erdboden besitzt. Sie wird gemessen durch die Formel $s = \frac{g t^2}{2} = \frac{v^2}{2 g}$, $v = \sqrt{s\, 2 g}$. Die 4 Pf. würden also mit einfacher, das 1 Pf. mit doppelter Geschwindigkeit unten ankommen; dort wäre die Bewegungsgröße (mv), die nach Descartes das Maß der bewegenden Kraft sein soll, = 4, hier = 2. Das widerspricht aber der zugrunde gelegten Annahme, daß in beiden Fällen gleiche Kräfte vorhanden sein müssen. Diese Annahme kommt nur dann zu ihrem Recht, wenn die bewegende Kraft nach dem Produkt aus der Masse in das Quadrat der Geschwindigkeit (oder in die zur Erzeugung der Geschwindigkeit erforderliche Fallhöhe) gemessen wird: denn nur dann ist das Resultat in beiden Fällen = 4. Diese neue Schätzung bezeichnet Leibniz auch als eine solche nach der

---

1) Vgl. E. Dühring: Kritische Geschichte der allgemeinen Principien der Mechanik [3] 1877, S. 105 f., 159 f. E. Mach: Die Mechanik in ihrer Entwickelung [6], 1908. S. 319 ff.

2) Er erschien in den Acta Eruditorum S. 161—163 unter dem Titel: „Brevis demonstratio erroris memorabilis Cartesii et aliorum circa legem naturalem, secundum quam volunt a Deo eandem semper quantitatem motos conservari, qua et in re mechanica abutuntur. Wiederabgedruckt in: Leibnizens gesammelte Werke hrsg. von G. H. Pertz, III. Folge, Mathematik. 6. Bd. (Leibnizens mathematische Schriften hrsg. von C. J. Gerhardt, II. Abt., 2. Bd.) 1860, S. 117—119.

„quantitas effectus, quam vis producere potest", und ein Beispiel für diese „quantitas" bietet eben die Steighöhe, bis zu der die Kraft einen schweren Körper von bestimmter Größe und Beschaffenheit erheben kann.

In den Jahren 1690 und 1691 kam Leibniz in zwei Aufsätzen der Acta Eruditorum [1]) auf dasselbe Thema zurück und verteidigte seine neue Kräfteschätzung gegen Angriffe aus dem Cartesianischen Lager. Bedeutsamer als beide ist sein 1695 in derselben Zeitschrift veröffentlichtes „Specimen dynamicum pro admirandis naturae legibus circa corporum vires et mutuas actiones detegendis et ad suas causas revocandis" (Leibnizens ges. Werke III 6, S. 234—246). Hier führt er nämlich den Unterschied zwischen toten und lebendigen Kräften ein, der dann in dem ganzen weiteren Streit und auch in Kants Erstlingsschrift eine so große Rolle spielen sollte [2]).

Leibnizens Kraftbegriff ist mehr metaphysisch als naturwissenschaftlich orientiert. Er kommt zu ihm in ausgesprochenem Gegensatz zu Descartes, der das Wesen der körperlichen Natur in die bloße Ausdehnung gesetzt hatte. Demgegenüber stellte Leibniz schon 1690 in dem Aufsatz „De causa gravitatis" (S. 202) fest, daß noch etwas anderes in den Dingen sei als nur Ausdehnung und Bewegung; „quod quanti momenti sit, sciunt intelligentes." 1691 und 1693 brachte das Journal des Savants zwei Briefe Leibnizens, die demselben Nachweis gewidmet sind, und 1694 erschien in den Acta Eruditorum ein kleiner, aber wichtiger Aufsatz „de primae philosophiae emendatione et de notione substantiae" (Leibnitii Opera philosophica ed. J. E. Erdmann I 112 f., 113 f., 121 f.). Nach diesem Aufsatz hängt der wahre Begriff der Substanz von dem der wirkenden Kraft (vis activa, virtus agendi) ab. Diese soll ganz verschieden sein von der potentia nuda (potentia activa, facultas) der Scholastiker, die nichts anderes ist „quam propinqua agendi possibilitas, quae tamen aliena excitatione et velut stimulo indiget, ut in actum transferatur. Sed vis activa actum quendam sive *ἐντελέχειαν* continet, atque inter facultatem agendi actionemque ipsam media est, et conatum involvit;

---

1) 1690: De causa gravitatis, et defensio sententiae autoris de veris naturae legibus contra Cartesianos. 1691: De legibus naturae et vera aestimatione virium motricium contra Cartesianos. Responsio ad rationes a Dn. Papino mense Januarii anni 1691 in Actis Eruditorum propositas (Leibnizens gesammelte Werke III 6, S. 193—203, 204—211).

2) Vorbereitet war der Unterschied schon in einem Aufsatz, der sich unter den Leibniz-Ms.en der Bibliothek in Hannover befindet und sicher nach der „Brevis demonstratio" vom Jahre 1686, sehr wahrscheinlich aber vor dem Aufsatz vom Jahre 1690 entstanden ist. Er spricht zwar noch nicht von v i s , wohl aber von p o t e n t i a viva und mortua (Leibnizens gesammelte Werke III 6, S. 120 f.).

atque ita per se ipsam in operationem fertur; nec auxiliis indiget, sed sola sublatione impedimenti" [1]). Als Beispiele werden gespannte Bogen und Körper, die an Seilen hängen und diese straffen, angeführt. Diese wirkende Kraft, in der man die letzte Ursache aller Bewegung zu sehen hat [2]), ist den Körpern von Gott in der Schöpfung mitgeteilt. Jede Substanz besitzt sie, und stets geht irgendeine Wirkung von ihr aus. Weshalb auch die körperlichen Substanzen, und erst recht die geistigen, niemals in ihrem Wirken aussetzen (ab agendo cessant nunquam), oder, wie es im Specimen dynamicum ausgedrückt wird (S. 235): „agere est character substantiarum."

Dieser Begriff der wirkenden Kraft, welche die innerste Natur der Körper ausmacht (Specimen S. 235), ist, wie Leibniz sich klar bewußt ist, ein rein metaphysischer Begriff. Aber er ist der Meinung, daß es ohne Anleihen aus der Metaphysik, nur durch rein mathematische Betrachtung vom Gesichtspunkt der Ausdehnung aus, nicht möglich sei, die höchsten, systematischen Bewegungsgesetze aufzustellen, wie: jede Veränderung geht allmählich vor sich, jede Aktion ist mit einer Reaktion verbunden, neue Kraft entsteht nur auf Kosten alter, die Wirkung enthält nicht mehr noch weniger „potentia" als die Ursache (Op. phil. I 113, 124, ges. Werke III 6, S. 241).

Leibniz unterscheidet nun im Specimen (S. 238) zunächst einen doppelten „nisus" (= conatus): einen elementaren oder unendlich kleinen, den er auch „solicitatio" nennt, und einen durch Fortsetzung oder Wiederholung elementarer „nisus" entstandenen: den „impetus" selbst. Doch handelt es sich, wie ein Zusatz besagt, bei diesen „entia mathematica" nur um Abstraktionen, nicht um in der Natur gegebene Realitäten.

---

1) Im Journal des Savants spricht Leibniz 1695 in dem „Système nouveau de la nature et de la communication des substances" von „forces primitives, qui ne contiennent pas seulement l'acte ou le complément de la possibilité, mais encore une activité originale" (Leibn. Opera philos. I 125). Im Anfang des Specimen dynamicum (S. 235) heißt es: „In rebus corporeis esse aliquid praeter extensionem, imo extensione prius, alibi admonuimus, nempe ipsam vim naturae ubique ab Autore inditam, quae non in simplici facultate consistit, qua Scholae contentae fuisse videntur, sed praeterea conatu sive nisu instruitur, effectum plenum habituro, nisi contrario conatu impediatur." Der conatus wird weiterhin (S. 237) als „velocitas sumta cum directione" definiert und dem impetus entgegengesetzt als dem Produkt aus Masse (moles) und Geschwindigkeit, also dem, was seit Cartesius Bewegungsgröße heißt.

2) „Apparebit ex nostris meditationibus, substantiam creatam ab alia substantia creata non ipsam vim agendi, sed praeexistentis jam nisus sui, sive virtutis agendi, limites tantummodo ac determinationem accipere" (ebenda S. 122).

Den beiden Arten von „nisus" entsprechend gibt es auch zwei Arten von Kraft: eine elementare, die tote genannt, weil in ihr noch keine wirkliche Bewegung, sondern nur erst eine Solizitation zur Bewegung vorliegt, wie bei dem auf eine Unterlage drückenden Körper und dem Stein in der Schleuder (also bei Gravitations- und Zentrifugalkraft), oder auch beim deformierten elastischen Körper, der seine ursprüngliche Gestalt wieder herzustellen sucht. Die andere Art ist die mit wirklicher Bewegung verbundene Kraft: die lebendige (vis viva), „ex infinitis vis mortuae impressionibus continuatis nata" und daher der toten Kraft unendlich überlegen [1]). Bei jener gilt die Schätzung nach dem Produkt aus Masse und einfacher Geschwindigkeit, die auf Grund des Prinzips der virtuellen Geschwindigkeiten (Verschiebungen) auch bei den einfachen Maschinen (schiefe Ebene, Rolle, Flaschenzug usw.) zutrifft, bei dieser dagegen die Schätzung nach dem Produkt aus Masse und dem Quadrat der Geschwindigkeit. Das Maß ist im zweiten Fall in der vollen Wirkung (effectus integer) zu suchen, die der vollen Ursache (causa plena) stets genau gleich sein muß, dafür aber diese (die ganze Kraft) auch vollständig aufzehrt; auf die Zeit, in der das geschieht, braucht dabei keine Rücksicht genommen zu werden (Specimen S. 238, 243 ff.).

So setzt Leibniz das Kräftemaß in engste Verbindung mit den Prinzipien einer alleinseligmachenden Metaphysik. Dadurch wird ihm die Klarheit des Blicks getrübt, so daß er die Tatsachen, die auch bei Bewegungen außerhalb des Gebiets der einfachen Maschinen die Anwendung des Cartesianischen Maßes erlauben und sogar fordern (man denke an die Konstanz von mv beim Stoß unelastischer wie elastischer Körper!), nicht zu würdigen imstande ist. Bei der Cartesianischen, rein mathematischen Betrachtung (d. h. bei Auffassung der bloßen Ausdehnung als ganzen Wesens der Körper) wird man, wie er meint streng beweisen zu können, gezwungen, die Möglichkeit des perpetuum mobile zu behaupten (Leibnizens ges. Werke III 6, S. 199 ff., 204 ff., 245). Da das aber eine Absurdität ist, muß man die mathematische Betrachtung durch eine metaphysische, die in dem neuen Kraftbegriff das Wesen der Substanz sieht, ergänzen: durch sie kommt man mit Notwendigkeit zu dem neuen Kräftemaß, das dann aber auch bei allen lebendigen Kräften Platz greifen muß, d. h. überall da, wo es darauf ankommt, die volle Wir-

---

1) E. Dühring weist in seiner Krit. Gesch. der allgemeinen Prinzipien der Mechanik [3] 158 f., 225 darauf hin, daß der Ausdruck „tote Kraft" schon in Galileis Terminus „peso morto" bis zu einem gewissen Grade präformiert war. Leibniz selbst bezieht sich bei Gelegenheit der Unterscheidung der beiden Kraftarten zweimal auf Galilei (Specimen S. 238 f.).

kensfähigkeit und Wirkung der Ursache an ihrem vollen Effekt zu messen.

27. Der Streit wurde bald zur Parteisache und nahm infolgedessen an Ausdehnung und Heftigkeit rasch zu. Den Cartesianischen Standpunkt vertreten vor allem Papin, Clarke, Desaguiliers, Maclaurin, Hausen, Pemberton, Jurin, Mairan, Manfredi, Zanotti. Auf Seiten Leibnizens waren die Hauptkämpfer Joh. und Dan. Bernoulli, Hermann, Wolff, Richter sowie die Experimentalphysiker Marquese G. Poleni, s'Gravesande, van Musschenbroek.

Gehalt und wissenschaftlicher Wert der so entstandenen großen Literatur entsprechen auch nicht entfernt ihrem Umfang. Der Grund ist einmal darin zu suchen, daß, wie es bei solchen weltberühmten Streitigkeiten, die lange unentschieden hin und her schwanken, oft zu gehen pflegt, auch manche halbe oder ganze Laien das Wort ergriffen. Außerdem beschränkte man den Kampf der Meinungen nicht auf sein eigentliches mechanisch-physikalisches Gebiet, wo er doch allein ausgefochten werden konnte, sondern mischte dauernd allerlei metaphysische Gesichtspunkte und Fragen mit hinein, die nicht nur einen unnützen Ballast darstellten, sondern oft auch in hohem Maße verwirrend wirkten, mindestens aber die scharfe Erfassung der wesentlichen Momente sehr erschwerten. Beides trug sicher dazu bei, daß der Streit sich so lange hinzog und nicht schon viel früher als das erkannt wurde, was er in Wahrheit war: als ein bloßer Streit um Worte.

Als einen solchen bezeichnete ihn zuerst d'Alembert 1743 in der Vorrede zu seinem Traité de dynamique [1]). Er stellte es hier dem Gutdünken des einzelnen anheim, ob er im Fall der verzögerten Bewegung mv oder mv^2 als Maß verwenden wolle: durch mv messe er die Summe der von den Hindernissen geleisteten, die Verzögerung herbeiführenden Widerstände und setze die Zeit in Rechnung, durch mv^2 messe er die Anzahl der überwundenen Hindernisse und damit ihre absolute Größe (wobei dann selbstverständlich, was von d'Alembert nicht ausdrücklich erwähnt wird, der trotz der Widerstände durchlaufene Raum das Entscheidende ist); worauf es allein ankomme, sei, daß in jedem Fall, welches Maß man auch wähle, die gemeinte Größe genau bestimmt sei.

28. In der Tat handelt es sich bei den Produkten mv und mv^2 $\left(\text{genauer: } \frac{mv^2}{2}\right)$ um zwei ganz verschiedene Wirkungsgrößen, deren jede

1) Dasselbe Urteil ist dann später noch von vielen anderen gefällt worden, so von A. G. Kästner in seinen Anfangsgründen der höhern Mechanik 1766, S. 371, in Gehlers Physikalischem Wörterbuch 1789, II, 806.

in der Mechanik ihre besondere Verwendungsart hat. Es gibt also kein „entweder-oder“, sondern nur ein „sowohl-als auch“. Jene Größe heißt noch heute im Anschluß an Descartes und Newton Quantität der Bewegung (Bewegungsgröße), diese im Anschluß an Leibniz lebendige Kraft. Wo die Physik sich des einen oder andern Ausdrucks bedient, muß sie ihn stets eindeutig bestimmen. Beide meinen ganz verschiedene Verhältnisse, eine ganz verschiedene Art, die Wirkensfähigkeit eines bewegten Körpers zu messen. Aber gerade an der genauen Bestimmung des Terminus Kraft mangelte es damals noch. Seine Vieldeutigkeit war der letzte Grund des ganzen Streits. Ein Hauptirrtum der kämpfenden Parteien bestand darin, daß jede von ihnen überzeugt war, allein *ihr* Maß sei imstande, die *wahre, eigentliche*, bzw. die *ganze* Kraft, und die Leibnizianer setzten hinzu: die Kraft auch ihrem *metaphysischen* Wesen und Vermögen nach zu messen, während doch in Wahrheit immer nur bestimmte Wirkungsgrößen gemessen werden können. Liegt eine solche Wirkung in der freien, geradlinigen Bewegung eines Körpers vor und nennt man die diese Bewegung hervorbringende Ursache bewegende Kraft, so wird letztere durch die Bewegungsgröße des bewegten Körpers gemessen, also durch mv, oder durch den in einer bestimmten Zeit erteilten Kraftantrieb pt, wo $p = m\varphi$ (Masse $\times$ Beschleunigung) ist. Versteht man dagegen unter Kraft die Fähigkeit eines bewegten Körpers, Arbeit zu leisten, z. B. einen dauernden, gleichmäßigen Widerstand zu überwinden (wie den der Schwere bei einem senkrecht in die Höhe geworfenen Körper oder den weicher Materien, in die frei fallende Körper eindringen), so dürfte es am nächsten liegen, diese geleistete Arbeit an der Wegstrecke zu messen, auf der die Kraft sich als fähig erweist, den entgegenstehenden Widerstand zu brechen; hier ist das Maß also mv^2 oder genauer $\frac{mv^2}{2}$, da $s = \frac{mv^2}{2p}$. Doch kann in diesem 2. Fall je nach Bedürfnis auch auf die Zeit abgestellt werden, innerhalb deren die Kraft dem Widerstand zu begegnen vermag; dann gilt die Gleichung $t = \frac{mv}{p}$ [1]).

Weder die Cartesianer noch die Leibnizianer wollten die Gleichberechtigung der beiden Größen (d. h. die Berechtigung einer jeden an *ihrem* Ort) zugeben, sondern jede Partei erhob *eine* von ihnen auf ihr Panier und behauptete, diese eine sei die allein berechtigte und allein brauchbare.

---

1) Vgl. F. Rosenberger: Geschichte der Physik 1884, II 253 f. E. Mach: Die Mechanik in ihrer Entwickelung [6] 1908, S. 316 ff.

Jede konnte zugunsten ihrer Ansicht Tatsachen anführen: Fälle, in denen ihre Formel die näherliegende und berechtigtere ist. Jede mußte aber auch, indem sie ihre Formel zur einzig berechtigten machen wollte, in den Fällen, für die tatsächlich die der andern Partei gilt, zu Gewaltsamkeiten greifen und in schwere Fehler verfallen. Und es ist seltsam, wie verblendet auch scharfsinnige Mathematiker und Physiker werden können, wenn Vorurteile die Klarheit ihres Blicks trüben.

Nur weil jede Partei sich auf Tatsachen stützen konnte und aus ihnen das Recht ableitete, die dort gültigen Ansprüche zu verallgemeinern, konnte der Streit sich so lange unentschieden und ohne Einsicht in die wirklichen Verhältnisse hinziehen.

29. Hinzu kam freilich, daß noch ein weiteres Problem sich einmengte und nicht immer genügend von dem des Kräftemaßes geschieden wurde: die Frage nach der Konstanz der Kraftsumme in der Welt. Auch hier hatten beide Parteien bis zu einem gewissen Grade recht. Die Cartesianer insofern, als, wie Newton 1687 in seinen Philosophiae naturalis principia mathematica im 3. Corollar zu den „leges motus" feststellte, die Bewegungsgröße (mv), die sich ergibt, wenn man die in einer Richtung erfolgenden Bewegungen summiert und die in entgegengesetzter Richtung stattfindenden davon abzieht, durch die Einwirkung der Körper aufeinander nicht verändert wird. Sobald man aber ganz allgemein nach derjenigen Kraft-Größe fragt, die sich im Gesamtbereich der Physik bei allen Veränderungen und Umwandlungen konstant erhält, so kann nur das in Betracht kommen, was man heutzutage Energie oder Fähigkeit, (unter Umständen) mechanische Arbeit zu verrichten, nennt: diese tritt in sehr verschiedenen Formen auf, doch so, daß die eine Form sich nach Aequivalenzverhältnissen in die andere umsetzen läßt, wobei diese nur gerade so viel gewinnt, als jene verliert, beide an dem Produkt $\frac{m v^2}{2}$, dem speziellen Maß für die kinetische Energie, gemessen.

Dies Gesetz von der Erhaltung der Energie ahnte Leibniz wenigstens von ferne, wenn er die Unveränderlichkeit der Gesamtsumme von mv^2 im Weltall behauptete. Auf streng physikalischem Wege dem Problem beizukommen, war damals unmöglich, da man noch kein mechanisches Aequivalent der Wärme kannte und noch nicht mit der Umwandlung von Massenbewegung in Molekularbewegung rechnete. Nur geniale Intuitionen, die über die Schranken, die mit dem damaligen Kenntnisstand gegeben waren, weit hinausgingen, konnten hier Künftiges ahnend vorwegnehmen

Eine solche liegt bei Leibniz vor, wenn er am Schluß seines etwa aus der Zeit von 1690—1695 stammenden „Essai de dynamique", den Gerhardt aus dem Ms. veröffentlicht hat, feststellt, daß der beim Stoß unelastischer Körper eintretende Verlust an lebendiger Kraft der unverletzlichen Wahrheit des Gesetzes von der Konstanz der Summe eben dieser Kraft keinen Eintrag tue; denn, was durch die kleinsten Teilchen der stoßenden Körper absorbiert werde, sei damit keineswegs auch für das Universum absolut verloren, wenn es auch für die Gesamtkraft (force totale) dieser Körper, d. h. für ihre Wirkung als einheitliche Massen, verloren gehe (Leibnizens ges. Werke III 6, S. 230 f.).

Daß es sich hier nicht etwa nur um einen vorübergehenden Einfall handelt, zeigt folgende Aeußerung Leibnizens in seinem Briefwechsel mit S. Clarke: „J'avois soutenu que les forces actives se conservent dans le monde. On m'objecte, que deux corps mous ou non élastiques, concourant entre eux, perdent de leur force. Je réponds que non. Il est vrai que les touts la perdent par rapport à leur mouvement total; mais les parties la reçoivent, étant agitées intérieurement par la force du concours. Ainsi ce défaut n'arrive qu'en apparence. Les forces ne son point détruites, mais dissipées parmi les parties menues. Ce n'est pas les perdre, mais c'est faire comme font ceux qui changent la grosse monnoye en petite." [1])

Nach Leibnizens Gegner Clarke dagegen vermindern sich die aktiven Kräfte des Universums als creatürliche und damit abhängige fortwährend und bedürfen steter Erneuerung durch Gott [2]). Die Handlung (l'action) ist für ihn der Anfang einer durch ein Prinzip des Lebens oder der Tätigkeit erzeugten Bewegung, die vorher nicht bestand; und wenn Gott oder der Mensch oder sonst ein lebendes oder tätiges Agens auf irgendeinen Teil der materiellen Welt einwirkt, so muß, wenn nicht alles ein einfacher Mechanismus ist (was Clarke leugnet), fortwährend bald eine Vermehrung, bald eine Verminderung der Gesamtquantität der Bewegung im Universum eintreten [3]). Daß ständig auf ganz natürlichem Wege eine Abnahme der aktiven Kraft in der materiellen Welt vor sich geht, ist eine notwendige Folge der Inaktivität der Materie. Diese ist schuld daran, daß vollkommen harte, unelastische Körper, wenn sie mit gleichen, entgegengesetzten Kräften aufeinanderstoßen, ihre ganze Bewegung

1) Recueil de diverses pièces sur la philosophie, la réligion naturelle, l'histoire, les mathématiques etc. par Mrs. Leibniz, Clarke, Newton, et autres auteurs célèbres. 2. éd. 1740, I 139 f.

2) Ebenda I 45 f.

3) Ebenda I 185 f.

und aktive Kraft verlieren und infolgedessen irgendeiner äußeren Ursache bedürfen, um von neuem in Bewegung zu kommen [1]).

Clarke will hier nichts als die Ansichten seines Meisters Newton vertreten, der in der 31. Frage am Schluß seiner Optik die Konstanz der Bewegungsquantität in der Welt nachdrücklichst geleugnet hatte: Bewegung könne sowohl vergehen als neu entstehen; aber wegen der Zähigkeit der Flüssigkeiten und der Reibung ihrer Teilchen, sowie der Schwäche der Elastizitätskraft in den festen Körpern neige sich die Natur der Dinge immer viel mehr nach der Seite hin, daß Bewegung vergehe als daß sie entstehe, und so sei ihre Gesamtsumme in ständiger Abnahme begriffen; bei jedem Zusammenstoß vollkommen harter oder vollkommen weicher und darum auch absolut unelastischer Körper von gleicher Größe und gleicher, aber entgegengesetzter Geschwindigkeit gehe im Vakuum ihre ganze Bewegung verloren, bei nicht völlig elastischen Körpern wenigstens immer ein Teil; behaupte man, sie könnten an Bewegung nur soviel verlieren, wie auf andere Körper übertragen werde, dann ergebe sich die Folgerung, daß sie im Vakuum überhaupt nichts von ihrer Bewegung einbüßen könnten, sondern beim Zusammenstoß in derselben Richtung weitergehen und sich gegenseitig durchdringen müßten [2]); da also die verschiedenartigen Bewegungen in der Welt dauernd abnähmen, seien zu ihrer Erhaltung und Erneuerung gewisse tätige Prinzipien (principia actuosa) nötig wie die Ursache der Schwere, durch die den Planeten und Kometen ihre Bewegung in ständigen Bahnen erhalten und allen fallenden Körpern eine starke Bewegung mitgeteilt werde, die Ursache der Kohäsion der Körper und die Ursache der Gärung, durch die Herz und Blut der Tiere beständig bewegt und erhitzt werde, viele Körper brennten und leuchteten, die Berge zu feuerspeienden und die Höhlen der Erde durch plötzliche Stöße zerissen würden, die Sonne selbst immer gewaltig glühe und leuchte und durch ihr Licht alles erwärme; nur wenig Bewegung sei in der Welt auffindbar, die nicht offenbar von diesen tätigen Prinzipien herstamme [3]).

---

1) Ebenda I 194 f., 197 f.

2) An eine mögliche Umwandlung von Massen- in Molekularbewegung denkt Newton also auch nicht von ferne. Auch nachdem Leibniz in seinem Briefwechsel mit Clarke (a. a. O. I 139 f.) mit der Idee dieser Umwandlung hervorgetreten ist, weist Clarke, der seine Antworten mit Unterstützung Newtons ausarbeitete (vgl. Rosenberger ² 519), sie noch zurück (a. a. O. I 194 ff.).

3) Optice, lat. 4⁰-Ausgabe von 1740 (Lausanne und Genf) S. 322—326. Clarke bezieht sich a. a. O. I 45 f., 79 ausdrücklich auf diese Optik-Stelle. Auch in der Polemik der Gegner spielt sie des öfteren eine Rolle. So sagt Joh. Bernoulli in § 28 seiner Dissertatio „De vera notione virium vivarum" vom Jahre 1735 (Opera

Mit einer dauernden Erhaltung der einmal vorhandenen Bewegung und Kraft rechnete also Newton nicht. Die betreffenden Konstanzgesetze der heutigen Physik lagen nicht in der Richtung seiner Forschung, noch war es ihm, wie Descartes, um eine rein kinetische Theorie zu tun. Im Gegenteil: er betrachtete es als selbstverständlich, daß die bewegenden Kräfte der Natur, soweit sie in Bewegungen bestehen, sich allmählich abnutzen, verbrauchen und schließlich erlöschen. Und bei den principia actuosa ist keine Sicherheit dafür gegeben, daß sie imstande sind, für jeden stattfindenden Verlust Ersatz zu schaffen. So bleibt nichts als die Hoffnung auf Gottes Eingreifen, das einen etwaigen völligen Stillstand der Weltmaschine verhindern werde. Ein solches Eingreifen hält Newton auch schon im Hinblick auf die kleinen Unregelmäßigkeiten in der Planetenbewegung für notwendig, die, aus den gegenseitigen Einwirkungen der Planeten und Kometen entstehend, mit der Zeit wahrscheinlich so zunehmen werden, daß das ganze System einer nachbessernden Hand bedarf (Optik a. a. O. S. 327) [1]).

Diese Auffassung entsprach durchaus dem streng theistischen (nicht etwa deistischen!) Standpunkt Newtons, der in ganz naiver Weise an Wunder und Offenbarung glaubte, der als Greis ein großes Werk über die Weissagungen der Bücher Daniel und Offenbarung St. Johannis verfaßte, der Gott die Welt aus dem Nichts erschaffen und ihn den Planeten gleichsam eigenhändig ihre Zentrifugalkraft erteilen ließ [2]).

30. Kant schließt sich in seiner Erstlingsschrift in der grundlegenden Frage der Erhaltung der Kräfte leider an Newton und nicht an Leibniz an und kommt dadurch auf eine ganz falsche Fährte. Seine Lösung der großen Streitfrage des Kräftemaßes, die Cartesianern und Leibnizianern genugtun soll, bewegt sich in einer Richtung, die der seitherigen Entwicklung der Naturwissenschaft und den Gedanken, die sich in ihr als besonders fruchtbar erwiesen haben, schnurstracks entgegengesetzt ist.

---

omnia 1742, III 253), er würde nicht anstehen, die Art, wie Newton sich in der Optik-Stelle gegen die Erhaltung der Bewegung ausspreche, als lächerlich zu bezeichnen, wenn die Worte nicht von einem so bedeutenden Manne herrührten.

1) Gegen diese Vorstellungsweise sendet Leibniz in seinem Briefwechsel mit Clarke (insbesondere I 2 f., 14 ff., 35 ff., 57 ff., 144 ff.) scharfe Pfeile; nach ihm ist ein jedes solches Nachhelfen der Weisheit und Allmacht Gottes unwürdig. Auch hier steht er der modernen Auffassung viel näher, als es bei Newton der Fall ist. Die heutige Wissenschaft ist sich bewußt, daß sie durch Annahme übernatürlicher Eingriffe in die Welt die Grundlagen untergraben würde, auf denen ihr Gebäude ruht.

2) Vgl. hierzu Newtons Optice (4°, 1740) S. 327 und Newtons Briefe an Bentey (Rosenberger [2] 265 ff.).

Kant nimmt nämlich in direktem Widerspruch gegen das Trägheitsgesetz und gegen das ein Jahrhundert nach Veröffentlichung seiner Schrift endgültig formulierte Gesetz von der Erhaltung der Energie an, daß die einem Körper mitgeteilte Bewegung, solange sie eine tote Kraft bleibe, von selbst, ohne Gegenwirkung eines äußeren Widerstandes, erlösche, sobald die antreibende Kraft aufhöre sie zu erhalten; daß der Körper aber auf Grund seiner „innern Naturkraft" imstande sei, in einer endlichen Zeit diese tote Kraft zum Rang einer lebendigen zu erheben, indem er die durch die äußere Ursache seiner Bewegung in ihm geweckte Kraft von selber vergrößere und dadurch Grade der Kraft in sich entwickle, die größer seien als die der äußeren Bewegungsursache; erst vermöge der so entstandenen lebendigen Kraft könne der Körper dann im leeren Raum seine Bewegung gleichförmig, frei und ins Unendliche erhalten (§§ 15 f., 115, 124). Dort soll das Kräftemaß mv, hier mv^2 sein.

Kant ist also der Meinung, daß im gewöhnlichen Lauf der Dinge sich täglich und stündlich lebendige Kraft von selbst neu erzeuge; anderseits freilich verzehrt sie sich auch häufig von selbst in der Ueberwältigung eines Hindernisses, das viel geringer ist als sie (§§ 136 ff.). Also ein Vergehen und Neuentstehen ohne erkennbare Gesetzmäßigkeit und Ursächlichkeit! Wir befinden uns lauter Rätseln gegenüber. Man kann gegen den Konstanzgedanken kaum ärger sündigen, als es hier seitens Kants geschieht [1]). Seine Auffassung verstößt noch viel mehr gegen die Prinzipien echter Naturwissenschaft als Newtons göttliche Eingriffe. Da ist doch wenigstens eine ratio sufficiens vorhanden, wenn auch eine übernatürliche. Bei Kant dagegen fehlt es an ihr völlig: er statuiert Vorgänge, die, da natürliche Ursachen nicht aufzufinden sind, als Wunder in optima forma betrachtet werden müssen, aber ohne daß ein Wundertäter angegeben würde. Statt dessen wird

1) Vielleicht steht er hier unter dem Einfluß seines Lehrers M. Knutzen, der ihn ja auch zuerst auf Newton hingewiesen hatte. Knutzen machte in seinem Systema causarum efficientium (1745) zur Rechtfertigung der Lehre vom physischen Einfluß gegen Leibniz geltend, das Gesetz von der Konstanz der lebendigen Kräfte beziehe sich nur auf Bewegungsvorgänge und also auf Verhältnisse zwischen bloßen Körpern (nicht auch zwischen Körper und Geist); streng genommen finde es sogar nur auf elastische Körper unbedingte Anwendung und sei nur für diese sicher bewiesen (vgl. B. Erdmann: M. Knutzen und seine Zeit, 1876, S. 92 f.). Aus diesen Worten spricht mindestens eine gewisse Skepsis gegenüber Leibnizens rettendem Gedanken einer Umwandlung von Massen- in Molekularbewegung beim Stoß unelastischer Körper; noch wahrscheinlicher ist, daß Knutzen diesen Gedanken ebenso energisch verwarf, wie — unter seinem Einfluß? — Kant (vgl. u. § 45).

mit qualitates occultae ein unwissenschaftliches Spiel getrieben, als ob wir uns noch mitten im tiefsten Mittelalter befänden.

Nach dieser allgemeinen Charakterisierung der leitenden Idee Kants wenden wir uns zu den Einzelheiten der Schrift.

2. Kapitel.

Metaphysisches Vorspiel (1. Hauptstück).

31. Das neue Fundament wird im 1. Hauptstück, betitelt „Von der Kraft der Körper überhaupt", gelegt (I 17—31). An seine Erörterung schließen wir gleich die des 3. Hauptstücks, „welches eine neue Schätzung der lebendigen Kräfte als das wahre Kräftemaß der Natur darlegt" (I 139—181). Das 2. Hauptstück mit seiner „Untersuchung der Lehrsätze der Leibnizischen Partei von den lebendigen Kräften" und seiner ausgedehnten Polemik gegen die frühere und zeitgenössische Literatur wird uns dagegen nur kurz beschäftigen, da ein tieferes Eingehen auf die von beiden Seiten an den einzelnen Kontroverspunkten begangenen Fehler und Irrtümer einen zu großen Raum erfordern würde.

Bezeichnend ist, daß Kant nicht gleich in medias res geht und nicht sofort mit den streng naturwissenschaftlichen Fragen beginnt, sondern vielmehr mit der Festsetzung „einiger metaphysischer Begriffe von der Kraft der Körper überhaupt", in der Annahme, er werde auf diese Weise seine Absicht, die Lehre von den lebendigen Kräften einmal gewiß und entscheidend zu machen, am besten erreichen. Diese Art des Vorgehens entsprach ganz der fast zur Sitte gewordenen Gewohnheit, den Streit um das Kräftemaß mit metaphysischen Fragen noch weiter zu belasten. Und insbesondere Kants Lösungsversuch konnte nur im Nebel metaphysischer Unbestimmtheiten entstehen und wenigstens mit einem Schein von Wahrscheinlichkeit umkleidet werden.

Im Gegensatz zu der Meinung, daß die Kraft bewegter Körper etwas sei, was dem Körper ganz und gar von außen mitgeteilt werde und wovon er nichts habe, wenn er in Ruhe sei, schließt Kant sich an Aristoteles mit seinem Entelechiebegriff und besonders an Leibniz mit seinem Begriff der wirkenden Kraft (vis activa) an, die dem Körper als w e s e n t l i c h e Kraft sogar noch vor der Ausdehnung zukomme (§ 1, vgl. oben S. 72 f.).

Wolff hatte die „vis activa" in seiner Cosmologia generalis (§ 135) zwar dem Namen nach übernommen, sie aber alsbald (§ 137) durch den Begriff der vis motrix näher bestimmt und weiterhin dann beide Begriffe unterschiedslos gebraucht [1]). Kant macht, ohne Woff zu nennen, gegen den Begriff der vis motrix in der rein metaphysischen Erörterung der §§ 2—6 geltend, er biete auf die Frage nach der Ursache der Bewegung nur eine Scheinerklärung, wie wenn die Scholastiker (Kant sagt: Schullehrer) die Wärme auf eine vis calorifica zurückführten; ferner: er charakterisiere die Kraft der Substanz durch etwas (sc. Bewegung), was gar nicht als ihre bezeichnende „Wirkung" (= Kraftäußerung) anzuerkennen sei, da ein Körper dann am meisten Bewegung habe, wenn ihm am wenigsten widerstanden werde, d. h. wenn er fast gar nicht wirke. Aus dem Begriff der wirkenden Kraft glaubt Kant seinerseits den Ursprung der Bewegung ohne Mühe ableiten zu können. Es geschieht in einem Gedankengang (§ 4), der vielen Einwänden ausgesetzt ist, nicht zum mindesten deshalb, weil er in ganz unnaturwissenschaftlicher Weise die Kraft einer Substanz, außer sich zu wirken, näher bestimmt als eine Kraft, den i n n e r e n Zustand anderer Substanzen zu ändern, wobei dann die Bewegung zu einem bloßen „äußerlichen Charakter" oder „äußerlichen Phänomenon" des inneren Zustandes bzw. der inneren Vorgänge in den Substanzen (§§ 5, 3) herabsinkt [2]).

Gerade diese Bestimmung ist nun aber für Kant von großer Wichtigkeit. Denn mit ihrer Hilfe glaubt er (§§ 5, 6) der Theorie des physischen Einflusses zum endgültigen Siege über die der prästabilierten Harmonie verhelfen zu können: die bewegte Materie wirkt auf alles mit ihr dem Raum nach Verbundene, also auch auf die Seele; das kann sie aber nur in der Weise tun, daß sie ihren „innern Zustand, insoweit er sich auf das Aeußere bezieht", d. h. ihren status repraesentativus universi verändert, mit andern Worten: indem sie in ihr Vorstellungen von der Welt hervor-

1) In § 169 werden sie z. B., durch „sive" und „seu" verbunden, nebeneinander gestellt.

2) Der § 4 zeigt klar, daß Kants Kraftbegriff eine rein metaphysische Konstruktion, naturwissenschaftlich dagegen unbrauchbar ist. Kant geht von dem Fall aus, daß eine Substanz, deren Kraft dahin bestimmt wird außer sich zu wirken, im ersten Augenblick ihrer Bemühung keinen Gegenstand findet, der ihre ganze Kraft erduldet (findet sie ihn, so kommt es zu keiner Bewegung). Sie wird also nur einen Teil ihrer Kraft anwenden, kann aber doch mit dem übrigen Teil nicht untätig bleiben, weil sie aufhören würde, eine Kraft zu heißen, wenn sie nicht ganz angewandt würde. Diese Anwendung kann aber nur nach und nach geschehen und muß sich gegen verschiedene Substanzen richten, die jede eine verschiedene Lage gegen den ersten Ort des wirkenden Körpers haben. Dieser verändert also seinen Ort und bewegt sich, indem er sukzessive zu wirken gezwungen ist. — Diese Deduktion, die ohne Verständnis für die Wechselseitigkeit jeder Kraftwirkung, dem Gesetz von der Gleichheit der Aktion und Reaktion geradezu ins Gesicht schlägt, bedarf wohl keines weiteren Wortes der Kritik.

bringt. Anderseits verwandelt sich vom Gesichtspunkt der vis activa aus die Frage, ob die Seele Bewegungen verursachen könne, d. h. ob sie eine bewegende Kraft habe, in die viel einfachere: ob ihre wesentliche Kraft fähig sei, außer sich in andere Wesen zu wirken und in ihnen Veränderungen hervorzubringen, was entschieden bejaht werden muß mit Rücksicht darauf, daß die Seele an einem Orte ist und der Begriff „Ort" nur die Wirkungen der Substanzen ineinander andeutet. Sobald man dagegen die wesentliche Kraft als vis motrix bestimmt, stellen sich der Theorie des physischen Einflusses ernstliche Schwierigkeiten entgegen [1]).

Hier tritt klar zutage, wie tief Kant noch im Rationalismus und Dogmatismus steckt: meint er doch, durch bloße Begriffszergliederung und willkürliche Definitionen sowie durch Vertauschung zweier Begriffe des schwierigen Leib-Seele-Problems Herr werden zu können!

32. Nach „Erledigung" dieses Problems greift Kant, gleichfalls vom Gesichtspunkt der vis activa aus, eine weitere, damals viel behandelte rein metaphysische Frage an: die von der Mehrheit möglicher Welten (§§ 7—11).

Die Grundlage der Erörterung bildet die Raumtheorie Leibnizens und seiner Schule, nach welcher Raum und Ausdehnung nichts sind als die Ordnung der koexistierenden Dinge. Doch weicht Kant, wie man mit ziemlicher Sicherheit behaupten kann, schon hier (vgl. unten § 68) von Leibniz darin ab, daß er die räumlichen Verhältnisse für real hält, nicht nur für eine in unserer Sinnlichkeit gegründete verworrene Vorstellung jener Ordnung. Diese selbst beruht nach ihm auf der Art der zwischen den Substanzen obwaltenden Verbindungen und Relationen, diese wieder auf der Kraft der Substanzen, aufeinander zu wirken, und ihrem jedesmaligen, die Besonderheit der Wirkungen bestimmenden Gesetze [2]).

---

1) Der Begriff der vis activa wird hier also von Kant ganz entgegen der Meinung seines Urhebers dazu benutzt, um dessen Theorie von der prästabilierten Theorie zu stürzen. Er setzt hier das Werk fort, das Knutzen begonnen hatte, auf den er in § 6 auch deutlich anspielt: „Es hat einen gewissen scharfsinnigen Schriftsteller nichts mehr verhindert, den Triumph des physischen Einflusses über die vorherbestimmte Harmonie vollkommen zu machen, als diese kleine Verwirrung der Begriffe ⟨sc. der wirkenden mit der bewegenden Kraft⟩, aus der man sich leichtlich herausfindet, sobald man nur seine Aufmerksamkeit darauf richtet." Vgl. B. Erdmann: M. Knutzen und seine Zeit 1876, S. 84 ff., 143.

2) I 23: Es würden „kein Raum und keine Ausdehnung sein, wenn die Substanzen keine Kraft hätten außer sich zu wirken. Denn ohne diese Kraft ist keine Verbindung, ohne diese keine Ordnung und ohne diese endlich kein Raum". Aehnlich auch noch in der Nova dilucidatio (I 414 f.).

Daraus folgert Kant dreierlei: 1. Eine Substanz kann, da sie als selbständiges Wesen die vollständige Quelle aller ihrer Bestimmungen in sich enthalten muß, existieren, ohne mit andern Dingen in Verbindung oder äußerlicher Relation zu stehen, also ohne an einem Ort, und folglich auch: ohne irgendwo in der ganzen (sc. unserer) Welt vorhanden oder ein Teil von ihr zu sein. 2. Eine Vielheit derartiger Substanzen, die wohl untereinander, nicht aber mit unserer Welt verknüpft wären, würden eine Welt für sich bilden; und es ist durchaus möglich (auch realiter!), daß Gott viele Millionen solcher Welten, „auch in recht metaphysischer Bedeutung genommen", erschaffen habe, die einander ganz selbständig und ohne sich gegenseitig irgendwie zu beeinflussen gegenüberstehen [1]). 3. Allerdings nur unter einer Bedingung: es müßte jede dieser Welten ihre besondere Raumes- und Ausdehnungsform (mit jedesmal verschiedenen Eigenschaften und Abmessungen) haben, deren Gesetz und Eigenart von dem Gesetz, nach dem die Substanzen der betreffenden Welt vermöge ihrer wesentlichen Kräfte aufeinander wirken, abhängen würde. Gäbe es nur eine Raumesart, nämlich die unsere, die nur drei Dimensionen zuläßt, dann würden die andern möglichen selbständigen Welten mit der unsrigen dem Raum nach verbunden sein können, und es wäre unbegreiflich, warum Gott sie gesondert haben sollte, da doch ihre Verknüpfung seinem Werk mehr Harmonie und Uebereinstimmung und damit auch größere Vollkommenheit verschafft hätte. Anders wenn es ganz verschiedenartige Räume von verschiedenen Dimensionen gibt: sie würden untereinander unmöglich in Verbindung treten können, also müßten auch die Substanzen, deren gemeinsames Wirkungsgesetz in ihrem jedesmaligen Raum zum Ausdruck kommt, jedesmal eine eigene Welt ausmachen. Und an diesem Punkt der Erörterung glaubt Kant sogar noch über das unter Ziffer 2 Gesagte hinausgehen zu können, indem er es für „sehr wahrscheinlich" erklärt, daß Gott die an sich möglichen „Ausdehnungen von andern Abmessungen" auch wirklich irgendwo angebracht habe, da seine Werke alle die Größe und Mannigfaltigkeit besitzen, die sie nur fassen können [2]).

1) Die Gedanken der Nrn. 1 und 2 kehren in der Nova dilucidatio (I 414) fast unverändert wieder. Die Bedingung von Nr. 3 wird nicht ausdrücklich ausgesprochen, bildet aber wohl auch 1755 noch den Hintergrund von Kants Gedanken.

2) Wenn Kant hier auf Grund seiner angeblichen Kenntnis des Wesens Gottes diesem meint vorschreiben zu können, was er zu tun und zu lassen habe, so denkt und spricht er ganz im Stil eines dogmatischen Metaphysikers oder Theologen der damaligen Zeit. Einem wirklichen Naturwissenschaftler würde eine solche Erörterung in einer rein naturwissenschaftlichen Schrift sehr ferngelegen haben. Daß Kant sie nicht nur nicht vermeidet, sondern sie, fast möchte man sagen, an den Haaren

Die dreifache Dimension unserer Welt glaubt Kant aus dem für die aktiven Kräfte der in ihr vereinigten Substanzen geltenden Gesetz ableiten zu können, daß die Stärke ihrer gegenseitigen Wirkung sich umgekehrt wie das Quadrat der Weiten verhält. Daß wir uns einen Raum von mehr als drei Dimensionen schlechterdings nicht vorzustellen vermögen, soll daher rühren, daß unsere Seele nach denselben Gesetzen des umgekehrten Quadrats der Weiten sowohl leidet (d. i. Eindrücke von außen empfängt) als auch nach außen hin wirkt. Eine Wissenschaft von all den Raumformen, die auf Grund der verschiedenen Arten von aktiven Kräften und ihres jedesmaligen Wirkungsgesetzes möglich sind, „wäre unfehlbar die höchste Geometrie, die ein endlicher Verstand unternehmen könnte".

In dieser Vorwegnahme der heutigen metageometrischen Untersuchungen treffen wir gleich zu Anfang der Schriftstellertätigkeit Kants auf eine jener genialen Intuitionen, die ihm als besonders begnadetem Geist in so reichem Maß beschieden waren. Schon jene eine Idee beweist, daß Kant als wissenschaftliche Gesamtpersönlichkeit bereits damals hoch über dem sonstigen Niveau seiner Erstlingsschrift steht (vgl. oben S. 69). Auch die großen, schöpferischen Gedanken, mit denen er später auf naturwissenschaftlichem Gebiet hervorgetreten ist, verdanken solchen Intuitionen ihr Dasein. Die Prozesse, die bei ihrer Entstehung sich abspielen, sind weit verschieden von der stillen, streng methodisch fortschreitenden Arbeit des Einzelforschers. Weshalb auch oft Begründung und Einzelausführung bei derartigen Aperçus sehr viel zu wünschen übrig läßt.

In unserm Fall ist der Ausgangspunkt, von dem aus Kant zu seiner Idee einer Metageometrie kommt, kein mathematisch-naturwissenschaftlicher, sondern ein rein metaphysischer: Spekulationen über die Möglichkeit einer Mehrheit von Welten. Daher liegen ihm die Gedankengänge eines Lobatschewsky und Bolyai, eines Riemann und Helmholtz usw. ganz fern. Nichts vom Wesen der Axiome, von ihrer Ersetzbarkeit durch andere, von konstantem oder wechselndem Krümmungsmaß! Darum auch keine Einsicht in die möglichen Verschiedenheiten der einzelnen Raumesarten voneinander! Prinzipiell ist zwar von „Eigenschaften und Abmessungen" des Raumes die Rede. Aber die Dimensionenfrage scheint Kants Denken ganz vorwiegend in Anspruch genommen zu haben.

Die Art, wie er die dreifache Abmessung des Euklidischen Raumes daraus ableitet, daß die Substanzen unserer Welt gemäß den ihnen eigenen

---

herbeizieht, zeigt, daß trotz des naturwissenschaftlichen Themas seiner Erstlingsschrift seine metaphysischen Interessen dort schon stark entwickelt sind.

wesentlichen Kräften ihre gegenseitigen Wirkungen nach dem doppelten umgekehrten Verhältnis der Weiten um sich ausbreiten (§ 10), ist verfehlt. Zwar ist darin kein Gegengrund zu sehen, daß, wie die Monadologia physica und die M.A.d.N. (I 484, IV 518 ff.) glauben beweisen zu können, unmittelbare Zurückstoßungskräfte dem Kubus der Entfernungen entsprechend abnehmen. Kant würde antworten: diese Kräfte erfüllen ganz und gar den körperlichen Raum, in dem sie wirken, während die Gravitationskraft sich, um in verschiedenenWeiten unmittelbar zu wirken, nur, analog dem Licht, auf immer größere (mit dem Quadrat der Entfernung wachsende) Kugeloberflächen zu verteilen hat; beiderlei Gesetz ist nur möglich bei dreifacher Dimension, jenes kommt in der Abnahme gemäß dem Kubus, dieses in der Abnahme gemäß dem Quadrat der Entfernung zum Ausdruck. Entscheidend aber ist, daß die Vorstellung einer Verteilung der Kraft einer Kraftquelle auf die um sie als Zentrum umschriebenen konzentrischen Kugeloberflächen [1]) doch im Grund nur ein Bild, nur eine Als-ob-Betrachtung zum Zweck besserer Veranschaulichung ist [2]), oder höchstens eine mögliche Erklärung, die Kant kurzerhand, aber ganz unberechtigterweise zur einzig möglichen macht. Und selbst, wenn ein innerer Zusammenhang zwischen jener Wirkungsart der Kräfte und der Natur des dreidimensionalen Raumes (speziell der Zahl seiner Abmessungen) nachzuweisen wäre, bliebe es noch ganz dahingestellt, ob diese Natur in der Tat eine Folge und nicht vielmehr die Ursache jener Wirkungsart wäre oder ob nicht etwa beide noch von einer tieferen gemeinschaftlichen Ursache abhingen. Ferner wären in unserem dreidimensionalen Raum sehr wohl Kräfte denkbar, deren Wirkung gemäß der einfachen Entfernung abnähme, wie anderseits im bloß zweidimensionalen Raum solche, deren Abnahme dem Quadrat der Entfernung entspräche (wenn sie etwa, wie Kants Zurückstoßungskräfte den ganzen körperlichen Raum, so hier die ganze Kreisfläche erfüllen müßten, um auf die Peripherie wirken zu können). Und nun gar die molekularen Anziehungskräfte, die J. Keill 1708 im Anschluß an Newtons Optik (Appendix, 31. Frage) und Prinzipien (Lib. I Sect. 12, 13) glaubte einführen zu dürfen, die vielleicht im biquadratischen

1) Sie findet sich schon bei Halley, vgl. W. Whewell: Geschichte der induktiven Wissenschaften, übersetzt von J. J. v. Littrow 1840, II 157.

2) Die sogar bei der Gravitationskraft ihr sehr Bedenkliches hat! Denn bei dieser liegt, wenn sie als wirkliche Kraft gedacht wird, doch die Annahme viel näher, sie werde in jedem einzelnen Raumteil wirksam sein und also wie Kants Zurückstoßungskraft den körperlichen Raum ganz erfüllen, dann aber auch gemäß dem Kubus der Entfernung abnehmen. Zu dieser Frage wie zu dem ganzen § 32 vgl. auch u. § 62.

oder einem noch höheren Verhältnis zur Entfernung abnehmen [1]): bei ihnen versagt jede Parallele zu den Dimensionen unseres Raumes, zu denen sie anderseits doch auch in keinem Widerspruch stehen, der zwänge, sie als unmöglich abzulehnen [2]).

Kants Ableitung der Dreidimensionalität unseres Raumes erweist sich also als unhaltbar, von woher man sie auch betrachte. Aber das ist kein Wunder, denn die Frage ist falsch gestellt, da sie Unmögliches fordert. Von dem Dasein und Sosein unserer Welt und ihrer Kräfte und Eigenschaften (w a r u m diese Welt überhaupt existiert, w a r u m es in ihr so etwas wie Gravitation oder Elektrizität gibt, und w a r u m hier diese, dort jene Gesetze gelten) können wir nicht weitere Ursachen auffinden. Alle wissenschaftliche Arbeit muß sich darauf beschränken, die Zusammenhänge und Regelmäßigkeiten in der Welt zu erforschen, ihr Sein und ihr Sosein festzustellen; darüber hinaus nach dem tieferen Grunde beider zu fragen, ist zwecklos, da er sich unserer Wißbegierde für immer verbirgt. Hier gilt es, die dauernd unserem Erkennen gezogenen Schranken einzusehn und ihnen entsprechend uns mit einem bedauernden „Ignorabimus" zufriedenzugeben.

Daß Kant in stürmischem Jugenddrange diese Grenzen, freilich vergeblich, zu überschreiten suchte, soll ihm nicht verübelt werden. Geschah es doch in einem Zusammenhang, der ihn als einen synthetischen Kopf von genialem Weitblick zeigt, als einen Mann, der das Bedürfnis hat, sein jedesmaliges Thema in große Zusammenhänge zu stellen und von Zeit zu Zeit hohe Warten zu erklimmen, um von dort aus Umschau über weite Gebiete zu halten. Ist die Frage auch falsch gestellt, so zeugt sie doch unstreitig von großer Kühnheit der Auffassung und von jenem *θαυμάζειν*, das man mit Recht als Zeichen eines philosophischen Kopfes betrachtet hat: jener Fähigkeit, auch im Alltäglichen Probleme zu sehen. Und die Antwort, obwohl unhaltbar, beweist doch ebenso große Beweglichkeit und Selbständigkeit im Denken wie Originalität im Kombinieren.

Zu Newtons absolutem Raume, bei dem eine Abhängigkeit seiner Eigenschaften von der Art der Kräfte und Wechselwirkungen der in ihm vereinigten Substanzen ganz ausgeschlossen wäre, steht Kants

1) Vgl. F. Rosenberger: Newton und seine physikalischen Prinzipien 1895, S. 347 ff.

2) Im 2. Absatz von § 9, der zunächst in einer ganz abenteuerlichen, an die Zahlenspielereien der Pythagoreer erinnernden Weise versucht, die Dreidimensionalität des Raumes aus der Eigentümlichkeit der Zahlen, daß die 4. Potenz nichts als eine Wiederholung der 2. ist, abzuleiten, muß Kant doch schließlich zugeben, daß die 4. Potenz „in allem demjenigen, was wir uns durch die Einbildungskraft vom Raume vorstellen können, ein Unding" sei.

Raumtheorie in scharfem Gegensatz. In der Art, wie er unser Unvermögen, uns einen mehr als dreidimensionalen Raum (anschaulich) vorzustellen, erklärt, nimmt er dagegen seine eigene spätere Lehre von der Apriorität der Raumanschauung bis zu einem gewissen Grade vorweg.

33. Bevor Kant zu seinem eigentlichen Thema kommt, schiebt er in §§ 12—14 noch eine Polemik gegen G. E. Hamberger ein. Dieser hatte in seinen Elementa physices[3] 1741 in §§ 35 ff. den Widerstand und die Undurchdringlichkeit der Körper aus einer inneren Kraft (vi insita) abgeleitet, jenen für eine vera actio erklärt und gefolgert, die Körper seien in stetem Wirken (in perpetua actione) und in beständiger, gleichmäßiger Bestrebung zur Bewegung begriffen, und zwar in jedem Augenblick nach jeder Richtung hin und von jeder Richtung her, doch hielten die entgegengesetzten Tendenzen beim ruhenden Körper einander die Wage [1]).

Kant erhebt dagegen zwei Einwände, die aber beide recht schwach sind. Einerseits meint er: nach Hambergers Theorie müsse ein gestoßener Körper, sobald die bewegende Kraft nicht mehr auf ihn einwirkt, plötzlich stillstehen; denn unter seinen nach allen Seiten gerichteten Bestrebungen (Tendenzen) werde beim Aufhören der äußeren Gewalt, die sich der e i n e n Tendenz entgegengestellt und sie unterdrückt hatte, sofort ein Gleichgewichtszustand eintreten müssen. Kant übersieht dabei, daß Hamberger das Trägheitsgesetz von seinem Standpunkt aus ohne jede Schwierigkeit anerkennen kann und selbstverständlich auch tatsächlich anerkennt (§§ 26 f., 76 ff.). Worin er von der gewöhnlichen Meinung abweicht, ist im wesentlichen nur sein Kraftbegriff. Von Newtons vis impressa behauptet § 31, sie sei nicht eine neue in den Körper übertragene Kraft, sondern nur eine neue Determination der von Gott dem Körper anerschaffnen innern Kraft „per causas motus occasionales“.

Der zweite Einwand ist ebensowenig durchschlagend wie der erste. Er besagt: weil jedes Ding durchgängig bestimmt sein muß, wird auch die Bestrebung zur Bewegung, die ein Körper A nach allen Gegenden ausübt, einen bestimmten, endlichen Grad von Intensität haben; wenn nun gegen ihn ein Körper B von gleicher Masse mit einer Gewalt anläuft, die dreimal stärker ist als alle Bestrebung zur Bewegung, die A vermöge seiner wesentlichen Kraft hat, so wird A dem B durch seine Trägheitskraft nur den 3. Teil seiner Geschwindigkeit nehmen und auch selbst nur soviel an Geschwindigkeit erlangen können; nach dem Stoß werden A und B sich in derselben Richtung bewegen, A mit 1 Grad Geschwindigkeit, B mit 2 Graden, ohne daß A vermöchte, dem B noch weitere Ge-

1) § 44: „Quodlibet corpus, quolibet momento, versus omnes plagas exra se, et ab omnibus plagis in se, agit aequaliter.“

schwindigkeit zu rauben oder anderseits seine Bewegung aufzuhalten; B wird also A, um einen Vorsprung vor ihm zu bekommen, durchdringen müssen. Hamberger würde leugnen, daß die der vis insita eigene Bestrebung zur Bewegung, auf welcher der Widerstand des Körpers beruht, ein für allemal einen bestimmten endlichen Intensitätsgrad haben müsse. Denn im Stande der Ruhe werde ja jede zentrifugale Bestrebung durch eine gerade entgegengesetzte zentripetale aufgehoben (§ 44). Erst bei Störung des Ruhegleichgewichts durch den Stoß zeige sich, ein wie starker Widerstand von der vis insita dem stoßenden Körper entgegengesetzt werden müsse, wie stark also die zentrifugale Bestrebung sei, die dadurch paralysiert werde und deshalb der entgegengesetzten zentripetalen nicht mehr die Wage halten könne. Je mehr der zentrifugalen Tendenz Gewalt angetan werde, desto mehr wachse ihr Widerstand [1]). In der zentripetalen Tendenz, soweit sie durch den Stoß ihres Antagonisten beraubt werde, sei die eigentliche Ursache der Bewegung zu suchen (§ 76 f.). Was er (Hamberger) verändere, seien auch hier wieder nicht die Stoßgesetze, sondern nur der Begriff der Kraft und die Ansicht über die Art ihrer Wirkung; er wolle verständlich machen, wie der Widerstand gegen den stoßenden Körper sich vollziehe. Im übrigen behalte, wie aus § 80 ff. hervorgehe, die Masse bei ihm dieselbe Funktion als bewegungbestimmender Faktor wie bei der sonst üblichen Behandlung der Stoßgesetze. — Gegen Hambergers Ableitung der einzelnen Stoßgesetze hätte Kant allerdings die stärksten Einwände erheben können. Denn Hamberger stellt sie nur für vollkommen elastische Körper auf, sieht aber trotzdem von deren formwiederherstellenden Kräften völlig ab.

34. In § 15 geht Kant endlich zu seinem eigentlichen Thema über. Er schafft sich hier die Grundlage für die Darlegungen des 3. Hauptstücks durch Einteilung der Bewegungen in zwei Arten. „Die eine hat die Eigenschaft, daß sie sich in dem Körper, dem sie mitgeteilt worden, selber erhält und ins Unendliche fortdauert, wenn kein Hindernis sich entgegensetzt. Die andere ist eine immerwährende Wirkung einer stets antreibenden Kraft, bei der nicht einmal ein Widerstand nötig ist, sie zu vernichten, sondern die nur auf die äußerliche Kraft beruht und ebensobald verschwindet, als diese aufhört sie zu erhalten." Als Beispiele für jene führt Kant geschossene Kugeln und geworfene Körper an, als Beispiele für diese: Kugeln, die von der Hand sachte fortgeschoben,

---

1) Zur Erläuterung könnte auf Kants spätere Lehre von der Undurchdringlichkeitskraft (1756) verwiesen werden, nach der diese mit der Zusammenpressung der Monade zunimmt und an deren Mittelpunkt unendlich groß ist.

und Körper, die getragen oder mit mäßiger Geschwindigkeit gezogen werden.

Nach § 16 hat die Kraft, die sich in der Bewegung erster Art äußert, im Vergleich mit der im zweiten Fall zutage tretenden Kraft „etwas Unendliches“: jene verhält sich zu dieser wie die Zeit zum Augenblick oder die Linie zum Punkt [1]). „Denn diese vernichtet sich zum Teile selber und hört von selber plötzlich auf, sobald sich die antreibende Kraft entzieht; man kann sie daher ansehen, als wenn sie jeden Augenblick verschwände, aber auch ebensooft wieder erzeugt werde, da hingegen jene eine innerliche Quelle einer an sich unvergänglichen Kraft ist, die in einer fortdaurenden Zeit ihre Wirkung verrichtet.“ Die Bewegung zweiter Art ist daher, wie Kant unter Berufung auf Wolffs Kosmologie feststellt, vom toten Druck nicht unterschieden.

Die Bewegung erster Art setzt dagegen eine Kraft voraus, die sich wie das Quadrat der Geschwindigkeit verhält. Das beweist Kant, indem er in § 17 die Natur dieser Bewegung, die sich in einem leeren Raum in Ewigkeit von selber erhalten würde, „nach den Begriffen der Metaphysik“ ⟨!⟩, wie er es selbst ausdrückt, untersucht. Er findet, daß die Kraft eines so bewegten Körpers durch die Summe aller der Wirkungen, die er in Ewigkeit tut, abgemessen werden könne. Hat nun der Körper A eine doppelt so große Geschwindigkeit wie der Körper B (von gleicher Masse), „so drückt A von dem Anfange seiner Bewegung an in Ewigkeit die unendlich kleinen Massen des Raumes, den er durchläuft, mit doppelt mehr Geschwindigkeit wie B“, außerdem legt er in der unendlichen Zeit einen zweimal so großen Raum zurück, trifft also auf doppelt so viel „kleine Moleculas des Raumes“. Da nun sowohl die Kraft, mit der jeder der beiden Körper „den kleinen Teilen des Raumes begegnet“, wie die Menge dieser Teile der jedesmaligen Geschwindigkeit proportioniert ist, muß „die ganze Größe der Wirkung“, die A und B verrichten, sich wie das Quadrat ihrer Geschwindigkeiten verhalten.

Die Art, wie Kant hier das Quadrat der Geschwindigkeit abzuleiten sucht, unterliegt schweren Bedenken. Ihr kommt keine Allgemeingültig-

---

1) Daß die Kraft des Stoßes dem bloßen Schweredruck gegenüber unendlich groß sei, hatten schon Galilei und Leibniz, der sich ausdrücklich auf Galilei zurückbezieht, behauptet (Leibnizens gesammelte Werke III 6, S. 238, vgl. E. Dühring: Krit. Gesch. der allgem. Prinzipien der Mechanik [2] 158, 225). In einem Ms. der Hannover'schen Bibliothek gebraucht Leibniz einen Ausdruck, der dem Kants noch viel verwandter ist: „Est potentia viva ad mortuam vel impetus ad conatum ut linea ad punctum vel ut planum ad lineam“ (a. a. O. III 6, S. 121). Vgl. auch meine Nachweise XIV 477 f.

keit zu. Für einen in einem absolut leeren Raum bewegten Körper würde sie nicht passen, obwohl doch auch er Energie (lebendige Kraft, $\frac{mv^2}{2}$) besitzen würde. Brauchbar wäre sie nur in solchen Fällen, wo gegenüber einem widerstrebenden Medium Arbeit geleistet wird. Und wirklich denkt Kant sich auch das „Drücken" auf die unendlich kleinen Massen des Raums, die „Kraft", mit der die Körper ihnen „begegnen", als Arbeitsleistung, und demgemäß ersetzt er den „leeren Raum" des ersten Satzes im zweiten Satz alsbald durch einen „unendlich subtilen Raum". Er betrachtet den Raum also als ein medium resistens (von dem er in §§ 133, 146 spricht), und in § 104 sagt er bei einem Rückblick auf unsern § 17, er habe sich dort den Raum nicht als vollkommen leer, sondern als mit Materie, aber mit unendlich dünner, folglich unendlich wenig widerstehender Materie erfüllt vorgestellt, und zwar zu dem Zweck, um „eine wahre Wirkung und ein gewisses Subjekt derselben" zu haben. Aber auch dieser unendlich geringe Widerstand würde in unendlicher Zeit doch zu einer endlichen Größe werden und also der Bewegung des Körpers schließlich doch ein Ende bereiten. Soll diese wirklich als in Ewigkeit fortdauernd gedacht werden, dann muß der Raum als ganz leer angenommen werden; dann kommt aber auch keine Arbeitsleistung mehr in Betracht, und Kants Versuch, die lebendige Kraft $\left(\frac{mv^2}{2}\right)$ aus der von dem Körper an dem widerstrebenden Raum geleisteten Arbeit abzuleiten, wird also hinfällig.

In § 18 bringt Kant noch einen zweiten Beweis für die in § 17 aufgestellte Behauptung. Dabei geraten wir noch viel tiefer, als es schon in §§ 15, 16 geschehen ist, in eine wahre Begriffsmythologie hinein, die mit naturwissenschaftlichem Denken auch nicht mehr das Geringste zu tun hat.

Tote Drucke, hören wir, können nur die einfache Geschwindigkeit zum Maß haben. Ihre Kraft beruht nicht auf den Körpern selbst, die sie ausüben, ist in ihnen auf keinerlei Weise eingewurzelt noch bemüht, sich in ihnen zu erhalten, sondern geht nur von einer äußeren Gewalt aus (Kant denkt etwa an einen sachte fortgeschobenen Körper). Darum hat der Widerstand, der die tote Kraft überwältigt, nicht etwa erst noch ein besonderes Streben der Kraft, sich in dem Körper zu erhalten, zu überwinden, sondern braucht nur die Geschwindigkeit zu vernichten, mit der sich die Ortsveränderung des Körpers vollzieht. Anders bei der lebendigen Kraft. Der Zustand einer mit einer gewissen Geschwindigkeit frei bewegten Substanz gründet sich vollkommen auf deren innerliche Bestimmungen, und darum ist die Substanz bemüht, sich in diesem Zustand zu erhalten. Der äußere Widerstand muß also nicht nur der Geschwindigkeit des Körpers die Wage halten, sondern auch noch die Bestrebung brechen, mit der die innerliche Kraft des Körpers angestrengt ist, in sich den Zustand der Bewegung [1]) zu erhalten; und weil beide Faktoren (jene Geschwindigkeit und diese Bestrebung) angeblich einander gleich sind, soll die ganze Kraft des Widerstandes, die nötig ist, um einen frei bewegten Körper in Ruhe zu versetzen,wie das Quadrat seiner Geschwindigkeit sein.

An all dem ist nichts Haltbares, wie denn überhaupt die ganze Unterscheidung der beiden Bewegungsarten (§§ 15, 16) in schärfstem Widerspruch zur echt naturwissenschaftlichen Denkweise und ihrer magna charta: dem Trägheitsgesetz steht.

Kant ist von diesem Prinzip noch nicht völlig durchdrungen. Das Erhaltenbleiben mitgeteilter Bewegung erscheint ihm noch als etwas Rätselhaftes, nur aus besonderen Ursachen Erklärbares (durch Annahme besonderer innerer Kräfte und Bestrebungen, die darauf ausgehn, die Bewegung zu erhalten), während nach Galilei und Newton das Erhaltenbleiben das Normale, zu Erwartende, Selbstverständliche ist und nur bei einem Aufhören oder einer Aenderung der Bewegung das Fragen nach einer Ursache nötig wird. Ob die mitgeteilte Bewegung groß oder klein ist, spielt dabei gar keine Rolle. Auch von der kleinsten und unscheinbarsten Bewegung gilt, daß sie in gerader Linie ins Unendliche fortdauert, wenn ihr nicht ein äußerer Widerstand entgegentritt.

Von diesem allgemeinen Gesetz können auch Kants Bewegungen der 2. Art keine Ausnahme machen. Wenn sie verschwinden, sobald die äußere Kraft aufhört sie zu erhalten, so liegt das allein daran, daß die Kraft so klein ist, daß der von ihr mitgeteilte Antrieb nur gerade genügt, in jedem Augenblick den neu auftretenden (bzw. dauernden) Widerstand zu brechen, aber eben darum keine selbständige anhaltende Bewegung mitteilen kann. Aber daß eine Kraft einen Antrieb gäbe und so eine Bewegung mitteilte, und diese Bewegung dann einfach verschwände, ohne daß ein Widerstand nötig wäre sie zu vernichten (§ 15): das ist eine Vorstellung, die der naturwissenschaftlichen Denkweise geradezu ins Gesicht schlägt. Letztere muß sich weigern, hier auch nur im geringsten entgegenzukommen; in dem Maße, wie sie es täte, würde sie ihr eigenes Fundament unterhöhlen. Sie kann darum auch schlechterdings nicht ein-

---

1) Auch I 30_{23} muß es, ebenso wie I 30_{19}, „Bewegung" statt „Bemühung" heißen.

mal die Möglichkeit zugeben, daß eine Kraft sich zum Teil selber vernichte und von selber plötzlich aufhöre, sobald man ihr die antreibende Kraft entzieht (§ 16). Und auch umgekehrt kann nicht die Rede davon sein, daß im frei bewegten Körper nicht nur seine Bewegungsgröße (mv) von dem ihm entgegentretenden Widerstand überwunden werden müsse, sondern darüber hinaus auch noch eine besondere innere Kraft, die danach strebe, die Bewegung dauernd zu erhalten. Bewegung ist eine reine Aeußerlichkeit, von der man Kant zugeben mag, daß sie aus innern Kräften (Kräften, die der Materie auch in Ruhe anhaften, z. B. Gravitationskraft) entstehen könne, die aber, wenn sie einmal da ist, auch bleibt und dauert, ohne daß noch eine besondere, innere Kraft nötig wäre, bemüht sie aufrechtzuerhalten. Kant hält (im Gegensatz zu IV 550 f.) bei den freien Bewegungen die vis inertiae bzw. ihr Enkelkind: die Intension für eine solche wirkliche innere Kraft, die vom äußern Widerstand durch einen besondern Kraftaufwand überwunden werden muß. Aber betrachtete er die vis inertiae einmal auf diese Weise, dann hätte er dieselbe Art der Betrachtung auch auf die getriebenen Bewegungen (die Bewegungen zweiter Art) mit ihren angeblich toten Kräften anwenden müssen. Denn es gibt, wie gesagt, was die Gültigkeit des Trägheitsgesetzes und die Erhaltung der Bewegung betrifft, in Wirklichkeit keinen Unterschied zwischen beiden Bewegungsarten.

35. Ihre Unterscheidung ist nicht eine Erfindung Kants, er hat sie vielmehr aus Chr. Wolffs „Cosmologia generalis" übernommen. Dort kommen folgende Paragraphen in Betracht. § 335: „Corpus unum impellere dicitur alterum, si ita movet, ut ipsum libere progrediatur, sive illud post conflictum quiescat, sive moveri pergat." § 338: „Corpus trudere dicimur, si continua actione moventis moveatur cum eodem eadem celeritate versus eandem partem, ita tamen ut mobile praecedat movens." § 339: „Corpus trahere dicimur, si continua actione moventis movetur cum eodem eadem celeritate versus eandem partem, ita tamen ut mobile sequatur, movens praecedat." § 356: „Vis dicitur mortua, quae in solo conatu ad motum subsistit. Dicitur etiam elementaris." § 357: „Vis viva dicitur, quae cum motu locali conjuncta et ad motum localem porro producendum tendit." Für jene wird als Beispiel die Schwere angeführt, wenn ein an einem Faden aufgehängter Körper zu fallen trachtet, es aber in Wirklichkeit nicht kann, für diese ein fallender Körper, „ubi jam aliquem celeritatis gradum acquisivit." § 374: „Si corpus trahitur vel truditur, vis in eodem genita viva non est, sed mortua. Etenim si corpus trahitur vel truditur, continua actione trahentis vel trudentis movetur, consequenter cum actio trahentis vel trudentis sit ratio, cur moveatur, quod trahitur vel truditur, cessante actione trudentis vel trahentis cessat motus corporis, quod truditur vel trahitur. Vis igitur in corpore, quod truditur vel trahitur, ad motum localem producendum porro non tendit, consequenter viva non est." § 375: „Si corpus vehitur a corpore, quod trahitur, vel truditur, vis in eodem genita nonnisi mortua est.... Nos motum vectionis generaliter sumimus, ut portationem quoque comprehendat." § 377: „Si cessante actione moventis motus corporis cessat, vis viva nulla in eodem genita." § 378: „Si cessante actione moventis motus corporis continuatur, vis viva in eodem genita..... Actio pulveris pyrii in globum tormentarium cessat, quamprimum is ex tormento exploditur. Quare cum libere posthac per aërem moveatur, vis eidem ingenita viva est.... Similiter si corpus quoddam grave per aliquam altitudinem libere cadit et per planum inclinatum, in quod cadit, directionem suam mutare cogitur, in plano horizontali motum suum continuat. Quamprimum planum horizontale attingit, actio gravitatis, qua motus ipsius acceleratur, cessat. Ergo vis per actionem causae gravificae in eodem genita viva est." Nach § 379 sind auch die beim Zusammenstoß zweier Körper erzeugten Kräfte lebendige; denn obwohl nach dem Stoß die gegenseitige Einwirkung der Körper aufhört, wohnen die durch ihn erzeugten Kräfte ihnen trotzdem auch weiterhin in ihrer freien Bewegung bei (insunt corporibus).

Ich habe die entscheidenden Stellen im Original und in extenso zum Abdruck gebracht, damit der Leser sich ein selbständiges Urteil über die Größe der Verwandtschaft bilden könne, die hier zwischen Kant und Wolff besteht. Für mich unterliegt es keinem Zweifel, daß Kant seine Einteilung der Bewegungen in freie und getriebene — so wollen wir sie der Kürze wegen fortan bezeichnen [1]) — einfach von Wolff übernommen hat. Um so seltsamer berührt es, daß er auf diese Abhängigkeit nicht ausdrücklich hinweist, sondern Wolff nur nebenbei erwähnt (am Schluß des § 16, vgl. o. S. 91). Erschwerend fällt ins Gewicht, daß Wolff selbst jener Unterscheidung der beiden Arten von Bewegung große Bedeutung beimißt; nach einer Anmerkung zu § 377 soll ihr Hauptnutzen gerade darin bestehen, daß sie bei dem Streben, den Streit um das Maß der lebendigen

---

1) Den Terminus „freie Bewegung" braucht schon Wolff, wie die obigen Zitate zeigen; vgl. außerdem die Anmerkungen zu §§ 346, 347 der Cosmologia und das Marginale zu § 348. Auch Kant bedient sich des Ausdrucks häufig in seiner Erstlingsschrift, z. B. in §§ 17, 18, 23, 27, 80, 82, 120, 121, 123—126, 129 f., 132—136, 139, 146. Der Ausdruck „getriebene Bewegung" kommt gelegentlich (XIV 133, 263) in Kants handschriftlichem Nachlaß vor, doch klingt er auch schon in den Worten des § 15: „Wirkung einer stets antreibenden Kraft" (vgl. o. S. 90) an.

Kräfte durch Experimente zu entscheiden, davor warnt, diese an Bewegungen anzustellen, die ihrer Natur nach die lebendigen Kräfte ausschließen.

In einem allerdings weicht Kant stark von Wolff ab: in der Ausdeutung, die er an den jener Unterscheidung zugrunde liegenden beträchtlichen Verschiedenheiten vornimmt. Und diese Ausdeutung, auf der das ganze 3. Hauptstück und mit ihm die Entscheidung des Streits beruht, mochte Kant so sehr die Hauptsache zu sein scheinen, daß er einen Hinweis darauf, daß das von ihm geformte Rohmaterial schon von Wolff bereit gestellt sei, für unnötig hielt.

Wolff denkt viel mehr im Geist echter Naturwissenschaft als Kant. Nirgends verstößt er, soweit ich sehe, gegen das Trägheitsgesetz. Wo er von den geschobenen, gezogenen oder getragenen Körpern spricht, lassen die gebrauchten Ausdrücke stets die Erklärung zu, daß eine „continua actio moventis“ nicht etwa deshalb nötig sei, weil die übertragene Kraft auch ohne jedes Mitwirken eines äußern Widerstandes „sich zum Teile selber vernichte“ (Kant in §§ 15, 16), sondern nur deshalb, weil der jedesmalige Kraftantrieb (pt) so klein sei, daß die durch ihn hervorgebrachte Bewegungsgröße durch den äußern Widerstand sofort völlig aufgezehrt werde.

Doch fehlt es auch bei Wolff nicht an bedenklichen Wendungen. Dazu gehört vor allem die Entgegensetzung von toter und lebendiger Kraft in Zusammenhang mit den beiden Arten von Bewegungen und die Vorstellung, als ob bei der einen Art bloß tote, bei der andern lebendige Kraft erzeugt werde. Statt daß gesagt werden müßte: bei jeder Art werde Bewegungsquantität erzeugt, bei der getriebenen Bewegung freilich nur eine so kleine, daß sie durch die entgegentretenden Hindernisse sofort wieder vernichtet werde.

Auch die Ausdrücke, daß die lebendigen Kräfte in den Körpern „erzeugt“ („genitae“, § 379: „enatae“) werden und ihnen dann „innewohnen“ (insunt), können leicht dahin mißverstanden werden, als ob die Körper noch durch eine eigene innere Kraft etwas zu dieser Erzeugung und zu dem Beharren oder gar zum Wachstum des Erzeugten beitrügen. Und die beiden oben abgedruckten Wendungen mit „aliquis“ aus §§ 357, 378 können zu der Vorstellung Anlaß geben, als ob jene innere Kraft erst eine gewisse Zeit wirken müsse, bis die lebendige Kraft entstehe.

In dieselbe Richtung konnte eine Bemerkung Leibnizens in seinem Specimen dynamicum vom Jahre 1695 zu weisen scheinen, vor allem, wenn man sie mit seinem o. S. 72 besprochenen Aufsatz „De primae philosophiae emendatione“ (1694) in Verbindung brachte: „Gravibus diversis descendentibus, in ipso initio motus utique ipsi descensus seu ipsae quantitates spatiorum descensu percursorum, nempe adhuc infinite parvae seu elementares sunt celeritatibus seu conatibus descendendi proportionales. Sed progressu facto, et vi viva nata, celeritates acquisitae non amplius proportionales sunt spatiis descensu jam percursis, quibus tamen vim aestimandam olim ostendimus ampliusque ostendemus, sed tantum eorum elementis" (Leibnizens gesammelte Werke III 6, S. 239).

Die Absicht Leibnizens und vermutlich auch Wolffs geht nur darauf aus, den Anfangsaugenblick der Bewegung, der nur eine unendlich kleine Bewegung oder besser: ein bloßes Streben zur Bewegung (Leibniz a. a. O. S. 120 f., 239: conatus) ist und darum — nach dem Gesetz der Kontinuität — auch als Ruhe betrachtet werden kann (vgl. I 37, II 21 f., IV 486), von der wirklichen, nur in einer endlichen Zeit zustande kommenden Bewegung streng zu scheiden. Nur bei wirklicher Bewegung und wirklicher Geschwindigkeit (d. h. solchen von endlicher Größe) kann lebendige Kraft auftreten [1]). Leibnizens und Wolffs Ausdrücke konnten aber evtl. dahin mißverstanden werden, daß lebendige Kraft nicht nur erst mit Erreichung einer endlichen Zeit und dadurch erlangter endlicher Geschwindigkeit entstehe, sondern daß sie auch im Verlauf endlicher Zeit zunehme, und zwar beides auch auf Grund des Wirkens einer inneren Kraft, nicht etwa nur auf Grund äußerer (beschleunigender) Faktoren.

---

1) Das will auch Joh. Bernoulli zum Ausdruck bringen, wenn er in seinem „Discours sur les loix de la communication du mouvement" (Chap. V §§ 2, 3; Opera omnia III 35 f.) schreibt: „La force morte consiste dans un simple effort. ... La force morte a cela de particulier, qu'elle ne produit aucun effet qui dure plus longtemps qu'elle: dès que cette force cesse, tout cesse avec elle; et son effet ne survit jamais à son action. Si le corps pesant, soutenu par la table, perdait tout-à-coup sa pesanteur, la table cesserait dans le même instant d'être pressée. Il n'en est pas de même de la force vive; sa nature est toute différente, elle ne peut ni naître, ni périr en un instant, comme la force morte; il faut plus ou moins de temps pour produire une force vive dans un corps qui n'en avait pas; il faut aussi du temps pour la détruire dans un corps qui en a. La force vive se produit successivement dans un corps, lorsque ce corps étant en repos, une pression quelconque appliquée à ce corps, lui imprime peu à peu, et par degrés, un mouvement local. On suppose qu'aucun obstacle ne l'empêche de se mouvoir. Ce mouvement s'acquiert par des degrés infiniment petits, et monte à une vitesse finie et déterminée, qui demeure uniforme, dès que la cause qui a mis ce corps en mouvement cesse d'agir sur lui: ainsi la force vive, produite dans un corps, en un temps fini, par une pression qu'aucun obstacle n'a retenue, est quelque chose de réel; elle est équivalente à cette partie de la cause, qui s'est consumée en la produisant; puisque toute cause efficiente doit être égale à son effet plainement exécuté."

3. Kapitel.

Kants Versuch, den Streit zu schlichten (3. Hauptstück).

36. Dies ist nun gerade die Ansicht, die Kant im 3. Hauptstück in seiner Lehre von der allmählichen „Lebendigwerdung oder Vivifikation" der Kraft (§ 123) entwickelt, und ich halte es für sehr wohl möglich, daß er durch jene Aeußerungen Leibnizens und Wolffs, ganz gegen deren Absicht, zuerst in die Richtung dieser Spekulationen gelenkt worden ist [1]). Und dann mögen ihm in einer Art von Intuition (freilich einer bloßen Scheinintuition, die Nichtvorhandenes als wirklich vortäuschte und so dauernd in die Irre führte) die Begriffe der Intension und Vivifikation aufgegangen sein, als allein fähig, den Gegensatz zwischen den beiden Parteien zu überbrücken und so den Streit zu schlichten.

Auch jene Spekulationen stellen — darüber kann es heutzutage keine Meinungsverschiedenheit mehr geben —, ebenso wie der Begriff der getriebenen Bewegung und die ihm angeblich anhaftenden Eigenheiten, eine Sünde wider den heiligen Geist der Naturwissenschaft dar.

Das gilt vor allem von dem Begriff der Intension, um den sie sich gruppieren. Er wird in § 117 eingeführt und als „die Basis der Aktivität", als „die Bestrebung, die Bewegung zu erhalten", erklärt. Das Produkt aus dieser Intension in die Geschwindigkeit eines Körpers soll dessen „ganze Kraft" zum Ausdruck bringen.

Diese Intension ist die reinste qualitas occulta, und dazu noch eine ganz unberechenbare. Ihre Ahnfrau ist die alte Trägheitskraft, die ja von der damaligen Naturwissenschaft oft nicht nur als ein Widerstreben gegen jede Zustandsveränderung, sondern als eine wirkliche Kraft aufgefaßt wurde [2]). Die Intension hat nun den negativen, passiven Charakter, der bei der vis inertiae doch wenigstens überall noch die Hauptsache war, ganz abgestreift und ist von Kant zu einer positiven, aktiven, inneren Kraft weiterentwickelt, die in allen Naturkörpern (im Gegensatz zu den mathematischen [3])) wirksam ist, in verschiedenen aber in sehr ver-

1) Dagegen kann von einem irgendwie Richtung gebenden Einfluß des Aufsatzes Joh. Bernoullis: „De vera notione virium vivarum" (1735), wie B. Erdmann (M. Knutzen und seine Zeit 1876, S. 143) ihn annimmt, trotz § 128 nicht die Rede sein. Bernoullis Standpunkt hat, wie schon die vorige Anmerkung zeigt, mit Kants verfehltem Lösungsversuch auch nicht die geringste Aehnlichkeit. Höchstens könnte ein Mißverstehen auch der Worte Bernoullis durch Kant in Frage kommen.

2) So auch von Kant, vgl. z. B. I 27, 63 f., 72, 110.

3) Hier (§§ 114 f.) gibt Kant dem Gegensatz zwischen reiner und angewandter Mathematik, wie er damals üblich war, eine ebenso überraschende wie unberechtigte,

schiedener Größe, so daß der eine Naturkörper eine gewisse Geschwindigkeit frei fortzusetzen vermögend ist, wozu des anderen Naturkraft nicht zulangt (§ 135). Insofern wirkt also die Intension ganz anders als die Trägheitskraft, die nur von dem e i n e n eindeutig bestimmten Massenfaktor abhängig ist. Die Intension dagegen wechselt, ohne daß es möglich wäre, für diesen Wechsel bestimmte Gesetze zu geben; denn es kommt bei ihr einzig und allein auf die Größe und das Vermögen der inneren Naturkraft des Körpers an (§ 134), über die durch Naturgesetze nichts ausgemacht werden kann.

Ist die Kraft eines Körpers von der Art, daß sie den Zustand der Bewegung nur auf einen Augenblick zu erhalten bestrebt ist, die Geschwindigkeit mag sein, wie sie wolle, so ist diese Bestrebung oder Intension bei allen Geschwindigkeiten gleich, nämlich unendlich klein, und die „ganze Kraft" des Körpers richtet sich demgemäß nur nach seiner Geschwindigkeit. Soll ein solcher Körper eine immerwährende Bewegung leisten, so kann diese nur eine getriebene (vgl. oben S. 95) sein: es muß ein beständiger äußerer Antrieb wirksam sein, um die in dem Körper jeden Augenblick von selbst verschwindende Kraft von außen her unaufhörlich zu ersetzen. Eine solche Kraft, die nicht in sich den Grund hat, sich selber zu erhalten, ist eine tote Kraft, und ihr Maß die einfache Geschwindigkeit.

Wendung. Im 2. Hauptstück will er nachgewiesen haben, daß die Mathematik niemals auf lebendige Kräfte führen könne, sondern stets mv als Maßstab bei der Schätzung anwenden müsse. Der Grund liegt nach § 28 darin, daß sie bei ihrer Betrachtung der Bewegung immer nur die Geschwindigkeit, Masse und Zeit (als die allein in Frage kommenden mathematischen Momente) in Rechnung setzen darf, nicht dagegen innere Kräfte, wie die Intension, die nur den natürlichen Körpern zukommen können. Nur aus dieser Intension aber ergibt sich die Möglichkeit lebendiger Kräfte. Diese sind daher nicht notwendige (wesentliche und geometrische) Eigenschaften der Körper, sondern nur etwas Hypothetisches und Zufälliges (§ 129). — Kant hat also schon hier über die verschiedene Art der Begriffsbildung in Mathematik und Metaphysik nachgedacht — ein Thema, das ihn später so stark beschäftigt. Er weiß schon hier, daß die Mathematik ihre Begriffe rein synthetisch bildet: bei ihrer Festlegung geht sie nach ihm relativ willkürlich vor und abstrahiert vor allem mit Bewußtsein und Absicht von manchen Seiten, welche die Wirklichkeit unleugbar zeigt. Nach § 114 setzt die Mathematik „den Begriff von ihrem Körper selber fest, vermittelst der Axiomatum, von denen sie fordert, daß man sie bei ihrem Körper voraussetzen müsse, welche aber so beschaffen sind, daß sie an demselben gewisse Eigenschaften nicht erlauben und ausschließen, die an dem Körper der Natur doch notwendig anzutreffen sind; folglich ist der Körper der Mathematik ein Ding, welches von dem Körper der Natur ganz unterschieden ist, und es kann daher etwas bei jenem wahr sein, was doch auf diesen nicht zu ziehen ist". Vgl. u. S. 103, Anm. 2.

Enthält dagegen die Kraft des Körpers „eine hinlängliche Bestrebung in sich, die Bewegung mit der gegebenen Geschwindigkeit einförmig und unaufhörlich von selber ohne eine äußerliche Machthilfe [1]) zu erhalten“, so muß diese Kraft „von ganz anderer Art und auch unendlich viel vollkommener (!) sein“. Die Intension muß dann endlich sein und sich nach der jedesmaligen Geschwindigkeit richten, also mit ihr multipliziert das wahre Kraftmaß darstellen: eine solche Kraft ist eine lebendige und ihr Maß das Quadrat der Geschwindigkeit.

Derartige lebendige Kräfte können nie durch äußere Ursachen, und mögen sie noch so groß sein, in einem Körper hervorgebracht werden. Denn soweit Abhängigkeit von außen vorliegt, ist die in einem Körper entstehende Kraft durchaus von der Gegenwart der äußeren Ursache abhängig und müßte, sobald diese zu wirken aufhört, augenblicklich in nichts verschwinden; ihr Maß kann also auch nur die einfache Geschwindigkeit sein. „Die zum Quadratmaße gehörigen Bestimmungen“ müssen dagegen aus der inneren Quelle der Naturkraft des Körpers stammen. „Gründet er die ihm erteilte Geschwindigkeit in seiner innern Kraft“ [2]), dergestalt, daß aus seiner Bestrebung eine immerwährend freie Erhaltung der Bewegung herfolget, so vergrößert er „diejenige Kraft, die er von der äußerlichen mechanischen Ursache empfangen hat, von selber in sich unendlich“ und erhebt sie aus eignem „inneren Antriebe unendlich höher und in ein ganz anderes Geschlecht“. So entstehen in ihm Grade der Kraft, die von der äußerlichen Ursache der Bewegung nicht entsprungen, sondern größer sind als sie. Bei ihnen kann darum das Cartesianische Kräftemaß nicht angewandt werden; dagegen hat es unbedingte Gültigkeit in der Mathematik und der auf sie gegründeten Mechanik: ihre Körper, die rein mathematischen, können keine Kraft haben, die nicht von dem Körper, der die äußere Ursache ihrer Bewegung ist, gänzlich hervorgebracht wäre. Ganz anders die Naturkörper, in denen die geheimnisvolle Intension wirksam ist! Sie erzeugen aus ihrem eigenen Innern eine Bestrebung und Kraft in sich, die von der äußeren Ursache niemals herstammen können (§§ 115, 118—121, 126).

Zwischen der „gänzlich toten“ Kraft und der „gänzlich lebendigen“, die dann vorhanden ist, „wenn ein Körper die Ursache seiner Bewegungen in sich selber hinlänglich und vollständig gegründet hat, so daß aus der Beschaffenheit seiner Kraft verstanden werden kann, daß sie sich in

---

1) Schreib- oder Druckfehler Kants für „Nachhilfe“?

2) Aehnliche Ausdrücke (seine Bewegung, bzw. seine Geschwindigkeit und Kraft in sich selber hinlänglich gründen) treten uns in §§ 119—123 noch viermal entgegen.

ihm unverändert und frei auf immer erhalten werde", gibt es unendlich viel Zwischengrade, die der Körper, der durch die ihm eigene Intension die lebendige Kraft in sich ausbildet, gemäß dem Gesetz der Kontinuität nur in einer endlichen Zeit durchlaufen kann. Diese Zeit ist die der „Lebendigwerdung oder Vivifikation" der Kraft: in ihr „setzet die Naturkraft des Körpers den von draußen empfangenen Eindruck 〈der nach § 124 nur die Rolle einer „äußerlichen Anreizung" spielt〉 in sich selber fort" und häufet so in sich durch eine fortgesetzte Bestrebung die Intension und damit auch die von außen erlangte Kraft. Während dieser Zeit ist die Kraft des Körpers zwar noch nicht derart, daß sie eine immerwährend freie und unverminderte Bewegung zu erhalten imstande wäre; vielmehr muß sie, um diese Aufgabe erfüllen zu können, durch die innere Bestrebung noch weiter erhoben werden. Aber immerhin vermag sie doch die Bewegung wenigstens diejenige Zeit hindurch zu erhalten, die bis zur vollendeten Vivifikation erforderlich ist. Hört der Prozeß aber aus irgendeinem Grunde mitten drin plötzlich auf, d. h. „läßt der Körper auf einmal ab, die Elemente der Intension ferner zu häufen und die Kraft völlig lebendig zu machen", dann richtet sich der Geschwindigkeitsgrad, den er in freier Bewegung fortan beständig erhalten kann, nach der inzwischen erreichten Stärke der Intension, während die höheren Geschwindigkeitsgrade, die zum vollen Lebendigwerden eine größere Intension als die wirklich vorhandene erfordern würden, plötzlich verschwinden müßten. Trifft also ein frei bewegter Körper, bevor der Vivifikationsprozeß sich auf seine *ganze* Geschwindigkeit ausgedehnt hat, auf einen Widerstand, so wirkt er mit einer Kraft, die dem Quadrat der bis dahin erlangten Intension oder — was daselbe ist — dem Quadrat der bis dahin völlig lebendiggewordenen Geschwindigkeit proportional ist; mit den übrigen Graden Kraft ist er „untätig oder wirket doch nur nach dem Maße der schlechten Geschwindigkeit, welches aber gegen die andere Kraft wie nichts zu achten ist" (§§ 122, 123).

Die sukzessive Lebendigwerdung wird nach § 130 auch durch die Erfahrung bestätigt. Kant beruft sich darauf, daß Flintenkugeln bei gleicher Ladung und genauer Uebereinstimmung der andern Umstände viel tiefer in ein Holz gedrungen seien, wenn er sie einige *Schritte*, als wenn er sie nur einige *Zoll* vom Ziel entfernt abschoß. Er leitet diese unzweifelhafte Tatsache ohne weitere Untersuchung (als ob es sich um eine Selbstverständlichkeit handelte und eine anderweitige Erklärung überhaupt gar nicht in Frage kommen könnte!) daraus ab, daß die Intension eines Körpers, der sich gleichförmig und frei bewegt, allmählich in ihm wachse und erst nach Verlauf einer gewissen (natürlich: endlichen)

Zeit ihre volle Größe erreiche. Und doch lag die richtige Erklärung aus der starken Ausdehnungskraft der Pulvergase, die auch außerhalb des Flintenlaufs noch eine Zeit lang beschleunigend auf die Kugel einwirken, so nahe! Aber statt auf solche altbekannte, durch tägliche Erfahrung tausendfach erwiesene Faktoren zurückzugehen, nimmt er seine Zuflucht lieber zu seiner durch keine Tatsachen beglaubigten, vielmehr den Prinzipien echter Naturwissenschaft direkt widersprechenden, mysteriösen Intension. So kommt es, daß Kant hier, wo er, soweit mir bekannt ist: zum ersten und einzigsten Mal in seinem Leben, eine Art von Experiment anstellt, der Frucht seiner Bemühungen durch eigene Schuld verlustig geht, indem er nicht, wie es die Art methodischer Wissenschaft wäre, in den Dingen selbst nach tieferen gesetzmäßigen Zusammenhängen forscht, sondern die festgestellten Tatsachen in blinder Voreingenommenheit ohne weiteres in die Zwangsjacke seiner Lieblingstheorie einspannt.

37. Diese Theorie ist eine gewaltsame Konstruktion, ohne jeden Zusammenhang mit der Erfahrung, und steht in schärfstem Widerspruch zu den Grundgesetzen der Naturwissenschaft. Es ist eine reine Phantasie, daß ein Körper, um seine Bewegung frei und gleichförmig erhalten zu können, noch eine besondere innere Naturkraft (Bestrebung, Intension) besitzen müsse, die nicht jedem Körper und auch ihrem Besitzer nicht in jedem Augenblick eigen sei. Die angebliche Tatsache, daß ein Körper seine Bewegung nur auf einen Augenblick zu erhalten strebe und daß die ihm von außen her erteilte Kraft, ohne daß ihm ein Widerstand entgegenzutreten brauche, fortwährend von selbst in nichts verschwinde, tritt uns in keiner Erfahrung entgegen; sie stellt nur eine schlechte, unwissenschaftliche Deutung auch anders erklärbarer Zusammenhänge dar, die dem als Grundlage der ganzen Naturwissenschaft von allen Seiten, von Newton wie von Cartesius und Leibniz, anerkannten Trägheitsgesetz offen widerspricht. Was Kant auf eine besondere Aktivität und Intension zurückführt, ist also eine ganz allgemeine Erscheinung, die nicht in einer besonderen inneren aktiven Kraft, sondern gerade im Gegenteil in der jeder Materie ausnahmslos zukommenden inertia ihren Grund hat. Das Trägheitsgesetz ist also einerseits imstande, alle Phänomene der freien Bewegung zu erklären, macht aber anderseits die getriebenen Bewegungen, die ohne äußeren Widerstand von selbst, nur wegen mangelhafter Intension, versiegen sollen, sowohl im Bereich der reinen Mathematik und Mechanik als in dem der Wirklichkeit ganz unmöglich. Und der Gedanke, daß die innere Kraft der Intension die von der äußern Ursache empfangene Kraft unendlich vergrößere und in ein ganz anderes Geschlecht erhebe, so daß in dem Körper durch seine eigene Aktivität Grade der Kraft entstehn könnten, die von der äußeren Ursache der Bewegung nicht herstammen, sondern größer sind als sie, ist nichts als eine wilde, mit dem Grundgesetz von der Gleichheit der Wirkung und Gegenwirkung [1]) unvereinbare Phantasie, die für jeden wirklichen Naturwissenschaftler auch nicht einmal auf die Länge eines Augenblicks irgendwelchen Wahrscheinlichkeitswert besitzen würde. Ebenso unwissenschaftlich ist das Werturteil, das Kant in § 119 fällt, wenn er die Kraft des in freier Bewegung begriffenen und diese Bewegung dauernd zu erhalten strebenden Körpers „unendlich viel vollkommener“ nennt als die Kraft des in bloß getriebener Bewegung befindlichen Körpers. Das Maß mv^2 hat vor dem Maß mv nichts voraus, kann also auch, im Gegensatz zu Kants Annahme, dem Körper oder Zustand, auf die es anwendbar ist, keine größere Bedeutsamkeit oder Würde verleihn.

In große Schwierigkeiten wird Kant ferner durch die Behauptung verwickelt, daß man durch mathematische Bestimmungen und Berechnungen niemals zu lebendigen Kräften und deren Maß mv^2 gelangen könne, daß die Mathematik vielmehr stets nur das Cartesianische Kräftemaß (mv) erlaube [2]). Nun tritt uns aber doch bei allen freien Bewegungen der natür-

---

1) Auch an anderen Stellen seiner Schrift steht Kant mit diesem Gesetz auf dem Kriegsfuß. Vgl. o. S. 83, u. S. 113 und Thiele I 138 ff.

2) §§ 28, 114 f. Von großem Interesse ist auch die Ausführung des § 98, durch die Kant Leibnizens Vorwurf entgegentritt, daß der bei dem Cartesianischen Maß drohende dauernde Verlust an Kraft ohne die Möglichkeit ihrer natürlichen Wiederherstellung der Weisheit und Beständigkeit des Schöpfers widerspreche: „Es ist hier bloß von der Schätzung der Kräfte, welche durch die Mathematik erkannt wird, die Rede, und es ist kein Wunder, wenn dieselbe der Weisheit Gottes nicht vollkommen genug tut. Dies ist eine, aus dem Mittel aller Erkenntnisse herausgenommene Wissenschaft, die für sich allein nicht mit den Regeln des Wohlanständigen und Geziemenden genugsam bestehet und die mit den Lehren der Metaphysik zusammengenommen werden muß, wenn sie auf die Natur vollkommen angewendet werden soll. . . . Die Cartesianische Schätzung ist den Absichten der Natur zuwider; also ist sie nicht das wahre Kräftemaß der Natur; allein dieses hindert dennoch nicht, daß sie nicht das wahre und rechtmäßige Kräftemaß der Mathematik sein sollte. Denn die mathematischen Begriffe von den Eigenschaften der Körper und ihrer Kräfte sind noch von den Begriffen, die in der Natur angetroffen werden, weit unterschieden . . . . Wir müssen die metaphysischen Gesetze mit den Regeln der Mathematik verknüpfen, um das wahre Kräftemaß der Natur zu bestimmen; dieses wird die Lücke ausfüllen und den Absichten der Weisheit Gottes besser Genüge leisten.“ Also auch hier ist schon wie später (1756) in der Monadologia physica die Losung: „metaphysica cum geometria juncta“ (I 473)! Aber es ist eine recht seltsame Verbindung und gegenseitige Ergänzung, die hier gefordert wird. Sie beruht ganz und gar auf der völlig unhaltbaren Art, wie Kant zwischen den Körpern der Mathematik und denen der Natur unterscheidet.

lichen Körper (also der Körper, wie sie uns in der Wirklichkeit umgeben und wie auch unser eigener Körper einen darstellt) nach Kant lebendige Kraft entgegen; überall da ist also auch die Größe mv^2 als Maß anwendbar, ja! nach Kant sogar allein als solches zulässig. Sollte nun in solchen Fällen, z. B. bei Stoß- oder Fallbewegungen, überhaupt keine mathematische Berechnung möglich sein, die mit mv^2 operierte? Und anderseits bei der nicht-mathematischen Betrachtung mv^2 überall gelten, auch da, wo es sich nur um Kraftantrieb (pt, Zeiteffekt) und Bewegungsgröße handelt? Wird die letztere Frage verneint, dann würden beide Maße als gleichberechtigt anerkannt werden müssen, jedes an seinem Platz und für seine besondere Aufgabe. Das will Kant aber nicht. Also muß er annehmen, daß in alle mathematischen Berechnungen, weil sie sich bloß auf tote Kräfte beziehen können, nur die Größe mv eingehen darf, daß dagegen die freien Bewegungen, da sie mv^2 als Maß erfordern, der mathematischen Behandlung prinzipiell unzugänglich sind [1]). So betrachtet treten die mathematischen Formeln in einen starken Gegensatz zur Wirklichkeit: sie wären auf die tatsächlichen Vorgänge niemals anwendbar, geschweige denn, daß sie je dazu dienen könnten, das Verhalten der natürlichen Körper unter bestimmten Umständen vorauszusagen und überhaupt die Zukunft zu berechnen. Das sind Folgerungen, die sich für Kant nicht vermeiden lassen und die doch angesichts der Tatsachen ganz unhaltbar sind.

Was insbesondere den Begriff der allmählichen Vivifikation betrifft, so würde er all den Bedenken ausgesetzt sein, die Kant in den §§ 24—28 gegen Leibnizens Begriff und Ableitung der lebendigen Kräfte vorbringt, wenn diesen Bedenken überhaupt Durchschlagskraft zukäme. Die Formel des Leibnizischen Kräftemaßes lautete nach § 23: „wenn ein Körper in wirklicher Bewegung begriffen ist, so ist seine Kraft wie das Quadrat seiner Geschwindigkeit". Wirkliche Bewegung war gemeint im Gegensatz zum bloßen Druck und zum Anfangsaugenblick der Bewegung, wo, wie Leibniz und seine Schüler den Cartesianern zugaben, die Kraft des Körpers sich noch wie die bloße Geschwindigkeit verhalte; erst wenn eine gewisse Zeit verflossen sei und auf Grund davon die Bewegung wirklich genannt werden könne, trete das Quadrat der Geschwindigkeit als Maß ein.

Kant macht dagegen geltend, daß, wenn die Zeit, innerhalb deren eine Bewegung wirklich werde und lebendige Kraft entstehe, „gänzlich undeterminiert" und nach Belieben bestimmbar sei, man sie einerseits

1) In § 126 stellt Kant fest, „daß die Mathematik, nach der Schärfe zu urteilen, an ihrem Körper keine freie Bewegung erlaube".

so sehr verkürzt denken könne, daß seit dem Anfangsaugenblick nur eine unendlich kleine Zeit verstrichen sei, in welchem Falle dann die lebendige Kraft sich ganz verlieren und statt ihrer die tote des Anfangsaugenblicks selbst Platz greifen würde [1]). Auf der andern Seite aber könne man auch so argumentieren: die Folgeerscheinung der wirklichen Bewegung, die lebendige Kraft, muß schon im Anfangsaugenblick der Bewegung vorhanden sein, da nach dem Gesetz der Kontinuität dieser Anfangsaugenblick der bloßen Bestrebung zur Bewegung als eine zwar unendlich kleine, nichtsdestoweniger aber w i r k l i c h e Bewegung betrachtet werden kann und der Begriff einer mit Bezug auf ihre Größe völlig undeterminierten Bewegung auch die unendlich kleine in sich schließt; es muß also, was von jener überhaupt gilt, von dieser gleichfalls gelten und demgemäß auch für den Anfangsaugenblick schon die Schätzung nach dem Quadrat eintreten, was aber den eigenen Aeußerungen der Leibnizianer widerspricht.

Will man aber die zum Wirklichwerden der Bewegung und zum Entstehen der lebendigen Kraft erforderliche Zeit als „determiniert und auf eine gewisse Größe eingeschränkt" betrachten, dann muß, wenn eine bestimmte Zeit der zureichende Grund ist, die tote Kraft zur lebendigen zu entwickeln und also eine neue Dimension in die Kraft eines Körpers hineinzubringen, die doppelte Zeit nach § 27 zwei solcher Dimensionen setzen, die dreifache drei und so fort ins Unendliche. Die Kraft des Körpers würde also „bei einförmiger Bewegung bald die Geschwindigkeit schlechthin, bald das Quadrat desselben, bald den Würfel bald das Quadratoquadrat usw. zum Maße haben".

Dieser letztere Einwurf läßt sich mit demselben, ja! sogar mit noch größerem Recht gegen Kants Lehre von der Vivifikation erheben. Zwar, die Form, in die Kant ihn kleidet: daß die Zeit die eigentlichen Bedingungen der lebendigen Kraft ganz und gar in sich fasse (§ 27), ist unhaltbar, da die Zeit die lebendige Kraft ja nicht e r z e u g t, sondern nur die Bedingung darstellt, unter der die Uebertragung der Bewegung und damit auch der bewegenden Kraft von einem Körper auf den andern sich vollzieht. Aber wenn man auch die „eigentliche Ursache" der lebendigen Kraft, wie Kant will, in der innern Natur des Körpers zu suchen hätte, so müßte doch, wenn dieser wirklich imstande wäre, die von außen empfangene Kraft in sich unendlich zu vergrößern und sie innerhalb einer bestimmten endlichen Zeit in ein ganz anderes Geschlecht

1) Was Kant hier, offenbar nur dunkel, vorschwebte, ist ihm trotz dreifachen Anlaufs (in § 25, in seiner 2. Anmerkung und in der Erläuterung zu ihm am Schluß des 2. Hauptstücks (I 126 f.), die sich eigentlich mehr auf § 26 als auf § 25 bezieht) nicht gelungen klar zum Ausdruck zu bringen.

(= 2. Dimension) zu erheben, zum mindesten in *vielen* Körpern die Intension (die ja nach § 135 von verschiedener Größe sein soll) so stark sein, daß sie in der doppelten oder dreifachen Zeit die von außen erteilte Kraft zur 3. oder 4. Dimension zu erheben vermöchte; dabei würde dann bald das Quadrat, bald der Würfel, bald das Quadratoquadrat der Geschwindigkeit das Maß abgeben, „welches ⟨um Kants eigene Worte über diese Folgerungen zu gebrauchen⟩ solche Ausschweifungen sind, die niemand unternehmen wird zu verteidigen" (§ 27).

Die auf das Gesetz der Kontinuität gegründeten Bedenken, die Kant für den Fall vorbringt, daß die Zeit, in der die Bewegung wirklich wird und lebendige Kraft entsteht, als *undeterminiert* gedacht wird, würden, wenn sie berechtigt wären, seine eigene Lehre von der allmählichen Vivifikation ebensosehr treffen wie Leibniz, gegen den sie sich richten. Aber es sind nur leere Rabulistereien, gestützt auf die Zweideutigkeit des Begriffs „wirkliche Bewegung". Es war von Leibniz zu fordern, daß er diesen Begriff genau bestimme. Aber aus dem Mangel an solcher näheren Bestimmung kann nichts gegen die Gültigkeit des Leibnizischen Maßes überhaupt gefolgert werden. An und für sich unterliegt es (trotz Kants Einwänden I 127 in der Erläuterung zu § 25) keinen Bedenken zu sagen, das Auftreten einer Eigenschaft oder Folge einer Bewegung hänge vom Ablauf einer *endlichen* Zeit ab, auch wenn die Größe dieser endlichen Zeit nicht determiniert wird. So gut wie Kant im 3. Hauptstück für seine Vivifikation eine endliche Zeit fordert, kann Leibniz dasselbe für das Auftreten seiner lebendigen Kraft tun. In Wirklichkeit kommt ein Uebergang von einer im Anfangsaugenblick angeblich allein vorhandenen toten nach der bloßen Geschwindigkeit zu messenden Kraft zu einer lebendigen nach dem Quadrat der Geschwindigkeit zu messenden, wie Kant und Leibniz ihn gemeinsam annehmen, gar nicht in Frage. Der Unterschied der sogenannten toten und lebendigen Kräfte ist für die Frage, ob mv oder mv^2 das richtige Maß abgibt, gleichgültig. Soweit bei toten Kräften überhaupt (in einer Art von Als-ob-Betrachtung) von einem Geschwindigkeitsfaktor die Rede sein kann, gilt auch für sie sowohl mv als mv^2 als Maß je nach dem Ziel der Messung. Kant tut so, als ob das v^2 eine Erhebung auf ein höheres Niveau bedeute und eine größere Wirksamkeit darstelle, während doch in Wahrheit nur das Gemessene etwas anderes ist. In jedem der beiden verschiedenen Fälle kommt auch eine ganz verschiedene Kraftäußerung (Wirkung, Leistung) in Betracht. Das eine Mal ist es die Bewegungsgröße oder der Kraftantrieb, das andere Mal die Arbeitsgröße oder lebendige Kraft, die gemessen werden. Es ist also durchaus nicht an dem, als ob ein

Körper, der sich zu bewegen beginnt, allmählich von mv zu mv^2 überginge.

Der entscheidende Gedanke von § 28, daß die Mathematik nur auf Bewegung überhaupt (ohne weiteren Unterschied und nähere Bestimmung) gehe und daß auch die unendlich kleine Bewegung des Anfangsaugenblicks mit ihrer toten Kraft in diese „Bewegung überhaupt" eingeschlossen sei, daß die Mathematik deshalb nie auf lebendige Kräfte führen könne, da diese nicht mit den toten unter einerlei Schätzung begriffen sein könnten, läßt sich auf Grund der Erörterungen des vorigen Absatzes auch gegen Kant wenden zugunsten einer Betrachtung, welche die toten Kräfte gleichfalls dem Leibnizischen Maß unterwirft, indem sie dieselben bzw. ihre Ursachen als unendlich kleine Bewegungen auffaßt und folgert, daß auch die Eigenschaften der wirklichen Bewegung, also auch die im 3. Hauptstück behauptete Schätzung der lebendigen Kraft nach dem Quadrat der Geschwindigkeit, auf sie übertragbar seien.

38. Doch nun zurück von der Kritik zur Darstellung der Gedankengänge des 3. Hauptstücks!

Von § 131 ab stellt Kant „die allgemeinsten und beobachtungswürdigsten Gesetze" auf, die mit seiner neuen Kräfteschätzung verknüpft sind und ohne die ihre Natur nicht wohl begriffen werden kann [1]); sie machen gleichsam das Gerüste für die Dynamik der Zukunft aus, deren Grundzüge er entwerfen will. Hätten diese Gesetze in der damaligen Naturwissenschaft Anklang gefunden, so wäre sie in demselben Maß, wie das geschah, von der richtigen Bahn, auf der ihr später Erfolg über Erfolg beschert war, abgekommen.

Zunächst (§ 132 f.) legt Kant „ein ganz unbekanntes dynamisches Gesetz dar", das in der Kräfteschätzung von nicht gemeiner Erheblichkeit sein soll. Er geht von dem auch von Leibniz zugestandenen Satz aus, daß ein ruhender Körper nur einen toten, nach der einfachen Geschwindigkeit zu messenden Druck ausübe, und folgert (gemäß dem Gesetz der Kontinuität, ohne sich jedoch ausdrücklich darauf zu beziehen), daß für einen mit unendlich kleiner Geschwindigkeit bewegten Körper, da diese der Ruhe gleich zu achten sei, dasselbe Maß gelte. Das Platzgreifen des Gesetzes der Quadratschätzung ist also von der Geschwindig-

1) Er behauptet auch noch im Besitz einiger speziellen Gesetze zu sein, nach denen die Vivifikation der Kraft vor sich geht, will sie aber, um den Leser nicht zu dessen Verdruß in eine tiefe Untersuchung einer Nebensache zu verwickeln, zunächst zurückstellen, bis „das Hauptwerk genugsam gesichert und durch Erfahrungen bewähret" sei.

keit der Bewegung abhängig. Diese muß eine bestimmte Mindestgröße haben[1]). Erst von ihr ab ist die Vivifikation der Kraft sowie im Zusammenhang damit die freie und immerwährende Erhaltung der Bewegung möglich, während bei allen kleineren Graden bis hinab zum unendlich kleinen davon gar keine Rede sein kann; alle diese „kleineren Grade der Bewegungen zehren sich von selber auf und verschwinden, bis bei unendlich kleinem Grade die Bewegung nur einen Augenblick dauert und einer immerwährenden Ersetzung von draußen nötig hat“ (§ 132). Von Interesse ist, daß Kant am Schluß des § 132 mit dürren Worten feststellt, Newtons Trägheitsgesetz gelte „in seiner unbestimmten Bedeutung, ⟨d. h. ohne Beschränkung auf eine gewisse Mindestgröße der Geschwindigkeit⟩ nicht von den Körpern der Natur“. Womit der Schluß von § 133 zu vergleichen ist, nach dem bei freien Bewegungen in einem medio resistente dieses, wenn die Geschwindigkeit schon sehr klein zu werden anfängt, nicht mehr soviel zur weiteren Verringerung der Bewegung beiträgt, letztere sich vielmehr zum Teil von selber verliert. Für einen echten Naturwissenschaftler bedeutet dieser Gedanke soviel wie das Wunder in Permanenz erklären.

Die angeblichen Bestätigungen aus der Erfahrung, die § 133 bringt, sind so wenig stichhaltig, daß ein wirklicher Naturwissenschaftler sicher nicht auf sie verfallen wäre. Eine nähere Begründung dieses Urteils ist leider unmöglich, da sie unverhältnismäßig viel Raum in Anspruch nehmen würde.

39. In §§ 134, 135 behandelt Kant die Frage, ob die Lebendigwerdung und freie Bewegung bei allen, auch den größten Graden der einem Körper erteilten Geschwindigkeit bis ins Unendliche hin möglich sei[2]). Er verneint die Frage, weil die innere Naturkraft der Intension wie jede Größe der Natur eine bestimmte endliche Quantität haben müsse und demgemäß „ihre Fähigkeit, lebendige Kräfte bei immer größeren Graden der Geschwindigkeit aus sich hervorzubringen, nur bis auf ein gewisses endliches Ziel erstrecken werde“. Bei verschiedenen Körpern wird die Intension zwar verschieden stark sein, so daß dieser eine gewisse Geschwindigkeit frei fortzusetzen vermögend ist, wozu jenes Naturkraft nicht zulangt. Aber bei allen hat das Vermögen zur Vivifikation doch seine bestimmte end-

1) Kant hütet sich aber sehr, diese Mindestgröße abzuleiten und festzulegen. Bei jedem Versuch es zu tun würde die Willkürlichkeit und Erfahrungsfremdheit seiner Behauptungen klar zutage getreten sein.

2) Im Anfang von § 134 heißt es sehr stolz: „Wir sind in dem Mittelpunkte der artigsten Aufgaben, welche die abstrakte Mechanik vorher niemals hat gewähren können.“

liche Größe und reicht also auch nur für einen gewissen Grad der von außen erteilten Geschwindigkeit zu. Einem größeren Grad wird zwar der Körper nachgeben und die betreffende Geschwindigkeit annehmen, solange der Antrieb von draußen dauert; läßt dieser aber nach, so wird sich auch alsbald die jenen Grad übersteigende Geschwindigkeit von selbst verlieren ⟨!⟩ und nur soviel zu freier und unverminderter Fortsetzung der Bewegung übrigbleiben, als der Körper nach Maßgabe seiner Naturkraft in sich lebendig zu machen vermögend ist. Alles dies sind freie Phantasien, die der Erfahrung und den Prinzipien echter Naturwissenschaft gleich fern stehen.

40. In §§ 136—141 will Kant nachweisen, daß lebendige Kraft zum Teil ohne Wirkung verschwinden kann. Wie nämlich einerseits die lebendig gewordene Kraft eines Körpers nach Kants Auffassung viel größer ist als die mechanische Ursache, die ihm die ganze Bewegung gegeben hatte, so kann anderseits ein Hindernis, dessen Gewalt viel kleiner ist als die Kraft des Körpers, ihm dennoch seine ganze Bewegung nehmen; seine lebendige Kraft verzehrt sich dann von selbst in der Ueberwältigung von Widerständen, die viel geringer sind als sie. Und das sagt derselbe Kant, der in § 66 bei der rein m a t h e m a t i s c h e n Betrachtung des Stoßes unelastischer Körper gegen die Leibnizische Schätzung geltend gemacht hatte: der Reinverlust an lebendiger Kraft, den sie bei diesem Stoß annehmen müsse, sei eine der größten Ungereimtheiten, die man nur begehen könne.

Jetzt glaubt Kant seine These durch Umkehrung des Jurin'schen Falles beweisen zu können. Dieser war im 2. Hauptstück in §§ 110—113 behandelt. Jurin hatte angenommen, ein Kahn bewege sich mit der Geschwindigkeit 1 und führe eine Kugel mit sich, der nachträglich von einer auf dem Kahn befestigten Feder noch eine weitere Geschwindigkeit = 1 gegeben werde. Dann ziehe die Verdoppelung der Geschwindigkeit offenbar nur eine Verdoppelung der Kraft nach sich und nicht, wie die Leibnizianer fälschlich behaupteten, eine Vervierfachung. Wogegen selbstverständlich nichts zu sagen ist, solange man bei „Kraft" an die Bewegungsgröße denkt. Faßt man dagegen die „lebendige Kraft" und die durch sie geleistete Arbeit ins Auge, dann verhalten diese sich bei einer mit einfacher und einer mit doppelter Geschwindigkeit bewegten Kugel allerdings wie 1 zu 4, denn es wird dann nicht nach dem Zeiteffekt, sondern nach dem Wegeffekt der Kraft gefragt (z. B. nach der Strecke, die von den beiden Kugeln einem stetig hemmenden Widerstand zum Trotz zurückgelegt werden kann).

Kant läßt nun bei seiner Umkehrung des Jurin'schen Falles die Kugel mit der Geschwindigkeit 2 in freier Bewegung und mit lebendiger Kraft auf die Feder, die an dem mit der Geschwindigkeit 1 in derselben Richtung bewegten Kahn befestigt und deren Kraft wie 1 ist, treffen und sie spannen. Da sie gegenüber der in gleicher Richtung bewegten Feder nur eine relative Geschwindigkeit von e i n e m Grad hat, wird sie nur mit diesem Grad Geschwindigkeit und Kraft auf die Feder einwirken und ihn dabei ganz einbüßen. Der übrigbleibende Grad absoluter Bewegung (Geschwindigkeit) und entsprechender Kraft könnte dann durch ein anderes Hindernis, das gleichfalls mit einer Kraft = 1 entgegenwirkt, vernichtet werden. „Folglich", schließt Kant den § 136, „kann ein Körper, in dem wir eine lebendige Kraft setzen und der also mit 2 Graden Geschwindigkeit 4 Grade Kraft hat, von zwei Hindernissen zur Ruhe gebracht werden, die jede nur 1 Grad Kraft haben, mithin müssen auf diese Weise 2 Grade in ihm von selber verschwinden, ohne durch äußerliche Ursachen aufgehoben und gebrochen zu werden." Das Entscheidende soll hierbei sein, daß der Körper nicht von vornherein mit seiner ganzen Geschwindigkeit wirkt, sondern nacheinander, erst mit einem, dann mit dem übriggebliebenen zweiten Grade.

In Wirklichkeit findet unter den angenommenen Bedingungen keinerlei Verlust an Kraft statt. Ein Körper, dem von 2 gleich starken Federn die Geschwindigkeit 2 erteilt wurde, ist selbstverständlich immer nur imstande, 2 gleichstarke Federn wieder zu spannen, ganz einerlei wie diese angeordnet werden und ob die erste sich in gleicher Richtung wie der Körper, nur langsamer, bewegt, oder nicht. Könnte er (wie Kant annimmt) 4 Federn spannen, wenn er von vornherein mit seiner ganzen Geschwindigkeit wirkt, obwohl nur 2 Federn nötig waren, ihm diese Geschwindigkeit zu verleihen, dann wäre ja das lang gesuchte perpetuum mobile glücklich gefunden!

Das Spannen der beiden Federn steht mit momentanen Stößen auf einer Stufe und läuft also, was die Kraftwirkung und -schätzung betrifft, auf dasselbe hinaus, wie wenn eine Kugel auf ihrem Wege auf andere Kugeln trifft und sie der Reihe nach in Bewegung setzt. Bei den Federn wie bei den Kugeln kommt als das zu Messende doch in erster Linie die mitgeteilte Bewegungsgröße bzw. der Kraftantrieb in Betracht, deren Maß mv ist. Wollte man dagegen bei der Messung auf die lebendige Kraft $\left(\frac{mv^2}{2}\right)$ und die Erhaltung der Energie hinaus, dann müßten auch die Molekularbewegungen mit in Rücksicht gezogen werden, in die sich die ortverändernde Bewegung der stoßenden Kugel teilweise umsetzt. Nur allein die lebendige Kraft könnte in Frage kommen, wenn es sich um

Bewegung in einem mit kontinuierlichem Widerstand erfüllten Raum handelte, der aber nie durch bloß zwei Federn symbolisiert werden kann, wohl aber, wie es zu Kants Zeiten bei der Schwere oft geschah, durch zahlreiche, gleichmäßig und dicht über den ganzen Raum verteilte; in diesem Fall würde der senkrecht in die Höhe geworfene Körper bei doppelter Anfangsgeschwindigkeit 4mal soviel Federn eindrücken müssen wie bei einfacher, aber es würden auch 4mal mehr Federn nötig sein, um dem fallenden Körper die doppelte Endgeschwindigkeit zu erteilen (entsprechend der 4fachen Steig- bzw. Fallhöhe gemäß der Formel $s = \frac{v^2}{2g}$).

Doch zu solchen präzisen Begriffsbestimmungen drängte es Kant nicht. Er fühlt sich offenbar sehr wohl bei Benutzung des vagen Ausdruckes Kraft, dessen Vieldeutigkeit seine Deduktionen oft erst möglich macht und ihnen hie und da wenigstens einen Anschein von Bündigkeit verleiht.

Hier, beim umgekehrten Jurin'schen Fall, legt er allen Nachdruck auf die Unterscheidung zwischen absoluter und relativer Bewegung und die damit gegebene Möglichkeit, die Geschwindigkeit eines Körpers zu zerlegen und ihren einzelnen Teilen nacheinander Hindernisse entgegenzusetzen.

Um den dabei angeblich eintretenden Verlust an lebendiger Kraft begreiflich zu machen, weist Kant in § 137 darauf hin, daß ⟨entsprechend der Formel $(a + b)^2 = a^2 + 2\,ab + b^2$⟩ die Summe der Quadrate der einzeln genommenen Geschwindigkeitsgrade weit hinter dem Quadrat der Gesamtgeschwindigkeit zurückbleibe, daß also der einzelne Grad eine viel größere lebendige Kraft entfalte, wenn er als Teil der Gesamtgeschwindigkeit, als wenn er für sich allein wirke. An diese unzweifelhaft richtige Bemerkung schließt sich dann aber eine ganz phantastische, mit der mysteriösen Intension arbeitende Erklärung der Art und Weise an, wie ein zunächst als einzelner genommener Geschwindigkeitsgrad, dem eine lebendige Kraft von $1^2 = 1$ entsprechen würde, nachträglich, wenn etwa dem bewegten Körper noch ein weiterer Geschwindigkeitsgrad erteilt werde, doch noch zu größerer Wirksamkeit erhoben werden könne. Es soll nämlich beim Hinzutreten des 2. Grades Geschwindigkeit nicht nur ein ihm proportionierter weiterer Grad lebendiger Kraft ($1^2 = 1$) entspringen, sondern die „Naturkraft" des Körpers soll außerdem die Intension noch proportional dem Anwachsen der Geschwindigkeit „erheben" und so machen, daß die lebendige Kraft bei der Gesamtgeschwindigkeit vierfach wird, während ihre Summe bei den beiden abgesonderten Graden nur zweifach gewesen sein würde. Wie hier die „Naturkraft" aus sich selber 2 Grade lebendiger Kraft neu hervorbringt, so sollen umgekehrt, wenn der Körper seine ganze Geschwindigkeit von 2 Graden nicht zugleich anwendet, sondern die entgegentretenden Hindernisse sich erst nur dem einen Grad und dann erst dem andern widersetzen, 2 Grade lebendiger Kraft „von selber verschwinden, nachdem die Naturkraft aufhört sie zu erhalten". Dieser Reinverlust an lebendiger Kraft, der nicht aus der Ueberwindung von Hindernissen, sondern von dem Aufhören der Intensionsbestrebung herstammt, ist angeblich um so größer, je kleiner der Grad Geschwindigkeit, den das einzelne Hindernis erduldet, gegen die Gesamtgeschwindigkeit des Körpers ist: begegnet der Widerstand immer nur dem 3. Teil der Gesamtgeschwindigkeit und zehrt ihn auf, so gehen von 9 ($= 3^2$) Graden lebendiger Kraft 6, d. h. $^2/_3$, „ohne äußerlichen Widerstand von selber verloren"; ist es der 8. Teil, dann „verschwendet der Körper $^7/_8$ von der ganzen Kraft, davon die Ursache nicht in der Hindernis zu suchen ist" [1]); begegnet der Widerstand schließlich in jedem Augenblick nur einem unendlich kleinen Grad der Gesamtgeschwindigkeit, „so ist die ganze Wirkung der Kraft des Körpers, ob sie gleich lebendig ist, doch nur der schlechten Geschwindigkeit proportioniert, und die ganze Größe der lebendigen Kraft verschwindet von selber völlig, ohne eine ihr gemäße Wirkung auszuüben" [2]). Aber es genügt noch nicht, daß der jedesmalige Geschwindigkeitsgrad, dem das Hindernis widerstrebt, überhaupt nur irgendein endlicher sei; vielmehr muß er (entsprechend den Ausführungen in § 132 f.), wenn sich „in den verübten Wirkungen oder überwältigten Hindernissen" eine lebendige Kraft betätigen soll, eine gewisse Mindestgröße haben (§ 138).

Alle diese Erklärungen und Behauptungen sind, weil auf den natur-

---

1) Ist die Gesamtgeschwindigkeit 16 (die lebendige Kraft also = 256), so umfaßt der 8. Teil 2 Grade, und das einzelne Hindernis, das sich jedesmal dem 8. Teil entgegenstellt, zehrt 4 Grade lebendiger Kraft auf, alle Hindernisse zusammen also 32 = $^1/8$ der Gesamtkraft: $^7/8$ verschwinden demgemäß von selbst.

2) Aus dieser Eigentümlichkeit erklärt Kant nachträglich in §§ 148 f. auch das Verhalten der elastischen Körper, bei deren Stoß Leibnizens Quadratschätzung angeblich ganz unanwendbar ist. Die Elastizität soll, nach der Natur einer Feder, sich in jedem Augenblick nur demjenigen Grad der Geschwindigkeit entgegensetzen, der hinlänglich ist, sie zu spannen, der anstoßende Körper demgemäß nicht auf einmal mit seiner Gesamtgeschwindigkeit, sondern nur nacheinander mit einzelnen unendlich kleinen Graden derselben wirken, und darum auch trotz seiner lebendigen Kraft nur proportional seiner einfachen Geschwindigkeit. Kant rühmt es als einen besonderen Vorzug seiner neuen Kräfteschätzung, daß nach ihr — im Gegensatz zur Leibnizischen — die Wirkungen, in deren Hervorbringung eine Kraft sich verzehrt, dieser nicht allemal gleich zu sein brauchen! Des weiteren siehe unten S. 126.

wissenschaftlich nicht nur unfruchtbaren, sondern auch unzulässigen Begriff der Intension gegründet und dem Gesetz von der Gleichheit der Wirkung und Gegenwirkung zuwider, ohne jeden Wert. Sie beruhen zudem alle auf dem irreführenden, unhaltbaren Gedanken, daß es eine Erhebung oder Hinaufentwicklung von mv zu mv^2, von der Bewegungsgröße zur lebendigen Kraft gebe.

Kant hat wohl gewisse Erfahrungen wie die in §§ 140, 141 angeführten vom Mauerbrecher und Wollsack und vom Stoß weicher Körper im Auge, deutet sie aber falsch und verallgemeinert dann das dort nur aus zufälligen, andern Ursachen Zutreffende, als ob es nur aus seiner Annahme sich erklären ließe, aus ihr aber auch notwendig folge. So ist das Unschädlichmachen der Stöße der Mauerbrecher durch Wollsäcke in Wirklichkeit nicht darauf zurückzuführen, daß, weil der Wollsack die Kraft des Mauerbrechers „nur in ihren kleineren Graden der Geschwindigkeit nach und nach erdulde", ein großer Teil der lebendigen Kraft des Mauerbrechers von selbst verschwinde, ohne durch den Widerstand des Wollsacks aufgezehrt zu werden, sondern darauf, daß der Wollsack den geleisteten Widerstand auf einen größeren Raum ausdehnt und verteilt, daß er die Bewegung des Mauerbrechers durch allmähliches Nachgeben verlangsamt und durch die Verminderung seiner Geschwindigkeit auch seine lebendige Kraft (und zwar sogar nach Maßgabe des Quadrats der Geschwindigkeit) schwächt, daß ferner im Wollsack Wärmeentwicklung stattfindet, die gleichfalls einen Verlust an kinetischer Energie (lebendiger Kraft des Stoßes) bedeutet.

Auch beim Stoß weicher Körper soll nach § 141 aus demselben Grund wie beim Mauerbrecher und Wollsack ein wahrhafter Verlust an lebendiger Kraft eintreten. Aber hier kann von einem solchen gegen das Gesetz von der Erhaltung der Energie verstandenen Verlust gar keine Rede sein: was an lebendiger Kraft des Stoßes (kinetischer Energie) scheinbar verloren geht, nimmt in Wirklichkeit nur eine andere Form, nämlich die der Molekularbewegung (= Wärme) an.

41. Die §§ 142—147 wollen nachweisen, daß unendlich kleine Massen zwar lebendige Kraft besitzen können, aber niemals eine ihr proportionale Wirkung auf entgegenstehende Hindernisse auszuüben vermögen, und daß auch endliche Massen nur dann dazu imstande sind, wenn sie eine bestimmte Mindestgröße haben, welch' letztere aber hier ebensowenig festgelegt wird wie bei dem Mindestmaß von Geschwindigkeit, das in den §§ 132 f. gefordert wurde.

Kant gründet seine Behauptung auf die zwar „zufällige", aber doch keine Ausnahme zulassende Eigenschaft der Natur, daß alle ihre Hindernisse, der Regel der Kontinuität gemäß, der gegen sie gerichteten Kraft nicht sofort im Berührungspunkte gleich einen endlichen Grad der Widerstrebung entgegensetzen, sondern zunächst nur einen unendlich kleinen, der sich dann fortwährend steigert, „bis nach dem unendlich kleinen Räumchen, welches die bewegende Kraft durchbrochen hat, der Widerstand, den sie antrifft, endlich wird“ (§§ 145, 143). Läuft nun ein Körper von unendlich kleiner Masse gegen solch ein Hindernis an, so wird seine lebendige Kraft, weil auch nur unendlich klein, schon von den unendlich kleinen Graden, mit denen der Widerstand sich im Anfangsaugenblick geltend zu machen beginnt, aufgezehrt, und der Körper kann deshalb trotz seiner lebendigen Kraft stets nur nach Proportion seiner einfachen Geschwindigkeit wirken [1]). Ein Körper von bestimmter endlicher Mindestgröße wird dagegen durch die unendlich kleinen Anfangsgründe des Widerstandes nur unendlich wenig, d. i. nichts an lebendiger Kraft verlieren, also die letztere ganz gegen die endlichen Grade der Widerstrebung aufwenden können, wozu die lebendige Kraft einer unendlich kleinen Masse gar nicht durchzudringen vermag, weil sie schon vorher verschwunden (von mv auf mv^2 herabgesunken) ist. Je mehr ein Körper von endlicher Masse hinter jener Mindestgröße zurückbleibt, desto weniger wird seine Wirkung seiner lebendigen Kraft proportional sein, d. h. desto mehr wird sie sich von dem Quadrat der Geschwindigkeit entfernen und der einfachen Geschwindigkeit annähern.

Sogar die bloße Aenderung der Figur eines Körpers ohne Aenderung seiner Masse, Geschwindigkeit und lebendigen Kraft soll unter Umständen verursachen, daß seine Wirkung bloß seiner einfachen Geschwindigkeit proportional sei oder mindestens viel kleiner, als ihm seiner lebendigen Kraft gemäß eigentlich zukomme. Als Beispiel führt Kant ein Quantum Gold an, das einmal als kompakte Kugel, das andere Mal als ein dünnes,

1) Das Verständnis dieser an sich schon schwierigen Deduktion ist in § 143 dadurch noch weiter erschwert, daß der Widerstand seitens der Schwerkraft mit in die Erörterung hineingezogen wird. Kant behauptet nämlich, daß ein senkrecht aufwärts geworfener Körper, obwohl er lebendige Kraft besitze, die sich wie das Quadrat seiner Geschwindigkeit verhalte, trotzdem bei Ueberwindung der Hindernisse der Schwere („Schwerdrückungen“) diesen gegenüber stets nur eine Wirkung proportional seiner einfachen Geschwindigkeit ausübe und daß seine ganze Intension — das Merkmal der lebendigen Kraft — ohne Wirkung verschwinde. Als Grund dafür wird in § 143 angegeben, daß die Schwere mit unendlich kleiner Sollizitation bis in das Innerste der Masse, d. i. unmittelbar auf die unendlich kleinen Teile des Körpers wirke, in § 139 dagegen, daß es sich bei der Gegenwirkung der Schwere gegen den aufwärts geworfenen Körper nur um unendlich kleine Geschwindigkeiten handle. Auf die ganze Frage der Schwere wird weiter unten in § 44 noch näher einzugehen sein.

weit ausgedehntes Goldblatt mit gleicher Geschwindigkeit und Kraft gegen ein und dasselbe Hindernis anläuft. Im ersten Fall trifft die Kugel „auf eine so kleine Fläche, daß die unendlich kleinen Momente der Widersetzungen, welche sie in so kleinem Raume antrifft, nicht imstande sind, die Bewegung dieser Masse aufzuzehren, folglich die lebendige Kraft unversehrt bleibt, um einzig und allein gegen die endlichen Grade der Widerstrebung dieser Hindernis angewandt zu werden“. Das zweite Mal wirken die kleinsten Teilchen angeblich so, als ob sie voneinander abgesondert auf die — in diesem Fall überaus g r o ß e — Fläche des Hindernisses gestoßen wären; dadurch erleidet das Goldblatt „einen unglaublich größeren Widerstand von der unendlich kleinen Sollizitation, die in jedem Punkte der Hindernis anzutreffen ist“, und übt deshalb nur eine Wirkung aus, die dem Maß der einfachen Geschwindigkeit entweder nahe kommt oder ganz mit ihm übereintrifft (§ 145).

Wie bei dem Goldblatt soll nach § 147 auch bei andern sehr kleinen und leichten Körpern die lebendige Kraft größtenteils unausgenutzt verschwinden; die Wirkung solcher Körper ist daher eine viel kleinere, als nach Maßgabe ihrer Kraft den Prinzipien der Mechanik entsprechend der Fall sein müßte. Aber die rein mathematische Betrachtung versagt eben den Körpern der Natur gegenüber auch an diesem Punkt. Kant beruft sich dafür auf „unzählbare Erfahrungen“, die zwar „nicht so genau abgemessen“, aber „dennoch untrüglich sind und die Uebereinstimmung eines allgemeinen Beifalls haben“. Jedermann, meint er, „ist darin einig, daß eine Flaumfeder oder ein Sonnenstäubchen durch eine freie Bewegung nicht die Wirkung einer Kanonenkugel ausrichten würde, wenn man ihnen gleich noch so viele Grade Geschwindigkeit, als man selber verlangt, zugestehen wollte“.

Auch diese ganzen Ausführungen der §§ 141—147 sind nichts als willkürliche, unhaltbare Konstruktionen, die zudem den Prinzipien gesunder Naturforschung, wie sie allmählich in den Erhaltungsgesetzen ihren Ausdruck gefunden haben, offen widersprachen. Insbesondere hat auch der Begriff des Unendlichkleinen, dessen Verwendung in der Erstlingsschrift des öfteren starken Bedenken unterliegt, Kant auf eine ganz falsche Fährte geführt. Wird die unendlich kleine Masse überhaupt noch als Masse gerechnet, dann gelten für sie und ihre Bewegung auch sowohl mv als $\frac{mv^2}{2}$ als Maß je nach Aufgabe und Objekt der Messung. Wird sie dagegen als ein Nichts betrachtet, dann kann auch von keiner Bewegung mehr die Rede sein und mv ihr ebensowenig zukommen wie mv^2. Auf keinen Fall ist es angängig, für ein und dieselbe Kraftwirkung und -messung bei endlichen Massen v^2, bei unendlich kleinen nur v eintreten und jene Größe durch die unendlich kleinen Sollizitationen der Widerstände zu dem Niveau dieser herabsinken zu lassen.

Was Goldkugel und Goldblatt betrifft, so kann für die Naturwissenschaft absolut kein Zweifel sein, daß beide gleich stark wirken, gleich große Arbeit leisten würden, wenn sie mit derselben Endgeschwindigkeit auf dasselbe Hindernis träfen. Dies Hindernis dürfte aber nicht etwa im einen Fall nur die kleine Fläche, auf welche die Kugel trifft, im andern dagegen die große Angriffsfläche des Goldblatts sein. In beiden Fällen muß als Hindernis vielmehr ein und derselbe Gegenstand von derselben Größe und Oberfläche (mindestens der des Goldblatts) gelten. Um dieselbe Endgeschwindigkeit beim Anprall auf das Hindernis, auf die alles ankommt, zu erzielen, müßte die Anfangsgeschwindigkeit beim Goldblatt wegen des Luftwiderstandes bedeutend größer sein als bei der Goldkugel. Ist aber dieselbe Endgeschwindigkeit erreicht, dann sind Bewegungsgröße (mv) und lebendige Kraft $\left(\frac{mv^2}{2}\right)$ bei beiden völlig gleich, und die Stoßkraft und die geleistete Arbeit muß also dieselbe Größe haben. Aber die Art der Wirkung auf das Hindernis wird bei beiden eine sehr verschiedenartige sein wegen der verschiedenen Form des angreifenden Gegenstandes und der Angriffsfläche: die Goldkugel wird vielleicht das Hindernis durchdringen, das Goldblatt es als Ganzes in Bewegung setzen, wie doch sogar Gase, die noch viel weniger zusammenhängend sind als das Goldblatt, eine Flintenkugel fortzuschleudern imstande sind.

Auch darüber kann kein Zweifel sein, daß Flaumfeder und Sonnenstäubchen dieselbe Stoßkraft besitzen würden wie eine Kanonenkugel, wenn ihre Endgeschwindigkeiten bzw. deren Quadrate sich umgekehrt wie die Massen verhielten. Nur würde auch hier die Art der Wirkung eine verschiedene sein entsprechend der Verschiedenartigkeit des angreifenden Objekts und der Angriffsfläche.

Kant spricht hier sowohl wie beim Problem des Goldblatts als Laie, als Anwalt des gesunden Menschenverstandes, der sich vom Augenschein nicht loslösen kann und für den deshalb die dargelegte Anschauungsweise die nächstliegende ist. Aber damit stellt Kant sich auch zugleich, ohne es zu wollen, in entschiedenen Gegensatz zur streng naturwissenschaftlichen Denkart, — nicht etwa bloß zu einer einseitig mathematischen, die er ja mit vollem Bewußtsein, als der Erfahrung widersprechend und auf die Körper der Natur nicht anwendbar, ablehnt. Aber in Wirklichkeit handelt es sich gar nicht um zwei verschiedene, voneinander trennbare Auffassungen, sondern um die eine, einheitliche naturwissenschaftliche Grundanschauung, die, soweit möglich, mathematisch durchgeführt werden muß. Und kein Forscher von wirklich naturwissenschaftlichem Sinn kann sich heute und konnte sich um 1750 den Konsequenzen verschließen, die Kant sich weigert anzuerkennen.

In seinen späteren Jahren ist Kants Haltung in dieser Frage eine schwankende gewesen; nur auf gewissen Höhepunkten seines Denkens vermag er sich zu der echt naturwissenschaftlichen Auffassung durchzuringen. Näheres u. in § 144.

42. Im Schlußteil des 3. Hauptstücks beschäftigt Kant sich mit den Versuchen, die angestellt waren, um das Vorhandensein von lebendigen Kräften und die Berechtigung der Quadratschätzung experimentell zu beweisen.

Gegen ein derartiges, durchaus überzeugendes Experiment Musschenbroeks erheben die §§ 151—156 den ganz unbegründeten Einwand, es bestätige nur das Kräftemaß des Cartesius [1]. In Wirklichkeit aber muß auch Kant, durch die Macht der Tatsachen gezwungen, in § 156 doch die

---

1) In dem Gebrauch des Wortes „Kraft" herrscht wieder völlige Verwirrung. Man muß bei dem vieldeutigen Ausdruck bald an mv, bald an $\frac{mv^2}{2}$ denken. Kant geht bei seiner Deduktion davon aus, daß die Wirkung einer Feder auf einen von ihr fortgeschleuderten Körper von der Länge der Zeit abhänge, die bis zu ihrer völligen Ausspannung vergeht, und damit auch von der größeren oder geringeren Masse, die durch die Feder getrieben wird. Der schwerere Körper überkommt angeblich von der Feder bei gleicher Spannung mehr Kraft als der leichtere; wird die Masse des Körpers vermehrt, so soll die Feder imstande sein, durch ihre Ausstreckung entsprechend mehr Kraft zu erteilen. — Das ist wieder eine für jeden wirklich naturwissenschaftlich denkenden Menschen ganz unvollziehbare Anschauungsweise, die darauf hinausläuft, daß ein stärkerer Widerstand gründlicher, erfolgreicher gebrochen werde als ein schwächerer oder daß einer größeren Masse gegenüber eine stärkere Energieentfaltung und größere Arbeitsleistung stattfinde als bei einer kleineren Masse. Daß in den beiden Fällen Musschenbroeks die Ausdehnung der Feder verschieden rasch erfolge je nach der Größe des entgegenstehenden Widerstandes (des fortzuschleudernden Körpers), ist richtig. Aber in beiden Fällen geht doch die g a n z e potentielle Energie der Feder über in kinetische Energie im bewegten Körper. Kant scheint sich die Federn nach Art von Menschen zu denken, die bei Fortbewegung einer sehr schweren Last sich ganz erschöpfen, bei einer weniger schweren noch einen Rest von Kraft in sich übrig behalten. Oder er hat extreme Fälle im Auge, wo ganz leichte Körper (etwa ein Stückchen Papier), sobald die Feder bei der Entspannung ihre Höchstgeschwindigkeit erlangt hat, diese auch sofort von ihr übermittelt bekommen und also ihre Spannkraft (potentielle Energie) wegen ihrer zu geringen Masse nicht völlig ausnutzen können; sie würden auch schon durch eine Feder mit viel geringerer Spannkraft, aber gleicher Höchstgeschwindigkeit in der Entspannung (etwa eine bedeutend schwächere, aber längere Feder) dieselbe Geschwindigkeit erhalten können.

Quadratschätzung, wenn auch etwas verkleidet, zur Hintertür wieder hereinlassen. Um Musschenbroeks Versuch zu erklären, muß er sich schließlich, ohne es wahr haben zu wollen, doch auf dasselbe Maß stützen, das er zunächst prinzipiell bekämpft.

Objektiver steht Kant einer andern Serie von Versuchen gegenüber (§§ 157—162). Riccioli, s'Gravesande, Poleni und van Musschenbroek maßen die Eindrücke, die frei fallende Körper in weiche Materien machen, und fanden, daß die eingeschlagenen Höhlen bei gleicher Größe und Masse der eindringenden Körper den Fallhöhen, also den Quadraten der Geschwindigkeiten, proportional seien. Kant erkennt die Beweiskraft dieser Versuche voll an und widerlegt den Einwand der Cartesianer, daß die verschieden lange Zeit, innerhalb deren die fallenden Körper in die weichen Materien eindringen, mit in Rechnung gezogen werden müsse, mit guten Gründen, wenn auch unter Einmengung unnötiger Subtilitäten. Zu ihnen sieht er sich gezwungen, einerseits um nicht gegen das falsche Gesetz, das er selbst in § 138 aufgestellt hatte (vgl. o. S. 112), zu verstoßen, anderseits weil er, hier ganz in Uebereinstimmung mit den Cartesianern, bei der Ueberwindung des Widerstandes der Schwere durch einen senkrecht emporgeworfenen Körper für dessen Maß allein die Zeit (v) und nicht den Raum (v^2) entscheidend sein läßt (vgl. u. § 44).

4. Kapitel.

Gegen Leibniz und die Quadratschätzung in der Mathematik (2. Hauptstück).

43. Im zweiten Hauptstück, das fast den doppelten Umfang hat wie die beiden andern zusammengenommen, will Kant nachweisen, daß bei der rein mathematischen Betrachtung, die nur die Masse der Körper, Geschwindigkeit und Zeit berücksichtige, innere Kräfte aber nicht in ihren Kreis ziehen dürfe, die Quadratschätzung der Kräfte sich stets als falsch herausstelle, die Mathematik also kein anderes Maß erlaube als nur das Cartesianische (vgl. o. S. 98 ff., 103 f., 107).

Aber diese ganze Unterscheidung zwischen mathematischen Körpern und Naturkörpern ist in dieser Weise nicht aufrecht zu erhalten, da jene besondere innere Naturkraft, die angeblich durch eine geheimnisvolle Intension den von außen empfangenen Eindruck auf ein ganz anderes, vornehmeres Niveau erhebt und ihn sich zu einer lebendigen, nach dem Quadrat der Geschwindigkeit zu messenden Kraft entfalten läßt, nur ein Geschöpf der Einbildungskraft Kants ist. Die Tatsachen wissen nichts von ihr zu berichten, dagegen steht sie in offenem Widerspruch zu dem Grundprinzip aller Naturwissenschaft: dem Trägheitsprinzip.

Aber Kant glaubt nun einmal an diese innere Naturkraft und ihre Intension, glaubt daran mit all der Inbrunst, mit der je ein Vater an die Zukunft seines Sohnes geglaubt hat. Aus dieser Intension ist er fest überzeugt alles erklären zu können, was in den Tatsachen auf lebendige Kraft und die Quadratschätzung hindeutet, meint aber gerade darum auch um so entschiedener, aus der mathematischen Betrachtung beides völlig verbannen zu müssen. Und so kommt er dann zu denselben Einseitigkeiten wie die Cartesianer und weist mit ihnen die Schätzung nach dem Quadrat der Geschwindigkeit auch da ab, wo sie die allein angemessene ist. Da geht es dann natürlich auch bei ihm nicht ohne viele Gewaltsamkeiten, Mißdeutungen, Unklarheiten und Irrtümer ab (vgl. o. S. 77).

Sie alle einzeln nachzuweisen und zu besprechen würde einen Raum in Anspruch nehmen, der das zur Verfügung stehende Maß sicher um das Vier- und Fünffache überschritte. Außerdem müßte, um die nötigen Unterlagen für eine wirklich gerechte Beurteilung zu schaffen, die frühere und gleichzeitige Literatur der Leibnizianer sowohl wie der Cartesianer in zahlreichen Beispielen zum Verglich herangezogen werden; nur so könnte festgestellt werden, wo bloß der Geist der Zeit oder Partei aus Kant spricht und ihn zu Irrtümern und Fehlschlüssen verleitet, und wo anderseits Kant selbst der eigentliche Sünder ist. Eine solche Behandlung der Frage wäre durchaus wünschenswert, ja! notwendig. Aber sie könnte nur in einer ausführlichen Monographie des Streites gegeben werden, die als ein dringendes wissenschaftliches Desideratum zu bezeichnen ist. Sie müßte von einem Naturwissenschaftler geschrieben werden, der zugleich Philosoph ist, oder von einem Philosophen, der zugleich Mathematiker und Naturwissenschaftler ist.

In diesem Werk war es wichtiger, beim 3. Hauptstück länger zu verweilen, wo Kants eigenste Ansichten hervortreten und ihn als einen Mann von metaphysischer, aber nicht naturwissenschaftlicher Denkungsart erscheinen lassen.

Beim 2. Hauptstück dagegen muß es genügen, den Gedankengang in großen Zügen am Auge des Lesers vorbeizuführen und hier und da an prinzipiellen Punkten einige kritische Bemerkungen hinzuzufügen.

44. Ueber §§ 23—28 ist schon o. in § 37 das Nötige gesagt.

In §§ 29—36 behandelt Kant das Problem der Schwere, insbesondere des Wurfs senkrecht aufwärts vom Standpunkt der Cartesianer und sucht demgemäß nachzuweisen, „daß die Zeit, wie lange die Kraft des Körpers der Schwere widerstehen kann, und nicht der zurückgelegte Raum dasjenige sei, wornach die ganze Wirkung des Körpers müsse geschätzt werden" (§ 32). Die Zusätze zu den §§ 31—36 am Schluß des 2. Hauptstücks (I 128—133) bringen noch Ergänzungen, und auch das 3. Hauptstück kommt noch zweimal (I 139, 159) auf die Frage zurück.

Soweit diese Ausführungen die Zulässigkeit der Leibnizischen Schätzung bestreiten sollen, ist alle Mühe umsonst: ihr Ertrag kann nur in Mißverständnissen, Trugschlüssen und Scheinbeweisen bestehen. Im Recht ist er den Leibnizianern gegenüber nur insoweit, als diese die Möglichkeit, auch die Zeit in Rechnung zu ziehen und auf Grund davon unter Umständen auch mv als Maßstab anzulegen, prinzipiell verneinten. Selbstverständlich kann es Fälle geben, wo gerade die Frage von Belang ist, welche Zeit hindurch zwei mit verschiedener Anfangsgeschwindigkeit senkrecht aufwärts geworfene Körper in der Luft zu bleiben vermögen, und wo demgemäß diese Zeit und damit die einfache Geschwindigkeit als Maß der angewandten Kraft bei der Vergleichung der beiden Fälle angebracht ist: hier wird dann nach dem Zeiteffekt der Kraft oder dem Kraftantrieb ($pt = mv$) gefragt. Das Nächstliegende und Gewöhnliche wird aber sein, bei den Erscheinungen des freien Falls bzw. des Wurfs aufwärts nach den zurückgelegten, dem Quadrat der Geschwindigkeit proportionalen Räumen (d. i. dem Wegeffekt der Kraft oder der Arbeitsgröße, ps) und demgemäß nach der erzeugten bzw. aufgezehrten lebendigen Kraft $\left(\frac{mv^2}{2}\right)$ zu fragen.

Der Sitte der Zeit folgend, symbolisiert Kant die Kraft der Schwere durch Federn, und gerade das gibt Gelegenheit zu manchen Mißgriffen, irrigen Behauptungen und falschen Deutungen von Tatsachen.

So in § 32 [1]), wo davon ausgegangen wird, daß gleichviel Kraft nötig

1) Aus der Tatsache, daß ein Körper bei dem Fall auf einer schiefen Ebene nach Durchlaufen ihrer Länge dieselbe Geschwindigkeit besitzt, die er beim freien Fall von ihrer Höhe erlangt haben würde, folgert Kant in § 36, daß die Zeit von entscheidender Bedeutung sein müsse: denn in beiden Fällen ist angeblich die gleiche unendliche Anzahl von Schwere-Federn vorhanden (für jede der zu ziehenden Horizontallinien je eine), die auf der schiefen Fläche „bringen" aber in den Körper „weniger Kraft hinein, weil ein Teil durch den Widerstand der Fläche verzehret wird"; dieser Ausfall kann nur durch längere Dauer der Einwirkung einer jeden Feder wettgemacht werden. — Kant übersieht dabei, daß ein Vergleich und eine Messung auf Grund der Räume (repräsentiert durch die Quadrate der Geschwindigkeiten) ohne weiteres nur d a n n möglich ist, wenn in beiden Fällen in jedem Augenblick dasselbe Maß von Beschleunigung erteilt wird. Das Moment der Anziehungskraft der Erde (g) bleibt zwar dasselbe, aber bei der schiefen Ebene wirkt es, wie Kant selbst ja ausführt, nicht mit voller Kraft. Hier kann deshalb dieselbe

sei, eine *einzige* von fünf (oder auch von unendlich vielen) gleich gespannten Federn eine Sekunde lang zuzudrücken, als sie alle fünf (oder auch: all die unendlich vielen) nach und nach in derselben Zeit; daraus soll folgen, daß nicht nach der Menge der zugedrückten Federn (die den Steigraum symbolisiert) die Kraft des Körpers, der sie alle spannt, abzumessen ist, sondern nach der Zeit der Drückung. — Dagegen gilt, daß eine Feder spannen und die gespannte gespannt halten durchaus nicht ein und dasselbe ist. Jenes erfordert Arbeit (Kraft mal Weg), dieses nicht, es könnte ja z. B. auch durch ein Gewicht erreicht werden. Ferner müssen die einzelnen Schwere-Federn, wenn dem Bild oder Symbol überhaupt irgendwelche Bedeutung zukommen soll, so betrachtet werden, als seien sie durch den aufwärts geworfenen Gegenstand nicht nur für den Augenblick zugedrückt, sondern vielmehr völlig erledigt. Es stehen nicht zwei Kräfte zum Vergleich, von denen die eine *eine* Feder während der Zeit t zudrückt, die andere etwa 16 oder 100 oder 1000 Federn in derselben Zeit, aber jede nur während $\frac{1}{16}$ bzw. $\frac{1}{100}$ oder $\frac{1}{1000}$ der Zeit t. Sondern es werden zwei Kräfte verglichen, deren eine den Widerstand etwa von 4 Federn in t_1 (= 2 Sek.), die andere den Widerstand etwa von 16 Federn in t_2 (= 4 Sek.) erledigt, und zwar so, daß die Federn nicht beliebig vermehrt gedacht werden dürfen (wie bei Kants Annahme in § 32), sondern den beim Steigen zurückgelegten Räumen proportional sein müssen. Will man diese beiden Kräfte miteinander vergleichen und messen, so ist doch das Natürlichere entschieden, nicht in erster Linie die Zeit der beiderseitigen Wirksamkeit (des Widerstandes gegenüber dem Federndruck) in Betracht zu ziehen, sondern vor allem das Objekt, an dem beide sich äußern, d. h. die verschiedenen Mengen der zugedrückten Federn [1]), und demgemäß die Steigräume, die durch diese Mengen symbo-

Beschleunigungsgröße nur in längerer Zeit und damit zugleich auf einer längeren Wegstrecke erzielt werden. Da nun aber die Größe der Räume (Wegstrecken) durch die Anzahl der Federn symbolisiert werden muß, ist, im Gegensatz zu Kant, bei der schiefen Ebene auch eine größere Anzahl von Federn anzunehmen als beim freien Fall. Jede von ihnen vermag aber wegen des Widerstandes der schiefen Ebene nur mit einem Teil ihrer Kraft dem Körper Beschleunigung zu erteilen; nach Ablauf der Bewegung ist daher die Geschwindigkeit trotz größerer Wegstrecke und längerer Zeit doch nur die gleiche wie beim freien Fall senkrecht von der Höhe der schiefen Ebene.

1) Damit darf natürlich nicht, wie Kant in den Zusätzen zu §§ 31—36 (I 128 f.) und in § 159 (vgl. §§ 31, 35) den Leibnizianern vorwirft, gemeint sein, die Zeit, in der die Federn zugedrückt werden, sei ganz gleichgültig. Das konnten die Leibnizianer vernünftigerweise eigentlich gar nicht behaupten, da doch nur die Vergrößerung der Zeit die quadratische Vergrößerung der Räume gestattet.

lisiert werden, das Entscheidende sein zu lassen. Die Federn sind selbstverständlich über die ganzen Räume gleichmäßig dicht verteilt zu denken. Werden nun z. B. von einem Körper in 2 Min. 120 Federn, von einem andern in 4 Min. 480 Federn überwunden, jene in je 1, diese in je ½ Sek., dann wäre es doch, wenn nicht besondere Umstände vorliegen, einigermaßen seltsam, wenn man sich daran halten wollte, daß dort der Druck jeder Feder mal so lange gedauert habe und daß diese längere Dauer — in Wirklichkeit ein Zeichen der Schwäche — dem langsameren Körper gleichsam zugute zu schreiben sei (wie es geschieht, wenn man die Zeit schlechthin zum Maß nimmt). Noch klarer tritt diese Seltsamkeit zutage, wenn man die Schwere durch e i n e Feder symbolisiert, die bei einer Geschwindigkeit von 1 in 2 Sek. um 20 m, bei einer Geschwindigkeit von 2 in 4 Sek. um 80 m zusammengedrückt wird. Dann wäre es doch sehr sonderbar zu sagen: der Körper habe im 1. Fall der Feder doch immerhin die halbe Zeit hindurch Widerstand geleistet und sie gespannt, und darum sei ihm auch halb so viel Kraft wie im 2. Fall zuzuschreiben.

Kant will zwar in den Zusätzen zu §§ 31—36 (I 128 f.) und in § 159 nicht zugeben, daß man sich die Schwere-Federn durch die Gegenwirkung des aufwärts geworfenen Körpers vernichtet denken dürfe (wäre das der Fall, dann sei die Schätzung der Leibnizianer berechtigt). Vielmehr soll der Körper der Feder nur das Gegengewicht leisten, sie selbst aber ihre Widerstrebung (Drückungskraft) unvermindert behalten und in ihn so lange immerfort mit gleichem Grade wirken, als er ihr ausgesetzt ist. Die Wirkung jeder Feder darf also nicht als ein einzelner, unteilbarer Druck angesehen werden, sondern sie übt eine zusammenhängende Reihe von Drückungen aus, die desto größer wird, je länger der Körper ihr unterworfen ist; wo dieser sich also langsamer bewegt und deshalb das Zeitteilchen seines Aufenthalts an jedem Punkt länger dauert, da erduldet er auch von jeder einzelnen Feder eine entsprechend längere Reihe gleicher Drückungen.

Diese Betrachtungsweise Kants ist unzulässig. Da die Schwere eine kontinuierlich wirkende (gleichmäßig beschleunigende oder verzögernde) Kraft ist, darf zwischen den Wirkungen der unendlich vielen kleinen Federn kein Zwischenraum sein, sondern sobald die eine Feder zugedrückt (unwirksam gemacht, ihr Widerstand überwunden) ist, verfällt der steigende Körper der zweiten Feder. Jene braucht zu dem Zweck nicht geradezu vernichtet zu werden. Sie kann sofort, nachdem der Körper höher gestiegen ist, sich wieder ausdehnen und in ihre Ruhelage zurückkehren. Aber sobald sie überwunden ist — und das geschieht, da unendlich viele Federn angenommen werden müssen, innerhalb einer unendlich kleinen Zeit —, ist der Körper auch ihrer Wirksamkeit ganz und gar entzogen, ist sie also für ihn völlig erledigt.

Die Ueberwindung dauert freilich verschiedene Zeit, je nach der Anfangsgeschwindigkeit des Körpers, der bei doppelter Geschwindigkeit und vierfachem Raum in der doppelten Zeit auch viermal soviel Federn zusammendrückt als ein anderer bei einfacher Geschwindigkeit, der im ersten Raumviertel zur Zusammendrückung der dort befindlichen Federn die Hälfte der Zeit braucht. Aber auch dieser langsamere Körper kann doch auf die einzelne Feder auch nur eine unendlich kleine Zeit verwenden.

Es darf also nicht, wie Kant will, die Frage gestellt werden, ob nicht dieser langsamere Körper, wenn er mit seiner Masse langsamer an der Feder hingleitet, doch mehr Widerstand überwinden muß, da die Feder ihm doch längere Zeit entgegenwirkt, um ihn zu verlangsamen, als wenn er rascher steigt.

Das wäre ja bei wirklichen Federn möglich, vielleicht sogar wahrscheinlich [1]). Aber die Federn, von denen hier die Rede ist, sind doch nur ein Symbol, eine Fiktion, und müssen gerade so massen- und gewichtslos gedacht werden, wie etwa das mathematische Pendel, oder wie man beim Fall vom Luftwiderstand absieht [2]). So ist hier auch eine Einwirkung der Längenausdehnung der Feder, die je nach der Schnelligkeit des Vorüberziehens des Körpers verschiedene Hindernisgrade bieten würde, ganz ausgeschlossen; sie zulassen würde heißen: das Bild materialisieren und dadurch unerlaubt machen. Der Federn müssen, wie gesagt, unendlich viele gedacht werden, und schon darum müssen sie, im Vergleich zur Masse des Körpers, unendlich klein sein. Sie sind nur dazu da, das Hindernis zu symbolisieren; ihre Zusammendrückung

1) Zwar: zu ihrer völligen Zusammendrückung wird immer dieselbe Kraft erfordert, einerlei ob sie in kürzerer oder längerer Zeit (bei geringerer Geschwindigkeit) vor sich geht. Denn die geleistete Arbeit (Kraft × Weg) bleibt immer dieselbe, also auch die Kraftkomponente.

2) Das stellt Joh. Bernoulli der ältere, der in seinem „Discours sur les lois de la communication du mouvement" (1726) diese symbolische Benützung der Federn zuerst in die Literatur eingeführt hatte, ausdrücklich fest: Abstrahimus scilicet a materia ipsa elastrorum, quae quidem etiam movenda est, sed quam tanquam nullam vel admodum parvam supponimus, ita ut nihil in iis praeter eorum virtutem elasticam consideremus" (Opera omnia III 246, 1742, 4⁰, in dem Aufsatz „De vera notione virium vivarum" in den Acta Eruditorum vom Jahr 1735). Trotz dieser Verwahrung Bernoullis macht Kant in den Zusätzen zu §§ 45—47 (I 134 f.) Einwendungen gegen ihn, die eben diese Faktoren (Masse und Eigengeschwindigkeit der Federn), die er in weiser Einsicht prinzipiell ausschließt, berücksichtigt wissen wollen und die deshalb ganz unberechtigt sind.

(Ueberwindung) bedeutet zugleich das Ueberwinden des Hindernisses. Und auf ihre Zahl, oder ohne Bild: auf den zurückgelegten Raum kommt es deshalb unter gewöhnlichen Umständen allein an.

45. Die §§ 37—70 beschäftigen sich mit dem Stoß elastischer und von § 58 ab [1]) auch mit dem unelastischer Körper.

Bei jenem [2]) handelt es sich für Kant darum festzustellen, daß die Bewegungsgröße (wenn man die entgegengesetzten Richtungen mit + und — bezeichnet) unverändert bleibe und das Maß für die Stoßkraft der Körper nicht mv^2, sondern mv sei. Beides hätten die Leibnizianer niemals bestreiten sollen, und die Vernünftigeren unter ihnen haben es auch nicht getan. Aber mit solchen Zugeständnissen war — entgegen Kants Ansicht — die Frage nach den lebendigen Kräften und ihrer Erhaltung beim Stoß elastischer Körper keineswegs auch schon erledigt, vielmehr noch nicht einmal in Angriff genommen. Kant verwechselt, indem er sich mit Vorliebe des vieldeutigen Terminus „Kraft" ohne jede nähere Bestimmung bedient, wie auch die sonstigen Gegner Leibnizens fortwährend Bewegungsgröße mit lebendiger Kraft, oder momentane Stoßkraft, bei welcher allein der Kraftantrieb (Impuls, $pt = mv$) in Betracht kommt, mit Arbeitsgröße (Fähigkeit zur Arbeitsleistung, $ps = \frac{mv^2}{2}$, wo Arbeit = Kraft (p) × Weg ist). Joh. Bernoulli der Aeltere, gegen den Kant in §§ 45—47 und den Zusätzen dazu am Schluß des II. Hauptst. (I 138 ff.) mit ebenso starken Worten wie schwachen Gründen und großen Mißverständnissen polemisiert, hatte die beiden Größen schon vollkommen klar geschieden (vgl. z. B. Opera omnia III 25 in dem Discours sur les lois de la communication du mouvement). Ueberhaupt ist ein Vergleich zwischen Bernoullis Aufsätzen und Kants Schrift sehr lehrreich: hier naturwissenschaftlicher Dilettantismus auf Schritt und Tritt, klar hervortretend vor allem in der Unbestimmtheit der Termini und Wendungen, in der häufigen Unanschaulichkeit des Vorstellens und der damit eng zusammenhängenden Unklarheit des Denkens wie des Ausdrucks; dort spricht ein echter Naturwissenschaftler, der seine Begriffe genau definiert und die Definitionen streng durchführt, der nach Möglichkeit mit mathematischen Bezeichnungen und Formeln arbeitet, der bei jedem Satz sich den Inhalt plastisch vorstellt und das Gemeinte deshalb auch deutlich und bestimmt auszudrücken vermag.

---

1) Vgl. auch schon §§ 42, 45.

2) Wozu auch noch die §§ 148 f. im III. Hauptteil zu vergleichen sind (s. o. S. 112).

Besondere Schwierigkeiten bereitete den Leibnizianern der Stoß unelastischer Körper, da bei ihm jedesmal lebendige Kraft, soweit sie in der Form der Massenbewegung auftritt, verloren geht. Die Cartesianer wurden denn auch nicht müde, ihre Gegner immer wieder auf diesen Punkt zu verweisen. Die Leibnizianer ihrerseits zogen sich auf das Bollwerk zurück, das ihr Meister schon frühzeitig errichtet hatte, indem er den scheinbar eintretenden Verlust an lebendiger Kraft aus der Umwandlung der Massenbewegung in Bewegung der kleinsten Körperteilchen, d. h. also in Molekularbewegung, erklärte (vgl. o. S. 78) [1]) — ein Gedanke, der durch die weitere Entwicklung der Naturwissenschaft, die zum Gesetz von der Erhaltung der Energie und zu der Lehre vom mechanischen Aequivalent der Wärme führte, glänzend gerechtfertigt ist und der erst im vorigen Jahrhundert seine ganze Tragweite entfalten konnte. Mit ihm war Leibniz seiner Zeit weit voraus und erntete eben deshalb für diese glänzende Idee von vielen Seiten nur Hohn und Spott.

So auch von Kant, der sie in § 60 als „vielleicht die schlechteste Zuflucht, der man sich jemals bedient hat", bezeichnet. Er bringt in § 61—65 vier Bedenken gegen sie vor, von denen nur die beiden ersten eine nähere Besprechung verdienen. Sie beziehen sich auf den Begriff der vollkommen harten Körper und behaupten, daß 1. die Mathematik für den Begriff des unelastischen Körpers nichts weiter voraussetze, als daß er in sich keine Kraft habe, einen Körper, der an ihn stößt, wieder zurückzuprellen, und daß deshalb die Eindrückbarkeit seiner Teile und ihre Fähigkeit, durch den Stoß in Molekularbewegung versetzt zu werden, die für ihn geltenden Stoßgesetze nicht mitbestimmen dürfe; vielmehr müßten 2. auch die vollkommen harten Körper, die im Stoß ihre Figur gar nicht ändern, unter die unelastischen Körper gezählt werden, und bei ihnen versage dann die Ausflucht der Leibnizianer vollständig.

Für diese war, um den Streich zu parieren, das Nächstliegende, die Wirklichkeit und Möglichkeit vollkommen harter Körper prinzipiell zu leugnen. Das ist denn auch geschehen. So schon von Leibniz selbst in der Vorrede zu den Nouveaux essais (Opera philosophica ed. Erdmann S. 199) [2]).

---

1) J. H. v. Kirchmann läßt in seinen „Erläuterungen zu Kants Schriften zur Naturphilosophie" (1877) p. 89 f. seltsamerweise beim Stoß unelastischer Körper einen Teil der Bewegungsgröße (mv) bei der Umwandlung der Massen- in Molekularbewegung verloren gehen. Auch sonst ist Kirchmann in naturwissenschaftlichen Dingen nicht immer ganz taktfest. Die Eilfertigkeit und Ungründlichkeit, die seine ganze Arbeitsweise charakterisieren, treten auch in seinen „Erläuterungen" oft zutage, nicht zum wenigsten in mißverständlicher Auffassung der Behauptungen Kants.

2) Vgl. auch Leibniz: De causa gravitatis (Opera ed. Dutens III 232).

Vor allem aber von seiten Joh. Bernoullis, dessen „Discours sur les lois“ etc. ein Gegner geradezu als „une pièce destinée à combattre les corps durs“ bezeichnet [1]). Nach Bernoulli enthält der Gedanke, daß den Atomen absolute Härte zukomme, einen offenen Widerspruch in sich. Bei vollkommen harten Körpern müßte der Stoß in e i n e m Augenblick vor sich gehn. Daß sich aber ohne jeden allmählichen Uebergang Ruhe plötzlich in Bewegung, Bewegung in Ruhe oder andersartige Bewegung verwandle, erscheint Bernoulli ganz unmöglich, weil den Grundgesetzen der Natur, insbesondere dem Gesetz der Kontinuität widersprechend. L. Euler stimmt ihm hierin bei. Er faßt jeden Stoß als eine Reihe von unendlich vielen kleinen Drückungen auf und glaubt seine Kraft oder Stärke dadurch feststellen zu können, daß er die Drückungen für jeden Moment berechnet. Unter den Verteidigern der absolut harten Körper sind besonders Newton, Maupertuis und Beguelin zu nennen; andre wie Chr. Wolff, G. E. Hamberger, J. P. Eberhard lassen sie wenigstens als Abstraktionen und Hilfs- oder Grenzbegriffe zu [2]).

Kant selbst tritt 1747 noch für ihre Möglichkeit ein, mindestens in d e m Sinn, daß es Körper gebe, die sich nur unendlich wenig eindrücken lassen und die deshalb ohne Irrtum vollkommen hart genannt werden können (§ 63). Von der „Monadologia physica“ (1756) ab aber verwirft er sie (vgl. u. § 148).

46. Mit den Ausführungen über den elastischen Stoß hat Kant in den §§ 48—51 eine Erörterung des Leibnizischen Gesetzes von der Erhaltung der lebendigen Kraft verbunden.

Er leugnet dies Gesetz, soweit es auf mathematische Betrachtungen gestützt werden soll, da die Mathematik ja nach ihm überhaupt keine lebendigen Kräfte zuläßt. Und auch abgesehn davon kann er es in derjenigen Bedeutung, in der Leibniz es eigentlich gemeint hatte: daß nämlich die Wirkungen, in deren Hervorbringung eine Kraft sich verzehrt, ihr allemal gleich seien, nicht zugeben. Im Gegenteil, er sieht einen „wohlgegründeten Vorzug“ s e i n e r Lehre von den lebendigen Kräften gerade darin, daß sie jener Regel nicht unterworfen sei (§ 148, vgl. o. S. 112). Aber auch s i e ist nach § 150 imstande, den Regeln der allgemeinen Harmonie und Ordnung, die Leibnizens Gesetz so preiswürdig machen, Genüge zu leisten [3]). Einige weitere Andeutungen hatte er schon in § 51 gegeben.

---

1) Beguelin: Recherches sur l'existence des corps durs, in: Histoire de l'académie royale des sciences et belles lettres, Année 1751. Berlin 1753, S. 340.

2) Nähere Nachweise über das Thema dieses Absatzes habe ich XIV 204—210 gegeben.

3) Diese Behauptung wird freilich von Kant weder näher ausgeführt, noch

Hier polemisiert er in einer von ihm selbst als metaphysisch bezeichneten Erörterung [1]) gegen die Auffassung, „daß keine Bewegung in der Natur entstehe, als vermittelst einer Materie, die auch in wirklicher Bewegung ist; und daß also die Bewegung, die in einem Teile der Welt verloren gegangen, durch nichts anderes, als entweder durch eine andere wirkliche Bewegung, oder die unmittelbare Hand Gottes könne hergestellt werden. Dieser Satz hat denenjenigen jederzeit viel Ungelegenheit gemacht, die demselben Beifall gegeben haben. Sie sind genötigt worden, ihre Einbildungskraft mit künstlich ersonnenen Wirbeln müde zu machen, eine Hypothese auf die andere zu bauen, und anstatt daß sie uns endlich zu einem solchen Plan des Weltgebäudes führen sollten, der einfach und begreiflich genug ist, um die zusammengesetzten Erscheinungen der Natur daraus herzuleiten, so verwirren sie uns mit unendlich viel seltsamen Bewegungen, die viel wunderbarer und unbegreiflicher sind, als alles dasjenige ist, zu dessen Erklärung selbige angewandt werden sollen."

Diese Ausführung ist gegen die streng mechanische Auffassung und, wie die Erwähnung der Wirbel zeigt, speziell gegen Cartesius und seine Schüler gerichtet, denen gegenüber in den M.A.d.N. (IV 523 ff., 532 ff.) noch ganz ähnliche Vorwürfe mit Recht erhoben werden. Im Gegensatz zu dieser streng mechanischen Auffassung stellt Kant im Anschluß an Hamberger die Behauptung auf, daß ein Körper eine wirkliche Bewegung von einer Materie empfangen könne, die selber in Ruhe ist (§ 51) [2]).

---

weiter begründet, angeblich nur aus Rücksicht auf den Leser, dessen Langmut er nicht länger in Anspruch zu nehmen wage.

1) Eine solche metaphysische Begründung sei zwar nicht nach dem Geschmack der jetzigen Naturlehrer; aber es sei zugleich augenscheinlich, daß die allerersten Quellen von den Wirkungen der Natur durchaus ein Vorwurf der Metaphysik sein müssen.

2) In diesem Zusammenhang ergeht Kant sich in allgemeinen Betrachtungen über die Physik seiner Zeit und der Zukunft, deren Spitze auch gegen die streng mechanische Naturauffassung gerichtet ist, die Hambergers Gedanken nicht habe aufkommen lassen, obwohl er doch „schön", weil „einfach und also auch der Natur gemäß" gewesen sei und unzähligen Abwegen, ja! öfters sogar Wunderwerken vorgebeugt habe, die mit der entgegengesetzten Ansicht vergesellschaftet seien. Im mittleren Teil von § 51 heißt es: „Ist es nicht wunderbar, daß man sich einem unermeßlichen Meere von Ausschweifungen und willkürlichen Erdichtungen der Einbildungskraft anvertrauet und dagegen die Mittel nicht achtet, die einfach und begreiflich, aber eben daher auch die natürlichen sind? Allein dieses ist schon die gemeine Seuche des menschlichen Verstandes. Man wird noch sehr lange von diesem Strome hingerissen werden. Man wird sich an der Betrachtung belustigen, die verwickelt und künstlich ist und wobei der Verstand seine eigene Stärke wahrnimmt. Man wird eine Physik haben, die von vortrefflichen Proben der Scharfsinnigkeit und der Erfindungskraft voll ist, allein keinen Plan der Natur selbst

In Hambergers Elementa physices steht diese Lehre in engem Zusammenhang mit den Ausführungen über die vis insita und über das stete Wirken und die beständige Bestrebung zur Bewegung, darin jeder Körper in jedem Augenblick nach jeder Richtung hin begriffen sein soll (vgl. o. S. 89) [1]. Kant dürfte vor allem die folgenden Paragraphen im Auge ge-

und ihrer Wirkungen. Aber endlich wird doch diejenige Meinung die Oberhand behalten, welche die Natur, wie sie ist, das ist einfach und ohne unendliche Umwege schildert. Der Weg der Natur ist nur ein einziger Weg. Man muß daher erst unzählig viel Abwege versucht haben, ehe man auf denjenigen gelangen kann, welcher der wahre ist."

Versteht man zwischen den Zeilen zu lesen, dann sagen einem diese hochgemuten Worte, daß ihr Verfasser geneigt war, sich als einen Vertreter der künftigen und vielleicht auch als den kommenden Reformator der bisherigen Physik zu betrachten. Faßt man nur die Einzeluntersuchungen der Schrift, in der die Worte stehen, ins Auge, so wird man etwas an Bacons prunkvolle und großsprecherische Tiraden gemahnt, hinter denen keine entsprechenden Taten standen. Zieht man aber in Betracht, daß in derselben Schrift schon die heutigen metageometrischen Forschungen divinatorisch vorweggenommen werden, bedenkt man ferner, daß derselbe Kant, der als Jüngling von 22 Jahren die zitierten Worte schrieb, als Mann noch nicht 10 Jahre später in seiner A.N.u.Th. mit weitumspannendem Blick einen „Plan der Natur" („Plan des Weltgebäudes", vgl. o. S. 127) von ebenso großer Kühnheit wie genialer Einfachheit aufstellte, daß er um dieselbe Zeit auch seine Theorie der Winde entwarf und auf tiefsinnige Betrachtungen über die Aenderungen in der Erdrotation geführt wurde, beides aus derselben Denkweise heraus, die sich in der Theorie des Himmels so fruchtbar erwiesen hatte: dann wird das Urteil doch wesentlich anders lauten müssen, und man wird vermeinen, schon hier einen Hauch des Geistes und der Denkweise zu spüren, aus denen später jene wissenschaftlichen Großtaten geboren wurden. Dagegen kann keine Rede davon sein, daß Kant an den angezogenen Stellen schon eine einfache mechanische Erklärung von der Entstehung des Universums als Ziel fest im Auge habe und daß ihm darum so viel an dem Sieg seiner neuen dynamischen Grundsätze liege (Dieterich 12 f.); höchstens mag ihm eine solche Kosmogonie als ferne Aufgabe in unsicheren Umrissen vorgeschwebt haben.

1) Der Begriff der Kräfte der Materie in Ruhe ist auch bei Leibniz wenigstens keimweise schon vorhanden in dem Begriff der vis primitiva, die er der vis derivativa gegenüberstellt. Im Gegensatz zu Hamburger und Kant sieht Leibniz aber in der vis primitiva keine unmittelbare Ursache der tatsächlichen, einzelnen Bewegungen der Körper; diese ist vielmehr stets nur in der vis derivativa zu suchen. Von letzterer heißt es, daß sie „primitivae velut limitatione, per corporum inter se conflictus resultans, varie exercetur". Von jener: „Primitiva (quae nihil est, quam ἐντελέχεια ἡ πρώτη) animae vel formae substantiali respondet, sed vel ideo non nisi ad generales causas pertinet, quae phaenomenis explicandis sufficere non possunt. Itaque illis assentimur, qui formas in rerum sensibilium causis propriis specialibusque tradendis adhibendas negant." Weiterhin macht Leibniz zu dem Terminus „vis derivativa" den Zusatz: „qua scilicet corpora actu in se invicem agunt aut a se invicem patiuntur" (Specimen dynamicum S. 236 f., vgl. o. S. 72, sowie die Leibniz-Zitate in der 2. Anm. von § 50 und in § 67).

habt haben. Ich bringe ihren vollen Wortlaut zum Abdruck, damit dem Leser die entscheidenden Stellen zu selbständiger Urteilsbildung vorliegen.

§ 15: „Causa motus proxima est tendentia sive conatus corporis ad occupanda loca aliorum corporum in certa plaga existentium.“ § 16: „Causa motus occasionalis est resistentia, ab aliis corporibus in ea plaga, quam versus corpus moveri debet, existentibus facta, quatenus minor est quam tendentia corporis movendi.“ § 19: „Actio corporis est quilibet conatus statum suum mutandi; nonnunquam etiam summa conatuum, in pluribus momentis successivis factorum, actio dicitur corporis. Talis est actio corporis dum movetur.“ § 22: „Actionum causa cum haereat in corpore, quodlibet corpus actionem, quam semel exercet, semper continuare debet sub iisdem conditionibus, nisi causa occasionalis mutetur.“ § 24: „Aequales vires directe, i. e. in una linea recta, in se sine motu agentes, sunt in aequilibrio, i. e. in quiete.“ § 25: „Ex inaequalibus viribus, directe in se invicem sine motu agentibus, sequitur motus secundum directionem fortioris.“ § 29 Scholion: „Omnis mutatio possibilis actionis corporeae cum ex unica immutata vi ejusdem derivari queat, mutatis nempe causis motus occasionalibus, sine ratione sufficiente ex actione mutata ad vim internam mutatam, vel ad secessum hujus vis ex uno corpore, vel transitum in aliud corpus concluditur.“ [1]) § 35: „Resistentia est actio corporis in corpus, qua hujus corporis actio quaecunque quocunque modo determinatur. Ergo resistentia est a vi insita determinata.“ In § 36 führt Hamberger einige Experimente an, aus denen folgen soll, daß die Körper, indem sie Widerstand leisten, sich wirklich nach der Richtung des Widerstandes bewegen, wenn nicht der sie in Bewegung setzende Körper (corpus impellens) diese Bewegung verhindert. Hamberger schließt daraus: „Cum igitur corpora resistendo omnes effectus actionis verae exhibeant, sequitur, ut resistentia quoque sit vera actio.“ § 37: „Corpora dicuntur impenetrabilia, quatenus resistunt; ergo impenetrabilitas quoque est a vi insita, et corpora sunt in perpetua actione.“ [2]) § 79: Ex §§ 76—78 „patet: 1. ut corpus in motu constitutum resistentiam acquirat, non requiri alius corporis motum, sed vim in quiete constitutam istud efficere posse. 2. Nec motum nec vim transire ex uno corpore in aliud, sed resistentiam dare aequilibrium quoddam corpori impellenti et auferre aequilibrium corpori quiescenti.“ Im vorletzten Absatz von § 51 seiner Erstlingsschrift führt Kant gewisse auf Grund der Oberflächenspannung eintretende Bewegungen [3]) als

1) § 31 s. o. § 33.

2) § 44 s. o. § 33.

3) Daß nämlich „ein Körper, der sich an die Teile einer Flüssigkeit, die ihn umgibt, nach einer Richtung mehr anhängt, als nach der anderen, alsdenn eine

Beweis dafür an, daß ein Körper von einer Materie in Ruhe eine wirkliche Bewegung empfangen könne; hier scheint er die §§ 179, 180 in Hambergers „Elementa“ im Sinn gehabt zu haben. § 180 lautet: „Cum omnis actio aequalem habeat reactionem, corpus quoque, in quod fluida diversae gravitatis specificae vel diversae densitatis vel sub diverso numero punctorum contactus in extremitatibus oppositis agunt, magis reagere debet versus specifice gravius vel densius vel versus eam plagam, ubi plures ejusdem fluidi particulae adhaerent [1]), quam versus specifice levius vel rarius vel ubi pauciores fluidi partes versus solidum agunt. Quodsi igitur huic corpori nullum aliud corpus vel impetu quodam vel premendo resistit nec ipsa visciditas fluidi major quam actio corporis vel ipsa corporis tendentia major versus aliam plagam obstent, movebitur corpus versus specifice gravius vel densius vel versus eum locum, ubi plures fluidi partes versus solidum agunt.“

Nach Ausweis dieser Zitate ist Hamberger also wirklich der Ansicht, daß, wie Kant es ausdrückt, „ein Körper eine wirkliche Bewegung durch eine Materie empfangen könne, die doch selber nur in Ruhe ist“ (§ 51 Absatz 2). Aber mit Recht setzt Kant auch sofort hinzu, die neue Lehre zeige sich bei Hamberger nur erst „in einem sehr unvollkommenen Risse“ [2]).

Ziel und Ausgestaltung des gemeinsamen Gedankens sind bei beiden ganz verschieden. Kant will vermittelst seiner vor allem den 1. Anfang aller Bewegung und weiterhin die Möglichkeit fortwährend neuer Bewegungsreihen aus ganz neuen ersten Anfängen erklären, damit aber auch zugleich die Möglichkeit eines Ersatzes für verloren gehende Bewegung bzw. bewegende Kraft nachweisen. Hamberger dagegen will (im Anschluß an Leibniz, vgl. o. S. 73, u. S. 146) vor allem die Begriffe der Materie und der Bewegung von metaphysischen Gesichtspunkten aus neu gestalten:

wirkliche Bewegung erhalte, wenn diese Flüssigkeit von der Art ist, daß sie ihm seine Kraft durch ihren Widerstand nicht wieder vernichtet“.

1) Weil nach § 179 von dort her die Einwirkung, auf welche reagiert wird, größer ist.

2) Auch auf P. van Musschenbroeks Elementa physicae [2], 1741, S. 78, § 196, hätte Kant übrigens verweisen können. Es heißt dort: „Si fuerit Potentia interna in corpore, quae id premat versus alterum corpus: veluti magnes ligneo globo inclusus hunc ad ferrum aliquod distans premit, tum conciliabit haec Potentia corpori tempore aliquo finito aliquam velocitatem; quia autem Potentia concipitur in ipso corpore, eius respectu quiescit, quacunque velocitate corpus moveatur, adeoque aequalibus temporibus semper haec in corpore aequales gradus velocitatis excitabit, quamobrem ab una Potentia in corpore hoc modo idem effectus excitari poterit, qui a plurimis tantum extrinsecus prementibus Potentiis oritur: producit eiusmodi Potentia motum aequabiliter acceleratum“. Kant geht I 118 ff., 172 auf Musschenbroeks Werk (freilich in der deutschen Uebersetzung von 1747) ein.

die tiefste Ursache aller, auch der von außen her eingeleiteten Bewegung soll in der innern, von Gott anerschaffenen Kraft des sich bewegenden Körpers selbst liegen, die äußeren Ursachen sinken zu bloßen causae occasionales herab; die Materie ist keine träge Masse, in Bewegung und Ruhe nur von äußeren, rein mechanischen Faktoren abhängig, sondern eines ihrer wesentlichsten Merkmale ist der Besitz einer eigenen innern Kraft, und aus dieser Kraft als letzter Quelle entspringt alle Bewegung; diese ist also letzthin nur dynamisch, nicht mechanisch zu erklären. Daß Bewegungen auch durch Kräfte eines Körpers in Ruhe entstehen können, ist für Hamberger also nur eine mehr nebensächliche Folge aus seiner Grundauffassung, nach der bei allen Bewegungen, auch den Stoßbewegungen, die inneren Kräfte die eigentliche Grundlage des Geschehens bilden.

Kant greift also zwar gewisse Anregungen Hambergers auf, gibt ihnen aber eine ganz selbständige Wendung und bringt sie in Zusammenhang mit Problemen, zu denen sie bei jenem noch in keinerlei Beziehung stehen. Den Gedanken, die jetzt in ihm werden, bleibt er bis in seine letzte Lebenszeit, bis zum Op. p. treu.

Am Schluß von § 51 heißt es: „Die allerersten Bewegungen in diesem Weltgebäude sind nicht durch die Kraft einer bewegten Materie hervorgebracht worden; denn sonst würden sie nicht die ersten sein. Sie sind aber auch nicht durch unmittelbare Gewalt Gottes oder irgendeiner Intelligenz verursacht worden, solange es noch möglich ist, daß sie durch Wirkung einer Materie, welche im Ruhestande ist, haben entstehen können; denn Gott ersparet sich so viele Wirkungen, als er ohne den Nachteil der Weltmaschine tun kann, hingegen macht er die Natur so tätig und wirksam, als es nur möglich ist. Ist nun die Bewegung durch die Kraft einer an sich toten und unbewegten Materie in die Welt zu allererst hineingebracht worden, so wird sie sich auch durch dieselbe erhalten und, wo sie eingebüßt hat, wieder herstellen können. Man müßte also eine große Lust zum Zweifeln haben, wenn man noch ferner Bedenken tragen wollte zu glauben, daß das Weltgebäude keinen Abbruch erleiden dürfe, wenn gleich in dem Stoße der Körper gewisse Kräfte verloren gingen, welche vorher darin waren."

Hier trägt also die Lehre noch einen Charakter, der sie in scharfen Gegensatz zu der weiteren Entwicklung der Naturwissenschaft und ihrer Erhaltungsgesetze bringt. Kant steht am Schluß des Zitats in der Frage nach der Möglichkeit eines Verlustes von bewegenden Kräften ganz auf Newtons Seite (vgl. o. S. 79 f.), hält es aber anderseits mit Leibniz für „der Macht und Weisheit Gottes unanständig, daß er genötiget sein sollte, die Bewegung, die er seinem Werke mitgeteilet, ohne Unterlaß wieder zu erneuern, wie Herr Newton sich einbildete" (§ 48). Gerade im Hinblick auf die Kräfte der Materie in Ruhe, die imstande sind, von sich aus immer wieder neue Bewegungen hervorzubringen, glaubt Kant der Zuflucht Newtons nicht zu bedürfen. Er bewegt sich also schon ganz auf den Bahnen von 1755, indem er sucht, solange wie möglich von einem übernatürlichen Eingriff Gottes abzusehen und alles aus den von ihm in die Materie gelegten wesentlichen Eigenschaften und inneren Kräften zu erklären.

In den späteren Schriften verkoppelt er den Gedanken der Kräfte in Ruhe nicht mehr mit der Frage des möglichen Verlustes an bewegender Kraft. Er benützt jene Kräfte (Undurchdringlichkeit und Anziehung [1])) jetzt nur noch, um die ursprüngliche (dynamische) Erteilung von Bewegung, im Gegensatz zu ihrer bloß mechanischen Mitteilung, begreiflich zu machen [2]). In der Kosmogonie des Jahres 1755 sind es eben diese Kräfte der Materie in Ruhe, die den Anstoß zur ganzen Weltbildung geben (I 263 ff.). Ebenso 1763 im „Beweisgrund" (II 148) und auch noch an vielen Stellen des Op. p. (vgl. meine Schrift über dieses Werk S. 369 bis 377 und u. § 162).

47. Die §§ 71—91 handeln von der Zusammensetzung der Bewegung gemäß dem Parallelogramm der Kräfte und wollen zeigen, daß von ihr kein Argument zugunsten der Quadratschätzung hergenommen werden kann. Darin hat Kant ohne jeden Zweifel recht. Bilfinger und einige andere Leibnizianer waren auf den ganz törichten Gedanken gekommen, aus dem Parallelogramm der Kräfte die Notwendigkeit des Leibnizischen Kräftemaßes abzuleiten, weil nur nach ihm die durch die Diagonale repräsentierte Kraft den beiden Seitenkräften gleich sein könne, wie es doch der Fall sein müsse, da diese einander nicht entgegengesetzt seien. Es fällt Kant nicht schwer nachzuweisen, daß „die Kraft in der Bewegung durch die Diagonallinie kleiner sei, als beide Seitenkräfte zusammengenommen" (§ 75); denn bei jeder Zusammensetzung von nicht ganz gleich gerichteten Bewegungen müssen, wie ihre Zerlegung auf das klarste zeigt, Momente der Entgegensetzung vorhanden sein, die einander wechselseitig aufheben. Daraus folgert Kant aber ohne jede Berechtigung, es könne die „Kraft" eines Körpers überhaupt nicht nach dem Quadrat seiner Geschwindigkeit geschätzt werden, und man dürfe deshalb ganz allgemein den Schluß ziehen, daß die Quadratschätzung gänzlich irre, denn eine jede Bewegung könne gemäß den Grundlehren der Mechanik als zusammengesetzt angesehen werden (§§ 75, 83).

1) Vgl. I 263 ff., 475 f., IV 536 f., 551.

2) Vgl. IV 536 f., 548, 551, mein Werk über Kants Op. p. S. 370 ff.

Den eigentlichen Fehler, den die Leibnizianer begehen, bemerkt auch Kant nicht: daß sie sich nämlich an einem ganz untauglichen Objekt abmühen, indem sie aus den rein phoronomischen Verhältnissen, mit denen die Zusammensetzung der Bewegung allein zu tun hat (vgl. die M.A.d.N. IV 480 ff.), dynamische Bestimmungen ableiten wollen [1]). Und nicht nur, daß Kant denselben Fehler begeht, — er bringt auch noch aus Eignem schwerwiegende neue Mißverständnisse und Unrichtigkeiten hinzu: so die Behauptung, daß „die Kräfte, die der Körper durch viele nacheinander folgende Stöße in schräger Richtung ausübet, bis alle seine Bewegung verzehret ist, zusammen viel größer sind, als die einzige unzerteilte Kraft, die er in gerader Bewegung besitzet“ (§ 79), während doch in Wirklichkeit die „Kraft“ des Körpers in beiden Fällen ganz die gleiche ist und die Unterschiede nur von der ungünstigen Art herrühren, in der sich der Widerstand im 1. Fall zur Geltung bringt; so in §§ 80 ff. die unglaubliche, gegen die ersten Elementarbegriffe verstoßende Verwechselung von Richtungsänderung und Geschwindigkeitsänderung (-abnahme) infolge von Kraftverlust (auf Grund geleisteter Arbeit) [2]).

Beachtung verdienen nur die methodologischen Bemerkungen der §§ 88—90. An sich sind sie zwar nicht besonders bedeutsam, auch haben sie Kant nicht vor all den „sonderbaren Fehltritten“ (§ 129) bewahrt, die er sich in Sachen der Kräfteschätzung hat zuschulden kommen lassen. Von Interesse ist aber, welch' großen Wert er selbst ihnen beimißt. Es spricht sich darin wie in dem auch sonst in der Erstlingsschrift hervortretenden Drang, bei jeder sich bietenden Gelegenheit methodologische Gedanken einzuflechten, ein eigenartiger Geistestypus aus: Kant hat ein

---

1) Gelänge aber der Versuch wirklich, dann würden selbstverständlich auch hier wieder Cartesius und Leibniz beide recht haben, insofern beide Maße: sowohl mv (= pt Bewegungsgröße, Kraftantrieb) als $\frac{mv^2}{2}$ (lebendige Kraft) jedes an seinem Platz je nach Aufgabe und Absicht der Messung zulässig bzw. allein brauchbar sein würden. Der bei der Zusammensetzung zweier Bewegungen mit Notwendigkeit eintretende Verlust könnte weder mit Bilfinger zugunsten noch mit Kant zuungunsten der Quadratschätzung angeführt werden, da er seinen Grund nur darin hat, daß die Seitenkräfte einander zum Teil entgegengesetzt sind und sich insoweit gegenseitig aufheben.

2) Wäre Kants Ansicht richtig, daß ein (auf Grund des Zusammenwirkens eines Zentrifugalschwungs und einer zentralen Anziehungskraft) in freier Kreisbewegung begriffener Körper „in jeder endlichen Zeit auch eine endliche Kraft in Ansehung der überwundenen Hindernisse der Schwere ausübe“ und damit auch verliere (obwohl doch die Schwere stets senkrecht zur Tangentialkraft wirkt!), dann müßte auch beim Parallelogramm der Kräfte jede Seitenkraft die Diagonalbewegung hemmen.

starkes, ganz ursprüngliches Bedürfnis, den Blick immer wieder von der materialen Behandlung der Probleme auf die Fragen der Form zurückzulenken, auf die Art, eine Untersuchung anzustellen und eine Entscheidung herbeizuführen. Und nur soweit diese prinzipielle Stellung und Geistesrichtung in Betracht kommt, kann man das Urteil von W. H. Lexis unterschreiben, der in seiner I.-D. „De generalibus motus legibus" (1859 S. 4) gerade von den §§ 88, 89 meint, Kant zeige in ihnen eine tiefere Einsicht in die Sache. Die Gedanken selbst, die in diesen Paragraphen laut werden, sind einerseits zu selbstverständlich, anderseits zu unbestimmt, abstrakt und farblos, als daß ihnen größere Bedeutung zuerkannt werden könnte. Daß Kant ihre Tragweite so sehr überschätzt, erklärt sich aus seiner Jugend und deren natürlichem Stolz auf alles Selbstgedachte, verrät aber auch, wie sehr es ihm auf methodologischem Gebiet noch an Erfahrung und zuverlässigen Maßstäben fehlt.

Was er in den §§ 88—90 fordert, läßt sich dahin zusammenfassen, man solle bei jedem Beweis von allgemeinen Gesichtspunkten aus die prinzipielle Frage aufwerfen, ob sich auch wirklich aus den Vordersätzen die Konsequenzen ziehen lassen, die angeblich aus ihnen folgen. Zu diesem Zweck scheint Kant eine doppelte Art der Prüfung anempfehlen zu wollen, die freilich beide nicht mit genügender Deutlichkeit auseinandertreten: einmal muß man sich über die charakteristischen Merkmale der zu beweisenden Sache klarwerden und feststellen, ob sie auch in den zum Beweis angeführten Fällen tatsächlich vorhanden und auch für sie von wesentlicher Bedeutung sind; anderseits muß man untersuchen, ob sich diese Fälle nicht auch ohne Annahme des Beweisthemas befriedigend erklären lassen, und ob sie nicht aus diesem Grunde prinzipiell ungeeignet sind, als Grundlage für die gewünschten Folgerungen zu dienen [1]).

Die Art, in der Kant selbst sich ausdrückt, ist recht umständlich, unanschaulich und dadurch auch unklar. In § 88 führt er seine Warnungen und Ratschläge folgendermaßen ein: „Man muß eine Methode haben, vermittelst welcher man in jedem Falle, durch eine allgemeine Erwägung der Grundsätze, worauf eine gewisse Meinung erbauet worden, und durch die Vergleichung derselben mit der Folgerung, die aus denselben gezogen wird, abnehmen kann, ob auch die Natur der Vordersätze alles in sich fasse, was in Ansehung der hieraus geschlossenen Lehren erfordert

1) Nach A. Menzel: „Die Stellung der Mathematik in Kants vorkritischer Philosophie" (Kantstudien XVI S. 144) verrät Kants neue methodologische Weisheit den Einfluß, den die Newton'sche Forschungsmethode schon damals auf sein Denken ausübte. Ich meinesteils glaube nicht, daß gerade von den methodologischen Erörterungen der §§ 88—90 aus Verbindungsfäden auf Newton zurückführen.

wird. Dieses geschiehet, wenn man die Bestimmungen, die der Natur des Schlußsatzes anhängen, genau bemerket und wohl darauf acht hat, ob man auch in der Konstruktion des Beweises solche Grundsätze gewählet habe, die auf die besonderen Bestimmungen eingeschränkt sind, welche in der Konklusion stecken. Wenn man dieses nicht so befindet, so darf man nur sicher glauben, daß diese Schlüsse, die auf eine solche Art mangelhaft sind, nichts beweisen, ob man gleich noch nicht entdecken kann, worin der Fehler eigentlich liege, und wenn dieses gleich niemals bekannt würde." Als Beispiel führt Kant den Stoß elastischer Körper an, dessen sämtliche Erscheinungen (angeblich!) „von den Mechanikern aus der einzigen Quelle des Produkts der Masse in die Geschwindigkeit zusamt der Elastizität aufgelöset werden" [1]), und der deshalb unmöglich Beweise für die neue Leibnizische Kräfteschätzung liefern könne; von dieser Unmöglichkeit habe er sich zunächst überzeugt und erst dann auf Grund der so gewonnenen prinzipiellen Erkenntnis die Fehler in den Schlüssen der Leibnizianer entdeckt. Kant gesteht, in den Beweisen für die lebendigen Kräfte anfangs fehlerfreie geometrische Demonstrationen gesehen zu haben. Erst die allgemeine Erwägung der Bedingungen, unter denen von lebendigen Kräften die Rede sein könne, habe seiner Betrachtung einen ganz andern Schwung erteilt: er habe eingesehn, daß die „Wirklichkeit der Bewegung" keinen hinlänglichen Grund für das Eintreten des Geschwindigkeitsquadrats als Kräftemaßes abgebe (vgl. §§ 24 ff., o. S. 104 f.). Und von dem so erwachten allgemeinen Mißtrauen gegenüber den Beweisen der Leibnizianer geleitet, sei er ihnen zu Leibe gegangen und habe die in ihnen verborgenen Fehler entdeckt. So sei also seine ganze Schrift einzig und allein ein Geschöpf seiner neuen Methode.

Der Schluß von § 128 weist bei einem Rückblick auf §§ 88—90 nocheinmal darauf hin, „wie unumgänglich notwendig es sei, die der Sache, welche das Subjekt des Beweises ist, notwendig anhängenden Begriffe zum voraus zu erwägen und hernach zu untersuchen, ob die Bedingungen des Beweises auch die gehörigen Bestimmungen in sich schließen, die auf die Festsetzung dieser Begriffe abzielen". Dieser Hinweis richtet sich gegen Joh. Bernoulli den Aelteren, der zwar die lebendige Kraft richtig als „aliquid reale et substantiale, quod per se subsistit", bestimme, sie aber trotzdem in Verhältnissen nachweisen wolle, in denen von jenen wesentlichen Eigenschaften nichts anzutreffen sei.

Kant erwartet von der allgemeinen Anwendung seiner neuen Methode Großes: sie wird, wie er hofft, eine gleichmäßigere Entwicklung der Wis-

1) Das geschieht in Wirklichkeit nur insoweit, als die Konstanz von mv und nicht die gleichfalls bei ihnen vorhandene von mv^2 in Frage kommt.

senschaften mit weniger Rückschlägen herbeiführen. Bisher: eine Tyrannei der Irrtümer über den menschlichen Verstand, die zuweilen ganze Jahrhunderte hindurch gewährt hat. Und der Grund: man mußte, bevor man an Demonstrationen von scheinbar großer Beweiskraft irre werden konnte, v o r h e r den in ihnen versteckten Fehler entdecken, also zunächst wissen, w a s f ü r ein Fehler den Beweis verwerflich mache, ehe man sagen konnte, d a ß ü b e r h a u p t einer in ihm befindlich sei; das hieß aber: weil man gemeiniglich keinen Fehler vermutete, ihn also auch nicht suchte, seine Entdeckung ganz der Gunst des Zufalls überlassen, der auch viele Jahre und sogar Jahrhunderte ausbleiben konnte. Demgegenüber fordert Kant: „Wir müssen die Kunst besitzen, aus den Vordersätzen zu erraten und zu mutmaßen, ob ein auf gewisse Weise eingerichteter Beweis in Ansehung der Folgerung auch werde hinlängliche und vollständige Grundsätze in sich halten. Auf diese Art werden wir abnehmen, ob in ihm ein Fehler befindlich sein müsse, wenn wir ihn gleich nirgends erblicken, wir werden aber alsdenn bewogen werden, ihn zu suchen, denn wir haben eine hinlängliche Ursache, ihn zu vermuten" (§ 89).

Diese Ausführungen zeugen von einer Ueberschätzung der angeblich neuen methodologischen Weisheit, die ebensogroß ist wie die Unterschätzung der bis dahin üblichen Art des Vorgehns. Was Kant empfiehlt: daß man bei einem Beweisgang nicht nur auf das Schulgerechte der einzelnen Schritte achte, sondern von höherem Standpunkt aus das Ganze: Ausgangspunkt, Ziel und Wege zum Ziel kritisch prüfe, ist für wirkliche Forschernaturen stets und überall eine Selbstverständlichkeit gewesen [1]), — eine Selbstverständlichkeit freilich, die von den diis minorum gentium oft genug außer acht gelassen wird und ihnen darum von Zeit zu Zeit immer wieder von neuem gepredigt werden muß. Aber soll es wirken, dann muß das Nötige viel eindringlicher, konkreter, anschaulicher, klarer gesagt werden, als es von seiten Kants geschah. Und vor allem: die besten methodologischen Regeln nützen nichts, wenn es an der Ausführung gebricht. Besonders wenn sie so allgemein und unbestimmt sind wie die Kants! Da kommt dann schließlich doch alles auf die richtige Erfassung der entscheidenden Verhältnisse an. Und eben daran hat es bei Kant selbst stark gefehlt; seine Methode hat ihn nicht vor schweren Irrtümern behütet, speziell auch nicht in den §§ 25, 40, 62, 65, 68, die er gerade als Kronzeugen für ihre Vortrefflichkeit anführt (§ 89).

---

1) Vgl. beispielshalber die Anmerkung zu § 377 in Chr. Wolffs Cosmologia generalis (o. S. 95 f.).

Die §§ 92—108 behandeln drei Einzelargumente, die von Leibniz, Wolff und Musschenbroek zugunsten der lebendigen Kräfte vorgebracht waren. Ihre Erörterung wäre nicht ohne Interesse, würde aber keine neuen Gesichtspunkte mehr zutage fördern und doch eine größere Anzahl von Seiten in Anspruch nehmen. Da aber der Raum, der ursprünglich für die Erstlingsschrift bestimmt war, schon jetzt überschritten ist, schließe ich hiermit die ihr gewidmete Untersuchung [1]) und fasse nur noch die bisher gewonnenen Ergebnisse kurz zusammen.

5. Schluß.

48. Eines fällt vor allem auf: das Thema der Schrift ist ein rein naturwissenschaftliches, der durch sie bezeugte Denkhabitus ihres Verfassers dagegen unterscheidet sich stark von dem des echten Naturwissenschaftlers.

Das tritt besonders klar hervor, wenn man die Schrift mit den Arbeiten wirklicher Naturwissenschaftler wie Euler, van Musschenbroek, Joh. Bernoulli, d'Alembert usw. vergleicht. Sie alle arbeiten mit streng definierten Terminis, streben überall nach mathematischer Bestimmtheit und leben in der Anschauung als in ihrem Element. Kant dagegen bedient sich häufig, vor allem im 3. Hauptstück, wo er seine eigenen Wege wandelt, unbestimmter, vieldeutiger Begriffe, er flieht mathematische Formeln und exakte Berechnungen mehr, als daß er sie suchte, die Unanschaulichkeit seines Vorstellens zieht oft Unklarheit des Denkens wie des Ausdrucks nach sich.

Die Lösung des Problems der Kräfteschätzung, die Kant vorschlägt, steht in schroffem Gegensatz zu den Tendenzen, welche die weitere Entwicklung der Naturwissenschaften beherrscht haben und die schließlich zu dem Gesetz von der Erhaltung der Energie führten. Aber auch vom Standpunkt der Zeit um 1750 aus konnte das Urteil nur dahin lauten, daß die Lösung dem Geist wahrer Naturwissenschaft durchaus zuwider sei. Denn sie verstieß gegen deren Grundprinzipien: das Gesetz von der Gleichheit der Wirkung und Gegenwirkung [2]) und das Gesetz der Trägheit und führte ein fortwährendes, regelloses Vergehn und Neuentstehn von lebendiger Kraft und Bewegung ein, durch das jeder, der galileisch

---

1) Die §§ 110—113 wurden schon o. S. 109 kurz besprochen.

2) Vgl. o. S. 83, 103, 113.

denken gelernt hat, ebensosehr abgestoßen wird, als es durch Zulassung fortgesetzter wunderbarer, übernatürlicher Eingriffe geschehn würde [1]).

---

1) Man kann die tatsächlich vorliegenden Verhältnisse kaum ärger verkennen, als es seitens Br. Bauchs in seinem „J. Kant" (1917, S. 39—41, ähnlich schon Kantstudien XVII 13 f.) geschieht, wenn er Kants Lösung möglichst nahe an die d'Alemberts rückt. Durch Aufdeckung des naturwissenschaftlich Richtigen in den beiden gegnerischen Behauptungen soll Kant auch ihre Vereinbarkeit im Prinzip aufgehellt haben. Es ist angeblich „ein Dokument für das naturwissenschaftliche Können des jungen Kant, daß er, unabhängig von d'Alembert, prinzipiell auf dem richtigen Wege zu d'Alemberts Lösung war, wenn er sich auch das Ziel durch einen Fehler in der Berechnung selber wieder verbaute". Dieser Fehler soll nur darin bestanden haben, daß Kant im Gegensatz zu d'Alembert mv^2 statt $\frac{mv^2}{2}$ setzte; im übrigen aber sei er in der prinzipiellen Begründung doch auf dem Wege zum richtigen Ziel gewesen.

Nur bei ganz oberflächlicher Betrachtung mag diese Ansicht vielleicht dem einen oder anderen haltbar erscheinen. Es besteht ja allerdings zwischen Kants und d'Alemberts Lösung eine äußerliche Aehnlichkeit, insofern beide über den Parteien stehen wollen und beide die beiden Maße als berechtigt anerkennen. Aber d'Alembert erreicht das durch streng mathematisch-mechanische Darlegungen und gewinnt so einen von der Wissenschaft, auch der heutigen, einstimmig gebilligten Standpunkt. Kant entfernt sich von jeder wissenschaftlichen Grundlage, ergeht sich in metaphysischen Träumereien, die stark gegen die Principien der Naturwissenschaft verstoßen und endet bei ganz unhaltbaren Einzelergebnissen. Zu der (äußerlich betrachtet) ähnlichen Lösung wie d'Alembert kommt er nicht durch objektiv-wissenschaftliche Einsicht in die wahre Sachlage, sondern durch ein ganz subjektives Motiv: durch seine Vermittlungstendenz, die ihn zufällig am rechten Ufer landen läßt (vgl. u. S. 141). d'Alemberts ganzer Denkhabitus ist als echt naturwissenschaftlicher von dem metaphysischen Kants wie Weiß von Schwarz geschieden. Bei d'Alembert größte Bestimmtheit in den Definitionen und dem Gebrauch der Termini; *sie* ist es gerade, die ihm erlaubt, den ganzen Streit als einen bloßen Wortstreit zu bezeichnen und abzutun. Kant dagegen kann seine Behauptungen nur aufstellen und durchführen und wenigstens Scheinbeweise für sie liefern, indem er von dem vieldeutigen Ausdruck Kraft den größten Gebrauch bzw. Mißbrauch macht. Er kommt zwar insofern schließlich zu einem richtigen Ergebnis, als er die Gültigkeit sowohl von mv als von mv^2 anerkennt. Aber *die* Gültigkeit, die *er* mv^2 zuschreibt, kann vor der Wissenschaft nach keiner Richtung hin bestehen; *die* Gültigkeit aber, die dem Maß mv^2 $\left(\text{bzw. } \frac{mv^2}{2}\right)$ innerhalb der mathematischen Mechanik *wirklich* zukommt, leugnet er prinzipiell ab, auch da, wo es, wie beim Widerstand der Schwere, entschieden das Nächstliegende ist. Schon aus diesem Grunde: weil er die lebendigen Kräfte und ihr Maß mv^2 aus Mathematik und Mechanik ganz ausgeschlossen wissen will, also aus eben dem Gebiet, wo d'Alembert ihnen endgültig ein Heimatsrecht verschafft und die eigentümliche Funktion des Maßes mv^2 auf das Bündigste nachgewiesen hatte, haben Kants und d'Alemberts Lösungen innerlich auch nicht das Geringste miteinander zu tun. Den Weg zur *richtigen* Lösung verbaut Kant sich völlig

Die Schrift zeugt zwar von einem eindringenden und — für einen 22jährigen Studenten — ungewöhnlich ausgebreiteten Studium der einschlägigen Literatur. Aber bei der Behandlung der Einz lfragen, besonders auch in der Polemik gegen die Leibnizianer, hat Kant sich viele Mißgriffe und Mißverständnisse, auch solche elementarer Art, zuschulden kommen lassen, die nicht gerade ein Zeichen naturwissenschaftlicher Denkart sind, wobei freilich zu beachten ist, daß solche Vorstöße aus den oben S. 75 ff. skizzierten Gründen in den Streitschriften beider Parteien keine seltene Erscheinung waren. Immerhin kann man mit gutem Gewissen sagen, daß Kants Erstlingswerk als naturwissenschaftliche Leistung unter dem Durchschnittsniveau der Schriften steht, die im Verlauf des Streits um die Kräfteschätzung entstanden sind. Es bedeutete einen entschiedenen Fehlschlag, und so war es nur in Kants eigenstem Interesse, daß aus seinem ursprünglichen Plan (X 2), noch eine Fortsetzung erscheinen zu lassen, nichts wurde [1]).

Bedeutsam ist aber an der Schrift, daß in ihr, speziell in der Vorwegnahme der heutigen metageometrischen Spekulationen, schon wesentliche Eigentümlichkeiten des Kantischen Denkens zum Vorschein kommen: so seine Kühnheit, sein Abweichen von den gewohnten Bahnen, sein Bedürfnis nach weiter Umschau und auf Grund davon nach weitumspannenden Synthesen, der Reichtum an Ahnungen und Ideen, die Gabe genialer Intuition.

Von Wichtigkeit ist ferner, daß Kant auch inmitten der Naturwissenschaft in erster Linie Metaphysiker ist und bleibt. Er eröffnet seine Schrift mit rein metaphysischen Erörterungen über den Begriff der Kraft und glaubt gerade auf diesem Wege eine endgültige Entscheidung des großen Streites herbeiführen zu können. Gegen die streng mechanisch-mathematische Auffassung des Cartesius nimmt er mit Entschiedenheit für die dynamisch-metaphysische Leibnizens Partei. Vermittelst seines Kraftbegriffs sucht er im Vorbeigehn auch noch das spezifisch metaphysische Leib-Seele-Problem zu lösen. Und die Entscheidung selbst, die er in dem Streit um das wahre Maß der Kräfte trifft,

---

durch den unglückseligen Gedanken, daß die Kraft durch ihr sogenanntes Lebendigwerden und die damit ermöglichte Anwendung des Maßes mv^2 auf sie auf ein anderes, höheres Niveau gehoben werde.

1) Was ihn veranlaßte, davon abzustehen, wissen wir nicht. Vermutungen darüber anzuste.len ist zwecklos. Aus der Bemerkung, die er nach Angabe Schuberts in seinem Handexemplar neben der Mitte des § 79 eingetragen hatte (angeblich zwischen 1750—1770): „Haec sententia per cogitationes meas posteriores correcta est, sed salva nihilominus manent ea, quae inde derivantur" (I 85, 526), läßt sich nichts folgern.

ist auch mehr eine allgemein-metaphysische als naturwissenschaftliche [1]) und erfolgt in ausgesprochenem Gegensatz gegen Mathematik und Mechanik [2]), obwohl doch diese beiden Wissenschaften in Wirklichkeit die einzig zuständigen Instanzen sind. Einen Metaphysiker mochte es locken, sie in dieser Weise zu entthronen; ein Naturwissenschaftler würde dazu nie die Hand geboten haben.

Mit dem metaphysischen Interesse eng verbunden ist in der Erstlingsschrift auch schon das methodologische. Auch hier tritt eine typische Tendenz des Kantischen Geistes schon sehr früh zutage. Fast ebensosehr wie die Sache selbst liegt ihm die Art am Herzen, wie man sich den Zugang zu ihr bahnt. Neben der Materie der Untersuchung steht gleichberechtigt die Form. Auf diese Form, auf die Methode der Forschung, lenkt Kant immer wieder die Blicke. Nach § 50 will er den Leibnizianern „nicht eigentlich die Sache selbst, sondern den modum cognoscendi bestreiten". Der künftige Kritiker der reinen Vernunft kommt in solchen Aeußerungen schon zum Wort. Ein natürliches Bedürfnis nach Selbstbesinnung macht sich geltend: stets denkend (im höheren Sinn! d. h. nachdenkend über sein eignes Denken) vorzugehn und Polemik wie Einzeluntersuchung von Zeit zu Zeit von höherer Warte aus kritisch zu betrachten [3]). Auch die antithetische Methode der 60er Jahre geht in ihren Anfängen schon auf den § 58 der Erstlingsschrift zurück, der folgende, von echt wissenschaftlichem Geist eingegebene Forderung stellt: „Wenn man auf dem Wege ist, alle Gründe herbeizuziehen, welche der Verstand zu Bestätigung einer Meinung, die man sich vorgesetzt hat, darbietet: so sollte man mit eben der Aufmerksamkeit und Anstrengung sich bemühen, das Gegenteil auf allerlei Arten von Beweisen zu gründen, die sich nur

1) In § 50 behauptet Kant geradezu, die lebendigen Kräfte verbärgen sich vor der mathematischen Betrachtung auf ewig, und „nichts wie irgendeine metaphysische Untersuchung oder etwa eine besondere Art von Erfahrungen" könne auf sie führen.

2) Es kann keine Rede davon sein, daß in der Schrift „überall eine Versöhnung und Vereinigung von Mathematik und Metaphysik angestrebt" werde (E. Cassirer: Kants Leben und Lehre, 1918, S. 27). Im Gegenteil: Kant drängt die Mathematik zugunsten der Metaphysik sehr energisch in den Hintergrund, jener wird die (in Wirklichkeit ihr allein zustehende) Entscheidung in der Streitsache genommen und auf diese übertragen.

3) Doch übertreibt E. Cassirer a. a. O. die Tragweite der methodologischen Bemerkungen stark, wenn er (nicht etwa Kant, wie man nach S. 26 annehmen muß) die Erstlingsschrift als einen „Traktat von der Methode" bezeichnet und wenn er S. 25 behauptet, „das, was Kants Abhandlung ihr charakteristisches Gepräge verleiht", sei die „sichere und bewußte Konzentration der verwickelten Streitfrage auf den modus cognoscendi".

irgend hervortun, ebensowohl als man für eine beliebte Meinung immer tun kann. Man sollte nichts verachten, was dem Gegensatze im geringsten vorteilhaft zu sein scheint, und es in der Verteidigung desselben aufs höchste treiben. In einem solchen Gleichgewichte des Verstandes würde öfters eine Meinung verworfen werden, die sonst unfehlbar wäre angenommen worden, und die Wahrheit, wenn sie sich endlich hervortäte, würde sich in einem desto größern Lichte der Ueberzeugung darstellen." [1])

Noch eine letzte bezeichnende Eigenschaft Kants macht sich gleichfalls schon in seiner Erstlingsschrift bemerkbar: seine Vermittlungstendenz und sein Wunsch, zwischen streitenden Parteien den Schiedsrichter zu spielen. Wie später zwischen Empirismus und Rationalismus, Determinismus und Indeterminismus will er hier zwischen Cartesius und Leibniz vermitteln und den Streit dadurch schlichten, daß er „eine Meinung ergreift, wobei beide große Parteien ihre Rechnung finden" und keinem der beiden hervorragenden Weltweisen nur Irrtum zugeschrieben wird. Mit Bilfinger ist er der Ansicht: „Wenn Männer von gutem Verstande, bei denen entweder auf keinem oder auf beiden Teilen die Vermutung fremder Absichten zu finden ist, ganz widereinander laufende Meinungen behaupten, so ist es der Logik der Wahrscheinlichkeiten gemäß, seine Aufmerksamkeit am meisten auf einen gewissen Mittelsatz zu richten, der beiden Parteien in gewisser Maße Recht läßt" (§§ 20 f., 125). „Nach den scharfsinnigen Bemühungen der Cartesianer", meint er am Schluß der Schrift (§ 163), „war es nicht schwer, die Verwirrung der Quadratschätzung mit der Mathematik zu verhüten, und nach den sinnreichen Anstalten der Leibnizianer war es fast unmöglich, sie in der Natur zu vermissen. Die Kenntnis dieser zwei äußersten Grenzen mußte ohne Schwierigkeit den Punkt bestimmen, darin das Wahre von beiden Seiten zusammenfiel. Diesen anzutreffen, war nichts weniger als eine große Scharfsinnigkeit nötig, es bedurfte nur einer kleinen Abwesenheit des Parteieneifers und eines kurzen Gleichgewichts der Gemütsneigungen, so war die Beschwerde sofort abgetan." Nach § 125 heißt es „gewissermaßen die Ehre der menschlichen Vernunft verteidigen, wenn man sie in den verschiedenen Personen scharfsinniger Männer mit sich selber vereiniget und die Wahrheit, welche von der Gründlichkeit solcher Männer niemals gänzlich verfehlet wird, auch alsdenn herausfindet, wenn sie sich gerade widersprechen."

Kant scheint — falls wir diese Ansichten auch schon in die Zeit der

1) Die methodologischen Gedanken der §§ 88—90 wurden im vorigen Paragraphen schon eingehend gewürdigt.

ersten Konzeption der Grundgedanken der Schrift zurückverlegen dürfen — von vornherein, von prinzipiell-methodologischem Standpunkt aus und noch ganz ohne Rücksicht auf die Einzelheiten des Streits, der Meinung gewesen zu sein: da Geistesgrößen ersten Ranges in ihren Behauptungen einander diametral gegenüberstünden, müsse sich die Wahrheit, von der jede der beiden Parteien vermutlich nur einen Teil besitze, auf einer gewissen mittleren Linie finden lassen. Diese Auffassung wird das Bestreben ausgelöst haben, den Streit zu schlichten. Dazu mußte Kant sich über die Parteien stellen und beide Kräftemaße als berechtigt anerkennen.

Die volle Unparteilichkeit hätte erfordert, daß er wie d'Alembert, diese Gleichberechtigung auch auf das Gebiet der Mathematik-Mechanik ausdehne. Hier war Kant aber doch zu sehr Parteigänger auf seiten der Cartesianer. Die unzweifelhaften Verstöße gegen die Tatsachen und die Prinzipien der Mechanik, welche die Leibnizianer begingen, indem sie das Maß mv nicht zuließen und die Konstanz der Bewegungsgröße nicht zugeben wollten, haben offenbar einen großen Eindruck auf ihn gemacht. Und unter diesem Eindruck verschloß er dann — darin lag eben seine Parteilichkeit — die Augen gegenüber den nicht minder schweren Verstößen, welche die Cartesianer sich zuschulden kommen ließen, indem sie mv^2 als Maß und konstant bleibende Größe ganz und gar ausschlossen. Weil die Cartesianer die Leibnizianer an gewissen Punkten mit den Mitteln der Mathematik und Mechanik erfolgreich zu widerlegen vermochten, hielt Kant sie auf diesem Gebiet überall für siegreich, und die Leibnizische Ansicht schien ihm vor dem Forum jener beiden Wissenschaften prinzipiell und endgültig abgetan zu sein. Weil aber die Leibnizianer doch anderseits bis zu einem gewissen Grade recht behalten sollten, galt es Ersatz zu finden.

Und da boten sich Kant, vermutlich in einer Art von Intuition, die Begriffe der Intension und Vivifikation, als geeignet, eine Brücke der Verständigung zwischen den beiden Parteien zu schlagen. Er mochte meinen — sehr zu Unrecht—, er bewege sich mit ihnen in einer Richtung, die von Leibniz und Wolff selbst eingeschlagen sei (vgl. o. S. 96 f.).

Zwar mußte er, um sich ihrer zu bedienen, den Uebertritt von der Naturwissenschaft auf das schwankende Gebiet der Metaphysik vollziehn. Doch das tat er wohl mehr als gern. Denn dort lockte Leibnizens Kraftbegriff, in dessen mystischem Dunkel sich mit Leichtigkeit alles Mögliche unterbringen ließ, was sich mathematischen Formeln entziehn wollte und für luftige Spekulationen geeigneter schien als für streng naturwissenschaftliche Untersuchung.

Wäre Kant in erster Linie Mathematiker und Naturwissenschaftler gewesen, dann hätte er bei seinem Streben, beiden Ansichten gerecht zu werden, vielleicht von sich aus die richtige Lösung gefunden, wie vor ihm d'Alembert. Weil er jedoch mehr Metaphysiker als exakter Forscher war, suchte er die Versöhnung der beiden Parteien auf metaphysischem Gebiet zu erreichen. Er schlägt dabei aber einen völlig ungangbaren Weg ein, indem er, ohne es wahrhaben zu wollen, der Mathematik-Mechanik den Krieg erklärt und sie von einer Entscheidung ausschließt, die doch in Wahrheit nur i h r e s Amtes sein kann. Und so kommt es zu einer Schlichtung des Streits, die in Wirklichkeit doch keine ist und gegen welche die Naturwissenschaftler und Mathematiker beider Parteien einstimmig lebhaften Widerspruch erhoben haben würden als gegen eine Entscheidung, die den Interessen und Prinzipien ihrer Wissenschaft in hohem Maß zuwider sei. Weil Kant über die Größe mv^2, ihr Wesen, ihr angebliches Auftreten auf Grund einer besonderen Vivifikation der Kraft die unhaltbarsten, abenteuerlichsten Vorstellungen hat, kann er keine richtige Einsicht in die verschiedenartigen Funktionen und Aufgaben gewinnen, die den Größen mv^2 $\left(\text{genauer: } \frac{mv^2}{2}\right)$ und mv in der Mechanik tatsächlich zukommen, und doch hängt von dieser Einsicht die erfolgreiche Beilegung des Streits letzten Endes ab.

49. Eines kurzen Wortes bedarf es noch über Kants spätere Stellung zu den in der Erstlingsschrift behandelten Fragen.

Auf dem L.Bl. D 28 aus der Mitte der 70er Jahre hat Kant seinen vermittelnden Standpunkt aufgegeben und ist reiner Cartesianer geworden: er behält zwar den von Leibniz geprägten Gegensatz zwischen toten und lebendigen Kräften bei, läßt aber für beide nur einerlei Maß, nämlich mv, gelten. Zur Begründung führt er an: „Wenn der Widerstand allenthalben gleich ist, so ist die Größe desselben durch die ganze Bewegung nicht wie die Menge der widerstehenden Teile ⟨also nicht wie der Raum und damit das Quadrat der Geschwindigkeit⟩, sondern wie die Zeit, darin sie widerstanden haben" (XIV 196 f.). Die „s i c h t b a r e Wirkung" einer Kraft ⟨worin diese gleichsam sinnlich-sichtbare Gestalt gewinnt⟩ soll sich zwar nach der Menge der überwundenen Hindernisse (also v^2) richten, das auch die Zeit in Rechnung stellende Maß der „g a n z e n Wirkung" dagegen nach der Zeit des geleisteten Widerstandes und also nach der einfachen Geschwindigkeit (XIV 202). Einige Jahre später läßt Kant für die lebendigen Kräfte wieder beide Maße zu: mv^2, wenn die Wirkung dem Raum nach in Ansehung der überwundenen toten Kräfte betrachtet, mv, wenn sie in Ansehung anderer hervorzubringender Bewegungen erwogen wird. Die toten Kräfte aber kann man nur untereinander vergleichen. Denn sie tun ihre Wirkung nur in einem Augenblick, lebendige dagegen nur in einer endlichen Zeit (XIV 458 f.).

Die M.A.d.N. kehren wieder zum Standpunkt des L.Bl. D 28 zurück: sowohl beim Wurf senkrecht aufwärts wie beim Eindringen frei fallender Körper in weiche Materien [1]) ist die Größe der „ganzen Wirkung" nach der Zeit, nicht nach dem Raum des Widerstandes zu schätzen (IV 539). Das Maß mv^2 wird also auch hier ganz ausgeschaltet. Im übrigen möchte Kant an dieser Stelle den Unterschied zwischen toten und lebendigen Kräften am liebsten ganz abgeschafft sehen. Wolle man ihn beibehalten, so müsse man ihm einen ganz neuen Sinn unterlegen: als tote Kräfte wären die zu bezeichnen, „womit die Materie, wenn man auch von ihrer eigenen Bewegung, auch sogar von der Bestrebung sich zu bewegen gänzlich abstrahiert, in andere wirkt, folglich die ursprünglich bewegenden Kräfte der Dynamik [2]), als lebendige dagegen alle mechanischen Kräfte, d. h. solche, die die Körper haben, sofern sie selbst bewegt sind, ohne jede Rücksicht auf die Geschwindigkeit, deren Grad auch unendlich klein sein darf (IV 539).

Doch scheint diese Auffassung nur eine vorübergehende Episode in Kants Entwicklung gewesen zu sein. Wenigstens erkennt er XIV 196 ff., 458 f., in der Berliner Physik-Nachschrift (XIV 201), in der Danziger Physik-Nachschrift (Bl. 32 ff.) und an vielen Stellen des Op. p. [3]) den Unterschied, wie ihn Leibniz formuliert hatte, auch seinerseits an, bezeichnet auch ähnlich wie dieser (vgl. o. S. 91 Anm.) die lebendige Kraft (des Stoßes) als der toten (des Drucks), die nur ihr Moment [4]) ist, unendlich überlegen.

1) Die Gründe, aus denen Kant sich 1746 (§§ 157—162) beim 2. Fall bedingungslos auf die Seite der Leibnizianer gestellt hatte (vgl. o. S. 118), besitzen also jetzt für ihn keine Ueberzeugungskraft mehr.

2) Also die Kräfte, die der Materie „auch in Ruhe beiwohnen" (IV 551, vgl. o. S. 130 ff.).

3) Z. B. A 90—92, 95, 97; B 76, 88, 353, 370, 436, 520 f., 529, 547, 550 f.; C 97, 390.

4) Ueber die sieben verschiedenen Bedeutungen, in denen Kant den Ausdruck „Moment" braucht, vgl. meine Nachweise XIV 122—127 und o. S. 25 f.

II. Abschnitt.
Die dynamische Theorie der Materie.

1. Kapitel.
Die Monadologia physica.

50. In seiner Erstlingsschrift hatte Kant in der Frage nach dem Wesen der Materie von Wolff auf Leibniz zurückgegriffen, indem er den Begriff der vis motrix des Schülers durch den der vis activa des Meisters ersetzte. Diese wirkende Kraft sollte jedem Körper als wesentliche Kraft beiwohnen und ihm, wie schon Leibniz gelehrt hatte, sogar noch vor der Ausdehnung zukommen. Hambergers Bestimmung, daß die substantielle (wesentliche) Kraft in jedem Körper nach allen Richtungen hin in beständiger gleichmäßiger Bestrebung zur Bewegung begriffen sei, hatte Kant abgelehnt, dagegen im Anschluß an Hamberger behauptet, daß ein Körper eine wirkliche Bewegung auch durch die wesentliche Kraft einer Materie, die selber in Ruhe sei, empfangen könne (vgl. o. S. 82 f., 89 f., 127 ff.)

In der A.N.u.Th. (I 264, 335) treten Anziehungs- und Abstoßungskraft als wesentliche Kräfte der Materie auf [1]).

In der „Nova dilucidatio" (1755) erscheint die wesentliche Kraft als interna potestas oder vis insita, die, durch den Stoß eines fremden Körpers nur modifiziert, aus dem innern Prinzip der Wirksamkeit (efficaciae) heraus dem Anprall um ebensoviel Widerstand leistet, als sie in der Richtung des stoßenden Körpers an Kräften gewinnt. Denn was man Mitteilung der Kraft durch den Stoß zu nennen pflegt, ist eigentlich nur eine gewisse Begrenzung oder Lenkung (limitatio s. directio) der innewohnenden Realität oder inneren Kraft, die im Zustande der Ruhe hinsichtlich

1) Vgl. auch die Erstlingsschrift (I 24), nach der die wesentlichen Kräfte unserer Welt von der Art sind, daß die Stärke ihrer gegenseitigen Wirkung sich umgekehrt wie das Quadrat der Weiten verhält, in denen sie sich ausbreitet.

der Richtung indeterminiert war (I 407 f.)[1]. Diese Auffassung Kants beruht ganz und gar auf dem wichtigen, für ihn als Menschen sowohl wie als Metaphysiker so außerordentlich bezeichnenden Gedanken, daß die bloße Koexistenz von Substanzen noch nicht Zusammenhang und Wechselwirkung zwischen ihnen zur Folge haben würde, daß im Gegenteil zwischen Substanzen, die von keinem abhängig wären und einander selbständig gegenüberstünden wie die Atome der Materialisten, niemals Wechselwirkung Platz greifen könnte; ein wahrer influxus physicus, wie Kant ihn mit der Naturwissenschaft annimmt, ist vielmehr nur bei gemeinsamer Abhängigkeit der Substanzen von einem gemeinschaftlichen göttlichen Urgrunde möglich und begreiflich. Diesen Gedanken hat Kant zuerst in der Nova dilucidatio (I 412 ff.) ausgesprochen, er hat ihn dann in seiner Inauguraldissertation (II 407 ff.) wiederholt und auch späterhin an ihm festgehalten. Wir haben hier eine Ueberzeugung vor uns, die den metaphysischen Unterbau bilden hilft, auf den seine naturwissenschaftlichen Ansichten sich gründen; die Begriffe der Kraft, der Wirkung und Gegenwirkung stehn in direkter Abhängigkeit von ihr. Näher auf diese metaphysische Grundlage einzugehen, ist aus Raummangel nicht möglich; aber es war doch nötig, wenigstens kurz auf sie hinzuweisen.

---

1) Der Begriff der vis insita findet sich auch in Newtons „Principia". Nach der 3. Definition ist sie die „potentia resistendi, qua corpus unumquodque, quantum in se est, perseverat in statu suo vel quiescendi vel movendi uniformiter in directum". Sie ist stets ihrem Körper proportional und nur in der Art der Auffassung von der Trägheit der Masse verschieden; ihr bezeichnendster Name ist daher Trägheitskraft. Doch steht Kant an der im Text zitierten Stelle nicht so sehr unter Newtons Einfluß, als vielmehr unter dem Hambergers und Leibniz-Wolffs. Hamberger, der gleichfalls mit dem Begriff der vis insita operiert, schließt sich an Leibniz an (vgl. o. S. 73, 89 f., 128 ff.), und Kant teilt beider Denkweise. Seine termini technici (I 407_{38}: limitatio, 408_{18}: modificata, 408_{21}: indeterminata) weisen auf die o. S. 73 zitierte Leibniz-Stelle, auf Leibniz' Specimen dynamicum, Hambergers § 31 und Wolffs Cosmologia generalis §§ 358 ff. zurück. Im Specimen dynamicum von 1695 (vgl. o. S. 72) S. 236 heißt es: „Duplex est vis activa (quam cum nonnullis non male virtutem appelles), nempe ut ⟨statt dessen ist wohl „aut" zu lesen⟩ p r i m i t i v a , quae in omni substantia corporea per se inest (cum corpus omnimode quiescens a rerum natura abhorrere arbitrer), aut d e r i v a t i v a , quae primitivae velut limitatione, per corporum inter se conflictus resultans, varie exercetur. Et primitiva quidem (quae nihil aliud est, quam ἐντελέχεια ἡ πρώτη) animae vel formae substantiali respondet." Die genannten Paragraphen in Wolffs Cosmologia beschäftigen sich gleichfalls mit dem von Leibniz 1695 eingeführten Unterschied. § 358 definiert: „Vis primitiva est, quae omni corpori per se inest, seu cujus non alia datur ratio, praeterquam in elementis." § 362: „Vis derivativa est, quae per modificationem vis primitivae resultat." § 364: „Vis derivativa resultat per limitationem vis primitivae."

51. In der Monadologia physica (1756) hat Kant sich zu einer konsequent durchgeführten dynamischen Theorie fortentwickelt: die beiden Kräfte, die in der A.N.u.Th. aus dem Chaos den Kosmos werden ließen, bilden jetzt die Voraussetzung sogar für jede Materialität. Den Grundzügen dieser Theorie ist Kant auch noch in seiner kritischen Zeit (M.A.d.N., Op.p.) treu geblieben.

Eine solche dynamische Theorie bewegt sich, ebenso wie die ihr entgegengesetzte atomistische, soweit sie nur die Erscheinungen der körperlichen Erfahrungswelt im Auge haben, immer in Rückschlüssen aus den komplizierten Verhältnissen und Vorgängen der Wirklichkeit auf die ihnen zugrunde liegenden, der Beobachtung und Erfahrung nicht direkt zugänglichen letzten einfachsten substantiellen Einheiten und elementaren Prozesse. Es handelt sich dabei vielfach um bloße Deutungen des tatsächlich Gegebenen, und man kommt deshalb über Hypothesen niemals hinaus. Neue Methoden und Experimente mögen die Entscheidung nach der einen oder andern Seite hin sehr wahrscheinlich machen: eine sichere, endgültige, streng beweisbare Lösung wird niemals gefunden werden.

Noch viel mehr gilt das, wenn eine realistisch gerichtete Metaphysik den Gegensatz zwischen Dynamismus und Atomismus sogar mit Bezug auf das Transzendente erörtert. Dann wird sie aus prinzipiellen Gründen wie bei jeder metaphysischen Theorie so auch hier über individuell begründete Glaubensüberzeugungen niemals hinauskommen.

Kant meint nun aber durch enge Verbindung von Metaphysik und Mathematik, also an der Hand der mathematischen Methode, vollkommene Sicherheit erreichen zu können. Als erstes „specimen metaphysicae cum geometria iunctae usus in philosophia naturali" bezeichnet er deshalb seine physische Monadologie auf dem Titel der Dissertation (I 473). Bei der Metaphysik hat er vor allem Leibniz, bei der Geometrie Newton im Auge. Zwischen beider Standpunkten will er, wie wir sehen werden, in selbständiger Weise vermitteln.

Zwar scheint es, wie er selbst in der Vorrede bemerkt, fast unmöglich zu sein, Transzendentalphilosophie (= Metaphysik) und Mathematik (genauer: Geometrie) zu gemeinsamer Arbeit zu vereinigen: jene leugnet, diese behauptet die unendliche Teilbarkeit des Raumes sowie die Notwendigkeit des leeren Raumes für freie Bewegungen; jene leitet die aus mechanischen Ursachen kaum erklärbare allgemeine Gravitationsanziehung aus fernwirkenden Kräften ab, die den Körpern in Ruhe innewohnen (vgl. o. § 46, u. § 73 Anfang, 263), diese betrachtet solche Gedanken als ein leeres Spiel der Einbildungskraft. Trotzdem aber ist die Metaphysik nach Kants Meinung allein imstande zu entscheiden, ob die Körper durch die bloße Kompräsenz ihrer kleinsten Teile oder durch den gegenseitigen Konflikt ihrer Kräfte den Raum erfüllen. Darum polemisiert er gegen die extremen Empiriker, die den richtigen Grundsatz, in der Naturwissenschaft keine gewagten, willkürlichen Erdichtungen zu Wort kommen zu lassen und nichts zu unternehmen, ohne sich auf den Beifall der Erfahrung und mathematische Formulierungen zu stützen, dahin übertreiben, daß sie — er denkt dabei wohl vor allem an Newtons „hypotheses non fingo" — nur das zulassen, was die Erfahrung uns durch ihr Zeugnis unmittelbar kundtut [1]), dafür dann aber auch auf die tiefere Kenntnis der ersten Ursachen und der eigentlichen Natur der Körper für immer verzichten müssen. „Ex hac sane via leges naturae exponere profecto possumus, legum originem et causas non possumus" (I 475 f.). Auf diese letzte Erklärung hatte ja Newton ausdrücklich verzichtet; für Kant beginnt hier erst das eigentliche Problem, ähnlich wie er es auch in der A.N.u.Th. gerade da aufnimmt, wo Newton es hatte fallen lassen.

Also als ausgesprochener Metaphysiker, auf Grund prinzipieller Erwägungen, tritt Kant an die Frage der Konstitution der Materie heran, nicht als Empiriker, auf Grund irgendwelcher, hierhin oder dorthin weisender bzw. zwingender Tatsachen. Seine dynamische Theorie nimmt im Gegensatz zu später (1786) die Form an, daß er der Materie nicht eine kontinuierliche Raumerfüllung zuschreibt, sondern ihr vielmehr kleinste, unteilbare Teilchen: nicht zwar Atome, die durch ihr bloßes Dasein und Zusammensein, sondern Monaden, die durch den Widerstreit ihrer Kräfte den Raum erfüllen, zugrunde liegen läßt.

52. Mit einer Definition dieser physischen Monaden oder einfachen Substanzen [2]) beginnt der 1. Teil der Schrift, der die Aufgabe hat, ihre Existenz als mit den Ansprüchen der Geometrie vereinbar zu erweisen. Die Definition ist nicht gerade schulgerecht, da sie nur ein negatives Merkmal angibt. Sie lautet: Die Monade ist eine Substanz, die nicht aus einer Vielheit von Teilen besteht, von denen der eine ohne die andern getrennt für sich existieren kann (Propositio I).

53. Dann folgt als Prop. II der Lehrsatz: Die Körper bestehen aus Monaden. Kant tut sich etwas darauf zugute, daß er den Beweis für diesen Satz nicht aus dem (nicht allerseits anerkannten) Satz vom zureichen-

---

1) Auch als „phaenomena tantum naturae consectari" bezeichnet.

2) Auch als „elementa materiae" oder „partes corporis primitivae" bezeichnet. Er begründet diese Gleichstellung I 477 damit, daß er sich nur mit derjenigen Art einfacher Substanzen beschäftigen wolle, die die letzten Teile der Körper bilden. Darin liegt angedeutet, daß er neben den physischen Monaden auch noch besondere Seelenmonaden kennt.

den Grunde führe, sondern aus einer ganz landläufigen Verbindung von Begriffen, die jeder Philosoph unterschreiben könne. Um zu beweisen, daß eine solche bloße „notionum adunatio“, wie die alte, später von Kant bekämpfte transzendente Metaphysik sie so sehr liebte, alles andere eher als eine unfehlbare Demonstration in mathematischem Sinn darstellt, braucht man nur an die ganz anders gerichtete Antithesis der 2. Antinomie und die Dynamik der M.A.d.N. zu erinnern. Kant zieht die Möglichkeit seiner eigenen Theorie von 1786: einer kontinuierlich den Raum erfüllenden, ins Unendliche teilbaren Materie überhaupt nicht in Erwägung, widerlegt sie also auch nicht. Der 1. Satz des Beweises: „Die Körper bestehen aus ⟨letzten⟩ Teilen, die voneinander getrennt eine dauernde Existenz haben“ stellt deshalb eine unbewiesene Prämisse dar, die, indem sie die kontinuierliche Materie ohne jede weitere Erörterung ausschließt, einen Teil des zu Beweisenden zum Ausgangspunkt nimmt. Der 2. Satz umschreibt bzw. entfaltet der Hauptsache nach nur das im ersten Satz Enthaltene; einen gewissen Fortschritt bringt er höchstens mit der Behauptung, daß jede Zusammensetzung eines Körpers unbeschadet der Existenz der Teile, die zusammengesetzt waren, aufgehoben werden könne. Diese Behauptung bedeutet aber wieder eine petitio principii, ebenso wie der 3. Satz: „Compositione omni sublata, quae supersunt partes, plane non habent compositionem, atque adeo pluralitate substantiarum plane sunt destitutae, hinc simplices.“ Kant wirft zwei Bedeutungen des Begriffs „zusammengesetzt“ durcheinander: eine e n g e r e, bei der es sich um eine wirklich erfolgte Verbindung von früher selbständigen, letzthin nicht wieder in demselben Sinn zusammengesetzten Teilen handelt, und eine w e i t e r e, die „zusammengesetzt“ mit „teilbar“ gleich und damit zugleich in kontradiktorischen Gegensatz zu „einfach“ stellt. Kant übersieht hier also, daß, wie er im Beweis für Prop. IV selbst lehrt, bei einem ins Unendliche teilbaren Kompositum von einer völligen Aufhebung der Zusammensetzung im weiteren Sinn überhaupt nicht die Rede sein könnte, daß anderseits, wenn man Zusammensetzung im engeren Sinn nimmt, bei ihrer Aufhebung die in sie eingegangenen Teile sehr wohl noch weiter teilbar sein könnten, daß mit andern Worten die Begriffe nicht-zusammengesetzt und einfach (physisch unteilbar) nicht unbedingt zusammenfallen, insofern zwar alles Einfache auch nicht-zusammengesetzt im weiteren wie im engeren Sinn ist, nicht aber umgekehrt auch alles Nicht-Zusammengesetzte im engeren Sinn einfach zu sein braucht [1]).

1) Kant braucht im Beweis für Prop. II den Begriff compositio nur im engeren Sinn, wenigstens sind seine Behauptungen nur dann begründet, wenn er so gefaßt wird. Eben darum aber ist die Schlußfolgerung des 3. Satzes (atque-simplices)

Man denke z. B. nur an Descartes' Corpusculartheorie: nach ihr schafft Gott die ganze Materie, aus der die sichtbare Welt gebildet ist, in Form von einzelnen, nicht weiter zusammengesetzten, einander möglichst gleichen Partikeln von mäßiger Größe; indem diese aber in den Wirbeln aneinander abgeschliffen werden, bildet sich in dem so entstehenden Abfall, also durch Teilung des Nicht-Zusammengesetzten, das sogenannte 1. Element heraus, das, in Größe und Gestalt sehr verschieden, als Aether auch die kleinsten Zwischenräume zwischen dem 2. Element (den durch die Abschleifung entstandenen runden Teilchen) einnimmt und durch weitere Abschleifung aneinander und am 2. Element fortwährend noch weiter zerrieben (zerteilt) werden kann (Principia philosophiae III § 46 ff., Discours V § 2). — Indem Kant also zwei Möglichkeiten nicht ausschließt, sondern übersieht, und von einer dritten Möglichkeit als von etwas Selbstverständlichem und ohne weiteres Feststehendem ausgeht, verfällt er in einen der schwersten logischen Beweisfehler: seine Demonstration wird zu einem Circulus vitiosus. Ich brauche kaum zu bemerken, daß ich nicht etwa eine Lanze für die Corpusculartheorie zu brechen beabsichtige, sondern sie nur als ein logisch und physisch mögliches Beispiel für eine bloß raumerfüllende Masse anführe, die keine sonstigen Eigenschaften hat und darum bei aller Substantialität trotz I 479 $_{28\,f.}$ doch ins Unendliche geteilt werden kann. Eine Entscheidung zwischen diesen verschiedenen Möglichkeiten ist auf Grund rein begrifflicher Erörterungen, wie Kant sie in Prop. II anstellt, auf keinen Fall zu erreichen; nur wenn es gelänge, Tatsachen aufzufinden, die der einen Theorie widersprechen und die andere bestätigen, oder die wenigstens durch die eine leichter deutbar und begreifbar werden als durch die andere, könnte an eine endgültige Lösung des Problems gedacht werden.

54. Prop. III weist in einwandfreier Weise nach, daß der Raum, den die Körper erfüllen, ins Unendliche teilbar ist und daher nicht aus letzten, einfachen Teilen besteht. Der Beweis ist, wie Kant selbst sagt, in einer damals vielfach üblichen Form gegeben; man findet ihn z. B. auch in J. Keills Introductio ad veram physicam, 6. Aufl. 1741, S. 28 f. Zwei parallele Linien werden von einer senkrechten geschnitten, die untere denkt man sich nach rechts hin ins Unendliche verlängert, und ein Punkt c links von der Senkrechten wird mit den einzelnen Punkten der untern Parallele der Reihe nach verbunden. Es würden dann von c aus nach dieser untern, sich ins Unendliche erstreckenden Parallele unendlich viel

---

unzulässig, weil sie voraussetzt, daß „compositio" im Vorhergehenden im weiteren Sinn gebraucht sei. Es liegt also die auch bei Spinoza so häufige quaternio terminorum vor.

Linien gezogen werden können, durch welche die Senkrechte in unendlich viele Teile geteilt werden würde. Das einzige Besondere an dieser und einer zweiten in einem Scholion kurz skizzierten Beweisform ist, daß Kant die Linien als physische betrachtet wissen will und sie deshalb aus Monaden zusammengesetzt sein läßt; das geschieht, um die Beweise auf den physischen Raum anzuwenden, „ne, qui generali de diversitate spatiorum geometrici et naturalis discrimine utuntur, exceptione quadam elabantur“. Aber der unendlich zu teilenden Linie (in der Prop. selbst: der senkrechten) liegen doch, auch wenn sie als physische betrachtet wird, nicht unendlich viele Monaden zugrunde, wie es nach einigen Wendungen den Anschein hat; sondern da jede Monade nach Prop. V einen (endlichen) Raum einnimmt und erfüllt, kann es auch in jedem endlichen Raum, also auch in jeder physischen Linie, nur eine beschränkte Zahl von Monaden geben. Nur also der Raum, den sie einnehmen, wird ins Unendliche geteilt; nicht dagegen sind sie selbst in unendlicher Zahl vertreten. Liegt die Sache aber so, dann ist nicht einzusehen, weshalb die Monaden überhaupt in den Nachweis der unendlichen Teilbarkeit des Raumes hineingezogen werden sollten.

55. Prop. IV. stellt eine Selbstverständlichkeit fest, die aus der Definition der Monas ohne weiteres folgt: daß nämlich ein ins Unendliche teilbares Kompositum nicht aus primitiven oder einfachen Teilen besteht. Der eigentlich ganz überflüssige Beweis arbeitet unnötigerweise wieder (ebenso wie der von Prop. II) mit der unerlaubten Gleichstellung von Nicht-Zusammengesetztheit und Einfachheit (physischer Unteilbarkeit). Nach einem Scholion soll Prop. IV verhüten, daß man die Monaden für unendlich kleine Teile des aus ihnen zusammengesetzten Körpers halte. Wären sie das, so würden sie auch in Verbindung mit 1000 oder 10 000 oder Billionen andern, oder welche (natürlich endliche!) Zahl man immer nehmen möge, noch keinen (endlichen) Teil der Materie bilden [1]), und das höbe die Substantialität des Zusammengesetzten völlig auf [2]).

1) Diesen Einwand erhebt nach Rosenberger II 330 f. auch L. Euler gegen die Leibnizische Monadenlehre in seinen anonym veröffentlichten „Gedanken von den Elementen der Körper, in welchen das Lehrgebäude von den einfachen Dingen und Monaden geprüft und das wahre Wesen der Körper entdecket wird“ (1746).

2) Das paßt ebenso wie der vorhergehende Satz (der es ungereimt nennt, daß ein Zusammengesetztes, dessen Teile aus Substantialien bestehn, und bei dem deshalb die Zusammensetzung nur ein Akzidens ist, einer unendlichen Teilbarkeit unterliege) wieder nur auf die Kant eigentümliche monadologische Auffassung, gilt aber weder für die Corpusculartheorie, noch für die Auffassung der Materie als eines Continuum. In beiden Fällen wäre Substantialität mit unendlicher Teilbarkeit sehr wohl vereinbar.

56. Prop. V behauptet, daß jedes einfache Körperelement (d. h. jede Monas) nicht nur im Raum ist, sondern auch, unbeschadet seiner Einfachheit, einen bestimmten, endlichen, noch weiter teilbaren Raum ausfüllt (implet). Der Beweis und ein Scholion betonen mit Recht stark, daß unendliche Teilbarkeit des Raumes und die Annahme letzter, unteilbarer, einfacher, einheitlicher Substanzen (Monaden) einander nicht widersprechen. Denn die Teilung des Raumes ist keineswegs eine Trennung von Dingen, deren eines vom andern entfernt seine eigene, sich selbst genügende Existenz hat. Was den Raum betrifft, so steht Kant auch hier noch, wie in seiner Erstlingsschrift (vgl. o. § 32 Anfang), in gewisser Hinsicht auf Leibnizens Standpunkt: der Raum ist aller Substantialität bar und nur ein Phänomen der zwischen den vereinigten Monaden obwaltenden äußern Relation (I 479 f.) [1]), seine unendliche Teilung ist daher nicht mit einer solchen der ihn einnehmenden Substanzen selbst gleichbedeutend, sondern bezeugt nur eine gewisse Vielheit oder Quantität in der äußeren Relation; es folgt aus ihr also auch nicht eine Vielheit substantieller Teilchen in den Monaden, sondern sie besagt nur, daß die von ein und derselben Substanz ausgeübte Wirksamkeit oder das äußere Verhältnis, in dem sie steht, einen Raum einnehme, also eine Vielheit von räumlichen Teilen umfasse und daher auch in sie zerlegt werden könne. Durch diesen Nachweis der Prop. V, daß ein seiner Substanz nach absolut einfaches Element unbeschadet seiner Einfachheit doch sehr wohl einen Raum erfüllen könne, glaubt Kant einen Hauptwiderstand beseitigt zu haben, der sich bis dahin der von ihm gewünschten engen Verbindung zwischen Geometrie und Metaphysik entgegenstellte.

57. Prop. VI bestimmt des näheren, in welcher Weise eine Monade den Raum ihrer Gegenwart erfüllt und begrenzt. Natürlich nicht durch eine Mehrheit ihrer substantiellen Teilchen, die sie ja nicht besitzt, auch nicht durch ihre Setzung allein [2]). Sondern der Grund der Raumerfüllung ist in ihrer Beziehung zu andern Monaden zu suchen, genauer: sie begrenzt den Raum ihrer Gegenwart durch die Sphäre ihrer Aktivität, durch die sie die äußern, nach allen Seiten hin ihr unmittelbar gegenwärti-

---

1) I 481: spatium solis externis respectibus absolvitur. Im Gegensatz zu Leibniz aber und in Uebereinstimmung mit Newton hält Kant den Raum für etwas Reales, Bewußtseinstranszendentes, vgl. u. S. 166.

2) Dies letztere soll aus dem Vorhergehenden folgen (vgl. u. S. 167). Es folgt aber nur, wenn man sich auf den Standpunkt von Kants Raumtheorie und Monadenbegriff stellt. Daß an sich Materie (anders gedacht als von Kant, etwa in Form von Atomen oder Corpuskeln) den Raum nicht durch ihre bloße Setzung und Körperlichkeit einnehmen und erfüllen könne, hat Kant nicht bewiesen.

gen (benachbarten) Substanzen von weiterer Annäherung (über den Radius jener Sphäre hinaus) abhält.

58. Der Durchmesser der Aktivitätssphäre darf aber, wie Prop. VII warnt, nicht etwa für den Durchmesser der Monade selbst gehalten werden. Alles Innere der Substanz, also auch diese selbst als das Subjekt der äußeren Determinationen, wird nicht durch den Raum bestimmt [1]), sondern nur diese letzteren sind im Raum. Man darf auch nicht etwa sagen: weil die Monade im Raum und überall in ihm gegenwärtig ist, deshalb teilt, wer den Raum teilt, auch die Monade. Denn der Raum ist nur der Umfang ihrer äußeren Gegenwart. Wer daher den Raum teilt, teilt auch nur die extensive Quantität ihrer Gegenwart. Außer dieser äußeren Gegenwart oder den relativen Determinationen der Monaden gibt es aber auch noch andere innere, ohne die jene kein Subjekt hätten, dem sie inhärieren könnten. Und diese innern Determinationen sind als solche, als innere, eben nicht im Raum. Sie können also auch durch die Teilung der äußern nicht geteilt werden, und demgemäß auch nicht das Subjekt selbst, die Monade, so wenig wie man von Gott deshalb, weil er durch den Akt der Erhaltung allen geschaffenen Dingen innerlichst gegenwärtig ist, sagen kann, daß, wer die Masse jener teile, auch ihn teile, weil er den Umfang seiner Gegenwart teile [2]). Alle (äußeren) Relationen, auf die sich die räumliche Teilung allein beziehen kann, sind immer außer einander und außer der Substanz, weil die Wesen, zu denen die Substanz in einem Verhältnis steht, von ihr und untereinander realiter verschieden sind; damit ist aber durchaus nicht gesagt, daß in der Substanz selbst, die in Relationen steht, eine substantielle Vielheit vorliege.

59. Nach Prop. VIII ist die Kraft, durch die ein einfaches Körperelement seinen Raum einnimmt [3]), dieselbe, die auch Undurchdringlich-

1) Begrenzt, ist nicht im Raum befaßt; „proprie non definitur spatio".

2) Dieser Satz wie ein verwandter in Prop. IX („Deus omnibus rebus immediate, sed intime praesens est") weisen nach Endler auf einen immanenten, pantheistischen Gottesbegriff hin (R. Endler: Kants physische Monadologie im Verhältnis zur Philosophie und Naturwissenschaft der Zeit. Leipziger I.-D. 1902, S. 14). Eine seltsame Verkennung der Tatsachen! Kants Gottesbegriff ist 1756 noch ganz derselbe wie 1755 in der A.N.u.Th. und wie später im „Beweisgrund", d. h. ein streng theistischer. Auch die A.N.u.Th. spricht I 306 von dem „unendlichen Umfang ⟨I 312 f.: Raum⟩ der göttlichen Gegenwart".

3) Kant bezieht sich hier auf Prop. VI zurück. In Prop. VI und VII wurde aber von den Monaden nur ein „actionem exserere" und eine „activitas" ausgesagt und die „actio" näher als ein „arcere" bestimmt. Von einer „vis" war bisher nicht die Rede. In Prop. VIII wird die „activitas" ohne weitere Begründung mit einer „vis" gleichgestellt bzw. auf eine solche zurückgeführt. Hier hätte Kant den Kraft-

keit genannt wird; und wenn man nicht auf jene zurückgeht, kann auch von dieser nicht die Rede sein. Den Beweis führt Kant in zwei Absätzen, entsprechend den durch das Semikolon getrennten beiden Hälften der Proposition. Die erste von diesen will, wie es scheint, die einen Raum einnehmende Kraft der Monaden als Impenetrabilität bestimmen, die zweite die Impenetrabilität als nur auf Grund jener Kraft möglich hinstellen. Doch sind die beiden Teile des Beweises nicht so genau unterschieden: beide scheinen vielmehr in ihrem Endziel zusammenzutreffen. Immerhin bietet der Inhalt eines jeden von ihnen etwas Eigenartiges. Im 1. Absatz ist es der Gedanke (der am Ende des 2. zwar auch noch wiederkehrt), daß, um äußere Körper, die in einen erfüllten Raum eindringen wollen, davon abzuhalten, d. h. also zur Impenetrabilität, ein Widerstand und damit eine gewisse Kraft [1]) erforderlich sei; sie liege in jener in Prop. VI nachgewiesenen „natürlichen Kraft" der Monaden vor, durch deren Aktivität sie den von ihnen eingenommenen bestimmten Raum erfüllen. Im 2. Absatz geht Kant von einer physischen, aus Monaden zusammengesetzten Linie aus und setzt den Fall, seitens ihrer mittleren Monade *d* werde durch die Gegenwart ihrer Substanz nur ein Ort bezeichnet, aber kein Raum eingenommen; dann wäre dieser Ort (Punkt) den beiden benachbarten Monaden *c* und *e* gemeinsam; *d* würde sie also nicht von der unmittelbaren Berührung abhalten und könnte demgemäß nicht impenetrabel sein. Soll diese Folgerung vermieden werden, dann muß die Monade *d* in einem bestimmten, endlichen Raum unmittelbar gegenwärtig sein; durch bloße Setzung der Substanz könnte sie aber keinen Raum, sondern nur einen Ort (Punkt) einnehmen [2]), es muß also noch etwas anderes in der Substanz vorhanden sein, was den benachbarten Monaden das Maß der Annäherung bestimmt und jede äußere Kraft hindert, in ihren Raum (sc. den der Monade *d*) einzudringen. Einer Kraft kann aber nur eine andere Kraft entgegenwirken [3]). Jenes Etwas kann demnach nur die aus Prop. VI bekannte (auch hier wieder

---

begriff einer prinzipiellen Erörterung unterziehen müssen, statt ihn heimlich hereinzuschmuggeln.

1) Dies letztere ist eine unbewiesene Behauptung, wenigstens wenn unter „Kraft", wie es in Prop. IX und X geschieht, eine bewegende Kraft verstanden wird. Die Möglichkeit, daß die Materie durch ihre Körperlichkeit und ihre damit unmittelbar gegebene „absolute Undurchdringlichkeit" (IV 502) den Raum ganz erfülle und jedem Eindringen in denselben dadurch (also ohne besondere Kraft) Widerstand leiste, ist von Kant nicht widerlegt.

2) Gegen diese Behauptung gilt das in der Anm. 2 auf S. 152 Gesagte.

3) Zu dieser unbewiesenen Behauptung vgl. die vorletzte Anmerkung.

kurzweg als Kraft bezeichnete) Aktivität sein, die also auch allein die Impenetrabilität zu verursachen imstande ist.

60. Der 2. Teil der Dissertation, die Propositionen IX—XIII umfassend, soll die allgemeinsten Eigenschaften (affectiones) physischer Monaden entwickeln, soweit sie, in verschiedenen verschieden, die Natur der Körper verständlich zu machen dienen.

Prop. IX gibt eine Definition der Berührung (contactus): sie besteht darin, daß mehrere Monaden ihre Kräfte der Undurchdringlichkeit gegeneinander in Ausübung bringen. Gegen die übliche Definition der Berührung als unmittelbarer äußerer Gegenwart wendet Kant ein: auch zwei durch einen leeren Raum getrennte Körper könnten, wie von andern erwiesen sei, nichtsdestoweniger koexistieren und also auch, obwohl ohne gegenseitige Berührung, einander doch unmittelbar gegenwärtig sein [1]). Auch aus der nach Newtons Schule unmittelbar in die Ferne wirkenden Anziehungskraft folge die Möglichkeit einer „compraesentia absque contactu mutuo". Und außerdem: was heiße unmittelbare Gegenwart? Erkläre man sie durch wechselseitige Tätigkeit (per mutuam actionem), so erhebe sich die weitere Frage: worin diese bestehe? Die Antwort könne nur sein: Körper sind tätig, indem sie sich bewegen. Von den beiden bewegenden Kräften aber, die von einem Punkt ausgeübt werden können: der Anziehungs- und Abstoßungskraft, kann bei der Berührung nur die letztere in Betracht kommen [2]). So führt also auch die übliche Definition, wenn man sie nur ganz zu Ende denkt, auf die Undurchdringlichkeitskraft als auf das bei der Berührung tätige und für sie charakteristische Moment.

61. Prop. X stellt den wichtigen Satz auf, daß die Undurchdringlichkeitskraft allein den Körpern keinen bestimmt abgegrenzten Raum verschaffen könnte, daß es dazu vielmehr noch einer zweiten ursprünglichen

---

1) Dies ist für Kant, der den leeren Raum leugnet und dessen Monaden den Raum der Körper, die aus ihnen gebildet sind, ganz und gar, also kontinuierlich, erfüllen sollen, ein irrealer Fall. Kant stellt sich hier auf den Standpunkt seiner Gegner (der Anhänger des leeren Raumes), um auch von ihm aus die bestrittene Definition als unhaltbar zu erweisen.

2) „Corpus enim corpori propius propiusque admovendo tum dicimus invicem se contingere, cum sentitur vis impenetrabilitatis h. e. repulsionis." Die letzten drei Worte enthalten eine (im Anfang des Beweises der nächsten Prop. wiederkehrende) Gleichstellung, deren Berechtigung noch besonders hätte erwiesen werden müssen. Eine Undurchdringlichkeitskraft, die jedem Versuch, in einen bestimmten Raum einzudringen, Widerstand leistet, könnte sehr wohl in ihrer Wirksamkeit auf eben diesen Raum beschränkt sein. Soll sie sich, wie Prop. X will, als Repulsionskraft ins Unbestimmte hinein, wenn auch allmählich abnehmend, erstrecken, so müßte diese ihre Eigenschaft noch besonders erwiesen werden. Vgl. auch u. § 75 Anfang.

inneren Kraft: der Anziehungskraft bedarf, die gemeinsam mit jener die Grenze der Ausdehnung festsetzt. Zur Begründung führt Kant aus: aus dem Wesen der Undurchdringlichkeits- (= Zurückstoßungs-) Kraft als einer jedem Element eingeborenen Kraft läßt sich zwar verstehen, daß die Intensität ihrer Wirksamkeit mit Zunahme der Entfernung, in die sie sich erstreckt, abnimmt; es ist aber nicht einzusehn, weshalb sie in irgendeiner gegebenen Entfernung jemals ganz zu nichts werden sollte. Soweit also nur sie in Frage kommt, würde es überhaupt keinen körperlichen Zusammenhang geben können, da alle Teilchen sich immer nur zurücktrieben und so kein Körper ein in bestimmte Grenzen eingeschlossenes Volumen besitzen könnte. Es muß also diesem Streben ein entgegengesetzt gerichtetes entgegenwirken, das ihm in einer bestimmten Entfernung an Kraft gleich ist und so dem einzunehmenden Raum seine Grenze bestimmt. Das kann nur eine Anziehungskraft sein, und es muß also in jedem Element außer der Undurchdringlichkeits- (Zurückstoßungs-) Kraft auch noch eine ursprüngliche Anziehungskraft vorhanden sein [1]).

62. In einem Scholion wirft Kant die Frage auf, in welcher Weise die Intensität beider Kräfte mit wachsendem Abstand vom Mittelpunkt der Wirksamkeit schwächer werde, und er findet, daß die Repulsionskraft umgekehrt wie der Kubus, die Anziehungskraft umgekehrt wie das Quadrat der Entfernung abnehmen müsse. Diese Behauptung kehrt auch 1786 noch unverändert wieder; auch ihre Begründung ist beidemal ungefähr die gleiche, beidemal aber auch gleich schwach.

Bei der Anziehungskraft, hören wir I 484 (und ähnlich auch noch IV 519), kann die Kugeloberfläche, auf die in bestimmter Entfernung die Anziehung ausgeübt wird, als Terminus a quo betrachtet werden. Sie besteht aus einer endlichen Anzahl von Monaden, die angezogen werden und von denen aus Linien zum Mittelpunkt des anziehenden Körpers gezogen werden können. Durch die Zahl jener Monaden und dieser Linien ist die Quantität der Anziehung bestimmt: sie wird also in demselben Maß abnehmen, wie die Kugeloberflächen wachsen, d. h. umgekehrt wie das Quadrat der Entfernung. Ganz anders angeblich bei der Zurückstoßungskraft: sollte auch sie durch gerade Linien, die von einer bestimmten Oberfläche ausgehn, dargestellt und gemessen werden, dann müßte die Größe

1) Schon der Schluß des Vorworts (I 476) stellt fest, daß bei Annahme bloßer Repulsionskraft sich keine Verbindung der Elemente zur Körperbildung, wohl aber ihre Zerstreuung verstehen lasse; umgekehrt, setzt Kant hinzu, erkläre sich bei Annahme bloßer Anziehungskraft wohl jene Verbindung, nicht aber bestimmte Ausdehnung und Räumlichkeit (Raumerfüllung, „extensio definita ac spatium"). — Zum Begriff der Anziehungskraft vgl. auch noch u. § 263.

dieser wirkenden Oberfläche auch für die Größe der Zurückstoßungskraft maßgebend sein. Würde jene unendlich klein, dann auch diese; würde jene zu einem bloßen Punkt — und die Monaden sind ja doch als einfach und unteilbar bloße Punkte —, dann würde die Zurückstoßungskraft in nichts verschwinden (plane nulla erit). Also durch Linien, die von einem Punkt divergieren, kann sich eine in bestimmter Entfernung als endliche Größe angebbare Repulsivkraft nicht verbreiten. Soll sie sich daher als wirksam erweisen, so wird sie den ganzen Raum, in dem sie wirkt, durch diese ihre Wirksamkeit erfüllen müssen, d. h. aber: sie wird entsprechend dem Wachstum dieser Räume abnehmen müssen, sich also umgekehrt verhalten wie der Kubus der Entfernung [1]). Da also die Zurückstoßungskraft, die natürlich am Mittelpunkt selbst wegen der Undurchdringlichkeit als unendlich groß angenommen werden muß, viel rascher abnimmt, als die Anziehungskraft, müssen beide in einem bestimmten Punkte des Durchmessers einander gleich sein. Dieser Punkt wird die Grenze der Undurchdringlichkeit und den Umkreis, in dem die äußere Berührung stattfindet (contactus externi ambitum), d. h. das Volumen, bestimmen; „victa enim attractione vis repulsiva ulterius non agit" [2]). Oder, um mit dem Sprachgebrauch der M.A.d.N. zu reden: die Repulsionskraft ist eine bloße Flächenkraft, nicht, wie die Anziehungskraft, eine durchdringende Kraft.

Gegen diese Deduktion gilt: die Darstellung der Kräfte in Form von geraden Linien, die von einem Punkt nach allen Seiten hin divergieren oder von einer Kugeloberfläche aus nach einem Zentrum hin konvergieren, ist doch nur ein Symbol, ein Bild, um sich das Wirken der Kräfte zu veranschaulichen, oder auch ein Hilfsmittel, um es mechanisch begreiflich zu machen und mathematisch zu berechnen. Aber neben diesem e i n e n Bild sind selbstverständlich noch viele andere möglich. Und aus seiner Durchführbarkeit oder Nichtdurchführbarkeit kann durchaus nichts über die Art der Wirksamkeit der Kräfte entnommen werden. Vor allem ist es unerlaubt, auf Grund der Nichtdurchführbarkeit etwa eine bestimmte solche Art, ein bestimmtes Gesetz der Abnahme auszuschließen, wie Kant es für die Zurückstoßungskraft mit der Abnahme gemäß dem

1) Die Gedanken der beiden letzten Sätze finden wir in den M.A.d.N. (IV 520 f.) unverändert wieder.

2) „victa" kann zwar grammatisch sowohl Nominativ wie Ablativ sein. Sachlich aber kann dem ganzen Zusammenhang nach selbstverständlich nur der Nominativ in Frage kommen (gegen Simmel, der zwar S. 12 den Nominativ wählt, S. 15 aber doch beide Möglichkeiten zuläßt). „ulterius" ist nicht zeitlich (Simmel 12, 15) zu fassen, sondern räumlich: „über den Punkt, an dem die Attraktion sich als stärker erwiesen hat, hinaus nach außen hin".

umgekehrten Quadrat der Entfernung tut. In Wirklichkeit ist die Durchführbarkeit auch in diesem Fall gar nicht so schwierig, geschweige denn unmöglich, wie Kant es darstellt. Können von den in Form einer Kugeloberfläche gelagerten Monaden gerade Linien konvergierend nach einem punktförmigen Zentrum gezogen werden, so kann man auch von diesem Zentrum aus dieselbe Zahl von Linien divergierend nach jener Kugeloberfläche hin ausstrahlen lassen, und ebenso nach jeder andern, entsprechend der Zahl der Monaden, die sie bilden. Auch die Zurückstoßungskraft könnte also an sich, soweit nur diese räumlichen Verhältnisse in Betracht kommen, sehr wohl durch die Zahl der Linien, die sich nach den verschiedenen Kugeloberflächen, auf die die Wirksamkeit der Kraft sich erstreckt, ziehen lassen, gemessen werden und würde dann ebenso wie die Anziehungskraft entsprechend dem umgekehrten Quadrat der Entfernung abnehmen. Auf der andern Seite aber könnte man, solange man sich nur in apriorischen Spekulationen über rein räumliche Verhältnisse bewegt und keine Erfahrungstatsachen mitsprechen läßt, mindestens ebensogut auch wahrscheinlich machen, daß die Anziehungskraft gemäß dem umgekehrten Kubus der Entfernung abnehme, sich also umgekehrt wie die Räume ihrer Wirksamkeit verhalte. Denn Kant kennt ja keinen leeren Raum in der Welt. Die ganze Kugel, durch deren Oberfläche er die Wirksamkeit der Anziehungskraft bestimmt und gemessen werden läßt, muß also von Monaden erfüllt gedacht werden, auf deren jede die anziehende Monade im Mittelpunkt einwirkt. Es läge also, solange man sich auf die Betrachtung nur dieser räumlichen Verhältnisse beschränkt, doch sehr nahe, die Anziehungskraft nach den Räumen zu messen, die sie durch ihre Wirksamkeit erfüllt, sie also auch umgekehrt wie der Kubus der Entfernung abnehmen zu lassen [1]). Aus all dem geht hervor, daß mit der Art von Erwägungen, wie Kant sie hier anstellt, absolut nichts über die Gesetze, nach denen die Wirksamkeit der beiden Kräfte sich richtet, ausgemacht werden kann [2]).

63. Das Korollar zu Prop. X bringt eine sehr anfechtbare (1786 auch aufgegebene) Behauptung mit einer so mangelhaften Begründung, als ob es sich um eine fast selbstverständliche Sache handle: allen Elementen (Monaden) soll ein gleiches Volumen zukommen, wie verschiedener Art [3]) sie auch seien und wie große Intensitätsunterschiede auch zwischen

---

1) Aehnlich mit Bezug auf die M.A.d.N. schon Jh. Chr. Schwab und Stadler (104 f., 253).

2) Zu der Frage der Abnahme der Kraftwirkungen mit wachsender Entfernung vgl. auch o. § 32.

3) „speciei"; Endler 30, 33, 47 übersetzt das Wort mit „Gestalt"!!

den Zurückstoßungs- und Anziehungskräften der einzelnen obwalten mögen. Kant betrachtet es ohne Beweis als angemessen (congruum), daß bei einem Element, das um das Doppelte spezifisch stärker ist als ein anderes, auch seine sämtlichen bewegenden Kräfte entsprechend stärker seien, woraus dann ohne weiteres das gleiche Volumen aller Elemente folgt, da auch die doppelten oder dreifachen Anziehungs- und Zurückstoßungskräfte, geradeso wie die einfachen, in bestimmter Entfernung einander gleich sein müssen. Diese Annahme Kants ist aber ganz willkürlich, und die spätere der M.A.d.N., nach der in verschiedenen Elementen die verschiedensten Kombinationen in der Intensität der Anziehungs- und Abstoßungskräfte möglich sind, hat bedeutend mehr Wahrscheinlichkeit für sich.

64. Prop. XI handelt von der vis inertiae und stellt fest, daß sie in jedem Element eine bestimmte Größe hat, die aber in verschiedenen äußerst verschieden sein kann. Ohne eine solche besondere Trägheitskraft, vermöge deren der bewegte Körper im Zustand der Bewegung zu beharren strebt, würde er beim Stoß auf einen andern Körper keine Wirksamkeit (movendi efficacia), d. h. keine bewegende Kraft [1]) besitzen, vielmehr durch jedes kleinste Hindernis in Ruhe versetzt werden.

In seiner Erstlingsschrift hatte Kant zwar mit dem Trägheitsgesetz auf sehr gespanntem Fuß gestanden, trotzdem aber auch damals schon im Anschluß an Kepler (vgl. IV 549, 648), Newton (vgl. o. S. 146), Wolff (Cosmologia generalis § 130 ff.) und andere eine besondere Trägheitskraft angenommen, teilweise aber auch an ihre Stelle den ganz unwissenschaftlich gedachten Begriff der Intension gesetzt. Später in dem „Neuen Lehrbegriff der Bewegung und Ruhe" (II 19 ff.) und in den M.A.d.N. (IV 550 f.) bekämpft er den Begriff der Trägheitskraft mit Recht als unnötig.

Aber auch 1756 ist die Sache nicht so schlimm gemeint. Denn es zeigt sich bald, daß Kant bei der Trägheitskraft nur an den Massenfaktor (das m in mv) denkt und diesen also nur in einer uns ungewohnten Weise bezeichnet [2]). Von der Menge der Teilchen in einem bestimmten Raum

1) Nicht, wie Endler 74 f. will, lebendige Kraft. Es handelt sich, wie auch der Ausdruck „impetus" (I 485 30. 38) zeigt, um die Quantität der Bewegung (mv).

2) I 485: „Quodlibet elementum certa celeritate motum, nisi haec multiplicetur per vim inertiae, nulla plane polleret movendi efficacia.... Dari possunt elementis quibuslibet datis alia, quorum vis inertiae, s. quod diverso respectu idem est, vis motrix, duplo vel triplo maior est, h. c. quae et certae celeritati duplo vel triplo maiori vi resistunt, et eadem celeritate mota duplo vel triplo maiori pollent impetu.... Massa corporum non est nisi ipsorum vis inertiae quantitas, qua vel motui resistunt vel data celeritate mota certo movendi impetu pollent."

kann die Masse nicht abhängig sein, da das Volumen aller Elemente ja gleich sein soll. Von der Anziehungskraft die Masse abhängig machen und nachträglich von der Masse wieder die Anziehung (Gravitation), wäre ein Zirkel. Also bleibt nichts übrig als eine besondere Kraft. Und da wählt Kant die Trägheitskraft [1]). Newton hatte schon in ähnlicher Weise die Trägheitskraft dem Körper, d. h. der Masse, proportional gesetzt. Prop. XI will also bloß besagen, daß die Masse jedes Elements von der Intensität der Kraft abhängt, mit der es überhaupt wirkt, und daß demgemäß in dem Volumen der Elemente (das ja bei allen gleich ist) und — bei bzw. trotz vollkommener Raumerfüllung — auch in einem Körper bestimmten Umfangs sehr verschieden große Massen enthalten sein können, je nachdem die Elemente mit größerer oder kleinerer Trägheitskraft (d. h. also bewegender Kraft oder allgemeiner: Kraft des Wirkens) ausgestattet sind [2]). Von der allgemeinen Kraftgröße des einzelnen Elements hängt also nicht nur seine Abstoßungs- und Anziehungskraft, sondern auch seine Trägheitskraft und damit seine Masse ab [3]).

---

1) Freilich schillert ihr Begriff etwas, insofern am Anfang des Beweises auch der eigentliche Trägheitscharakter des Beharrens mit hineinspielt.

2) Kuttner 28 f. fabelt seltsame Dinge zusammen, die man in einer von der Berliner philosophischen Fakultät preisgekrönten Arbeit nicht erwartet. Er wirrt die Meditationes de igne und die Monadologia physica ineinander und bringt es fertig zu behaupten, die zitternde Aetherbewegung innerhalb der Teilchen des Körpers sei — nicht etwa nur der Grund der Elastizität, sondern auch — die Ursache der verschiedenen Schwere, sie werde von Kant Trägheitskraft genannt und sei das Charakteristikum der Verschiedenheit der Atome. Und nach S. 30 soll diese Trägheitskraft oder Elastizität auch noch dasselbe sein, was Kant in seiner Erstlingsschrift als lebendige Kraft bezeichnet hatte. Die lebendigen und toten Kräfte dieser Schrift sind nach S. 15—19 zweierlei Arten von Elementarkräften, deren Identität mit der Attraktions- und Repulsionskraft ihm erst später aufgegangen sein soll. Jedes Wort der Kritik wäre diesem blühenden Unsinn gegenüber zu viel.

3) Simmel 17—21 und Endler 63 ff. haben die Motive, aus denen Kant die Prop. XI geschrieben und an ihren jetzigen Platz gestellt hat, gründlich mißverstanden. Dasselbe gilt von zwei Stellen aus der A.N.u.Th., die Simmel in diesem Zusammenhang zitiert. Nach Simmel 19 hat Kant der Gedanke vorgeschwebt, „daß die Repulsion die Materie im großen und ganzen fertig mache", und dann komme die vis inertiae und operiere nun ihrerseits mit dem schon fertig vorliegenden Material. Mit Recht nennt Simmel diese Vorstellung roh und falsch. Nur hätte er sie nicht Kant aufbürden sollen. Für Kant sind Repulsions-, Anziehungs- und Trägheitskraft ganz gewiß alle drei gleich ursprüngliche, gleich notwendige und gleich unentbehrliche Aeußerungen der einheitlichen Monade. Aber wollte er sie begrifflich erörtern, so konnte er es doch selbstverständlich nur in aufeinanderfolgenden Abschnitten tun. Aus diesem Nacheinander in der Behandlung darf man aber doch auf keinen Fall ein Nacheinander im Auftreten und Wirksamwerden der Kräfte machen! Man darf auch nicht mit Endler 52 die Repulsionskraft als die primitivere gegen-

65. Prop. XII beschäftigt sich mit dem Gegensatz zwischen der atomistischen und dynamischen Erklärung der spezifischen Dichtigkeitsunterschiede der Naturkörper, tritt für die zweite ein und behauptet, daß jene Unterschiede ohne Annahme einer spezifischen Verschiedenheit in der Trägheit <d. h. also in der Masse> der Elemente selbst nicht erklärbar sind. Leugnet man die Möglichkeit solcher ursprünglichen Trägheits- (bzw. Massen-) Unterschiede bei gleichem Volumen, wie der Atomismus es tut, dann muß man seine Zuflucht zur Untermischung der Körper mit leeren Räumen [1]) sowie zu ausschweifenden, durch keine Tatsachen

---

über der Attraktionskraft betrachten und diese falsche Auffassung damit begründen, daß es zur Existenz der einzelnen Monade nur der abstoßenden Kraft bedürfe, durch deren Wirkung das Element Raum erfülle und Ausdehnung besitze; nur um die Entstehung der Körper und die dazu erforderliche Verbindung der einzelnen Partikeln miteinander zu erklären, sei es nötig, den Elementen auch noch eine anziehende Kraft beizulegen. In Wahrheit hat schon jede einzelne Monade nach Kant ein ganz bestimmtes Volumen, und diese Abgrenzung kann nur durch das Gegeneinanderwirken von Repulsions- und Attraktionskraft zustande kommen. In der *Darstellung* muß natürlich erst das Vorhandensein einer Raum*erfüllung* nachgewiesen werden, ehe von Raum*begrenzung* gesprochen werden kann. Daher mußte Kant mit der Repulsionskraft beginnen und konnte dann erst zur Attraktionskraft übergehen. Aber in *Wirklichkeit* treten sie nicht nacheinander auf, sondern wirken gleichzeitig und bestimmen gerade durch dies gleichzeitige Wirken der einzelnen Monade ihren Raum, und wiederum gleichzeitig macht die Monade sich in diesem Raum vermöge einer dritten Kraft, der Trägheitskraft, auch noch als Masse geltend. Ein reines Hirngespinst ist es auch, wenn Endler 73 meint, die Elemente besäßen nur Trägheitskraft, aber keine Masse; diese entstehe erst durch die Beziehungen der Elemente untereinander. Aber wenn Kant nicht ausdrücklich von der Masse der Elemente spricht, so tut er es nur deshalb nicht, weil es für ihn eine Selbstverständlichkeit ist, daß jede Trägheitskraft, auch die des einzelnen Elements, als Masse wirkt, in dem Massenfaktor zum Ausdruck kommt. Besäßen die einzelnen Elemente keine Masse, dann sicher auch nicht der aus ihnen zusammengesetzte Körper. — Wenn Simmel 18 auf die Möglichkeit hinweist, daß Kant in seiner Zurückführung der Masse auf die Trägheitskraft von L. Eulers Briefen an eine deutsche Prinzessin beeinflußt sei, so übersieht er, daß die 1. Ausgabe dieser Briefe erst 1768—72 erschien.

1) Es kann nach I 482_{8-10}, $485_{32\,ff.}$, $486_{8\,ff.,\ 32\,ff.}$ gar keinem Zweifel unterliegen, daß Kant leere Räume innerhalb der Körper nicht zulassen will. Das liegt ja durchaus in der Konsequenz des Dynamismus. Schwierigkeiten erwachsen Kant nur daraus, daß seine Monaden alle das gleiche kugelförmige, nicht weiter ausdehnungsfähige Durchschnittsvolumen haben. Liegen sie mit diesem aneinander, so müßten, da zwei Kugeln sich nur in *einem* Punkt berühren können, sich allerdings kleine leere Räume bilden, die nicht von überwiegenden Abstoßungskräften erfüllt sind. Aber vielleicht nimmt Kant an, daß in allen Körpern, auch Gasen, unter äußerem Zwang eine Zusammenpressung der Kraftzentren unter das Durchschnittsniveau stattfindet, wobei dann die leeren Zwischenräume verschwinden

irgendwie gestützten, durchaus willkürlichen und, wie Kant mit Geschick näher nachweist, ganz unhaltbaren Erdichtungen über die Gestalt der Elemente nehmen [1]), um sich auf diese Weise Verhältnisse zu erdenken, in denen die Materie auf wunderbare Art auseinandergehalten wird und trotz geringer Masse ungeheure Räume umfaßt.

66. Die letzte (XIII.) Prop. schließlich gibt von dynamischem Standpunkt aus eine kurze Theorie der Elastizität: alle Elemente eines Körpers besitzen nach ihr, auch einzeln für sich, vollkommene Elastizität [2]), die in verschiedenen von verschiedener Größe ist, und bilden ein in sich, ohne Beimischung leerer Räume, ursprünglich elastisches Medium.

---

könnten und — trotz des Monadismus — Kontinuität herrschen würde. Bei starker Ausbreitung der Gase würden sich freilich neue und wohl unüberwindliche Schwierigkeiten ergeben (vgl. u. S. 177 f.). — Nach Dieterichs recht unzulänglichem Bericht über die Monadologia physica (I 49) läßt Kant seine Elemente durch leere Zwischenräume voneinander getrennt sein. Aber Dieterich beruft sich mit Unrecht auf die Vorrede (I 475 $_{26}$), die nur von der Geometrie behauptet, sie fordere den leeren Raum als eine für freie Bewegungen notwendige Voraussetzung. An I 486 $_{1-4}$ würde er auch keine Stütze finden. Sehr wahrscheinlich denkt Kant hier gar nicht an a b s o l u t leere Räume (vacuum absolutum I 486 $_{9}$), sondern an Körper mit großen luftgefüllten Poren wie Schwämme oder Aehnliches. Sollte er aber auch wirklich den absolut leeren Raum im Auge haben, so würde er ihn nur, bei voller Wahrung seiner eigenen gegenteiligen Stellung, als m ö g l i c h e Hypothese zugelassen haben. Mit dem „semper" (I 486 $_{1}$) hätte er dann allerdings im höflichen Entgegenkommen gegen die gegnerische Hypothese des Guten entschieden zu viel getan. — Nach Endler 26, 54 f. hat Kant außerhalb der Körper und in den Regionen der Himmelskörper mit Newton leere Räume angenommen. Endler verweist zur Begründung auf I 483 $_{16}$ ff. Aber aus dieser Stelle ist nichts zu entnehmen, da Kant in ihr nur einen von den Atomisten gelieferten Nachweis zur Bekämpfung der üblichen Definition der Berührung benutzt. Ob es einen leeren Raum wirklich gibt, bleibt dabei ganz dahingestellt. Worauf es ankommt, ist nur, daß die etwa durch ihn getrennten Körper nichtsdestoweniger koexistieren und einander unmittelbar gegenwärtig sein würden. Auch die Zeilen I 486 $_{10}$ f. und 486 $_{22}$ besagen gar nichts, da Kant sich in ihnen hypothetischerweise auf den in Prop. XII prinzipiell abgelehnten atomistischen Standpunkt stellt.

1) Er hat dabei neben Descartes auch Leibniz im Auge, vgl. I 580.

2) Wieweit Kant den Begriff der „perfecta vis elastica" ausgedehnt wissen will, ist nicht klar ersichtlich. B e w i e s e n wird nur die Kondensibilität der Elemente und Körper und damit natürlich auch ihr Streben, nach Fortfall des Zwanges wieder ihren ursprünglichen Raum einzunehmen. Von einem Restitutionsstreben nach zwangsweiser Erweiterung des Volumens oder sonstigen Deformationen wird nicht gesprochen. Auch nicht von Elastizität im Sinn eines ursprünglichen Ausdehnungsstrebens, obwohl man bei dem Ausdruck „media primitive elastica" unwillkürlich wohl gerade daran denkt. Aber wenn Kant mit den im Scholion und Korollar von Prop. X ausgesprochenen Gedanken wirklich Ernst macht, muß er diese Art von Elastizität, wie wir u. in § 71 sehen werden, geradezu ausschließen.

Denn jedes Element erfüllt den Raum seiner Gegenwart dadurch, daß es vermittelst einer bestimmten Zurückstoßungskraft äußere Substanzen von ihm abhält. Jede endliche Kraft kann aber durch eine andere von stärkerer Intensität überwunden werden; daher sind alle Elemente kondensibel, und ebenso werden auch alle aus ihnen zusammengesetzten Körper einer äußern sie zusammendrückenden Kraft je nach deren Stärke mehr oder weniger nachgeben. Doch sind die Elemente anderseits undurchdringlich, d. h. sie können durch keine noch so große äußere Kraft aus dem Raum, den sie einnehmen, ganz ausgeschlossen werden, da die Zurückstoßungskraft je näher dem Zentrum, von dem sie ausgeht, desto stärker und am Zentrum selbst unendlich groß ist.

So meint Kant die ursprünglich elastischen Materien, unter denen er den Aether oder die Materie des Feuers hervorhebt, erklären zu können, und zugleich wird er — worauf die Schrift nicht besonders hinweist — mit Recht geglaubt haben, auf diese Art auch den in Prop. XII erwähnten Einwänden Newtons und Keills gegen die Möglichkeit der Bewegung im vollkommen erfüllten Raum zu entgehen. Denn diese Einwürfe haben natürlich nur bei der atomistischen Auffassung der letzten Elemente als absolut harter, nicht kondensibler (zusammendrückbarer) Körper Geltung, nicht bei Kants dynamischer Theorie, die allen Elementen ursprüngliche Elastizität (Zusammendrückbarkeit) in sehr verschiedenem Grade beilegt. Die von Kant behandelten Erscheinungen der Elastizität gruppieren sich also ganz um den Begriff der Zurückstoßungskraft.

67. Wir stehen am Ende der kurzen, aber bedeutsamen Schrift.

In der Konzeption und Ausgestaltung des Begriffs der physischen Monade [1]) sehe ich eine der Großtaten Kants auf naturphilosophischem Gebiet. Leibniz [2]) und Newton sind es, die, wie in seiner Studienzeit und

---

1) Sie kann frühestens im Lauf des Jahres 1755 erfolgt sein. In den Meditationes de igne (Frühjahr 1755) ist Kant noch Atomist (vgl. u. § 173).

2) Schon bei Leibniz finden wir eine dynamische Theorie der Materie. Im Gegensatz zu Descartes ist er der Meinung, daß das Wesen des Körpers nicht in die Ausdehnung gesetzt werden könne, sondern daß dieser als bloßer continuatio sive diffusio iam praesuppositae nitentis renitentisque id est resistentis substantiae und der Undurchdringlichkeit als bloß negativem Prädikat eine wirkliche Kraft zugrunde liegen müsse. Und zwar nicht die jedem Körper zukommende vis activa (vgl. o. S. 72f., 82, 146), sondern eine besondere vis passiva. Von ihr heißt es: „Vis quoque passiva duplex est, vel primitiva vel derivativa. Et quidem vis primitiva patiendi seu resistendi id ipsum constituit, quod materia prima, si recte interpreteris, in scholis appellatur, qua scilicet fit, ut corpus a corpore non penetretur, sed eidem obstaculum faciat, et simul ignavia quadam, ut sic dicam, id est ad motum repugnatione sit praeditum, neque adeo nisi fracta nonnihil vi agentis impelli se patiatur. Unde postea vis derivativa patiendi varie in materia secunda sese os-

der daran sich anschließenden weiteren Entwicklung, so auch bei diesem Problem vor allem auf ihn eingewirkt haben. Zwischen beider Standpunkten hindurch sucht er sich seinen Weg, in selbständiger Weise. Es kommt nicht wie in der Erstlingsschrift nur zu einem unhaltbaren, wertlosen Kompromiß. Sondern ein fruchtbarer, zukunftsreicher Gedanke ist es, von dem er sich leiten läßt.

Die Denkmotive liegen klar zutage. Kant steht grundsätzlich auf dem Boden der Leibniz-Wolff'schen Metaphysik, ersetzt jedoch mit seinem Lehrer Knutzen die prästabilierte Harmonie durch einen influxus physicus, eine wirkliche Wechselwirkung, die in der gemeinsamen Abhängigkeit aller Substanzen von Gott gegründet ist. Um aber real aufeinander wirken zu können, müssen die Leibniz'schen Monaden eine starke Wandlung erfahren: sie müssen aus rein geistigen Gebilden, deren innere Relationen nur unserer Sinnlichkeit verworrenermaßen in der Form räumlicher Verhältnisse erscheinen, zu physischen Monaden werden, die ihren Raum wirklich erfüllen und in wirklichen, objektiven räumlichen Verhältnissen zueinander stehen, ganz unabhängig von unserer subjektiven, sinnlich-verworrenen Art sie aufzufassen. Der Begriff der Monade muß also stark umgeprägt werden, und das Ziel ist dabei, an ihm in der neuen Form eine tragfähige Grundlage auch für die rein physikalischen Anschauungen und Untersuchungen zu gewinnen und ihn so an die Stelle von Newtons Atombegriff zu setzen. Bei Leibniz war die prinzipiell dynamische Richtung doch an manchen Punkten von mechanistischen Tendenzen durchkreuzt worden (man denke an seine Polemik

---

tendit" (Specimen dynamicum S. 235—237, vgl. 241, 247 und o. S. 72 f., ferner J. E. Erdmann: Versuch einer wissenschaftl. Darstell. der Gesch. der neuern Philosophie 1842, II 2, S. 78—80, mit Belegstellen S. XXIX—XXXI, XXXIV). — Neben Leibniz ist auch noch der von ihm abhängige Hamberger zu nennen, der gleichfalls die Lehre vertritt, daß die Impenetrabilität von einer vis insita des Widerstandes herrühre und daß die Körper in stetem Wirken begriffen seien; seinen Gedanken, daß Bewegungen auch durch Kräfte eines Körpers in Ruhe entstehen können, hatte Kant schon in seiner Erstlingsschrift aufgegriffen (vgl. o. S. 89, 127—132, 145 f.). — H. E. Timerding (Kant und Euler, in: Kantstudien XXIII 27 ff.) ist der Ansicht, daß Kant in seiner dynamischen Theorie der Materie, vor allem in seinem Begriff der Undurchdringlichkeit durch L. Euler entscheidend beeinflußt sei. Aber die Gründe, die er vorbringt, sind wenig überzeugend. Sie bestehn der Hauptsache nach in dem Hinweis auf gewisse, ziemlich belanglose Aehnlichkeiten zwischen den beiderseitigen Ansichten. Viel wichtiger sind auf jeden Fall die Unterschiede: Euler denkt gar nicht an eine dynamische Theorie der Materie, und Kant anderseits ist weit davon entfernt, wie Euler die Fernkräfte auszuschalten, alle Kräfte als Nahkräfte aufzufassen und schließlich aus der Undurchdringlichkeit herzuleiten.

gegen die Gravitationskraft!); Kant will die vorhandenen Ansätze konsequent weiterentwickeln und zu einer einheitlichen Gesamtauffassung ausgestalten. Dabei bewegt er sich zunächst in derselben Richtung wie die Schüler Newtons (J. Keill usw.), die Gravitations- wie Kohäsions- und Adhäsionskräfte als wirkliche, durch den leeren Raum in die Ferne bzw. Nähe wirkende Anziehungskräfte betrachtet wissen wollten. Aber auch *sie* verläßt er, indem er auch ihnen gegenüber das dynamische Prinzip streng durchführt: bei der Erklärung der Dichtigkeits-, der Elastizitätsunterschiede usw. ersetzt er ihre und ihres Meisters Newton mechanistische Anschauungsweise, die mit Atomen und leerem Raum arbeitet, durch die monadologisch-dynamische, und vor allem bringt er die letztere auch bei dem Problem der Konstitution der Materie selbst zur Geltung, indem er diese ganz und gar auf Kräfte zurückführt, die von einem substantiellen Zentrum ausgehen. So vermeidet er die sonst unlösbaren Schwierigkeiten, die in dem Begriff eines durch seine Körperlichkeit einen endlichen Raum erfüllenden und trotzdem unteilbaren Atoms liegen. Das Atom wird zur physischen Monade, zum Kraftzentrum, ohne dadurch etwas von seiner physikalischen Brauchbarkeit einzubüßen.

68. Um letzteres zu erreichen, mußte Kant freilich von Newton und seinen Schülern, wenn auch nicht wie später (1768) die Substantialität, so doch die Realität des Raumes übernehmen und dadurch in entschiedenen Gegensatz zu Leibniz' idealistischer Ansicht treten.

Das ist von denen meistens übersehen worden, die der Raumtheorie der Monadologia physica Mangel an Einheitlichkeit (innerer Geschlossenheit) vorgeworfen haben. Besonders gilt das von Simmel [1]) und Endler.

Nach Endler S. 19 ff. gehn bei Kant zwei Auffassungen nebeneinander her: eine ideelle, spekulative und eine substantielle, empirische. Jene soll da vorherrschen, wo er direkt das Wesen des Raumes definiert: da ist letzterer nur das ideelle Band, durch welches wir ⟨!⟩ die an sich raumlosen Monaden verknüpfen. Während dagegen die III. Prop., nach der, im Gegensatz zu den aus einfachen Teilen bestehenden Körpern, der Raum ins Unendliche teilbar ist, angeblich die Vorstellung erweckt, daß

---

1) Simmels Dissertation ist ein Musterbeispiel dafür, wie sehr ein kluger Kopf trotz scharfen Denkens in die Irre gehen kann, wenn er, zu vorschneller Kritik geneigt, nicht die nötige Zeit opfert, um sich wirklich in eine Sache zu vertiefen. Simmel wirft Kants Schrift wiederholt (bes. S. 19) Unklarheit vor. Aber die angeblichen Unklarheiten sind erst von ihm in die Monadologia physica hineingetragen. Sie ist in Wirklichkeit sehr gut durchdacht und sowohl die Klarheit ihres ganzen Aufbaus als die der einzelnen Gedankengänge ist nur zu rühmen.

der Raum ebenfalls ein Körper sei, der nur aus ganz besonderen Teilen konstruiert ist. Im 2. Teil der Schrift, beim tieferen Eindringen in die naturwissenschaftlichen Probleme, soll die empirische Raumauffassung immer mehr in den Vordergrund treten: „der Raum ist gleichsam ein Körper neben den übrigen Körpern; er wird geteilt und erfüllt, in ihm findet die Bewegung statt."

In Wirklichkeit sind diese letzten Ausdrücke ganz unschuldig gemeint. Kant kann sie ohne jede Bedenken gebrauchen, da sie ja nur den von der Naturwissenschaft vorgefundenen, empirischen Sachverhalt wiedergeben, den Kant durchaus als real anerkennt. Der Idealist wie der Realist können gar nicht anders, als ihn in ganz derselben Weise beschreiben. Die Ansichten trennen sich erst bei der Frage, was denn nun der Raum, auf den diese Aussagen sich beziehen, eigentlich sei: etwas objektiv an sich Seiendes oder nur etwas unserer subjektiven Auffassung Anhaftendes, ein den Dingen, vielleicht gar nach substantieller Art, zugrunde liegendes Etwas oder nur die Ordnung im Nebeneinander der Dinge, ihnen inhärierend oder von ihnen hervorgebracht. Auf diese Fragen gibt Kant eine ganz eindeutige Antwort: mit Newton, gegen Leibniz, hält er den Raum für real, für bewußtseinstranszendent, nicht nur für eine verworrene Vorstellung unserer Sinnlichkeit; aber mit Leibniz, gegen Newton, sieht er in ihm nichts Substantielles, nichts den Dingen zugrunde Liegendes, sondern nur ihre reale Beziehungsform, den Ausdruck und die Ordnung ihres äußeren Verhältnisses [1]).

Wenn er in diesem Zusammenhang zweimal (I 479 $_{26}$, 480 $_{28}$) auch den Ausdruck „phaenomenon" gebraucht, so geschieht das im Anschluß an Wendungen, die bei Leibniz häufig sind [2]). Aber ein idealistisch-phänomenalistisches Moment im technischen Sinn dieses Ausdrucks, das bei Leibniz entschieden vorhanden ist, darf bei Kant an beiden Stellen nicht gesucht werden. Dafür bürgen die andern Stellen, in denen vom Wesen des Raumes die Rede ist, die sich sämtlich nur im Sinn einer wirklich objektiven Realität der räumlichen Verhältnisse verstehen lassen. Dafür bürgt auch die ganze Absicht der Schrift, die doch gerade den Begriff der Monade naturwissenschaftlich brauchbar machen will

---

1) So auch in der A.N.u.Th. I 308: „Die Anziehung ist ohne Zweifel eine ebenso weit ausgedehnte Eigenschaft der Materie, als die Koexistenz, welche den Raum macht, indem sie die Substanzen durch gegenseitige Abhängigkeiten verbindet, oder, eigentlicher zu reden, die Anziehung ist eben diese allgemeine Beziehung, welche die Teile der Natur in einem Raume vereinigt." Aehnlich in der Nova dilucidatio I 414 f.

2) Vgl. E. Zeller, Geschichte der deutschen Philosophie seit Leibniz [2], 1875, S. 99.

und sie eben darum einen wirklichen Raum einnehmen lassen muß. „Phaenomenon“ ist also an beiden Stellen vielmehr in dem vagen Sinn zu verstehen, in dem es von Naturwissenschaftlern wie Philosophen damals so oft gebraucht wurde und auch heute noch gebraucht wird und in dem auch Kant selbst es in der Vorrede zu der Schrift verwertet [1]): im Sinn von bloßer, nackter Tatsache im Gegensatz zu ihrem Gedeutet- und Verstandenwerden, oder als Wirkung im Gegensatz zu den verborgenen Ursachen. Die Meinung ist also, daß das äußere Verhältnis vereinigter Monaden die Raumform annimmt, in ihr zum Ausdruck, zur Darstellung kommt; man könnte „phaenomenon“ etwa mit „tatsächlicher Seinsweise“ übersetzen.

Dem Innern nach sind die Monaden raumlos, nicht etwa, wie Simmel S. 23 will, zwar im Raum (jede an einem Punkt, Ort, Lokus), aber ohne den Raum zu erfüllen [2]). Sondern Kant sagt ausdrücklich: „Quodcunque substantiae est internum, h. c. substantia ipsa, externarum determinationum subiectum, proprie non definitur spatio, sed quae ipsius determinationum ad externa referuntur, ea tantummodo in spatio quaerere fas est“ (I 481) [3]), und das „definitur“ will doch wohl nicht nur das Begrenzt-, sondern auch Bestimmt- und Befaßt-Sein ausdrücken (vgl. o. S. 153). Kants Meinung geht offenbar dahin, daß etwas rein Innerliches (und dazu gehören nach ihm nicht nur die innern Bestimmungen, sondern auch die

1) I 475: „Qui phaenomena tantum naturae consectantur, a recondita causarum primarum intelligentia semper tantumdem absunt.“

2) Es ist Kants wirklicher Ansicht schnurstracks entgegen, wenn Simmel S. 23 seine Raumtheorie dahin auslegt, daß der Raum uns zwar nur durch eine äußere Tätigkeit der Monaden e r s c h e i n e n könne; a n s i c h könne und müsse er aber v o r ihnen sein, da sie als getrennte Substanzen gesetzt würden, was nur möglich sei, wenn er schon da sei.

3) Dem widerspricht freilich der Anfang von I 481, nach dem jede Monade, auch „solitario posita, spatium replet“. Aber es scheint nur vor „replet“ versehentlich ein „non“ ausgefallen zu sein. Denn Kant fährt gleich fort, daß nach dem Vorhergehenden die Ursache der Raumerfüllung „non in positione substantiae sola“, sondern vielmehr in ihrer ein äußeres Verhältnis zu andern Monaden vorauszusetzenden bzw. einschließenden Tätigkeit gesucht werden müsse. Ist kein „non“ vor „replet“ ausgefallen, dann wäre der Ausdruck „solitario posita“ als sehr unvorsichtig gewählt zu bezeichnen. Er wäre dann vermutlich gegen Leibniz gerichtet, nach dem jede einzelne Monade unräumlich ist und ihr Zusammen-Sein nur unserer S i n n l i c h k e i t v e r w o r r e n e r w e i s e als räumlich erscheint. Der parallele Ausdruck in Prop. XIII (I 486 $_{36}$ f.) kann nicht zur Erläuterung herbeigezogen werden. Er soll nur besagen, daß innerhalb des räumlichen Verbandes, der stillschweigend vorausgesetzt wird, nicht nur eine Vereinigung von Monaden, sondern auch schon die Einzelmonade, für sich genommen (betrachtet), die Eigenschaft der Elastizität aufweise.

Substanz selber als solche) unmöglich räumlicher Art oder irgendwie räumlich bestimmt sein könne.

Die Monaden selbst also, als die letzten Träger aller Kräfte, sind raumlos; im Raume sind nur ihre äußern Kraftwirkungen, die Sphäre ihrer Aktivität oder ihrer äußern Gegenwart. Aber dies Räumliche ist um nichts weniger wirklich als das Innerliche. Die Sache liegt nicht so, als ob die Monade zunächst nur an und für sich existierte und insoweit rein innerlich wäre, dann aber nachträglich noch in eine Beziehung zu andern Monaden und damit in äußerliche, räumliche Verhältnisse träte und als ob diese letztern etwas weniger Reales, nur eine Wirklichkeit 2. Ordnung wären. Vielmehr: eine Monade in voller Vereinzelung gibt es überhaupt nicht, sondern nur eine allumfassende Gemeinschaft von Monaden, alle in gleicher Abhängigkeit von Gott und auf Grund davon in realer Wechselwirkung untereinander stehend, und darum auch jede von vornherein in Beziehungen zu ihresgleichen ihr Dasein und ihre Kräfte kundtuend. Diese Beziehungen können sie aber nur auf die Weise ausüben, daß sie einen Raum erfüllen, und zwar nicht durch eine Mehrheit von Teilen, sondern durch ihre Tätigkeit. Mit ihr sind sie in ihm gegenwärtig, und diese Tätigkeit geht von einem bestimmten Punkt als Zentrum aus und erstreckt sich gleichmäßig nach allen Seiten hin. In diesem Zentrum ist die Monade natürlich in besonderem Maß und Sinn gegenwärtig, und insofern kann auch gesagt werden: sie ist an diesem Ort und bildet an ihm einen Teil eines Naturkörpers, dieser ist aus Monaden zusammengesetzt, die sich an den einzelnen Punkten des von ihm eingenommenen Raumes befinden.

Aber das alles ändert nichts daran, daß die Monade selbst in ihrem innersten Sein als substantieller Träger aller ihrer Aeußerungen absolut unräumlich ist [1]). Im Raum gegenwärtig ist sie nur d u r c h ihre und i n ihren äußern Beziehungen zu andern Monaden, modern ausgedrückt: als Kraftzentrum, als Mittelpunkt bewegender oder wenigstens irgendwie räumlich orientierter Kräfte [2]). Raumlos ist sie also ihrem Innendasein

1) Sie darf auch nicht, wie Simmel 10 und Endler 32 f. es tun, als ein mathematischer Punkt betrachtet werden, der von einer Hülle, der Aktivitäts- oder Kraftsphäre, umgeben ist. Mathematische Punkte, Orte sind stets räumlich, wenn sie auch keinen Raum erfüllen.

2) Das Kraftzentrum und seine Kraft- (Aktivitäts-) Sphäre sind absolut eins. Man kann sie zwar begrifflich unterscheiden, aber doch nur so, daß sie in der Wirklichkeit ungeschieden bleiben, da keines ohne das andere sein kann. — Simmel hat sich den Zugang zu der richtigen Auffassung dieser Verhältnisse dadurch verschlossen, daß er die Monaden selbst, auch als Substanzen, gleichsam an sich betrachtet, an einem Ort sein läßt (vgl. o. S. 167) und daß doch anderseits die Aktivi-

nach, räumlich in ihren Beziehungen zu andern Monaden und in allen äußeren Funktionen und Betätigungen, und der Raum wird so zu einer

tätssphären, von denen sie nach ihm nur „umhüllt", „umgeben" sind (S. 10, 25), „gar nichts Reales" sein sollen (S. 26). Dadurch verfällt er auf ganz unbegründete Einwände, wie den, daß es nach Kants Definition eigentlich gar keine Berührung geben könne, da die Sphären undurchdringlich seien und also die Monaden selbst nie aneinander kommen könnten; auch wir könnten wegen dieser undurchdringlichen Hülle nichts von ihnen wissen, könnten nie zu dem einzig Realen gelangen und hätten also auch kein Recht es anzunehmen (S. 25, vgl. S. 10). Dagegen gilt: die ganzen Aktivitätssphären, ihre Mittelpunkte eingeschlossen, bilden die Art der äußeren Gegenwart der Monaden; wären sie auch für uns durchdringlich, so würden wir doch auf diesem Weg nie zu dem „einzig Realen" gelangen, weil es unräumlich, Durchdringung aber eine räumliche Tätigkeit ist; und anderseits: ihre Undurchdringlichkeit für Bewegungen, die von uns ausgehen, sagt nichts aus über die etwaige Durchdringbarkeit der ganzen Verhältnisse für unser Denken. Ferner: die Monaden selbst, ihrer innersten Natur nach, können sich selbstverständlich nicht berühren, da nur bei Räumlichem von Berührung geredet werden kann, die Monaden in jenem Sinn genommen aber unräumlich sind. Berührung kann eben nur zwischen Aktivitätssphären stattfinden und liegt nach Kants Definition überall da vor, wo die Undurchdringlichkeitskräfte mehrerer Monaden aufeinander wirken, d. h. wo ihre beiderseitigen Aktivitätssphären zusammenstoßen. — Weiter ist Simmel S. 27 f. der Meinung, Kant könne in Prop. XIII eigentlich nur die absolute Undurchdringlichkeit der Monade selbst, d. h. des unendlich kleinen, punktuellen Zentrums der Aktivitätssphäre, behaupten, und anderseits nur die Zusammendrückbarkeit der letzteren (nicht die der Elemente selbst, wie er es in Wirklichkeit tut); der Unterschied zwischen jenem Zentrum und jedem beliebigen Punkt der Aktivitätssphäre sinke also zu einem bloß graduellen herab, Monade und Kraft seien nicht mehr wie Substanz und Akzidens unterschieden, sondern die Monade selbst werde zur Kraft. Auch diese Einwände beruhn auf bloßen Mißverständnissen. Das absolut Undurchdringliche ist nach Kant sicher nicht als unendlich klein, als bloßer Punkt zu denken, sondern als eine, wenn auch noch so kleine, doch immerhin endliche Sphäre, weshalb I 487 $_{10}$ auch wohl mit Absicht nicht „in puncto", sondern „ad punctum" (= nahe dem Mittelpunkt, d. h. in ihm und seiner allernächsten Umgebung) gesetzt ist. Denn wäre nur das punktuelle Zentrum absolut undurchdringlich, dann könnten ja unter sehr starkem Druck unendlich viele Monaden in einem endlichen Körper vereinigt werden, letzterer wäre ins Unendliche teilbar, und alle in Prop. IV dagegen geäußerten Bedenken träten in Kraft. Zwischen den einzelnen Punkten der Aktivitätssphäre ist zwar allerdings nur ein gradueller Unterschied, aber damit doch nicht, wie Simmel will, auch zwischen Monade und Kraft, sondern nur zwischen den an den verschiedenen Punkten wirksamen Kraftgrößen. Zwischen der Monade selbst als Substanz und der Kraft als ihrer Aeußerung unterscheidet Kant von der ersten bis zur letzten Seite seiner Schrift in ganz derselben, klaren Weise. Daß in ihrem Verlauf die Materie erst zur Kraft, dann die Kraft wieder zur Materie werde, bis schließlich die Monade und ihre Wirkung sich als vollständig identisch ausweisen (Simmel 28), daß ein Grundfehler der Schrift darin bestehe, „daß Funktionen, die doch nur in ihren Trägern und nicht außerhalb derselben zu suchen sind, zu an sich existierenden, raumerfüllenden, materiellen Realitäten

Folge und Form des Zusammenseins und Zusammenwirkens mit andern Monaden [1]).

Abstrakt-begrifflich ist dieser Standpunkt mit genügender Klarheit bestimmt. Aber ob er sich wirklich durchführen läßt? Ich glaube nicht.

gemacht werden" (Simmel 25), daß Kant sich aber anderseits in derselben Schrift doch schon, im Gegensatz zu der mittelalterlich-realistischen Denkweise, in der Newton und Wolff noch befangen blieben, zu der entschiedenen Ueberzeugung aufgeschwungen habe, „daß die Erscheinungen der Ausdehnung und der Schwere, überhaupt der Körperhaftigkeit, auf Beziehungen beruhen — eine Ueberzeugung, die schon in dieser Schrift ihn dahin drängte, wenn er es auch noch nicht aussprach, vielleicht auch noch nicht klar ausdachte, die Träger als eine überflüssige Last zu eliminieren", daß also in der „Monadologia" schon das idealistische tagverkündende Morgenrot schimmere, das der Sonne des kritischen Erkennens voranging (S. 31), — das alles sind reine Phantasien, von Simmel in Kants Ausführungen hineingetragen oder auf Grund von Mißverständnissen und Gewaltinterpretationen aus ihnen herausgelesen. Alles ist bei Kant in bester Harmonie, sobald man nur Ernst damit macht, daß Monade (als Kraftzentrum) und Aktivitätssphäre vollkommen eins sind, daß nicht etwa die Kräfte die Monade „umschweben" oder „umspielen" (Simmel 24), als ob sie eine Sonderexistenz hätten, daß vielmehr die Kräfte des Kraftzentrums durch ihre Wirkungen einen gewissen Raum beherrschen bzw. einnehmen und erfüllen. Diese Kräfte sind aber für Kant, den realistisch Denkenden, nicht bloß „ein zur Vereinfachung der Erklärung des wirklichen Geschehens angenommener Hilfsbegriff" (Simmel 24), sondern reale Größen. Zwar keine Stricke, die Monade zu Monade zögen (Simmel 23), aber Kants Großtat bestand eben gerade in der klaren Einsicht, daß hinter der materiellen, rein körperhaften Wirklichkeit noch eine dynamische Wirklichkeit stehe, jener an Realität nicht nur gleich, sondern überlegen, da sie das der Körperwelt zugrunde liegende an sich Seiende darstelle. Die Kräfte sind zwar der Monade inhärent; diese als Kraftzentrum ist das Tätige, bringt die Kräfte zur Geltung. Aber die Wirkungen der Kräfte, wie sie in der Raumerfüllung zutage treten, bestehen nicht nur in der Vorstellung der Monaden, die merken, daß sie sich andern nur bis zu einer gewissen Grenze nähern können und dann zurückgestoßen werden (Simmel 23). Sondern sie s i n d etwas wirklich im Raum Vorhandenes: der von der Repulsionskraft geleistete Widerstand z. B. macht sich in dem ganzen von ihr beherrschten Raum geltend und schließt andere Kraftzentren, soweit sie nicht durch eine übermächtige Kraft in ihn hineingedrängt werden, von ihm aus. Der Widerstand füllt also den Raum wirklich aus. Man muß sich allerdings von der extrem realistischen, an den Sinnenschein unlösbar gebundenen Auffassung losmachen, als ob nur das Körperlich-Materielle im Raum Wirklichkeit habe. Kant zieht nur die sachlich wie logisch notwendige Konsequenz aus der Lehre von der Subjektivität der sekundären Sinnesqualitäten, wie sie seit der Renaissance zum Gemeingut der Philosophie geworden war, wenn er behauptet, daß jener materiellen Körperlichkeit letzthin Kraftwirkungen zugrunde liegen.

1) Wahrscheinlich sind auch jetzt noch, ähnlich wie in der Erstlingsschrift, die Eigentümlichkeiten der räumlichen Ordnung durch die Kräfte der Monaden und ihre Gesetze determiniert zu denken. Vgl. I 414 f., besonders die Worte: attractionem Newtonianam „eodem substantiarum nexu effici probabile est, quo spatium determinant".

Sondern gerade hier müßte meines Erachtens die Kritik einsetzen. Soll der Raum etwas wirklich Reales sein, dann müssen auch die Monaden selbst als substantielle Träger im Raum sein, natürlich nicht ihren inneren Eigenschaften nach, wohl aber als Substanzen, denen die äußeren Funktionen und bewegenden Kräfte als Akzidenzen inhärieren. Und das scheint mir dann weiter die Folgerung nach sich zu ziehen, daß der Raum überhaupt als etwas von den Monaden Unabhängiges, nicht als eine aus ihrer äußeren Betätigung folgende Form, sondern als ein ihr zugrunde liegendes Etwas aufgefaßt wird. Nur so scheint er mir auf wirkliche Realität Anspruch machen zu können.

Doch das sind Ansichtssachen. Was Kant als Ziel vorschwebte, hat er auf jeden Fall mit aller wünschenswerten Klarheit und Bestimmtheit entwickelt; seine Schuld ist es nicht, wenn seine Interpreten im Dunkel getappt haben und in Irrtümer verfallen sind.

Die Raumtheorie steht, wie gesagt, nur in loser Verbindung mit seinen Ansichten über die Konstitution der Materie. Auf diese letzteren kommt alles an, und sie wären auch, ja sogar noch weit besser mit einer andern, das realistische Moment stärker hervorkehrenden Raumtheorie vereinbar.

69. Das Große, Neue, was Kant hier bringt, besteht nun darin, daß er an Stelle der bloß passiven Raumerfüllung durch eine materia iners ein Spiel oder einen Kampf von Kräften setzt [1]). Das Atom stirbt, um als

1) Wenn die Zeit „erfüllet" ist, pflegen neue, große Gedanken oft in verschiedenen Köpfen gleichzeitig an den Tag zu treten. So ist es auch mit der dynamischen Theorie der Materie gegangen. Fast zu gleicher Zeit mit Kant erschien der Jesuit R. J. Boscowich mit einer solchen auf dem Plan. Ein Vorspiel bildeten 5 Abhandlungen, die er in den Jahren 1745—57 veröffentlichte. Vollständig ausgeführt liegt sein Gedankenbau, mit dem die spätere Atomenlehre Fechners manche überraschende Aehnlichkeiten hat, in der „Philosophiae naturalis theoria redacta ad unicam legem virium in natura existentium" (1759) vor. Auch seine vollbewußte Absicht geht, wie der Anfang des Werkes zeigt, darauf aus, einen Mittelweg zwischen Leibniz und Newton zu finden. Die Materie denkt er sich im unendlichen leeren Raum zerstreut, in ihm schwimmend. Dieser Raum ist ins Unendliche teilbar. Nicht so die Materie. Die Körper bestehn vielmehr aus unteilbaren, unausgedehnten physischen Punkten, die voneinander durch leere Zwischenräume getrennt sind. Diese können vergrößert oder vermindert werden, aber nie völlig verschwinden. Eine unmittelbare Berührung gibt es also nicht. Die Punkte sind mit Trägheitskraft sowie mit Anziehungs- und Zurückstoßungskraft ausgestattet. Dieser letztere qualitative Unterschied ist aber nur eine Funktion der zwischen zwei Punkten bestehenden Entfernung: ist diese sehr klein, so ist die wechselseitig ausgeübte Kraft eine abstoßende, und sie wird unendlich groß, wenn die Entfernung sich der Null nähert. Mit wachsender Entfernung dagegen nimmt die Repulsionskraft ab, wird Null und geht bei weiterem Wachsen der Entfernung in Anziehungskraft

Kraftzentrum wieder aufzustehn. Hinter der Materie, die unsern Sinnen durch ihre bloß stoffliche Gegenwart den Raum einzunehmen scheint, sieht er die eigentlichen wirkenden Kräfte. Ueber den Sinnenschein hinaus, der uns kontinuierliche Stoffe, die durch ihr bloßes totes Dasein den Raum erfüllen, vortäuscht, dringt er zu den tieferen Ursachen vor und fragt: was ist es, das da macht, daß die Materie, der Stoff einen Raum einnimmt und aus ihm nicht verdrängt werden kann? [1]) Und er antwortet: es ist eine Kraft, die Undurchdringlichkeits- (Repulsions-) Kraft. Was bis dahin als ein Letztes, nicht weiter Zurückführbares betrachtet wurde, lehrt er als bloße Wirkung einer dahinter verborgenen Kraft erkennen und kommt so auf den kühnen Gedanken, in den Kräften, die bisher an der Materie als ihre Akzidenzen haften sollten, ihre Ursachen oder Voraussetzungen zu sehen. Die Materie, der Stoff wird aus einer Substanz zum Akzidens, aus einer Ursache zur Wirkung.

So schafft er — ohne vielleicht die ganze Tragweite seiner schöpferischen Idee selbst schon klar zu übersehen — erst die Möglichkeit, dem räumlichen Sein und Geschehen höchste Realität, auch für das an sich Seiende, beizulegen: die „massive Raumerfüllung" (Thiele I 190) durch das bloße Sein des Stoffes in den einzelnen Raumteilen, also die eigentliche Materialität, kann und muß fortan als menschlich-subjektive Auffassung betrachtet werden, beruhend auf den sekundären Sinnesqualitäten, an deren Subjektivität und Idealität mit Notwendigkeit teilnehmend. Und

---

über, die zunächst zu-, darauf abnimmt, gleich Null wird, um sich dann wieder in eine Zurückstoßungskraft zu verwandeln. So wechselt die Qualität der einheitlichen aktiven Kraft in unmerklichen Abständen mehrfach entsprechend der wachsenden Entfernung. Sobald aber der Abstand zwischen zwei physischen Punkten ein merklicher wird, hört der Wechsel auf und die einheitliche Kraft äußert sich fortan nur noch in Gestalt der allgemeinen Gravitation. Die Körperelemente befinden sich an solchen Punkten, wo Repulsions- und Attraktionskraft gerade ineinander übergehn. Sie sind sämtlich homogen, aller Unterschied der Massen kommt nur von ihrer verschiedenartigen Stellung und Verbindung her. — Der Berührungspunkte zwischen Kant und Boscowich sind also nicht wenige, daneben stehn aber auch tiefgreifende Unterschiede. Daß Kant Boscowichs frühere Arbeiten gekannt habe, ist so gut wie ausgeschlossen. Sogar das große Werk von 1759 fand in Deutschland nur wenig Beachtung. Nicht einmal die Göttinger Anzeigen von gelehrten Sachen brachten eine selbständige Besprechung, sondern nahmen nur bei einer Anzeige der „Briefe die neueste Literatur betreffend" (1759 S. 1047, 1760 S. 101—4) davon Notiz; von diesen Briefen beschäftigen sich der 42., 45., 54.—56. mit Boscowichs Werk.

1) Die Notwendigkeit dieser Frage erkannt zu haben, ist schon ein unermeßliches Verdienst. Ihr liegt ein echt philosophisches θαυμάζειν zugrunde, das dem Materialismus, dem die Stofflichkeit als solche etwas Höchstes und Letztes ist, absolut abgeht.

so wird der Weg frei für eine neue Auffassung des ὄντως ὄν, das der körperlichen Welt zugrunde liegt: es ist zwar räumlich zu denken und in steter Bewegung, aber ohne Stofflichkeit; was sich bewegt, sind nicht materielle Teilchen, nicht Atome, sondern punktuelle Kraftzentren, von denen jedes einen kugelförmigen Raum durch seine Kraftwirkungen einnimmt und so erfüllt, daß es andere Kraftzentren von ihm ausschließt (bzw. sich ihrem Eindringen in ihn in zunehmendem Maße entgegenstemmt und es schließlich unmöglich macht).

70. Die weitere Ausgestaltung dieser Idee der physischen Monaden (im Sinn von Kraftzentren) kann natürlich in verschiedener Weise erfolgen. Speziell gegen Kants Versuch, die Raumerfüllung aus dem Kampf zweier entgegengesetzt wirkender Kräfte zu erklären, wendet Simmel S. 11 (vgl. S. 8) ein, es sei ein reiner Zirkel, die Attraktion damit zu beweisen, daß ohne sie die Repulsion ins Unendliche gehen würde; denn die Repulsion sei Widerstandskraft (Prop. VI, XIII), beruhe also auf einer unausgesprochen angenommenen Anziehung, weil sonst zu dem „arcere" gar keine Kraft erforderlich wäre; es werde also immer eine Kraft auf Grund der andern angenommen. Aber Repulsion ist doch bei Kant prinzipiell nicht nur Widerstands-, sondern auch Ausbreitungskraft [1]), und als solche bedarf sie nicht erst einer Anziehung, um in Wirksamkeit zu treten. Und weiter: selbst bei einer ausgesprochenen Widerstandskraft brauchte der Impuls, dem widerstanden wird, nicht in einer Anziehungskraft bestehn; er könnte geradesogut von mechanischem Druck oder Stoß ausgehn. Simmels Einwand ist also hinfällig.

Ferner weist Simmel S. 24 darauf hin, daß Attraktion sowohl wie Repulsion „immer zwischen zwei Monaden gegenseitig sind" [2]); die Undurchdringlichkeit ihrer Kraftsphären macht es aber angeblich unmöglich, daß die Wirkung einer Monade bis zur andern reicht; es soll also unumgänglich nötig sein, daß die Kraftsphären sich wirklich durchdringen und von einer Monade bis zur andern gehn. Kant würde letzteres zuge-

---

1) Denn die einzelne Monade erfüllt doch ihren Raum durch ihre Tätigkeit, ganz einerlei, ob sie sich mit andern Monaden direkt berührt oder nicht. Gewiß findet nach Kant, der ja den leeren Raum ausgeschlossen wissen will, eine unmittelbare Berührung nach allen Seiten hin statt. Aber das ist keine notwendige Folge aus seinem monadologischen Standpunkt. Denn Kant lehrt ja, daß das Volumen jeder Monade durch den Widerstreit nur ihrer i n n e r e n Kräfte bestimmt werde. Es muß also die der Anziehungskraft entgegengesetzte Kraft auch dann als tätig gedacht werden, wenn ihr keine fremde Monade an der Grenze oder innerhalb ihres Volumens als Eindringling entgegentritt. Jene Kraft darf also nicht in erster Linie als Widerstandskraft charakterisiert werden.

2) Aehnlich auch Thiele I 195 ff.

stehen können, da nach ihm ja sowohl Attraktion als Repulsion Fernkräfte sind; nur würde er zu bedenken geben, daß die Repulsionskraft jenseits des von dem Kraftzentrum erfüllten Volumens ohnmächtig sei, zwar latent vorhanden, jedoch (weil der stärkeren Attraktionskraft unterlegen) ohne die Fähigkeit, sich zu betätigen. Aber, würde er hinzusetzen, dadurch werde die Wechselwirkung nicht aufgehoben, sie spiele sich vielmehr an den Berührungsflächen der beiden Kraftsphären ab, die eben nicht etwas von den Kraftzentren Gesondertes oder zu Sonderndes seien, sondern mit ihnen eine unteilbare Einheit bildeten.

Simmel geht aber noch weiter und leugnet S. 14 überhaupt die Möglichkeit, daß durch den Widerstreit der beiden entgegengesetzten Kräfte der Umfang des einzelnen Kraftzentrums bestimmt werden könne. Es gebe in der Geraden zwischen zwei Monaden keinen Punkt, wo Attraktion und Repulsion sich die Wage hielten und der die Grenze der Undurchdringlichkeit sei; diese werde vielmehr durch die Monade selbst gebildet, da nach Prop. XIII jede Kraft von einer größeren überwunden werden könne. — Aber, um zunächst auf das Letzte einzugehn, mit dem „limes impenetrabilitatis" (I 485 $_2$) ist doch selbstverständlich nicht die absolute, sondern nur die relative Undurchdringlichkeit gemeint, und mit „contactus externi ambitus s. volumen" (I 485 $_3$, o. S. 157) nicht ein für immer und für jede noch so große Kraft unveränderliches Volumen, sondern nur gleichsam das Durchschnittsvolumen der Monade, wie es durch das Gegeneinanderwirken ihrer eigenen Kräfte ohne jede fremde Hülfe bestimmt wird [1]). Durch äußeren Zwang wie Druck, Stoß kann es dann aber verschieden stark eingeschränkt werden, je nach dem Grad der Ueberlegenheit, mit dem sich die einwirkende Kraft zur Geltung bringt. Etwa wie ein vollkommen elastischer Körper durch äußeren Zwang auseinander gezogen oder zusammengedrückt werden kann, aber nur, um bei Aufhören des Zwanges alsbald wieder seine ursprüngliche Gestalt anzunehmen.

Auch der zweite Einwand Simmels trifft Kant nicht. Gibt man zu, daß die Repulsionskraft an und nahe dem Mittelpunkt des Kraftzentrums unendlich groß (I 487 $_{10}$) und daher der Attraktionskraft weit überlegen ist, daß sie aber bedeutend rascher abnimmt als diese, so kann man sich

---

1) Damit soll nicht etwa geleugnet werden, daß sowohl die Anziehung als die Abstoßung wechselseitig sind, daß also auch nur, wenn mehrere Monaden zugleich und nebeneinander in Betracht kommen, von einer Bestimmung ihres Volumens die Rede sein kann. Nur unter jener Bedingung stehn ja überhaupt die Monaden in räumlichen Verhältnissen und erfüllen einen Raum. Trotzdem aber gilt, daß das Durchschnittsvolumen jeder Monade nur durch das Stärkeverhältnis ihrer eigenen Kräfte bestimmt wird.

auch der Folgerung Kants nicht entziehen, daß auf einer Kugeloberfläche in bestimmter Entfernung vom Mittelpunkt beide Kräfte einander gleich sein werden. Eine Berechnung, bei der ich mich der Einfachheit halber ganz willkürlicher, unwirklicher Zahlenwerte bediene, wird die Sache anschaulicher machen. In 1 mm Entfernung vom Mittelpunkt habe die Repulsionskraft die Größe von 1000 Einheiten irgendeines Maßstabes, die Attraktionskraft die von 100. Dann wird in der doppelten Entfernung von 2 mm nach dem von Kant angenommenen Gesetz der Abnahme jene auf $\frac{1}{2^3} = 125$, diese auf $\frac{1}{2^2} = 25$ Einheiten gesunken sein, in der Entfernung von 10 mm jene auf $\frac{1}{10^3}$, diese auf $\frac{1}{10^2}$; beide werden hier also gleich sein, da jede nur noch e i n e Einheit beträgt. In 20 mm Entfernung wird jene nur noch $\frac{1}{8}$, diese $\frac{1}{4}$ Einheit stark sein, in 100 mm Entfernung jene $\frac{1}{1000}$, diese $\frac{1}{100}$ Einheit. Auch außerhalb jener Kugeloberfläche, auf der beide Kräfte einander gleich sind und die deshalb die Grenze darstellt, bis zu der die Undurchdringlichkeits- (Repulsions-) Kraft sich gegenüber der Anziehungskraft siegreich durchsetzt, auf diese Weise das Volumen des Kraftzentrums bestimmend, ist die Repulsionskraft also zwar noch vorhanden — darin hat Simmel S. 14 recht — aber nur, wie schon gesagt, latent: sie wirkt nicht mehr selbständig als solche (ulterius non agit, I 485, vgl. o. S. 157), sondern vermag nur noch die Anziehungskraft zu schwächen, bei 20 mm Entfernung sie auf $\frac{1}{8}$, bei 100 mm Entfernung sie auf $\frac{9}{1000}$ der Einheit herabzusetzen.

Von der Wechselwirkung kann bei dieser Berechnung also abgesehen werden, da nur das Stärkeverhältnis in Betracht kommt, das zwischen den der einzelnen Monade eignen Kräften obwaltet, und da es sich ja außerdem nicht um mechanisches Geschehen, um Bewegungen von Monaden handelt, sondern nur um die metaphysische Konstitution und die logisch-sachlichen Voraussetzungen jeder einzelnen Monade. Aber die Wechselwirkung bildet auch hier die unentbehrliche Grundlage für den ganzen Gedankengang. Sie ist ja gerade das, was die an sich raumlosen Monaden in räumliche Beziehungen bringt. Auch bei der Ableitung des Durchschnittsvolumens wird demgemäß stillschweigend vorausgesetzt, daß mindestens zwei Kraftzentren von gleicher Kraftstärke vorhanden sind, zwischen denen die Kraftbeziehungen wechselseitige sind. Denkt man sich ein ganzes System solcher Monaden, so wäre an sich und auch nach Kants Prämissen sehr wohl möglich, daß es sich im Gleichgewichtszustande befände, ohne daß die einzelnen Monaden sich berührten: sie würden durch leere Räume getrennt sein, trotzdem aber jede ihr durch den Widerstreit der eigenen Kräfte fest bestimmtes (Durchschnitts-)Volumen besitzen. Kant ist nun aber der durch seine Prämissen zwar nicht geforderten, im allgemeinen aber doch mit ihnen verträglichen [1]) Ansicht, daß man leere Räume nicht zulassen dürfe. Nach ihm müssen also die Kraftzentren sich stets berühren, einander in der Berührungszone abstoßen und sich so gegenseitig aus ihrem Raum ausschließen. Wie groß ihre Kraftstärke ist, bleibt dabei gleichgültig, wenn sie nur bei allen gleich groß ist. Ist das nicht der Fall, dann muß neben Prop. X Schol. und Coroll. auch noch Prop. XIII, d. h. der Gesichtspunkt der Elastizität (der Zusammendrückbarkeit des Durchschnittsvolumens), herangezogen werden. Ist von zwei Monaden die eine 100mal so stark als die andere (etwa die des obigen Beispiels), so würden zwar auch bei ihr entsprechend dem Corollar von Prop. X in 10 mm Entfernung vom Mittelpunkt Abstoßungs- und Anziehungskraft einander gleich sein, aber jede von ihnen betrüge nicht eine, sondern 100 Einheiten. Demgemäß würde die Anziehungskraft der stärkeren Monade der Abstoßungskraft der schwächeren auch noch innerhalb des Durchschnittsvolumens der letzteren überlegen sein, und diese müßte daher — das ist eine notwendige Folge aus Kants Prämissen — in der Richtung auf die stärkere Monade eine Einschränkung erfahren, d. h. einer Kompression unterliegen, während das Volumen der stärkeren Monade wegen der überlegenen Abstoßungskraft unbeeinträchtigt bleiben würde. Die Mittelpunkte der beiden Kraftzentren würden also unter dem wechselseitigen Einfluß der beiderseitigen Kräfte nicht 20, sondern etwa nur 18 mm voneinander entfernt liegen, und zwar unter Verkürzung des Halbmessers allein beim schwächeren Kraftzentrum.

Auch vom Prinzip der Wechselwirkung (Gleichheit der Aktion und Reaktion) aus können also gegen Kant keine berechtigten Einwände erhoben werden, und es wäre seltsam, wenn dem anders wäre, da er selbst ja 1755 in der Nova dilucidatio (I 410, 414 f.) dies Prinzip anerkannt und ausführlich erörtert hatte.

71. Nicht da liegen also die Schwierigkeiten, wo Simmel und Thiele sie suchen, sondern vielmehr in der o. S. 157 f. schon besprochenen willkürlichen Art, wie Kant das Gesetz für die Abnahme der Abstoßungs-

---

1) Vgl. jedoch o. S. 161 f., u. S. 178.

und Anziehungskraft [1]) bestimmt, sowie in der Behauptung, daß alle Monaden das gleiche (Durchschnitts-)Volumen haben, weil, wenn auch die Intensität ihrer Betätigung (ihre Kraftstärke im Ganzen) noch so verschieden sei, doch das Verhältnis zwischen den einzelnen Kräften innerhalb jeder Monade stets und überall dasselbe sein müsse. Diese Behauptung ist nicht nur willkürlich in dem Sinn, daß sich keine Tatsachen zu ihren Gunsten vorbringen lassen: sie verwickelt auch bei ihrer Durchführung in große Schwierigkeiten und läßt sich kaum mit den Tatsachen zusammenreimen.

Nach dem Corollar zu Prop. X soll für alle vires motrices gelten, daß sie, wie verschieden an Stärke sie auch sein mögen, doch in allen Monaden stets in demselben Verhältnis zueinander stehen (ihr Quotient bleibt überall derselbe). Nach dem 1. Corollar zu Prop. XI ist die Trägheitskraft in verschiedener Beziehung dasselbe wie die vis motrix: auch s i e müßte also zu Anziehungs- und Abstoßungskraft stets in demselben Verhältnis stehn. Mit der Trägheitskraft (Masse) würde also überall nicht nur die Anziehungs-, sondern auch die Abstoßungskraft und die Härte (Schwerzusammendrückbarkeit) in demselben Maß wachsen. Für die zusammengesetzten Körper stimmt das auf jeden Fall nicht, und es ist nicht einzusehn, weshalb es bei den Monaden zutreffen sollte; im Gegenteil wäre eine solche allgemeine Korrespondenz zwischen ihren Kräften mehr als seltsam.

Ferner werden die Gase wie überhaupt alle Medien, in denen die Abstoßungskraft überwiegt und deren Teile sich infolgedessen gegenseitig fliehen, für diesen Standpunkt ganz unbegreiflich. Auch die stärkste Zurückstoßungskraft könnte sich immer nur i n n e r h a l b des Durchschnittsvolumens zur Geltung bringen, und gerade je stärker sie dort ist, desto stärker müßte a u ß e r h a l b seiner die Anziehungskraft sein, die ja bei jeder Monade jenseits der Volumengrenze die Zurückstoßungskraft übertreffen muß. Es könnte also derartige Medien wie die Gase überhaupt nicht in der Welt geben.

Kant müßte denn entweder annehmen, sie alle befänden sich unter äußerem Zwang in einem Zustand starker Kompression, und ihr Volumen sei demgemäß bedeutend kleiner als das Durchschnittsvolumen; sobald jener äußere Zwang hier oder da nachgebe, komme es alsbald zu einer Ausdehnung auf das Durchschnittsvolumen, nie jedoch darüber hinaus [2]).

1) Denn auch bei i h r ist durchaus nicht selbstverständlich, daß die Abnahme gemäß dem Quadrat der Entfernung, die für die Gravitation gilt, auch für Molekularkräfte und sogar für die die Einzelmonade mitkonstituierende Anziehungskraft zutreffe.

2) Nach XIV 137 f. (Mitte der 70er Jahre) stammt sogar die Elastizität des

Aber auf diese Weise würden sich die Tatsachen, die hinsichtlich der Ausdehnungsfähigkeit der Gase vorliegen, sicher nicht begreifen lassen. Oder Kant müßte auch in der Monadologia physica noch an der rein mechanischen Erklärung dieser Ausdehnung festhalten, die er 1755 in Prop. X der Meditationes de igne gegeben hatte (vgl. u. § 188). Bei einem „medium primitive elasticum", dessen Möglichkeit Prop. XIII der Monadologia erörtert, ist man ja zwar unwillkürlich geneigt, auch an ein ursprüngliches Ausdehnungsstreben als charakteristische Eigenschaft zu denken (vgl. o. S. 162, u. § 216). Aber es ist sehr wohl möglich, daß Kant sich dies Streben auch 1756 noch als ein mechanisch (durch die vibratorische Bewegung des Aethers) vermitteltes gedacht hat. Das wäre an sich keine Inkonsequenz, sowenig es als Inkonsequenz zu bezeichnen ist, daß er später inmitten seiner dynamischen Theorie die Kohäsionserscheinungen durch Aetherdruck zu erklären sucht. Man kann geradezu sagen: die Form, die er 1756 seinem Dynamismus gibt, zwingt ihn dazu, einen solchen Dualismus zu behaupten: innerhalb des Durchschnittsvolumens soll ja die Repulsionskraft, außerhalb seiner durchweg die Anziehungskraft überwiegen. Die Kraft der Zurückstoßung, unmittelbar als solche, wird also überall nur danach streben, jenes Volumen ganz zu beherrschen und zu erfüllen, sie wird jeder Verengerung desselben Widerstand leisten und, ist das Kraftzentrum durch äußere Uebermacht in einen Zustand gewaltsamer Kompression versetzt, als ursprünglich elastische Kraft suchen, ihn aufzuheben und, sobald der Zwang nachläßt, das Durchschnittsvolumen in seiner ganzen Größe wieder für sich in Anspruch zu nehmen. Aber darüber hinaus reicht sie nicht: sie kann weder das Volumen des einzelnen Kraftzentrums über seine fest bestimmte Durchschnittsgröße hinaus erweitern noch bei Körpern aller Aggregatzustände bestimmen oder auch nur mitbestimmen, wie weit ihre einzelnen Teile, falls sie sich nicht unmittelbar berühren, voneinander entfernt sein sollen. Da müßten vielmehr rein mechanische Faktoren eingreifen, wie Prop. X der Meditationes de igne einen solchen in den Vibrationen des Wärmestoffs (Aethers) nachweist. Aber dann droht ein neuer, unabwendbarer Konflikt: werden nämlich durch die Vibrationen des Wärmestoffs die einzelnen Teilchen auseinandergetrieben, so müssen zwischen ihnen — wegen der Unmöglichkeit, das bei allen Monaden prinzipiell gleiche Volumen zu erweitern — notwendigerweise leere Räume entstehn, die Kant doch anderseits ausgeschlossen wissen will.

Aethers von seiner Zusammendrückung durch die Gravitationsanziehung der Gesamtmaterie des Weltalls her. Vgl. u. § 216 Anfang.

Von welcher Seite man also diese Lehre von der Gleichheit des Volumens aller Monaden und die ihr zugrunde liegenden Voraussetzungen auch betrachten möge: überall türmen sich Schwierigkeiten auf, die sich weder umgehn noch beseitigen lassen. Aber es handelt sich dabei ja auch nur um unwesentliche Bestimmungen, die ohne Schaden für den Begriff der physischen Monade durch andere ersetzt werden können, nur um das vergängliche Kleid, in dem die große neue Idee Kants zuerst auftrat. Er selbst hat sie später in den M.A.d.N. (1786) noch einmal in anderer Gewandung der Welt repräsentiert. Da ist sie frei von den gerügten Mängeln. Freilich machen sich dafür andere Unzuträglichkeiten geltend, die damit zusammenhängen, daß Kant jetzt an Stelle der Monaden eine kontinuierliche Materie setzt.

Bevor wir uns dieser späten Form der Lehre Kants zuwenden, bedarf es zunächst noch eines kurzen Wortes über die Entwicklung, die seine Ansichten in den 30 Jahren zwischen den beiden Schriften durchgemacht haben.

2. Kapitel.

Die 60er und 70er Jahre.

72. In den 60er Jahren und in der ersten Hälfte der 70er scheint Kants Standpunkt sich nicht gewandelt zu haben.

In der „Untersuchung über die Deutlichkeit“ usw. kommt er, ohne auf die „Monadologia physica“ zurückzuweisen, dreimal auf die dynamische Auffassung der Materie zu sprechen. II 288 legt er eine Lanze ein zugunsten der von den Newtonianern behaupteten Anziehungskraft in die Ferne als einer metaphysisch nicht widerlegbaren Annahme und bespricht bei der Gelegenheit den Begriff der Berührung ganz in Uebereinstimmung mit Prop. IX der Monadologia (I 483). II 279 wiederholt er seine Beweise dafür, daß der Raum ins Unendliche teilbar ist und die Körper aus einfachen Teilen bestehn (Monadologia Prop. III, II), ohne inhaltliche Veränderungen. Nach II 286 f. nimmt jeder einfache Teil (Element) in einem Körper, also in nexu cum aliis, einen Raum ein (erfüllt ihn), und zwar durch die als Kraft aufgefaßte Undurchdringlichkeit. Trotzdem ist er nicht ausgedehnt, weil dieser Begriff nur da angebracht ist, wo etwas für sich (absolute) gesetzt einen Raum einnimmt. Davon kann aber bei einem einfachen Element als solchem, d. h. wenn es allein, ohne Verknüpfung mit andern, gesetzt wird, gar keine Rede sein. Einen Raum nimmt es nur auf Grund davon ein, daß seine Undurchdringlichkeitskraft sich gegen viele äußere Dinge wendet; daraus fließt wohl eine

Vielheit in seiner äußern Handlung, nicht aber eine Vielheit in Ansehung innerer Teile [1]). Auch in den „Negativen Größen" wird stark betont, daß die Ursache der Undurchdringlichkeit eine wahre Kraft ist [2]). Wie 1756 bestimmen auch hier die Elemente dem von ihnen eingenommenen Raum durch den „Conflictus" zweier entgegengesetzter Kräfte selbst seine Schranken (II 179 f., 198 f.). Anders in den „Träumen eines Geistersehers", nach denen „das wesentliche Merkmal der Materie in der Erfüllung des Raumes durch eine notwendige Kraft besteht, die durch äußere Gegenwirkung beschränkt ist" (II 327).

Für die weitere Entwicklung werden Aufzeichnungen aus Kants handschriftlichem Nachlaß von Wichtigkeit, die ich in Bd. XIV der Akademie-Ausgabe veröffentlicht und ausführlich kommentiert habe.

Aus der Zeit um 1770 stammt eine Anzahl hierher gehöriger Reflexionen (XIV 108—116), die aber noch keinerlei Fortschritt zeigen, auch keine wesentlichen Ergänzungen zu dem bisher Behandelten bringen und deshalb übergangen werden können [3]).

---

1) Ganz ähnlich hieß es in der Monadologia (I 480): „. . . unius eiusdemque substantiae actio s. relatio, in qua quidem aliquam pluralitatem invenire non est substantiam ipsam in partes divellere." Auch die „Träume eines Geistersehers" stehn noch auf genau demselben Standpunkt (vgl. II 322—324).

2) Zur Begründung beruft Kant sich II 179 auf die „Grundregel", die er II 175 f. für die Realrepugnanz, von der die Undurchdringlichkeit einen Spezialfall bildet, aufgestellt hatte. Nach ihr kann von Realrepugnanz nur dann die Rede sein, wenn zwei Dinge als positive Gründe eins die Folge des andern aufheben. Ist also der eine positive Grund eine „Bewegkraft", wie beim Eindringen einer Materie in den Raum einer andern, so kann ein realer Widerstreit nur dann stattfinden, wenn die Undurchdringlichkeit der zweiten Materie gleichfalls in einer wahren „Bewegkraft" gegründet ist, und zwar in einer entgegenwirkenden, also in einer Zurückstoßungskraft. — Dieser Beweis ist nicht stichhaltig. Denn warum sollte nicht, wie die Atomistiker wollen, in der Körperlichkeit und der damit gegebenen „absoluten Undurchdringlichkeit" (IV 502, o. S. 152, 154) der Atome der „positive Grund" gesucht werden, der dem Eindringen fremder Materie widersteht und es verhindert? Soll das ausgeschlossen sein, dann wäre Kants Aufgabe gewesen, nachzuweisen, daß die gegeneinander wirkenden positiven Gründe von ganz derselben Art sein müssen. Das ist aber nicht geschehn.

3) Soweit das Kohäsionsproblem in Betracht kommt, wird u. § 209 über sie berichtet werden. — Nach XIV 113 ist „der Grad der Solidität (Widerstandes im Raume) von der Quantität der Substanz (Massa) unterschieden und dieser nicht proportional". Daraus könnte man versucht sein zu schließen, Kant sei (im Gegensatz zu 1756, vgl. o. S. 159) nicht mehr der Ansicht, daß die sämtlichen Kräfte eines Elements zu denen eines andern stets in einem festen Verhältnis stehen. Doch wäre dieser Schluß möglicherweise voreilig, da Kant XIV 112 f. nur zusammengesetzte Körper, nicht Elemente im Auge hat.

73. Um 1775 (XIV 145) treffen wir wieder auf die schon aus I 476 (vgl. o. § 61 Anm.), besonders aber aus den M.A.d.N. bekannte Gegenüberstellung: sofern der anziehenden Kraft nicht durch Undurchdringlichkeit Grenzen gesetzt werden, verschwindet die Ausdehnung, so wie die Erfüllung des Raumes verschwinden würde, falls die treibende Kraft nicht durch Anziehung beschränkt würde, sondern sich ins Unendliche erweitern könnte. Aehnlich XIV 296.

Um dieselbe Zeit hat Kant den monadologischen Standpunkt aufgegeben. Er spricht jetzt von der „unendlichen Teilbarkeit der Materie, die einen Raum ganz erfüllt“. Zur Begründung verweist er auf seinen Idealismus-Phänomenalismus und seine neue Raumtheorie: Materie ist nicht Substanz in metaphysischem Sinn, sondern nur beharrliche Erscheinung; die Erscheinung aber, weil den Gesetzen des Raumes untertan, kann nicht aus absolut Einfachem bestehn, also auch die Materie nicht (XIV 187) [1]). An der dynamischen Theorie hält Kant auch jetzt (in den Nrn. 40—43, XIV 117—286) noch fest: die Grundlage jener beharrlichen Erscheinung bilden die ursprünglichen Kräfte, XIV 119 als konstituierende bezeichnet im Gegensatz zu den mechanisch bewegenden Kräften, die modifizierende heißen. Von jenen wird gesagt, daß sie „in Ruhe wirken“, „aus der Ruhe“ Bewegung erteilen, „ursprüngliche Bewegungsquellen in Ruhe“ darstellen (XIV 187, 194 f., 170; vgl. o. § 46, 51, u. § 263). Nach XIV 181 „machen Undurchdringlichkeit und Anziehung [2]) einen Körper“; sie sind die „ersten Ursachen“, die Grundkräfte, auf denen die Substantialität allein beruht (XIV 186, 211 f.) [3]).

Wiederholt stellt Kant in diesen Aufzeichnungen die mechanische und die physiko-dynamische oder kürzer: physische Erklärungsart einander gegenüber (XIV 151—3, 161 f., 165, 187, 211—13, 223, 270 f.). Diese Stellen zeigen, wie sehr er noch mit den Gedanken ringt und wie schwer es ihm wird, sie adäquat auszudrücken. Seine allgemeine Absicht tritt jedoch genügend klar hervor: er will der dynamischen Anschauungsweise den Ehrennamen einer „natürlichen“ sichern, weil sie darauf ausgeht, die Erscheinungen aus rein natürlichen Bedingungen und ur-

1) XIV 153: „Die Monadologie kann nicht zur Erklärung der Erscheinungen, sondern zum Unterschiede des Intellektuellen von Erscheinungen überhaupt dienen.“

2) XIV 166 tritt an die Stelle der Anziehung der Zusammenhang, während nach XIV 296 „bestimmte Materien“ von dem Gegeneinanderwirken der Anziehungs- und Abstoßungskraft abhängen.

3) Vgl. XIV 119: „Das Prinzipium aller Erscheinung der Materie nach ist die Kraft (Erzeugung der Empfindung). . . . Das Subjekt der Kraft, die den Grund jeder äußeren Erscheinung enthält, mithin etwas als ein Gegenstand äußerer Erscheinung überhaupt heißt Materie im engsten Verstande.“

sprünglichen inneren Kräften abzuleiten, während die mechanische Ansicht gezwungen ist, äußere bewegende Kräfte heranzuziehen, die den Dingen, auf die sie wirken, ganz fremd sind. Um den Gegensatz auf einen kurzen Ausdruck zu bringen, bedient er sich des vieldeutigen Wortes „Kunst" und versteht, wie es scheint, alles das darunter, was sich aus rein natürlichen Bedingungen und ursprünglichen inneren Kräften nicht erklären läßt. Und gerade dieses Manko tritt bei der mechanischen Naturphilosophie stark hervor: es fehlen ihr ganz und gar „eigentümliche Kräfte" und damit auch „erste Naturursachen" (162); zur Erzeugung der spezifisch verschiedenen Materien hat sie nur „atomos und inane" (151), darum vermag sie die eigentlichen, ursprünglichen „Phaenomena der Natur" und die „Erzeugung der Bewegungen" überhaupt nicht zu erklären, sondern nur die sekundären Erscheinungen: die „Mitteilung der Bewegungen" (153, 212 f.). Bei dieser letzteren handelt es sich oft um künstliche Umsetzung einer Bewegung oder Bewegungsart in die andere, so z. B. bei den Maschinen; und alle diese künstlichen Vorgänge, kurz also, „die Kunst zu erklären": das ist die eigentliche Aufgabe der Bewegungsgesetze, welche die mechanische Ansicht aufstellen kann. Als Maschinen kann man auch die Atome selbst bezeichnen. An Stelle von „allgemeinen und freien Naturgesetzen", die nur ein Ausdruck für die innere Natur der Dinge sind, muß der Mechanismus sich in „gekünstelter" Weise Gestalten für die Atome erdenken und ihnen willkürlich leere Räume beimengen, also zu „Kunstgesetzen" seine Zuflucht nehmen (151, 187). Daher kann man abschließend von ihm sagen, daß er „die Kunst zum principio der Natur mache" (162).

In Nr. 42 (XIV 213) kommt Kant in einer längeren, sehr unklaren Ausführung, in der die Begriffe der Substanz und der Quantität der Substanz (Masse) fortwährend verwechselt werden (vgl. o. S. 33 ff.), zuletzt noch auf die Ursachen der Verschiedenheit der Massen zu sprechen. Auch diese Stelle beweist im Verein mit XIV 233 (Nr. 43), daß Kant nicht mehr auf dem monadologischen Standpunkt steht, sondern die Materie für ins Unendliche teilbar hält. Trotzdem spricht er davon, daß „gleiche Räume allemal gleich viel Materie", d. h. „eine unendliche Menge gleicher Teile" enthalten, versteht aber unter „gleichen Teilen" nicht mehr wie 1756 einfache Teile, letzte Elemente, sondern denkt sich die Gleichheit der Teile nur dadurch herbeigeführt, daß man bei Körpern von gleichem Volumen in der an sich ins Unendliche fortsetzbaren Teilung hier wie dort in genau demselben Stadium haltmacht; es müssen sich dann bei allen Materien, mögen ihre Dichtigkeiten noch so verschieden sein, als Resultat Teile von gleicher Größe ergeben. Es kann also die verschiedene Quantität der

Materie (Masse) in gleichen Raumteilen auch nicht, wie später (1786), von der in ihnen vorhandenen größeren oder kleineren Menge für sich beweglicher Teile abhängig sein bzw. in ihr bestehn [1]). Sie muß vielmehr wie 1756 auf der Intensität der Raumerfüllung beruhn und die Masse demgemäß als intensive Größe betrachtet werden. Eine besondere Trägheitskraft als Trägerin der Massenfunktion, wie Kant sie 1756 noch annahm (vgl. o. S. 159 f.), fällt jetzt, wie auch schon 1758, weg [2]); an ihre Stelle tritt die Intensität der „substantialen Kraft" (XIV 194), der „Grad der Substantialität" oder der „Grad Substanz" (XIV 213).

So betrachtet auch R.V.[1] noch die Sache: der Grad des Realen in einem bestimmten Raum „kann ohne Verminderung der extensiven Größe oder Menge ins Unendliche kleiner sein", ohne je ins Leere überzugehn und zu verschwinden (III 156 f.), und R.V.[2] (IV 120) hat die Stelle unverändert beibehalten, obwohl die M.A.d.N. mittlerweile eine Schwenkung vorgenommen hatten, indem sie die Massenfunktion der Substanz gleichsam noch wieder mechanisch abzuleiten bzw. monadologisch zu fundieren suchten, nämlich aus bzw. in der mehr oder minder großen Menge des beweglichen Mannigfaltigen außereinander. Um 1775 dagegen wie in der R.V. sieht Kant jene Funktion als mit dem verschiedenen Grad der Raumerfüllung, mit der verschiedenen Intensität, womit die Materie (die Substanz) sich im einzelnen Raumteilchen geltend macht, ohne weiteres gegeben an. Und zwar kann es nur die Anziehungskraft sein, nicht die Repulsionskraft, von der die Intensität der Raumerfüllung unmittelbar abhängig gedacht werden muß. Von der Repulsionskraft könnte letztere nur indirekt, gleichsam negativ, beeinflußt werden, indem jene, wie 1786, als in verschiedenen Materien verschieden, bestimmte, eine wie große Menge des beweglichen Mannigfaltigen in einen Raumteil zusammen bestehen kann, und damit auch, wie groß die Masse und die von ihr abhängige Anziehungskraft ist. Aber so ist die Sachlage in den Nrn. 42—43 gerade nicht. Sondern hier soll mit der Intensität der substantialen Kraft der Grad der Raumerfüllung und damit die Masse unmittelbar gegeben sein. Das laßt sich aber eben nur so

1) XIV 213: „In einem Körper ist mehr Substanz ⟨= Masse⟩, aber darum sind nicht mehr Substanzen", sc. als in einem andern von gleichem Volumen, aber geringerer Dichtigkeit. Aehnlich auch XIV 186: „Die Quantität der Substanz ist nicht durch die Menge gleichartiger ⟨sc. Teile⟩ zu bestimmen." Dagegen IV 542 (1786): „Die Größe der Materie der Substanz nach ist nichts anders, als die Menge der Substanzen, daraus sie besteht."

2) Vgl. u. § 145. — XIV 187 wird die Trägheitskraft als widersinnig bezeichnet, XIV 194 als ein fälschlich präsumiertes Erklärungsaxiom. Vgl. auch XIV 166 f. meine Anmerkung.

denken, daß jene Intensität in direkter Abhängigkeit von der Anziehungskraft (als innerlich zusammendrückender Kraft und Ursache der Dichtigkeit, vgl. XIV 296) steht und diese, nicht die Repulsionskraft, in verschiedenen Materien verschiedene ursprüngliche Stärke besitzt. Sie ist es also, die bestimmt, wie stark die Materie sich im einzelnen Raumteil geltend macht, und weiterhin, wie groß die einen bestimmten Raum erfüllende Masse ist. In den Nrn. 42—43 und in der R.V. bildet also die Anziehungskraft den Ausgangspunkt und die Basis: mit ihr ist der Grad der Raumerfüllung in positiver Weise unmittelbar gegeben [1]). 1786 dagegen ist die Repulsionskraft, als bei verschiedenen Materien verschieden, logisch-sachlich das Erste und bestimmt die Menge des Materiellen im Raum und damit die Anziehung.

Freilich könnte man meinen, diese dynamische Ableitung der Materie aus zwei gegeneinander wirkenden Kräften, von denen die eine eine ursprüngliche Anziehungskraft ist, schließe einen Zirkel in sich, insofern von der Anziehungskraft (in Verbindung mit der Repulsionskraft) die Masse abhängig sein solle und diese doch anderseits erst die Größe der Anziehungs- (Gravitations-) Kraft bestimme. Daß ein solcher Zirkel wirklich vorliege, nahm Kant selbst 1792 (XI^2 361 f., 376 f.) an; er sah damals keinen Ausweg aus der Schwierigkeit, in die seine Prämissen ihn bringen (vgl. u. § 85). Anders in einer früheren Aufzeichnung, die wahrscheinlich aus dem Jahre 1776 stammt. Hier arbeitet er mit zwei ganz verschiedenen Anziehungskräften: „Die Materien können als soviel verschiedene anziehende Punkte angesehen werden, aber von verschiedenen Graden, nach deren Maße ihre Masse ein verdichteter Aether ist, und so ist Aether nicht eine besondere Art Materie, was die Undurchdringlichkeit betrifft, sondern alle Materien bestehen aus Aether, der in verschiedenen Graden angezogen wird. Diese Anziehung ist nicht die der Gravitation, sondern welche die Zitterungen des Aethers hemmt“ (XIV 334, 336, Nr. 44; vgl. auch XIV 223 f.). Hier betrachtet Kant also, ähnlich wie vor ihm schon Newton (vgl. XIV 341 f.), die verschiedenen Materien ihrer Dichtigkeit und Masse nach als einen in verschiedenen Graden verdichteten Aether. Um diese Auffassung durchzuführen, zugleich aber wohl auch, um jenen von seiten der dynamischen Theorie drohenden, dunkel geahnten, kaum klar erkannten Zirkel zu vermeiden, unterscheidet er zwei Arten von

1) Der Grad der Raumerfüllung hängt hier also von der Anziehungskraft ab und bestimmt die Masse unmittelbar. In den M.A.d.N. ist er dagegen von der Repulsionskraft (dem Widerstand, der dem Eindringen in den Raum geleistet wird) abhängig und der Masse umgekehrt proportional. Raumerfüllung hat also beidemal eine ganz verschiedene Bedeutung (vgl. u. § 83).

Anziehungskraft: 1. eine ursprüngliche, welche die Zitterungen des Aethers hemmt, d. h. seine Expansivkraft einschränkt; sie geht von einzelnen anziehenden Punkten aus, die mit verschiedener Intensität der Kraft ausgestattet und darum imstande sind, den Aether in verschiedenem Maße zu materiellen Massen zu verdichten; 2. die Gravitationskraft, die proportional diesen Massen wirkt und also deren Entstehen und damit auch jene ursprüngliche Anziehungskraft voraussetzt. Durch diese Auffassung wird Kant nun aber, im Gegensatz zu den vorhin besprochenen Stellen [1]), in das monadologisch-atomistische Fahrwasser gedrängt. Denn es kommt jetzt alles auf die „anziehenden Punkte" an: von ihrer Kraftintensität hängt das Maß ab, in dem die Expansivkraft des Aethers (die in seinen Zitterungen zutage tritt) paralysiert wird, davon das Verhältnis, in dem Anziehungs- und Abstoßungskraft in den durch die Anziehung entstehenden Massenpunkten zueinander stehen, hiervon wieder die Größe des Raumes, aus dessen Bezirk die einzelnen Massenpunkte vermöge ihrer Abstoßungskraft die andern fernhalten, und davon schließlich die Menge der in einem bestimmten Raum enthaltenen Massenpunkte und also die Quantität der Materie [2]). Diese anziehenden Punkte sind wohl kaum nach Analogie von IV 505, 521 f. als bloß symbolische Redewendung zu betrachten, sondern ernst gemeint. Doch wird man auch nicht annehmen dürfen, daß Kant hier eine für ihn so wichtige Lehre wie die von der Kontinuität der Materie gänzlich verleugnet habe. Im nächsten Manuskriptabsatz (XIV 342) heißt es vielmehr: „Es gibt keine einfachen Teile." Und auch an der zur Besprechung stehenden Stelle scheint der Aether im Gegensatz zu den diskreten anziehenden Punkten als stetig betrachtet werden zu müssen. Ist diese Auffassung richtig, dann liegt ein eigenartiger Versuch vor, die spätere 2. Antinomie zu lösen. Mit der Antithesis würde Kant annehmen, daß die ganze Welt mit kontinuierlichem Aether erfüllt ist, daß alle Materien aus ihm bestehen und wie er ins Unendliche teilbar

1) Freilich auch die Betrachtung der Masse als intensiver Größe (vgl. S. 182 ff.) setzt nach IV 539 f. streng genommen schon eine monadologische Konstitution der Materie voraus.

2) In striktem Gegensatz zu den M.A.d.N. gibt es also auch hier, ebenso wie XIV 213, 233, keine ursprünglichen Unterschiede in der Repulsionskraft, weder zwischen den einzelnen spezifisch verschiedenen Materien, noch zwischen ihnen allen und dem Aether. Des letzteren Repulsionskraft ist die einzige existierende, die ursprünglichen Anziehungskräfte dagegen haben verschiedene Intensität, der entsprechend sie jene in verschiedenem Maß einschränken. In den M.A.d.N. steht die Dichtigkeit und damit (bei demselben Volumen) die Masse im umgekehrten Verhältnis zur Abstoßung, hier im direkten zur ursprünglichen Anziehung; von der Masse ist sodann hier wie dort die Stärke der Gravitationsanziehung abhängig.

sind; aber auch der Thesis wird ihr Recht, insofern es, damit Aether sich zur Materie verdichte, einzelner, diskontinuierlich im Raum verteilter anziehender Punkte bedarf. So mochte Kant meinen, seiner Auffassung der Materie als stetiger Größe treu zu bleiben und doch zugleich die Hauptvorteile der monadologisch-atomistischen Betrachtungsweise (vor allem die Möglichkeit einer anschaulichen Konstruktion von Begriffen und Vorgängen) zu gewinnen, ohne sich den Einwänden auszusetzen, um deren willen ihm die letztere, bis in ihre äußersten Konsequenzen rücksichtslos durchgeführt, unhaltbar erschien.

Noch sei erwähnt, daß Kant in dem Ms.-Absatz, welcher der eben erörterten Aether-Stelle unmittelbar vorangeht, in Uebereinstimmung mit den „Träumen" (vgl. o. S. 180) erklärt, keine Materie könne ihre Kraft der Expansion durch eigene Anziehung gebunden erhalten und sich dadurch selbst Raum und Gehalt bestimmen (XIV 328) [1]. Vielmehr ist es der Aetherdruck, auf den hier, wie beim Zusammenhang (vgl. u. § 210 ff.), als letzte Ursache zurückgegriffen werden muß. Neben ihm kommt vielleicht auch noch der Druck in Betracht, den die sich berührenden wägbaren Materien selbst vermöge ihrer ursprünglichen allgemeinen Anziehungs- (Gravitations-) Kraft aufeinander ausüben. Die Gründe, die Kant XIV 328 f. zur Stütze seiner Behauptung und zugleich gegen Newtons Atomismus vorbringt, sind nicht durchschlagend, wie ich in der Anmerkung zu der Stelle nachgewiesen habe.

3. Kapitel.

Die Dynamik der metaphysischen Anfangsgründe der Naturwissenschaft (1786).

Die M.A.d.N. enthalten Kants Theorie der Materie im II. Hauptstück, der Dynamik. Das Werk ist bekanntlich gemäß der Kategorientafel gegliedert und die Dynamik dementsprechend mit dem Gesichtspunkt der Qualität in Verbindung gebracht. Diese architektonische Spielerei hat aber weiter keinen Schaden gestiftet, die Gedanken lassen sich mühelos aus ihrer Beziehung zum Kategorienschema lösen.

1) 1756 wie II 179 f. ist Kant der entgegengesetzten Ansicht, wahrscheinlich auch XIV 296. Die M.A.d.N. treffen keine endgültige Entscheidung (vgl. u. § 83, 2. Absatz). Die Auffassung von XIV 328 tritt uns wahrscheinlich auch XIV 185 entgegen, sicher in dem Danziger Physik-Heft Bl. 12 (vgl. XIV 318), XIV 409 f., sowie 316: „Wir haben eine allgemeine Anziehung und ein allgemeines Medium, welches expansiv ist und, durch jene gedrückt, die Ursache aller Körpergestalt und Zusammenhangs ist."

74. Materie wird für die Zwecke der Dynamik definiert als das Bewegliche, sofern es einen Raum erfüllt (IV 496). Diese Eigenschaft der Raumerfüllung wird im Gegensatz zu Baumgartens Metaphysica § 241 und Kants eigenen früheren Ansichten (I 480 ff., II 287, XIV 109) als Artbegriff von dem bloßen Einnehmen eines Raumes als Gattungsbegriff unterschieden [1]). Durch den letzteren Ausdruck wird nur die Ausdehnung eines Dinges im Raum ganz allgemein bezeichnet [2]), so daß er z. B. auch auf jede geometrische Figur angewandt werden kann. Einen Raum erfüllen heißt dagegen: allem Beweglichen widerstehen, das durch seine Bewegung in ihn einzudringen bestrebt ist. Es handelt sich dabei nicht um einen Widerstand gegen etwaige Ortsveränderung (Bewegung), die mit der Materie vorgenommen werden soll (d e n zu untersuchen wäre Sache der Mechanik) [3]), sondern um den Widerstand, den die Materie der Verringerung des Raumes ihrer eigenen Ausdehnung entgegensetzt.

75. Die Grundlage für seine dynamische Betrachtungsweise schafft Kant sich durch die in Form eines Lehrsatzes auftretende Behauptung, daß die Materie den Raum nicht durch ihre bloße Existenz, sondern durch eine besondere bewegende Kraft erfülle.

Was Kant als Beweis vorbringt, ist nicht durchschlagend, wie selbst Stadler 67—69 zugeben muß. Jedes Eindringen in einen Raum, hören wir, ist eine Bewegung. Vermindert oder in Ruhe verwandelt werden kann Bewegung nur durch einen ihr entgegentretenden Widerstand. „Nun kann mit keiner Bewegung etwas verbunden werden, was sie vermindert oder aufhebt, als eine andere Bewegung eben desselben Beweglichen in entgegengesetzter Richtung (Phoron. Lehrs.). Also ist der Widerstand, den eine Materie in dem Raum, den sie erfüllt, allem Eindringen anderer leistet, eine Ursache der Bewegung der letzteren in entgegengesetzter Richtung. Die Ursache einer Bewegung heißt aber bewegende Kraft.

---

1) Doch führt Kant die Unterscheidung, wie gewöhnlich, nicht streng durch. Das zeigt gleich die nächste Seite (IV 498).

2) Nach den „Träumen eines Geistersehers" (II 323) dagegen nur die unmittelbare Tätigkeit einer Substanz in einem Raum, so daß auch von geistigen Substanzen, ob sie gleich einfach sind, doch gesagt werden kann: sie nehmen einen Raum ein.

3) Trotzdem bringt J. Chr. Schwab in seiner wertlosen „Prüfung der Kantischen Begriffe von der Undurchdringlichkeit, der Anziehung und der Zurückstoßung der Körper" (1807) S. 12—22 es fertig zu behaupten, Kant habe Zurückstoßungskraft (Undurchdringlichkeit) und Trägheit miteinander verwechselt bzw. vermengt, zeigt damit aber nur, daß es ihm hier (wie auch sonst so oft!) nicht vergönnt gewesen ist, in den wirklichen Sinn von Kants Ausführungen einzudringen.

Also erfüllt die Materie ihren Raum durch bewegende Kraft [1]) und nicht durch ihre bloße Existenz" (IV 497).

Die Rückbeziehung auf den phoronomischen Lehrsatz ist hier ganz ungerechtfertigt. Denn in ihm handelt es sich nur um die Zusammensetzung zweier gleichzeitigen Bewegungen eines und desselben Punktes vermittelst ihrer Verteilung auf den absoluten und relativen Raum. Eine bewegende Kraft und als ihre Wirkung: die Verminderung (Aufhebung) oder Vergrößerung einer Bewegung kommt dabei durchaus nicht in Betracht, so wenig wie sonst in der ganzen Phoronomie. Das hebt Kant auch noch zu Anfang der Dynamik selbst hervor, wenn er in einem Rückblick auf die Phoronomie sagt, es habe in ihr von dem Vermögen, einer Bewegung innerhalb eines gewissen Raumes zu widerstehen, noch gar nicht die Rede sein können. Umgekehrt handelt es sich beim Lehrsatz der Dynamik nicht um die Verbindung (im Sinn von Zusammensetzung) einer Bewegung mit „etwas, was sie vermindert oder aufhebt", sondern um einen realen Widerstand, der der Bewegung einer Materie von einer andern bzw. deren Kraft geleistet wird. Wie jene Bewegung es anfängt, bis zur Ruhe vermindert zu werden und eventuell sogar in eine Bewegung entgegengesetzter Richtung überzugehn, untersucht Kant nicht hier, sondern erst in der Mechanik bei Gelegenheit des Problems der absolut harten Körper (vgl. IV 549, 552 f.). Er stellt also nur eine Behauptung auf, ohne einen wirklichen Beweis für sie zu erbringen, wie er es ähnlich auch schon in der Monadologia physica (I 480—484, vgl. o. § 57—60) und in dem Versuch über die negativen Größen (II 179, vgl. o. § 72) getan hatte.

Auch eine Anmerkung zum 1. Lehrsatz führt nicht weiter. Sie polemisiert gegen „Lambert [2]) und Andere" [3]), die die raumerfüllende Eigenschaft der Materie Solidität nannten und sie jedem Dinge, was existiert

---

1) Daß Kant hier den Kraftbegriff so ohne weiteres einführt, ohne über die Frage seiner Berechtigung und Bedeutung auch nur ein Wort zu sagen, ist eine schwere Unterlassungssünde. Eine solche lag ja in der Monadologia auch schon vor (vgl. o. § 59), wog dort aber nicht so schwer wie in den M.A.d.N., weil diese auf die methodologische Seite solch großes Gewicht legen und alle Probleme vom prinzipiell erkenntnistheoretischen Standpunkt aus angreifen wollen.

2) Jh. H. Lambert, Anlage zur Architektonik, 1771, I 41—54, II 257 ff. „Dem Soliden eignen wir, als eine wesentliche Eigenschaft, die Undurchdringbarkeit zu, so nämlich, daß es jedes andere Solide von dem Orte ausschleußt, da es ist", und von anderem Soliden nicht durchdrungen werden kann (II 257).

3) Z. B. Musschenbroek [2] 21 ff.: „Soliditas vel impenetrabilitas est illud attributum, quo corpus cuicunque alteri resistit, ne id simul cum ipso in eodem loco existat." „Quicquid est in corpore solidum, habet resistentiam absolutam."

(Substanz), wenigstens in der äußeren Sinnenwelt, ohne weiteres zugeschrieben wissen wollten. Die Polemik ist aber nicht sonderlich glücklich. Sie legt den Gegnern die Ansicht unter bzw. will ihnen die Konsequenz aufdrängen, daß „nach ihren Begriffen die Anwesenheit von etwas Reellem [1]) im Raume diesen Widerstand ⟨ sc. gegen das Eindringen fremder Materie ⟩ schon durch seinen Begriff, mithin nach dem Satze des Widerspruchs bei sich führen und es machen müßte, daß nichts anderes in dem Raume der Anwesenheit eines solchen Dinges zugleich sein könne". Dagegen macht Kant dann den scheinbar durchschlagenden Einwand geltend: „Der Satz des Widerspruchs treibt keine Materie zurück, welche anrückt, um in einen Raum einzudringen, in welchem eine andere anzutreffen ist." [2]) Das hatten Lambert und Genossen aber auch nie gemeint. Sondern sie hatten der Materie Solidität beigelegt und behauptet, daß sie vermöge dieser ihrer Eigenschaft dem Eindringen jeder andern Materie in ihren Raum Widerstand leiste, geradeso wie Kant behauptete, es geschehe durch eine besondere Repulsionskraft. Eine *rechtmäßige* Beziehung zum Satz vom Widerspruch hätten sie geradesogut herstellen können, wie Kant es in den Worten tut: „Nur alsdann, wenn ich dem, was einen Raum einnimmt [3]), eine Kraft beilege, alles äußere Bewegliche, welches sich annähert, zurückzutreiben, verstehe ich, wie es einen Widerspruch enthalte, daß in den Raum, den ein Ding einnimmt, noch ein anderes von derselben Art eindringe." Aehnlich hätten jene sagen können: „Nur alsdann, wenn ich dem, was einen Raum erfüllt, als ursprüngliche Eigenschaft die Solidität, d. h. die Nicht-Zusammendrückbarkeit oder ‚absolute Undurchdringlichkeit' (IV 502) beilege, verstehe ich . . . eindringe", oder kürzer: „Wenn alles Raumerfüllende jene Eigenschaft der Solidität besitzt, so folgt gemäß dem Satz vom Widerspruch, daß in den Raum, den ein Ding erfüllt, kein anderes eindringen kann." Nicht der Satz vom Widerspruch ist es also, der als Cherub mit feurigem Schwert den Eintritt in den Umkreis des erfüllten Raumes verbietet, sondern die mit jedem Raumerfüllenden verbundene Eigenschaft der Solidität. Nur *daß* dem so sei, *daß* diese Eigenschaft die Unmöglichkeit eines Eindringens anderer Körper in den Raum mit Notwendigkeit in sich schließe, wird auf Grund des Satzes vom Widerspruch erkannt. Dieser ist also nicht

1) Vgl. Lambert a. a. O. I 48: Das Wort Ding wird „zwar, an sich betrachtet, allgemeiner gebraucht, muß dabei aber dennoch den Begriff Solidität zum Grunde haben, dafern es etwas *Reales* bedeuten und nicht etwan bloße Hirngespinster vorstellen soll."

2) Aehnlich schon XIV 113 (bald nach 1770).

3) Vgl. o. S. 187 Anm. 1.

die Ursache des geleisteten Widerstandes und der Undurchdringlichkeit; sondern beider Notwendigkeit wird nur ihm gemäß erkannt, sobald die Behauptungen zu Recht bestehn, daß der Materie das Merkmal der Solidität zukomme und diese die Undurchdringlichkeit ohne weiteres in sich schließe. Und Kant hat nicht in einer Weise, die jeden Widerspruch zum Verstummen brächte, nachzuweisen vermocht, daß jene Behauptungen ungegründet oder in sich unmöglich seien [1]).

Stadler 66 ff. gibt Kants Beweis für den 1. Lehrsatz der Dynamik preis. Er gesteht auch zu, daß man sich sehr wohl „eine eigene Kraft" denken könne, die, ohne bewegende Kraft zu sein, doch jede Bewegung beim Eindringen in einen bestimmten Raum hemme. Aber er glaubt, mit Rücksicht auf den Anfang der „Mechanik", der die Notwendigkeit einer Annahme ursprünglich-bewegender Kräfte erweise (IV 536), müsse man, um die Prinzipien nicht unnötig zu vermehren, auch die Widerstands- (Undurchdringlichkeits-) Kraft als eine ursprünglich-bewegende auffassen. Dem steht entgegen, daß der Beginn der Mechanik zwar den Namen „ursprünglich-bewegende Kräfte" neu einführt, die Notwendigkeit ihres Vorhandenseins aber nicht beweist, sondern vielmehr als in der Dynamik bewiesen voraussetzt: nur wenn die Behauptung der Dynamik, daß die Materie ihren Raum nicht durch ihre bloße Existenz und Solidität, sondern durch eine besondere bewegende Kraft erfülle, zu Recht besteht, gilt die Behauptung der Mechanik, daß aller Mitteilung von Bewegung durch bewegte Materie ursprünglich-bewegende Kräfte zugrunde liegen müssen. Man darf sich also nicht, wie Stadler will, um j e n e Behauptung zu stützen, auf d i e s e berufen.

Auf verschiedenen Wegen hat Kant im Lauf seines Lebens versucht, die dynamische Auffassung von der Materie (Raumerfüllung nur durch bewegende Kraft) streng zu beweisen. Aber jedesmal ohne den gewünschten Erfolg. Es wäre ihm vermutlich besser gelungen, hätte er sich, statt um eine naturwissenschaftlich-naturphilosophische, um eine erkenntnistheoretische Begründung bemüht. Denkt man die Grundgedanken des erkenntnistheoretischen Idealismus konsequent zu Ende, so ergibt sich die Unmöglichkeit, das bewegte Etwas, das als Reiz auf unsere Sinnesorgane wirkt und — dualistisch gesprochen — in unserer Psyche die Empfindungsreaktionen auslöst, als massiv-körperlich im eigentlichen Sinn zu betrachten, so daß es durch sein bloßes Sein in den einzelnen Raumteilen diese erfüllte. Diese Art von Materialität beruht ganz und gar auf den

---

1) Auch das Argument von XIV 342 ist nicht durchschlagend: daß die zurücktreibende Kraft nicht aus der Undurchdringlichkeit erklärt werden könne, weil die Undurchdringlichkeit gerade ihrerseits einer Erklärung bedürfe.

sekundären Sinnesqualitäten, steht und fällt mit ihnen und nimmt daher auch an ihrer Subjektivität notwendigerweise teil. Der erkenntnistheoretische Idealismus ist nur mit dynamischer Raumerfüllung, also mit der Annahme von Kraftzentren, nicht aber mit der von Atomen vereinbar, wenigstens nicht, soweit diese eine Existenz haben sollen über das einzelne menschliche Bewußtsein hinaus. Denn ihre Körperlichkeit im Sinne von materieller Solidität ist nur in der menschlich-subjektiven Auffassungsweise begründet und kann deshalb unabhängig von ihr keine Wirklichkeit beanspruchen [1]).

76. Von IV 498 ab wird nun die dynamische Theorie der Materie im einzelnen ausgestaltet, vielfach ganz in Uebereinstimmung mit der Monadologia physica, jedoch mit dem wesentlichen Unterschied, daß an Stelle der Monaden die unendliche Teilbarkeit der Materie tritt. Soweit Uebereinstimmung mit früher besteht, darf ich mich kurz fassen; denn ich kann — im Gegensatz zu Stadler [2]) und den rechtgläubigen Kantianern — nicht finden, daß die Verbindung mit dem Kategorienschema und die angeblich transzendentale Methode den Darlegungen stärkere Ueberzeugungskraft und den Resultaten größere Sicherheit verschafft hätten.

Zunächst werden Anziehungs- und Zurückstoßungskraft definiert und als die beiden Arten hingestellt, worauf alle Bewegungskräfte in der materiellen Natur zurückgeführt werden können, da alle Bewegung nur darauf ausgehn kann, zwei Punkte einander zu nähern oder voneinander zu entfernen. Die Definitionen lauten: „Anziehungskraft ist diejenige bewegende Kraft, wodurch eine Materie die Ursache der Annäherung anderer zu ihr sein kann (oder, welches einerlei ist, dadurch sie der Entfernung anderer von ihr widersteht). Zurückstoßungskraft ⟨oder treibende Kraft⟩ ist diejenige, wodurch eine Materie Ursache sein kann, andere von sich zu entfernen (oder, welches einerlei ist, wodurch sie der Annäherung anderer zu ihr widersteht)."

---

1) Vgl. o. § 69 und meine Schrift „Kant contra Haeckel", 2. Aufl., 1906, S. 71 ff.

2) Stadler will die durchgängige innere Konsequenz des kritischen Idealismus zum Richtmaß des Urteils machen und von dem einheitlichen Organismus des Gesamtsystems aus den systematischen Wert der einzelnen Sätze bestimmen (S. III). Schade nur, daß diese angebliche innere Konsequenz oft nur die Stadlers und nicht die Kants ist und daß letzterem so Ansichten aufgebürdet werden, die ihm in Wirklichkeit ganz fern lagen. So z. B. daß der Ausdruck „Lehrsatz" in den M.A.d.N. nur „eine Regel für den empirischen Gebrauch der definierten Begriffe" bedeute, daß er nur „gleichsam die Disziplin über ihre weitere Anwendung" ausübe und also bloß das logische Gesetz sei, „dem die Handlungen des Erkennens unterworfen werden sollen nach dem Gebot der Einheit der Erfahrung" (S. 70).

Diese Definition der Zurückstoßungskraft läßt sehr viel zu wünschen übrig, da sie nicht zwischen zwei möglichen Fällen unterscheidet, die prinzipiell scharf zu trennen sind: entweder ist die Zurückstoßungskraft auf einen bestimmten Umkreis beschränkt und stößt nur jede Materie zurück, die in ihn einzudringen versucht (man denke an Kants Theorie von 1756!), oder eine Materie ist vermittelst ihrer Zurückstoßungskraft bestrebt, sich spontan nach allen Seiten hin auszudehnen und zu diesem Zweck die sie umgebenden Materien von sich zu entfernen. Jene ist gleichsam nur defensiv, diese aggresiv. Jene wäre zweckmäßig als Widerstandskraft, diese als Ausdehnungskraft zu bezeichnen. Kant aber läßt die beiden ganz verschiedenen Fälle ineinander fließen, weil er zugleich mit jener Kraft auch diese bewiesen haben möchte. So begeht er, natürlich unbewußt, eine Erschleichung.

Er identifiziert nämlich im 2. Lehrsatz die im 1. deduzierte „bewegende Kraft", durch die die Materie ihren Raum erfüllt, mit der zurückstoßenden Kraft, wozu er nur berechtigt ist, wenn diese als bloße Widerstandskraft gefaßt wird. Trotzdem stellt er die Zurückstoßungskraft dann auch noch mit der Ausdehnungs- (Expansions-) Kraft oder Elastizität gleich und kommt so zu der These des 2. Lehrsatzes: „Die Materie erfüllt ihre Räume durch repulsive Kräfte aller ihrer Teile, d. h. durch eine ihr eigene Ausdehnungskraft." Im Beweis wird jene Gleichstellung durch die Erklärung vollzogen, daß „die Kraft eines Ausgedehnten vermöge der Zurückstoßung aller seiner Teile eine Ausdehnungskraft (expansive)" sei, und ein Zusatz stellt fest, daß diese expansive Kraft auch Elastizität genannt werde und ursprüngliche, d. h. nicht weiter ableitbare Elastizität demgemäß aller Materie als wesentliche Eigenschaft zukomme. Daß aber die Zurückstoßung a l l e r Teile der Materie für die Raumerfüllung nötig sei, wird damit begründet, daß „sonst ein Teil ihres Raums (wider die Voraussetzung) nicht erfüllt, sondern nur eingeschlossen sein würde" [1]). Diese Zurückstoßungskraft dürfte auf Grund des 1. Lehrsatzes, auf den Kant sich zu Anfang des Beweises des 2. beruft, nur als Widerstandskraft gefaßt werden, und sie könnte also nur dann wirksam werden, wenn eine Materie in den Raum einer andern ein-

1) Diese Begründung soll wohl zugleich eine versteckte Polemik gegen die Möglichkeit leerer Räume enthalten, die freilich ihr Ziel verfehlt. Denn wenn aus irgendwelchen Gründen leere Räume angenommen werden müßten, dann würden eben in ihnen keine Teile der Materie sein, sie also auch durch diese nicht erfüllt sein können; es könnten also trotz Kants Argument sehr wohl in einer Materie (einem Körper) einzelne Raumteile, nämlich die in sie eingemengten leeren Räume, „nicht erfüllt, sondern nur eingeschlossen sein".

zudringen versucht; das könnte aber, da eine ursprüngliche Expansionskraft der Materie noch nicht erwiesen ist, sondern erst erwiesen werden soll, nur dann der Fall sein, wenn jene durch mechanische Ursachen zu einem solchen Eindringen veranlaßt wird. In der die Gleichstellung vollziehenden Erklärung wird aber bei dem Ausdruck „Zurückstoßung aller seiner Teile" offensichtlich an mehr als an bloße Widerstandskraft gedacht, nämlich auch und vor allem an ein spontanes Streben der einzelnen Teile, die andern ihresgleichen von sich zu entfernen, d. h. also eben an eine Ausdehnungskraft, wie sie z. B. bei den Gasen zutage tritt, und wie Kant sie 1786 als ursprüngliche Eigenschaft aller Materie annimmt. Es liegt also in dem Beweis des 2. Lehrsatzes eine zweifellose Quaternio terminorum vor [1]). Dieser Einwand gegen den Beweis soll keinen Einwand gegen die Sache selbst in sich schließen; mit Bezug auf diese (das allgemeine Vorhandensein jener Eigenschaft) kann ich im Gegenteil Kant nur beistimmen.

77. Die Ausdehnungskraft, womit jede Materie, wie Kant bewiesen zu haben glaubt, ihren Raum erfüllt, hat nun nach dem 2. Teil des 2. Lehrsatzes einen bestimmten (d. h. endlichen) Grad, der sehr verschieden sein kann, über den hinaus aber ins Unendliche immer noch größere oder kleinere möglich sind. Denn andernfalls würde die Kraft entweder, weil unendlich groß, bewirken, daß in endlicher Zeit ein unendlicher Raum zurückgelegt würde (was unmöglich ist), oder, weil unendlich klein, trotz fortwährender Summierung in beliebig langer endlicher Zeit [2]) doch keine endliche Geschwindigkeit erzeugen können (was den Mangel aller bewegenden Kraft bedeuten und wider die Voraussetzung verstoßen würde).

Ist nun aber keine ausdehnende Kraft die größte, so muß für jede eine ihr überlegene zusammendrückende Kraft gefunden werden können,

1) Auch die Verbesserungen, die Stadler in § 75 (S. 87 f.) für Kants Deduktion vorschlägt, vermögen sie nicht überzeugender zu gestalten. Stadler nimmt mit Unrecht an, daß eine Konstruktion der Raumerfüllung überhaupt die Erfüllung aller Räume voraussetze und also die Möglichkeit leerer Räume ohne weiteres ausschließe.

2) Kant spricht von „unendlicher Hinzutuung zu sich selbst eine jede gegebene Zeit hindurch". Eine „gegebene Zeit" ist jederzeit eine endliche Zeit. Der Ausdruck „unendlich" kann also nicht, wie Stadler 72 will, eine unendlich lange Zeit meinen — in ihr würde ja auch eine unendlich kleine Kraft eine endliche Geschwindigkeit erzeugen —, sondern er soll entweder, wie so oft im täglichen Leben, nur eine sehr lange Dauer bezeichnen oder, was bedeutend wahrscheinlicher ist, auf die unendlich kleinen Zeitteilchen der endlichen Zeit gehn, in deren jedem eine „Hinzutuung" stattfindet.

die sie in einen engeren Raum zu treiben vermag. Jede Materie kann also ins Unendliche zusammengedrückt, aber niemals von einer andern Materie, wie groß auch ihre drückende Kraft sei, durch Zusammendrückung, d. h. mechanisch, durchdrungen werden (3. Lehrsatz). Denn das würde heißen: den Raum ihrer Ausdehnung völlig aufheben, so daß sie zwar im Raum wäre, aber doch keinen Raum (IV 500) oder, was auf dasselbe hinauskommt, nur einen unendlich kleinen Raum (IV 501) einnähme, wie z. B., wenn in einer lufterfüllten Luftpumpe der Kolben ohne Entweichung der Luft den Boden völlig berühren könnte, die Luft zwischen Kolben und Boden anzutreffen sein müßte, ohne doch einen (endlichen) Raum einzunehmen. Bei solcher Zusammenpressung auf einen unendlich kleinen Raum würde aber die Ausdehnungskraft unendlich groß werden [1]) und zu ihrer Ueberwindung eine unendlich große zusammendrückende Kraft erforderlich sein, die jedoch unmöglich ist (vgl. Monadologia I 486 f. und o. § 66).

Diese Art von Undurchdringlichkeit, die auf einer besonderen Ausdehnungskraft und dem von ihr geleisteten Widerstand beruht, nennt Kant die relative, weil eine überlegene zusammendrückende Kraft das Volumen der Materie jederzeit verringern, also in sie eindringen, niemals aber sie gänzlich durchdringen kann. Ist die Materie dagegen als solche gar keiner Zusammendrückung fähig (wie bei der atomistischen Theorie), so besitzt sie absolute Undurchdringlichkeit. Dort liegt dynamische, hier mathematische Erfüllung des Raumes vor. Bei dieser ist also eine Zusammendrückung nur dann möglich, wenn eine Materie leere Räume in sich enthält.

Gegen die absolute Undurchdringlichkeit erhebt Kant den Vorwurf, sie sei eine bloße qualitas occulta. Die Repulsionskraft sei zwar als Grundkraft ihrer Möglichkeit nach auch nicht weiter erklärbar, gebe aber doch einen Begriff von einer wirkenden Ursache und ihren Gesetzen an die Hand, nach denen die Wirkung (der Widerstand im erfüllten Raum) ihrem Grade nach geschätzt werden könne. Dagegen würden die Atomisten vermutlich geltend machen, daß die Gesetze doch nur aus den beobachteten Wirkungen gefunden werden können, daß also von diesen ausgegangen werden müsse, daß die auf diese Weise festgesetellten Gesetzmäßigkeiten dann aber auch vom Standpunkt der Atomistik (aus der Menge, Größe, Lage der einer Materie beigemischten leeren Räume) sehr wohl begriffen werden könnten. Die Atomisten würden vielleicht sogar geneigt sein, den Spieß umzudrehn und zu behaupten, gerade Kants Re-

1) Wie sie überhaupt der Verkleinerung ihres Raumes entsprechend wächst.

pulsions- oder Ausdehnungskraft sei eine qualitas occulta. Und beide Parteien haben recht, insofern der verschiedenartige Widerstand im erfüllten Raum das einzig unmittelbar Gegebene ist; die an ihm unter den verschiedensten Umständen hervortretenden Regelmäßigkeiten werden experimentell festgestellt, und die so gefundenen Gesetze haben ihre Gültigkeit, ganz einerlei welche Ursachen zu jener Wirkung (dem Widerstand) erschlossen werden. Denn um solche experimentell nicht verifizierbare Rückschlüsse handelt es sich in beiden Fällen: einerlei ob man den Widerstand aus einer besondern Ausdehnungskraft oder aus der absoluten Undurchdringlichkeit der Materie bzw. einer Vermischung der materiellen Teilchen mit leeren Räumen erklärt. Eine gesetzmäßig wirkende Ursache wäre beidemal vorhanden, nur daß sie das eine Mal in eine nicht weiter erklärbare Kraft gesetzt würde, das andere Mal in eine nicht weiter erklärbare Eigenschaft der letzten Elementarteilchen der Materie, die „als Materie allem Eindringen schlechterdings und mit absoluter Notwendigkeit widerstehen" würde (IV 502), bzw. in die Verschiedenheit der Konstitution der zusammengesetzten Körper.

78. Bevor Kant sich dem Begriff der Anziehungskraft zuwendet, sucht er zunächst (IV 502—508) die unendliche Teilbarkeit der Materie [1]) zu erweisen.

Zu diesem Zweck definiert er materielle Substanz als „dasjenige im Raume, was für sich, d. i. abgesondert von allem anderen, was außer ihm im Raume existiert, beweglich ist" [2]), Trennung als „die Bewegung eines Teils der Materie, dadurch sie aufhört, ein Teil zu sein", physische Teilung als „die Trennung der Teile einer Materie". Nach der ersten Definition sind also auch alle Teile der Materie, soweit sie für sich beweglich und demgemäß auch außer der Verbindung mit andern Nebenteilen etwas im Raum Existierendes sind, als Substanzen und mithin selbst wiederum als Materie zu bezeichnen.

Die Grundlage des Beweises für den 4. Lehrsatz, nach dem die Materie ins Unendliche teilbar ist, und zwar in Teile, deren jeder wiederum Materie ist, bildet einerseits die Behauptung des 2. Lehrsatzes, daß a l l e n

1) Vgl. zu diesem Thema XIV 187, 233, 342. Auch Leibniz bekennt sich in der Vorrede zu den Nouveaux essais zu dieser Lehre (Uebersetzung der Philosoph. Biblioth. 1904, S. 17; Opera philosophica ed. Erdmann S. 199).

2) Diesen Satz hat H. E. Timerding (Kant und Euler, in: Kantstudien XXIII 28) völlig mißverstanden. Er liest aus ihm ein Bekenntnis zum absoluten Raum bzw. zur absoluten Bewegung heraus und behauptet seine „fast wörtliche" Uebereinstimmung (!!) mit folgendem Satz aus L. Eulers „Theoria motus corporum solidorum" (1765): „Omne corpus etiam sine respectu ad alia corpora vel quiescit vel movetur, hoc est vel absolute quiescit vel absolute movetur."

Teilen der Materie repulsive Kräfte zukommen müssen, anderseits der von der Geometrie gelieferte Nachweis, daß der Raum, der die Materie erfüllt, ins Unendliche mathematisch teilbar ist, d. h. daß „seine Teile ins Unendliche unterschieden, obgleich nicht bewegt, folglich auch nicht getrennt werden" können. Jene Behauptung wird aber aus dem 2. Lehrsatz leider nicht unverändert übernommen, sondern tritt in der Form auf, daß die Ausdehnungskraft als „die Folge der repulsiven Kräfte eines jeden Punkts in einem von Materie erfüllten Raum" bezeichnet wird. Das wäre nur dann zulässig, wenn bei „Punkten" ebensogut an physische im Sinn von IV 504 [1]) wie an mathematische gedacht werden könnte. Aber davon kann keine Rede sein. Kant nimmt die Umgestaltung im Gegenteil gerade zu dem Zweck vor, um durch sie die physischen Punkte von vornherein auszuschließen. Das zeigt auf das klarste der 3. Satz, der auf die Darlegung der beiden Beweisgrundlagen unmittelbar folgt: „In einem mit Materie erfüllten Raume enthält jeder Teil desselben ⟨!⟩ repulsive Kraft, allen übrigen nach allen Seiten entgegenzuwirken, mithin sie zurückzutreiben und von ihnen ebensowohl zurückgetrieben, d. i. zur Entfernung von denselben bewegt, zu werden." Daraus folgt dann ohne weiteres, daß jeder Teil eines durch Materie erfüllten Raumes für sich selbst beweglich, folglich von den übrigen als materielle Substanz durch physische Teilung trennbar ist und daß die mögliche physische Teilung der raumerfüllenden Substanz (Materie) sich ebensoweit erstrecken muß wie die mathematische Teilbarkeit des Raumes, d. h. ins Unendliche.

In diesem Beweis wird die Kontinuität der Materie (im Sinn eines Nichtvorhandenseins von einfachen, letzten Teilen), die erst bewiesen werden soll, tatsächlich schon vorausgesetzt. Nur wenn sie als vorhanden zugrunde gelegt wird, kann er behaupten, daß die Teilung der Materie der des Raumes ganz parallel gehn müsse. Die berechtigten Folgerungen aus der Behauptung des 2. Lehrsatzes reichen nicht weiter, als daß, wenn und wo man von einem Teil der Materie spricht, dieser für sich selbst beweglich und von andern trennbar sein müsse. Wie weit

1) Kant stellt da die monadologische Auffassung, d. h. seine eigene von 1756 (vgl. auch die von Boscowich o. S. 171 f., sowie aus späterer Zeit die von Ampère, Faraday usw.), folgendermaßen dar: „Wollte ein Monadist annehmen, die Materie bestände aus physischen Punkten, deren ein jeder zwar (eben darum) keine bewegliche Teile habe, aber dennoch durch bloße repulsive Kraft einen Raum erfüllte: so würde er gestehen können, daß zwar dieser Raum, aber nicht die Substanz, die in ihm wirkt, mithin zwar die Sphäre der Wirksamkeit der letzteren, aber nicht das wirkende bewegliche Subjekt selbst durch die Teilung des Raums zugleich geteilt werde. Also würde er die Materie aus physisch unteilbaren Teilen zusammensetzen und sie doch auf dynamische Art einen Raum einnehmen lassen."

man aber in der Teilung fortschreiten könne: ob ins Unendliche oder ob man irgendwo auf letzte nicht weiter zusammengesetzte und physisch nicht mehr trennbare (zerlegbare) Teile stoßen werde, darüber — also gerade über den entscheidenden Punkt — kann auf diesem Wege absolut nichts ausgemacht werden. Der vorhin zitierte 3. Satz des Beweises nimmt ohne weiteres für den Standpunkt der Kontinuität Partei, setzt ihn also voraus, statt ihn zu beweisen, indem er erklärt, daß in einem mit Materie erfüllten Raum jeder Teil desselben repulsive Kraft enthält. Auf Grund des bis dahin Bewiesenen dürfte es nur heißen: jeder Teil derselben, sc. der Materie, worunter dann auch physische Punkte im Sinn von IV 504 verstanden werden könnten. Denn die Annahme der Kontinuität der Materie und die monadologische Auffassung sind nach den bisherigen Erörterungen noch beide gleich möglich; erst der weitere Verlauf des Beweises hätte die zweite Ansicht widerlegen und damit die unendliche Teilbarkeit der Materie sicherstellen müssen. In Wirklichkeit jedoch sucht Kant die Entscheidung durch ein unbewußtes quid pro quo schon im 3. Satz des Beweises herbeizuführen, läßt sich dabei aber eine ganz gehörige petitio principii zuschulden kommen.

Auch ein zweiter, in der 1. Anmerkung zum 4. Lehrsatz gegebener indirekter Beweis ist nicht durchschlagend. Er versetzt sich auf den monadologischen Standpunkt und nimmt eine Monade mit dem Mittelpunkt A an, die einen kleinen kugelförmigen Raum vom Radius $A\,a$ mit ihrer repulsiven Kraft erfüllt. Am Punkt a der Peripherie sucht eine äußere Monade in diesen Raum einzudringen; ihr wird nach monadologischer Auffassung von A in a widerstanden. Das ist aber angeblich nur dann möglich, wenn auch jeder beliebige Punkt zwischen Zentrum und Peripherie (etwa c) den beiden Punkten A und a widersteht. „Denn wäre dieses nicht, so würden sie sich einander ungehindert nähern, folglich A und a im Punkte c zusammentreffen, d. i. der Raum würde durchdrungen werden. Also muß in c etwas sein, was dem Eindringen von A und a widersteht und also die Monas A zurücktreibt, so wie es auch von ihr zurückgetrieben wird" (IV 504 f.). Da nun Zurücktreiben ein Bewegen ist, so ist c als etwas Zurücktreibbares auch zugleich etwas Bewegliches im Raum, mithin Materie, und ebenso jeder andere beliebige Punkt zwischen Zentrum und Peripherie. Eine äußere Monade kann also am Eindringen in a nur dann verhindert werden, wenn der durch den Radius $A\,a$ bestimmte Kugelraum nicht durch die Wirksamkeit einer einzigen Monade angefüllt, sondern vielmehr ganz von ins Unendliche teilbarer Materie erfüllt ist, von der jeder Teil wieder Zurückstoßungskraft besitzt und für sich beweglich ist.

Dagegen ist zu sagen: daß die Punkte *A* und *a* sich einander nicht „nähern" und „im Punkte *c* zusammentreffen", daß also der zwischen ihnen liegende Raum nicht „durchdrungen" wird, dafür sorgt die von *A* ausgehende Repulsionskraft, die den ganzen Kugelraum vom Radius *A a* einheitlich, wenn auch nach der Peripherie hin abnehmend, durchdringt und erfüllt. Daß diese Auffassung, die Kant selbst 1756 vertrat, sich nicht bewähre oder innerlich unmöglich sei, hat der Kant von 1786 nicht bewiesen. Der Punkt *c* widersteht dem Eindringen der äußeren Monade, ebenso wie schon der Punkt *a*, aber beide nicht auf Grund eigener Repulsionskräfte, sondern vermöge der einheitlichen, vom Zentrum *A* ausgehenden Zurückstoßungskraft. Man darf deshalb *c* auch nicht als „widerstandslosen Ort" bezeichnen, wie das Stadler (S. 81) tut.

79. Kant verschließt sich nicht der Erkenntnis, daß seiner Theorie von der Stetigkeit der Materie auf dem Boden der Physik selbst gewisse Schwierigkeiten erwachsen. Nach mathematischem Sprachgebrauch stehn die repulsiven Kräfte der Teile elastischer Materien bei wechselnder Zusammendrückung in bestimmten Abhängigkeitsverhältnissen von ihren gegenseitigen Entfernungen, wie z. B. die kleinsten Luftteilchen einander im umgekehrten Verhältnis ihrer wechselseitigen Entfernungen zurücktreiben (IV 505). Stetigkeit der Materie aber schließt doch eine Entfernung ihrer Teile voneinander aus! Dieselbe Schwierigkeit ergibt sich, wenn Kant am Schluß der Dynamik (IV 520 ff.) in ganz ähnlicher Weise wie 1756 — trotz seines prinzipiell veränderten Standpunkts! — nachzuweisen sucht, daß die ursprüngliche Zurückstoßungskraft bei verschiedenen unendlich kleinen Entfernungen der einander zurücktreibenden Punkte deshalb im umgekehrten Verhältnis der Würfel dieser Entfernungen abnehme, weil sie, um von dem einzelnen repellierenden Punkt aus in der Entfernung wirksam sein zu können, den ganzen körperlichen Raum von jenem Punkt an bis zum Ort der Wirkung dynamisch erfüllen müsse (vgl. o. § 62). Auch hier werden also trotz der Stetigkeit der Materie offensichtlich Entfernungen, wenn auch nur unendlich kleine, zwischen den einander zurücktreibenden Punkten vorausgesetzt.

Kant glaubt den Schwierigkeiten in beiden Fällen dadurch entgehn zu können, daß er das, was zum Verfahren der Konstruktion eines Begriffs notwendig gehört, grundsätzlich von dem unterscheidet, was dem Begriff selbst objektiver Weise zukommt. Zu jenem Zweck kann eine Berührung sehr wohl als eine unendlich kleine Entfernung vorgestellt werden. Letztere ist dann nur eine Idee, unter der im 1. Fall allein anschaulich gemacht (konstruiert) werden kann, wie es möglich ist, daß eben dieselbe Quantität Materie (d. i. einerlei Quantum repulsiver Kräfte) bald einen kleinen, bald einen großen Raum ganz erfülle. Tatsächlich träte bei einer ins Unendliche teilbaren Materie keine wirkliche Entfernung der Teile ein; sie würde vielmehr trotz aller Erweiterung des von ihr eingenommenen Raumes immer ein Kontinuum ausmachen, „obgleich die Möglichkeit dieser Erweiterung nur unter der Idee einer unendlich kleinen Entfernung anschaulich gemacht werden kann" (IV 505). In ganz ähnlicher Weise unterscheidet Kant IV 521 „zwischen dem Begriffe eines wirklichen Raumes, der gegeben werden kann, und der bloßen Idee von einem Raume, der lediglich zur Bestimmung des Verhältnisses gegebener Räume gedacht wird, in der Tat aber kein Raum ist". Oder, wie es auf der folgenden Seite klarer heißt: „Der unendlich kleine Zwischenraum ist von der Berührung gar nicht unterschieden, also nur die Idee vom Raume, die dazu dient, um die Erweiterung einer Materie als stetiger Größe anschaulich zu machen, ob sie zwar wirklich, so, gar nicht begriffen werden kann. Wenn es also heißt: die zurückstoßenden Kräfte der einander unmittelbar treibenden Teile der Materie stehen in umgekehrtem Verhältnisse der Würfel ihrer Entfernungen, so bedeutet das nur: sie stehen in umgekehrtem Verhältnisse der körperlichen Räume, die man sich zwischen Teilen denkt, die einander dennoch unmittelbar berühren, und deren Entfernung eben darum unendlich klein genannt werden muß, damit sie von aller wirklichen Entfernung unterschieden werde." Und auch hier wird wieder betont, daß es sich nur um Schwierigkeiten, die der Konstruktion der Begriffe anhängen, handle, daß aus ihnen aber kein Einwurf gegen die Begriffe selbst hergeleitet werden könne. Wo Kant also von Entfernungen zwischen den Teilen der Materie redet, da soll es nur eine Als-ob-Betrachtung zum Zweck einer solchen Konstruktion sein.

Die Monadisten, und mit ihnen auch der Kant von 1756, würden nun aber gerade leugnen und meiner Ansicht nach mit Recht leugnen, daß die Schwierigkeiten nur die K o n s t r u k t i o n der Begriffe angehn. Sie würden etwa sagen: daß eine Materie, die einen Raum ganz erfülle, sich auf einen größeren Raum ausdehne, sei nur unter d e r Bedingung nicht etwa nur: anschaulich vorzustellen (zu konstruieren), sondern überhaupt, objektiv-logisch, zu begreifen, daß sich zwischen ihren einzelnen Teilen (und seien es auch unendlich viele), die sich im kleineren Raum unmittelbar berührten, ein mit der Größe der Ausdehnung wachsender Zwischenraum bilde, der zwar von Repulsivkräften, nicht aber von andern für sich beweglichen Teilen eingenommen sein könne; ferner sei eine Abnahme der Zurückstoßungskraft gemäß dem umgekehrten Kubus der Entfernung nur dann objektiv möglich (ganz ohne Rücksicht auf die subjektive anschauliche Vorstellbarkeit und die Bedürfnisse einer etwaigen Konstruktion), wenn zwischen den einander zurücktreibenden Teilchen eine wirkliche, wenn auch noch so kleine Entfernung vorhanden sei.

Gegen den 1. Einwurf würde Kant vielleicht das geltend machen, was er in der 2. Anmerkung [1]) zum 4. Lehrsatz (IV 505—508) darlegt: die Lehre von der unendlichen Teilbarkeit der Materie solle nur besagen, daß für die Teilbarkeit keine Grenze vorhanden sei, nicht aber, daß die Materie wirklich aus unendlich viel Teilen bestehe; es sei im Gegenteil ein direkter Widerspruch, sich eine unendliche Menge, deren Begriff es schon mit sich führe, daß sie niemals vollendet vorgestellt werden könne, als ganz vollendet zu denken. Da es sich bei der Materie nur um Erscheinungen handle, die bloß in der Vorstellung vorhanden seien, könne mit Bezug auf sie auch stets nur so viel gegeben sein, als in der Vorstellung angetroffen bzw. durch ihren Progressus erzeugt werde; es könne dabei nie mehr Teile in der Materie wirklich geben, als für unsere Vorstellung durch Teilung tatsächlich hervorgebracht seien [2]), d. h. stets nur eine endliche Zahl, weil eine unendliche Teilung niemals ganz durchgeführt, also auch nie als fertige gegeben werden könnte. Anderseits existiere aber auch keine Grenze, über die hinaus eine Fortsetzung der Teilung unmöglich wäre.

Die Monadisten würden darauf antworten, daß dann der Begriff der Ausdehnung einer stetigen Materie auf einen größeren Raum nur um so unvollziehbarer werde. Außerdem sei ein prinzipieller Unterschied zwischen dem Raum und einer ihn erfüllenden, auf Repulsionskräften beruhenden Materie. Dort sei eine unendliche Teilbarkeit der Art, daß die Teile erst durch die Teilung selbst entstehen, denkbar, weil den einzelnen Teilen keine Bewegbarkeit, Trennbarkeit und also auch keine wirkliche Selbständigkeit zukomme, sondern wir ihnen nur in unsern Gedanken durch die Teilung für bestimmte Zwecke eine vorübergehende Scheinselbständigkeit zuschreiben. Anders bei der Materie, auch dann, wenn sie als bloße Erscheinung aufgefaßt werde. Denn der Begriff einer repulsiven Kraft, die als kontinuierliche einen Raum erfülle und in jedem seiner unendlich vielen Teilchen abstoßend auf die Nachbarteilchen wirke, doch so, daß wirkliche Teile erst entsprechend dem Fortschritt der tatsächlichen Teilung in ihr entstünden, sei in sich widersprechend. Eine Kraft könne

---

1) Sie wiederholt in der Hauptsache nur Gedanken, die wir schon aus der Krit.d.r.Vern. von der Behandlung der 2. Antinomie her kennen.

2) „Die Teile, als zur Existenz einer Erscheinung gehörig, existieren nur in Gedanken, nämlich in der Teilung selbst" (IV 507).

nur als von einem Mittelpunkt aus nach allen Seiten hin wirkend gedacht werden. Sei aber in einem solchen Mittelpunkt eine Repulsionskraft von bestimmtem Grade tätig, so werde er dadurch auch als Erscheinung aus dem Kontinuum herausgehoben und gleichsam individualisiert; er müsse schon von vornherein als ein für sich beweglicher, selbständiger Teil innerhalb des größeren Ganzen existiert haben und könne nicht erst durch die Teilung selbständig geworden sein oder gar erst durch sie seine Repulsionskraft bekommen haben. Durch den Fortschritt der Teilung könnten weder Repulsionskräfte neu entstehen, noch auch die einen Raum etwa erfüllende Repulsionskraft in steigendem Maß an einzelne Punkte, die dadurch erst zu selbständigen Teilen würden, gebunden werden. Wirke letztere aber auch schon v o r der Teilung in jedem Raum-Punkt abstoßend auf die Nachbarpunkte ein, dann müßten alle diese Punkte auch schon v o r der Teilung als selbständige Teile existiert haben und also als physische Monaden aufgefaßt werden; die Teilung mache dann nur diese ihre selbständige Natur auch für uns sichtbar [1]).

80. Zu dieser monadologischen Ansicht drängen auch die großen Schwierigkeiten, in welche die Lehre von der unendlichen Teilbarkeit der Materie verwickelt, sobald man mit dem Begriff des Dinges an sich Ernst macht, was Kant doch IV 506 f. (trotz Stadlers Abschwächungsversuch S. 84 f.) entschieden tut. Denn er bezeichnet dort Materie und Raum als „subjektive Vorstellungsarten uns an sich unbekannter Gegenstände“, setzt also die letzteren, d. h. die Dinge an sich, unzweifelhaft als wirklich existierend voraus. Für sie gilt aber, daß eine wirkliche unendliche Menge, als tatsächlich gegebene, ein „ausdrücklicher Widerspruch“ sein würde (IV 507, vgl. 506). Einem bestimmten Quantum Materie muß also eine endliche Zahl von raumlosen Dingen an sich entsprechen [2]). Da liegt aber doch die Ansicht nahe, daß die Teilung der Materie zwar ins Unbestimmte hinein (in indefinitum) fortgesetzt werden könne, doch so, daß man schließlich auf letzte, physisch unteilbare Teilchen stoße, die in ihrer für uns unbestimmbaren Zahl der Zahl der ihnen zugrunde liegenden raumlosen Dinge an sich entsprechen. Es ist doch nicht anzunehmen, daß ein Ding an sich, dem als Raumlosem eine rein innere Einheit zuzuschreiben ist, im Raum in einer Weise erscheinen könne, daß das ihm entsprechende

1) Aehnlich schon J. H. v. Kirchmann in seinen „Erläuterungen zu Kants Schriften zur Naturphilosophie“ 1877, S. 43 f. (von Drews S. 299 übernommen).

2) Auch in der Inauguraldissertation vom Jahr 1770 (§ 1, 28) geht Kants Ansicht schon dahin, daß die intelligible Welt aus einfachen Substanzen besteht, und zwar, wie es scheint, aus einer endlichen Zahl. Die Materie der sinnlichen Welt dagegen ist 1770 wie Raum und Zeit ins Unendliche teilbar.

Quantum Materie sich noch in mehrere selbständige, für sich bewegliche Teilchen teilen lasse. Vielmehr ist der monadologische Standpunkt, von dem Kant selbst ja IV 507 andeutet, daß er ihn mit Bezug auf die Welt der Dinge an sich noch immer für den richtigen halte, auch für die Erscheinungswelt vorzuziehn und in der Art durchzuführen, daß die physischen Monaden oder Punkte, ganz wie 1756, als letzte physisch unteilbare Teile der Materie durch bloße Repulsionskraft einen gewissen endlichen Raum erfüllen und beherrschen, indem sie durch ihren Widerstand andere Monaden verhindern, in ihn einzudringen. Leere Räume würden auch so vermieden werden und die Vorteile, welche die Theorie von der Stetigkeit der Materie in dieser Beziehung bietet, also nicht verloren gehn.

81. Nachdem Kant die unendliche Teilbarkeit der Materie erwiesen zu haben glaubt, wendet er sich dem Problem der ursprünglichen Anziehungskraft zu. Zunächst stellt er im 5. Lehrsatz fest, daß die Möglichkeit der Materie eine Anziehungskraft als die zweite wesentliche Grundkraft derselben fordert. Der Beweis ist ganz ähnlich dem von 1756 (vgl. o. S. 155f., wie auch S. 181): der Gedanke, daß der Raum, in dem die ursprüngliche Repulsionskraft sich ausbreitet, wohl einen Grund dafür enthalten könne, daß sie allmählich schwächer werde, nicht aber einen Grund dafür, daß sie irgendwo ganz aufhöre, kehrt fast unverändert wieder. Dazu tritt als 2. Argument noch die selbstverständliche Behauptung, daß die Repulsionskraft auch nicht durch sich selbst eingeschränkt werden könne, weil die Materie durch sie vielmehr bestrebt sei, den von ihr erfüllten Raum kontinuierlich zu erweitern. Wäre also nur die repulsive Kraft, so würde die Materie sich ins Unendliche zerstreuen und „in keinem anzugebenden Raume würde eine anzugebende Quantität Materie anzutreffen sein", alle Räume würden vielmehr leer [1]), mithin eigentlich gar keine Materie anzutreffen sein. Alle Materie erfordert also zu ihrer Existenz zusammendrückende Kräfte; diese können aber nicht von dem Entgegenwirken einer andern Materie herrühren, da diese ja, um überhaupt Materie sein zu können, selbst schon einer zusammendrückenden Kraft bedürfen würde. Es muß also jeder Materie eine ursprüngliche Anziehungskraft als eine zu ihrem Wesen gehörige Grundkraft zukommen.

In einer Anmerkung (IV 509 f.) wirft Kant die Frage auf, weshalb wir uns der Anziehungskraft nicht ebensogut als ersten Kennzeichens der Materie bedienen, wie der Undurchdringlichkeit; diese ist unmittelbar

1) Genauer müßte es heißen: so gut wie leer, weil nur durch Materie von unendlich kleiner Masse und also auch unendlich kleiner Dichtigkeit eingenommen. Vgl. Stadler 86 f., der hier gegenüber Schwab S. 36 f. (vgl. o. S. 187) und Drews 303 f. durchaus im Recht ist.

mit dem Begriff einer Materie gegeben ⟨das würde also heißen: analytisch in ihm enthalten⟩, jene, obwohl doch selbst zur *Möglichkeit* der Materie ursprünglich erforderlich und daher zu ihrem Begriff gehörig, ist doch in ihm nicht enthalten, sondern muß ihm erst durch Schlüsse ⟨synthetisch⟩ beigefügt und als ihm zukommend erst *erwiesen* werden. Der Umstand, daß unsere Sinne uns die Anziehung nicht so unmittelbar wahrnehmen lassen wie die Zurückstoßung und den Widerstand der Undurchdringlichkeit, gibt keine genügende Erklärung ab. Denn auch wenn wir das fehlende Vermögen hätten, würden wir trotzdem die Raumerfüllung oder Solidität zur Charakteristik der räumlichen Substanz, d. i. der Materie, als eines vom Raum unterschiedenen Dinges wählen. Der tiefere Grund dafür ist der, daß Anziehung, auch wenn sie noch so gut unmittelbar sinnlich empfunden würde, uns doch niemals eine Materie von bestimmter Größe und Gestalt offenbaren könnte, sondern stets nur das Bestreben unseres Organs, sich einem Punkt außer uns (dem Mittelpunkt des anziehenden Körpers, in dem die Anziehungskräfte aller einzelnen Teile vereinigt gedacht werden) zu nähern, also auch nur die Richtung, in welcher der anziehende Punkt liegt, nicht den Ort, wo er sich befindet [1]). Also nur *die* Eigenschaft der Materie, daß sie einen Raum erfüllt, vermag uns vermittelst des Tastsinnes von Größe, Gestalt und Ort eines Ausgedehnten zu unterrichten [2]) und ermöglicht uns so, den Begriff der Größe auf die Materie anzuwenden, dadurch unsere äußeren Wahrnehmungen in den Erfahrungsbegriff einer Materie als Gegenstandes überhaupt zu verwandeln und uns weiterhin einen Begriff von einem bestimmten Gegenstand im Raum zu verschaffen. Aus dieser Vorzugsstellung, die der Undurchdringlichkeit (Zurückstoßung) erkenntnistheoretisch zukommt, glaubt Kant zugleich auch psychologisch erklären zu können, weshalb man sich gegen die Anziehungskraft als Grundkraft so sehr sträube und keine andern bewegenden Kräfte einzuräumen geneigt sei als nur Stoß und Druck: beides Wirkungen der Undurchdringlichkeit auf den Tastsinn, jener der Anfang, dieser die Fortdauer der Berührung [3]).

1) Aehnlich XIV 115 f. — Nach XIV 113 können wir die Attraktion überhaupt nicht empfinden, weil alle Teile unseres Körpers dadurch gleich bewegt werden. XIV 115 schränkt Kant diese Behauptung mit Recht ein.

2) Hier wird also, ebenso wie IV 476, die Affektion unseres Ich durch Erscheinungen gelehrt.

3) Drews (287 f.) hat diese Ausführungen falsch aufgefaßt, als ob sie der erkenntnistheoretischen Begründung des Dynamismus dienen sollten. In Wirklichkeit beschäftigen sie sich nur mit dem Verhältnis zwischen Undurchdringlichkeit und Anziehung und der Vorzugsstellung, die jener erkenntnistheoretisch und psycho-

Der 6. Lehrsatz behauptet, als Gegenstück zum 5., daß durch bloße Anziehungskraft ohne Zurückstoßung gleichfalls keine Materie möglich ist. Der Beweis bringt gegen früher (vgl. o. S. 156, 181) nichts Neues. Er lautet, kurz zusammengefaßt: wenn alle Teile der Materie nur Anziehungskräfte aufeinander ausübten, so würden die Entfernungen zwischen ihnen und damit auch der Raum, den sie alle zusammen einnehmen, je länger desto mehr verringert werden, bis schließlich alle in einen mathematischen Punkt zusammenflössen und der Raum leer, mithin ohne alle Materie wäre.

Kant hat also nachgewiesen, daß sowohl Anziehungs- wie Zurückstoßungskraft als Bedingungen der inneren Möglichkeit der Materie zu deren Wesen gehören und in ihrem Begriff keine der beiden Kräfte von der andern getrennt werden kann. Sobald man nur e i n e von ihnen annimmt, bleibt der Raum leer, und keine Materie kommt zustande (vgl. o. S. 181) [1]).

---

logisch betrachtet zukommt. Sie würden ihre Gültigkeit auch dann behalten, wenn die Undurchdringlichkeit als eine absolute nach Art der Atome gedacht würde.

1) Nach v. Kirchmanns „Erläuterungen" (vgl. o. S. 201) S. 38—40 leitet Kant zwar die Undurchdringlichkeit sowohl 1756 als 1786 aus einer abstoßenden Kraft her, doch besteht 1786 „die Ausfüllung des Raumes" in seiner „Erfüllung mit Materie", nicht nur (wie 1756) mit abstoßender Kraft; 1756 ist Kants Theorie rein dynamisch: sie setzt überhaupt an die Stelle des Stoffs nur Kräfte, 1786 dagegen schlägt er einen Mittelweg zwischen dieser streng dynamischen Theorie und dem Atomismus ein, indem er den Stoff als etwas Besonderes neben der Kraft beibehält, alle Bedeutung aber nur in die Kräfte verlegt. Aehnlich behauptet Drews, daß Kant sich 1786 vom Aberglauben an den metaphysischen Seinswert des Stoffs noch nicht völlig freigemacht habe und mit seinem Dynamismus in einer unhaltbaren Verquickung der reinen Kraft- mit der Kraft-Stofftheorie stecken geblieben sei, daß es ihm dadurch unmöglich gemacht werde, die Raumerfüllung wirklich, wie er gern möchte, als eine solche durch Kräfte aufzufassen, daß er vielmehr gezwungen werde, die Materie als ein stoffliches Kontinuum zu betrachten, das jeden Teil des Raumes bereits von sich aus, als Materie, vollständig ausfülle (291 ff., 318, 325, 328).

Zu diesen seltsamen Mißverständnissen geben zwar Kants Aeußerungen keinerlei Anlaß. Doch wären v. Kirchmann und Drews wohl kaum auf sie gekommen, lägen nicht gewisse Schwierigkeiten vor, die sich allein durch die Lehre von der doppelten Affektion lösen lassen. Kant spricht sowohl von Kräften wie von Materie und leitet diese aus dem Konflikt jener ab. Aber das bloße Gegeneinanderwirken von Kräften kann doch nicht ohne weiteres von sich aus die Erscheinung der den Raum kontinuierlich erfüllenden Materie mit ihren sekundären Qualitäten hervorbringen. Sondern man muß sich die Sache so zurechtlegen, daß durch Affektion unseres Ich an sich durch die Dinge an sich die Erscheinungswelt der im Raum so und so verteilten beweglichen Kraftkomplexe (Erscheinungen an sich) entsteht, die das empirische Ich als gegeben vorfindet und von denen es affiziert wird; auf

82. Seine nächste Aufgabe sieht Kant darin, Wesen und Eigenschaften der ursprünglichen Anziehungskraft näher zu bestimmen. Er geht in der Weise vor, daß er zunächst (IV 511 f.) „Berührung im physischen Verstande" übereinstimmend mit I 483 und II 288 (o. S. 155, 179) als „die unmittelbare Wirkung und Gegenwirkung der Undurchdringlichkeit" definiert, bzw., unter Gleichstellung von Undurchdringlichkeit und Repulsionskraft nach Art von I 483, als „Wechselwirkung der repulsiven Kräfte in der gemeinschaftlichen Grenze zweier Materien". In mathematischer Bedeutung ist nämlich Berührung die gemeinschaftliche Grenze zweier Räume, die also weder innerhalb des einen noch des andern Raumes ist. Damit aus dieser mathematischen Berührung die physische werde, muß zu ihr noch ein dynamisches Verhältnis der Undurchdringlichkeit hinzugedacht werden.

Wirkung in die Ferne (actio in distans) bestimmt Kant als Wirkung einer Materie auf die andere außer der Berührung; sie heißt unmittelbar oder auch Wirkung der Materien aufeinander durch den leeren Raum, wenn sie auch ohne Vermittlung zwischeninne liegender Materie möglich ist.

Solcher Art ist nach dem 7. Lehrsatz die ursprüngliche, aller Materie wesentliche Grundkraft der Anziehung. Denn sie ermöglicht erst die Materie selbst und damit auch die gegenseitige physische Berührung ihrer Teile, geht also vor letzterer ⟨logisch-sachlich⟩ vorher und muß deshalb von ihr und ihren Voraussetzungen, folglich auch von der Erfüllung des Raumes zwischen dem Bewegenden und dem Bewegten, unabhängig sein, d. i. sie muß auch, ohne daß dieser Raum erfüllt ist, stattfinden können [1]).

---

diese Affektionen (die „Reize" der Physiologie und Psychologie) reagiert es mit Empfindungen, und deren durch die Synthesis der Kategorialfunktionen vereinheitlichte Komplexe treten uns dann im empirischen Raum als „Materie" entgegen, als farbige, leuchtende, duftende, tastbare usw. Gegenstände.

Auch sonst stößt man in dem Werk von Drews häufig auf Mißverständnisse und Irrtümer, auf die es sich aber meistens nicht lohnt näher einzugehen.

1) Dieser Beweis ist erschlichen. Hätte er Gültigkeit, dann müßte dasselbe, was er von der Anziehungskraft beweist, auch von der Zurückstoßungskraft gelten. Denn auch diese bildet ja eine Voraussetzung für die Möglichkeit der Materie überhaupt und damit auch für die Möglichkeit einer gegenseitigen physischen Berührung ihrer Teile. Der Fehler steckt im 2. Satz des Beweises: Die Anziehungskraft „muß also vor dieser ⟨sc. der physischen Berührung⟩ vorhergehen, und ihre Wirkung muß folglich von der Bedingung der Berührung ⟨= Berührung als Bedingung⟩ unabhängig sein" (IV 512). Daraus daß die Anziehungskraft die logisch-sachliche Voraussetzung der Berührung ist, folgt in Wahrheit durchaus noch nicht ohne weiteres, daß ihre Wirkung von der letzteren und ihren Bedingungen unabhängig

In zwei Anmerkungen (IV 513—515) sucht Kant den Begriff einer Anziehungskraft mit unmittelbarer Wirkung in die Ferne dem Leser schmackhaft zu machen. In der 1. Anmerkung gibt er zunächst zu, daß es ein ganz unmögliches Verlangen ist, die Möglichkeit der Grundkräfte begreiflich zu machen. Denn sie heißen eben darum Grundkräfte, weil sie von keiner andern abgeleitet werden, d. i. gar nicht begriffen werden können. Anderseits ist aber die ursprüngliche Anziehungskraft nicht im mindesten unbegreiflicher als die ursprüngliche Zurückstoßung. Jene bietet sich nur den Sinnen nicht so unmittelbar dar wie diese und hat dadurch leicht den Anschein des Abgeleiteten, obwohl sie doch in Wahrheit von nichts weiter abgeleitet werden kann, am wenigsten, sei es auch auf noch so viel Umwegen, von der Undurchdringlichkeitskraft, deren gerades Widerspiel sie vielmehr ist. Im Besonderen macht Kant gegen den Einwurf, daß eine Materie doch nicht da, wo sie nicht ist, unmittelbar wirken könne, geltend, daß sich das durchaus nicht widerspreche, vielmehr überall tatsächlich der Fall sei. Denn sollte ein Ding an demselben Ort, wo es ist, wirken, so wäre das, worauf es wirkt, gar nicht außer ihm, da „außerhalb" die Gegenwart in einem Ort bedeutet, darin das andere nicht ist. Selbst wenn Erde und Mond sich berührten, wäre doch der Punkt der Berührung als Grenze der beiden erfüllten Räume ein Ort, in dem kein Teil der Erde und des Mondes anzutreffen wäre. Auch bei Wirkung in der Berührung wirkt also ein Ding stets nur da, wo es selbst nicht ist [1]). Liegt also in dem Begriff einer unmittelbaren Wirkung der Materien aufeinander in der Entfernung kein Widerspruch, so wäre ihre Leugnung eine ganz unberechtigte, dogmatische Behauptung, die darauf hinausliefe, daß Materien ohne Vermittlung der Undurchdringlichkeitskräfte nicht unmittelbar

---

sein müßte. Es wäre an und für sich sehr wohl denkbar und auch objektiv möglich, daß die Anziehungskraft, obwohl die Voraussetzung der Berührung, trotzdem auf sie eingeschränkt wäre. Allein auf Grund der Erfahrungstatsachen kann hier eine Entscheidung getroffen werden, nicht aber durch apriorische Erwägungen, wie Kant sie anstellt. — Umgekehrt ist bei der Zurückstoßungskraft ihre Beschränkung auf Berührung keineswegs so selbstverständlich, wie Kant es hinstellt, wenn er IV 516 (vgl. u. S. 208) behauptet, daß eine unmittelbare Wirkung einer Materie auf eine andere, entfernte durch Ausdehnungskräfte, die quer durch die dazwischenliegenden Teile gingen, unmöglich sei. Das gilt auf jeden Fall nur von der Undurchdringlichkeit als „Widerstandskraft", nicht aber von der eigentlichen „Ausdehnungskraft" (vgl. o. S. 192 f.). Ob die bei dieser an sich (so gut wie bei der Anziehungskraft) sehr wohl denkbaren Fernwirkungen objektiv wirklich sind, kann wieder nur die Erfahrung lehren. Apriorische Erwägungen, die nur mit „logischen Postulaten" arbeiten (Stadler 252) und trotzdem gültige Aussagen über die Wirklichkeit machen wollen, führen hier zu nichts.

1) Aehnlich XIV 456 f.

aufeinander wirken könnten; damit würde aber behauptet, daß Anziehungskräfte entweder ganz unmöglich seien oder daß sie wenigstens immer von der Wirkung repulsiver Kräfte abhängig gedacht werden müßten. Kant schließt diese Gedankenentwicklung, gegen die sich begründete Bedenken kaum vorbringen lassen, mit den Worten: „Sich unmittelbar außer der Berührung anziehen, heißt sich einander nach einem beständigen Gesetze nähern, ohne daß eine Kraft der Zurückstoßung dazu die Bedingung enthalte, welches doch ebensogut sich muß denken lassen, als einander unmittelbar zurückstoßen, d. i. sich einander nach einem beständigen Gesetze fliehen, ohne daß die Anziehungskraft daran irgend einigen Anteil habe. Denn beide bewegende Kräfte sind von ganz verschiedener Art, und es ist nicht der mindeste Grund dazu, eine von der andern abhängig zu machen und ihr ohne Vermittelung der andern die Möglichkeit abzustreiten“ (IV 514).

Die 2. Anmerkung unterscheidet zwischen wahrer Anziehung, die ohne Vermittlung repulsiver Kräfte geschieht, und scheinbarer, die bloß auf diese Art vor sich geht, bei der ein Körper sich dem andern nur deshalb zu nähern bestrebt ist, weil er durch Stoß oder Druck zu ihm getrieben wird. Ein Argument zugunsten der Anziehung in die Ferne entnimmt Kant der Tatsache, daß aus der Anziehung in der Berührung niemals Bewegung entspringen könnte, da Berührung als Wechselwirkung der Undurchdringlichkeit alle Bewegung abhält. Gäbe es also keine unmittelbare Anziehung in die Ferne als wahre Anziehung, so könnten die stoßenden und drückenden Kräfte, die dann das einzige Mittel wären, Annäherung hervorzubringen, der Repulsionskraft entgegenzuwirken und so Materie zu konstituieren, keine in der Natur der Materie selbst ursprünglich liegende Ursache haben. Damit blieben sie aber überhaupt unerklärbar und würden zu einer Art deus ex machina. Denn eine Erklärung aller Annäherungsphänomene durch bloß scheinbare Anziehung würde sich im Zirkel herumdrehen, da die Materie, die durch Druck und Stoß die Erscheinungen der scheinbaren Anziehung hervorbringen soll, ja ohne wahre anziehende Kräfte nicht einmal Materie sein würde [1]). Zu einem Anhänger der wahren Fernanziehung sucht Kant dann im weiteren Verlauf der 2. Anmerkung auch Newton zu stempeln, entgegen freilich der geschichtlichen Wahrheit, deren er sich II 288 (vgl. 20) noch klar bewußt gewesen war (vgl. XIV 235 f.).

---

1) Vgl. XIV 295 f.: „Der Beweis der Grundkraft der Gravitation besteht darin, daß durch keinen Stoß die Schwere erklärt werden kann.“ Des Aethers „drückende Kraft kann nicht die Ursache der Schwere sein, weil das Drücken selbst allererst eine Ursache haben muß“.

Noch zwei weitere Eigenschaften weist Kant der ursprünglichen Anziehungskraft zu: sie ist nicht bloße Flächen-, sondern durchdringende Kraft. Vermöge jener können Materien nur in der gemeinschaftlichen Berührungsfläche unmittelbar aufeinander wirken. Das ist der Fall bei der Zurückstoßungskraft: sie kann, da die einander berührenden Teile einer den Wirkungsraum der andern begrenzen, keinen entfernteren Teil bewegen ohne vermittelst der dazwischen liegenden [1]). Vermittelst der durchdringenden Kraft dagegen kann eine Materie auf die Teile der andern auch über die Fläche der Berührung hinaus unmittelbar wirken. Derart ist die ursprüngliche Anziehungskraft, die einen Raum zwar einnimmt, aber nicht erfüllt, die auf entfernte Materien durch den leeren Raum wirkt und deren Wirkung daher auch durch keine dazwischenliegende Materie eine Grenze gesetzt werden kann [2]). Und nur weil sie eine durchdringende Kraft ist (weil das ganze Quantum Materie durch sie wirkt und nicht nur die Materie an der Oberfläche), muß sie auch jederzeit der Quantität der Materie proportioniert sein (IV 516).

Auch die letzte Eigenschaft, die Kant der Anziehungskraft im 8. Lehrsatz beilegt, hängt mit dieser ihrer durchdringenden Natur zusammen: daß sie sich nämlich im Weltraum von jedem Teil der Materie auf jeden andern unmittelbar ins Unendliche erstreckt. Denn für eine etwaige Begrenzung der Sphäre ihrer Wirksamkeit könnte man die Größe des Raumes, auf den sie ihren Einfluß verbreitet, nicht als Erklärungsgrund herbeiziehen, da die Anziehungskraft stets einen endlichen Grad hat, der von dem Nichts durch unendlich viele kleinere Grade getrennt ist, so daß sie zwar dem Maß ihrer Ausbreitung entsprechend ständig abnehmen muß, niemals aber völlig zu nichts werden kann [3]). Es bliebe also als Ursache einer etwaigen Begrenzung nur eine innerhalb der Sphäre ihrer Wirksamkeit liegende Materie übrig; die kann aber, wie groß sie auch sein möge, auf die Anziehungskraft als durchdringende Kraft gleichfalls keine hem-

---

1) Vgl. meine Bemerkung gegen dies Argument o. S. 206 Anm.

2) Daraus daß eine Materie durch ihre Kraft auf eine andere wirken kann, ohne daß sie sich berührten und der Raum zwischen ihnen erfüllt wäre, folgt noch lange nicht, daß diese Kraft durchdringend ist und daß ihr auch durch weitere dazwischenliegende Materien kein Hindernis bereitet und keine Grenze gesetzt werden könnte. Mit transzendentalen, apriorischen Erwägungen darüber, wie eine „ursprüngliche Anziehung, welche die Materie selbst möglich macht, gedacht werden müsse" (IV 516), kommt man nicht zum Ziel; denn eben dies „Müssen" (geschweige denn das ihm entsprechende Sein) ist von Kant nicht bewiesen und läßt sich auf diesem Weg überhaupt nicht beweisen. Nur die Erfahrung kann zeigen, ob es so etwas wie durchdringende Kräfte überhaupt gibt.

3) Vgl. XIV 295.

mende Wirkung ausüben. Jene muß sich daher von jedem materiellen Teil auf jeden andern unmittelbar ins Unendliche erstrecken [1]).

Gravitation definiert Kant als die Wirkung der allgemeinen Anziehung, die alle Materie auf alle und in allen Entfernungen unmittelbar ausübt, Schwere als die Bestrebung, sich in der Richtung der größeren Gravitation zu bewegen. Unter der jeder Materie eignenden ursprünglichen Elastizität versteht er die Wirkung von der durchgängigen repulsiven Kraft ihrer Teile. Schwere und Elastizität machen die einzigen a priori einzusehenden allgemeinen Charaktere der Materie, diese innerlich, jene im äußeren Verhältnisse aus, weil auf den Ursachen beider die Möglichkeit der Materie selbst beruht. Kohäsion (Zusammenhang) dagegen trägt nichts zur Möglichkeit der Materie bei und kann daher auch nicht a priori als mit ihr verbunden erkannt werden (vgl. u. § 211 Anfang).

83. Der Ertrag der Dynamik ist also, daß nur ursprüngliche Anziehung im Konflikt [2]) mit ursprünglicher Zurückstoßung einen bestimmten Grad der Erfüllung des Raumes [3]) und damit Materie möglich machen kann; denn um ein bestimmtes materielles Ding auszumachen, muß die Materie mit einem bestimmten Grade repulsiver Kraft ihren Raum erfüllen. Nun ist aber die ursprüngliche Anziehung stets der Quantität der Materie proportional und also ein feststehender Faktor. Von wechselnder Intensität kann nur die Zurückstoßungskraft sein. Nach ihrer Stärke muß sich also auch der Grad der jedesmaligen Raumerfüllung richten. Ueber das Wie? und seine näheren Einzelheiten läßt sich Kant in den M.A.d.N. leider nicht aus. Man wird sich in Uebereinstimmung mit XI² 361 ff., aber im Gegensatz zu der Zeit um 1775 und zur R.V. (vgl. o. S. **182** ff.) die Sache so zurechtlegen müssen, daß, je geringer die Intensität der Zurückstoßungskraft in einem Raumteil ist, je mehr sie also durch die entgegenwirkende Anziehung eingeschränkt (gehemmt) werden kann und je geringer demgemäß der Grad der Raumerfüllung, d. h. die Größe des dem Eindringen in den Raum geleisteten Widerstandes (vgl. IV 496 ff.) ist, desto leichter dieser Widerstand überwunden, desto dichter der Raum besetzt werden kann und also eine um so größere Quantität Materie

1) Auch hier gilt, mutatis mutandis, das in der vorletzten Anmerkung Gesagte.

2) Derselbe Ausdruck begegnet uns auch schon in der Monadologia physica (I 475) und in den „Negativen Größen" (II 180; vgl. o. §§ 51, 72).

3) Der Begriff eines bestimmten Grades der Raumerfüllung ist bei der dynamischen Theorie der Materie nicht nur zulässig, sondern geradezu unentbehrlich, wie er denn auch 1756 schon auftritt. Die Einwände von Schopenhauer (Handschriftl. Nachlaß hrsg. von E. Grisebach III 17) und Drews 307 f. — daß Raumerfüllung Ausdruck der Extension, Grad aber der Intension sei und eine Extension der Intension sich nicht denken lasse — beruhen auf Mißverständnissen.

mit entsprechend stärkeren Anziehungskräften sich in ihm ansammeln wird [1]).

Was die entgegenwirkende Anziehung betrifft (vgl. o. S. 180, 186), so läßt Kant es IV 518 dahingestellt, ob der bestimmte Grad der Raumerfüllung „von der eigenen Anziehung der Teile der zusammengedrückten Materie untereinander oder von der Vereinigung derselben mit der Anziehung aller Weltmaterie herrühre“ [2]), d. h. ob die in dem betreffenden Raumteil tätigen Anziehungskräfte zur Einschränkung der ebendort wirksamen Repulsionskräfte genügen, oder ob die ins Unendliche sich erstreckende Anziehung der Gesamtmaterie des Weltalls mithelfen muß; bei deren Wirkungen wäre etwa an den Druck des Aethers, aus dem Kant die Kohäsion ableitet, zu denken (so auf einem L.Bl. aus den letzten 80er Jahren, vgl. Kants Op. p. 41), ferner an den Druck der Atmo-

1) Nach Schwab 65 f. (vgl. o. S. 187) läßt Kant den Grad der Dichtigkeit direkt vom Grad der Repulsionskraft abhängig sein: die größere Dichtigkeit des Goldes gegenüber dem Glas würde also nur darauf beruhn, daß das Gold eine größere Repulsionskraft hat als das Glas. Daraus zieht Schwab dann allerlei törichte Folgerungen: daß nach Kant ein Körper, der mehr Elastizität hat als ein anderer, auch dichter sein müßte als dieser, daß die Schwere der Körper, weil proportional der Dichtigkeit, auch der Repulsionskraft entsprechen müßte usw. Dies Mißverständnis Schwabs gründet sich vielleicht auf Stellen wie IV 518, 523 f. Dort heißt es: „Die ursprüngliche Anziehung ist der Quantität der Materie proportional und erstreckt sich ins Unendliche. Also kann die dem Maße nach bestimmte Erfüllung eines Raumes durch Materie am Ende nur von der ins Unendliche sich erstreckenden Anziehung derselben bewirkt und jeder Materie nach dem Maße ihrer Zurückstoßungskraft erteilt werden.“ Hier hat Schwab bei der „dem Maße nach bestimmten Erfüllung eines Raumes“ vermutlich an die Dichtigkeit der Raumbesetzung gedacht, statt an die Größe des seitens der Repulsionskraft dem Eindringen in den Raum geleisteten Widerstandes, wie es nach IV 496 ff. und auch nach dem in Kants Text unmittelbar vorhergehenden Absatz nötig ist. Daß meine obige Darlegung Kants Ansicht richtig wiedergibt, zeigen Bemerkungen, die er auf dem Brief Becks vom 8. Sept. 1792 niedergeschrieben hat: „Die Anziehungskräfte sind in allen Punkten gleich; in jedem Punkte aber wird sie ⟨sc. die Anziehungskraft⟩ (in Vergleichung mit andern) durch das Abstoßungsvermögen, welches in ihm verschieden sein kann, bestimmt und desto größer, je kleiner die abstoßenden Kräfte derselben Materie sind, mithin die Dichtigkeit der Materie desto größer“ (XI ² 364). Die Dichtigkeit kommt nach XI ² 361 f. aufs Anziehungsvermögen an, richtet sich aber zugleich auch „nach dem umgekehrten Verhältnis der Abstoßung, d. i. des Volumens“. XI ² 365: Je kleiner die Zurückstoßung, desto größer die Dichtigkeit aus der Anziehung.

2) Aehnlich IV 523 f. Auch IV 564 trifft Kant keine eindeutige Entscheidung, wenn er von dem „schwer aufzuschließenden Naturgeheimnisse“ spricht, „auf welche Art die Materie ihrer eigenen ausdehnenden Kraft Schranken setze“. Es handelt sich hier nicht etwa um das Problem der starren Körper (vgl. darüber u. §§ 210, 214). Das „schwer aufzuschließende Naturgeheimnis“ greift geradesogut beim flüssigen wie beim festen Aggregatzustand Platz.

sphäre, aber auch an den Druck, den aufeinander liegende Körper wegen der Gravitationsanziehung der Erde aufeinander ausüben, und an ähnliche Erscheinungen. In seinen Bemerkungen auf dem Brief Becks vom 8. Sept. 1792 schwankt Kant: das eine Mal hält er die Mitwirkung der Anziehung der gesamten Weltmaterie für nötig, das andere Mal nicht. Jenes XI^2 362$_{28-33}$, 364$_{23-26}$, 365$_{25-28}$, 365$_{34-37}$ [1]), dieses XI^2 364 f.: „Man muß die Anziehung nur als durch die Zurückstoßung eingeschränkt auf ein Volumen, mithin als an sich gleich denken. Das Volumen selbst braucht nicht von etwas anderm außer ihm: es kann durch die Anziehung seiner eignen Teile eingeschränkt gedacht werden.“ Nach XI^2 362$_{2ff.}$ scheint der Umstand, daß die Repulsionskraft mit wachsender Entfernung schneller abnimmt als die Anziehungskraft, dafür zu sprechen, daß es für eine Quantität Materie, die sich selbst überlassen bleibt, eine gewisse Grenze der Ausdehnung gebe, wo die Anziehung mit der Zurückstoßung im Gleichgewicht ist. So würden nebeneinander im Raum durch das Gegeneinanderwirken bloß der innern Kräfte viele einzelne Aggregate entstehn können, „deren jedes gleichsam einen Dienst für sich ausmacht“; sie würden einander anziehn und sich dadurch noch mehr verdichten. Die Kohäsionserscheinungen aber scheint Kant weder aus wahrer Anziehung in der Berührung (XI^2 362$_{17-20}$, 365$_{6-9}$) noch wie 1786 aus dem *Druck* des Aethers (XI^2 363$_{1f.}$, vgl. aber 362$_{19f.}$) ableiten zu wollen, sondern, wie in den letzten 80er Jahren und im Op.p., aus dem *Stoß* des in „immerwährende Concussion“ versetzten Aethers (XI^2 362$_{13-17}$, vgl. u. § 213, 240).

Im Gegensatz zu 1756, wo Kant Anziehungs- und Repulsionskraft entsprechend der Kraftstärke des einzelnen Elements stets in demselben Verhältnis zu- und abnehmen ließ, sind also in den M.A.d.N. ebenso wie in der Zeit um 1775 und in der R.V. (vgl. o. S. 182 ff.) große Unterschiede zwischen beiden möglich. Im Gegensatz aber zu der Zeit von 1775—1781 ist jetzt nicht mehr die *Anziehungskraft*, als in verschiedenen Materien ursprünglich verschieden, Ausgangspunkt und Basis und der Grad der Raumerfüllung mit ihr unmittelbar gegeben. Sondern die *Repulsionskraft*, als in verschiedenen Materien ursprünglich verschieden, bildet die Grundlage: je stärker sie ist, desto intensiver ist auch die Erfüllung des Raumes (d. h. der dem Eindringen in ihn geleistete Widerstand), desto geringer aber die Dichtigkeit der Raum-

1) „Die verschiedene Dichtigkeit einer gegebenen Quantität Materie rührt nicht von dieser ihrer Anziehung, denn die ist zu klein, sondern von der des ganzen Universi her.“ Aehnlich auf einem L.Bl. aus den letzten 80er Jahren, vgl. Kants Op. p. 41, 38 und XIV 328 f. (o. § 73 Schluß).

besetzung und damit die Quantität der Materie und desto geringer auch die dieser stets proportionale Anziehungskraft.

84. Die 1756 gegebene Ableitung des Maßes, in dem Anziehungs- und Repulsionskraft mit der Entfernung abnehmen (jene im umgekehrten Quadrat, diese im umgekehrten Kubus), behält Kant fast unverändert bei (vgl. o. § 62, 79 Anfang), wenn er sich auch vor Beginn wie nach Abschluß der Deduktion (IV 517 f., 522 f.) sehr zurückhaltend über ihren Wert äußert und sie nur als „eine kleine Vorerinnerung zum Behufe des Versuchs einer vielleicht möglichen Konstruktion" des dynamischen Begriffs der Materie (als des Beweglichen, das seinen Raum in bestimmtem Grade erfüllt) betrachtet wissen will [1]). Die Willkürlichkeiten in dieser

---

1) Nach Stadler 100 ff. scheidet Kant die Ueberlegungen der „kleinen Vorerinnerung" über die verschiedenartige Abnahme der Anziehungs- und Zurückstoßungskraft als rein mathematische Ableitungen streng von den vorhergehenden, das eigentliche System ausmachenden, rein erkenntnistheoretischen ⟨Kant: metaphysischen⟩ Gedankengängen. Die Erkenntnistheorie untersucht nur „die Einheit der gegebenen Erfahrung überhaupt und unternimmt eine Synthese ihrer Bedingungen". Die Dynamik speziell „entwickelt, unter welchen Bedingungen unser Verstand den Grundsatz der materiellen Einheit zu empirischer Anwendung bringen kann; sie zeigt, wie raumerfüllende Materie möglich ist". Als notwendige Bedingungen dieser Raumerfüllung und damit der Materie überhaupt weist sie die ursprüngliche Anziehungs- und Zurückstoßungskraft nach. Ueber den *bestimmten* Grad der Raumerfüllung dagegen, wie er bei der *einzelnen*, besonderen Materie, beim *einzelnen* Körper vorliegt, kann nach Stadler auf Grund rein erkenntnistheoretischer Erwägungen nichts ausgemacht werden, es handelt sich dabei angeblich nur um empirische Anschlußprobleme bzw. mathematische Berechnungen. Bei den letzteren müsse man willkürliche Annahmen machen, wie Kant das in der „Vorerinnerung" auch mit völligem Bewußtsein tue; bei jenen könne keine Notwendigkeit und Vollständigkeit erreicht werden, die Kant für seine rein erkenntnistheoretischen Erklärungen und Beweisgänge mit Recht beanspruche (vgl. auch Stadler 116, 255).

Diesen Anspruch kann ich für meine Person in keiner Weise anerkennen, also auch z. B. nicht zugeben, daß die Atomtheorie als objektive Hypothese von Kant aus erkenntnistheoretischen Gründen als unmöglich erwiesen sei (Stadler 106). Obwohl selbst entschiedener Anhänger der dynamischen Auffassung (aber in monadologischer Form), halte ich sie doch nur für eine Hypothese, wenn auch für die bei weitem wahrscheinlichste; aber immerhin steht ihr doch die Atomtheorie noch als eine sowohl logische wie reale Möglichkeit gegenüber, und eine endgültige Entscheidung für alle Zeiten wird kaum jemals getroffen werden können (vgl. o. S. 147). Von der transzendentalen Methode mit ihrer Einheit der Erfahrung und den dazu nötigen Voraussetzungen als Kriterium ganz gewiß nicht. Diese Voraussetzungen lassen sich eben leider nicht mit der erforderlichen Sicherheit und Vollständigkeit, in einer Weise, die jeden Widerspruch zum Verstummen brächte, herausarbeiten, und die Kategorientafel kann dabei so wenig Führerin sein, daß sie vielmehr eher Schaden als Nutzen stiftet.

Ableitung sind gegenüber 1756 nicht geringer geworden, sie wurden o. S. 156ff. schon ausgiebig behandelt. Neue Schwierigkeiten sind aber noch hinzugekommen, die sich, wie o. S. 198 ff. nachgewiesen wurde, daraus ergeben, daß Kant einerseits die unendliche Teilbarkeit der Materie behauptet und doch auf der andern Seite von unendlich kleinen Entfernungen zwischen den einander treibenden Punkten und von körperlichen Räumen, die sie durch ihre Repulsionskraft erfüllen, spricht. Hier steht also die Anschauungsweise von 1786 der von 1756 als der in sich geschlosseneren entschieden nach. Einen Vorzug hat jene vor dieser nur insofern, als Kant 1786 wegen Aufgabe der monadologischen Auffassung auch nicht mehr den Gedanken aufrechterhalten kann, daß allen Elementen ungeachtet der Verschiedenheit in der Intensität ihrer Anziehungs- und Repulsionskräfte doch jederzeit ein und dasselbe kugelförmige Volumen zukomme (vgl. o. S. 158 f.). Doch hätte Kant diesen Gedanken auch 1756 schon geradesogut durch sein Gegenteil ersetzen können, da er für den monadologischen Standpunkt keineswegs bezeichnend und notwendig ist. Für den Kontinuitätsstandpunkt anderseits ist er natürlich ohne weiteres ausgeschlossen. Denn da darf ja von letzten Teilen oder Elementen überhaupt nicht mehr gesprochen werden. 1786 entscheidet bei jedem Quantum Materie die ihm innewohnende ursprüngliche Zurück-

---

Von meinem Standpunkt aus kann ich deshalb auch der Scheidung zwischen rein erkenntnistheoretisch-metaphysischen, physikalisch-empirischen und mathematischen Betrachtungen, die Stadler so hoch wertet, nur wenig Bedeutung beimessen. Der transzendentale Gesichtspunkt und der Begriff der Möglichkeit der Erfahrung spielen ja tatsächlich in den M.A.d.N. in allen Einzelheiten der Behauptungen und Deduktionen nur eine ziemlich geringe Rolle, und das Kategorienschema ist rein äußerlich dem ihm im Grunde ganz fremden Stoff übergestülpt (vgl. u. §§ 103—106, 166 f.). Und jene Scheidung macht Kant eigentlich nur da, wo er den stark hypothetischen Charakter seiner Behauptungen selbst lebhaft fühlt und wo er deshalb Angriffe erwartet, deren Uebergreifen auf die Hauptpositionen seiner Theorie er eben durch die Scheidung von vornherein verhindern möchte. Was speziell die „kleine Vorerinnerung" betrifft, so fragt sie gar nicht nach irgendeiner besonderen Materie und dem bestimmten Grad ihrer Raumerfüllung, wie Stadler ihr imputiert, sondern nach den Bedingungen jeder bestimmten Raumerfüllung überhaupt, nicht nach dem Grad der Zurückstoßungskraft einer Einzelmaterie, sondern nach dem Maß, in dem jede Zurückstoßungskraft, einerlei welchen Grad sie habe, mit zunehmender Entfernung abnehmen muß. Handelt es sich aber dabei um eine rein mathematische Aufgabe, und zwar deshalb, weil der Unterschied in der Richtung beider Kräfte und die Größe des Raumes der Kraftausbreitung in verschiedenen Entfernungen die einzigen verfügbaren Daten ausmachen (IV 517, Stadler 101 f.), so müßte dasselbe auch von der Zusammensetzung der Bewegungen gelten, wo doch gleichfalls die Einerleiheit und Verschiedenheit der Richtung den entscheidenden Gesichtspunkt an die Hand geben.

stoßungskraft darüber, auf welchen Raum es durch seine Anziehungskraft (unterstützt evtl. durch die Anziehung der Gesamtmaterie des Weltalls und deren Wirkungen) zusammengedrückt werden kann. Dadurch, daß „die Zurückstoßung bei Annäherung der Teile ⟨bei ihrer Zusammendrängung auf einen kleineren Raum⟩ in größerem Maße wächst als die Anziehung, ist die Grenze der Annäherung, über die durch gegebene Anziehung keine größere möglich ist, mithin auch jener Grad der Zusammendrückung bestimmt, der das Maß der intensiven Erfüllung des Raumes ausmacht“ (IV 521).

85. Vielleicht war Kant schon 1786 durch seine Ausführungen über das Verhältnis zwischen Anziehungs- und Repulsionskraft und ihr Gegeneinanderwirken als Voraussetzung der Möglichkeit der Materie nicht voll befriedigt. Später auf jeden Fall, in seinen Bemerkungen auf dem Brief Becks vom 8. Sept. 1792 und in seiner Antwort auf diesen Brief vom 16. Okt. 1792, gibt er ihre Verbesserungsbedürftigkeit rückhaltlos zu. *Dort* beginnt er seine Auslassungen mit dem Zugeständnis: „Die größte Schwierigkeit ist zu erklären, wie ein bestimmtes Volumen von Materie durch die eigene Anziehung seiner Teile in dem Verhältnis des Quadrats der Entfernung inverse bei einer Abstoßung, die aber nur auf die unmittelbar berührenden Teile (nicht auf die entferneten) gehen kann, im Verhältnis des Kubus derselben (mithin des Volumens selber) möglich sei. Denn das Anziehungsvermögen kommt auf die Dichtigkeit, diese aber wieder aufs Anziehungsvermögen an. Auch richtet sich die Dichtigkeit nach dem umgekehrten Verhältnis der Abstoßung, d. i. des Volumens“ (XI^2 361 f.). *Hier* gibt er zunächst seiner Freude Ausdruck über Becks Verständnis für die Wichtigkeit der physischen Frage von dem Unterschiede der Dichtigkeit der Materie, den man sich müsse denken können, wenn man gleich alle leeren Zwischenräume als Erklärungsgründe derselben verbanne. Dann fährt er fort: „Ich würde die Art der Auflösung dieser Aufgabe wohl darin setzen: daß die Anziehung (die allgemeine, Newtonische) ursprünglich in aller Materie gleich sei und nur die Abstoßung verschiedener verschieden sei und so den spezifischen Unterschied der Dichtigkeit derselben ausmache. Aber das führt doch gewissermaßen auf einen Zirkel, aus dem ich nicht herauskommen kann und darüber ich mich noch selbst besser zu verstehen suchen muß“ (XI^2 376 f.).

Die eigentliche Schwierigkeit liegt wohl nicht da, wo Kant sie zu finden glaubt. Früher (XIV 338) war ich allerdings der Ansicht, daß es aus dem Zirkel, dessen er sich selbst beschuldigt, kein Entrinnen für ihn gebe, wenn er nicht entweder von der Anziehung als materiebildendem Faktor ganz absehe oder ihr dieselbe Vergünstigung zuteil werden lasse wie der Repulsionskraft: nämlich ein von der Quantität der Materie, ihrem gemeinsamen Produkt, unabhängiges Maß; es würden dann die ursprüngliche, Materie bildende Anziehung und die Gravitationsanziehung als zwei verschiedene Arten von Kräften zu betrachten sein, wie Kant es XIV 334, 336 auch wirklich tut (vgl. o. S. 184 ff.).

Nach erneutem Durchdenken der Frage scheint mir aber, der Zirkel liege mehr in den Worten als in der Sache. Es kommt ganz auf die Formulierung an. Wenn man sagt: es ist ein und dieselbe Anziehungskraft, die einerseits, zusammen mit der Repulsionskraft, die Materie und damit auch deren Quantität (die Masse) konstituiert und die anderseits doch wieder in ihrer Größe, als Gravitationsanziehung, von eben dieser Masse abhängt (auf sie „ankommt"), dann ist der Zirkel allerdings unbestreitbar: die Voraussetzung der Masse soll zugleich deren Folge sein. Aber man kann den Tatbestand auch anders ausdrücken, indem man von der Repulsionskraft ausgeht und sagt: die in einem Raumteil vorhandene Repulsionskraft bestimmt durch ihre Größe das Maß der in ihm möglichen Anziehungskraft, und zwar so, daß dieses stets im umgekehrten Verhältnis zu ihr steht; von der Größe der Anziehungskraft ist wieder die Masse direkt abhängig; letztere und die Anziehungskraft (die als ein und dieselbige einerseits die Materie konstituieren hilft, anderseits die Gravitationswirkungen hervorbringt), sind einander also proportional. Bei dieser Art der Betrachtung und Darstellung kann von einem Zirkel nicht mehr die Rede sein.

86. Dafür macht sich aber eine andere Schwierigkeit geltend. Die Frage drängt sich auf: wie kann die in einem Raumteil wirksame Anziehungskraft die Ursache nicht etwa nur von dem in ihm vorhandenen Gewicht, sondern auch von der in ihr vorhandenen Masse sein? Gewicht und Masse oder schwere und träge Masse entsprechen sich zwar, sind aber im übrigen doch zwei ganz verschiedenartige, voneinander nicht abhängige Faktoren [1]). Und es ist nicht abzusehn, inwiefern anziehende Kräfte, die in einem Raumteil wirksam sind, aber ohne von einer bestimmten Anzahl gegen einander selbständiger Kraftzentren auszugehn, es anfangen sollten, eine Masse hervorzubringen, die doch nach der Definition der Mechanik (IV 537 ff.) nicht als intensive Größe aufgefaßt werden darf und demgemäß nicht darin aufgehen kann, ein in bestimmtem Grad erfüllter Raum zu sein, sondern vielmehr in der Menge des in dem Raumteil enthaltenen Beweglichen bestehn soll.

---

1) Und das bleiben sie m. A. n. in ihrer Eigenschaft als reale Größen auch noch angesichts der Identifizierung, die Einsteins allgemeine Relativitätstheorie auf Grund bloßer Als-ob-Betrachtungen rechnerisch mit ihnen vornimmt.

Diese Schwierigkeit schwindet, sobald man sich für die monadologisch-dynamische Auffassung der Materie entscheidet. Dann würde Kants Theorie folgende Gestalt annehmen: die einzelne physische Monade (das einzelne Kraftzentrum) ist zugleich Träger der Massenfunktion und Quell der Anziehungskraft; diese beiden Wirksamkeiten sind einander proportional und haben in jedem Kraftzentrum ein und dieselbe Größe; die Repulsionskraft dagegen wechselt und bestimmt im Gegeneinanderwirken mit der Anziehungskraft, welches Volumen dem einzelnen Kraftzentrum zukommt, und von diesem Volumen hängt wieder ab, wie viel Kraftzentren in einem bestimmten Raum nebeneinander sein können, wie groß also die in ihm enthaltene Masse ist.

Daß auch Kant fühlte, wie sehr seine dynamische Theorie der Materie, insbesondere die Art, wie er die Möglichkeit eines bestimmten Maßes der Raum-Erfüllung aus dem Gegeneinanderwirken der beiden ursprünglichen Kräfte ableitet, zur monadologischen Auffassung hindrängt, zeigen zwei Bemerkungen, die er auf dem Brief Becks vom 8. Sept. 1792 niedergeschrieben hat: „Die Schwierigkeit ist hier, daß man das was sich bewegt in Gedanken haben muß, in der Erfahrung aber nur die an einem Ort oder von einem Orte aus wirkenden Kräfte, von denen nur ein Grad den Raum erfüllt oder die Entfernung des Mittelpunkts der einen Kraft von der andern bestimmt. Da aber Punkte ⟨= physische Monaden, Kraftzentren⟩ nicht einen Raum einnehmen können (nicht einzelne also auch nicht viele zusammen) so kann man die Körper nicht nach der Menge der Teile in Vergleichung mit andern der Quantität der Substanz nach schätzen ⟨vgl. VI 537 f.⟩ und dennoch muß man sie sich als gleichartig und nur durch die Menge der Teile unterschieden vorstellig machen, weil wir auf andere Art kein Verhältnis der Massen uns begreiflich machen können“ (XI^2 363). „Weil die Erfüllung des Raumes nur durch Räume, nicht durch Punkte weder durch ihre bloße Nebeneinanderstellung noch aus jedem Punkt umher in einem Raume verbreitete Kraft, in der ⟨lies: dem⟩ keine andere gleichartige Zentralpunkte wären möglich ist, so enthält die Undurchdringlichkeit der Materie eigentlich nicht die Substanzen als eine Menge außer einander befindlicher für sich bestehender Dinge sondern nur einen Umfang von Wirkungen der Dinge außereinander, die in allen Punkten eines gegebenen Raumes nicht durch Erfüllung desselben gegenwärtig sind. Die Punkte der Anziehung enthalten eigentlich die Substanz“ [1]) (XI^2 363 f.). Diese Bemerkungen lassen deutlich zutage

1) Die unmittelbare Fortsetzung ist o. S. 210 Anm. 1 abgedruckt. — Statt „Substanz“ müßte am Schluß des obigen Textes eigentlich „Masse“ stehn. Denn die „Substanz“ (das materielle Sein überhaupt wie das bestimmte materielle Ding)

treten, wie es Kant von verschiedenen Seiten her zur monadologischen Auffassung treibt, wie aber doch seine ganze Einstellung es ihm unmöglich macht, den entscheidenden Schritt zu tun. Von Punkten der Anziehung, von Kräften, die von einem Ort aus wirken, von Mittelpunkten dieser Kräfte und den Entfernungen zwischen ihnen usw. kann und darf auf Kants Kontinuitätsstandpunkt gar nicht gesprochen werden; solche Wendungen sind daher nichts als der Ausdruck eines inneren Schwankens zur Monadologie hin.

Nur mit ihr bzw. mit dem Atomismus ist auch der Begriff der Masse verträglich, wie Kant ihn hier in Uebereinstimmung mit der Mechanik (IV 537 ff.) bestimmt. Bei einer wirklich stetigen Materie könnte die Masse nur von der intensiven Größe des Realen in einem bestimmten Raum abhängig gedacht werden; es könnte aber keine Rede davon sein, daß gleiche Räume eine verschiedene Menge beweglicher Teile in sich enthielten, weil doch jeder der Räume und nicht minder die Materie in ihm in ganz gleicher Weise ins Unendliche teilbar sein würde, der eine also nicht eine größere, der andere eine kleinere Menge des Beweglichen in sich fassen könnte (vgl. XIV 338 f. und u. § 121—124).

In die monadologische Richtung drängt schließlich auch noch folgende Schwierigkeit, in die Kant durch seinen Kontinuitätsstandpunkt verwickelt wird. Nach seiner dynamischen Theorie sind ja die ursprünglichen Kräfte das Primäre; die ganze Materie ist etwas Sekundäres, was erst durch ihr Gegeneinanderwirken zustandekommt. Und auch die spezifischen Verschiedenheiten der einzelnen Materien gehen durchaus auf Verschiedenheiten in der Verbindung jener Kräfte zurück. Die Kraft ist also das eigentlich tätige Prinzip in der Erscheinungswelt. Demgemäß heißt es XIV 119: „Das Prinzipium aller Erscheinung der Materie nach ist die Kraft.... Die Kraft als der Grund der Verhältnisse im Raum ist die bewegende Kraft.... Diese ist der Grund aller ⟨äußeren⟩ Erscheinungen.“ Insofern das Materiell-sein nur ein Akzidens ist, das allein durch die Wechselwirkung der ursprünglichen Kräfte möglich wird,

---

beruht ja auf dem Gegeneinanderwirken der b e i d e n ursprünglichen Kräfte, ist also von der Repulsionskraft gerade so abhängig wie von der Anziehungskraft. Der letzteren soll dagegen die Masse (Dichtigkeit) entsprechen, die zur Repulsionskraft im Verhältnis der umgekehrten Proportionalität steht. Richtiger als im obigen Zitat drückt Kant sich kurz darauf aus, wenn er sagt, daß „das Maß der Quantität der Materie die Substanz, sofern sie anziehend ist“, sei. XI^2 364_{35} dagegen muß „Substanz“ wieder durch „Masse“ ersetzt werden, und auch XI^2 365_{16} ist die Verwendung des Terminus „Substanz“ nicht gerechtfertigt. Hinsichtlich der Verwechselung von Substanz und Masse durch Kant vgl. auch XIV 213—223 und o. S. 33 ff, 182 f.

muß die Kraft als der eigentliche Träger der Eigenschaft der Materialität und damit als das letzte Subjekt in der Erscheinungswelt bezeichnet werden. Anderseits jedoch betrachtet Kant auch wieder die bewegliche Materie als das letzte Subjekt, die Kräfte aber als Akzidenzen, die ihr anhaften oder eignen, als Wirkensweisen, die sie besitzt. In diesem Sinn kann er XIV 183 den räumlichen Gegenstand „das Subjekt der ursprünglichen Prinzipien der Bewegung“ ⟨= Kräfte⟩ nennen, kann er XIV 119 schreiben: „Das Subjekt der Kraft . . . heißt Materie im engsten Verstande“, kann er IV 532_{38}, 533_{23} den Ausdruck gebrauchen: „die den Materien eigenen bewegenden Kräfte“. Diese Wendungen bezeugen, daß Kant trotz seines prinzipiellen Festhaltens am Kontinuitäts-Standpunkt doch auch hier unwillkürlich in die monadologische Auffassung zurückfällt, wohl in dem instinktiven Bewußtsein, für die Kräfte einen Träger, einen Ausgangspunkt nötig zu haben, eine Substanz, die sich ihrer bedient, mit ihnen und durch sie wirkt. Bloße Kräfte, im Raum verbreitet, ohne ein Etwas, das sie hat und ausübt, ohne ein ursprünglich einheitliches, substantielles Zentrum, von dem sie ausgehn und sich im Raum verbreiten, sind eben weder denkbar noch anschaulich vorstellbar. Sie würden daher auch nie Materie erzeugen können.

Sobald man sich dagegen zur monadologischen Betrachtungsweise entschließt, ändert sich die Lage mit einem Schlag. Dann handelt es sich nicht mehr darum, durch Gegeneinanderwirken der Kräfte die Substanz zu konstituieren, sondern nur noch darum, den einzelnen Substanzen (den physischen Monaden oder Kraftzentren, die die Grundlage der ganzen Deduktion bilden) durch das Gegeneinanderwirken ihrer e i g e n e n Kräfte je einen Raum zu umgrenzen, den sie mit ihrer Wirksamkeit erfüllen und von dem sie durch ihre Repulsionskraft alle andern Kraftzentren fernhalten. Was die Annahme der Kontinuität der Materie hauptsächlich will, der Ausschluß leerer Räume, kann auch so erreicht werden, und außerdem fallen alle die vielen Schwierigkeiten weg, in die sich Kants dynamische Theorie jetzt verwickelt, weil sie ihrem ursprünglichen Ausgangspunkt: der monadologischen Auffassung untreu wurde.

87. In einem Rückblick auf die Dynamik (IV 523) sucht Kant eine Verbindung zwischen ihrem Gedankeninhalt und den drei Kategorien der Qualität (Realität, Negation, Limitation) herzustellen: zuerst sei das Reelle im Raum, das sogenannte Solide, d. h. seine Erfüllung durch Zurückstoßungskraft Gegenstand der Betrachtung gewesen, zweitens „das, was in Ansehung des ersteren als des eigentlichen Objekts unserer äußeren Wahrnehmung negativ ist, nämlich die Anziehungskraft, durch welche, so viel an ihr ist, aller Raum würde durchdrungen, mithin das Solide

gänzlich aufgehoben werden", drittens die Einschränkung der ersten Kraft durch die zweite und auf Grund davon die Möglichkeit einer Raumerfüllung von bestimmtem Grade.

Hier hat das Kategorienschema wenigstens kein Unheil angerichtet und die natürliche Gedankenentwicklung nicht beeinträchtigt. Auf der andern Seite ist freilich die Art seiner Anwendung eine recht willkürliche: die Anziehungskraft könnte ebensogut zu der Kategorie der Realität und die Zurückstoßungskraft zu der Kategorie der Negation in Beziehung gesetzt werden, da doch der Grad der Raumerfüllung, also die in ihm vorhandene Realität, die Masse, zur Zurückstoßungskraft nur im umgekehrten, zur Anziehungskraft aber im direkten Verhältnis steht, und da ja auch bei alleiniger Herrschaft der Zurückstoßungskraft der Raum leer und das Solide gänzlich aufgehoben sein würde (vgl. o. S. 202). Und an Stelle der Limitation könnte mit demselben Recht die 3. Kategorie der Relation, die Gemeinschaft oder Wechselwirkung, treten. Für die Lehre von der unendlichen Teilbarkeit der Materie gibt es keinen Unterschlupf beim Kategorienschema; auf sie kann also von ihm her keine Apriorität ausstrahlen.

88. In einer „Allgemeinen Anmerkung zur Dynamik" (IV 523—535) behandelt Kant noch eine Anzahl von Einzelfragen. Zunächst das Problem des leeren Raumes, auf das er auch im weiteren Verlauf der „Allgemeinen Anmerkung" und am Schluß der Phänomenologie (IV 525 f., 532 ff., 563 f.) noch wieder zurückkommt. Ich fasse die gesamten Darlegungen, zu denen auch noch XIV 122, 166, 187, 194, 233, 460 und in meinem Werk über das Op. p. die Seiten 363 ff., 411 ff. zu vergleichen sind, hier kurz zusammen.

Der Schluß der Phänomenologie bringt mit Bezug auf den leeren Raum eine jener architektonischen Spielereien, die Kant so sehr liebt. Er unterscheidet an dem Begriff drei Bedeutungen entsprechend den drei ersten Teilen der M.A.d.N. Doch läßt er die erste Bedeutung sofort wieder fallen; denn er muß zugestehen, daß der „leere Raum in phoronomischer Rücksicht" diesen Namen eigentlich gar nicht verdiene, sondern vielmehr absoluter Raum heißen müsse, als solcher aber nur eine Idee sei. Von ihm wird der nächste Abschnitt ausgiebig handeln. In dynamischer Rücksicht heißt der Raum leer, wenn er nicht erfüllt ist, d. h. wenn in ihm keine repulsive Kraft wirkt und dem Eindringen eines Beweglichen widersteht. Ein solcher leerer Raum könnte entweder außer der als begrenzt gedachten Welt sein oder in ihr, sei es als „zerstreuter" (vacuum disseminatum) [1]), der einen Teil des Volumens

1) Der Begriff ist traditionell. Vgl. J. P. Eberhard [1] 21, Erxleben [3] 28, Crusius I 139.

der Materie ausmacht, sei es als „gehäufter“ (vacuum coacervatum)[1]), der die Körper, vor allem die Weltkörper, voneinander sondert. Letzterer kommt in mechanischer Rücksicht in Betracht, als Voraussetzung einer von allem äußeren Widerstand freien Bewegung im Weltraum.

Von einer logischen Unmöglichkeit des leeren Raums in der Welt kann keine Rede sein: sein Begriff verstößt nicht gegen den Satz des Widerspruchs (IV 563). Noch mehr! Nach R.V.[2] 461 widerspricht er (im Gegensatz zu dem leeren Raum außer der Welt als einem sie begrenzenden Unding) auch nicht „den transzendentalen Prinzipien“ und könnte also, soweit nur sie in Betracht kommen, wenigstens als möglich eingeräumt, wenn auch „nicht sofort behauptet“ werden. Erfahren werden aber kann er niemals weder in noch außer der Welt. Denn niemand vermag eine Erfahrung vom Schlechthin-Leeren zu haben (R.V.[2] 515, 549). Noch weiter geht R.V.[2] 260 f.: eine Erkenntnis der durchgängigen Wechselwirkung und Gemeinschaft zwischen den Substanzen und damit Erfahrung ist nur unter der Bedingung möglich, daß „die kontinuierlichen Einflüsse in allen Stellen des Raumes unseren Sinn von einem Gegenstande zum anderen leiten können“, also bei Ausschluß des leeren Raumes[2]). Dieser „mag immer sein, wohin Wahrnehmungen gar nicht reichen und also keine empirische Erkenntnis des Zugleichseins stattfindet; er ist aber alsdann für alle unsere mögliche Erfahrung gar kein Objekt“. Diese Nicht-Erfahrbarkeit des leeren Raumes begründet Kant R.V.[2] 214 ff. noch näher im Anschluß an das Prinzip der Antizipationen der Wahrnehmung, nach dem sowohl die Empfindung als das ihr am Gegenstand entsprechende Reale jederzeit einen Grad hat, der, so klein er sein mag, doch vom Nichts noch stets durch eine unendliche Stufenfolge immer minderer Grade getrennt ist. Daraus ergibt sich, daß ein gänzlicher Mangel alles Realen weder unmittelbar wahrgenommen und erfahren, noch, sei es auch durch die verwickeltsten Schlußprozesse, aus irgendwelchen Erscheinungen und den Unterschieden ihrer Realitätsgrade mit Recht gefolgert und erwiesen werden kann[3]). Denn es gibt in der Erfüllung eines bestimmten Raumes (z. B. durch die Wärme), auch wenn kein Teil von ihm leer ist, unendlich verschiedene Grade; bei derselben

1) Statt dessen sagt J. P. Eberhard[1] 21 „vacuum absolutum“, Crusius I 139 „vacuum continuum“.

2) Hier verlangt also, im Gegensatz zu R.V.[2] 461, ein Prinzip, das doch ohne Zweifel zu den transzendentalen gehört, den Ausschluß leerer Räume wenigstens für den ganzen Umkreis möglicher Erfahrung.

3) Kant setzt noch hinzu, jener Mangel dürfe auch zur Erklärung dieser Unterschiede niemals angenommen werden; damit geht er jedoch in seiner Polemik weiter, als der Gedankengang, den er prinzipiell verfolgt, eigentlich zuläßt.

extensiven Größe zweier Erscheinungen kann doch ihre intensive Größe ins Unendliche größer oder kleiner sein. Kant zeigt dann noch insbesondere, wie man von dieser Auffassung aus die Dichtigkeitsunterschiede erklären könne, ohne zu leeren Räumen seine Zuflucht nehmen zu müssen. Doch geht er mit großer Vorsicht vor: er will nicht positive Behauptungen über die tatsächliche Grundlage jener Unterschiede aufstellen, sondern nur von einem Grundsatz des reinen Verstandes ausgehend auf transzendentalem Wege den mechanischen Naturforschern den Nachweis liefern, ihre in der Erfahrung nicht gegründete und daher rein metaphysische Voraussetzung, daß das Reale im Raum allerwärts einerlei, also nur durch die extensive Größe, d. i. die Menge, unterschieden sei und die Verschiedenheit der Dichtigkeiten sich deshalb nur durch Beimischung leerer Räume erklären lasse, sei keineswegs notwendig, durch die Natur unserer Wahrnehmungen werde vielmehr eine ganz andere Erklärungsart, nämlich die dynamische, möglich; dieser Nachweis versetze also den Verstand wenigstens in Freiheit, sich jene „Verschiedenheit auch auf andere Art zu denken, wenn die Naturerklärung hierzu irgendeine Hypothese notwendig machen sollte".

Was die R.V. nur in hypothetischer Form gebracht hatte, tritt dann in den M.A.d.N. in der „Allgemeinen Anmerkung zur Dynamik" assertorisch auf. Auch hier ist die positive Darstellung stark von Polemik gegen den Atomismus durchsetzt. Für diesen, der das sogenannte Solide für absolut undurchdringlich und also auch unkomprimierbar hält, sind leere Zwischenräume in der Materie eine Notwendigkeit: nur vermittelst ihrer kann er die verschiedenen Grade der Raumerfüllung, als auf einer Mischung von Vollem (Solidem) und Leerem beruhend, erklären. So gewinnt ihre Annahme als die conditio sine qua non dieser Erklärung für ihn die Bedeutung eines Grundsatzes. Der Dynamismus dagegen, dessen allgemeines Prinzip darauf hinausläuft, „alles Reale der Gegenstände äußerer Sinne, was nicht bloß Bestimmung des Raums (Ort, Ausdehnung und Figur) ist, als bewegende Kraft anzusehn", vermag den ins Unendliche verschiedenen Grad der Raumerfüllung aus der wechselnden Intensität der Zurückstoßungskraft im Verein mit der ihr entgegenwirkenden ursprünglichen Anziehungskraft ohne Zuhilfenahme weiterer Hypothesen und vor allem ohne Annahme leerer Räume innerhalb der Materie völlig begreiflich zu machen. Auch ist es für ihn selbstverständlich, daß alle Räume durchgängig erfüllt sind, weil jede Zurückstoßungskraft von bestimmter Intensität, so schwach diese sein mag, doch von dem Nichts noch durch unendlich viele Grade geschieden ist und also ins Unendliche abnehmen kann, ohne je ganz zu Null zu werden.

Der Atomismus kennt eine vollkommene (absolute) Dichtigkeit, ein Maximum an Dichtigkeit, das dann vorliegt, wenn eine Materie innerhalb ihres Volumens gar keine leeren Zwischenräume enthält. Für den Dynamismus dagegen gibt es kein Maximum oder Minimum der Dichtigkeit, und trotzdem ist nach seiner Auffassung jede noch so dünne Materie doch völlig dicht, sobald sie ihren Raum ganz erfüllt, ohne leere Zwischenräume zu enthalten, sobald sie also ein Kontinuum, nicht ein Interruptum ist; aber anderseits ist sie doch im Vergleich mit einer andern weniger dicht, wenn sie ihren Raum zwar ganz, aber nicht so intensiv erfüllt wie diese (IV 525 f.). Es ließe sich also sehr wohl „eine Materie denken (wie man sich etwa den Aether vorstellt), die ihren Raum ohne alles Leere ganz erfüllte und doch mit ohne Vergleichung minderer Quantität der Materie unter gleichem Volumen, als alle Körper, die wir unseren Versuchen unterwerfen können". An einer solchen Materie müßte die Abstoßungskraft im Verhältnis zur eigenen Anziehungskraft ungleich größer sein als an allen andern uns bekannten Materien (IV 534).

Sobald also das Postulat der mechanischen Naturphilosophie, daß es unmöglich sei, sich die Dichtigkeitsunterschiede der Materien ohne Annahme leerer Räume zu denken, die angemaßte Geltung eines (apriorischen) [1]) Grundsatzes verliert, sinkt diese Annahme zu einer bloßen Hypothese hinab. Als solche aber ist sie, wie sich „von selbst versteht", in der Naturwissenschaft nicht zuzulassen, solange auch nur die Möglichkeit einer andern Erklärung jener Unterschiede übrig bleibt [2]). Diese wird durch die dynamische Naturauffassung an die Hand gegeben, die schon deshalb den entschiedenen Vorzug vor dem Atomismus verdient (IV 533). Denn „alles, was uns des Bedürfnisses überhebt, zu leeren Räumen unsere Zuflucht zu nehmen, ist wirklicher Gewinn für die Naturwissenschaft. Denn diese geben gar zu viel Freiheit der Einbildungskraft, den Mangel der inneren Naturkenntnis durch Erdichtung zu ersetzen. Das absolut Leere und das absolut Dichte sind in der Naturlehre ungefähr das, was der blinde Zufall und das blinde Schicksal in der metaphysischen Weltwissenschaft sind, nämlich ein Schlagbaum für die herrschende Vernunft, damit entweder Erdichtung ihre Stelle einnehme, oder sie auf dem Polster dunkler Qualitäten zur Ruhe gebracht werde" (IV 532).

---

1) Vgl. R.V.² 216.

2) Diese Stellungnahme wirkte in dem Gedankengang von R.V.² 214 ff. einigermaßen stilwidrig (vgl. o. S. 220 Anm 3). In den M.A.d.N. dagegen ist sie ganz am Platz. Denn diese behaupten nicht nur (wie R.V.² 214 ff.) die Nicht-Erfahrbarkeit und Nicht-Notwendigkeit des leeren Raumes, sondern gehn in positiver Weise darauf aus, ihn prinzipiell aus der Naturwissenschaft auszuschließen.

Am Schluß der „Allgemeinen Anmerkung zur Dynamik" (IV 534 f.) stellt Kant nochmals fest, daß sich die Möglichkeit leerer Räume nicht bestreiten läßt. Aber anderseits: sie „als wirklich anzunehmen, dazu kann uns keine Erfahrung, oder Schluß aus derselben, oder notwendige Hypothesis sie zu erklären berechtigen. Denn alle Erfahrung gibt uns nur komparativ-leere Räume zu erkennen, welche nach allen beliebigen Graden aus der Eigenschaft der Materie ihren Raum mit größerer oder bis ins Unendliche immer kleinerer Ausspannungskraft zu erfüllen, vollkommen erklärt werden können, ohne leere Räume zu bedürfen."

In der „Allgemeinen Anmerkung zur Phänomenologie" geht Kant noch einen Schritt weiter und erweist die physische Unmöglichkeit leerer Räume wenigstens für den Fall, daß der Zusammenhang (Kohäsion) nicht aus wirklicher Anziehung, sondern aus dem durch die Gravitationsanziehung verursachten Druck des im Weltraum allenthalben verbreiteten Aethers zu erklären ist. Ist diese Hypothese, die „manche Gründe für sich hat", richtig, dann würde jede Materie sich von selbst in die leeren Räume, die nach atomistischer Ansicht innerhalb ihrer anzunehmen wären, ausbreiten müssen, da ihrer durch den Aetherdruck eingeengten Expansivkraft dort nichts wiederstünde; sie würden also in Wirklichkeit nicht leer, sondern jederzeit erfüllt sein. Ebenso macht die Aetherhypothese den leeren Raum außerhalb der Welt, als Gesamtheit der großen Weltkörper, physisch unmöglich, weil, je weiter entfernt der Aether von ihnen ist, desto schwächer auch ihre Anziehungskraft auf ihn wirkt; er wird also wohl ins Unendliche an Dichtigkeit abnehmen, aber nirgends den Raum ganz leer lassen. In mechanischer Rücksicht schließlich ist es wenigstens nicht nötig, einen leeren Raum anzunehmen. Die Entscheidung beruht hier letzthin nicht auf metaphysischen Gründen, sondern auf „dem schwer aufzuschließenden Naturgeheimnisse, auf welche Art die Materie ihrer eigenen ausdehnenden Kraft Schranken setze". Doch ist vom dynamischen Standpunkt aus jedenfalls eine freie und dauernde Bewegung der Weltkörper auch ohne leere Räume sehr wohl möglich. Denn da nach ihm bei derselben Quantität der Materie der Grad der Ausdehnung gemäß der spezifischen Eigenart der einzelnen Stoffe (der Stärke ihrer Repulsivkraft) ins Unendliche zunehmen und umgekehrt die Quantität der Materie in demselben Volumen, d. h. die Dichtigkeit, ins Unendliche abnehmen kann, so darf man sich selbst bei gänzlich erfüllten Räumen den der Bewegung geleisteten Widerstand doch so klein, als man will, denken (IV 563 f.).

Auch in einigen Teilen des Op. p. spielt die Polemik gegen den leeren Raum eine bedeutende Rolle. Hier nimmt sie insofern eine neue Wendung, als sie in den Dienst eines Beweises für die Notwendigkeit des den Raum ins Unbegrenzte kontinuierlich erfüllenden Aethers tritt, den Kant auf Grund des Prinzips der Möglichkeit der Erfahrung führt. Die Einzelargumente, die gegen den leeren Raum vorgebracht werden, sind uns zum guten Teil schon aus der R.V. und den M.A.d.N. bekannt. So z. B. daß der leere Raum, wenn auch denkbar [1]), doch nicht spürbar ist, daß er weder erfahren noch auf irgendeine Weise aus der Erfahrung erschlossen werden kann. Neu sind die Gedanken, daß ein leerer Raum ebenso wie eine in ihm etwa vorhandene Materie eine Relation ohne Korrelat bedeuten würde; daß auch ein Uebergang (Bewegung) aus dem Vollen durch das Leere zum Vollen nie erfahren werden könnte, daß also auch keine Wirkung der bewegenden Kräfte der Materie durch den leeren Raum hindurch jemals imstande wäre, zu unsern Sinnen zu gelangen; daß die ponderable Materie zwar durch Zwischenräume, die von ihr leer sind, getrennt sein müsse, weil sie sonst zu keiner ortsverändernden Bewegung fähig sein würde, daß anderseits aber diese letztere eine kontinuierliche Raumerfüllung durch den Aether unbedingt voraussetze. Das Argument von R.V.² 260 f., daß der leere Raum die durchgängige Wechselwirkung und Gemeinschaft zwischen den Körpern und damit die Möglichkeit der Erfahrung aufheben würde, kehrt im Op. p. öfter wieder und wächst sich schließlich zu einem „transzendentalen“ Beweis aus, der die Existenz eines allbefassenden, alldurchdringenden, allbewegenden, allverbreiteten, den Raum kontinuierlich erfüllenden Aethers (Wärmestoffs) als conditio sine qua non der Einheit möglicher Erfahrung und ihrer Voraussetzung: des einheitlichen Systems aller bewegenden Kräfte der Materie a priori mit absoluter Notwendigkeit behauptet demonstrieren zu können. In einem späteren Entwurf des Op. p. wird das Gravitationsproblem mit in den Beweis hineingezogen, und als Beweisthema tritt an die Stelle der notwendigen Existenz des Aethers die einer einheitlichen, allverbreiteten Materie, die als Gattung sowohl die ponderablen Stoffe als den imponderablen Aether in sich faßt. Von *ihr* heißt es jetzt, es sei unbedingt nötig, daß sie den Raum kontinuierlich erfülle, weil Fernanziehung im Sinn einer Fernwirkung durch den *leeren* Raum unmöglich sei.

Ueber die Einzelheiten dieser Polemik gegen den leeren Raum sowie über den Wert oder besser: Unwert der angeblich transzendentalen Beweise findet der Leser Näheres in der ausführlichen Darstellung meiner Schrift über das Op. p. S. 363—397, 411—424; vgl. auch u. § 231.

---

1) C 115 geht Kant so weit, daß er, in starkem Gegensatz gegen seine früheren Ansichten, den leeren Raum schlechtweg eine contradictio in adjecto nennt. Gerade entgegengesetzt spricht er sich B 108 aus.

89. Die Erörterungen über den leeren Raum geben Kant in der „Allgemeinen Anmerkung zur Dynamik" Anlaß zu einer prinzipiellen Vergleichung der mechanisch-atomistischen und der dynamischen Naturauffassung. Die „vornehmste" aller Aufgaben der Naturwissenschaft: die Erklärung einer ins Unendliche gehenden möglichen spezifischen Verschiedenheit der Materien suchen sie auf entgegengesetzten Wegen zu lösen. Jene durch Verbindung des Absolutvollen, Absolutundurchdringlichen, physisch Unteilbaren (der Atome) mit dem Absolutleeren, wobei die Atome als Maschinen gedacht werden, d. h. als qualitativ gleichartige Körperchen, deren bewegende Kraft von ihrer spezifisch verschiedenen Figur abhängt, jedoch so, daß sie keine eignen ursprünglichen Kräfte haben, sondern bloß verschieden gestaltete Werkzeuge äußerer bewegender Kräfte sind. Das hat zwar den Vorteil, daß sich die Möglichkeit der Gestalten sowohl als der leeren Zwischenräume mit mathematischer Evidenz dartun läßt, aber auf der andern Seite den noch größeren Nachteil, daß man (ganz abgesehn von der Unbrauchbarkeit des Begriffs der absoluten Undurchdringlichkeit und der Leugnung aller der Materie ursprünglich eigenen Kräfte) mit den rein erdichteten, durch kein Experiment bestimmbaren verschiedenartigen Gestalten der Atome und der ebenso willkürlichen Einstreuung leerer Räume „der Einbildungskraft im Felde der Philosophie mehr Freiheit, ja gar rechtmäßigen Anspruch verstatten muß, als sich wohl mit der Behutsamsamkeit der letzteren zusammenreimen läßt" (IV 525; ähnlich 524, 532, 533, vgl. auch o. S. 181 f).

Diese Nachteile vermeidet die dynamische Auffassung: sie befreit die Naturwissenschaft von dem Phantom der leeren Räume und ist „der Experimentalphilosophie weit angemessener und beförderlicher, indem sie geradezu darauf leitet, die den Materien eigene bewegende Kräfte und deren Gesetze aufzufinden". Denn die Erfahrung allein hat hier die entscheidende Stimme. Es „darf weder irgendein Gesetz der anziehenden, noch zurückstoßenden Kraft auf Mutmaßungen a priori gewagt, sondern alles, selbst die allgemeine Attraktion als Ursache der Schwere muß samt ihrem Gesetze aus Datis der Erfahrung geschlossen werden [1]). Noch weniger wird dergleichen bei den chemischen Verwandtschaften anders, als durch den Weg des Experiments versucht werden dürfen. Denn es ist überhaupt über den Gesichtskreis unserer Vernunft gelegen, ursprüngliche Kräfte a priori ihrer Möglichkeit nach einzusehen, vielmehr besteht alle

1) Kants Ableitung der Materie aus ursprünglicher Anziehungs- und Zurückstoßungskraft bleibt durch diese Ausführung selbstverständlich ganz unberührt. Was durch Erfahrung erwiesen werden soll, ist nur, daß auch die Phänomene der Gravitation und Schwere auf die ursprüngliche Anziehungskraft zurückzuführen sind.

Naturphilosophie in der Zurückführung gegebener, dem Anscheine nach verschiedener Kräfte auf eine geringere Zahl Kräfte und Vermögen, die zu Erklärung der Wirkungen der ersten zulangen, welche Reduktion aber nur bis zu Grundkräften fortgeht, über die unsere Vernunft nicht hinaus kann" (IV 533 f.). A priori erklärbar ist nur das, was den allgemeinen Begriff einer Materie überhaupt möglich macht, nicht aber irgendeine besondere oder sogar spezifische Bestimmung und Verschiedenheit derselben. Die Möglichkeit der Grundkräfte läßt sich nicht einsehn; sie dürfen daher auch nicht hypothetisch angenommen werden, weil bei jeder berechtigten Hypothese wenigstens die M ö g l i c h k e i t des Angenommenen völlig g e w i ß sein muß, was aber eben bei den Grundkräften gerade n i c h t der Fall ist. Wir können deshalb mit Fug und Recht nur zwei Arten von ihnen behaupten: ursprüngliche Zurückstoßungs- und Anziehungskraft, weil beide unvermeidlich mit dem Begriff der Raumerfüllung verbunden sind, von dem es erweislich ist, daß er ein Grundbegriff sei, der von keinem andern weiter abgeleitet werden kann. Weitere Erklärungen sind der dynamischen Naturphilosophie unmöglich: sie kann weder die Gesetze der Grundkräfte a priori bestimmen noch eine Mannigfaltigkeit derselben zuverlässig angeben, die zur Erklärung der spezifischen Verschiedenheit der Materie ausreichte (IV 524 f.).

90. Statt sich an dieser unlösbaren Aufgabe zu versuchen, will Kant in der „Allgemeinen Anmerkung zur Dynamik" wenigstens die Momente vollständig darstellen, worauf die spezifische Verschiedenheit der Materie „sich insgesamt a priori bringen (obgleich nicht ebenso ihrer Möglichkeit nach begreifen) lassen muß" (IV 525).

Es geschieht das unter vier Nummern. Die Vierzahl legt nahe, an das Kategorienschema als leitendes Prinzip zu denken; in dieselbe Richtung weist die Behauptung, daß die spezifische Verschiedenheit sich insgesamt a p r i o r i auf bestimmte Momente (doch eben wohl die vier Nummern) bringen lasse. Hat also der Gedanke einer Verbindung der vier Nummern mit der Kategorientafel Kant auch wahrscheinlich als Ideal vorgeschwebt [1]), so hat er ihm doch keinen Ausdruck verliehn. Und er hat wohl daran

1) Stadler behauptet S. 123 (und Keferstein 15 schließt sich ihm an), die Vierzahl der Nummern schreibe sich nur daher, daß Kant in ihnen vier physikalische Hauptbegriffe untersuche. Die Zahl der Momente müsse unabhängig davon herausgelesen werden. Er bestimmt sie auf drei, da die Verschiedenheit der Materie von unserer Abstraktion nur unter drei Gesichtspunkten aufgefaßt werden könne: 1. räumliche Anschauung, 2. Art der Raumerfüllung, 3. gegenseitiges kausales Verhältnis ihrer Teile. Diese ganz unkantische Behauptung erklärt sich daraus, daß Stadler die Kategorien der Modalität und die Postulate des empirischen Denkens nicht für voll ansieht.

getan. Denn es wäre auf jeden Fall nur zu einer äußerst gezwungenen, unnatürlichen Verbindung gekommen.

Auch von der Apriorität, auf die Kant Anspruch macht, ist in Wirklichkeit nichts zu merken, nicht einmal in dem abgeblaßten Cohen'schen Sinn, nach welchem als a priori alle unumgänglich notwendigen logisch-sachlichen Voraussetzungen der wissenschaftlichen Erfahrung zu bezeichnen sind. Kants Definitionen und Erörterungen sind im Gegensatz dazu aus der Erfahrung selbst erwachsen. Selbstverständlich nicht in der Weise, daß sie bei Wege lang aufgelesen wurden, wie man gelegentlich diese oder jene Wahrnehmung macht. Sondern es ist damit bestellt, wie mit jeder wissenschaftlichen Begriffsbildung: obwohl sie in engem Anschluß an die Erfahrung zu erfolgen hat, haben doch Verstand und Vernunft eine wichtige Aufgabe zu erfüllen. Vor allem, wenn es sich, wie bei Kants vier Momenten, nicht um Einzelheiten der Erfahrung handelt, sondern um prinzipielle Fragen und um Begriffe allgemeinerer Art, teilweise sogar um bloße Ideal- und Grenzbegriffe, denen (wie z. B. dem Begriff des absolut elastischen Körpers, der vollkommenen Flüssigkeit, der absoluten chemischen Auflösung) in der Erfahrung nichts direkt Entsprechendes an die Seite gestellt werden kann. Aber die Bearbeitung der Erfahrungsgegebenheiten durch Verstand und Vernunft, ihre Ergänzung durch Folgerungen und Schlüsse mag noch so weit gehn und sich als noch so wichtig erweisen: der Apriorität kommen wir damit um keinen Schritt näher, auch nicht der Cohen'schen, da über die angeblich notwendigen logisch-sachlichen Voraussetzungen der wissenschaftlichen Erfahrung die Meinungen sehr geteilt sein können und jene Voraussetzungen deshalb keinen einheitlichen, eindeutigen Begriff darstellen, über dessen Anwendbarkeit im Einzelfall allgemeines Einverständnis zu erzielen wäre.

Was nun die unter vier Nummern gebrachten Erörterungen Kants im einzelnen betrifft, so werden in Nr. 1 die Begriffe Körper, Volumen und Dichtigkeit behandelt [1]). In Nr. 2 bespricht Kant das Kohäsionsproblem und die Aggregatzustände, in Nr. 3 die beiden Arten der Elastizität: die attraktive und expansive. Der Einteilung des vorliegenden Werkes entsprechend wird sich mit diesen Fragen erst der IV. Abschnitt beschäftigen.

91. Unter Nr. 4 (IV 530—532) greift Kant auf die Chemie über und definiert in sehr willkürlicher Weise (im Gegensatz zu der m e c h a n i s c h e n Wirkung bewegter Körper aufeinander, die durch Mitteilung ihrer Bewegung erfolgt) als c h e m i s c h die Wirkung der Ma-

1) Hinsichtlich des letzteren Begriffs wurde das Wichtigere schon o. S. 221 f. dargestellt. Körper und Volumen definiert Kant nur, ohne Eigenes zu bieten.

terien aufeinander, „sofern sie auch in Ruhe durch eigene Kräfte wechselseitig die Verbindung ihrer Teile verändern". Auflösung heißt dieser chemische Einfluß, wenn er die Trennung der Teile einer Materie, Scheidung, wenn er die Absonderung zweier durch einander aufgelösten Materien zur Wirkung hat.

Bei dem Problem der Auflösung verweilt Kant länger. Als absolute Auflösung oder chemische Durchdringung spezifisch verschiedener Materien bezeichnet er eine solche Auflösung, darin kein Teil der einen angetroffen wird, der nicht mit einem Teil der andern, von ihr spezifisch unterschiedenen in derselben Proportion wie die Ganzen vereinigt wäre. Ob eine solche Auflösung durch die in der Natur vorhandenen auflösenden Kräfte wirklich herbeigeführt werden kann, will Kant nicht untersuchen. Möglich, daß, wenn auch nicht die Kunst, so doch die Natur in ihren vegetabilischen und animalischen Operationen über die erforderlichen Kräfte verfügt. Doch kommt darauf nichts an. Die Frage ist nur, ob eine vollkommene Auflösung sich ohne Widerspruch denken lasse, ob sie logisch möglich und keinen prinzipiellen sachlichen Einwendungen ausgesetzt sei. Für die Möglichkeit spricht zunächst, daß, solange die Teile einer aufgelösten Materie noch Klümpchen (moleculae) sind, die im Auflösungsmittel in gewissen Weiten voneinander schwimmen, gar kein Grund angegeben werden kann, warum nicht, die (sehr wohl denkbare) dauernde Wirksamkeit der auflösenden Kraft vorausgesetzt, die Klümpchen als teilbare Materien gleichfalls aufgelöst werden sollten.

Eine Schwierigkeit stellt sich allerdings ein: die beiden Materien, die aufgelöste und das auflösende Mittel, müssen jede einen und denselben Raum ganz erfüllen, da kein Teil in dem Volumen der Auflösung sein kann, der nicht sowohl einen Teil des auflösenden Mittels als auch einen proportionierlichen Teil der aufgelösten Materie enthielte. Beide müssen also als je ein Kontinuum den ganzen von der Mischung eingenommenen Raum erfüllen und einander somit völlig durchdringen. Dabei wird keiner der beiden Materien ihre Ausdehnung genommen, wie es bei der (unmöglichen) mechanischen Durchdringung der Fall sein müßte. Beide nehmen nur nicht mehr außer, sondern in einander, also durch gegenseitige Intussusception, ihren Raum ein, der der Summe ihrer Dichtigkeit gemäß ist [1]).

1) 20 Zeilen weiter (IV 531 $_{23\,ff.}$) gibt Kant noch die genauere Bestimmung, daß das Volumen der Auflösung der Summe der beiden vor der Mischung eingenommenen Räume gleich, aber auch kleiner oder größer sein könne, je nach dem Verhältnis der anziehenden Kräfte zu den zurückstoßenden. (Aehnlich XIV 410—12, wo jedoch von Zurückstoßungen nicht die Rede ist.) Den Grund dafür, daß die

Aber setzt das nicht eine vollendete Teilung ins Unendliche voraus? Allerdings. Doch soll der Begriff in diesem Fall, obwohl er seine volle Unbegreiflichkeit behält, trotzdem keinen Widerspruch in sich schließen, weil die auflösende Kraft eine gewisse Zeit hindurch kontinuierlich, d. h. während einer unendlichen Reihe von Augenblicken, wirkt und deshalb die gänzliche Auflösung in einer anzugebenden, d. h. endlichen, Zeit vollendet werden kann; zudem geht sie mit wachsender Beschleunigung vor sich, da durch die Teilung die Summe der Oberflächen (und damit der Angriffsflächen) der noch zu teilenden Materien ständig zunimmt [1]).

---

aufgelöste Materie sich durch ihre Schwere nicht wieder vom Auflösungsmittel scheidet, sieht Kant darin, daß in der Auflösung die beiden Materien jede für sich und beide vereinigt ein elastisches Medium ausmachen. Diese Ansicht nimmt die heutige Lehre vom osmotischen Druck, nach der sich die gelösten Stoffe in mancher Beziehung ähnlich wie Gase verhalten, bis zu einem gewissen Grade vorweg (vgl. IV 646). Vielleicht ist Kant hier von Newton abhängig, der am Schluß seiner „Optice" in der Quaestio 31 (Quartausgabe von 1740, S. 313 f.) schreibt: „Si sal quivis vel vitriolum parva admodum portione dissolvatur in permulta aqua, particulae salis vel vitrioli non utique ad imum sident, licet specifice graviores sint quam aqua, sed diffundent se aequabiliter per totam aquam, ita ut illa aeque salsa futura sit a summo, ac ab imo. Annon hoc indicat, partes salis vel vitrioli a se mutuo recedere et sese expandere conari quaquaversus, tamque longe a se invicem sejungi, quam patitur aquae, in qua innatant, spatium? et annon conatus iste ostendit, utique habere eas vim quandam repellendi, qua a se invicem diffugiunt? aut saltem fortius eas aquam attrahere, quam semet ipsas mutuo?" Dazu vergleiche man XIV 343 f.: „Wenn die Teile des Salzes stärker vom Wasser gezogen werden, als sie sich untereinander, so wirkt die natürliche Zurückstoßung" (vgl. auch XIV 153). Die starke Anziehung zwischen Wasser und Salz macht hiernach in den Teilchen des letzteren die auch vorher schon vorhandenen, aber durch die ursprünglichen Anziehungskräfte gebundenen ursprünglichen Zurückstoßungskräfte frei und gibt ihnen die Möglichkeit, sich auch äußerlich sichtbar zur Geltung zu bringen. Vorher konnten sie nur durch die Undurchdringlichkeitserscheinungen Kunde von ihrem Dasein geben. Jetzt, nachdem die Anziehungskräfte des Salzes durch die des Wassers gebunden und insofern unwirksam gemacht sind, können jene wirkliche Zurückstoßungen, d. h. Bewegungen, hervorbringen (vgl. u. § 219 vorletzten Absatz).

Auf sechs L.Bl. aus den Jahren 1787—1795, die sich im IV. Konvolut des Op. p. befinden (Nr. 26/32, 43/47, 31, 38, 28, 23), bedient Kant sich zur Erklärung der Auflösungserscheinungen nicht mehr des Wechselspiels der Anziehungs- und Abstoßungskräfte, sondern der Aethervibrationen, auf die er auch die Starrheit der festen Körper und überhaupt die Verschiedenheiten der Aggregatzustände zurückführt. Vgl. u. § 214 und meine Schrift über das Op. p. S. 39—48.

1) Nach Art dieser chemischen Durchdringung will Kant auch die Wirksamkeit des Wärmestoffs sowie den scheinbar freien Durchgang gewisser Materien (wie der magnetischen) durch andere gedacht wissen. Näheres u. § 220.

92. Gegen diese Behandlung des Problems der völligen chemischen Durchdringung erheben sich die schwersten Einwände. Nur von seinem Standpunkt der Stetigkeit der Materie aus kann Kant behaupten, es sei gar kein Grund anzugeben, weshalb — dauernde Wirkung der auflösenden Kraft vorausgesetzt — nicht auch die noch unaufgelösten Klümpchen der aufzulösenden Materie wirklich aufgelöst werden sollten. Für den Atomisten und Monadisten liegt die Sache ganz anders. Der bei Kants Ansicht fehlende Grund ist hier ohne weiteres damit gegeben, daß die Atome bzw. Monaden als letzte Einheiten eben schlechterdings unteilbar und also auch unlösbar sind. Und alle Tatsachen, die von der Chemie bis heute festgestellt wurden, lassen sich vom Standpunkt einer nicht-kontinuierlichen Materie aus ohne Schwierigkeit begreifen und anschaulich darstellen. Während sich für Kant gerade bei dem Problem der absoluten Auflösung die allergrößten Schwierigkeiten, ja Unmöglichkeiten ergeben!

Eine solche Schwierigkeit bringt z. B. Herbart vor, und zwar trotz Stadler 257 mit vollem Recht. Herbart weist (Werke, hrsg. v. G. Hartenstein, 1851, III 443) darauf hin, daß die chemische Durchdringung dem von Kant selbst IV 513 (vgl. o. S. 206) ganz allgemein aufgestellten Grundsatz widerspreche, nach dem ein jedes Ding im Raum auf ein anderes nur an einem Orte wirken kann, wo es selbst, das Wirkende, nicht ist.

Eine Unmöglichkeit sehe ich in dem Gedanken, daß in einem und demselben Raumteil, und sei er auch unendlich klein, zwei verschiedene Materien, wenn auch in unendlich kleiner Menge (Quantität), zugleich vorhanden sein sollen. Der Begriff der chemischen völligen Durchdringung scheint mir mit nicht weniger innern Widersprüchen behaftet und mit Kants Ansicht von der dynamischen Erfüllung des Raumes durch Repulsionskräfte nicht weniger unverträglich zu sein als der Begriff der mechanischen Durchdringung. Versucht man sich eine möglichst innige Vermischung zweier Materien, ihre gegenseitige völlige Auflösung vorzustellen, so kommt man, sobald es anschaulich geschieht, meiner Erfahrung nach von der atomistisch-monadologischen Vorstellungsweise nicht los: man denkt sich unwillkürlich kleinste Teilchen beider Materien in je zwei benachbarten Raumteilchen nebeneinander, nicht in einem und demselben Raumteil ineinander, sich gegenseitig durchdringend. Aber sollte es selbst gelingen, sich diese letztere Sachlage wirklich anschaulich vorzustellen, so könnte sie doch nur als durch mechanische Durchdringung herbeigeführt gedacht werden. Denn das Auflösungsmittel müßte doch, um die andere Materie auflösen und durchdringen zu können, zunächst in den von ihr erfüllten Raum eindringen. Dabei würde aber die Zurückstoßungskraft sich widersetzen und in diesem ihren Widerstand nie ganz überwunden, die Materie also auch nie ganz durchdrungen werden können.

Auch der Gedanke einer vollendeten Teilung ins Unendliche bringt nicht weiter. Wäre er wirklich ohne Widerspruch denkbar und durchführbar, so läge in ihm zwar die Vorstellung, daß die aufzulösende Materie in unendlich viele Teile zerteilt oder aufgelöst werde, aber jeder dieser unendlich vielen Teile bestünde doch eben wieder nur aus ihr, nicht aber zugleich auch aus dem Lösungsmittel. Aber der ganze Gedanke ist mit dem Standpunkt, den Kant sonst hinsichtlich der Teilung ins Unendliche einnimmt, schlechterdings nicht vereinbar. Er nennt es IV 506 mit dürren Worten einen Widerspruch, „eine unendliche Menge, deren Begriff es schon mit sich führt, daß sie niemals vollendet vorgestellt werden könne, sich als ganz vollendet zu denken"; die Teilung der Erscheinungen — und nur um Erscheinungen handelt es sich ja auch bei der chemischen Durchdringung — geht nach IV 507 zwar ins Unendliche, kann aber niemals als unendlich, als vollendet, als ganz gegeben werden und beweist daher auch keine wirkliche unendliche Menge von Teilen im Objekt, die vielmehr für einen „ausdrücklichen Widerspruch" erklärt wird. Was Kant hier prinzipiell und allgemein feststellt (vgl. o. S. 200), gilt selbstverständlich auch ohne weiteres für die chemische Durchdringung, und die IV 531 nachträglich versuchte Einrenkung (vgl. o. S. 229) würde bestenfalls begreiflich machen, wie eine unendliche Teilung in diesem besonderen Falle in endlicher Zeit vor sich gehen könne; der Widerspruch aber, der nach Kant schon in der Vorstellung liegt, daß eine unendliche Menge von Teilen im Objekt wirklich gegeben sei oder daß letzteres aus einer unendlichen Menge von Teilen bestehe, würde damit nicht aus der Welt geschafft. Doch auch jenes „bestenfalls" gilt nicht. Nur durch eine falsche Anwendung des Begriffs des Unendlichkleinen entsteht der Schein, als ob hier eine unendliche Teilung in endlicher Zeit möglich sei. Die Annahme, daß die Auflösung kontinuierlich geschehe, mag hingehn, obwohl sie ohne Beweis aufgestellt wird. Aber selbst wenn man Kant in dieser Weise möglichst weit entgegenkommt, würde seine Folgerung doch nicht zu Recht bestehen. Denn das Auflösungsmittel könnte natürlich anfangs nicht mit einer unendlich großen, sondern nur mit einer endlichen Anzahl von Teilen die aufzulösende Materie angreifen. In jedem unendlich kleinen Zeitteil (Augenblick) könnte also nur ein unendlich kleiner Schritt in Richtung auf die unendliche Teilung erfolgen, und daraus würde erst in unendlich vielen derartigen Augenblicken, d. i. in einer endlichen Zeit, ein endlicher Schritt werden. Das heißt aber

— in striktem Gegensatz zu Kants Folgerung —, daß die unendliche Teilung erst in einer unendlich langen und niemals in einer anzugebenden, endlichen Zeit vollendet sein würde.

Ueberblickt man die letzten Erörterungen, so wird man zugestehn müssen, daß der Begriff der absoluten chemischen Auflösung oder Durchdringung, so wie Kant ihn faßt, derartigen Schwierigkeiten unterworfen ist, daß er als in sich widerspruchsvoll und logisch unzulässig bezeichnet werden muß. Und zwar richten sich die Bedenken gegen die Möglichkeit des Begriffs selbst; daß, wie Stadler 126 zugibt, keine anschauliche Konstruktion des Vorgangs der absoluten Auflösung gelingt, ist ein sekundäres Moment, das noch hinzutritt, aber in keiner Weise entscheidend ist.

Von Wichtigkeit ist dagegen, daß der fragliche Begriff nicht etwa nur, wie Stadler 257 behauptet, „eine beiläufige Hypothese zu besonderen Erscheinungen" [1]) darstellt, sondern vielmehr in engem Zusammenhang mit der dynamischen Theorie einer stetigen Materie steht und von Kant selbst als eine n o t w e n d i g e Folgerung aus ihr betrachtet zu werden scheint. Was gegen ihn spricht, richtet sich daher zugleich auch gegen diese. Vor allem gilt das von der Unmöglichkeit, sich die chemische Auflösung anders als auf atomistisch-monadologischem Wege anschaulich vorzustellen.

So bewährt sich also auch an dem Problem der chemischen Durchdringung die früher entwickelte Ansicht (vgl. o. S. 213 ff.), daß der Standpunkt von 1786 mit seiner stetigen Materie gegenüber dem von 1756 mit seiner monadologischen Auffassung eine entschiedene Verschlechterung bedeutet.

---

1) Diese Wendung gebraucht Kant IV 532. Sie bezieht sich aber nicht auf die chemische Durchdringung selbst, sondern nur auf den Gedanken, daß man sich nach Analogie der letzteren auch die Wirksamkeit des Wärmestoffs, der magnetischen Materie usw. vorstellen müsse.

III. Abschnitt.
Die Lehre von der Bewegung.

Wir haben Kants Ansichten über die Konstitution der Materie kennengelernt, sowohl ihre durch die Dezennien hindurch sich gleichbleibenden Grundlinien als ihre wechselnde Ausgestaltung mit Bezug auf den Gegensatz Stetigkeit und unendliche Teilbarkeit der Materie.

Unsere nächste Aufgabe ist, Kants Lehre von der Bewegung darzustellen. Es wird in zwei Kapiteln geschehen: das erste wird den Raum behandeln, in dem die Bewegung stattfindet, das zweite die Bewegung selbst und ihre allgemeinsten Gesetze.

1. Kapitel.
Die Lehre vom Raum.

93. Da das Raumproblem im wesentlichen erkenntnistheoretisch-metaphysischer Art ist, muß es genügen, die Hauptetappen, in denen sich die Entwicklung der Kantischen Lehre vollzogen hat, mit flüchtigen Strichen zu skizzieren, ohne auf das Material des handschriftlichen Nachlasses und auf die Motive zu dem mehrmaligen Stellungswechsel, die in der Hauptsache stets auf erkenntnistheoretisch-metaphysischem Gebiet lagen, einzugehen. Die mathematischen Fragen (Besonderheit der Methode, Evidenzproblem) lasse ich ganz unberührt, da sie zu tief in die Erkenntnistheorie führen würden, die ich gesondert zu behandeln gedenke.

Die Ansichten aus Kants Frühzeit lernten wir schon o. S. **84**, **152**, **165** ff. kennen. Kant steht ursprünglich auf dem Standpunkt Leibnizens und seiner Schule, insofern er, im Gegensatz zu Newtons Substantialisierung des Raums, Raum und Ausdehnung als die bloße Ordnung der koexistierenden Dinge betrachtet. Doch hält er, abweichend von der Schulmeinung, die räumlichen Verhältnisse (sehr wahrscheinlich schon in der Erstlingsschrift, sicher 1755/56) für real, nicht nur für eine durch unsere Sinnlichkeit verschuldete verworrene Vorstellung jener Ordnung. Diese selbst und damit auch die Eigentümlichkeiten unserer Räumlichkeit läßt er (sicher 1747, wahrscheinlich aber auch noch 1755) durch die wechselseitig aufeinander wirkenden Kräfte der Monaden und ihre Gesetze bestimmt sein. An diesen Gedanken schließen sich die metageometrischen Spekulationen der Erstlingsschrift an. Die A.N.u.Th. bezeichnet I 306 im Anschluß an Newton [1]) den Weltraum als den „unendlichen Umfang der göttlichen Gegenwart" [2]), I 312, 313 spricht sie von dem „unendlichen Raume der göttlichen Gegenwart" — Ausdrücke, die hier entschieden in realistischem Sinn (der Raum: eine wirkliche Seinsform der letzten Elemente) zu verstehn sind, obwohl eine ähnliche Wendung (spatium: dei omnipraesentia phaenomenon) sich 1770 in der Inauguraldissertation mit der idealistischen Ansicht verbindet. 1756 tritt der scharfe Gegensatz zwischen dem ins Unendliche teilbaren Raum und den einfachen, unteilbaren Monaden auf, von denen jede einzeln, allein für sich betrachtet, samt ihren innern Bestimmungen raumlos ist, der Raum dagegen die Art, wie sich auf Grund der Kräfte, mit denen sie gesetzmäßig aufeinander wirken, ihre wechselseitigen äußeren Beziehungen im Nebeneinander ordnen.

Auch 1758 in dem „Neuen Lehrbegriff der Bewegung und Ruhe" ist Kant noch entschiedener Gegner der Newton'schen Substantialisierung des Raumes. Er macht dort (II 17) gegen den Begriff der absoluten Bewegung geltend: es würde nichts helfen, wenn man sich auch einen mathematischen Raum leer von allen Geschöpfen als ein Behältnis der Körper einbilden wollte; denn es wäre doch nicht möglich, seine Teile und die verschiedenen von nichts Körperlichem eingenommenen

---

1) Philosophiae naturalis principia mathematica, scholium generale (Ausg. von 1714, S. 482 f.). Optice lat. redd. S. Clarke 1740, S. 298, 328.

2) Mit Unrecht legt Thiele I 117, II 240 f. auf den Ausdruck „leerer Raum", der in diesem Zusammenhang (I 306_{33}) vorkommt, besonderes Gewicht. Das Beiwort „leer" ist, soweit nur die Beziehung auf die göttliche Gegenwart in Betracht kommt, ganz belanglos und könnte, wie die Parallelstellen (zu denen auch noch I 314, 329 treten) zeigen, ebensogut fehlen. Auch in der A.N.u.Th. betrachtet Kant den Weltraum durchaus nicht etwa, wie Thiele meint, nach Newtons Art als etwas den Dingen zugrunde Liegendes. Man darf sich hier so wenig wie in der Monadologia physica (vgl. o. S. 165 f.) durch gewisse Wendungen irreführen lassen, in denen Kant sich auf den empirischen Standpunkt des sinnlichen Augenscheins stellt und von dem Raum redet, in dem die Materie ausgebreitet ist und sich bewegt. Sobald er vom metaphysischen Standpunkt aus spricht, ist er, so gut wie 1747 und 1756, mit Leibniz und Wolff der Ansicht, daß erst die Koexistenz der Materie „den Raum macht" (I 308; vgl. auch die Nova dilucidatio von demselben Jahr I 414 f., sowie anderseits Wolffs Ontologia § 589: „Spatium est ordo simultaneorum, quatenus scilicet coexistunt").

Plätze in ihm zu unterscheiden [1]). Wenn an andern Stellen (z. B. II 24) von dem Raum, darin die Körper sich befinden, die Rede ist, oder wenn dem einen Körper umgebenden Raum eine Bewegung parallel mit diesem Körper beigelegt wird, so spricht Kant auch hier wieder vom empirischen, nicht vom metaphysischen Standpunkt aus. Statt „der umgebende Raum" müßte es genau genommen heißen: „die umgebenden Gegenstände und ihr Raum".

Die Schriften der 60er Jahre [2]) bringen bis auf die letzte keine erkennbare Weiterentwicklung in Kants Ansichten.

94. 1768 aber erfolgt eine scharfe Wendung: der kleine Aufsatz „Von dem ersten Grunde des Unterschiedes der Gegenden im Raume" (II 377—383) zeigt uns Kant als Parteigänger Newtons [3]). Er will hier auf Grund der „anschauenden Urteile der Ausdehnung, dergleichen die Meßkunst enthält", einen evidenten Beweis dafür liefern, „daß der absolute Raum unabhängig von dem Dasein aller Materie und selbst als der erste Grund der Möglichkeit ihrer Zusammensetzung eine eigene Realität habe".

Die Tatsache, auf die Kant sich hierbei stützt, ist die Existenz symmetrischer Körper oder, wie er es nennt, inkongruenter Gegenstücke [4]). Darunter versteht er Körper, die einem andern „völlig gleich und ähnlich" sind, ohne doch, wie es bei ebenen Figuren möglich ist, zur Deckung mit ihm gebracht und in seinen Grenzen beschlossen werden zu können. Derart sind z. B. die rechte und linke Hand, die Spiegelbilder verglichen mit den v o r dem Spiegel stehenden wirklichen Gegenständen, Schraubengewinde von sonst ganz gleicher Beschaffenheit, deren eines von links nach rechts, das andere von rechts nach links um eine Spille geführt ist; auch sphärische Dreiecke zweier entgegengesetzter Hemisphären gehören in diese Kategorie. Fällt man etwa aus allen Punkten einer linken Menschenhand Senkrechte auf eine gegenüberstehende Tafel und

---

1) Es ist also nicht richtig, wenn A. Riehl in seinem „Philosophischen Kritizismus" (1876, I 257, 2. Aufl. 1908, S. 328) sagt, die im „Neuen Lehrbegriff" nachgewiesene Relativität aller Bewegung sei nur unter Voraussetzung des ursprünglichen, absoluten Raumes denkbar.

2) Vgl. besonders II 71, 81, 93—96, 133 f., 168, 281, 286 ff., 323—325.

3) H. E. Timerding (Kant und Euler, in: Kantstudien Bd. 23, S. 24) nimmt ohne genügenden Grund an, daß Euler hier einen Einfluß auf Kant ausgeübt habe. Wäre es der Fall gewesen, so hätte Kant es doch vermutlich II 378, wo er Eulers betreffenden Aufsatz zitiert (vgl. u. S. 238), mit einem Wort des Dankes erwähnt.

4) Zum Folgenden vgl. in H. Vaihingers Kommentar zu Kants Krit. d. rein. Vern. (1892, II 518—532) den Anhang über „Das Paradoxon der symmetrischen Gegenstände".

verlängert sie so weit hinter ihr, wie die Punkte vor ihr liegen, so machen die verbundenen Endpunkte dieser Senkrechten die Oberfläche einer rechten Menschenhand aus: die Figur ist bei beiden Händen völlig ähnlich, die Größe der Ausdehnung ganz gleich, eine Beschreibung der einen muß, soweit nur die Proportion und Lage der Teile untereinander und ihre gegenseitige Verbindung in Betracht kommt, in allem auch von der andern gelten, und doch kann die Oberfläche der einen die andere Hand, wie man sie auch drehen und wenden möge, nicht in sich beschließen. Es liegt hier also noch ein „innerer Unterschied" vor oder, wie Kant es auch ausdrückt, eine wahre Verschiedenheit, die auf einem inneren Grunde beruhen muß. Dieser innere, tiefere Grund kann, da das äußere Verhältnis der Teile zueinander in beiden Körpern ganz dasselbe ist, nur in ihrer verschiedenartigen Beziehung auf den allgemeinen absoluten Raum bestehen. Dieser muß also volle Realität haben. Zwar ist er kein Gegenstand einer äußeren Empfindung, wohl aber ein Grundbegriff, der alle diese Gegenstände erst möglich macht. Das Verhältnis der einzelnen Körper zu ihm, d. h. das was in ihrer Gestalt lediglich auf die Beziehung zu ihm zurückgeht, kann deshalb nicht unmittelbar wahrgenommen werden, vielmehr muß man immer mehrere Körper gegeneinander halten, um die Unterschiede zu entdecken, die jener Beziehung entstammen und sich nur aus ihr erklären lassen. Sie erweist sich so als ganz unentbehrlich zur vollständigen Bestimmung körperlicher Gestalten. Denn bei einer solchen kommt nicht nur die Lage ihrer einzelnen Teile zueinander in Betracht, sondern auch noch die Gegend, nach welcher sie in bestimmtem Verhältnis geordnet sind, und der Begriff der Gegend bedeutet nicht Beziehung des einen Dinges im Raum auf das andere — das ist vielmehr der Begriff der Lage —, sondern das Verhältnis des ganzen Systems dieser Lagen zum absoluten Weltraum. „Bei allem Ausgedehnten ist die Lage seiner Teile gegeneinander aus ihm selbst hinreichend zu erkennen, die Gegend aber, wohin diese Ordnung der Teile gerichtet ist, bezieht sich auf den Raum außer demselben und zwar nicht auf dessen Oerter, weil dieses nichts anders sein würde, als die Lage eben derselben Teile in einem äußeren Verhältnis, sondern auf den allgemeinen Raum als eine Einheit, wovon jede Ausdehnung wie ein Teil angesehen werden muß." Die Verschiedenheiten der Gegenden, deren Begriff von uns ursprünglich auf Grund des durch unsern Körper gedachten rechtwinkligen Koordinatensystems erzeugt wird, tritt uns in ihrer absoluten Bedeutung auch in vielen Erscheinungen der organischen Reiche entgegen. So sind die Haare auf dem Wirbel aller Menschen von links nach rechts gewandt, in derselben Richtung windet sich aller Hopfen um seine Stange, die Bohnen dagegen entgegengesetzt; fast alle Schnecken, nur etwa drei Gattungen ausgenommen, haben, von der Spitze zur Mündung gerechnet, ihre Drehung von links nach rechts. Und es macht bei allen diesen Erscheinungen keinen Unterschied, ob das bertreffende Geschöpf auf der nördlichen oder südlichen Halbkugel lebt, — ein Zeichen, daß die Ursache der Drehungsrichtung nicht in äußeren Faktoren, sondern in den Samen selbst zu suchen ist.

Die Leibnizische Theorie kann diesen Tatsachen nach Kants Ueberzeugung nicht gerecht werden. Ihr stehn nur abstrakte Ordnungs- und Verhältnisbegriffe zu Gebote. Damit kann sie aber die ursprüngliche Verschiedenheit der Gegenden, die bleibt, auch wenn in Proportion, Größe, Lage und Verbindung der Teile zweier Körper keinerlei Unterschiede vorhanden sind, und die es macht, daß der eine niemals den Platz des andern einnehmen kann, weder fassen noch begreifen. Nur wenn man auf unmittelbar räumliche Richtungsunterschiede absoluter Art zurückgreifen kann, ist eine Erklärung möglich. Wäre das erste Schöpfungsstück eine Menschenhand gewesen, so hätte sie nach Leibniz — was doch in Wirklichkeit unmöglich ist — auf jede Seite des menschlichen Körpers passen müssen. Denn nach ihm besteht ja der Raum „nur in dem ⟨verworren vorgestellten⟩ äußeren Verhältnisse der nebeneinander befindlichen Teile der Materie“; in diesem Verhältnisse findet aber kein Unterschied statt, mag die geschaffene Hand eine Rechte oder eine Linke sein, und einen andern Raum mit in Rechnung zu ziehen, als den die Hand einnimmt, dazu bietet die Leibnizische Theorie keine Handhabe. Die inkongruenten Gegenstücke sind also ein entscheidendes Argument dafür, daß der Raum samt seinen Bestimmungen nicht die Folge, sondern die Voraussetzung der körperlichen Dinge und ihrer äußeren Verhältnisse (der Lage ihrer Teile zueinander) ist. Daß Schwierigkeiten entstehn, wenn man die Realität dieses absoluten Raumes, „welche dem innern Sinne anschauend gnug ist[1]), durch Vernunftideen fassen will“, gibt Kant zu.

1) Dieterich I 105 hat Kant völlig mißverstanden, wenn er ihn im Anschluß an diesen Ausdruck den Raum als „ursprüngliche Anschauung“ bezeichnen läßt. Auch sonst nähert Dieterich in ganz unhistorischer Weise die Schrift von 1768 der Dissertation von 1770 an, so besonders in den auf 1768 bezüglichen Worten: „Denken wir uns alle empfindenden Wesen, die unser Raumgefühl besitzen, einen Augenblick weg aus der Welt, so können wir uns nicht mehr denken, daß noch ein Weltraum existiere“ (S. 106, vgl. 116, 235, 243). Nein: der allgemeine, absolute Weltraum hat 1768 für Kant dieselbe volle, unzweifelhafte Realität wie für Newton. Was er über die Bedeutung unserer Empfindungen des Rechts und Links sagt, bezieht sich nur auf u n s e r e Orientierung in dem absoluten, unabhängig von uns vorhandenen Weltraum.

Sie müssen aber mit in Kauf genommen werden; denn die entgegengesetzte Annahme ist auf jeden Fall ausgeschlossen, da ihre Folgen der „augenscheinlichsten Erfahrung“ oder, wie es im Anfang des Aufsatzes heißt, den „anschauenden Urteilen der Ausdehnung“ (sc. über die inkongruenten Gegenstücke) widersprechen.

Leibniz würde sicher die Durchschlagskraft des Kantischen Arguments nicht anerkennen, so wenig wie die der Beweise, die L. Euler 1748 zugunsten des absoluten Raumes aus den allgemeinsten Bewegungsgesetzen abgeleitet hatte [1]). Gegen Kant würde Leibniz etwa geltend machen: auch in der isoliert gedachten Hand als erstem Schöpfungsstück könne nicht nur von Lagen der Teilchen zueinander, sondern sehr wohl auch von der Gegend oder Richtung, nach der hin diese Teilchen gelagert sind, die Rede sein. Es sei eine petitio principii, wenn Kant behaupte, daß schon im Begriff der Gegend die Beziehung auf den absoluten Raum enthalten sei [2]). Um von Gegend sprechen zu können, genüge vielmehr die Beziehung auf irgendein willkürlich gewähltes Bezugssystem. Dies könne z. B. dadurch hergestellt werden, daß man sich durch den Daumen jener isolierten Hand ein auf ihr Volumen beschränktes rechtwinkliges Koordinatensystem so gelegt denke, daß seine eine Ebene durch die Breite der Hand gehe. Je nachdem, ob die Hand sich dann von der senkrecht zu dieser Ebene durch die Länge des Daumens gelegten Ebene nach der einen oder anderen Seite hin erstrecke, werde die Hand eine Rechte oder Linke sein. Auch dann also, wenn, wie Kant fordere, kein Raum in Betracht gezogen werde, als nur der, den die Hand einnimmt, würden in ihm trotzdem Richtungseigentümlichkeiten in der Lage der Teile vorhanden sein, die, bei sonst völliger Gleichheit, bei der Rechten anders als bei der Linken wären. Die Ordnung der Monaden, wie sie von unserer Sinnlichkeit in räumlicher Art verworren vorgestellt wird, schließe also nicht nur Größe, Proportion, Lage der Teile ein, sondern in ebenso ursprünglicher Weise auch Richtungen (Gegenden), nach denen hin sie gelagert seien. Natürlich müsse in dem An-sich der raumlosen Monaden irgend etwas für uns nicht weiter Bestimmbares sein, was, wie dem Räumlich-Sein überhaupt und den Unterschieden in Lage, Größe usw., so auch der Verschiedenheit der Gegenden (Richtungen) entspreche und zugrunde liege.

---

1) Réflexions sur l'espace et le temps, in: Histoire de l'acad. royale des sciences. Année 1748. Berlin 1750, S. 324—333. Kant nimmt II 378 auf diese Abhandlung Bezug.

2) Dann könnte es ja für die heutige Relativitätstheorie überhaupt keine Gegenden geben!

So sympathisch mir persönlich Kants Raumtheorie vom Jahre 1768 ist, so wenig kann ich mich also davon überzeugen, daß auf Grund einfacher, offen zutage liegender Erfahrungstatsachen je eine endgültige Entscheidung in dieser rein oder wenigstens vorwiegend metaphysischen Frage getroffen werden könnte. Diese skeptische Haltung gegenüber Kants Argument erweist sich auch dadurch als richtig, daß er selbst bald darauf die Tatsache der inkongruenten Gegenstücke zu ganz andern, in gewisser Weise gerade entgegengesetzten Folgerungen benutzt.

Auf dem Standpunkt von 1768 bleibt er ja nur kurze Zeit stehn. Das Jahr 1769 ist die Geburtsstunde des Kritizismus: Raum und Zeit werden erst zu reinen Begriffen der Anschauungen oder anschauenden Begriffen [1]), dann zu reinen Anschauungen oder apriorischen Formen unserer Sinnlichkeit, die nur für die Erscheinungswelt gelten, während die Dinge an sich raumlos und zeitlos sind. In der Behauptung, daß alles Räumliche nur Erscheinung ist, stimmt Kant jetzt also mit Leibniz überein. Dagegen bleibt er nach wie vor ein scharfer Gegner der Lehre, daß der Raum von den Dingen abzuleiten und nichts als ihr Verhältnis, ihre Ordnung sei. Mit derselben Entschiedenheit wie 1768 hält er auch jetzt noch den Raum für die Grundlage und Voraussetzung der körperlichen Dinge. Nur soll er nicht mehr ein absolutes Behältnis sein, und die in ihm enthaltenen Dinge nichts an sich Seiendes, sondern bloße Erscheinungen, er selbst aber nur die Form unserer Sinnlichkeit.

Zur Bekräftigung dieser letzteren Ansicht greift Kant sowohl in der Inauguraldissertation vom Jahre 1770 (§ 15 C) [2]) als in § 13 der Prolegomena als in den M.A.d.N. (IV 483 f.) wieder auf die inkongruenten Gegenstücke zurück: weil der Begriff der Gegend sich zwar konstruieren (in der Anschauung geben), aber „als Begriff für sich durch allgemeine Merkmale und in der diskursiven Erkenntnisart gar nicht deutlich machen", mithin auch nicht verständlich erklären läßt, kann er, und damit der Raum überhaupt, nicht zu den Eigenschaften oder Verhältnissen der Dinge an sich gehören; denn die müßten sich notwendig auf deutliche, objektive Begriffe bringen lassen. Diese Notwendigkeit wird jedoch nur behauptet, und zwar zu Unrecht, aber nicht bewiesen. Aehnlich wenn Kant es mit der Natur der Dinge an sich als Gegenstände des bloßen

1) Vgl. über diese Entwicklungsphase und die Motive, die zu ihr und von ihr weiter führten, meine Kant-Studien 1895, S. 103 ff.

2) Hier will er speziell nachweisen, daß der Raum eine reine Anschauung ist. Auf die Besonderheiten eines jeden der oben genannten drei Gedankengänge kann ich nicht näher eingehen. Hinsichtlich ihrer verweise ich auf Vaihingers Kommentar II 518 ff.

Verstandes unverträglich findet, daß der einzelne Raum nur durch ein Verhältnis zum ganzen Raum, dessen Teil er ist, vollständig bestimmt werden könne und der Teil also nur durch das Ganze möglich sei. Das alles wäre nur dann gültig, wenn schon bewiesen wäre, daß die Dinge an sich nicht räumlicher Art sind und daß sie, wenn überhaupt, nur durch reine, nicht sinnlich affizierte Verstandesbegriffe erkannt werden könnten. Und anderseits: sind sie im Raum, dann gelten selbstverständlich auch alle räumlichen Eigentümlichkeiten und Bestimmungen von ihnen. Diese haben nun aber einmal etwas ausgesprochen Besonderes an sich, so daß die auf Grund ihrer gebildeten Begriffe, und zwar nicht nur die der Gegend und Richtung, sondern geradesogut auch die der Ausdehnung, Lage, Aehnlichkeit usw. durch reine, auf keine Anschauung zurückgehende und durch keine sinnliche Bestimmungen affizierte Begriffe niemals deutlich gemacht werden können und darum nur für Wesen, die räumlicher Anschauungen fähig sind, Sinn und Bedeutung haben. Nur für solche Wesen kann es deshalb begriffliche Beschreibungen räumlicher Verhältnisse geben, und um den betreffenden Begriffen ihre volle Bedeutungserfüllung zu verschaffen, werden sie schließlich immer irgendwie auf die räumliche Anschauung selbst zurückgreifen müssen. Wäre also die Wendung, die Kant seit 1770 dem Argument der inkongruenten Gegenstände gibt, berechtigt, dann brauchte er gar nicht speziell auf diese abzustellen, sondern könnte ebensogut beliebig andere räumliche Verhältnisse (wie Ausdehnung, Lage, Aehnlichkeit usw.) nehmen, da von ihnen allen eben dasselbe gelten würde. Bilden aber die letzteren keine genügende Beweisgrundlage, dann sicher auch die ersteren nicht.

Das neue Argument, dem Kant dauernd größten Wert beimißt, obwohl er sich seiner zu verschiedenen Zeiten in so sehr verschiedener Weise bedient, erweist sich also als ganz unbrauchbar: es kann weder gegen Leibniz zugunsten von Newtons absolutem Raum ins Feld geführt werden, noch gegen die Realität dieses Raumes zugunsten des kritischen Idealismus.

95. In Kants System gibt es einen Gedankenkomplex, der, ähnlich wie das kristallinische Urgestein, nur verhältnismäßig selten offen zutage tritt und doch, wie dieses die Erdrinde, so seinerseits den ganzen stolzen Bau der kritischen Erkenntnistheorie trägt. Es ist das die so oft verkannte und noch nie nach Gebühr gewürdigte Lehre von der doppelten Affektion des erkennenden Subjekts: des Ich an sich durch die Dinge an sich, des empirischen Ich durch die Erscheinungen [1]). Auch

1) Ich habe diese Lehre in meinem Werk über Kants Op. p. 238 ff., 293 ff., 418 f. auseinandergesetzt und werde ihr baldmöglichst eine besondere Schrift widmen.

in Kants Raumtheorie spielt diese Lehre eine nicht geringe Rolle, insbesondere in den M.A.d.N. und im Op. p.

Die Dinge an sich denkt Kant sich monadenartig, in rein inneren Beziehungen zueinander stehend. Indem unser Ich an sich von ihnen affiziert wird, verwandelt sich ihm diese innere Ordnung in eine räumliche, und die Monaden erscheinen in Form von so und so im Raum verteilten, mit solchen und solchen Kräften ausgerüsteten Kraftzentren, die zusammen die kontinuierliche Materie bilden und vermöge der apriorischen synthetischen Funktionen unseres Ich an sich zu körperlichen Einheiten (Kräftekomplexen) verbunden werden. Diese Welt von Erscheinungen findet das empirische Ich (das Ich als Erscheinung) vor, sie sind ihm gleichgeordnet und stehn mit ihm in Wechselwirkung; sie werden deshalb auch als Dinge an sich selbst im empirischen, physischen Verstande (so schon in der Krit. d. rein. Vernunft[2] 45, 63) bezeichnet. Sie affizieren durch Bewegungen (Reize) unser empirisches Ich, und dieses antwortet darauf mit Empfindungen, die an denselben Stellen des Raumes lokalisiert werden, von denen die Affektion (die Bewegung) ausging. Die apriorischen synthetischen Funktionen unseres Ich betätigen sich also in doppelter Weise: erstens an dem durch Affektion seitens der Dinge an sich dem Ich an sich gegebenen Inhalt, der sich unter ihrer Einwirkung zu Kräftekomplexen ordnet, zweitens an den durch Affektion seitens der letzteren im empirischen Ich hervorgerufenen Empfindungen, die unter ihrer Einwirkung zu Erfahrungsgegenständen verbunden werden. Dort handelt es sich um Konstruktion einer räumlich-zeitlichen Ordnung, die ganz anders geartete Verhältnisse in Form von Erscheinungen wiedergibt, hier um eine Rekonstruktion eben dieser Ordnung, in der jene Kräftekomplexe, die Erscheinungen des Ich an sich, mit den sekundären Sinnesqualitäten umkleidet und als Erfahrungsgegenstände zu Erscheinungen des empirischen Ich werden.

Auch den Raum, in dem die Kräftekomplexe sind, den sie einnehmen und erfüllen, findet das empirische Ich als etwas Gegebenes, als eine vom Ich an sich produzierte Ordnung vor. Denn in diesem Raum gehn ja die Bewegungen vor sich, von denen es getroffen wird, er kann also nicht s e i n e apriorische Anschauungsform, sondern nur die des Ich an sich sein. Der Raum als Anschauungsform des Ich an sich wird im Op. p. ebenso wie die übrigen formalen, apriorischen Elemente unserer Erkenntnis, als etwas Denkbares (cogitabile) bezeichnet, während der mit Materie bzw. kontinuierlichem Aether erfüllte Raum der spürbare oder empfindbare (spatium perceptibile oder sensibile) genannt wird. Damit Erfahrung überhaupt möglich werden könne, muß der Raum selber als ein einzelnes Sinnenobjekt realisiert werden. Diese Realisierung, d. h. die Umwandlung des bloßen cogitabile in ein sensibile, setzt die Existenz des Aethers als Ur- oder Weltstoffs und zugleich als Inbegriffs der bewegenden Kräfte der Materie voraus; ohne ihn würde der Raum kein Sinnenobjekt sein und Erfahrung hinsichtlich seiner weder bejahend noch verneinend stattfinden können. In diesem Aether denken wir „nichts mehr als bloß im Raume verbreitete und alldurchdringende bewegende Kräfte", er enthält „bloß den Grund der Möglichkeit der Erfahrung von einem Dasein im Raum überhaupt" [1]). An manchen Stellen des Op. p. fällt er mit dem perzeptiblen Raum ganz oder fast ganz zusammen. So ist er nach B 106 „gleichsam der hypostasierte Raum selbst, in dem sich alles bewegt", nach B 110 der sensible Raum selbst, als Gegenstand möglicher Erfahrung vorgestellt (vgl. Kants Op. p. 365 f.).

Diese Unterscheidung zweier Arten von Raum bildet auch schon in den M.A.d.N. den Hintergrund für die Gedankenentwicklung, wenn sie uns auch nicht in so klarer Weise entgegentritt wie im Op. p. [2]). Immerhin wird das eine Glied, der vom empirischen Ich vorgefundene und wahrgenommene Raum, d. h. also der Raum der Naturwissenschaft, in dem die gegenseitigen Einwirkungen der Körper, darunter auch meines eigenen, vor sich gehn, besonders besprochen und ebenso wie im Op. p. als empfindbarer Raum bezeichnet. Und anderseits ist an verschiedenen Stellen (so IV 484, 506—508) auch von dem Raum als Form unserer äußeren sinnlichen Anschauung, d. h. von dem durch das Ich an sich als seine Anschauungsform gesetzten Raum, die Rede [3]). Auch die Affektion durch Erscheinungen wird in unzweifelhafter Weise gelehrt, wenn es IV 476 heißt, daß unsere äußern Sinne allein durch Bewegung affiziert werden können, IV 510, daß die raumerfüllende Substanz (Materie) „ihr Dasein uns nicht anders als durch den Sinn, wodurch wir ihre Undurchdringlichkeit wahrnehmen, nämlich das Gefühl, <also durch Tastempfindungen> offenbart, mithin nur in Beziehung auf Berührung, deren Anfang (in der Annäherung einer Materie zur andern) der Stoß, die Fortdauer aber ein Druck heißt". Für den Naturwissenschaftler, der die Lehre von den äuße-

1) Vgl. B 102 f., 115 f., C 110, 116, 118, 122 f., 127, 134, 607, 609, 616.

2) Das übersieht Drews und kommt so auf S. 275 ff. dazu, Widersprüche zwischen der R.V. und den M.A.d.N. zu behaupten, während es sich in Wirklichkeit nur um eine Ergänzung und um eine Erörterung des Raumproblems von verschiedenen Gesichtspunkten aus handelt.

3) Nach IV 484 gehört der Raum „überhaupt nicht zu den Eigenschaften oder Verhältnissen der Dinge an sich selbst, ... sondern bloß zu der subjektiven Form unserer sinnlichen Anschauung von Dingen oder Verhältnissen, die uns nach dem, was sie an sich sein mögen, völlig unbekannt bleiben".

ren, die Empfindungen veranlassenden Reizen teilt, ist diese Affektion durch Erscheinungen ja der einzig mögliche Standpunkt.

Der empfindbare (IV 482: gegebene) Raum ist nach IV 481, 487, 559 der Raum, in dem wir über die Bewegungen Erfahrung anstellen. Dazu wird erfordert, „daß nicht allein der Körper, sondern auch der Raum, darin er sich bewegt, Gegenstände der äußeren Erfahrung, mithin materiell seien“ (IV 487). Denn damit uns Bewegung überhaupt gegeben werden könne, müssen wir eine empirische Vorstellung des Raumes haben, in Ansehung dessen das Bewegliche sein Verhältnis verändern soll, d. h. der Raum muß wahrgenommen werden können und also durch das, was allein empfunden werden kann, d. h. durch „das Reale der sinnlichen Anschauung“, die Materie, bezeichnet sein. Nur ein anderer Ausdruck dafür ist, daß er selbst materiell sei. Als der „Inbegriff aller Gegenstände der Erfahrung und selbst ein Objekt derselben“ heißt er dann auch der empirische Raum. Er ist nicht, wie die apriorische Raumanschauung, die transzendentale Voraussetzung der körperlichen Dinge, sondern — fast in Leibnizischem Sinn — ihre (a posteriori wahrgenommene) Eigenschaft (IV 484). Dieser empirische Raum ist als materiell auch selbst beweglich und ein bloß relativer Raum. Um ihn als bewegt wahrnehmen zu können, muß er Teil eines andern, größeren, gleichfalls materiellen Raumes sein, der relativ zu ihm ruht. Dieser aber kann seinerseits wieder in einem dritten noch größeren, relativ zu ihm ruhenden materiellen Raum bewegt sein bzw. gedacht werden, und so fort ins Unendliche, ohne jemals durch Erfahrung „zu einem unbeweglichen (unmateriellen) Raume zu gelangen, in Ansehung dessen irgendeiner Materie schlechthin Bewegung oder Ruhe beigelegt werden könne“ (IV 559).

96. Trotzdem spricht Kant auch von einem absoluten Raum und definiert ihn als den, in welchem alle Bewegung zuletzt gedacht werden muß, der mithin selbst schlechterdings unbeweglich ist. Im Gegensatz zu 1768 und zu Newton ist dieser absolute Raum aber nicht mehr eine wirkliche Wesenheit, sondern nur ein notwendiger Vernunftbegriff, also nichts weiter als eine bloße Idee[1]). Denn weil er nicht materiell ist (wäre er das, so müßte er auch beweglich sein!), kann er kein Objekt der Wahrnehmung und also auch nicht der Erfahrung sein[2]) und ist demnach „gar nichts,

1) Als solche bezeichnet Kant ihn schon in einer Aufzeichnung aus der 2. Hälfte der 70er Jahre XIV 463, 465 (vgl. auch 466, 122).

2) Nach IV 560 ist er „nicht als ein Begriff von einem wirklichen Objekt, sondern als eine Idee, welche zur Regel dienen soll, alle Bewegung in ihm bloß als relativ zu betrachten, notwendig“. Danach ist er also eine jener fiktiven Gedanken-

was zur Existenz der Dinge gehört" (IV 563), oder, wie es IV 556 heißt, „überall nichts" [1]). „Einen absoluten Raum als für sich gegeben annehmen, heißt etwas, das weder an sich, noch in seinen Folgen (der Bewegung im absoluten Raum) wahrgenommen werden kann, um der Möglichkeit der Erfahrung willen annehmen, die doch jederzeit ohne ihn angestellt werden muß. [2]) Der absolute Raum ist also an sich nichts und gar kein Objekt, sondern bedeutet nur einen jeden andern relativen Raum, den ich mir außer dem gegebenen jederzeit denken kann, und den ich nur über jeden gegebenen ins Unendliche hinausrücke, als einen solchen, der diesen einschließt und in welchem ich den ersteren als bewegt annehmen kann. Weil ich den erweiterten, obgleich immer noch materiellen, Raum nur in Gedanken habe und mir von der Materie, die ihn bezeichnet, nichts bekannt ist, so abstrahiere ich von dieser, und er wird daher wie ein reiner, nicht empirischer und absoluter Raum vorgestellt, mit dem ich jeden empirischen vergleichen und diesen in ihm als beweglich vorstellen kann, der also jederzeit als unbeweglich gilt. Ihn zum wirklichen Dinge zu machen, heißt die logische Allgemeinheit irgendeines Raums, mit dem ich jeden empirischen als darin eingeschlossen vergleichen kann, in eine physische Allgemeinheit des wirklichen Umfanges verwechseln und die Vernunft in ihrer Idee mißverstehen" (IV 481 f.).

Dieser absolute Raum, der „seiner Bestimmung nach weiter von keinem anderen empirischen Raume abhängt und daher nicht wiederum bedingt ist" (IV 559), wird auch geradezu als reiner bezeichnet, ein Ausdruck, der hier nur negative Bedeutung hat und die Möglichkeit einer aposteriorischen Erkenntnis durch Erfahrung leugnen soll. Dagegen soll er nicht etwa in positivem Sinn eine apriorische Erkenntnismöglichkeit behaupten.

---

konzeptionen, die sich als notwendig erweisen, um irgendeine grundsätzliche Art, die Erscheinungen zu erklären, im einzelnen durchzuführen. Vgl. H. Vaihingers Philosophie des Als ob, 1911, S. 644 f.

1) IV 488: „für alle mögliche Erfahrung nichts."

2) In Wahrheit wird der absolute Raum, wenn ihm transzendente Wirklichkeit zugeschrieben wird, nicht um der Möglichkeit der Erfahrung willen angenommen, sondern aus metaphysischen Gründen. Oder jenes auf jeden Fall nur in demselben Sinn, in dem Kant Dinge an sich annimmt, obwohl die Erfahrung doch auch immer ohne sie angestellt werden muß. Der transzendente Realist geht noch einen Schritt weiter und läßt diese Dinge an sich und das Geschehen an ihnen räumlich sein, und diesen an sich seienden Raum betrachtet er als absoluten. Kant greift hier ohne sachlichen Grund auf den Begriff der Möglichkeit der Erfahrung zurück, damit die Methode der M.A.d.N. der streng transzendentalen der R.V. möglichst ähnlich erscheine.

Es tritt hier klar der große Einfluß des naturwissenschaftlichen Realismus zutage, den Kant ja als ein seinem Idealismus-Phänomenalismus untergeordnetes Moment in sein System aufgenommen hat. Dieser Realismus zwingt ihn, die empirische Affektion durch Erscheinungen stark zu betonen und sich überhaupt als Naturwissenschaftler und Naturphilosoph fest auf den Boden der empirischen Wirklichkeit zu stellen. Das heißt dann aber, daß er auch den Raum, mit dem er in naturwissenschaftlichen Fragen zu tun hat, als empirische Wirklichkeit, als „Eigenschaft" der Körper betrachtet, ohne danach zu fragen, ob er „auch dem äußeren Objekt, das wir Materie nennen, an sich selbst zukomme, oder nur in der Beschaffenheit unseres Sinnes bleibe" (IV 481) [1]).

Und sogar noch weiter geht der Einfluß des naturwissenschaftlichen Realismus: ihm ist es zuzuschreiben, daß Kant den zur Konstitution des Begriffs der allgemeinen Relativität der Bewegung nötigen Begriff des absoluten Raumes auf dem Umweg über den Begriff des empirischen Raumes durch dessen Erweiterung ins Unendliche und durch Abstraktion von jeder ihn etwa erfüllenden Materie ableitet, während es doch viel näher gelegen hätte, wenn er sich einfach an die R.V. angeschlossen hätte, wo er den Raum als die reine Form der sinnlichen Anschauung zugleich auch „reine Anschauung" genannt und von ihm behauptet hatte, er werde „als eine unendliche Größe gegeben vorgestellt" [2]). Sogar der Name „absoluter Raum" begegnet einmal bei Gelegenheit der 1. Antinomie (R.V.[2] 457 Anm.) zur Bezeichnung dieser reinen Form: „Der Raum ist bloß die Form der äußeren Anschauung (formale Anschauung), aber kein wirklicher Gegenstand, der äußerlich angeschaut werden kann. Der Raum vor allen Dingen, die ihn bestimmen (erfüllen oder begrenzen), oder die vielmehr eine seiner Form gemäße empirische Anschauung geben, ist unter dem Namen des absoluten Raumes nichts anderes als die bloße Möglichkeit äußerer Erscheinungen." Aber dem Naturwissenschaftler genügte offenbar die bloß subjektive Form nicht, und auch die empirische Objektivität, die ihr vom transzendentalen

1) Als Transzendentalphilosoph bleibt Kant selbstverständlich dabei, daß dieser (vom empirischen Ich vorgefundene und a posteriori wahrgenommene) Raum nur die (vom Ich an sich gesetzte) apriorische und daher bloß subjektive, für die Dinge an sich nicht gültige Form unseres äußeren Anschauens ist.

2) 5. Raumargument in R.V.[1] (R.V.[2]: „unendliche gegebene Größe"). — Es ist auf keinen Fall angängig, der Deutung dieser Stelle die Lehre vom absoluten Raum in den M.A.d.N. unterzulegen; das führt nur zu einer Umdeutung, wie Stadler 26 sie vornimmt. Die beiden Gedankenreihen sind ihrem Inhalt wie ihrem Ausgangspunkt nach ganz verschieden. — Auch Newtons Ansichten über absoluten Raum, Bewegung usw. werden von Stadler 28—30 stark umgedeutet.

Standpunkt aus zuerkannt werden muß, konnte ihn nicht befriedigen. Er forderte vielmehr, ohne Rücksicht auf die idealistischen und transzendentalen Gedankengänge, etwas schlechthin Objektives und Absolutes, was gleichsam die Konkurrenz mit dem absoluten Raum Newtons auszuhalten imstande wäre, konnte ihm dann freilich schließlich doch keine wirkliche Realität, sondern nur das Sein und die Geltung einer Vernunftidee zubilligen.

2. Kapitel.

Die Lehre von der Bewegung und ihren allgemeinen Gesetzen.

Was die vorkritischen Schriften über dies Thema bringen, ist nur verhältnismäßig wenig und steht zum größten Teil den Ausführungen der M.A.d.N. sehr nahe, so daß wir am besten tun werden, es in deren Darstellung mit zu verflechten [1]). Dasselbe gilt auch von den Bemer-

---

1) Schon hier sei jedoch anmerkungsweise auf Kants Ausführungen über die Notwendigkeit bzw. Zufälligkeit der Bewegungsgesetze (II 98—100, vgl. 134) verwiesen, die keine Parallele in den späteren Schriften haben. Kant schließt sich an Maupertuis und sein Prinzip der kleinsten Wirkung an (vgl. darüber II 471 und Mach 406 ff.). Aus diesem, wie er selbst in dem Titel seines Aufsatzes vom Jahr 1746 sagt, „metaphysischen" Prinzip hatte Maupertuis die allgemeinsten Gesetze der Bewegung und des Gleichgewichts abgeleitet. Kant nennt das sehr fragwürdige Prinzip eine wichtige Entdeckung, welche die Wirkungen der Materie ungeachtet der großen Verschiedenheiten, die sie an sich haben mögen, unter eine allgemeine Formel bringe, die eine Beziehung auf Anständigkeit, Schönheit und Wohlgereimtheit ausdrücke. Und wie schon Maupertuis sieht auch er darin ein Argument für das Dasein Gottes: das Prinzip zeige, daß in dem unendlichen Mannigfaltigen des Universum Einheit und in dem blindlings Notwendigen Ordnung herrsche, und als Quelle dieser Harmonie müsse ein göttliches Wesen angenommen werden; denn es sei ausgeschlossen, daß eine solche Einheit sich in einer Welt selbständiger Substanzen, von denen jede einzelne ihre eigene völlig unabhängige Natur habe, von selbst „durch ein befremdlich Ungefähr" ausbilde. Die Bewegungsgesetze und die allgemeinen Eigenschaften der Materie, die ihnen gehorchen, sind also von einem gemeinschaftlichen Urwesen, als dem Grund der Ordnung und Wohlgereimtheit, abhängig und insofern „zufällig im Realverstande". Diese Abhängigkeit erstreckt sich nicht nur auf das Dasein der Materie und der ihr erteilten Eigenschaften, sondern auch auf die Möglichkeit einer Materie überhaupt und ihr Wesen selbst. Denn was einen Raum erfüllen und der Bewegung des Stoßes bzw. Druckes fähig sein soll, kann gar nicht unter andern Bedingungen gedacht werden, als denjenigen, woraus die allgemeinsten Bewegungsgesetze notwendigerweise herfließen. Insofern sind diese der Materie schlechterdings notwendig — „eine logische Notwendigkeit von der obersten Art"! —; sie lassen sich daher auch ohne alle Versuche aus der allgemeinen und wesentlichen Beschaffenheit aller Materie mit größter Deutlichkeit

kungen des handschriftlichen Nachlasses, soweit sie hierher gehören. Sie sind meist nur wenig bedeutend und hauptsächlich von individualpsychologischem Interesse, weil sie zeigen, daß Kants Geistesart weit davon entfernt ist, die eines echten Naturwissenschaftlers zu sein. Als Beweise dafür wurden sie schon in der Einleitung verwertet.

Wir wenden uns also gleich zu den M.A.d.N., und zwar zunächst zu dem wichtigen Gedankenkreis der ausführlichen Vorrede (IV 467—79).

a) Vorrede zu den M. A. d. N.

97. In der R.V. hatte Kant das erkenntnistheoretische Fundament für sein neues System eines rationalistischen Kritizismus oder kritischen Rationalismus gelegt. Das Ziel war, wenn wir von der Glaubensseite und von der praktischen Philosophie absehen, eine Neubegründung der Wissenschaft, insbesondere der Mathematik und mathematischen Naturwissenschaft, im Hinblick auf Humes Angriffe. Diese bezweifelten die Notwendigkeit und Allgemeingültigkeit der wissenschaftlichen Erkenntnisse und hätten, falls sie berechtigt gewesen wären, die Wissenschaft in ihrem Mark getroffen. Denn Wissenschaft ohne jene beiden Eigenschaften, nur auf Grund beschränkter Induktionsallgemeinheit, erschien Kant Zeit seines Lebens als ein Unding, geradezu als eine contradictio in adjecto. Es war seiner Ansicht nach daher nicht nur *eine*, sondern *die* Lebensfrage der Wissenschaft: ihre Ansprüche auf strengste Allgemeingültigkeit und Notwendigkeit als berechtigt zu erweisen. An dieser Aufgabe arbeiten sowohl die R.V. als die M.A.d.N.

Die letzteren bilden einen Teil des Systems der Metaphysik, das sich auf der Grundlage der R.V. erheben sollte. Diese behauptete in den Kategorien und den aus ihnen abgeleiteten Grundsätzen des reinen Ver-

---

herleiten, oder anders ausgedrückt: nicht nur der *wirklich* vorhandenen, sondern auch jeder andern *möglichen* Materie würde es widersprechen, nach andern Gesetzen zu wirken.

Diese Ausführungen zeigen wieder einmal, in wie hohem Maß Kant auch in rein naturwissenschaftlichen Fragen metaphysisch orientiert ist. Der Naturwissenschaftler von heute wird mit solchen Spekulationen wenig anfangen können. Für ihn steht fest, daß auch die allgemeinsten Bewegungsgesetze sich letzthin auf die Erfahrung gründen müssen. Sie aus dem bloßen Begriff der Materie und ihren wesentlichen Eigenschaften abzuleiten, ist schon deshalb ganz ausgeschlossen, weil sehr wohl eine Welt mit andern allgemeinsten Bewegungsgesetzen gedacht werden kann (vgl. u. § 118 letzte Anmerkung, § 140 Schluß der letzten Anmerkung). — Hinsichtlich des Arguments für das Dasein Gottes vgl. u. in § 251 das über die verbesserte Methode der Physikotheologie Gesagte.

standes die reinen, apriorischen, formalen Faktoren gefunden zu haben, welche die Erfahrung und die Einheit einer Natur möglich machen und deshalb von strengster Allgemeingültigkeit und Notwendigkeit sind. An der Hand der Kategorientafel glaubt Kant nun auch die weiteren Aufgaben lösen, insbesondere eine rationale Naturlehre, und zwar eine solche der körperlichen Natur, entwerfen zu können.

98. Unter Natur in materieller Bedeutung versteht er den Inbegriff aller Dinge, sofern sie Gegenstände unserer Sinne und damit der Erfahrung sein können, also das Ganze der Erscheinungen. Der Hauptverschiedenheit unserer Sinne entsprechend zerfällt sie in zwei Gebiete, und demgemäß gibt es auch eine zweifache Naturlehre: die Körperlehre und Seelenlehre; jene behandelt die Gegenstände der äußeren, diese den Gegenstand des inneren Sinnes, jene: die ausgedehnte, diese: die denkende Natur.

Das Wort Natur wird auch in formaler Bedeutung genommen. Dann geht es auf die Ableitung des mannigfaltigen zum Dasein der Dinge Gehörigen aus ihrem ersten, inneren Prinzip und also auf die Vernunfterkenntnis von ihrem Zusammenhang. Darin liegt aber der Begriff der Gesetzmäßigkeit beschlossen, und in ihm wieder der Begriff der Notwendigkeit aller zum Dasein eines Dinges gehörigen Bestimmungen. Eigentliche Naturwissenschaft oder rationale Naturlehre muß also von apodiktischer Gewißheit sein. „Erkenntnis, die bloß empirische Gewißheit enthalten kann, ist ein nur uneigentlich so genanntes Wissen" (IV 468). Jede eigentliche Naturwissenschaft muß also ihren Gegenstand nicht nach Erfahrungsgesetzen, sondern gänzlich nach Prinzipien a priori behandeln, und die Naturgesetze, die in ihr zum Grunde liegen, müssen gleichfalls a priori erkannt werden. Solche Naturerkenntnis nennt Kant rein; liegen dagegen bloße Erfahrungsgesetze zum Grunde, so spricht er von angewandter Vernunfterkenntnis. Daraus folgt, daß jede Naturwissenschaft, wenn sie diesen Namen mit Recht beanspruchen, d. h. Wissenschaft im eigentlichen Sinn sein will, einen reinen Teil in sich enthalten muß, der die Prinzipien a priori aller übrigen Naturerklärungen entwickelt. Diesen reinen Teil abgesondert von allem Empirischen in möglichster Vollständigkeit darzustellen ist sowohl von sachlichem wie von methodologischem Standpunkt aus eine unerläßliche Pflicht, weil nur so genau bestimmt werden kann, wie viel die Vernunft für sich allein zu leisten vermag und wo sie beginnt, der Beihilfe von Erfahrungsprinzipien zu bedürfen.

Reine Vernunfterkenntnis ist nun, wie schon die R.V. gelehrt hat, doppelter Art: die aus bloßen Begriffen heißt reine Philosophie oder Metaphysik; ihr gegenüber steht die Mathematik, die sich ganz und gar auf eine Konstruktion der Begriffe durch Darstellung der Gegenstände in einer Anschauung a priori gründet.

99. Jede Naturwissenschaft im eigentlichen Sinn setzt zunächst Metaphysik der Natur voraus; denn sie hat mit Gesetzen zu tun, und diese gehn, wie wir sahen, auf die Notwendigkeit alles dessen, was zum Dasein eines Dinges gehört, das Dasein aber kann in keiner Anschauung a priori dargestellt werden, sein Begriff läßt sich also auch nicht konstruieren. Diese Metaphysik der Natur steht in ihrem allgemeinen, transzendentalen Teil, der schon in der R.V. dargestellt wurde, in gar keiner Beziehung zu irgendeinem bestimmten Erfahrungsobjekt, sondern handelt nur ganz allgemein von den Gesetzen, die den Begriff einer Natur überhaupt möglich machen. Als besondere Metaphysik der körperlichen oder denkenden Natur aber legt sie die empirischen Begriffe einer Materie oder eines denkenden Wesens zum Grunde, doch so, daß außer dem, was in diesen Begriffen liegt, kein anderes empirisches Prinzip zur Erkenntnis jener Gegenstände gebraucht wird; sie wendet vielmehr die transzendentalen Prinzipien des allgemeinen Teils ⟨d. h. die Kategorien und Grundsätze des reinen Verstandes⟩ auf die zwei Gattungen der Gegenstände unserer Sinne an, um den Umfang der Erkenntnis festzustellen, deren die Vernunft über diese Gegenstände a priori fähig ist. Nun heißt aber etwas a priori erkennen soviel wie: es aus seiner bloßen Möglichkeit erkennen. In diesem Sinn wurden im transzendentalen Teil die Bedingungen der Möglichkeit der Erfahrung dargelegt. Im besonderen Teil aber handelt es sich um die Möglichkeit bestimmter Naturdinge, die nicht aus ihren bloßen Begriffen erkannt werden kann; denn daraus läßt sich wohl die Möglichkeit (=Widerspruchslosigkeit) des Denkens, nicht aber die des Objekts als eines Naturdinges, das außer dem Gedanken als existierend gegeben werden kann, erkennen. Hierzu und damit also auch zur apriorischen Erkenntnis bestimmter Naturdinge ist noch erforderlich, daß die dem Begriffe korrespondierende Anschauung a priori gegeben, d. h. daß der Begriff konstruiert werde. Eine reine Naturlehre über bestimmte Naturdinge (reine Körper- oder Seelenlehre) ist also „nur vermittelst der Mathematik möglich, und da in jeder Naturlehre nur so viel eigentliche Wissenschaft angetroffen wird, als sich darin Erkenntnis a priori befindet, so wird ⟨jede besondere⟩ Naturlehre nur so viel eigentliche Wissenschaft enthalten, als Mathematik in ihr angewandt werden kann" (IV 470). Jede besondere Naturwissenschaft im wahren Sinn des Wortes muß also, weil es sich in ihr um Gesetze und damit um Dasein handelt, Metaphysik (sowohl allgemeine als besondere), anderseits, da eine apriorische Erkenntnis bestimmter Naturdinge, also eine solche aus der bloßen Möglichkeit, in Betracht kommt, Mathematik zur Grundlage haben.

In beider Hinsicht kann bei der Chemie und erst recht bei der empirischen Psychologie von wirklicher, strenger Wissenschaft nicht die Rede sein. Denn die Prinzipien jener, die uns hier allein angeht, sind einerseits bloß empirisch und die Gesetze, aus denen die Vernunft die Tatsachen, sei es auch noch so vollständig, erklärt, nur Erfahrungsgesetze, die keine apodiktische Gewißheit besitzen und, als zufällige, auf keine Gründe a priori zurückführbar sind. Anderseits ist für die chemischen Wirkungen der Materie aufeinander noch kein Begriff ausfindig gemacht, der sich konstruieren ließe; es gibt kein Gesetz der Annäherung oder Entfernung der Teile, nach dem etwa in Proportion ihrer Dichtigkeiten und dergleichen ihre Bewegungen samt ihren Folgen im Raum a priori anschaulich dargestellt werden könnten. Erlauben aber die Prinzipien der Chemie als bloß empirische keine Darstellung a priori in der Anschauung, dann machen sie auch „die Grundsätze chemischer Erscheinungen ihrer Möglichkeit nach nicht im mindesten begreiflich, weil sie der Anwendung der Mathematik unfähig sind" (IV 471). Da beide Mängel sich schwerlich jemals werden abstellen lassen, ist Chemie nur systematische Kunst oder Experimentallehre, kann aber nie eigentliche Wissenschaft werden.

100. Um nun Mathematik auf die Körperlehre anwenden und diese dadurch zur wirklichen Wissenschaft erheben zu können, müssen zunächst einmal Prinzipien für die Konstruktion der Begriffe, die zur Möglichkeit der Materie überhaupt gehören, festgelegt werden. Dazu ist wiederum eine vollständige Zergliederung des Begriffs der Materie nötig. Sie zu liefern ist eine Aufgabe der reinen Philosophie, die dabei zu einer Metaphysik der körperlichen Natur wird: sie darf sich als solche keiner besonderen Erfahrungen bedienen, sondern setzt nur das, was sie im abgesonderten (obzwar an sich empirischen) Begriffe der Materie selbst antrifft, nach Gesetzen, die schon mit dem Begriff der Natur überhaupt notwendig verbunden sind, in Beziehung zu den reinen Anschauungen von Raum und Zeit, um so die Voraussetzungen für alle Einzelkonstruktionen zu schaffen. Metaphysik ist zwar in den Kreisen der mathematischen Physiker verrufen, aber nur deshalb, weil man die Metaphysiker häufig für Leute hält, die ihre Zeit darauf verwenden, mit unkontrollierbaren Begriffen zu spielen und sich bloße Möglichkeiten nach Belieben auszudenken. Dagegen gilt: „Alle wahre Metaphysik ist aus dem Wesen des Denkungsvermögens selbst genommen und keineswegs darum erdichtet, weil sie nicht von der Erfahrung entlehnt ist, sondern enthält die reinen Handlungen des Denkens, mithin Begriffe und Grundsätze a priori, welche das Mannigfaltige empirischer Vorstellungen allererst in die gesetzmäßige Verbindung bringt ⟨lies: bringen⟩, dadurch es empirisches *Erkenntnis*, d. i. Erfahrung, werden kann" (IV 472). Demgemäß bedurften auch die mathematischen Physiker metaphysischer Prinzipien und Begriffe, darunter auch solcher, die den Begriff ihres eigentlichen Gegenstandes, nämlich der Materie, a priori zur Anwendung auf äußere Erfahrung tauglich machen, wie der Begriffe der Bewegung, der Raumerfüllung, der Trägheit usw. Sich bloß auf empirische Grundsätze zu stützen, erschien ihnen mit der apodiktischen Gewißheit, die sie für ihre Naturgesetze verlangten, unvereinbar, weshalb sie die Grundsätze lieber postulierten, ohne nach ihren Quellen a priori zu forschen.

Hier setzen nun Kants Bemühungen ein. Er will aus dem reinen Teil der Naturwissenschaft (physica generalis), „wo metaphysische und mathematische Konstruktionen durcheinander zu laufen pflegen", das eigentlich Metaphysische, darunter auch die Prinzipien für eine Konstruktion des Begriffs der Materie und seiner Derivate, also die Prinzipien der Möglichkeit einer mathematischen Naturlehre überhaupt, aussondern und systematisch darstellen. Eine solche Scheidung ungleichartiger Prinzipien, die verhütet, daß die Grenzen der Wissenschaften ineinanderlaufen, hat einen eigenartigen Reiz an sich, der auf dem Bewußtsein der Einheit der Erkenntnis beruht. Zugleich hält sie die Ungewißheit fern, in der man sich bei einer Vermengung befinden würde, indem man nicht sicher unterscheiden könnte, welcher von den beiden Arten von Prinzipien die Schranken, auf die man trifft, und die Verirrungen, die etwa beim Gebrauch mit unterlaufen, beizumessen sind. Schließlich läßt sich, wie bei allem, was Metaphysik heißt, so auch bei einer streng abgesonderten Metaphysik der körperlichen Natur, absolute Vollständigkeit mit größter Zuversicht erwarten. Denn die Metaphysik betrachtet ihren Gegenstand nur so, wie er nach den allgemeinen Gesetzen des Denkens, die andern Wissenschaften dagegen so, wie er nach den datis der Anschauung vorgestellt werden muß. Hier wird eine unendliche Mannigfaltigkeit von Anschauungen (reinen oder empirischen) dargeboten, und die Erweiterung der Wissenschaft kann deshalb, wie in der reinen Mathematik und empirischen Naturlehre, ins Unendliche gehn. Dort muß der Gegenstand jederzeit mit *allen* notwendigen Denkgesetzen verglichen werden, woraus sich dann auch jedesmal eine bestimmte Zahl von Erkenntnissen ergeben muß, die sich völlig erschöpfen läßt.

101. Das Schema, das die Vollständigkeit eines jeden metaphysischen Systems verbürgt, ist die Kategorientafel, denn sie enthält die sämtlichen reinen Verstandesbegriffe, welche die Natur der Dinge betreffen können. Unter ihre vier Klassen (Quantität, Qualität, Relation, Modalität) „müssen sich auch alle Bestimmungen des allgemeinen Begriffs einer Materie überhaupt, mithin auch alles, was a priori von ihr gedacht, was in der mathematischen Konstruktion dargestellt, oder in der Erfahrung als bestimmter Gegenstand derselben gegeben werden mag, bringen lassen" (IV 475 f.). Und so zerfallen denn die M.A.d.N. in vier Hauptstücke, die den Begriff der Materie jenen vier Gesichtspunkten gemäß behandeln und in deren jedem eine neue Bestimmung desselben hinzukommt. Alle zur Natur der Materie [1]) gehörigen Prädikate lassen sich auf Bewegung zurückführen, und alle Naturwissenschaft ist daher entweder reine oder angewandte Bewegungslehre. Denn nur durch Bewegung können unsere äußeren Sinne affiziert werden [2]), deshalb muß die Grundbestimmung eines Etwas, das ihr Gegenstand sein soll, in Bewegung bestehn.

Demgemäß betrachtet das 1. Hauptstück, die Phoronomie, die Bewegung als ein reines Quantum nach seiner Zusammensetzung ohne alle Qualität des Beweglichen, das 2., die Dynamik, die Bewegung unter dem Namen einer ursprünglich bewegenden Kraft als zur Qualität der Materie gehörig, das 3., die Mechanik, „die Materie mit dieser Qualität durch ihre eigene Bewegung gegeneinander in Relation", das 4., die Phänomenologie, „ihre Bewegung oder Ruhe bloß in Beziehung auf die Vorstellungsart oder Modalität, mithin als Erscheinung äußerer Sinne" (IV 477).

102. Was die Darstellungsart betrifft, so bedient Kant sich der mathematischen Methode, hat sie jedoch, wie er selbst sagt, nicht mit aller Strenge befolgt. Die durchschlagenden Gründe, die er selbst in der R.V. gegen die Uebertragung dieser Methode auf die Philosophie entwickelt hatte, trafen offenbar seiner Ansicht nach hier, bei der reinen Naturlehre, nicht zu. Wie die Naturwissenschaft gerade dadurch, daß sie sich der Mathematik bediente, ihre größten Erfolge erreicht habe, so, mochte er (wenn auch sehr zu Unrecht) meinen, dürfe und müsse auch die Philosophie hier, wo es sich um die metaphysische Begründung der

1) IV 467 wurden Natur (in formaler Bedeutung) und Wesen dahin unterschieden, daß jene das erste, innere Prinzip alles dessen sei, was zum D a s e i n eines Dinges gehöre, Wesen das erste, innere Prinzip alles dessen, was zur M ö g l i c h k e i t eines Dinges gehöre. IV 472 und 476 f. dagegen werden die beiden Termini promiscue gebraucht, wenn dort von den Begriffen, die zur M ö g l i c h k e i t der Materie überhaupt, hier von denen, die zu ihrer N a t u r gehören, die Rede ist.

2) Hier wird also klar und entschieden die Affektion unseres empirischen Ich durch Erscheinungen behauptet.

Naturwissenschaft, um die Begriffe der Materie und Bewegung handle, die Methode der Mathematik übernehmen. Und er glaubt, daß die M.A.d.N. auch nach dieser Richtung hin mit der Zeit von geschickterer Hand wohl zur Vollkommenheit gebracht werden könnten, wenn mathematische Naturforscher, durch seinen Entwurf veranlaßt, „es nicht unwichtig finden sollten, den metaphysischen Teil, dessen sie ohnedem nicht entübrigt sein können, in ihrer allgemeinen Physik als einen besonderen Grundteil zu behandeln und mit der mathematischen Bewegungslehre in Vereinigung zu bringen". Was die Metaphysik mit dem, was ihr die reine Mathematik so reichlich darbietet, ausrichtet, ist zwar nur wenig, doch ist es derart, daß ohne seine Hilfe eine Anwendung der Mathematik auf Naturwissenschaft ganz unmöglich ist, weshalb die Mathematik auch keinen Grund hat, sich der Gemeinschaft mit der Metaphysik vor der Oeffentlichkeit zu schämen (IV 478 f.).

103. Soweit die Vorrede zu den M.A.d.N. Drei Punkte bedürfen noch näherer Erörterung: Kants Anspruch auf strengste Apodiktizität und absolute Vollständigkeit, der Rechtsgrund, den er dafür aus der Anwendung der transzendentalen Methode auf den Begriff der Materie ableitet, und der Begriff der Konstruktion.

Jener Anspruch selbst, der Eifer, mit dem er ihn vertritt, die Bedeutung, die er ihm beimißt, zeigen auf das klarste, wie sehr sein ganzer Denkhabitus noch unter dem Einfluß des Rationalismus steht. Man macht eben eine Schule, wie die Leibniz-Wolff'sche, nicht durch, ohne dauernd ihre Folgen zu spüren. Die Ueberschätzung der Allgemeingültigkeit-Notwendigkeit ist für den Rationalismus aller Zeiten stets charakteristisch gewesen. Er treibt mit diesen beiden Eigenschaften geradezu einen Kult. Kein Wunder, wenn er mit Rücksicht auf s i e auch den Begriff der Wissenschaft und die Forderungen, die an sie zu stellen sind, bestimmt. Ohne strengste Allgemeingültigkeit-Notwendigkeit keine wahre Wissenschaft! Auf der Grundlage beschränkter Induktionsallgemeinheit kann ihr Gebäude sich niemals erheben.

Und doch weiß die moderne Naturwissenschaft, daß ihr in Wirklichkeit keine andere Grundlage zur Verfügung steht. Ginge es also nach dem Rationalismus, so bekäme sie ihren Platz außerhalb des Heiligtums echter Wissenschaft angewiesen und müßte beschämt im Vorhof stehn bleiben. Auch selbsterzeugte Begriffe (wie die der gleichmäßig beschleunigten Bewegung, der völlig elastischen oder unelastischen Körper) die sich nicht unmittelbar auf Erfahrung stützen können und insofern als vernunftentsprossen oder gar apriorisch zu bezeichnen wären, würden das Tor zu dem verschlossenen Heiligtum nicht öffnen können. Denn auch sie sind doch wenigstens im engsten Anschluß an die Erfahrung gebildet, Erfahrung muß darüber entscheiden, ob und inwieweit sie anwendbar sind, und auch bei Formulierung (Aufstellung) der Gesetze, in die sie eingehn, sind doch auf Schritt und Tritt Erfahrungstatsachen zu berücksichtigen. Also auch hier ist alles durchsetzt von Erfahrung, und daher auch hier schließlich Induktionsallgemeinheit das Höchsterreichbare.

Daß der Rationalismus noch Ende des 18. Jahrhunderts die Anerkennung als Wissenschaft von so weitgehenden, durch die tatsächliche Leistungsfähigkeit der Einzeldisziplinen keineswegs gerechtfertigten Anforderungen abhängig machte, lag an der unangefochtenen Vormachtstellung, die seit Begründung der neuen Mechanik und Astronomie die Mathematik als Urbild der Sicherheit und Gewißheit, als Muster der Methode, einnahm. Gegen die Uebertragung ihrer Methode auf andere, wesensfremde Wissensgebiete hatte gerade Kant in tiefgründigen Untersuchungen Verwahrung eingelegt und dadurch einen Bann gebrochen, der mehr als ein Jahrhundert lang die philosophische Entwicklung gehemmt hatte. Aber die Gedankengänge der M.A.d.N. schienen ihm doch der Mathematik so verwandt zu sein, daß, wie wir sahen, auch er trotz seines Strebens nach reinlicher Scheidung der verschiedenen Wissenschaften hier nicht umhin konnte, der mathematischen Methode seinen Tribut darzubringen. Und in der allgemeinen Ueberschätzung der Bedeutung der Demonstrationen auf philosophischem Gebiet, auch wenn sie sich nicht gerade in mathematische Formen kleiden, steht er noch ganz auf dem Boden der rationalistischen Tradition und ist wie diese in seinem Wissenschaftsideal noch immer stark von jener Vormachtstellung beeinflußt, die der Mathematik von allen Seiten willig zugestanden wurde. Von hier aus fällt auch Licht auf sein Wort, daß jede besondere Naturlehre nur so viel Wissenschaft in sich enthalte, als Mathematik in ihr angetroffen werde. Die Art, wie Kant diese Ansicht begründet, ist, wie sich weiter unten (S. 264 ff.) zeigen wird, so gequält und gekünstelt, daß man wohl nicht mit der Annahme irregeht, sie sei nur ein nachträglicher, ziemlich ungeschickter Rechtfertigungsversuch, enthalte aber nicht die eigentlichen Motive, die Kant zu jener Ansicht führten. Diese sind, wie mir scheint, nicht in den Gedanken über die Notwendigkeit einer Konstruktion der Begriffe, sondern ganz allein in dem mit der Mathematik verbundenen Apriori, d. h. in dem von ihr ausgestellten Wechsel auf Allgemeingültigkeit-Notwendigkeit zu suchen.

In Wirklichkeit freilich kommt es bei Anwendung der Mathematik auf Naturwissenschaft dieser nicht darauf an, die Notwendigkeit-Allgemeingültigkeit jener auch für sich zu gewinnen. Sondern größtmögliche Genauigkeit ist es, nach der sie begehrt: d i e kann sie nur mit Hilfe der Mathematik erreichen. Ist die Grundlage ihrer Berechnungen und Gesetze derart, daß sie über beschränkte Induktionsallgemeinheit nicht hinausgelangen kann, so vermag ihr selbstverständlich auch die exakteste mathematische Bearbeitung nicht zu strenger Notwendigkeit-Allgemeingültigkeit zu verhelfen. Höchstens auf Umwegen zu relativ größerer Sicherheit: wenn es nämlich gelingt, die aus den angenommenen Gesetzmäßigkeiten abgeleiteten und auf das feinste mathematisch ausgestalteten Folgerungen und Berechnungen experimentell zu bewahrheiten oder auf Grund ihrer die Zukunft vorauszusagèn. Aber auch auf diesem Weg kann der Erkenntnis keine wirkliche Allgemeingültigkeit und Notwendigkeit zuwachsen. Wohl kann so im einzelnen Forscher oder auch in der Wissenschaft als Ganzem die feste Ueberzeugung entstehn, daß in den Dingen gewisse Gesetzmäßigkeiten und Notwendigkeiten vorliegen und daß die darauf bezüglichen Erkenntnisse Wahrheit und objektive Allgemeingültigkeit besitzen. Aber diese Ueberzeugung bedeutet doch, so felsenfest sie auch sein mag, nur eine H o f f n u n g auf Notwendigkeit und Allgemeingültigkeit, kein objektiv gegründetes W i s s e n um das wirkliche Vorhandensein dieser beiden Eigenschaften; die Erkenntnisse selbst, auf welche die Ueberzeugung geht, können auf objektive, streng erwiesene Notwendigkeit-Allgemeingültigkeit durchaus keinen Anspruch machen. Gewiß führt der Begriff des Gesetzes den Begriff der Notwendigkeit aller Bestimmungen eines Dinges mit sich, auf die es sich bezieht, darin hat Kant ganz recht (IV 468); hat aber das Gesetz nur Induktionsallgemeinheit, dann gilt dasselbe auch von der Annahme der Notwendigkeiten, ohne daß dadurch der strengen Wissenschaftlichkeit der betreffenden Aufstellungen im geringsten Eintrag getan würde. Und wenn Kant IV 471[1]) von der Mathematik erwartet, daß ihre Anwendung auf Chemie „die Grundsätze chemischer Erscheinungen ihrer Möglichkeit nach begreiflich machen" würde (vgl. IV 469), so stellt er auch da ganz unerfüllbare Anforderungen an die Mathematik. Daß auch das Schlagwort von der Konstruktion der Begriffe Kants Behauptung nicht wahrscheinlicher macht, werden wir weiter unten sehn.

104. Den Ausführungen des letzten Paragraphen würde Kant wohl entgegenhalten: sie hätten für die empirische Naturwissenschaft ohne Zweifel Gültigkeit. Aber er wolle diese ja gerade durch einen apriorischen, reinen Teil unterbauen, und für ihn verbürge er auf Grund der Anwendung

1) Vgl. das Zitat o. S. 250.

seiner Kategorientafel auf den Begriff der Materie Vollständigkeit und Apodiktizität.

Leider aber hat die Kategorientafel dem Sturm der Angriffe, dem sie seit fast 1½ Jahrhunderten ausgesetzt gewesen ist, nicht standhalten können. Der orthodoxen Kantianer, die noch an die Beweiskraft der metaphysischen Deduktion glauben, sind nicht mehr viele. Und so sehr die transzendentale Methode kurzsichtigem Psychologismus und übertriebenem Empirismus oder gar Sensualismus gegenüber im Recht ist, so wenig ist sie doch imstande, zu sicher abgeschlossener Vollständigkeit und Apodiktizität in den Resultaten zu führen. Sie bewegt sich durchweg in Rückschlüssen von der vorhandenen Erfahrung auf ihre Ursachen (Voraussetzungen), und solche Rückschlüsse können über Wahrscheinlichkeiten niemals hinausführen. Daß dem so ist, dafür bilden schon die Abweichungen der einzelnen Schüler und Fortbildner Kants voneinander einen überzeugenden Beweis.

Selbst aber, wenn die Kategorientafel über allen Zweifel erhaben wäre, so würde doch die Art ihrer Anwendung in den M.A.d.N. den allergrößten Bedenken unterliegen. Diese Anwendung ist nämlich im großen und ganzen eine so äußerliche, daß die Spötteleien eines Herbart usw. ganz berechtigt sind. Mit so allgemeinen Begriffen, wie die Obertitel der vier Kategorienklassen sind, einen Gegenstand in Verbindung zu bringen und seiner Betrachtung so vier verschiedene Seiten abzugewinnen, dazu gehört keine sonderliche Kunst. Aber weil diese Verbindung, vor allem wenn sie so äußerlich ins Werk gesetzt wird wie von Kant, in sehr verschiedenartiger Weise erfolgen kann und an ein und dieselbe Kategorie also sehr verschiedenartige Gedankengänge sich anschließen können, so ist, auch von hier aus gesehn, der Anspruch auf Vollständigkeit und Apodiktizität durchaus nicht begründet.

Außer den Kategorien selbst sind es auch noch die aus ihnen abgeleiteten Grundsätze des reinen Verstandes, durch deren Anwendung auf den Begriff der Materie Kant den Untersuchungen der M.A.d.N. Apriorität zu verschaffen sucht (IV 470, 472). Aber auch diese Anwendung läßt, wie der weitere Gang der Untersuchung zeigen wird, nur allzuviel zu wünschen übrig, ganz abgesehn davon, daß wegen der Einwände gegen die Kategorientafel und wegen des bloßen Wahrscheinlichkeitscharakters der Resultate der transzendentalen Methode auch das System der reinen Grundsätze, selbst wenn sein Grundgedanke berechtigt sein sollte, doch weit davon entfernt ist, Vollständigkeit und Apodiktizität beanspruchen zu können.

Einige allgemeinere Einwürfe gegen die Anwendung der Kategorientafel und des Systems der Grundsätze sollen, unter Veranschaulichung an der bereits im vorigen Abschnitt behandelten Dynamik, hier zunächst im Zusammenhang erörtert werden.

Vor allem erhebt sich da die Frage: wie ist es möglich, daß bei Zugrundelegung eines empirischen Begriffes, wie der der Materie ja auch nach Kant ist, durch Anwendung der Kategorien und Grundsätze auf ihn apriorische, reine Erkenntnisse gewonnen werden? Der Ausdruck „rein" darf hier offenbar nicht im strengen Sinn von R.V.² 3 (= mit nichts Empirischem vermischt) genommen werden, sondern nur in dem weiteren von R.V.² 4 f. (= von nichts Empirischem abhängig, vgl. VIII 183 f.). Aber auch dann bleiben noch Schwierigkeiten genug. Gesucht wird nach IV 470, 472 der Umfang der Erkenntnis, deren die Vernunft hinsichtlich des abgesonderten, ob zwar an sich empirischen Begriffs der Materie a priori fähig ist. Dabei darf sie außer dem, was sie in diesem Begriff selbst antrifft [1]), kein anderes empirisches Prinzip zur Erkenntnis desselben gebrauchen, sich also auch keiner besonderen Erfahrungen bedienen. Die Aufgabe, vor die sie sich gestellt sieht, ist demgemäß eine vollständige Zergliederung des Begriffs von einer Materie überhaupt, um die Begriffe festzustellen, die zu ihrer Möglichkeit gehören. Das ist nach Kant ein Geschäft der reinen Philosophie. Als solche Begriffe (genauer: als Begriffe, die den Begriff der Materie „a priori zur Anwendung auf äußere Erfahrung tauglich machen") werden kurz darauf Bewegung, Raumerfüllung, Trägheit aufgezählt mit dem Zusatz „usw.". Und nach IV 476 f. muß der Verstand „alle übrigen Prädikate der Materie, die zu ihrer Natur gehören", auf die Bewegung als Grundbestimmung zurückführen.

Diese Auslassungen sind äußerst bezeichnend: sie zeigen, wie tief Kant noch im Rationalismus steckt. Mit ihm betrachtet er die Begriffe, auch die empirischen, noch immer als fertige Wesenheiten, die ihre ganz bestimmte Konstitution, ihren in sich abgeschlossenen Inhalt haben, die es zu erforschen gilt nicht durch Erfahrung, sondern durch reine Vernunft, indem man feststellt, was im Begriff „liegt", was man in ihm „antrifft". Von den logisch und sachlich vollkommenen Begriffen, wie sie der Wissenschaft als fernes Ideal vorschweben, die das anschaulich Gegebene auf dem ganz andersartigen Niveau begrifflichen Denkens in adäquater Weise rekonstruieren, gebe ich gern zu, daß sie als überzeitliche Gebilde von ewiger Geltung eine solche in sich festgefügte Konstitution haben. Aber wir können sie nie erreichen, sondern uns, wenigstens bei

1) IV 470: „was in diesem Begriffe liegt."

allen Erfahrungsbegriffen, ihnen stets nur ganz allmählich annähern. Denn die Erfahrung ist niemals abgeschlossen und wie sie auch nicht die aus ihr entwickelten Begriffe. Und außerdem: käme auch wirklich durch wunderbaren Glücksfall einmal solch ein vollkommener Begriff in unsern Besitz und läge in seiner Konstitution offen vor uns da, so wären wir doch niemals imstande, diese Tatsache zu erkennen und zu beweisen. Wir sind also bei allen empirischen Begriffen ganz und gar auf die Erfahrung angewiesen [1]), und nicht die „reine Philosophie", sondern die betreffende

1) Prinzipiell weiß Kant das natürlich sehr wohl, wie er auch weiß, daß die empirischen Begriffe nie völlig abgeschlossen sein können. In der R.V.² 755 f. erklärt er sie ja selbst für nicht streng definierbar, und zwar deshalb, weil sie niemals zwischen sichern Grenzen stehn; wir verbinden in ihnen immer nur einige Merkmale einer gewissen Art von Sinnengegenständen und sind deshalb nie sicher, ob man unter einem Wort nicht das eine Mal mehr, das andere Mal weniger Merkmale denkt; so enthält der Begriff des Goldes für den einen außer dem Gewicht, der Farbe und Zähigkeit noch die Eigenschaft des Nicht-Rostens, von der ein anderer dagegen nichts weiß. Für diesen Wechsel der Merkmale gibt Kant selbst wider Willen ein Beispiel, und zwar gerade an dem Begriff der Materie. R.V.² 875 f. wirft er die Frage auf, wie man eine Erkenntnis a priori von Gegenständen erwarten könne, die nur unsern Sinnen, also a posteriori, gegeben sind. Die Antwort lautet: wir nehmen in der Metaphysik der körperlichen Natur aus der Erfahrung nichts weiter, als was nötig ist, uns ein Objekt des äußeren Sinnes zu geben, d. h. „den bloßen Begriff Materie (undurchdringliche leblose Ausdehnung)", enthalten uns aber gänzlich „aller empirischen Prinzipien, die über den Begriff noch irgendeine Erfahrung hinzusetzen möchten", um daraus eine Erkenntnis der Materie abzuleiten. Hier fehlt also unter den Merkmalen, die den Begriff der Materie bilden, gerade das, welches in den M.A.d.N. ihre Grundbestimmung darstellt: die Bewegung. Auch für die Kritik-Stelle ist übrigens der Begriff der Materie etwas Abgeschlossenes, was zwar der Erfahrung entnommen wird, aber als fertiges Gebilde. Und an dies in sich abgeschlossene, festgefügte Gebilde tritt nach den M.A.d.N. dann die „reine Philosophie" heran, um es mit ihren Mitteln zu zergliedern und seine Konstitution klarzulegen, ohne daß sie dabei irgendwie auf die Erfahrung zurückzugreifen brauchte. Um seinen Drang nach Allgemeingültigkeit und Notwendigkeit zu befriedigen, macht Kant hier also dem alten dogmatischen Rationalismus weitgehende Zugeständnisse und sinkt so in diesen methodologischen Erörterungen der Vorrede zu den M.A.d.N. auf den Standpunkt der ersten 60er Jahre zurück. In dieser Zeit der allmählichen Entwicklung vom Rationalismus zum Empirismus treffen wir auf ähnliche Zwiespältigkeiten in seiner Anschauungsweise. Ein Wort aus der „Untersuchung über die Deutlichkeit" kann geradezu als Erläuterung zu den Stellen aus den M.A.d.N., die uns beschäftigen, herangezogen werden: „Suchet durch sichere innere ⟨!⟩ Erfahrung, d. i. ein unmittelbares augenscheinliches Bewußtsein, diejenigen Merkmale auf, die gewiß im Begriffe von irgendeiner allgemeinen Beschaffenheit liegen, und ob ihr gleich das ganze Wesen der Sache nicht kennt, so könnt ihr euch doch derselben sicher bedienen, um vieles in dem Dinge daraus herzuleiten" (II 286).

Erfahrungswissenschaft hat deshalb die Analyse der Begriffe vorzunehmen. Unterzieht sich auch die Erkenntnistheorie dieser Aufgabe, dann mag sie, etwaigen Einseitigkeiten der Naturwissenschaft gegenüber, von höherem, eben dem erkenntnistheoretischen Gesichtspunkt aus an die Frage herantreten; aber eine besondere Methode, vermöge deren sie als „reine" Wissenschaft „reine" Erkenntnisse erzielen könnte, steht ihr nicht zur Verfügung.

Damit ist auch die Art abgewiesen, in der Keferstein S. 5 eine Hilfsaktion für Kant einleitet. Nach ihm besteht die Aufgabe der reinen Philosophie dem empirischen Begriff der Materie gegenüber darin, daß sie ihn von allem zufälligen Beiwerk reinigt und feststellt, „welche Merkmale das Denken an ihm festhalten müsse, um ihn vor der Verflüchtigung in nichts zu bewahren", oder welche empirischen Merkmale mit ihm „unzertrennlich verknüpft sind". Und das Resultat der Untersuchung wird S. 8 dahin angegeben, daß „die Minimumbestimmung für den Inhalt, also die Maximumbestimmung für den Umfang des Begriffs der Materie in der Tat die von Kant an die Spitze der M.A.d.N. gestellte Definition der Materie als des Beweglichen im Raume" ist. Hiernach scheint also die reine Philosophie als solche imstande zu sein, in zweifelsfreier Weise das bzw. die essentialia constitutiva im Begriff der Materie aufzufinden und aus ihnen die essentialia consecutiva abzuleiten. Aber vermag sie es überhaupt, dann sicher nicht als reine, sondern nur auf Grund der Erfahrung, wie denn Entlehnungen aus der Erfahrung uns auch in Kefersteins Gedankengang mehrfach begegnen. Ist aber die Erfahrung, die niemals abgeschlossene, die Grundlage, dann kann auch die Herausstellung der essentialia constitutiva und die Ableitung der consecutiva aus ihnen immer nur eine vorläufige, niemals eine endgültige, zweifelsfreie sein. Auch auf diesem Weg bleiben Reinheit, Apriorität, Notwendigkeit-Allgemeingültigkeit also unerreichbar.

Kant freilich behauptet, wie wir sahn, den Umkreis apriorischer Erkenntnisse dadurch sicher abgrenzen zu können, daß er den Begriff der Materie mit ihrer Grundbestimmung der Bewegung durch die vier Klassen der Kategorien durchführt. Aber wenn seine Behauptung, daß „alle Bestimmungen des allgemeinen Begriffs einer Materie überhaupt" sich unter diese vier Klassen bringen lassen müssen, auch wirklich richtig wäre, wer oder was garantiert mir, daß, wenn ich nun jeder Klasse eine oder mehrere solcher Bestimmungen zugewiesen habe, die letzteren sämtlich erfaßt sind? Sollte aus der Kategorientafel folgen, daß es gerade 12 solcher Bestimmungen geben müsse und nicht mehr geben könne, dann hätte Kant sie alle 12 aufzählen und einzeln ableiten müssen.

Das geschieht aber nicht. Er bringt vielmehr nur vier derartige Bestimmungen, den vier Kategorienklassen entsprechend, zu Anfang eines jeden Hauptstücks je eine: die Materie wird als das Bewegliche im Raum, als das Bewegliche, sofern es einen Raum erfüllt, als das Bewegliche, sofern es als ein solches bewegende Kraft hat, und als das Bewegliche, sofern es als ein solches ein Gegenstand der Erfahrung sein kann, charakterisiert. Die letzte Bestimmung fällt, wie u. in § 164 des näheren nachgewiesen werden wird, ganz aus der Reihe der übrigen heraus und ist offensichtlich nur um der Systematik willen, um das vorhandene Schema zu füllen, erdacht. Selbst Stadler 220 hält die ganze Phänomenologie für entbehrlich und betrachtet sie als einen bloßen methodischen Rückblick. Bei den ersten drei Bestimmungen ist eine Beziehung auf die jedesmalige Kategorienklasse nicht ohne weiteres ersichtlich. Raumerfüllung, die doch immer mindestens a u c h extensiv ist, könnte geradesogut mit der Quantität, wie Beweglichkeit mit der Qualität verbunden werden oder auch beide mit der Relation, da nach Kant ja alle Bewegung nur relativ sein kann und zur Raumerfüllung auch (ursprünglich-)bewegende Kräfte und sogar zwei entgegengesetzte, in Wechsel- (Gegen-) Wirkung stehende nötig sind. Und die Bestimmung der Beweglichkeit hätte im 2. Hauptstück ruhig fortbleiben können, sie paßt dort gar nicht hin, weil die Raumerfüllung doch die Voraussetzung der Beweglichkeit ist und nicht umgekehrt. Aber Kant hatte die gewählte Fassung nötig, um den Begriff der Materie durch den Begriff der Bewegung ersetzen und auf dieser Basis dann gegen Ende der Vorrede (IV 477) auf bequemere Art eine Verbindung zwischen den vier Hauptstücken und den vier Kategorienklassen herstellen zu können (vgl. o. S. 252).

Am Schluß eines jeden Hauptstücks wird sein Inhalt noch nachträglich zu den drei der betreffenden Klasse angehörigen Kategorien in Beziehung gesetzt. In den drei ersten Hauptstücken freilich keineswegs der g a n z e Inhalt, ohne daß doch der unberücksichtigt bleibende Teil als eine bloße Vorbereitung zum berücksichtigten angesehn werden könnte. So findet im 1. Hauptstück die Unterscheidung zwischen absolutem und relativem Raum sowie die Lehre von der Relativität der Bewegung keinerlei Stütze an irgendeiner Kategorie, im 2. Hauptstück die Lehre von der unendlichen Teilbarkeit der Materie, im 3. die Ausführungen über die Quantität der Materie und die Quantität der Bewegung. Ist es also der notwendige Zusammenhang mit der Kategorientafel, der einer Erkenntnis ihre Apriorität verbürgt, so können diese sämtlichen Lehren, bei denen die Kategorientafel versagt, auf Apriorität sicher keinen Anspruch machen. Bei den übrigen aber sind, wie sich zeigen wird, die Beziehungen auf die Tafel teilweise recht gekünstelt und fast allgemein nichts weniger als selbstverständlich und notwendig [1]); sie würden sich daher ohne Schwierigkeit durch andere teils natürlichere teils wenigstens nicht stärker gekünstelte ersetzen lassen. Und es wäre mehr als seltsam, wenn sie trotzdem imstande sein sollten, Apriorität zu verleihn.

Es kann also keine Rede davon sein, daß die Kategorientafel sich in den M.A.d.N. als unfehlbares heuristisches Prinzip erwiesen habe, daß Kant, von ihr geleitet, durch ihre „Anwendung" auf die Begriffe der Materie bzw. Bewegung, ganz von selbst, aus reiner Vernunft, mit untrüglicher Sicherheit zu gewissen apriorischen Erkenntnissen über diese empirischen Begriffe geführt worden sei. Hätte er sich nur in seine Kategorientafel vertieft und darüber nachgedacht, was sich wohl aus den einzelnen Kategorien an Bestimmungen über die Materie ergebe, dann wäre der Erfolg gleich Null gewesen, denn keine von den Kategorien zwingt von sich aus zu bestimmten Sätzen über die Materie bzw. Bewegung. Auf der andern Seite liegt die Sache auch nicht so, als ob jeder von den Sätzen, die von der Naturwissenschaft allgemein als grundlegend anerkannt sind, sich auf eine bestimmte Kategorie zurückführen lassen müsse und nur aus ihr ableitbar sei, als ob also schon in dem empirischen Material bzw. in den wissenschaftlichen Darstellungen desselben, vor allem in den grundlegenden Untersuchungen, gewisse Fäden offen zutage lägen, die deutlich erkennbar auf die einzelnen Kategorienklassen bzw. Kategorien hinleiteten, so daß beim Ausgehn von den Sätzen der Naturwissenschaft gar kein Zweifel sein könnte, bei welchen Kategorien man landen werde. Sondern es ist da eine große Mannigfaltigkeit von Kombinationen möglich. Kant kann also bei dem Entwurf des Plans für seine M.A.d.N. in Wirklichkeit nur in der Weise vorgegangen sein, daß er die Kategorientafel und die allgemeinsten der auf Materie und Bewegung bezüglichen Sätze gegeneinander hielt: bei der Abstraktheit, Unbestimmtheit, Vieldeutigkeit der für die Kategorientafel benutzten Benennungen mußte sich ihm eine große Menge von Beziehungsmöglichkeiten darbieten, und unter ihnen wählte er dann die für seine architektonischen Zwecke geeignetsten aus. Auf Notwendigkeit können daher die so zustande gekommenen Beziehungen unmöglich Anspruch machen, und daß die

1) Stadler 16 erkennt die Einteilung der vier Kategorienklassen nur insoweit als gültig an, als sie im System der Grundsätze zur Ausprägung kommt; nur bei Relation und Modalität unterscheidet er demgemäß drei Kategorien. Aber fängt man einmal mit der Aenderung der Kategorientafel an, dann gibt es kein Halten mehr, und mit dem Anspruch auf Apriorität, den sie selbst macht und zu dem ihre Anwendung berechtigen soll, ist es dann auf jeden Fall vorbei.

Kategorien den mit ihnen verbundenen Begriffen und Sätzen irgendwelche Apriorität mitzuteilen vermöchten, ist ausgeschlossen.

Auch der weitere Gedanke Kants, daß die Anwendung der Grundsätze des reinen Verstandes auf den Begriff der Materie apriorische Erkenntnisse verschafft, führt zu nichts, so einleuchtend er auf den ersten Blick manchem erscheinen mag. Ich lasse hier die großen Bedenken, die gegen das System der Grundsätze, seine Apriorität, seinen Anspruch auf Vollständigkeit und teilweise auch seinen Inhalt sprechen, beiseite, stelle mich also auf Kants Standpunkt und nehme an, er habe wirklich in den reinen Grundsätzen die ganze formale Gesetzmäßigkeit, welche die Erfahrung möglich macht, bloßgelegt. Welche neuen Erkenntnisse ergäben sich dann aus der „Anwendung" dieser Grundsätze auf den empirischen Begriff der Materie, als des allgemeinen Gegenstandes der äußeren Sinne, bzw. auf die Bewegung als ihre Grundbestimmung? Berechtigterweise nur die Erkenntnis, daß 1. Materie und Bewegung extensive Größen sind [1]; 2. daß das Reale an der Materie, was der Empfindung entspricht, eine intensive Größe, d. h. einen Grad, hat und daß dieser Grad, mit dem sie einen Raum erfüllt, ins Unendliche abnehmen kann, ohne ins Nichts überzugehn, daß deshalb bei derselben extensiven Größe der Grad der Raumerfüllung unendlich verschieden sein kann, ohne daß Teile des Raumes leer blieben [2]; 3. daß a) das Quantum der materiellen Substanz sich bei allen Veränderungen der Natur weder vermehrt noch vermindert, b) alle Veränderung der Materie eine Ursache hat [3], c) alle Materie, soweit sie zugleich ist, in durchgängiger Gemeinschaft (Wechselwirkung) steht [4]; 4) daß a) Materie und Bewegung möglich sind, weil sie mit den formalen Bedingungen der Erfahrung übereinkommen, b) Materie und Bewegung wirklich sind, soweit sie mit Empfindungen zusammenhängen [5], c) alle Veränderungen an der Materie hypothetisch notwendig sind (R.V.² 280).

1) Die Lehre von der Geschwindigkeit als intensiver Größe und die darauf sich gründende Lehre von der Zusammensetzung der Bewegungen könnten auf keinen Fall aus dem Prinzip der Axiome der Anschauung abgeleitet werden. Der Begriff „intensiv" würde aber auf das Prinzip der Antizipationen der Wahrnehmung weisen.

2) Daß die Raumerfüllung auf das Gegeneinanderwirken zweier entgegengesetzter Kräfte zurückgehe, würde sich aus der bloßen Anwendung des Prinzips der Antizipationen der Wahrnehmung auf den Begriff der Materie niemals mit irgendeiner Art von Notwendigkeit ergeben.

3) Davon, daß diese Ursache eine äußere sei, würde die Anwendung der 2. Analogie nichts zu sagen wissen.

4) Von Gleichheit der Wirkung und Gegenwirkung dürfte keine Rede sein.

5) Hier wäre Gelegenheit gewesen, die Lehre von der empirischen Affektion

Das gäbe aber nur einen sehr magern Inhalt, der gegenüber der R.V. kaum etwas wirklich Neues brächte und in dem alle charakteristischen Lehren der M.A.d.N. fehlten. Vielleicht würde Kant einwenden: dieser Inhalt bilde nur das Fundament für den beabsichtigten Bau, eine neue Anwendung der transzendentalen Methode müsse stattfinden, um vermittelst ihrer auf dem so gewonnenen festen Boden das Gebäude der M.A.d.N. selbst zu errichten.

Dagegen wäre zu sagen: das Hauptvehikel der transzendentalen Methode ist der Begriff (das Prinzip) der Möglichkeit der Erfahrung, d. h. die Feststellung aller der Voraussetzungen, ohne die eine Vergegenständlichung der Empfindungen und die Erfahrung als Ganzes nicht möglich ist. Das ist ein echt erkenntnistheoretisches Problem, für keine Einzelwissenschaft als solche vorhanden und mit den Mitteln keiner einzigen von ihnen lösbar, weil die Grundlage aller, sowohl der Natur- als der Geisteswissenschaften, dabei in Betracht kommt. Aber das Prinzip der Möglichkeit der Erfahrung war in der R.V. schon völlig ausgeschöpft: dort wollte Kant ja, eben in den Kategorien und reinen Grundsätzen, die formale, apriorische Gesetzmäßigkeit, welche die Voraussetzung der Erfahrung ist, in ihrem ganzen Umfang vollständig und lückenlos dargestellt haben. In den M.A.d.N. handelt es sich nicht mehr um das Problem der Vergegenständlichung überhaupt, um die Erfahrung als G a n z e s und ihre Möglichkeit, sondern um eine Art ihrer Gegenstände: die Materie im allgemeinen (bzw. ihren Zustand: die Bewegung). Nun überträgt Kant zwar sein transzendentales Prinzip auch auf diesen Gegenstand der Erfahrung und spricht von der Möglichkeit der Materie (z. B. IV 472, 518), von der Möglichkeit eines in bestimmtem Grade erfüllten Raumes (IV 517), von der Bewegung als Gegenstand einer möglichen Erfahrung (IV 487) usw. Aber damit biegt er sein Prinzip in einer Weise um, die ihm jede Berechtigung nimmt. Denn bei der Möglichkeit der Erfahrung überhaupt (als eines Ganzen) kommt nur ihre formale Seite in Betracht; wonach gefragt wird, das sind ihre formalen Voraussetzungen, die Bedingungen der Vergegenständlichung von Empfindungen überhaupt; der Inhalt ist von der Untersuchung ausgeschlossen. Hier dagegen steht eine ganz bestimmte Art von Gegenständen zur Erörterung; nach ihrer Möglichkeit fragen heißt nicht: ihre f o r m a l e Gesetzmäßigkeit oder ihre f o r m a l e n Voraussetzungen darlegen — diese Aufgabe ist vielmehr schon von der R.V. in der transzendentalen Deduktion der Kategorien und in dem Abschnitt von den Grundsätzen

durch bewegte Materie in ihrer Notwendigkeit einer prinzipiellen Erörterung zu unterziehen.

des reinen Verstandes erledigt —, sondern die Frage könnte sich nur auf die materiale Möglichkeit ihres Daseins und also auf ihre materialen Voraussetzungen beziehn. Es müßte demnach bei der Materie unter anderm das ganze Problem von Reiz und Empfindung und damit auch das von der empirischen Affektion aufgerollt werden. Das eigentlich Transzendentale in Fragestellung und Methode wäre damit aber völlig beseitigt. Denn es beruht ganz und gar auf dem Gedanken, daß alles Materiale a posteriori ist und allein das Formale a priori sein kann.

Man könnte also zugeben, daß die reinen Grundsätze wirklich, wie Kant behauptet, apriorischer Natur seien, müßte aber gerade dann, wenn man den strengen transzendentalen Standpunkt Kants aus der R.V. festhalten will, leugnen, daß dasselbe auch von den über jene Grundsätze hinausgehenden Resultaten der M.A.d.N. gelte, die auf Grund der Frage nach der materialen Möglichkeit der Materie gewonnen werden. Dazu kommt, daß die Redewendungen von der Möglichkeit der Materie oder Bewegung usw. nur äußerst gekünstelte Uebertragungen jenes transzendentalen Prinzips sind. In Wirklichkeit handelt es sich gar nicht um Möglichkeit und Voraussetzungen der beiden Begriffe, sondern um ihre allgemeinsten Bestimmungen und Merkmale. Bei der Feststellung dieser Eigenschaften aber bedarf es keiner besonderen transzendentalen Methode, noch ist eine solche von Kant ausgebildet; man ist dabei vielmehr ganz auf die Arbeitsweise der Einzelwissenschaften und deren Grundlage: die Erfahrung angewiesen. Ein Betätigungsfeld für die reine Philosophie liegt hier, wie wir o. S. 257 ff. sahen, nicht vor.

105. Der vieldeutige Begriff der Möglichkeit leitet nun auch zum Begriff der Konstruktion über. Die Art, wie Kant diesen Terminus einführt und seine Unentbehrlichkeit für die M.A.d.N. begründet, ist sehr gequält. Er macht sich in willkürlicher Weise einen Gegensatz zwischen der reinen Philosophie der Natur überhaupt (dem transzendentalen Teil der Metaphysik der Natur) und der reinen Naturlehre über bestimmte Naturdinge (Körper- und Seelenlehre) zurecht. In jener soll es sich um das nicht konstruierbare Dasein handeln, weil Gesetze, deren Begriff schon im Wort Natur liegt, auf die Notwendigkeit dessen gehn, was zum Dasein eines Dinges gehört, in dieser um Konstruktion des Begriffs der bestimmten Naturdinge, da ihre apriorische Erkenntnis, d. h. ihr Erkanntwerden aus ihrer bloßen Möglichkeit, nicht auf Grund ihrer Begriffe allein erfolgen kann (woraus sich nur logische Möglichkeit, d. i. Widerspruchslosigkeit des Gedankens, nicht aber reale Möglichkeit des Objekts als Naturdinges ergeben würde); hier muß vielmehr auch noch die dem Begriff entsprechende Anschauung a priori gegeben, d. i. der Begriff muß konstruiert werden. Im 1. Fall liegt also angeblich reine Vernunfterkenntnis aus bloßen Begriffen, d. h. Metaphysik, zugrunde, im zweiten eine solche durch Konstruktion der Begriffe, d. h. Mathematik.

Aber diese Entgegensetzung ist sehr willkürlich und gekünstelt. Denn Kant selbst kennt ja auch eine besondere Metaphysik der körperlichen Natur. In ihr sollen die transzendentalen Prinzipien der allgemeinen Metaphysik der Natur auf den Begriff der Materie angewandt werden. Auch dabei kommt es doch auf Feststellung von Gesetzmäßigkeiten an, die sich also doch auch auf Dasein beziehn müssen und deshalb ebensowenig eine Konstruktion dulden können, wie das bei den Gesetzen der allgemeinen Metaphysik der Natur der Fall ist. Ferner ist der Begriff der Erfahrung überhaupt (der Natur im allgemeinen), wie er in der allgemeinen Metaphysik zur Untersuchung steht, von dem Begriff bestimmter Naturdinge keineswegs, wie doch jene Entgegensetzung behaupten muß, dadurch unterschieden, daß die Möglichkeit der Erfahrung aus ihrem bloßen Begriff erkannt werden kann, während eine solche Erkenntnis bei den Naturdingen ausgeschlossen ist. Sondern auch bei der Erfahrung führt ihr bloßer Begriff und dessen Analyse keinen Schritt weiter; ihre Möglichkeit, d. h. ihre Voraussetzungen, können wir nur durch Rückgang von der vorliegenden Erfahrung als Wirkung auf ihre möglichen, unbekannten Ursachen erschließen, weshalb auf diesem Gebiet eben alles hypothetisch bleiben muß, wie stets bei solchen Rückschlüssen.

Abgesehn davon aber, daß der von Kant geschaffene Gegensatz erkünstelt ist, wird apriorische Erkenntnis unberechtigterweise mit Erkenntnis aus der bloßen Möglichkeit gleichgestellt. Dabei bekommt der Terminus Möglichkeit einen ganz andern Sinn, als er in R.V. im Begriff „Möglichkeit der Erfahrung" hatte. Dort bedeutete er die reale Möglichkeit im Gegensatz zur bloß logisch-formalen (= Widerspruchslosigkeit), aber auch zur innern Möglichkeit (vgl. z. R.V.² 625). Diese drei Bedeutungen werden in der Vorrede zu den M.A.d.N. leider nicht genügend unterschieden, die 1. und 3. fließen zusammen. Die 3. ist bei der Gleichstellung, von der eben die Rede war, die eigentlich gemeinte. Bei ihr spielt ein altes Erbstück des Rationalismus, die essentia, mit herein, wie denn ja auch IV 467 Wesen (im Gegensatz zur Natur) als das erste, innere Prinzip alles dessen, was zur ⟨inneren⟩ Möglichkeit eines Dinges gehört, definiert wird. Der Rationalismus hatte gemeint, mit einer Erkenntnis der essentia, der inneren Möglichkeit, schon halbwegs bei der Existenz des Dinges angelangt zu sein. Und auch Kant ist ja an der obigen Stelle, wie wir sahen, mit Bezug auf die Erfahrung überhaupt (die „Natur im allgemeinen") der Ansicht, daß die Erkenntnis ihrer essentia, ihrer innern Möglichkeit, also die Analyse ihres bloßen Begriffs, schon genüge, um auch über ihre reale Möglichkeit, d. h. die allgemeinen Voraussetzungen der wirklichen Erfahrung a priori klar zu werden. Zur Erkenntnis der (realen) Möglichkeit bestimmter Naturdinge dagegen soll die Erkenntnis ihrer essentia nicht genügen (aus ihr ließe sich nur ihre Widerspruchslosigkeit ableiten); doch braucht auch nicht etwa, wie für den Empiristen selbstverständlich sein würde, die volle Erfahrung der betreffenden Naturdinge hinzutreten, sondern bloß die dem Begriff entsprechende Anschauung a priori, d. h. der Begriff muß nur konstruiert werden.

Daß durch jene Gleichstellung von apriorischer Erkenntnis mit Erkenntnis aus der bloßen Möglichkeit auch der Begriff des Apriori eine starke Verschiebung gegenüber der R.V. erleidet, liegt auf der Hand. Dort heißt a priori soviel wie schlechterdings von aller Erfahrung unabhängig, seine Kennzeichen sind strenge Allgemeingültigkeit und Notwendigkeit. In den transzendentalen Deduktionen wird dann das Prinzip der Möglichkeit der Erfahrung wichtig als Beweismittel für die Apriorität: das Apriorische umfaßt die Bedingungen oder Voraussetzungen, unter denen allein Erfahrung als Ganzes ihrer formalen Seite nach (real-) möglich ist, d. h. zustande kommen kann. Das Apriori macht also die Erfahrung möglich. Damit ist aber, wie schon gesagt wurde, nicht gemeint, daß es auch aus dem Begriff der Erfahrung oder dem der Möglichkeit der Erfahrung durch bloße Analyse abgeleitet werden könne; sondern jeder einzelne apriorische Faktor (ob Anschauung oder Begriff oder Grundsatz) bedarf vielmehr erst einer transzendentalen Deduktion, d. h. eines Nachweises, daß er einen unentbehrlichen Beitrag zur Möglichkeit (zum Zustandekommen) der Erfahrung leistet, daß er also ihre notwendige Voraussetzung ist, und dieser Nachweis muß sich in Form von Rückschlüssen bewegen. Erst recht ist es irreführend und absolut unrichtig, auch aus dem Prinzip der Möglichkeit der Erfahrung niemals zu rechtfertigen, wenn Kant in jener Gleichstellung sogar behauptet, etwas a priori erkennen heiße, es aus seiner bloßen Möglichkeit erkennen. Nein! nicht aus seiner Möglichkeit! sonst müßte ja der Kausalbegriff aus seiner eignen bloßen (innern) Möglichkeit, d. h. aus seiner essentia, a priori erkannt werden können. Kant begeht hier ein unglaubliches quid pro quo. Was er mit Recht sagen könnte, ist nur: etwas a priori erkennen heißt, es auf Grund des Prinzips der Möglichkeit der Erfahrung als deren Voraussetzung ableiten und erkennen. Von dieser Formulierung aus wäre es aber natürlich unmöglich gewesen, die Notwendigkeit einer Konstruktion der Begriffe und damit die Unentbehrlichkeit der Mathematik für die apriorische Erkenntnis bestimmter Naturdinge, d. h. für jede besondere Naturlehre, in der Weise zu deduzieren, wie Kant es an der obigen Stelle tut. Diese Deduktion ist also völlig unhaltbar, von welcher Seite aus man sie auch betrachten möge.

106. Schließlich der Begriff der Konstruktion! Auch hier liegt eine Umbiegung, genauer: eine Abschwächung des Sprachgebrauchs der R.V. vor, und es ist nicht recht einzusehn, inwiefern dieser modifizierte Begriff der Konstruktion noch imstande sein sollte, ein besonderes Maß von Allgemeingültigkeit und Notwendigkeit zu garantieren.

Zwar, die Definitionen in beiden Werken kommen ungefähr auf dasselbe hinaus: einen Begriff konstruieren heißt, den ihm entsprechenden Gegenstand in einer Anschauung a priori darstellen (IV 469, R.V.² 741), oder: ihm a priori einen Gegenstand geben (R.V.² 271), oder: die ihm korrespondierende Anschauung a priori darstellen (R.V.² 741) oder geben (IV 470, R.V.² 762), oder: den Begriff a priori in der Anschauung darlegen (R.V.² 742 f.) [1]) oder geben (R.V.² 750) [2]).

Aber die Verwendung des so definierten Begriffs ist doch beidemal eine recht verschiedene. Für die M.A.d.N. kommt ja die symbolische Konstruktion der bloßen Größe (quantitas) in der Arithmetik vermittelst der Zahlen nicht in Betracht, sondern nur die ostensive Konstruktion der Größen (quanta), also der Gegenstände selbst, in der Geometrie (R.V.² 745). Die M.A.d.N. gehn auf Konstruktion der Begriffe der Materie und Bewegung im Raum. Diese Begriffe sind nun aber eben ganz anderer Art als die Begriffe, mit denen die Geometrie oder Stereometrie zu tun hat. Diese, wie der des Dreiecks, des Kreises, des Kegels usw., lassen sich wirklich auf Grund ihrer Definitionen, ohne auf irgendwelche Erfahrung entsprechender wirklicher Gegenstände als Muster zurückgehn zu brauchen, also in Kants Sprache: a priori, in der Anschauung darstellen. Es handelt sich da um bloße Formen oder Gestalten ohne jede Rücksicht auf Qualitäten und Inhalt. Und die einzelne in der Phantasie oder auf dem Papier gezeichnete Figur gilt dann für alle ihres-

---

1) Nur bei dem Begriff von Größen soll das möglich sein.

2) Jeder konstruierbare Begriff a priori muß nach R.V.² 747 f. schon eine reine Anschauung in sich enthalten (vgl. R.V.² 752: schon auf eine Anschauung a priori gehn). Enthält er dagegen nur die Synthesis möglicher Anschauungen, die a priori nicht gegeben sind, dann kann man wohl durch ihn synthetisch und a priori urteilen, aber nur diskursiv nach Begriffen, und niemals intuitiv durch die Konstruktion des Begriffs.

gleichen, ein Fall instar omnium; die einzelne Dreieck-Figur, obwohl selbst empirisch, kann doch dazu dienen, den Begriff des Dreiecks in seiner ganzen Allgemeinheit auszudrücken, da nicht auf die zufälligen, willkürlich gewählten Einzelheiten (wie die Größe der Seiten und Winkel) gesehen wird, sondern allein auf die Handlung der Konstruktion, die nur darauf ausging, die in der Definition enthaltenen Merkmale in der Anschauung darzustellen, und die deshalb gegen all die möglichen Verschiedenheiten in der Ausführung, die den Begriff des Dreiecks nicht verändern, gleichgültig war. Daher ist es dann zu begreifen, daß die synthetischen Sätze, die von der Geometrie an einer solchen Einzelfigur erwogen werden, trotzdem für alle Dreiecke gelten, also Allgemeingültigkeit und Notwendigkeit haben.

Von all dem kann nun aber gerade bei einer etwaigen Konstruktion des Begriffs der Materie und selbst des der Bewegung keine Rede sein. Bei der Materie vor allem handelt es sich gar nicht um bloße Formen und Gestalten, sondern um Qualitäten, um einen Inhalt, eben — um die Materie selbst [1]). Und beim zweiten mechanischen Gesetz überhaupt nicht um Größen, die doch nach R.V.² 742 f. allein konstruierbar sind [2]), während Qualitäten sich nur in der empirischen Anschauung darstellen lassen [3]).

Indem nun der Begriff der Konstruktion trotzdem auch auf diese Verhältnisse angewandt wird, erfährt er naturgemäß eine Abschwächung und Einschränkung. Und zwar in der Weise, daß Kant in ihm nur noch das Hauptbedürfnis der Naturwissenschaft, sich alle Vorgänge anschaulich, plastisch vorzustellen, im Auge hat. So z. B. IV 486, wo er für seinen Begriff der Ruhe (= Bewegung mit unendlich kleiner Geschwindigkeit eine endliche Zeit hindurch) den Vorzug der Konstruierbarkeit in Anspruch nimmt (vgl. u. S. 274). So IV 505, 522, wo er von der Konstruktion (= Veranschaulichung) des Begriffs der Elastizität oder der Volumenerweiterung bei Gasen behauptet, sie sei nur möglich bei Betrachtung der Berührung unter der Idee einer unendlich kleinen Entfernung. So IV 517 f., 520 f., wonach für die Zurückstoßungskraft und das Gesetz ihres Wirkens die

1) Von der Materie heißt es R.V.² 748 geradezu: „Die Materie kann nur in der Wahrnehmung, mithin a posteriori vorgestellt ⟨also nicht konstruiert⟩ werden."

2) Der Begriff der Ursache ist nach R.V.² 750 nicht konstruierbar. Aehnlich IV 487: Die Bedingung der Konstruktion darf nicht ein Begriff sein, der gar nicht a priori in der Anschauung gegeben werden kann, wie z. B. der von Ursache und Wirkung, Handlung und Widerstand.

3) In der ganzen Phänomenologie kommt der Begriff der Konstruktion überhaupt nicht vor, in der Mechanik nur dreimal: bei der Schätzung der Quantität der Materie und bei der Mitteilung der Bewegung (IV 538, 546, 549).

Möglichkeit der Konstruktion, d. h. auch hier wieder: der Veranschaulichung fehlt, weil die Erfüllung eines körperlichen Raumes durch repellierende Kraft weder durch von einem Punkt ausgehende, divergierende Strahlen noch auf andere Weise anschaulich vorgestellt werden kann. Die Atomtheorie ist nach IV 525 insofern besser gestellt, als sie die Möglichkeit sowohl der Atomgestalten wie der leeren Zwischenräume „mit mathematischer Evidenz dartun", d. h. eben konstruieren (= veranschaulichen) [1]) kann. Und was Kant IV 470 f. gegen die Möglichkeit einer streng wissenschaftlichen Chemie geltend macht, kommt auch darauf hinaus, daß sich die verwickelten Vorgänge, mit denen sie zu tun hat, nicht als gesetzmäßige Bewegungen kleinster Teilchen im Raum a priori anschaulich machen (darstellen) lassen.

Diesem Tatbestand trägt auch Stadler Rechnung, indem er S. 5 unter dem Konstruieren der Naturwissenschaft nichts weiter verstanden wissen will, als daß sie „an dem Gegenstande ihres Begriffs die rein räumlichen und die rein zeitlichen Verhältnisse betrachtet". Keferstein 5 und Drews 257 schließen sich dieser Auffassung an, ohne Stadler zu nennen. Daß sie sich mit ihr in Gegensatz zur R.V. stellen, würden sie vielleicht alle drei nicht zugeben. Für den aber, der diese Auffassung unvoreingenommen mit den oben wiedergegebenen Begriffsbestimmungen der R.V. vergleicht, kann doch wohl kein Zweifel sein, daß die letzteren bedeutend mehr enthalten und fordern, als was jene drei Forscher in dem Begriff finden.

Trotzdem fährt Stadler S. 5 fort: Die Synthesen, welche die Naturwissenschaft auf dem Wege der Konstruktion gewinnt, „gelten, obwohl die Veranlassung und die bestimmte Form der Konstruktion empirischen Ursprungs sind, apodiktisch, da sie Verhältnisse der reinen Anschauung beschreiben"; auf diesem letzteren Umstand beruht nach S. 41 überhaupt die ganze Apodiktizität der mathematischen Urteile.

Sieht man aber zunächst von der Zusammensetzung und Mitteilung der Bewegung ab, bei denen, wie sich zeigen wird, ganz besondere Verhältnisse vorliegen, indem eine Als-ob-Betrachtung das Fundament bildet und schon um ihretwillen nicht von apodiktisch geltenden Synthesen die Rede sein kann, so bleibt in der Hauptsache nur noch die Konstruktion des dynamischen Begriffs der Materie übrig. Was aber die Metaphysik bei diesem Problem leisten kann, besteht nach IV 534 nur darin, daß sie die Eigenschaften, wodurch Materie einen Raum in bestimmtem Maße erfüllt, als dynamisch ansieht und nicht als unbedingte ursprüngliche Positionen, wie sie etwa eine bloß mathematische Behand-

1) Oder, wie Kant es IV 525 $_{11f.}$ ausdrückt: das allgemein Gedachte in der Anschauung als möglich darstellen.

lung postulieren würde [1]). Darüber hinaus aber „gehn uns alle Mittel ab", den dynamischen „Begriff der Materie zu konstruieren und, was wir allgemein dachten, in der Anschauung als möglich darzustellen" (IV 525). Schuld daran ist vor allem die Unmöglichkeit, den Begriff der „repellierenden Kraft eines körperlichen, erfüllten Raumes" anschaulich zu machen (IV 517, 520 f.). Daß unter diesen Umständen dem dynamischen Begriff der Materie durch das geringe Ausmaß von Konstruktionsmöglichkeit (im Sinn von Veranschaulichung), das bei ihm vorhanden ist, keinerlei Sicherheit und Gewißheit zuwächst, daß erst recht für apodiktisch geltende Synthesen, von denen Stadler fabelt, hier kein Platz ist, dürfte auf der Hand liegen. Und auch davon kann im Ernst keine Rede sein, daß durch das Wenige, was die Metaphysik zur Konstruktion des Begriffs der Materie leisten kann, erst die Anwendung der Mathematik auf die Naturwissenschaft in Ansehung der Eigenschaften, wodurch Materie einen Raum in bestimmtem Maß erfüllt, ermöglicht werde (IV 534). Kant muß ja IV 525 zugeben, daß die Atomistik mit ihren verschiedenen Atomgestalten und leeren Zwischenräumen sich im allgemeinen viel besser konstruieren (veranschaulichen) lasse als die dynamische Theorie der Materie. Und was die Behauptung betrifft, daß nur bei letzterer Gesetze aufgestellt werden können, nach denen sich der Widerstand im erfüllten Raum seinem Grade nach schätzen läßt (IV 502, vgl. 534), so wurde sie schon o. S. 194 f. widerlegt und nachgewiesen, daß sich auch bei der atomistischen Ansicht solche Gesetzmäßigkeiten sehr wohl aufstellen lassen würden.

Kant glaubt die Anwendung der Mathematik auf die Körperlehre dadurch allein ermöglichen zu können, daß er Prinzipien für die Konstruktion der zur Möglichkeit der Materie überhaupt gehörigen Begriffe aufstellt (IV 472, 473, 479). Dagegen ist einmal zu sagen, daß nach der R.V. diese Anwendbarkeit der Mathematik auf alle Erscheinungen im Raum, wie auch Stadler 50 zugibt, schon durch die transzendentale Aesthetik im Verein mit den Axiomen der Anschauung und den Antizipationen der Wahrnehmung mit völliger Sicherheit erwiesen ist und also für die M.A.d.N. schlechterdings kein Problem mehr sein kann. Kant schafft sich hier also erst künstlich eine Schwierigkeit, durch deren Ueberwindung dann der Inhalt der M.A.d.N. scheinbar um so größere Bedeutsamkeit erhält. Abgesehn aber von der Entbehrlichkeit jener allgemeinen Prinzipien der Konstruktion, sahen wir, daß sie beim dynamischen Begriff der Materie in Wirklichkeit nur ein leeres Wort ohne alle

1) Derart war z. B. die Lamberts, der die Solidität als etwas einer Konstruktion ganz Unfähiges zum Ausgangspunkt nahm (IV 498).

Bedeutung sind. Und bei der Zusammensetzung und Mitteilung der Bewegung liegt, wie sich zeigen wird, die Sache nicht viel anders.

Also auch die Verwendung des Begriffs der Konstruktion berechtigt nicht dazu, dem Inhalt der M.A.d.N. eine besondere Notwendigkeit und Allgemeingültigkeit beizulegen. Kants Anspruch auf Apriorität steht auf schwachen Füßen: das zeigen die letzten vier Paragraphen, und das wird sich auch im weiteren Verlauf immer wieder herausstellen. Was die M.A.d.N. bieten, sind erkenntnistheoretisch-metaphysische Untersuchungen auf dem Grenzgebiet zwischen Naturwissenschaft und Philosophie, von keinem größeren Gewißheitscharakter, als solche Untersuchungen sonst zu haben pflegen.

Wir wenden uns nun zur Darstellung und Besprechung der Lehre von der Bewegung und ihren allgemeinsten Gesetzen. Dabei schließen wir uns an Kants Gliederung an und vergegenwärtigen uns demgemäß zunächst den Inhalt der Phoronomie, dann den der Mechanik und Phänomenologie.

b) Phoronomie.

107. Für die Phoronomie ist die Materie das Bewegliche im Raum. Sie will mit nichts als mit der Bewegung und dem, was an dieser als Größe betrachtet werden kann (Geschwindigkeit und Richtung) zu tun haben und hält sich deshalb bei der Materie, unter Abstraktion von allen inneren Beschaffenheiten wie auch von ihrer Größe (Quantität), ganz an die eine Eigenschaft der Beweglichkeit, weshalb die Materie in ihr auch als bloßer Punkt gelten kann.

Diese Beweglichkeit ist ein empirischer Begriff und konnte deshalb in der R.V. keinen Platz finden, wohl aber hier, in der angewandten Metaphysik, die einen durch äußere Erfahrung gegebenen Begriff (Materie) nach Prinzipien a priori untersucht (IV 480, 482, 487, 489).

108. Da das eigentliche Untersuchungsobjekt der M.A.d.N. die Materie ist und sowohl von der Eigenschaft der Beweglichkeit als vom Zustand der Bewegung doch nur bei einem Etwas, das einen Raum erfüllt und also räumliche Größe hat, die Rede sein kann, hätte es entschieden am nächsten gelegen, unter dem Kategorientitel der „Quantität" die Quantität (Größe) der Materie selbst zu behandeln und als deren Grundlage den Konflikt der ursprünglichen Anziehungs- und Abstoßungskraft, also mit andern Worten die M.A.d.N. mit der Dynamik und dem 1. Teil der Mechanik (IV 537—541) zu beginnen. Auch Stadler 18 f.[1])

1) Aehnlich Keferstein 6 f.

gesteht zu, daß die Dynamik besser vorangestellt wäre und daß man „metaphysische Anfangsgründe der Größenlehre" vermisse, welche die Aufgabe gehabt haben würden, die naturwissenschaftliche Anwendung des Größenbegriffs auf die Körper (bei Beobachtung, Messung und Aufzeichnung ihrer Größenverhältnisse) erkenntnistheoretisch zu begründen und zu rechtfertigen [1]).

109. Kant wendet dagegen, ohne die andere Möglichkeit auch nur zu erwähnen, den Begriff der Quantität nur auf die Bewegung an und läßt dabei auch noch, im Gegensatz zur Mechanik (IV 537), den Massenfaktor ganz unberücksichtigt. So wird ihm die Phoronomie aus einer reinen Bewegungslehre zur bloßen „reinen Größenlehre (Mathesis) der Bewegungen". „Konstruktion der Bewegungen überhaupt als Größen" ist ihre Aufgabe (IV 487, 489, 495). Den Begriff einer Größe aber

1) Später (S. 50 ff.) kommt Stadler noch einmal des Genaueren auf diese Frage zurück. Aufgabe des 1. Abschnitts der M.A.d.N. wäre nach ihm gewesen, das Prinzip der Axiome der Anschauung, nach dem alle Erscheinungen ihrer Anschauung nach extensive Größen sind, allseitig auf die Materie anzuwenden. Kant fragt nur, wie sich die Bewegung, der Zustand der Materie, zum Begriff der extensiven Größe verhalte. Er hätte die Frage auch auf die Materie selbst ausdehnen müssen, wobei einerseits das Quantum der Ausdehnung eines Körpers, seine Figur, anderseits die Quantität des Gegebenseins von Körpern, d. i. ihre Zahl, in Betracht zu ziehen gewesen wäre. Neben die M.A. der angewandten Bewegungslehre wären also auch noch solche der angewandten Ausdehnungslehre und der angewandten Zahlenlehre getreten. Was Stadler aber als Inhalt der angewandten Ausdehnungslehre angibt, ist eigentlich nichts als der Erweis der objektiven Gültigkeit der angewandten Mathematik, der doch nach Stadlers eignem Geständnis (S. 50) in R.V. und in den Prolegomena schon zu voller Befriedigung erbracht war. Aber er setzt hinzu: was in den kritischen Schriften darüber im allgemeinen gesagt sei, hätte die angewandte Ausdehnungslehre systematisch im einzelnen durchführen müssen; sie hätte die Bedingungen aufzustellen gehabt, unter denen die Sätze über Kongruenz, Verschiedenheit, Aehnlichkeit, Symmetrie auf die Erfahrung anwendbar werden, sie würde ein Gesetzbuch der Meßkunst geworden sein. Dagegen ist zu sagen: handelt es sich nur um Wiederholung und systematische Durchführung des schon in R.V. Festgestellten, dann ist kein Grund, eine besondere Disziplin unter dem Namen von metaphysischen Anfangsgründen der Geometrie oder angewandten Ausdehnungslehre zu schaffen; gehn letztere aber über den Inhalt der R.V. wirklich irgendwie grundsätzlich hinaus, dann ist erst noch der Nachweis zu führen, daß die betreffenden Untersuchungen auf Apriorität und damit auf Notwendigkeit-Allgemeingültigkeit Anspruch machen können. Das gilt auch für den sehr reichhaltigen Speisezettel, den Stadler für die M.A. der angewandten Zahlen- oder Rechnungslehre aufstellt. Sie sollen z. B. auch die reale Bedeutung der negativen Größen, der irrationalen und imaginären Zahlen, der Funktion, der Grenze, des Unendlichen umfassen — alles ohne Zweifel Untersuchungen von größtem Interesse, aber von allgemein erkenntnistheoretischem, nicht von speziell transzendentalem Charakter und daher weit entfernt von dem, was Kant unter Apriorität versteht und erstrebt.

bestimmt er IV 495 in willkürlicher Weise dahin, daß er jederzeit den Begriff der Zusammensetzung des Gleichartigen enthalte [1]). Diese Fassung stimmt wohl zu Kants kontinuierlicher Materie, ein Atomist jedoch und ein physischer Monadologist würden ihn ablehnen. Kant aber glaubt sich auf Grund ihrer berechtigt, die reine Größenlehre der Bewegungen ganz und gar in der Lehre von ihrer Zusammensetzung aufgehn zu lassen. So beschränkt sich also die Phoronomie auf die Lehre von der Zusammensetzung der Bewegungen eines und desselben Punkts nach ihrer Richtung und Geschwindigkeit. Diese Zusammensetzung besteht aber in der „Vorstellung einer einzigen Bewegung als einer solchen, die zwei und so mehrere Bewegungen zugleich in sich enthält, oder zweier Bewegungen eben desselben Punkts zugleich, sofern sie *zusammen* eine ausmachen, d. i. mit dieser einerlei sind, und nicht etwa sofern sie die letztere, als Ursachen ihre Wirkung, hervorbringen“ (IV 489). Nur also, wenn dieser Begriff der Zusammensetzung der Bewegung sich rechtfertigen, d. h. sich konstruieren läßt, ist es erlaubt, den Größenbegriff auf Bewegung und Geschwindigkeit anzuwenden, und nur unter dieser Voraussetzung kann es eine reine Größenlehre der Bewegungen geben.

110. Die Definition der Bewegung, von der Kant ausgeht, lautet: „Bewegung eines Dinges ist die Veränderung der äußeren Verhältnisse desselben zu einem gegebenen Raum“ (IV 482). Die gewöhnliche Definition der Bewegung als Veränderung des Ortes, die Kant selbst noch in seinem „Neuen Lehrbegriff der Bewegung und Ruhe“ (II 16) sowie XIV 145 zugrunde gelegt hatte, würde zwar für physische Punkte genügen, nicht aber für bewegte Körper. Denn deren Ort ist jedesmal auch nur ein Punkt; so wird der Abstand zwischen Erde und Venus durch die Entfernung ihrer Mittelpunkte gemessen, die also als die Oerter der beiden Planeten betrachtet werden. Bei ihrer Achsendrehung verändert die Erde demgemäß ihren Ort nicht, würde sich also nach der gewöhnlichen Definition auch nicht bewegen, wohl aber nach der Kants, da sie z. B. dem Mond der Reihe nach ihre verschiedenen Seiten zukehrt. Gegen diese letztere Definition darf nicht etwa eingewandt werden, sie schließe die innere Bewegung, wie die Gärung in einem Bierfaß aus. Denn das Ding, was man bewegt nennt, muß stets als Einheit gedacht werden und daher als Ganzes bewegt sein. Bei der Gärung ist dementsprechend nicht das Faß Bier in Bewegung, sondern nur das Bier im Faß (vgl. auch XIV 133).

---

1) Vgl. IV 489: „Der bestimmte Begriff von einer Größe ist der Begriff der Erzeugung der Vorstellung eines Gegenstandes durch die Zusammensetzung des Gleichartigen“; der Bewegung aber ist nichts gleichartig als wiederum Bewegung.

Was Kant IV 483 (vgl. XIV 130, 146) über die Einteilung der Bewegungen in drehende und fortschreitende, dieser in nicht in sich zurückkehrende und in sich zurückkehrende, der letzteren in zirkulierende, oszillierende und tremulierende sagt, kann als unwesentlich übergangen werden.

111. An jeder Bewegung müssen Richtung und Geschwindigkeit als ihre beiden Momente unterschieden werden [1]). Kant führt diese Behauptung ohne weitere Begründung ein, also doch wohl als einen allgemeinen Erfahrungssatz, nicht, wie Stadler 32 will, auf Grund einer „Konstruktion der Bewegung in der reinen Anschauung". Bei Erörterung der Richtung kommt Kant auf die inkongruenten Gegenstücke zu sprechen, worüber schon o. S. 239 f. berichtet wurde. Die Geschwindigkeit definiert er wie üblich als $c = \frac{s}{t}$, schließt dabei aber ausdrücklich sowohl die Winkelgeschwindigkeit bei rotierenden als „die Kürze der Zeit der Wiederkehr" (d. h. die Dauer der Periode) bei zirkulierenden und oszillierenden Bewegungen aus.

112. Ruhe definiert Kant IV 485 (wie auch schon XIV 145) als „die beharrliche Gegenwart (praesentia perdurabilis) an demselben Orte", wobei er unter „beharrlich" das versteht, was eine Zeit hindurch existiert, d. i. dauert. In schwierigen und nicht ganz einwandfreien Gedankengängen weist er nach, daß die Definition der Ruhe als eines völligen Mangels an Bewegung zu Unmöglichkeiten und Widersprüchen führt. Auch würde dieser Mangel als mit 0 gleichbedeutend sich gar nicht konstruieren lassen. Wohl aber ist der Begriff der Ruhe nach der neuen Definition dazu fähig. Denn er kann einer Bewegung mit unendlich kleiner Geschwindigkeit (oder mit einem bloßen Moment [2]) der Geschwindigkeit) gleichgestellt werden, vermöge deren ein Körper „in jeder noch so großen anzugebenden Zeit doch nur einen Raum, der kleiner ist als jeder anzugebende Raum, zurücklegen, mithin seinen Ort (für irgendeine mögliche Erfahrung) in alle Ewigkeit gar nicht verändern würde". Dieser Begriff „einer Bewegung mit unendlich kleiner Geschwindigkeit eine endliche Zeit hindurch kann konstruiert, mithin zu nachheriger Anwendung der Mathematik auf Naturwissenschaft genutzt werden". Letzteres wohl insofern, als durch jene Betrachtungsweise Bewegung und Ruhe aus qualitativ verschiedenen Zuständen in bloß quantitativ (gradweise) verschiedene verwandelt werden und die

---

1) Vgl. dazu auch XIV 122, 129 f., 146 f.

2) Ueber die verschiedene Bedeutung des Terminus „Moment" vgl. o. S. 25 f.

Infinitesimalmethode so auch auf den Begriff der Ruhe (als Spezialfall der Bewegung, untere Grenze ihrer Größe) anwendbar wird [1]).

Der Begriff „konstruieren" kann hier (ebenso wie IV 484_3) nur soviel bedeuten als „anschaulich vor- (dar-) stellen", „in der Anschauung geben" (IV 484_{13}). Daß der Begriff der Ruhe sich auf Grund der neuen Definition in dieser Weise „konstruieren" läßt, kann aber ebensowenig einen Zuwachs an Apriorität bringen, wie die Einfügung der Worte „für irgendeine mögliche Erfahrung". Die letzteren sollen wohl sicher an die transzendentale Methode der R.V. erinnern, würden aber, falls sie behaupten wollten, Kant gehe auch hier nach dieser Methode vor, eine solche Uebertragung nur vortäuschen. Denn es handelt sich hier durchaus nicht (wie in R.V.) um die Voraussetzungen der Erfahrung, sondern nur um Konstatierung der Tatsache, daß wir an einem mit unendlich kleiner Geschwindigkeit bewegten Körper niemals eine Ortsveränderung zu erfahren imstande sein würden, daß also Ruhe und Bewegung mit unendlich kleiner Geschwindigkeit für unsere Erfahrung vollständig zusammenfallen (vgl. Stadler 35, 39).

113. Kant übernimmt nun die klassische Relativitätstheorie, wie sie von Newton begründet ist, erweitert sie jedoch zu der Behauptung, daß a l l e Bewegung und Ruhe, die wir je erfahren können, stets nur relativ sind [2]).

Leider unterscheidet er nicht streng genug zwischen zwei ganz verschiedenen Arten absoluter und relativer Bewegung, sondern gebraucht diese Worte meistens unterschiedslos zur Bezeichnung beider Arten, obwohl doch die betreffenden Begriffe in ihren Merkmalen stark voneinander abweichen. Nur am Anfang der „Allgemeinen Anmerkung zur Phänomenologie" (IV 559) bedient er sich zweier verschiedener Termini, indem er den „Begriff der Bewegung im absoluten (unbeweglichen) Raum" und den „Begriff der relativen Bewegung überhaupt zum Unterschiede von der absoluten" einander gegenüberstellt. Doch führt er bedauerlicherweise diese Trennung nicht konsequent durch; immerhin tritt sie IV 559 f. und auch schon IV 487 erkennbar genug zutage.

Die e r s t e der beiden Bewegungen wäre „eine solche, die ohne alle Beziehung einer Materie auf eine andere gedacht wird"; sie wird IV 559 als schlechthin unmöglich bezeichnet. Denn um die Bewegung eines Körpers wahrnehmen bzw. erfahren zu können, muß nicht nur er selbst, sondern auch der Raum, in dem er sich bewegt, ein Gegenstand der

1) Vgl. Stadler 35.

2) Vgl. zu diesem Thema auch XIV 146, 169 f., 187—193 (vgl. dazu auch o. S. 35 ff.), 465 f., 481 f.

äußeren Erfahrung, mithin materiell, sein. Materie kann also stets „bloß in Verhältnis auf Materie, niemals aber in Ansehung des bloßen Raumes ohne Materie ⟨d. i. des absoluten Raumes⟩ als bewegt oder ruhig gedacht werden“ [1]), und eine „Bewegung in Beziehung auf einen nicht materiellen Raum ist gar keiner Erfahrung fähig und für uns also nichts“ (IV 487, 559). Dasselbe folgt auch schon aus der Definition der Bewegung als Veränderung der äußeren Verhältnisse eines Dinges zu einem gegebenen Raum. Denn danach ist die Bewegung Veränderung einer Relation. Eine Relation aber kann nur sofern ein Gegenstand der Erfahrung sein, als ihre beiden Korrelate es sind. Nun ist der absolute Raum „kein Gegenstand der Erfahrung und überall nichts“. Also kann bei einer Materie auch nur mit Beziehung auf eine andere Materie von Bewegung die Rede sein (IV 556).

Eine solche Beziehung würde also auch dann schon vorliegen, wenn zwei Körper durch leeren Raum voneinander getrennt wären und der eine in Ansehung des andern als bewegt gedacht würde. „Absolute Bewegung ⟨besser: Bewegung im bzw. mit Bezug auf den absoluten Raum⟩ würde also nur diejenige sein, die einem Körper ohne ein Verhältnis auf irgendeine andre Materie [2]) zukäme. Eine solche wäre allein die geradlinichte Bewegung des Weltganzen, d. i. des Systems aller Materie.“ Sie ist schlechterdings unmöglich, während eine Achsendrehung des ganzen Weltgebäudes es wenigstens nicht aus der Stelle rücken würde, weshalb eine solche Rotations-„Bewegung immer noch zu denken möglich, obzwar anzunehmen, soviel man absehen kann, ganz ohne begreiflichen Nutzen sein würde“ (IV 562 f., vgl. 555 f.). Ohne Zweifel wäre auch diese Achsendrehung des Weltalls eine echte absolute Bewegung im ersten Sinn, d. h. eine Bewegung nur mit Bezug auf den absoluten Raum ohne jedes materielle Korrelat. Kant glaubte freilich auch für sie noch eine gewisse Relativität erweisen zu können; doch wird sich bei Besprechung des zweiten phänomenologischen Lehrsatzes (u. § 158 Schluß) zeigen, daß er sich darin täuschte. Aber immerhin meinte er, die schlechthinnige Unmöglichkeit einer absoluten Bewegung (im ersten Sinne) bei ihr nicht vorzufinden und sie deshalb — zugleich wohl in pietätvoller Erinnerung an die Dienste, die sie ihm selbst einst in seiner A.N.u.Th.

---

1) Trotzdem legt Kant XIV 465 f., wo er von der Zusammensetzung der Bewegungen spricht, der einen Seitenbewegung dreimal das Prädikat „absolut“ bei, weil sie als im absoluten Raum vor sich gehend gedacht wird. Aber der absolute Raum ist bei dieser ganzen Lehre ja nicht als Wirklichkeit, sondern nur als Idee gemeint (vgl. o. S. 243 f.).

2) IV 556: „Ohne Beziehung auf irgend etwas Empirisches.“

geleistet hatte (vgl. u. § 255) — als denkbar und möglich hinstellen zu dürfen.

Von absoluter Bewegung (oder Ruhe) in zweiter Bedeutung könnte nach IV 559 f. nur da die Rede sein, wo, „indem das eine bewegt heißt, das andere, worauf in Beziehung jenes bewegt ist, gleichwohl als schlechthin ruhig vorgestellt wird". Das wäre aber nur dann möglich, wenn wir imstande wären, „in irgendeiner Erfahrung einen festen Punkt anzugeben, in Beziehung auf welchen, was Bewegung und Ruhe absolut heißen sollte, bestimmt würde". Eine solche Angabe ist jedoch prinzipiell ausgeschlossen, denn alles, was die Erfahrung uns zeigt, „ist materiell, also auch beweglich und (da wir im Raume keine äußerste Grenze möglicher Erfahrung kennen) vielleicht auch wirklich bewegt, ohne daß wir diese Bewegung woran wahrnehmen können". Auch der Raum, in dem wir die Bewegung einer Materie wahrnehmen, ist ja nur ein relativer und darum materieller Raum, er ist vielleicht in einem erweiterten Raum in entgegengesetzter Richtung mit gleicher Geschwindigkeit bewegt, so daß die in Beziehung auf den ersten Raum bewegte Materie im Verhältnis auf den zweiten ruhig zu nennen wäre. Der zweite kann aber mit Bezug auf einen noch größeren dritten Raum seinerseits wieder bewegt sein oder gedacht werden, und im Hinblick auf diesen müßte dann der Bewegungszustand der Materie wieder umetikettiert werden. Und so fort ins Unendliche. Denn wir kommen auf diesem Wege, durch Erfahrung, niemals zu einem absoluten, unbeweglichen Raum, in Ansehung dessen einer Materie schlechthin Bewegung oder Ruhe beigelegt werden könnte, sondern der Begriff dieser Verhältnisbestimmungen wird beständig abgeändert werden müssen, je nachdem man das Bewegliche mit dem einen oder andern jener Räume in Verhältnis betrachtet. Der absolute Raum gehört ja, wie wir sahen, nicht zur Existenz der Dinge, sondern ist nur eine unentbehrliche Vernunftidee, um in ihm jeden empirischen Raum als beweglich und dadurch die Bewegung nicht bloß einseitig als absolutes, sondern jederzeit wechselseitig als bloß relatives Prädikat zu denken (IV 481, 488, 559, 563).

Im „Neuen Lehrbegriff" (II 16 f.) bringt Kant ein wirkungsvolles Beispiel, das auch IV 487 f. wiederkehrt, freilich stark verstümmelt. Wir denken uns auf einem Schiff, das auf dem Pregel an der Reede liegt. Eine Kugel wird auf ihm von Westen nach Osten bewegt: Schiff und Küste ruhn im Verhältnis zu ihr. Die Taue werden gelöst, und das Schiff treibt stromabwärts von Osten nach Westen mit derselben Geschwindigkeit, mit der die Kugel auf ihm von Westen nach Osten bewegt wird. Sie ruht also gegenüber dem Ufer, bewegt sich gegenüber dem Schiff.

Nun rotiert aber die Erde mit viel größerer Geschwindigkeit von Westen nach Osten, und mit noch größerer Schnelligkeit bewegt sie sich in derselben Richtung um die Sonne. Außerdem ist auch noch das ganze Sonnensystem mitsamt der Erde in Ansehung des Fixsternhimmels in Bewegung. Welche Bewegung, welche Richtung und welche Geschwindigkeit soll ich nun der Kugel als die ihr wirklich zukommende beilegen? Kant antwortet II 17 schon ganz in Uebereinstimmung mit den M.A.d.N.: Ich darf die Ausdrücke Bewegung und Ruhe niemals in absolutem Verstande gebrauchen, sondern immer nur respektive. „Ich soll niemals sagen: Ein Körper ruht, ohne dazu zu setzen, in Ansehung welcher Dinge er ruhe, und niemals sprechen, er bewege sich, ohne zugleich die Gegenstände zu nennen, in Ansehung deren er seine Beziehung ändert."

Aus dem Begriff der Relativität aller Bewegung (in der 2. Bedeutung) zieht Kant nun IV 487 für die geradlinigen [1]) und, wie wir zur genaueren Bestimmung noch hinzusetzen müssen: gleichförmigen Bewegungen folgende wichtige Folgerung, die er in die Form eines Grundsatzes kleidet: „Eine jede Bewegung als Gegenstand einer möglichen Erfahrung kann nach Belieben als Bewegung des Körpers in einem ruhigen Raume, oder als Ruhe des Körpers und dagegen Bewegung des Raumes in entgegengesetzter Richtung mit gleicher Geschwindigkeit angesehen werden." Welche von diesen beiden Betrachtungen ich eintreten lasse, ist für alle Erfahrung und jede mögliche Folge aus der Erfahrung völlig einerlei, da es schlechterdings unmöglich ist, von einem empirisch gegebenen Raum, und sei er noch so groß, auszumachen, ob er nicht in Ansehung eines noch größeren, ihn einschließenden Raumes seinerseits wiederum bewegt sei. Ja, noch mehr! Auch b e g r i f f l i c h kommen jene beiden Betrachtungsweisen auf ganz dasselbe hinaus. „Denn ein jeder Begriff ist mit demjenigen, von dessen Unterschiede vom ersteren gar kein Beispiel möglich ist, völlig einerlei und nur in Beziehung auf die Verknüpfung, die wir ihm im Verstande geben wollen, verschieden". Statt entweder dem Körper oder dem Raum (diesem in entgegengesetzter Richtung) die g a n z e Bewegung und Geschwindigkeit zuzuschreiben, kann ich auch jenem e i n e n Teil, diesem in entgegengesetzter Richtung den a n d e r n Teil zuweisen, ohne daß dadurch für die mir mögliche Erfahrung irgendwelche Folgen anders würden (IV 488).

114. Die Ausdrücke „mögliche Erfahrung" und „Gegenstand der ⟨oder: „einer möglichen"⟩ Erfahrung" kehren in diesen Gedankengängen

---

1) Daß bei den krummlinigen Bewegungen die Sache anders liegt, wird schon IV 488, 495 festgestellt, aber erst später im 2. Lehrsatz der Phänomenologie erwiesen.

öfter wieder (so IV 481, 487 f., 556, 559). Daß sie gewählt sind, um irgendwie eine Parallele zur R.V. und ihrer transzendentalen Methode herzustellen, unterliegt wohl keinem Zweifel. Und Stadler (20, 25, vgl. 49 f.) legt ihnen denn auch wirklich die größte Bedeutung bei und ist der Ansicht, daß Kant durch Anwendung seiner ursprünglichen transzendentalen Methode auch zu den Resultaten der M.A.d.N. gekommen sei. „Als Methode", sagt er, „ist uns die transzendentale vorgezeichnet. Es handelt sich um die bewußte Gestaltung des Größenbegriffs im Hinblick auf das Zustandekommen der einheitlichen Erfahrung, um die Diskussion desselben als eines Wertes der Wissenschaftsformel. Wir betrachten die Größe der Bewegung ‚als Gegenstand einer möglichen Erfahrung'; wir sehen nach, wie wir die Bewegung bestimmen dürfen und müssen, damit die allgemeine Erfahrungsfunktion durch sie erfüllt wird." „Gegenstand der Erfahrung heißt jede Erscheinung der Natur, insofern sie als unter den Bedingungen des Erkennens stehend betrachtet wird." Die Behauptung, daß „alle Bewegung, die ein Gegenstand der Erfahrung ist, bloß relativ ist" (IV 481), soll nichts als eine Erklärung sein, „hervorgehend aus der Reflexion auf das, was dazu gehört, daß Bewegung Gegenstand der Erfahrung werden kann".

Für jeden, der Kant und Stadler unparteiisch vergleicht, wird es klar sein, daß Stadler hier eine starke Erweiterung und damit verbunden eine entschiedene Abschwächung des Begriffs der transzendentalen Methode, wie er in der R.V. entwickelt ist, vornimmt. Dort geht er nur auf die notwendigen formalen Voraussetzungen der Vergegenständlichung von Empfindungen und der Erfahrung überhaupt, nicht auf irgendwelche einzelne Erfahrungsgegenstände und deren Vorausestzungen. Die Einheit der Erfahrung ist durch die apriorischen Begriffe und Grundsätze gewährleistet, und es ist vom Standpunkt der R.V. aus nicht abzusehn, was die Gestaltung des Begriffs der Größe der Bewegung zum „Zustandekommen der einheitlichen Erfahrung" noch beitragen oder inwiefern „die allgemeine Erfahrungsfunktion" durch die Art der Bestimmung des Begriffs der Bewegung „erfüllt" werden könnte. Wird bei irgendeinem bestimmten Gegenstand der Erfahrung, wie der Materie oder der Bewegung, nach den „Bedingungen des Erkennens" gefragt, so können es entweder nur die apriorisch-formalen Erfahrungsvoraussetzungen der R.V. sein — dann bedarf es aber keiner weiteren Untersuchungen mehr, weil sie bekannt und für alle die gleichen sind — oder es handelt sich um die materialen Bedingungen der einzelnen Gegenstände: dann käme für Materie und Bewegung z. B. die Erörterung der ursprünglichen Anziehungs- und Abstoßungskraft und ihres Konflikts, eine systematische Uebersicht über die bewegenden Kräfte, aber auch das ganze Problem von Reiz und Empfindung und damit auch das der empirischen Affektion in Betracht. Besondere formale Voraussetzungen für einzelne Erfahrungsgegenstände gibt es nicht, sie können also auch durch die transzendentale Methode nicht aufgefunden werden. Zu den materialen Bedingungen anderseits vermag sie ihrer ursprünglichen Begriffsbestimmung nach auf keine Weise einen Zugang zu eröffnen (vgl. o. S. 263 f.).

Und was speziell die Begriffe der absoluten und relativen Bewegung betrifft, so handelt es sich dabei keineswegs um die Frage, „was dazu gehört, daß Bewegung Gegenstand der Erfahrung werden kann", sondern nur um die empirische Feststellung, welche allgemeinsten Eigenschaften die Erfahrung uns an der Bewegung zeigt, welche nicht. Die Erfahrung und ihre Bearbeitung durch das Denken, wie jede Einzelwissenschaft (hier: die Naturwissenschaft) sie vornimmt, überzeugt uns davon, daß alle (geradlinige, gleichförmige) Bewegung, die je ihr Gegenstand werden, d. h. die je erfahren werden kann, stets nur relativ ist (IV 481), daß sie daher, wie der „Grundsatz" der Phoronomie (IV 487) es ausdrückt, nach Belieben als Bewegung des betreffenden Körpers im ruhigen Raum oder als Ruhe des Körpers und dagegen Bewegung des Raums in entgegengesetzter Richtung betrachtet werden kann. Auf diesem Wege der Erfahrung war schon Newton zu seiner Relativitätstheorie gekommen, die er aber eben deshalb auch auf Erfahrung beschränkte, daneben noch den absoluten Raum mit absoluten Bewegungen in ihm anerkennend. Auf demselben Weg der Erfahrung hat Kant schon 1758 die Relativitätslehre entwickelt, und auch 1786 ist sein Weg faktisch kein anderer gewesen, trotz allen Sprödetuns und trotz seiner Versuche, durch öfteren Gebrauch der Termini „mögliche Erfahrung" und „Gegenstand der Erfahrung" so etwas wie eine Uebertragung der transzendentalen Methode der R.V. auch auf diese Probleme herbeizuführen.

115. Den Begriff der relativen Bewegung in der 2. Bedeutung des Worts benutzt Kant nun des Weiteren, um den Begriff der zusammengesetzten Bewegung zu konstruieren [1]). Darunter versteht er: „eine Bewegung, sofern sie aus zwei oder mehreren gegebenen in einem Beweglichen vereinigt entspringt [2]), a priori in der Anschauung darstellen" (IV 486). Diese Darstellung darf also keiner von der Erfahrung entlehn-

1) Zu diesem Thema vgl. auch XIV 129, 135, 146, 153 f., 462—466.

2) Oder: die Bewegung eines Punktes, insofern sie „als einerlei mit zwei oder mehreren Bewegungen desselben zusammen verbunden" vorgestellt wird (IV 489). Vgl. auch o. S. 273.

ten Bedingung unterliegen; es dürfen also auch keine Kräfte vorausgesetzt werden, deren Existenz nur von der Erfahrung abgeleitet werden kann. Weiter müssen alle Begriffe fern bleiben, welche, wie die von Ursache und Wirkung, Handlung und Widerstand usw., nicht a priori in der Anschauung gegeben werden können. Es handelt sich also auch nicht etwa darum, daß zwei oder mehrere Bewegungen als miteinander verbundene Ursachen die zusammengesetzte Bewegung als ihre Wirkung hervorbringen — das wäre eine mechanische Konstruktion [1]), aber nicht die verlangte geometrische (mathematische), bei der zwei gleichzeitige Bewegungen eines und desselben Punktes zusammen e i n e , eben die zusammengesetzte, ausmachen, also in ihr enthalten sein und damit auch in der Anschauung als mit ihr einerlei erfaßt werden sollen. Eine mechanische Auflösung des Problems läge z. B. vor, wenn zwei gleichgerichtete Geschwindigkeiten in einem Körper vermittelst äußerer bewegender Ursachen (Kräfte) etwa in der Weise zusammengesetzt würden, daß ein Schiff den Körper mit einer der beiden Geschwindigkeiten forttrüge, während eine andere, mit dem Schiff unbeweglich verbundene bewegende Kraft dem Körper die zweite Geschwindigkeit eindrückte; dabei müßte aber vorausgesetzt werden, daß der Körper sich mit der ersten Geschwindigkeit in freier Bewegung erhalte, indem die zweite hinzukomme; das wäre aber ein Naturgesetz bewegender Kräfte, und davon kann nach Kant gar nicht die Rede sein, wenn die Frage lediglich dahin geht, wie der Begriff der Geschwindigkeit als einer Größe k o n s t r u i e r t werde. Dabei kommt es nur darauf an, anschaulich zu machen, „was das Objekt (als Quantum) s e i , nicht wie es durch Natur oder Kunst vermittelst gewisser Werkzeuge und Kräfte h e r v o r g e b r a c h t werden könne". Die geometrische Konstruktion einer zusammengesetzten Bewegung besteht also in dem Nachweis ihrer Kongruenz mit zwei oder mehreren verbundenen Einzelbewegungen. Denn die völlige Gleichheit (Einerleiheit, Identität), sofern sie nur in der Anschauung erkannt werden kann, ist eben die Kongruenz (IV 486 f., 489, 493 f.).

Für die Zusammensetzung können beliebig viele Bewegungen in Betracht kommen. Doch kann man dann zunächst zwei miteinander verbinden, die aus ihnen zusammengesetzte mit der dritten und so weiter, so daß sich also die ganze Lehre von der Zusammensetzung der Bewegungen auf die von zweien zurückführen läßt.

116. Dabei sind drei Fälle zu unterscheiden: entweder erfolgen die beiden gleichzeitigen Bewegungen des Körpers, die (seien sie von gleicher

1) Oder nach IV 494 eine „mechanische Ausführung dessen, was ein Begriff enthält".

oder von ungleicher Geschwindigkeit) zu einer zusammengesetzt werden sollen, in derselben Linie oder in verschiedenen; diese schließen einen Winkel ein, jene haben entweder einerlei oder entgegengesetzte Richtung[1]). In allen drei Fällen kann, wie der einzige „Lehrsatz" der Phoronomie nachweist, die Zusammensetzung nicht „gedacht" (es muß heißen: nicht „konstruiert") werden, wenn man beide Bewegungen an dem Körper als in einem und demselben Raum (dem absoluten oder dem relativen) vor sich gehend betrachtet[2]). Alle Schwierigkeiten fallen dagegen weg, wenn man sich die Sache so vorstellt, daß die eine Bewegung im absoluten Raum stattfindet, an die Stelle der andern aber eine (nach dem „Grundsatz" der Phoronomie) ihr völlig gleichgeltende Bewegung des relativen Raumes mit gleicher Geschwindigkeit in entgegengesetzter Richtung tritt[3]) (IV 489 f.).

---

1) In Kants 3. Fall, wo die Bewegungen einen Winkel einschließen, sind nach IV 495 die andern beiden Fälle enthalten. Ist der Winkel unendlich klein, so entsteht der 1. Fall, bei dem die Bewegungen in derselben Linie und Richtung vor sich gehn. Ist er von einer geraden Linie oder von 180° nur unendlich wenig verschieden, so erfolgen, wie beim 2. Fall, die Bewegungen zwar in derselben Linie, aber in entgegengesetzter Richtung. — Die Spielerei, daß Kant die drei Fälle mit den Kategorien der Größe parallelisiert, wobei der 1. Fall Einheit der Linie und Richtung, der 2. Vielheit der Richtungen in einer und derselben Linie, der 3. Allheit der Richtungen sowohl als der Linien, nach denen die Bewegung geschehen mag, zeigen soll (IV 495), muß auch Stadler 43 preisgeben, da er die Begriffe Einheit, Vielheit und Allheit nicht als echte Kategorien anerkennt. Im übrigen könnten Vielheit und Allheit ebensogut ihre Stellen tauschen, ja! ein solcher Tausch wäre sogar natürlicher. Denn im 2. Fall kommen alle auf einer Linie überhaupt möglichen Richtungen in Betracht, während der 3. Fall nur mit einer wechselnden Vielheit von Linien und Richtungen zu tun hat.

2) Für den 1. Fall beweist Kant nicht von den Bewegungen, sondern von den Geschwindigkeiten, daß sie in demselben Raum an demselben Punkt nicht zugleich anschaulich vorgestellt werden können. Das hat auch seine Richtigkeit, soweit sie als zwei getrennte und doch an dem einen Punkt miteinander verbundene aufgefaßt werden sollen.

3) Auf diese Weise läßt sich stets nur die Zusammensetzung zweier Bewegungen konstruieren. Dagegen versagt das neue Prinzip, sobald drei oder vier Bewegungen zusammengesetzt werden sollen. Das gibt Stadler 48 f. zu: man darf, wenn man eine aus zweien zusammengesetzte Bewegung mit einer dritten zusammensetzt und die daraus resultierende mit einer vierten, nicht behaupten, diese drei oder vier Bewegungen als gleichzeitig geschehend in der Anschauung wirklich konstruiert zu haben. Stadler geht sogar so weit, einen besonderen Satz zu formulieren, den Kant zwar nicht ausgesprochen habe, der aber als ein Hauptergebnis seiner phoronomischen Kritik zu betrachten sei: „Es ist unmöglich, in derselben Anschauung eine aus mehr als zwei Komponenten bestehende Bewegung eines Punktes zu konstruieren." In Wirklichkeit ist Kant weit davon entfernt, solche Unterschiede zu machen;

Im 1. Fall bewegt sich nach dem phoronomischen Lehrsatz demgemäß der Punkt A mit der Geschwindigkeit AB im absoluten Raum von A nach B, an Stelle seiner gleichzeitigen, gleichgerichteten Bewegung mit der Geschwindigkeit ab tritt die ihr gleichgeltende, gleichgeschwinde Bewegung des relativen Raumes in entgegengesetzter Richtung $ba = CB$. Beide Bewegungen werden also mit Bezug auf denselben Punkt A zu gleicher Zeit wirklich in der Anschauung vollführt, und die Gesamtverschiebung, die sie an ihm gegenüber dem relativen Raum zustandebringen, stellt sich in der Anschauung unmittelbar dar als der Summe der beiden Strecken gleich (kongruent), die der Punkt in derselben Zeit durch jede der beiden Bewegungen allein zurückgelegt haben würde, also $= AB + ab\ (= BC) = 2\ AB$. Da aber AB und ab zugleich auch die Geschwindigkeiten bezeichnen, so wird auch die Gesamtgeschwindigkeit in der unmittelbaren Anschauung als die Summe der beiden Geschwindigkeiten AB und ab (= BC) erfaßt, d. h. als ihnen kongruent konstruiert. Würden dagegen der gewöhnlichen Betrachtungsweise gemäß die beiden Bewegungen als in einem und demselben Raum vor sich gehend gedacht, so könnten die Strecken AB und BC, weil in der Hälfte der Zeiteinheit zurückgelegt, nicht die ursprünglichen Geschwindigkeiten AB und ab darstellen, die Strecke AC also auch nicht als deren Summe konstruiert werden.

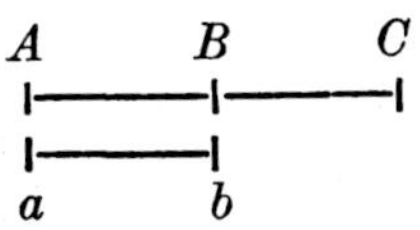

$$\begin{array}{ccc} A & B & C \\ \vdash\!\!\text{———}\!\!\vdash & \!\!\text{———}\!\!\dashv & \\ \vdash\!\!\text{———}\!\!\dashv & & \\ a & b & \end{array}$$

Im 2. Fall bewegt sich der Punkt B nach A mit der Geschwindigkeit BA im absoluten Raum, an Stelle seiner gleichzeitigen Bewegung nach C mit der gleichen Geschwindigkeit BC tritt die ihr gleichgeltende, gleichgeschwinde Bewegung des relativen Raumes von C nach B. Auch hier werden beide Bewegungen mit Bezug auf den Punkt B zu gleicher Zeit in der Anschauung wirklich vollzogen. Weil aber der Punkt B und der empirische Raum sich gleich geschwind in derselben Richtung bewegen, ändert der Punkt seinen Ort gegenüber dem relativen Raum nicht, d. h. er ruht. Auch hier stellt sich die Gleichheit der Geschwindigkeiten der Anschauung unmittelbar dar. Sind die Geschwindigkeiten aber verschieden, so erfolgt die Bewegung gegenüber dem relativen Raum in der Richtung der größeren mit einer Geschwindigkeit, die der Differenz der beiden gegebenen gleich ist und als ihr kongruent wiederum in der Anschauung unmittelbar erfaßt, d. h. konstruiert wird.

Ganz entsprechend im 3. Fall, wo zwei Bewegungen desselben Punkts A nach den Richtungen AB und AC, die einen Winkel, beispielshalber

mit seiner Konstruktion der Zusammensetzung zweier Bewegungen meint er vielmehr das ganze Problem völlig erledigt zu haben.

einen Rechten, einschließen, als zu e i n e r verbunden dargestellt werden sollen. Die Bewegung *AC* des Punkts *A* geht im absoluten Raum vor sich; an Stelle seiner gleichzeitigen Bewegung *AB* tritt die entgegengesetzte des relativen Raumes. Dann drückt, wenn man aus *C* die Linie $CD \parallel AB$ und aus *B* die Linie $BD \parallel AC$ zieht, die Diagonallinie *AD* Richtung und Geschwindigkeit der zusammengesetzten Bewegung aus, und diese wird in der Anschauung unmittelbar als eine solche erfaßt (konstruiert), welche die andern beiden Bewegungen, die auch ihrerseits in der Anschauung wirklich vollzogen werden, in sich enthält (IV 490 bis 493).

117. Kant denkt von dieser Konstruktion der zusammengesetzten Bewegung sehr hoch, und Stadler 53—55 stimmt ihm bei. „Die Regeln der Verknüpfung der Bewegungen durch physische Ursachen," d. i. Kräfte, lassen sich, ehe die Grundsätze ihrer Zusammensetzung überhaupt vorher rein mathematisch zum Grunde gelegt worden, niemals gründlich vortragen". Und darum müssen die im phoronomischen Lehrsatz zusammengefaßten Sätze „gänzlich a priori und zwar anschauend zum Behuf der angewandten Mathematik ausgemacht werden" (IV 487). Der Begriff der Größe enthält ja nach Kant (vgl. o. S. 272 f.) jederzeit den der Zusammensetzung des Gleichartigen, und Phoronomie als reine Größenlehre der Bewegung, ja! sogar schon jede Bestimmung der Größe einer Bewegung im Verhältnis zu andern (IV 494) und überhaupt jede Anwendung des Größenbegriffs auf Bewegung und Geschwindigkeit ist deshalb davon abhängig, daß der Begriff der Zusammensetzung der Bewegungen sich rechtfertigen, d. h. sich konstruieren läßt (vgl. o. S. 273).

In Wirklichkeit spielt die Möglichkeit oder Unmöglichkeit der Konstruktion (durch Darstellung der Kongruenz) hier durchaus nicht die Rolle, die Kant ihr zuschreibt; sie gehört nicht, wie in der Geometrie, „ad esse", sondern nur „ad melius esse" (R.V.[2] 759). Sie ist nicht zur Demonstration der Sätze über die Zusammensetzung der Bewegung nötig, auch nicht, um die Berechtigung des Begriffs einer Zusammensetzung von Bewegungen und besonders von Geschwindigkeiten und damit auch die Berechtigung der Anwendung des Größenbegriffs auf beide überhaupt zu erweisen; sie ist vielmehr nur wünschenswert zur Veranschaulichung.

Eine solche Veranschaulichung kann allerdings nur vermittelst einer Beziehung der beiden ursprünglichen Bewegungen auf verschiedene Räume erfolgen, darin hat Kant recht. Doch ist seine Art, diese Beziehung herzustellen, nicht die einzig mögliche, ja! nicht einmal die beste. Man kann in allen drei Fällen auch die eine Bewegung dem Punkt *A* (bzw. *B*) in bezug auf den relativen Raum, die andere Bewegung, auch in ursprünglicher Richtung, diesem relativen Raum mitsamt dem Punkt A (bz. B) in bezug auf den absoluten (bzw. einen erweiterten ruhenden relativen) Raum erteilt denken. Die Kongruenz, auf die Kant so großen Wert legt, tritt dann sogar noch viel klarer in der unmittelbaren Anschauung zutage. Ein Beispiel für die ersten beiden Fälle gibt der Schiffer, der in der Fahrtrichtung oder ihr entgegen vom einen Ende seines Schiffs zum andern geht. So schon Musschenbroek[2] 134 f. Zur Exemplifikation für den 3. Fall läßt er eine Ameise in gleichförmiger Bewegung von A nach C auf einem Lineal gehn und zugleich das Lineal mitsamt der Ameise gleichmäßig von AC nach BD bewegt werden [1]). Ein anderes Beispiel für die ersten beiden Fälle ist der Schaffner, der durch den fahrenden Eisenbahnzug geht (Höfler 23), und für den 3. Fall der Kahn, der über den Fluß gerudert und gleichzeitig von der Strömung abwärts getrieben wird.

Gegen diese Beispiele würde Kant freilich den Einwand erheben, es handle sich bei ihnen nur um eine mechanische Ausführung des im Begriff der Zusammensetzung der Bewegung Enthaltenen, wobei äußere bewegende Ursachen zu Hilfe genommen werden müßten (IV 493 f., vgl. o. S. 280 f.). Aber es sollen ja auch bloß Beispiele sein! Die prinzipielle Anschauungsweise, die durch die Beispiele nur illustriert werden soll, wird durch jenen Einwand nicht getroffen. Denn die sämtlichen phoronomischen Betrachtungen beschränken sich ja grundsätzlich auf die Bewegungen selbst, ohne nach ihren Ursachen und nach der Art, wie sie herbeigeführt werden, zu fragen. Man kann sich also mit demselben Recht

1) Ebenso in Musschenbroek[3] I 173 f., während in Musschenbroek[1] I 189 f. nur die Ameise auftritt. Die Besprechung der M.A.d.N. in den Göttingischen Anzeigen von gel. Sachen 1786 II 1915 (nach dem Tübinger Exemplar — aus dem Besitz von J. D. Reuß — von Kästner stammend) setzt Kants Verfahren im 3. Fall zu dem d'Alemberts in seinem Traité de dynamique (1743) in Parallele. Aber sehr mit Unrecht! Auch d'Alembert bedient sich zwar einer fiktiven Bewegung des empirischen Raumes, aber in ganz anderer Weise; vor allem teilt er nicht die eine der beiden Bewegungen dem Körper selbst, die andere (in entgegengesetzter Richtung) dem empirischen Raum zu, und das ist doch gerade das, was Kant kennzeichnet. — Auch G. Itelson (Zur Geschichte des psychophysischen Problems, in: Archiv f. Gesch. d. Philos. 1890, III 284 f.) geht fehl in der Annahme, Kant stehe hinsichtlich der Art, wie er in seinem 3. Fall die Zusammensetzung der Bewegung konstruiert, in Abhängigkeit von G. Ploucquets Principia de substantiis et phaenomenis (1753, § 346). Ploucquet wandelt hier auf denselben Bahnen wie Musschenbroek: er läßt auf einer Ebene eine Kugel von A nach C rollen und in derselben Zeit die Ebene sich von A nach B bewegen, gibt also nach Kants Sprachgebrauch nur eine mechanische Konstruktion; eine solche findet Kant aber gerade ungenügend und will sie durch seine geometrische ersetzen, bei welcher der relative Raum sich nicht mitsamt dem Körper in der Richtung AB, sondern, während der Körper ruht, in entgegengesetzter Richtung BA bewegt.

die zweite der beiden ursprünglichen Bewegungen als eine solche des relativen Raumes mitsamt dem Körper vorstellen, wie Kant sie sich als entgegengesetzt gerichtete Bewegung des relativen Raumes bei ruhendem Körper denkt. Beide Vorstellungsweisen können ohne Beispiele durchgeführt und sogar konstruiert werden. Werden aber Beispiele gegeben, so kommt man hier wie dort nicht ohne äußere bewegende Ursachen, Kräfte usw. aus.

Was für die von mir empfohlene Vorstellungsweise noch besonders spricht, ist, daß bei ihr der Körper im 1. und 3. Fall die beiden Bewegungen die zusammengesetzt werden sollen, wirklich vollzieht: die eine gegenüber dem relativen Raum, die andere mit diesem zusammen, beide aber mit Bezug auf den absoluten Raum. Bei Kant dagegen macht der Körper in Wirklichkeit, gegenüber dem absoluten Raum, nur eine der beiden Bewegungen; die andere wird durch die entgegengesetzte des relativen Raumes ersetzt, wobei der Körper selbst in Bezug auf den absoluten Raum ruht. Zwar behauptet Kant mit Recht, daß die Ersatzbewegung der ursprünglichen „völlig gleich gilt", was die erfahrbaren Folgen aus beiden betrifft (IV 487 f., 491). Aber der Voraussetzung gemäß sollte doch der Körper selbst beide Bewegungen vollziehen, und das geschieht eben bei Kants Konstruktion nicht. Das gilt auch für den 2. Fall, wo außerdem (bei Kant) der Körper und der relative Raum sich beide in bezug auf den absoluten Raum bewegen, während der Körper, wenn ihm selbst die beiden entgegengesetzten, gleichgeschwinden Bewegungen zukommen, in Wirklichkeit mit Bezug auf den absoluten Raum in Ruhe bleiben wird.

118. Bei Kants Betrachtungsweise wie bei der meinigen handelt es sich ohne Zweifel um Als-ob-Betrachtungen im Sinn von Fiktionen. Eine solche Als-ob-Betrachtung kann sehr wohl zur Veranschaulichung dienen: sie kann die beiden ursprünglichen Bewegungen und Geschwindigkeiten als mit der zusammengesetzten einerlei in der Anschauung darstellen. Aber eine derartige Darstellung ist trotz IV 493 [1]) von einem Beweis noch himmelweit verschieden.

Denn die Hauptsache wird bei jenen Als-ob-Betrachtungen (auch bei der Kants!) vorausgesetzt: nämlich d a ß sich überhaupt Bewegungen

1) Hier macht Kant gegen die früheren Versuche, den phoronomischen Lehrsatz zu beweisen, geltend, sie seien „immer nur mechanische Auflösungen gewesen, da man nämlich bewegende Ursachen, durch die eine gegebene Bewegung mit einer andern verbunden, eine dritte hervorbringen ließ, nicht aber Beweise ⟨wie der angebliche Kantische⟩, daß jene mit dieser einerlei sind und sich als solche in der reinen Anschauung a priori darstellen lassen".

und Geschwindigkeiten zusammensetzen lassen. Diese Zusammensetzbarkeit aber ist eine tausendfach bezeugte *Erfahrungstatsache*, die man nur konstatieren, nicht aber auf geometrische Art beweisen oder nach transzendentaler Methode deduzieren kann.

Mit vollem Recht sagt Kant IV 493: „Erklärt man eine doppelte Geschwindigkeit dadurch, daß man sagt, sie sei eine Bewegung, dadurch in derselben Zeit ein doppelt so großer Raum zurückgelegt wird, so wird hier etwas angenommen, was sich nicht von selbst versteht, nämlich: daß sich zwei gleiche Geschwindigkeiten ebenso verbinden lassen, als zwei gleiche Räume, und es ist nicht für sich klar, daß eine gegebene Geschwindigkeit aus kleinern und eine Schnelligkeit aus Langsamkeiten ebenso bestehe, wie ein Raum aus kleineren; denn die Teile der Geschwindigkeit sind nicht außerhalb einander, wie die Teile des Raumes." Wenn Kant aber fortfährt: und wenn jene <sc. die Geschwindigkeit> als Größe betrachtet werden soll, so muß der Begriff ihrer Größe, da sie *intensiv* [1]) ist, auf andere Art konstruiert werden, als der der *extensiven* Größe des Raumes", so ist die in diesen Worten zutage tretende Meinung, daß durch die von ihm eingeführte besondere Art der Konstruktion die Möglichkeit einer Verbindung zweier Geschwindigkeiten erklärt oder bewiesen oder deduziert und dadurch verständlich werde, durchaus irrig. Was er durch seine Konstruktion allein vermag, ist nur: die als möglich vorausgesetzte und in der Erfahrung uns immer wieder als Tatsache entgegentretende Verbindung zweier Geschwindigkeiten zu einer Einheit zu veranschaulichen.

Das Entscheidende ist, daß die beiden Bewegungen und Geschwindigkeiten sich eine jede unabhängig von der andern zur Geltung bringen und trotzdem zu einer neuen Einheit verschmelzen, daß z. B. (bei gleicher Linie und Richtung der beiden Bewegungen) der Körper seine 1. Bewegung und Geschwindigkeit erhält, indem die 2. ihr gleiche hinzutritt

1) Den Grund, weshalb Kant die Geschwindigkeit als intensive Größe bezeichnet, bestimmt Stadler 45 richtig dahin, daß „die Teile in ihr nicht nebeneinander enthalten, sondern gleichsam so ineinander aufgegangen und verschmolzen sind, daß nur eine ungeteilte Einheit wahrgenommen wird". Daß jene Bezeichnung nicht etwa die Geschwindigkeit mit dem Realen gleichstellen will, das der Empfindung an dem Gegenstande entspricht und das nach dem Grundsatz der Antizipationen der Wahrnehmung (R.V.) gleichfalls eine intensive Größe besitzt, bedarf kaum eines weiteren Wortes. Alles „Reale" hat zwar intensive Größe, aber nicht jede intensive Größe fällt mit jenem „Realen" zusammen (vgl. Stadlers Polemik S. 36—38 gegen Busse). Mit Recht weist Höfler 21 darauf hin, daß die Physik außer mit der Geschwindigkeit noch mit einer großen Reihe anderer intensiven Größen (wie Beleuchtungsgraden, Stromintensitäten usw.) zu tun hat, ja daß sogar ihre extensiven Größen den intensiven gegenüber bei weitem in der Minderzahl sind.

und aus beiden dann die neue Größe der doppelten Geschwindigkeit erwächst. Das ist nicht etwa, wie Kant IV 494 (o. S. 281) will, ein Naturgesetz bewegender Kräfte, das bei der Konstruktion der Geschwindigkeit als einer Größe gar nicht in Betracht käme. Es ist vielmehr die conditio sine qua non für j e d e Zusammensetzung von Bewegungen, und damit auch für die Art, wie Kant den Begriff der zusammengesetzten Bewegung konstruiert. Denn wenn er auch die eine der Bewegungen von dem Körper auf den relativen Raum überträgt, so ist das doch nur eine Als-ob-Betrachtung; die entgegengesetzte Bewegung des relativen Raumes soll ja der ursprünglichen des Körpers völlig gleich stehn. Und auch bei Kant geht doch die Forderung dahin, daß zwei Bewegungen eines und desselben Punktes zusammengesetzt werden und e i n e ausmachen sollen. Dazu ist aber eben zweierlei nötig, und beides wird auch von Kant vorausgesetzt, aber nicht bewiesen. Einmal dürfen die beiden Bewegungen und Geschwindigkeiten einander nicht deshalb, weil sie gleichsam Konkurrenten sind und auf ein und denselben Körper Anspruch machen, ganz oder teilweise annullieren; jede wahrt vielmehr ihre Eigenart und Größe, und nur, soweit sie einander in der Richtung entgegengesetzt sind, heben sie sich wechselseitig auf. Trotzdem aber machen sie anderseits eine Einheit aus und bilden zusammen eine neue intensive Größe. Beides kann nur aus der Erfahrung entnommen und durch die Konstruktion bloß veranschaulicht, aber nicht bewiesen werden. Das erste hängt aufs engste mit dem Trägheitsgesetz zusammen und ist keineswegs immer anerkannt worden [1]). Noch um die Mitte des 17. Jahrhunderts wurde gegen Kopernikus eingewendet: wenn die Erde sich wirklich bewegte, würden senkrecht in die Höhe geschleuderte Körper nicht auf ihren Ausgangspunkt zurückfallen (sc. weil sie infolge ihrer Aufwärtsbewegung nicht mehr an der Rotationsbewegung der Erde teilnähmen und die Erde also mit dem Punkt, von dem sie aufstiegen, unter ihnen wegliefe). Um diese Einwände zu widerlegen, ließ Gassendi auf einem schnell bewegten Schiff einen Stein senkrecht in die Höhe werfen — er fiel auf den gleichen Teil des Verdecks zurück, von dem aus er geworfen war; ein vom Mastbaum fallen gelassener Stein erreichte hart an seinem Fuß den Boden [2]). Und das Zweite: daß intensive Größen wie Geschwindig-

1) Heute leugnet ja Einsteins Relativitätstheorie prinzipiell das Additionstheorem der klassischen Mechanik, nach dem die Geschwindigkeit, die ein Einzelkörper in einem bewegten System hat, zu der Geschwindigkeit dieses Systems hinzuaddiert werden kann und muß, um seine Gesamtgeschwindigkeit zu erhalten.

2) Gassendi: De motu impresso a motore translato, 1649. Vgl. Fr. A. Langes Geschichte des Materialismus [3], 1876, I 230.

keiten sich addieren und subtrahieren lassen, daß eine größere aus kleineren zusammengesetzt sein und also aus ihnen bestehen kann, „versteht sich“ freilich „nicht von selbst“ und „ist nicht für sich klar“ (IV 493). Aber es ist eine vielfach konstatierte Tatsache, und nur, weil dem so ist, kann überhaupt von einer Zusammensetzung von Bewegungen und Geschwindigkeiten die Rede sein und kann versucht werden, die dafür geltenden Gesetze festzustellen [1]). Kants Konstruktion auf Grund der Alsob-Betrachtung veranschaulicht die Zusammensetzung und ihre Gesetze (daß z. B. bei Zusammensetzung zweier gleicher Geschwindigkeiten gerade die doppelte entsteht), vermag aber weder diese Gesetze zu beweisen noch die Zusammensetzbarkeit zu begründen noch die tatsächliche Verbindung zweier Geschwindigkeiten zu einer neuen intensiven Größe in ihrem eigentlichen Wesen verständlich zu machen.

Zwischen Kants Konstruktion der Zusammensetzung der Bewegungen und den geometrischen Beweisen auf Grund einer Konstruktion der Begriffe ist eben ein prinzipieller Unterschied. Hier handelt es sich nur um ein Nebeneinander räumlicher Verhältnisse, dort um ein Geschehn; hier, um mit Schopenhauer zu sprechen, nur um das principium essendi, dort um das principium fiendi. Daß auch ein Geschehn, wie jede Bewegung es darstellt, daß auch intensive Größen, wie die Geschwindigkeiten, sich in analoger Weise wie Raumstrecken zusammensetzen lassen, kann durch Kants Konstruktion niemals bewiesen werden, wird vielmehr von ihr vorausgesetzt. Erst nachdem die Zusammensetzbarkeit durch vielfältige Erfahrung als T a t s a c h e festgestellt und dadurch erst die Grundlage für eine mathematische Behandlung geschaffen ist, kann eine Konstruktion nach Art Kants einsetzen, und auch dann nur mit dem Zweck zu veranschaulichen, nicht zu beweisen.

119. Das Ergebnis der Untersuchung ist also, daß Kants Ansprüche weit davon entfernt sind, begründet zu sein. Seine Phoronomie mit ihrer besonderen Art, die Begriffe der Bewegung und Geschwindigkeit als Größen zu konstruieren, rechtfertigt so wenig die Anwendbarkeit des Größen-

1) Daß hier wie dort die Erfahrung die letzte Quelle ist, geht schon daraus hervor, daß sehr wohl ein Naturzusammenhang ohne Widerspruch denkbar wäre, in dem das Trägheitsgesetz keine Gültigkeit hätte und die Körper stets nur e i n e m Bewegungsimpuls (etwa dem stärksten von mehreren gleichzeitigen) folgten, in dem deshalb eine Zusammensetzung von Bewegungen und Geschwindigkeiten ausgeschlossen wäre, in dem schließlich eine Seitenkraft auf eine vorhandene Bewegung nur unter der Bedingung einwirken könnte, daß das Produkt *mv* bei ihr größer wäre als bei dieser, und die Einwirkung sich dann stets in d e r Weise vollzöge, daß die schwächere Bewegung völlig aufgehoben und durch die von der Seitenkraft hervorgebrachte ersetzt würde.

begriffs auf jene Erscheinungen, daß sie dieselbe vielmehr ihrerseits schon voraussetzt. Ihr einziges Verdienst ist das der Veranschaulichung, und gerade dieses kann auf anderem Wege (indem die 2. Bewegung in ihrer ursprünglichen Richtung dem relativen Raum mitsamt dem Körper verliehen gedacht wird) weit besser erreicht werden.

Man kann deshalb auch nicht zugeben, daß Kants M.A. der Phoronomie „zum Behuf der angewandten Mathematik" (IV 487) unentbehrlich sind, daß sie allgemeine Prinzipien der Konstruktion der zum Wesen der Materie überhaupt gehörenden Begriffe und damit auch der Möglichkeit einer mathematischen Naturlehre aufstellen (IV 472 f.), noch mit Stadler 41 ihre Aufgabe darin erblicken, die Anwendung der Mathematik auf Naturwissenschaft zu begründen und zu sehn, wie weit die Allgemeinheit und Notwendigkeit mathematischer Sätze sich auf die Naturgesetze übertragen lasse. Das sollte ja die R.V., wie auch Stadler 50 zugeben muß, schon längst zu voller Zufriedenheit geleistet haben. Und was insbesondere den Begriff der Geschwindigkeit als intensiver Größe betrifft, so sagt Stadler 44 f. mit Recht: „Den Raum kann ich einteilen, ebenso die Zeit, indem ich sie durch das Ziehen einer Linie auf den Raum projiziere. Das Verhältnis dagegen von Raum und Zeit oder die Geschwindigkeit kann ich in der reinen Anschauung nicht als zusammengesetzt vorstellen; es fehlt mir für den Begriff dieser Größe die Anschauung eines Auseinander, das ich in Teile zerlegen könnte. Ich mag die Zeiteinheit so klein annehmen, als ich will, die Größe der Geschwindigkeit bleibt mir immer als Ganzes gegeben; ich kann die Teile nicht sehen, die sie zur Größe machen." Daran wird auch durch Kants Konstruktion des Begriffs der zusammengesetzten Bewegung nichts geändert. Die intensive Größe läßt sich nun einmal in ihrer Besonderheit nicht räumlich darstellen. Trotzdem ist sie aber als Größe einer mathematischen Behandlung tätig, und speziell von den Geschwindigkeiten zeigen Erfahrung und Experiment auf Schritt und Tritt, daß sie zu bzw. voneinander addierbar und subtrahierbar sind. Gelingt es, räumliche Symbole für die intensive Größe zu schaffen, so wird, weil die Anschauung hinzutritt, die mathematische Behandlung erleichtert, evtl. auch erweitert, aber nicht erst ermöglicht; die nötigen Voraussetzungen für sie bestanden vielmehr schon vorher.

Ich kann daher Stadler nicht beipflichten, wenn er das Verdienst von Kants Phoronomie in der Entdeckung des gültigen Größenbegriffs der Bewegung sieht. Zunächst hat Kant meines Wissens nirgends erklärt, daß „der gewöhnliche Begriff der extensiven Größe auf die Bewegung nicht anwendbar" sei (S. 53). Nur für die Geschwindigkeit hat er das behauptet. Bewegung aber wie Geschwindigkeit werden nicht erst, wie Kant und Stadler wollen, durch die Konstruktion zu Größen und zu etwas Zusammensetzbarem, werden auch nicht erst durch die Konstruktion als beides erkannt. Sondern sie müssen beides schon sein und auch als beides schon erkannt sein, um überhaupt konstruiert werden zu können. Die Konstruktion kann hier eben nur veranschaulichen, aber nicht Neues schaffen.

Was Stadler 53—55 bei einem Rückblick auf die Phoronomie über deren Absichten sagt, läßt sich kaum mit der viel weitergehenden Aufgabe vereinigen, die er ihr S. 41 zuwies (vgl. den vorletzten Absatz). Nach der späteren Stelle besteht die prinzipielle Bedeutung, die Kants Entdeckung des gültigen Größenbegriffs der Bewegung zukommt, angeblich darin, daß sie die Phoronomie zu genauen Begriffsbestimmungen veranlaßt. Kants Bemühungen sollen jetzt nur darauf hinauslaufen, die Kinematik über ihre Grundbegriffe aufzuklären, der reinen wie der angewandten Mathematik zum deutlichen Bewußtsein um die erkenntnistheoretische Geltung der Grundbegriffe, mit denen sie operieren, zu verhelfen, wie er denn der Metaphysik überhaupt nur die Aufgabe zugestanden haben soll, die Einzelwissenschaften zur Prüfung ihrer Grundbegriffe zu zwingen.

Aber wenn Kants Absichten wirklich nur darauf ausgegangen wären: wozu dann der ganze Aufwand der transzendentalen Methode? Wozu dann sein starkes Drängen auf Apriorität und Reinheit? Alles das hat doch hauptsächlich den Zweck, für die Metaphysik überhaupt und damit auch für die M.A.d.N. strenge Apodiktizität und erschöpfende Vollständigkeit zu erringen im Gegensatz zu der nie vollendbaren empirischen Naturwissenschaft mit ihrer beschränkten Induktionsallgemeinheit. Damit hängt auch der starke Nachdruck zusammen, den Kant in den M.A.d.N. überall auf die einwandfreie Stringenz seiner Beweise und Deduktionen legt. Hätte er tatsächlich nur die Naturwissenschaft, hier speziell die Kinematik, „zur Prüfung ihrer Grundbegriffe" und „zu genauen Begriffsbestimmungen veranlassen" wollen, so hätte er sein Ziel einfacher, ohne solche große Veranstaltungen, erreichen können, und die Vorrede zu den M.A.d.N. würde er dann wohl kaum geschrieben haben.

Der transzendentalen Methode freilich bedient er sich in seiner Phoronomie, wie wir o. S. 279 f. sahen, in einer so äußerlichen Weise, daß sie ihm unmöglich den Ertrag an Apodiktizität usw. erbringen kann, den er sonst von ihr erwartet. Formeln wie „Gegenstand einer möglichen Erfahrung" und ähnliche laufen zwar mit unter. Sie sollen offenbar Parallelen zur R.V. und ihrer transzendentalen Methode darstellen, entstammen aber in Wirklichkeit einem ganz anderen Boden und haben mit der transzendentalen Fragestellung nichts zu tun. Was Stadler 20, 49 f. über die Rolle ausführt, die der Begriff der Einheit der Erfahrung auch in Kants Phoronomie spiele, ist größtenteils reine Phantasie.

c) Mechanik.

120. Für die Zwecke der Mechanik definiert Kant die Materie als „das Bewegliche, sofern es als ein solches ⟨genauer: durch seine Bewegung⟩ bewegende Kraft hat" (IV 536). Daß mein Einschub berechtigt ist, zeigt eine Anmerkung, die Kant dieser Definition beifügt. Nach ihr konnte der bloß dynamische Begriff der Materie diese auch als in Ruhe [1]) betrachten: die bewegende Kraft, die für die Dynamik in Frage kam, betraf bloß die Erfüllung eines gewissen Raumes, die ihn erfüllende Materie selbst wurde nicht als bewegt angesehen.

Von hier aus ergibt sich eine Zweiteilung der bewegenden Kräfte: die der Dynamik (Zurückstoßung und Anziehung) waren ursprünglich-bewegende Kräfte, um Bewegung zu erteilen; die der Mechanik sind Kräfte einer in Bewegung gesetzten Materie, welche diese Bewegung einer andern mitteilen [2]). Diese Kräfte setzen jene voraus. Eine bewegte Materie könnte niemals einer andern ihr im Wege stehenden eine Bewegung eindrücken, wenn nicht beide ursprüngliche Zurückstoßungskräfte hätten, und sie könnte niemals eine andere nachschleppen, d. h. sie nötigen, ihr in der geraden Linie zu folgen, wenn nicht beiden ursprüngliche Anziehungskräfte zu eigen wären. Kein Bewegliches würde also je durch seine Bewegung bewegende Kraft haben, wenn es nicht ursprünglich-bewegende Kräfte besäße, durch die es vor aller eigenen Bewegung in jedem Ort, da es sich befindet, wirksam ist.

Auf die Mitteilung der Bewegung durch Anziehung erklärt Kant nicht weiter eingehn zu wollen; er werde sich auf die Mitteilung durch repulsive Kräfte (Druck, etwa vermittelst gespannter Federn, und Stoß) beschränken, da die Anwendung der Gesetze der einen Art Kräfte auf die andere nur in Ansehung der Richtungslinie verschieden sei.

Der Gang der Mechnik ist der, daß Kant zunächst die Begriffe der Quantität der Materie und Bewegung behandelt und darauf die drei mechanischen Grundgesetze (der Konstanz der Materie, der Trägheit, der Gleichheit von Wirkung und Gegenwirkung) erörtert und beweist.

---

1) Hinsichtlich der „Kräfte in Ruhe" vgl. o. S. 181 mit Nachweisen.

2) Diese Zweiteilung der Kräfte tritt uns auch schon in den Aufzeichnungen der 70er Jahre wiederholt entgegen. Vgl. XIV 153, 162, 166, 170, 186—194, 269 f.

1. Quantität der Materie und Bewegung.

121. Kant beginnt mit Definitionen. Die Quantität der Materie definiert er als die Menge des Beweglichen in einem bestimmten Raum [1]). Er bezeichnet sie nicht ohne weiteres auch als Masse. Denn flüssige Materien wirken oft durch ihre Bewegung nicht in Masse, d. h. mit allen ihren Teilen zugleich, sondern nur „im Flusse", d. h. ihre Teile nacheinander, wie z. B. das Wasser eines Mühlbachs auf die Schaufel des unterschlägigen Wasserrades. Damit also die Quantität der Materie mit ihrer Masse gleichgestellt werden könne, muß vorausgesetzt werden, daß alle ihre Teile in ihrer Bewegung zugleich bewegend wirken.

Die Größe der Bewegung, phoronomisch betrachtet, besteht in dem Grad der Geschwindigkeit; mechanisch wird sie durch das Produkt aus der Quantität der bewegten Materie und ihrer Geschwindigkeit (mv) gemessen.

122. Dies Produkt bildet, wie der 1. Lehrsatz feststellt, zugleich das einzige allgemeine Maß für die Quantität verschiedener Materien, ihre Geschwindigkeit als gleich vorausgesetzt. Der Beweis fußt darauf, daß wegen der unendlichen Teilbarkeit der Materie keiner ihre Quantität durch die Menge ihrer Teile unmittelbar bestimmt werden kann. Bei einer Vergleichung gleichartiger Materien kann zwar die Größe des beiderseitigen Volumens einen Maßstab der Größe abgeben, doch wäre er nicht allgemein, weil nicht anwendbar auf spezifisch verschiedene Materien. Als einziges allgemeingültiges Maß bleibt also nur die Bewegungsquantität bei gleicher Geschwindigkeit übrig (IV 537 f.).

123. Hier scheint ein Zirkel vorzuliegen, insofern nach dem Lehrsatz die Quantität der Materie durch die Bewegungsgröße bei gleicher Geschwindigkeit, nach der Definition der Bewegungsgröße diese bei gleicher Geschwindigkeit durch die Quantität der Materie gemessen wird. Aber von einem Zirkel, meint Kant, könnte man mit Recht nur dann sprechen, wenn zwei identische Begriffe wechselseitig voneinander abgeleitet würden. In Wirklichkeit aber handelt es sich nur einesteils um eine Definition der fraglichen beiden Begriffe, andernteils um die Anwendung des Begriffs „Quantität der Materie" auf die Erfahrung, d. h. um den Nachweis, die Messung dieser Quantität im Einzelfall (IV 540). Oder, anders ausgedrückt: der Begriff der Quantität der Materie wird zwar benutzt, um die Bewegungsgröße zu definieren, wird aber seinerseits unabhängig von

---

1) Aber wie können zwei verschiedene Materien in gleichen Räumen verschiedene Mengen des Beweglichen enthalten, wenn sie beide in ganz gleicher Weise ins Unendliche teilbar sind?! Vgl. o. S. 217.

diesem Begriff definiert; doch muß man sich des letzteren bedienen, um im Einzelfall die Quantität einer Materie erfahrungsgemäß zu bestimmen. Und das unterliegt deshalb keinen Bedenken, weil, wenn Bewegungsgröße und Geschwindigkeit einer bewegten Materie bekannt sind, ihre Quantität definitionsgemäß dadurch gefunden werden kann, daß man die Bewegungsgröße durch die Geschwindigkeit dividiert. Bewegen sich also zwei Körper mit gleichen Geschwindigkeiten, so stehen ihre Quantitäten in demselben Verhältnis zueinander wie ihre Bewegungsgrößen und können demgemäß einander als Maß dienen: ihre Quantitäten können durch einen Vergleich ihrer Bewegungsgrößen und ihre Bewegungsgrößen durch einen Vergleich ihrer Quantitäten, falls diese schon bekannt sein sollten, gemessen (bestimmt) werden.

124. Daß die Quantität der Materie als die Menge des Beweglichen (außerhalb einander) gedacht werden müsse, ist nach IV 539 f. „ein merkwürdiger und Fundamentalsatz der allgemeinen Mechanik". In ihm kommt zum Ausdruck, daß die Materie keinen Grad der bewegenden Kraft besitze, der von der Menge des Beweglichen außer einander unabhängig wäre und bloß als intensive Größe betrachtet werden könnte. Anders wäre die Sache, wenn die Materie aus Monaden bestünde: deren Realität müßte allerdings „in aller Beziehung", also auch mit Bezug auf bewegende Kraft, einen Grad haben, der größer oder kleiner sein könnte, ohne von einer Menge der Teile außer einander abzuhängen [1]).

125. Verwandt mit dieser Ausführung ist eine weitere auf IV 540 f., die sich zwar nicht direkt gegen die monadologische Auffassung, sondern gegen eine etwaige dynamische Schätzung oder besser Messung der Quantität der Materie (anstatt der mechanischen) wendet. Nach ihr handelt es sich bei der Quantität der Materie um die Quantität der Substanz im Beweglichen und nicht um die Größe einer gewissen Qualität der Materie, etwa der ursprünglich-bewegenden Kräfte der Zurückstoßung oder Anziehung. Die Substanz stellt ihrem Begriff nach das letzte Subjekt im Raum dar, das weiter kein Prädikat von einem andern ist. Als solches wird sie durch eigene Bewegung erwiesen, d. h. die Tatsache, daß ein Teil der Materie für sich als selbständiger beweglich ist und in seiner Bewegung

1) Schlimm nur, daß diese Schätzung der Quantität der Materie durch die Menge des Beweglichen sich nicht in Einklang mit der Lehre von der unendlichen Teilbarkeit der Materie bringen läßt. Kants Massenbegriff drängt geradezu zur Monadologie. Wird beim Massenbegriff mit der stetigen Materie wirklich Ernst gemacht, dann kann die Masse nur von der intensiven Größe des Realen in einem bestimmten Raum abhängig sein, wie Kant denn auch IV 505 bei Erörterung der unendlichen Teilbarkeit „Quantität der Materie" durch „Quantum repulsiver Kräfte" erklärt. Vgl. o. S. 217.

bewegende Kraft hat, kennzeichnet ihn als Substanz (vgl. IV 503, o. S. 195). Deren Quantität wird also durch die Vielheit (Menge) der selbständig bewegten Subjekte angegeben und kann nur durch die Größe der eigenen Bewegung der letzteren bei gleicher Geschwindigkeit, also mechanisch, gemessen werden. Eine dynamische Messung ist nicht möglich, da die Größe dynamischer Eigenschaften nicht unzweideutig auf eine Vielheit selbständiger Subjekte hinweist, sondern auch Wirkung einer besonders großen Kraft eines einzigen Subjekts sein könnte, wie z. B. ein und dasselbe Luftteilchen je nach seiner Erwärmung bald mehr bald weniger Elastizität haben und demgemäß derselbe Luftdruck gegen die Wände eines Gefäßes sowohl von einem größeren als (bei steigender Erwärmung) von einem geringeren Quantum Luft herrühren kann. Diese dynamische Messung müßte also nach Kant, ähnlich wie die monadologische Auffassung, mit intensiven Größen rechnen, ohne Gewähr dafür, daß die extensiven Größen, d. h. die Menge des Beweglichen außer einander, in einem festen Verhältnis zu ihnen stünden.

Unbeschadet dieser prinzipiellen Ablehnung dynamischer Messungen kann doch die ursprüngliche Gravitationsanziehung vermittelst des Wägens ein Maß der Quantität der Materie und ihrer Substanz abgeben. Da sie eine durchdringende Kraft ist, wirkt die eine Materie mit allen ihren Teilen unmittelbar auf alle Teile der andern ein, die Wirkung ist also bei gleichen Entfernungen der Menge der Teile proportioniert. Außerdem erteilt der ziehende Körper sich durch den Widerstand des gezogenen auch selbst „eine Geschwindigkeit der eigenen Bewegung", die bei gleichen äußeren Umständen wieder der Menge seiner Teile entspricht. Und so ist diese Messung zwar der Kraft nach, die bei ihr zugrunde gelegt wird, dynamisch, im übrigen aber doch, wenn auch nur indirekt, mechanisch.

126. Nach dem „Zusatz" zum 1. Lehrsatz (IV 538 f.) liegt in der Definition der Bewegungsgröße unmittelbar drin [1]), daß es „einerlei ist, ob ich die Quantität der Materie eines Körpers doppelt so groß mache und die Geschwindigkeit behalte, oder ob ich die Geschwindigkeit verdoppele und eben diese Masse behalte". Diese Einerleiheit, d. h. die gegenseitige Unabhängigkeit der beiden die Bewegungsgröße bildenden Faktoren voneinander, ist eine Tatsache, die uns in Erfahrung und Experiment tausendfach entgegentritt, deren Gegenteil aber sehr wohl denkbar wäre und von der modernen Relativitätstheorie sogar behauptet wird, wenn sie bei einer sehr großen Geschwindigkeit die Masse von dieser abhängig

---

1) Die wiederholte Definition und die zitierten Worte sind durch „d. i." verbunden.

sein läßt. Doch kommt jene Theorie ja für Kants Zeit nicht in Betracht. Für sie galt, daß Erfahrung und Messung uns überall jene Einerleiheit zeigen, und nur weil dem so ist, hat man die Bewegungsgröße durch *mv* definieren können. Nicht also ist die Definition der Grund der Einerleiheit, wie Kants „d. i." es annimmt, sondern die erfahrungsgemäß erkannte Einerleiheit ist der Grund der Definition. Kant aber will der Erkenntnis der Einerleiheit Aprioritätscharakter verleihen; darum läßt er sie mit der Definition der Bewegungsgröße unmittelbar gegeben sein.

Trotzdem fügt er aber in den nächsten Sätzen, die durch ein „denn" eingeleitet werden, noch eine weitere Begründung hinzu, die sich um den Begriff der Konstruktion gruppiert, wodurch der ohnehin schon schwierige Gedankengang noch schwerer verständlich wird. Der bestimmte Begriff von einer Größe, hören wir, ist nur durch die Konstruktion des Quantum, d. h. durch die Zusammensetzung des Gleichgeltenden möglich [1]); folglich besteht die Konstruktion der Bewegungsgröße in der Zusammensetzung vieler einander gleichgeltenden Bewegungen. Und nun greift Kant plötzlich auf die „phoronomischen Lehrsätze" zurück, nach denen es „einerlei" sei, „ob ich einem Beweglichen einen gewissen Grad Geschwindigkeit oder vielen gleich Beweglichen alle kleinere Grade der Geschwindigkeit erteile, die aus der durch die Menge des Beweglichen dividierten gegebenen Geschwindigkeit herauskommen". Hiernach ist dieselbe „Einerleiheit", die nach dem Anfang des „Zusatzes" mit der Definition der Bewegungsgröße gegeben ist, in den „phoronomischen Lehrsätzen" enthalten bzw. folgt unmittelbar aus ihnen. Bei dieser Rückbeziehung dürfte kaum an den einzigen Lehrsatz in Kants Phoronomie zu denken sein, wenn schon der Hinweis auf diesen im Anfang der Dynamik (vgl. o. § 75 Anfang) sich auch durch große Ungenauigkeit auszeichnete. Vielmehr wird man wohl mit Stadler 132 annehmen müssen, daß Kant die damalige mathematische Bewegungslehre im Sinn hat. Denn von dieser unterscheidet sich seine eigene Phoronomie ja gerade dadurch, daß sie nur die Bewegung eines einzigen Punktes behandelt und, wie Kant selbst gleich darauf feststellt, das Bewegliche ohne jede Rücksicht auf etwaige bewegende Kraft betrachtet; deshalb sei es auch in ihr nicht tunlich, sich eine Bewegung

1) Diesem Satz entsprechen in der Phoronomie genau die o. § 109 Anm. abgedruckten Worte: „Der bestimmte — Gleichartigen" (IV 489, vgl. 495). In der Phoronomie handelt es sich nur um Zusammensetzung von Bewegung und Bewegung, von Geschwindigkeit und Geschwindigkeit; weshalb Kant dort von Zusammensetzung des Gleich a r t i g e n , hier, in der Mechanik, dagegen, wo m und v die Faktoren der Bewegungsgröße bilden, von Zusammensetzung des Gleich g e l t e n d e n spricht.

als aus vielen außerhalb einander befindlichen zusammengesetzt vorzustellen [1]).

Ich kann mich nicht davon überzeugen, daß die Einführung des Begriffs der Konstruktion an dieser Stelle geeignet ist, die Sache oder das Verständnis irgendwie zu fördern, trotz der großen Bedeutung, die Stadler 129 ihr beilegt. Mir scheint sie nur in dem unfruchtbaren Streben Kants begründet zu sein, seinen Untersuchungen den Charakter der Apriorität zu verleihen und sie von der Erfahrungsgrundlage unabhängig zu machen.

Mit der eigentlichen geometrischen Konstruktion hat die hiesige kaum mehr als den Namen gemein. Jene soll, wie wir o. § 106 Anfang sahen, den Begriff (etwa eines Dreiecks) in einer apriorischen Anschauung darstellen, und das Charakteristische dabei ist, daß der an dieser Einzelfigur geführte Beweis deshalb, weil letztere, obwohl empirisch, doch den Begriff in seiner ganzen Allgemeinheit auszudrücken dient, auch für alle andern Dreiecke zutrifft, also allgemeingültig ist. Davon kann aber IV 538 gar keine Rede sein. Und auch die Bemerkung der Vorrede zu den M.A.d.N., daß die Schrift Prinzipien für die Konstruktion der zur Möglichkeit der Materie überhaupt gehörigen Begriffe aufstellen solle, um so die Anwendung der Mathematik auf die Körperlehre zu ermöglichen (vgl. o. S. 270), kommt für die obige Stelle nicht in Betracht. Sie will nicht allgemeine Prinzipien für die Konstruktion an die Hand geben, sondern nur einen einzelnen Begriff, den der Bewegungsgröße, konstruieren, d. h. „a priori in der Anschauung darstellen" (IV 486) oder „anschaulich machen, was das Objekt (als Quantum) sei" (IV 494). Aber ich sehe nicht ein, inwiefern die obige Stelle auch nur das Mindeste zu einer solchen Veranschaulichung beitrüge. In der Phoronomie, wo es sich nur um Bewegungen nach Richtung und Geschwindigkeit handelte und wo sich deshalb alles in Raumstrecken darstellen ließ, könnte man die Rede von der Veranschaulichung vielleicht noch gelten lassen. Aber hier, wo doch nach Kant selbst schon die Definition der Bewegungsgröße oder (nach der andern Lesart) die phoronomischen Lehrsätze die Zusammensetzbarkeit von Masse und Geschwindigkeit als gleichgeltenden Faktoren klar aussprechen, bringt die um den Begriff der Konstruktion sich gruppierende Erörterung keinerlei Zuwachs an Anschaulichkeit.

Es liegt nun zwar nahe zu sagen: die Anschauung, in der die Bewegungsgröße dargestellt werde, sei nicht der Raum, sondern die Zeit;

1) Der 2. Teil des „Zusatzes" beschäftigt sich mit dem Maß der Kraft, als welches Kant (unter völligem Ausschluß von mv^2) nur mv anerkennt, sowie mit dem Unterschied zwischen toten und lebendigen Kräften. Dieser Teil ist schon o. § 49 behandelt.

denn die Konstruktion bestehe hier eben in der Zusammensetzung des Gleichgeltenden, d. h. darin, daß durch die Einbildungskraft in der Zeit Teil zu Teil, Masse zu Masse, Geschwindigkeit zu Geschwindigkeit hinzugefügt werde, bis die bestimmte Bewegungsgröße gleichsam durch sichtbares Wachstum erreicht sei; wie die Zeit die Grundlage alles Zählens, also auch der ganzen Arithmetik sei, so stelle sie hier das Mittel dar, durch das der Begriff der Bewegungsgröße allein anschaulich gemacht werden könne. Aber daß jede Bewegungsgröße sich aus Masse und Geschwindigkeit zusammensetzen lasse, ist ja, wie gesagt, nach Kant schon in der von ihm gegebenen Definition bzw. in den phoronomischen Lehrsätzen enthalten. Durch Feststellung dieser prinzipiellen Tatsache veranschaulicht Kant nichts. Auch fügt er durch sie dem eisernen Bestand an Erfahrungstatsachen [1]), den jedes physikalische Lehrbuch bringt, kein neues, speziell kein erkenntnistheoretisches Element hinzu.

Die weitergehende Behauptung aber, daß der bestimmte Begriff von einer Größe nur durch die Konstruktion das Quantum, d. h. durch die wirliche Zusammensetzung des Gleichgeltenden möglich sei, ist einfach unrichtig. Es genügt dazu [2]) vielmehr ein Maß, das als Einheit zugrunde gelegt wird, und eine Zahl, die angibt, wie oft das Maß in der Größe enthalten sei. Die Begriffe eine Million Mark oder Kilogramm oder Kilometer sind doch ohne Zweifel „bestimmte Begriffe von einer Größe". Es bedarf aber, um sie zu bilden, durchaus nicht erst einer Konstruktion, d. h. man braucht sie sich nicht erst (in der Einbildungskraft) aus ihren Teilen zusammensetzen zu lassen. Eine solche Zusammensetzung ist nur dann nötig, wenn irgendein Einzelfall dem allgemeinen Begriff der bestimmten Größe subsumiert werden soll, wenn z. B. die Million Mark in bar ausbezahlt werden oder ein Kilogramm Mehl ausgewogen oder 1000 m auf dem Erdboden abgemessen werden sollen.

Auch Stadlers Formulierung (129) schließlich hilft nicht weiter. Nach ihr hat Kants Mechanik die Aufgabe, die bewegende Kraft dem Größenbegriff zu unterwerfen, wie die Phoronomie dasselbe mit der reinen Bewegung, die Dynamik mit der Raumerfüllung getan habe. Aber diese Unterwerfung brauchte Kant nicht erst durch erkenntnistheoretische Erwägungen zu vollziehen oder zu begründen, sie war schon längst von

1) Denn um eine solche handelt es sich, wie wir sahen, in Wirklichkeit. Nur die Erfahrung kann uns über die gegenseitige Unabhängigkeit von Masse und Geschwindigkeit und damit über deren Zusammensetzbarkeit als gleichgeltender Faktoren zu einem Produkt belehren.

2) Soweit nicht einfache, nicht-zusammengesetzte Größen in Betracht kommen, die, wie wir o. S. 272 f. sahen, an sich sehr wohl möglich sind.

der Physik auf Grundlage der Erfahrung vorgenommen, und an der Rechtmäßigkeit dieses Schrittes zu zweifeln, lag kein Grund vor. Um von Bewegungsgröße sprechen zu können, bedurfte es deshalb nicht erst einer Konstruktion dieses Begriffs in Kantischem Sinn.

Von welcher Seite man also die Sache auch anfassen mag: die Einführung des Begriffs der Konstruktion stellt keine Notwendigkeit dar, und es erwächst aus ihr keinerlei Gewinn.

2. Das Gesetz von der Beharrlichkeit der Materie.

127. Der 2. Teil der Mechanik enthält die drei mechanischen Grundgesetze. Das erste ist das Gesetz der Beharrlichkeit oder (nach IV 551) Selbständigkeit (= Substanzialität) der Materie [1]) oder die lex subsistentiae: „Bei allen Veränderungen der körperlichen Natur bleibt die Quantität der Materie im ganzen dieselbe, unvermehrt und unvermindert.“ [2])

Das Gesetz stützt sich auf die 1. Analogie, nach der bei allen Veränderungen der Natur Substanz weder entsteht noch vergeht, und es muß nur noch dargetan werden, was in der Materie als Substanz anzusprechen ist. Aber dafür bedürfte es eigentlich keiner neuen Erörterung: ein Rückweis auf die Definition der Quantität der Materie IV 537 wie auf IV 503, 540 f. (vgl. o. S. 195, 293, 294 f.) hätte genügt. Denn an diesen

1) Der Plural „Materien“, den Kant IV 551 gebraucht und auf den Stadler 139 Wert legt, bezieht sich wohl nur auf „Gegenwirkung“. Nach „Trägheit“ ist doch sicher auch „der Materie“ und nicht „der Materien“ zu ergänzen.

2) Newton nimmt dies Gesetz nicht unter seine Grundgesetze auf und erwähnt es überhaupt nirgends. — In Kants Inauguraldissertation vom Jahr 1770 (II 418 f.) erscheint es als eines der drei principia convenientiae, die keinen objektiven Charakter tragen, sondern sich nur auf subjektive Gründe stützen, darauf nämlich, daß sie erst die Bedingungen für einen möglichst freien und weiten Verstandesgebrauch schaffen. Sie sind also bloße Forschungsmaximen, doch legen wir ihnen axiomatische Bedeutung bei, weil unser Verstand sich fast aller Urteile über ein gegebenes Objekt enthalten müßte, wenn er sich ihrer nicht bediente. Die drei Prinzipien lauten: 1. omnia in universo fieri secundum ordinem naturae; 2. principia non esse multiplicanda praeter summam necessitatem; 3. nihil omnino materiae oriri aut interire, omnesque mundi vicissitudines solam concernere formam. Vom 3. Prinzip stellt Kant fest, daß es trotz seiner allgemeinen Anerkennung doch weder eine Erfahrungstatsache noch durch apriorische Gründe erwiesen sei. Es verdanke die allgemeine Zustimmung, die es finde, nur dem Umstand, daß, wenn man die Materie selbst als fließend und wechselnd betrachte, überhaupt nichts Unveränderliches und Dauerndes übrig bliebe, was dem Verstand noch zur Erklärung der Erscheinungen gemäß allgemeinen und beständigen Gesetzen dienen könnte. — Aus dem 1. und 3. Prinzip der Konvenienz sind dann allmählich die 2. und 1. Analogie, bzw. das 1. mechanische Gesetz geworden.

Stellen ist schon alles Nötige gesagt: nämlich daß die „Materie als das Bewegliche im Raume die Substanz in demselben ist" (IV 503) und damit das letzte Subjekt aller der Materie inhärierenden Akzidenzen; daß die Menge dieses Beweglichen außerhalb einander die Quantität der Substanz darstellt und also die Größe der Materie der Substanz nach nichts anderes sein kann als die Menge der Substanzen, daraus sie besteht. Daraus folgt unmittelbar, daß die Quantität der Materie nur dadurch vermehrt oder vermindert werden könnte, daß materielle Substanz entsteht oder vergeht. Das ist aber durch die 1. Analogie ausgeschlossen. Also bleibt die Quantität der Materie immer dieselbe, und zwar im ganzen, d. i. so, daß die Gesamtmenge der Materie in der Welt sich nicht verändert, wenn gleich diese oder jene bestimmte Einzelmaterie durch Hinzukunft oder Abscheidung von Teilen vermehrt oder vermindert werden kann.

Dieser Beweis steht und fällt mit dem der 1. Analogie [1]). Kann man den letzteren nicht als stringent anerkennen, wie ich von mir gestehen muß, so gilt dasselbe auch von jenem. Womit aber selbstverständlich nicht der geringste Zweifel an der Gültigkeit der zu beweisenden Sätze geäußert sein soll. Die Bedenken, die sich gegen den Beweis der 1. Analogie erheben, darzulegen ist hier nicht der Ort.

128. Eine Anmerkung zu dem Lehrsatz (IV 542 f.) untersucht den Unterschied zwischen reiner Naturwissenschaft und Psychologie, insbesondere die Frage, weshalb nicht auch die letztere die Beharrlichkeit ihres Gegenstandes, der Seele (des Ich), beweisen könne. Die Anmerkung wiederholt nur die leitenden Gedanken aus dem Abschnitt der R.V. über die Paralogismen der reinen Vernunft, braucht daher hier nicht eingehender behandelt und kritisiert zu werden. Nur soweit der Gegensatz gegen die Psychologie das 1. mechanische Gesetz und seine Deduktion in ein helleres Licht rückt, bedarf es noch einiger Worte.

Worauf bei diesem Gegensatz alles ankommt, ist folgendes. Die Materie ist ein Gegenstand äußerer Sinne und eine extensive Größe, als Substanz das Bewegliche im Raum, und ihre Teile, weil auch ihrerseits beweglich, sind selbst Substanzen. Ihre Größe besteht also in der Vielheit der Substanzen und kann nur durch Zerteilen vermindert werden. Zerteilen aber ist kein Verschwinden und kann, weil es ins Unendliche geht, nach dem Gesetz der Stetigkeit auch nie darin übergehn. Ganz anders beim Ich als Gegenstand des inneren Sinnes. Es ist das allgemeine Korrelat der Apperzeption und bezeichnet das letzte Subjekt

---

1) Der übrigens schon an zwei Stellen (R.V.² 228, 230) in Beispielen die Materie direkt als die Substanz bezeichnet und auch sonst im wesentlichen ganz auf die materielle Substanz zugeschnitten ist.

aller Prädikate, aber ohne irgendeine Bedingung, die diese Vorstellung des Subjekts von dem Begriff eines Etwas überhaupt unterschiede. Will man den Ausdruck Substanz darauf anwenden, so vermittelt er auf jeden Fall keine Erkenntnis. Als Substanz würde die Seele nur intensive Größe haben, deren Teile nicht außer einander, nicht selbst wieder Substanzen wären und deshalb unbeschadet des Grundsatzes von der Beharrlichkeit der Substanz entstehen und vergehn könnten. So hat die Klarheit der Vorstellungen, aber auch die Apperzeption und mit ihr sogar die Substanz der Seele einen Grad, der größer oder kleiner werden kann, ohne daß dabei Substanz entstünde oder verginge. Und in diesem Zusammenhang bringt Kant auch schon den Gedanken vor, den er R.V.[2] 413 ff. gegen Mendelssohns Phädon geltend macht: daß nämlich die Substanz der Seele, obwohl einfacher Natur, doch durch allmähliches Nachlassen und schließlich gänzliches Erlöschen ihres Intensitätsgrades in das Nichts übergehn könne. Das hieße freilich, im schärfsten Gegensatz zur 1. Analogie, das völlige Vergehn einer Substanz für möglich erklären. Und es ist (trotz Stadler 141 f.) nicht einzusehn, weshalb dagegen nicht auch hier, mit demselben Recht wie bei der Materie als extensiver Größe, das Gesetz der Stetigkeit geltend gemacht werden sollte.

129. Anhangsweise sei hier noch des Gesetzes der Erhaltung der Kraft [1]) gedacht, das Kant in seinen vorkritischen Schriften mehrfach behandelt, in den M.A.d.N. aber nur einmal flüchtig streift, und zwar da, wo er „die irrige Vorstellung“ der Anhänger einer besondern Trägheitskraft bekämpft, nach der die Gegenwirkung der Körper darin besteht, daß ein Teil der Bewegung des stoßenden Körpers „aufgezehrt, vermindert oder vertilgt“ werde, um die Trägheit des ruhenden zu überwinden, was dann ein reiner Verlust sein würde (IV 550 f., vgl. u. S. 332). Stadler sucht S. 211—18 eingehend nachzuweisen, daß es unmöglich sei, das Prinzip der Unveränderlichkeit der Kraft in a b s o l u t e m Sinn durch die transzendentale Methode als Bedingung der Erfahrung a priori abzuleiten. Was a priori als Voraussetzung aller Maßbestimmung und damit auch aller wissenschaftlichen Erfahrung deduziert werden könne, sei allein das r e l a t i v e Prinzip der Erhaltung der Kraft, nach dem keine Schwankungen der Kraftmenge stattfinden dürfen, durch welche die zwischen den Teilen der Materie aufzustellenden Maßbeziehungen verschoben würden. Von diesem Prinzip sei in den M.A.d.N. dem Inhalt nach soviel enthalten, als für die Kontinuität ihres Gedankenganges

1) Im Op. p. tritt es uns in dem Gedanken der Perpetuität (Permanenz, Inexhaustibilität) der bewegenden Kräfte der Materie entgegen. Vgl. u. § 243, Kants Op. p. 119 ff., 125, 189 f., 582—7, sowie A 453.

notwendig sei. Daß sie es aber nicht auch formell aufgestellt und erwiesen hätten, bedeute einen Mangel in ihrer Darstellung.

Diesen Ausführungen Stadlers gegenüber möchte ich die Vermutung aussprechen, daß der eigentliche Grund für die Vernachlässigung des Gesetzes der Erhaltung der Kraft seitens der M.A.d.N. in architektonisch-systematischen Rücksichten zu suchen ist. Die Tafel der Kategorien und das System der Grundsätze boten Kant keinen Anlaß, sich mit ihm zu beschäftigen, und so unterblieb es. Wie gering ihr heuristischer Wert also in Wirklichkeit einzuschätzen ist, tritt hier klar zutage. Denn daß in einer erkenntnistheoretischen Grundlegung der Naturwissenschaft jenes auch zu Kants Zeiten schon viel behandelte Gesetz einer Erörterung dringend bedurft hätte, kann doch wohl keinem Zweifel unterliegen. Ebensowenig aber — trotz Stadlers entgegengesetzt gerichteten Darlegungen —, daß es Kant bei der Dehnbarkeit seines Prinzips der Möglichkeit der Erfahrung keine großen Schwierigkeiten bereitet haben würde, für jenes Gesetz eine transzendentale Deduktion zu liefern, von so viel bzw. so wenig Beweiskraft wir all die andern, die er für die Grundsätze des reinen Verstandes gegeben hat.

130. Einige Worte noch über die Stellung der vorkritischen Schriften zum Gesetz von der Erhaltung der Kraft!

In seiner Erstlingsschrift nennt Kant das Gesetz in der Leibniz'schen Fassung zwar eine schöne „Regel" (§ 48), leugnet es aber für seine Person und behauptet vielmehr, daß die tote Kraft von selbst, ohne Gegenwirkung eines äußeren Widerstandes, erlösche, sobald die antreibende Kraft aufhöre sie zu erhalten, während die lebendige Kraft sich fortwährend von selbst neu erzeuge, häufig freilich auch sich selbst aufzehre, alles ohne erkennbare Gesetzmäßigkeit und Ursächlichkeit (vgl. o. S. 80 f., 126—132).

131. Anders in der Nova dilucidatio vom Jahr 1755. Hier kommt er in Prop. X (I 406—408) auf unser Erhaltungsgesetz zu sprechen und leitet es als eine Folgerung aus dem Satz vom bestimmenden Grund ab. Nach diesem kann im Begründeten nichts sein, was nicht schon im Grund gelegen hätte; im Begründeten kann also auch nicht m e h r als im Grund sein. Womit dann unmittelbar das Erhaltungsgesetz in allgemeinster Fassung gegeben ist: die Größe der absoluten Realität in der Welt verändert sich natürlicherweise nicht, weder durch Zu- noch durch Abnahme [1]). Realität und Kraft ist nicht dasselbe, Kraft ist vielmehr nur

1) Auf übernatürlichem Wege dagegen vermag Gottes Wirken, wie Kant stark betont, sehr wohl die dahinschwindende Vollkommenheit der materiellen Welt wiederherzustellen (vgl. Newtons Ansicht, o. § 29), die Geister durch ein reineres

ein Spezialfall der Realität, wenn auch, wie die Erläuterung zu Prop. X zeigt, ein sehr wichtiger. Das metaphysische Interesse überwiegt bei Kant das naturwissenschaftliche, darum kann er sich erlauben, in der Fassung des Gesetzes den naturwissenschaftlichen, genau bestimmbaren Begriff der Kraft durch den metaphysischen, vageren der Realität zu ersetzen. Dadurch glaubte er vielleicht zwei Vorteile zu erlangen: er brauchte in dem Streit über den Maßstab (mv oder mv^2), nach dem die konstant bleibende Kraftsumme zu messen sei, nicht erneut Partei zu ergreifen, nachdem der in seiner Erstlingsschrift eingenommene Standpunkt ihm vermutlich unhaltbar geworden zu sein schien, und er konnte das Erhaltungsgesetz auch auf das geistige Gebiet ausdehnen.

In der Erläuterung zu Prop. X beruft Kant sich vor allem auf die Erscheinungen des Stoßes. Der Kraft und also auch: der Realität, die nach der gewöhnlichen Auffassung auf den gestoßenen Körper übertragen wird, steht eine gleiche Bewegungsgröße gegenüber, die dem stoßenden Körper entzogen ist, so daß die Summe der Kräfte in der Wirkung denen der Ursache gleichbleibt [1]). Der Stoß eines kleineren elastischen Körpers gegen einen größeren scheint zwar eine Ausnahme zu bilden; doch gilt in Wirklichkeit auch bei ihm das Erhaltungsgesetz, nur muß man die Summe der Kräfte nicht absolut, sondern relativ nehmen, indem man entgegengesetzte Bewegungen als sich gegenseitig aufhebend voneinander subtrahiert. Auch die Zerstörung der Bewegung durch den Widerstand der Materie bestätigt das Gesetz. Denn die Kraft, die durch das Zusammenwirken der Ursachen aus der Ruhe entstanden ist, verliert ebensoviel, wie sie gewonnen hat, durch den Widerstand der Hindernisse und wird so wieder in den Ruhezustand überführt. Weshalb auch ein perpetuum mobile unmöglich ist; denn es würde dem aufgestellten Beharrungsgesetz und der gesunden Vernunft in gleicher Weise zuwider sein, wenn eine Kraft, die sich zum Teil in der Besiegung von Widerständen verausgabt, eine unbeschränkte Fähigkeit zur Selbstwiederherstellung hätte.

Wie Kant weiß, läßt sich das Beharrungsgesetz nicht ohne den Begriff der Spannkraft durchführen. Er weist darauf hin, daß oft ungeheure Kräfte aus einer unendlich kleinen Ursache entstehen, wie aus einem

---

Licht, als die Natur es je zu bieten vermag, zu erleuchten und alles auf einen höheren Vollkommenheitsgrad zu bringen.

1) Seine eigne Auffassung, der gemäß der Stoß die innere Kraft oder Realität, die in der Ruhe hinsichtlich der Richtung indeterminiert war, nur modifiziert oder limitiert oder lenkt, setzt Kant am Schluß der „Erläuterung" auseinander. Auch für sie gilt, wie er zeigt, das Erhaltungsgesetz. Vgl. o. § 50.

Funken Pulverexplosionen und Brände. Doch auch da ist die Ausnahme vom Beharrungsgesetz nur eine scheinbare. Denn die eigentlichen Ursachen sind zusammengedrückte elastische Materien (Luft, Feuerstoff), die im Innern der Körper verborgen liegen und durch die schwache Sollizitation von außen her nur zur Ausübung ihrer eignen Kräfte angeregt zu werden brauchen; diese selbst aber sind dem wechselseitigen Antrieb (reciproco nisui) der Anziehung und Zurückstoßung proportional [1]).

Sogar auf das geistige Gebiet will Kant das Erhaltungsgesetz ausgedehnt wissen. Der Seele ist stets eine unendliche, wenn auch nur dunkle Vorstellung des ganzen Universums innerlich gegenwärtig. Diese enthält von vornherein schon alles in sich, was den Gedanken später beim vollen Licht des Bewußtseins an Realität beiwohnt. Der Geist gelangt durch wechselnde Konzentration der Aufmerksamkeit zu neuen Erkenntnissen; dabei erweitert er nicht etwa den Umkreis der absoluten Realität — das aus der Verbindung mit dem Universum stammende „materiale" aller Ideen bleibt vielmehr dasselbe —, sondern verändert nur in mannigfacher Weise ihr „formale", das in der Kombination der Begriffe und der scharfen Erfassung ihrer Uebereinstimmung oder Verschiedenheit besteht [2]).

132. Auch die „Negativen Größen" (1763) erörtern II 193—198 eingehend unser Problem, gleichfalls vom vorwiegend metaphysischen Standpunkt aus.

Zunächst führt Kant den Begriff der oppositio potentialis im Gegensatz zur oppositio actualis ein. Diese liegt da vor, wo „Bestimmungen, deren eine die Negative der andern ist", wirklich in einem und demselben Ding gesetzt sind, wo z. B. bewegende Kräfte einen Körper nach entgegengesetzten Richtungen treiben und dadurch ihre beiderseitigen Folgen, die Bewegungen selbst, aufheben. In oppositio potentialis dagegen stehn Prädikate, die zwar verschiedenen Dingen zukommen und also eines die Folge des andern nicht unmittelbar aufheben, die aber doch insofern „eins die Negative des andern" sind, als jedes so beschaffen ist, daß es die Folge des anderen oder wenigstens etwas ihr Gleiches aufheben k ö n n t e. So verhält es sich z. B. mit zwei Körpern, die sich auf derselben geraden Linie in entgegengesetzter Richtung voneinander

1) Vgl. u. in § 195 die ähnlichen Ansichten der Meditationes de igne (I 383 f.). Auch die „Negativen Größen" kommen auf den Begriff der Spannkraft zu sprechen, nicht zwar, wie Stadler 162 meint, beim Begriff der oppositio potentialis (II 193, vgl. u. § 132), wohl aber II 199. In den M.A.d.N. dagegen begegnen wir der Spannkraft nirgends.

2) Vgl. meine Kant-Studien 1895, S. 81 f.

entfernen, aber auch mit der Lust, die ein Mensch hat, und der Unlust, die ein anderer hat: auch sie stehn in potentialer Entgegensetzung, „wie sie denn auch wirklich gelegentlich eine die Folge der andern aufheben, indem bei diesem realen Widerstreit oftmals einer dasjenige vernichtigt, was der andere seiner Lust gemäß schafft". Legt man diese beiden Arten von Entgegensetzung der Betrachtung zugrunde, so gelten die folgenden beiden Sätze: 1. In allen natürlichen Veränderungen der Welt wird die Summe des Positiven, insofern sie dadurch geschätzt wird, daß einstimmige (nicht entgegengesetzte) Positionen addiert und real entgegengesetzte voneinander abgezogen werden, weder vermehrt noch vermindert [1]). 2. Alle Realgründe des Universum, wenn man diejenige summiert, welche einstimmig sind, und die voneinander abzieht, die einander entgegengesetzt sind, geben ein Fazit, das dem Zero gleich ist.

---

1) Nachträglich (II 198), am Schluß der ganzen Erörterung, wird das Paradoxe dieses Satzes noch etwas gemildert. Er soll danach weder besagen, daß die Summe der Realität überhaupt nicht vermehrt oder vermindert werde, noch daß die Vollkommenheit der Welt, deren Größe von der Summe der Realität noch verschieden ist (Unlust ist, obwohl positiv, doch keine Vollkommenheit!), gar nicht wachsen könne. Nur muß, scheint Kant zu meinen, auf beiden Seiten, auf der Plus- und Minusseite, der gleiche Zuwachs an Realität eintreten. Sogar in der Mechanik sind „die Entgegensetzungen in vielen Fällen ⟨man denke an den Stoß eines kleineren elastischen Körpers gegen einen größeren, vgl. I 407, o. S. 303⟩ nur potential, wo die Bewegkräfte einander wirklich nicht aufheben und wo also eine Vermehrung stattfindet", sc. eine Vermehrung der Bewegungsgröße, falls man eben nicht „nach der einmal zur Richtschnur angenommenen Schätzung" die entgegengesetzt gerichteten Bewegungen voneinander subtrahiert. — Einen ähnlichen Gedanken wie in dem obigen Satz erörtert Kant XIV 282 (aus den Jahren 1773—1775). Er wirft hier die Frage auf, ob „alle Veränderungen einer beständigen Regel der innern Kräfte der Dinge der Welt unterworfen sind" und ob „in der Welt die Quantität des Lebens dem System nach immer dieselbe sei und ebensoviel auf der Gegenseite verändert wird, als auf einer geschieht, weil die Kraft, die auf einen Zustand gerichtet ist, ebenso viel ⟨vom Widerspiel⟩ überwunden ⟨und dadurch verbraucht⟩ werden muß, als in Ansehung des Widerspiels hervorgebracht wird". Es handelt sich also darum, ob das System der Kräfte in der Welt (einschließlich der Kräfte lebender Wesen) sich als Ganzes zu aller Zeit gleich bleibe, jedem Gewinn auf der einen Seite ein Verlust auf der andern gegenüberstehe und jede Hervorbringung eines Neuen nur durch einen genau entsprechenden Aufwand vorhandener Kraft erkauft werden könne. Daß Kant geneigt war, die aufgeworfene Frage zu bejahen, zeigt ein gleichzeitiger Zusatz: „Die natürliche Veränderungen bringen immer den ersten Zustand wieder hervor." Darüber, ob er in die ihrer Gesamtquantität nach sich gleichbleibenden innern Kräfte der anorganischen und organischen Welt auch die geistigen inbegriffen wissen wollte, läßt sich aus der Stelle nichts entnehmen. Ueber verwandte Gedanken bei Buffon, Bonnet, Robinet, Macquer habe ich XIV 283—6 Nachweise gegeben.

Zur Erläuterung des 1. Satzes verweist Kant auf die schon längst bewiesene mechanische Regel [1]), daß die Bewegungsgröße, wenn man die gleichgerichteten Kräfte der Körper addiert und die entgegengesetzt gerichteten davon subtrahiert, durch die gegenseitige Einwirkung der Körper aufeinander (Stoß, Druck, Zug) nicht verändert wird [2]). Diese Regel werde zwar in der reinen Mechanik nicht aus dem von Kant nachgewiesenen metaphysischen Grunde hergeleitet, ihre Richtigkeit beruhe aber tatsächlich doch auf ihm; denn aus ihm entlehne auch das Trägheitsgesetz erst seine Wahrheit, das in dem gewöhnlichen Beweise der Mechanik die Grundlage ausmache [3]). Auch die Psychologie wird zur Erläuterung herangezogen. Empfinden wir an demselben Gegenstand zugleich Lust und Unlust, so stehn Begierde und Abscheu in wirklicher Entgegensetzung. Es kann aber auch derselbe Grund (z. B. Veranlagung zur Ruhmbegierde), der an einem Objekt Lust veranlaßt, zugleich der Grund einer wahren Unlust an andern werden (z. B. an den Hindernissen des Berühmtwerdens); der Grund der Begierde ist dann zugleich der Grund eines Abscheus, der zu ihr in realer Opposition steht, wenn diese auch nur potential ist. Bei den Handlungen des Verstandes steht das Positive, was durch sie wirklich wird, sogar regelmäßig in einer realen und wirklichen Entgegensetzung zu etwas Negativem; denn die Klärung und Verdeutlichung der einen Idee geht stets mit einer Verdunkelung der andern Hand in Hand.

Die Begründung, die Kant für seinen ersten Satz gibt, ist ganz unhaltbar und wertlos. Sie setzt an nicht weniger als drei Stellen (II 195 Z. 2 f., 6—8, 9 f.) das zu Beweisende als schon bewiesen voraus und könnte höchstens zum Beweis dafür dienen, daß, die Gültigkeit jenes Satzes vorausgesetzt, jede positive Veränderung, die natürlicherweise in der Welt vor sich geht, zu einer wirklichen oder potentialen Entgegensetzung

1) Im Anfang von Newtons Principia bildet sie das 3. Korollar aus den Leges motus. Vgl. auch XIV 193.

2) Aus der Konstanz der Bewegungsgröße bei der Einzelerteilung und -mitteilung von Bewegungen sowie daraus, daß kein Körper sich zu bewegen anfangen kann, ohne von einem andern bewegt zu sein, das ganze körperliche System aber nichts außer sich hat, wovon es bewegt werden könnte, folglich ewig in Ruhe ist, wird XIV 269 die Konstanz der Bewegungsgröße für die ganze Welt abgeleitet.

3) Das Trägheitsgesetz muß wohl durch das Gesetz von der Gleichheit der Wirkung und Gegenwirkung ersetzt werden. Auf dieses beruft sich Newton in der Begründung seines 3. Korollars, auf jenes nicht; dieses könnte man allenfalls versuchen, aus Kants 1. Satz abzuleiten, jenes auch nicht einmal mit einem Schein des Rechts. Im übrigen kann man die Mechanik nur dazu beglückwünschen, daß sie ihre Regeln nicht auf einen so schwankenden Grund zu stützen braucht, wie die beiden metaphysischen Sätze Kants ihn darstellen.

führen muß, deren Glieder sich gegenseitig aufheben. Denn vor Eintritt der Veränderung ist der Weltzustand in Ansehung der durch sie entstehenden Position der Null gleich, in der Veränderung entsteht die reale Folge A. Entspränge nun nicht zugleich auch die ihr entgegengesetzte Folge —A, so könnte der Weltzustand nach der Veränderung mit Bezug auf jene Position nicht mehr der Null gleich sein, die Summe des Positiven in der Welt hätte sich also um A vermehrt. Wobei Kant übersieht, daß, um A hervorzubringen, von der Ursache Kraft verbraucht werden mußte und daß dieser Kraftverlust als das Aeqivalent für das Entstehen der neuen Position A anzusehn ist. Auch bei dieser Betrachtung bleibt „die Summe des Positiven" in der Welt unverändert, und man braucht doch nicht zu dem phantastischen und undurchführbaren Gedanken Kants zu greifen, daß alle Veränderung sich in der Form einer Entgegensetzung zweier Faktoren vollziehe, die sich gegenseitig aufheben.

Hier tritt die Gefahr klar zutage, die droht, sobald Metaphysik und Physik kritiklos verkoppelt werden. Kant glaubt zu allgemeinsten metaphysischen Prinzipien, die sogar auf geistigem Gebiet gelten sollen, dadurch gelangen zu können, daß er eine naturwissenschaftliche, genauer: mechanische Betrachtungsweise, die auf ihrem beschränkten Gebiet durchaus berechtigt ist, unberechtigterweise auf das ganze Universum ausdehnt. Er läßt sich einseitig von den Gesichtspunkten leiten, unter denen die Mechanik ihren Gedanken von der Erhaltung der Bewegungsgröße (mv) durchführt, vernachlässigt darüber aber vollständig die Gesichtspunkte, die bei der Erhaltung der lebendigen Kraft oder Energie $\left(mv^2 \text{ bzw. } \frac{mv^2}{2}\right)$ in der Körperwelt — um von der Welt des Geistes ganz zu schweigen — in Betracht kommen. Das Ergebnis ist ein Gesetz, das keine Gültigkeit, und ein Beweis, der keine Beweiskraft hat.

Beides gilt auch von dem 2. Satz und seinem Beweis. Dieser beruht auf einer Verwechselung bzw. Gleichsetzung des absoluten Nichts (insofern die Welt, an sich selbst oder absolut betrachtet, Nichts und nur durch Gottes Willen Etwas ist) und des relativen Nichts (insofern die Realgründe der Welt, relativ zueinander betrachtet, einander entgegengesetzt sind und sich gegenseitig aufheben, in ihrer Gesamtheit also Null ergeben). Daß ein Paralogismus vorliegt, geht daraus hervor, daß die Abhängigkeit von Gott, die für die Welt wesentlich ist und die sie, an und für sich betrachtet, zu einem Nichts macht, sehr wohl mit einem Ueberschuß auf der einen Seite der Realgründe vereinbar wäre, trotzdem aber einen Beweisgrund dafür liefern soll, daß die gesamten Realgründe sich gegenseitig aufheben.

Kant meint, seine beiden Sätze seien „von der äußersten Wichtigkeit“, ihr Inhalt scheint ihm „eine gewisse Würde an sich zu haben“. Und gewiß könnte, wenn sie gegründet wären und tatsächlich in ihnen die Weltformel sowohl für das körperliche wie für das geistige Gebiet vor uns läge, nicht genug Rühmens von ihnen gemacht werden. Aber in Wirklichkeit sind sie Dichtungen, und sogar schlechte Dichtungen, echte Abkömmlinge der alten rationalistischen Metaphysik, vor allem auch in der Art des Beweises, ein Ausfluß von Kants monistischer Tendenz und seinem Bedürfnis nach weiten Blicken und großen Synthesen, zugleich aber auch ein Zeichen dafür, wie wenig fest er noch, trotz seines angeblichen Empirismus, auf dem Boden der Tatsachen steht und wie unsicher noch seine Methode im Aufsteigen von dem engumgrenzten Bezirk der Physik zu den Höhen der Metaphysik ist [1]). Er selbst scheint das auch empfunden zu haben, denn er gesteht II 197, seine beiden Sätze seien ihm „selbst nicht licht genug, noch mit genugsamer Augenscheinlichkeit aus ihren Gründen einzusehen“. Aber er sei der Meinung, „daß unvollendete Versuche, im abstrakten Erkenntnisse problematisch vorgetragen, dem Wachstum der höhern Weltweisheit sehr zuträglich sein könnten“, und habe deshalb die zwei Sätze in der Absicht aufgestellt, um den Leser zum Nachdenken über den Gegenstand anzuregen.

133. Auch in der Inauguraldissertation (1770) begegnet uns ein Erhaltungsprinzip. Doch bezieht es sich hier (II 390 f.) nicht auf eine Größe i n der Welt, sondern auf die einer jeden Welt wesentliche Form. Die I.-D. unterscheidet bekanntlich zwischen sinnlicher und intelligibler Welt. Die Materie beider besteht in Substanzen, die Form in der realen Koordination dieser Substanzen oder in ihrem Zusammenhang, der zugleich die Grundlage für die Möglichkeit von gegenseitigen Beeinflussungen der Substanzen und übergreifenden Kräften (vires transeuntes) bilden

---

1) Drews 75 f. meint den beiden Sätzen größere Bedeutung beilegen zu müssen, insofern der erste einen wesentlichen Fortschritt über Leibniz hinaus darstelle, der zweite aber den Ausgang zu dem Indifferenzpunkt Schellings bilde und als solcher in dessen Identitätssystem eine hervorragende Rolle spiele. Aber von dem Kant des Jahres 1763 führt kein historischer Weg zu Schelling hinüber, und Kant selbst ist weit davon entfernt, den zweiten Satz zu einem organisch gestaltenden Faktor in seiner Weltanschauung zu machen. Und der erste Satz bedeutet nur einen Rückschritt gegen Leibniz: dieser stellt von physikalischen Gesichtspunkten aus ein rein physikalisches, auch von der späteren Zeit in der Hauptsache anerkanntes Gesetz auf, Kant verquickt Physik und Metaphysik in unheilvoller Weise, überträgt einen nur innerhalb enger Grenzen berechtigten Gesichtspunkt ohne weiteres auf das ganze Universum und meint auf diesem im Grunde rein apriorischen Weg ohne genügende Stütze an den Erfahrungstatsachen ein Weltgesetz formulieren zu können.

muß. Und von dieser wesentlichen Form, die zu der Natur einer jeden Welt gehört und das dauernde Prinzip aller zufälligen und vorübergehenden Einzelformen in ihr darstellt, wird nun behauptet, daß sie unveränderlich, konstant und unwandelbar ist. Und zwar aus zwei Gründen. Einem logischen: weil jede Aenderung die Identität des Subjekts voraussetzt, die hier nur in dem Beharren der fundamentalen Form, der charakteristischen Art der Zusammensetzung bestehen kann; vor allem aber aus einem realen Grunde: weil nämlich die Natur der Welt, die das erste innere Prinzip aller wechselnden, zu ihrem Zustand gehörenden Bestimmungen ist, sich selbst nicht entgegengesetzt sein und darum natürlicherweise, d. h. von sich selbst aus, nicht verändert werden kann.

Stadler 211 meint, zu dem innern Formprinzip seien in erster Linie die der Substanz wesentlichen Kräfte zu rechnen. Ich glaube nicht, daß dem so ist. Denn in § 13 werden Raum und Zeit als Formen (formale Prinzipien) der sinnlichen Welt bezeichnet, und nach § 13, 16 ff. beruht die Form der intelligiblen Welt, der Zusammenhang der Substanzen, auf ihrer allgemeinen Abhängigkeit von einem gemeinschaftlichen Urprinzip, d. h. auf ihrem gemeinsamen Gegründetsein in Gott. Mit der Unveränderlichkeit dieser beiden Formen ist aber die Konstanz der Kraftsumme in der Welt keineswegs ohne weiteres gegeben. Zu den „zufälligen und vorübergehenden Einzelformen" kann die Kraftsumme freilich eben wegen ihrer Beharrlichkeit auch nicht gerechnet werden. Man müßte sie schon als etwas Mittleres zwischen diesen Einzelformen und jener fundamentalen, der Welt wesentlichen Form betrachten. Am wahrscheinlichsten ist mir, daß Kant II 390 f. an die Konstanz der Kraftsumme überhaupt nicht gedacht hat. Sollte es doch geschehn sein, so hätte er sie auf keinen Fall als mit der Beharrlichkeit der wesentlichen Form der Welt unmittelbar gesetzt betrachten dürfen. Wie aber die Ableitung jener aus dieser etwa zu denken sei, darüber finden wir auch nicht einmal Andeutungen.

Nach diesem Rückblick auf frühere Entwicklungsstufen wenden wir uns zu den M.A.d.N. zurück.

3. Das Trägheitsgesetz [1]).

134. Dem 2. mechanischen Grundgesetz gibt Kant die Fassung: „Alle Veränderung der Materie hat eine äußere Ursache." Zur Erläuterung und näheren Bestimmung fügt er in engem Anschluß an Newtons 1. Bewegungsgesetz in Klammern noch die Formel hinzu: „Ein jeder Körper beharrt in seinem Zustande der Ruhe oder Bewegung, in der-

1) Vgl. zu diesem Thema auch II 192, 195 (o. S. 306), XIV 110, 119 170, 181, 187—92, 195, 269 f.

selben Richtung und mit derselben Geschwindigkeit, wenn er nicht durch eine äußere Ursache genötigt wird, diesen Zustand zu verlassen" [1]).

Zugrunde liegt die 2. Analogie mit ihrer Behauptung, daß alle Veränderung eine Ursache hat. Das Neue ist hier, wo die Veränderung der Materie in Betracht kommt, daß diese Ursache jederzeit eine äußere sein muß. Der Beweis stützt sich auf den rein äußerlichen Charakter alles Materiellen, den er als eine selbstverständliche Tatsache einfach behauptet, nicht aber beweist. Das Materielle, hören wir, ermangelt als bloßer Gegenstand äußerer Sinne aller schlechthin inneren Bestimmungen und Bestimmungsgründe [2]). Die einzigen Bestimmungen, die es zuläßt, sind die der äußeren Verhältnisse im Raum, und die einzigen Veränderungen, die es erleiden kann, gehn vermittelst der Bewegung vor sich. Diese Veränderungen (der Wechsel zwischen Ruhe und Bewegung oder der Wechsel in der Bewegung) müssen eine Ursache haben. Eine innere ist ausgeschlossen, also bleibt nur eine äußere übrig (IV 543) [3]).

---

1) Noch größer als zwischen Kant und Newton ist die Aehnlichkeit zwischen Kant und Chr. Wolff. Letzterer bringt Newtons Gesetz mit einigen formellen Aenderungen in seiner Cosmologia generalis (1737) § 309. — Höfler 78 f. behauptet zu Unrecht, daß Kants eigne Formel und die an Newton sich anlehnende „gewiß nicht inhaltsgleich" seien; der sehr abstrakte Begriff „Veränderung der Materie" lasse niemals erraten, daß es sich just um eine Veränderung der Richtung und Geschwindigkeit einer Bewegung handle; und vollends mit der Gleichstellung von Trägheit und Leblosigkeit, die Kant in der Anmerkung vornehme, wisse die gegenwärtige Physik wohl kaum mehr etwas anzufangen. Aber wenn man sich auf den Boden des Beweises stellt, den Kant für seine eigne Formel gibt, und damit zugesteht, daß keine Materie eine innere Kraft besitzt, daß ihre Veränderungen also nur in Bewegungen bestehn und durch äußere Ursachen allein hervorgebracht werden können, und wenn man sich aus der Phoronomie erinnert, daß Bewegungen nur durch Richtung und Geschwindigkeit unterschieden sind, dann ist man schon bei Newtons Formel angelangt. Und anderseits ist Kant nicht ohne Grund der Meinung, daß mit der Gleichstellung von Trägheit und Leblosigkeit als Verneinung jedes inneren Prinzips das entscheidende Wort gesagt sei, aus dem sich alles andere ableiten lasse.

2) Auch die ursprüngliche Anziehungs- und Abstoßungskraft können nicht als innere Bestimmungsgründe im obigen Sinn betrachtet werden. Bewegung, die aus Kräften in Ruhe entsteht, bildet keine Ausnahme vom Trägheitsgesetz, da äußere Gelegenheitsursachen die Kräfte in Ruhe zur Betätigung veranlassen müssen. Eine Ausnahme würde nur der erste Anfang aller Bewegung machen, wenn er aus Kräften in Ruhe entstünde, wie das Op. p. vielfach behauptet (vgl. u. § 162).

3) Nach Stadler 152 und Keferstein 19 stellt Kants Behandlung des Trägheitsgesetzes einen großen Fortschritt gegenüber der Newtons dar, insofern Newton auf eine besondere, den Körpern innewohnende vis inertiae zurückgreife; erst Kant habe das Gesetz zu voller, d. h. erkenntnistheoretischer Klarheit entwickelt, indem er die Trägheit als eine Anwendung der Kausalität legitimierte und dadurch von aller Unbestimmtheit und Dunkelheit befreite. Dagegen ist zu sagen, daß Newton

Der Beweis setzt den für die 2. Analogie voraus. Kann man diesem nicht beipflichten — und ich für meine Person vermag es nicht —, so wird man auch jenen nicht anerkennen können. Aber auch das Neue, was er bringt, ist nicht beweiskräftig. Vielmehr wird das zu Beweisende (daß die Ursache der Veränderungen der Materie stets eine äußere sei und also nicht in inneren Bestimmungen gefunden werden könne) schon als bekannt und feststehend vorausgesetzt, während doch gerade die Aufgabe gewesen wäre, es den Behauptungen des Hylozoismus gegenüber strikte zu erweisen[1]).

135. Einen solchen Beweis enthält auch die wichtige Anmerkung Kants zum 2. mechanischen Gesetz nicht (IV 544). Wie Kant hier ausführt, schließen das Gesetz und sein Beweis den Hylozoismus aus und stellen die Leblosigkeit aller Materie fest[2]). Wenn das Gesetz Trägheitsgesetz genannt wird, soll der Begriff Trägheit nur diese Leblosigkeit behaupten und der Materie nicht etwa ein positives Bestreben, ihren Zustand zu erhalten, beilegen (vgl. u. § 145 Schluß). Ein solches Bestreben gibt es nur bei lebenden Wesen. Leben aber „heißt das Vermögen einer Substanz, sich aus einem inneren Prinzip zum Handeln, einer endlichen Substanz, sich zur Veränderung, und einer materiellen Substanz, sich zur Bewegung oder Ruhe als Veränderung ihres Zustandes zu bestimmen". Nun kennen wir keine andere innere Tätigkeit als die geistige (Denken mit dem, was davon abhängt, Gefühl der Lust oder Unlust und Begierde oder Willen) und kein anderes inneres Prinzip einer Substanz, ihren Zu-

von der Trägheitskraft nur in seiner 3. Definition (vgl. o. S. 146), nicht aber bei Gelegenheit des Trägheitsgesetzes spricht. Dieses selbst hat nichts mit der Ursache des Beharrens, sondern ganz allein mit der Ursache der Zustandsänderung zu tun. Es kann deshalb auch keine Rede davon sein, daß Newton, wie Keferstein behauptet, durch Einführung der Trägheitskraft das Trägheitsgesetz mit dem 3. mechanischen Gesetz unklar vermengt habe. Auch ist es sicher unrichtig, daß Kant durch die Gleichstellung von Trägheit und Leblosigkeit vor allen Dingen die grundsätzliche Verschiedenheit seines Trägheitsgesetzes von dem Newtons habe ins Licht setzen wollen (Keferstein 18 f.). Wäre er nicht der Meinung gewesen, daß beide Gesetze in allem Wesentlichen übereinstimmen, so hätte er ganz gewiß nicht die an Newton sich anlehnende Formel ohne weitere Bemerkung in Klammern seiner eignen beigefügt und am Schluß des Beweises sogar beide durch „d. i." verbunden. — Daß die völlige Aufgabe der Trägheitskraft einen Fortschritt Newton gegenüber darstellt, ist sicher. Aber dieser Fortschritt ist keineswegs zuerst von Kant erzielt; er liegt vor ihm schon bei andern vor, so bei Kästner und Erxleben (vgl. u. § 145 Schluß).

1) Die Deduktion in dem Brief an Hellwag (XI 233 f.) zeigt denselben Fehler. Auch sie erbringt den geforderten Nachweis nicht.

2) Ganz entgegengesetzter Ansicht war die A.N.u.Th.: „Die Elemente sind sich selber eine Quelle des Lebens" (I 264, vgl. u. § 263).

stand zu verändern, als das Begehren, — Tätigkeiten und Bestimmungsgründe, die mit Vorstellungen äußerer Sinne, mit Räumlichkeit und Bestimmungen der leblosen Materie absolut nichts gemein haben. Sucht man also die Ursache irgendeiner Veränderung der Materie im Leben, so wird man dies Lebensprinzip und damit jene Ursache auch ohne weiteres „in einer anderen, von der Materie verschiedenen, obzwar mit ihr verbundenen Substanz zu suchen haben", d. h. in einer immateriellen Substanz. Mit einer solchen hat aber die Naturwissenschaft nichts zu tun. Sie geht nur darauf aus, die Gesetze der Materie als einer solchen zu erkennen und „sie von dem Beitritte aller anderen wirkenden Ursachen zu läutern, ehe man sie damit verknüpft, um wohl zu unterscheiden, was und wie jede derselben für sich allein wirke". Nachträglich mag man beide Arten miteinander verknüpfen. Aber dann verläßt man den Boden der „eigentlichen Naturwissenschaft", deren Möglichkeit ganz und gar auf den Gesetzen der Trägheit und der Beharrlichkeit der Substanz beruht und die deshalb nur mit der Materie und ihren bewegenden Kräften rechnen darf, unter Außerachtlassung aller etwaigen Einflüsse immaterieller Wesen.

136. Doch soll deren Möglichkeit damit durchaus nicht geleugnet, noch behauptet werden, daß jede Untersuchung, die sie berücksichtige und also die verschiedenen Arten von wirkenden Ursachen verknüpfe, eben dadurch aufhöre Wissenschaft zu sein.

Das liest Stadler 154 aus Kants Worten heraus, obwohl sie doch das gerade Gegenteil besagen. Und wenn Stadler als Hylozoismus auch die Ansicht bezeichnet, die das Leben in eine mit der Materie verbundene Substanz verlegt, so verstößt das sowohl gegen den Sinn des Terminus als gegen Kants Auffassung. Den Hylozoismus, der das Lebensprinzip in der Materie selbst sucht, verdammt er zwar hier wie in U. (V 374, 394 f.) und sieht in ihm „den Tod aller Naturphilosophie". Aber er selbst sucht eben das Lebensprinzip anderswo, im Immateriellen, und ist also ein echter empirischer Dualist [1]). Und wenn die Forschung die immateriellen Ursachen des Lebens und den Einfluß des Geistes auf den Körper mit in Rechnung zieht, dann hört sie nach ihm nicht auf, Wissenschaft, wohl aber: „eigentliche Naturwissenschaft" zu sein. Mit Benutzung eines modernen Ausdrucks hätte er etwa sagen können: aus der Physik wird dann Psychophysik.

Stadler glaubt zwar in Kants Sinn zu sprechen, wenn er S. 154 ff. sowohl die psychophysische als die rein psychische Kausalität prinzi-

---

1) Vgl. u. §§ 161 f.

piell leugnet und der Psychologie also jede Möglichkeit einer kausalen Betrachtung in wissenschaftlichem Sinn abstreitet. In Wirklichkeit sind diese Behauptungen absolut unkantisch. Obwohl ich selbst als Monist und Parallelist Gegner der psychophysischen Kausalität bin, muß ich doch der Wahrheit die Ehre geben und Kant als parallelistischen Bundesgenossen entschieden ablehnen [1]). Daß nach seiner Meinung der Dualismus keinen unwissenschaftlichen Charakter trägt, zeigt schon unsere Stelle jedem, der unvoreingenommen und frei von Konsequenzenmacherei auf Grund anderer Stellen an sie herantritt. Was Kant in ihr verlangt, ist nur: daß die verschiedenen Arten wirkender Ursachen nicht kritik- und methodenlos miteinander vermischt werden, daß vielmehr die eigentliche Naturwissenschaft sich ganz streng auf die rein materielle Seite des Geschehens beschränkt. Aber so sicher es Leben in der Welt gibt und doch anderseits die Materie als solche leblos ist, so sicher muß auch eine vollständige wissenschaftliche Erklärung der Erscheinungswelt da, wo Lebenserscheinungen vorliegen, prinzipiell die Möglichkeit immaterieller Einwirkungen mit in Betracht ziehen und nach Kant also auch die verschiedenen Arten von Ursachen zu verknüpfen suchen.

Das ist auch die Auffassung von U., wobei jedoch mit starkem Nachdruck gefordert wird, die Forschung nach rein materiellen Ursachen möglichst weit zu treiben (vgl. u. § 335). In der Preisschrift „Ueber die Fortschritte der Metaphysik“ wird die Seele geradezu als „das Lebensprinzip im Menschen“ bezeichnet (letzter Absatz des Abschnitts „Der Metaphysik 1. Stadium“, Ausg. von Kirchmann S. 128). Die ganze Lehre von der empirischen Affektion unseres Ich durch die Erscheinungsgegenstände ist nur vom Standpunkt des empirischen Dualismus aus zu verstehn. Auf ihn stellen sich auch die wichtigen Ausführungen zur 3. Antinomie (R.V.[2] 566 ff.), die den Menschen seinem empirischen Charakter nach ganz in den Strom des einheitlichen, die Erscheinungen der äußeren wie die des inneren Sinnes gleichmäßig umfassenden Kausalgeschehns einordnen.

4. Das Gesetz von der Gleichheit der Wirkung und Gegenwirkung.

137. Das 3. mechanische Gesetz lautet in Kants Fassung: „In aller Mitteilung der Bewegung sind Wirkung und Gegenwirkung einander jederzeit gleich“ [2]).

1) Auch dann, wenn man ihn den Parallelismus nur von methodologischem Standpunkt aus (vgl. Stadler 157) und nur für den Bereich der Erscheinungswelt vertreten läßt.

2) Vgl. zu diesem Thema auch XIV 110, 119 f., 130, 166—170, 173, 181 f.,

Das Gesetz stützt sich auf die 3. Analogie und wendet sie auf den Begriff der Bewegung an. Kant gibt ihr eine Form, die von der Fassung in R.V.[1] zwar dem Wortlaut, aber nicht dem Sinn nach abweicht: „Alle äußere Wirkung in der Welt ist Wechselwirkung.“ Aufgabe der M.A.d. Mechanik soll der Nachweis sein, daß diese Wechselwirkung (actio mutua) zugleich Gegenwirkung (reactio) sei [1]).

Kant blickt mit einiger Geringschätzung auf Newton herab, weil er sich nicht getraute, das 3. mechanische Gesetz a priori zu beweisen, sondern sich wegen seiner Begründung auf die Erfahrung berief (IV 549). Im Gegensatz dazu behauptet Kant mit großer Zuversicht, einen solchen Beweis a priori führen zu können, und zwar auf Grund des Prinzips der Relativität aller Bewegung in der 2. der beiden o. S. 275 ff. festgestellten Bedeutungen. Er greift damit auf Gedanken seiner Frühzeit zurück: in seinem Vorlesungsprogramm für das S.S. 1758, dem „Neuen Lehrbegriff der Bewegung und Ruhe“ (II 15—25), hatte er schon aus demselben Prinzip das 3. mechanische Gesetz bewiesen und die Stoßgesetze abgeleitet, und, ebenso wie 1786, hatte er schon damals gemeint, auf diese Weise auch zugleich die Mitteilung der Bewegung erklären zu können.

138. Das Relativitätsprinzip: daß „keine Bewegung eines Körpers in Beziehung auf einen absolut-ruhigen, der dadurch auch in Bewegung gesetzt werden soll, gedacht werden kann“ [2]), folgt nach dem M.A.d.N. (IV 545) ohne weiteres aus der Wechselseitigkeit „aller tätigen Verhältnisse der Materien im Raume und aller Veränderungen dieser Verhältnisse, sofern sie Ursachen von gewissen Wirkungen sein können“. Damit ist auch die Wechselseitigkeit der Bewegungen gegeben, da jede Veränderung jener Verhältnisse Bewegung ist und umgekehrt — diese Hauptsache vergißt Kant auszusprechen — alle Bewegungen nur in solchen Veränderungen bestehen können. Die Wechselseitigkeit der Bewegungen aber soll ihre Relativität in der 2. Bedeutung des Wortes mit Notwendigkeit nach sich ziehn [3]) und läßt sich angeblich nur in der Weise durchgeführt denken, daß der scheinbar ruhende Körper *B* „nur als relativ-

187—195 (vgl. dazu o. S. 35 ff.), 258, 269 f., 457, 461—467. Auch in der Nova dilucidatio (I 415) wird das Gesetz schon flüchtig gestreift.

1) Dabei bleibt aber die Hauptsache ungesagt: daß nämlich die Gegenwirkung der Wirkung gleich sei, was doch im Begriff der Gegenwirkung trotz Stadler 166 nicht ohne weiteres liegt.

2) Vgl. II 19: „Ein jeder Körper, in Ansehung dessen sich ein anderer bewegt, ist auch selber in Ansehung jenes in Bewegung, und es ist also unmöglich, daß ein Körper gegen einen anlaufen sollte, der in absoluter Ruhe ist.“

3) Dieser Zusammenhang läßt sich nach IV 550 „völlig a priori“ einsehn.

ruhig in Ansehung des Raums, auf den man ihn bezieht, zusamt diesem Raume aber in entgegengesetzter Richtung als mit eben derselben Quantität der Bewegung im absoluten Raume bewegt vorgestellt werde, als der bewegte ⟨A⟩ in eben demselben gegen ihn hat“ [1]). Bei dieser Reduk-

---

1) Dieser Beweis ist erschlichen. Aus der Wechselwirkung (deren Begriff Kant bezeichnenderweise durch den der Wechselseitigkeit ersetzt, obwohl dieser, auf Bewegungen angewandt, entschieden mehr sagt als jener) folgt keineswegs die Relativität der Bewegungen. Wechselwirkung greift Platz im Anfang der Bewegung zwischen dem in Bewegung gesetzten Körper A und dem Bewegung erteilenden, sodann, wenn wir von Reibung, Luftwiderstand usw. während der Bewegung absehn, an deren Ende beim Stoß auf B. Mit der Berührung beginnt hier die Wechselwirkung, aber auch keinen Augenblick früher, geschweige denn daß sie schon während der ganzen Bewegung des A vorhanden wäre und eine Gegenbewegung des B zur Voraussetzung hätte. Das ist ja schon dadurch ausgeschlossen, daß es bei Tausenden und aber Tausenden von Bewegungen gar nicht von vornherein ausgemacht ist, welches B getroffen werden wird. Man denke an die zahllosen Fälle, wo entweder ein in der Bewegungsrichtung von A liegender Körper während dessen Bewegung seinen Platz wechselt oder Gegenstände den Weg von A kreuzen und von ihm getroffen werden. Wann sollen denn da die Gegenbewegungen beginnend gedacht werden? Und sollen sie nur bei denen stattfinden, welche wirklich getroffen werden? oder auch bei denen, die hätten getroffen werden können und die getroffen worden wären, wenn sie nicht ihren Platz gewechselt bzw. wenn nicht andere Körper die Bahn des A gekreuzt hätten? Und nun gar die Verteilung der Geschwindigkeit im umgekehrten Verhältnis zur Masse! Der relative Raum um B samt allen Gegenständen in ihm muß ja an der Bewegung des B teilnehmen. Nun denke man sich auf der Bahn des A in kurzen Abständen eine Flaumfeder, die mitgerissen, eine 100 mal kleinere Kugel, die in schiefem Stoß getroffen und zur Seite geschleudert, und den 1000 mal größeren Körper B, der in geradem Stoß getroffen wird. Im Fall der Flaumfeder müßte A schon eine märchenhafte Geschwindigkeit besitzen, sollte man durch Uebertragung ihres größten Teils auf die Flaumfeder und ihren relativen Raum für diese und den Körper A die geforderte Gleichheit der Bewegungsquantität erzielen. Und für die 100 mal kleinere Kugel und den 1000 mal größeren Körper B und ihre relativen Räume würden wieder ganz andere Geschwindigkeiten erforderlich sein, um bei ihnen Gleichheit der Bewegungsquantität hervorzubringen. Und doch würden für die drei relativen Räume dieselben Gegenstände in Betracht kommen, die also zu gleicher Zeit mit drei verschiedenen Geschwindigkeiten bewegt gedacht werden müßten. Und wenn nun B gleichzeitig von zwei oder zehn verschieden großen und verschieden schnell bewegten Körpern getroffen wird? Dann müßte der relative Raum sich zugleich nach verschiedenen Richtungen und dazu auch noch mit verschiedener Geschwindigkeit bewegen! Wenn gar mit dem Wort von II 19 (vorletzte Anmerkung) Ernst gemacht wird, dann müßten die relativen Räume mit ihren Gegenständen sich in der wirrsten Weise durcheinander bewegen und jeder zugleich mit den verschiedensten Geschwindigkeiten begabt sein; denn bei jeder Bewegung gilt doch von allen Körpern der näheren Umgebung, ja! genau genommen von allen Körpern überhaupt, daß der bewegte Körper sich „in Ansehung“ ihrer bewegt, und nach II 19 müßten dann also auch alle Körper „selber

tion der Bewegungen auf den absoluten Raum muß jeder der beiden Körper *A* und *B* an der Bewegung, die im relativen Raum, „in der Erscheinung", nur dem einen von ihnen (*A*) allein beigelegt wird, gleichen Anteil haben, weil „kein Grund da ist, einem von beiden mehr davon, als dem anderen, beizulegen" [1]). Und dieser gleiche Anteil läßt sich nur in der Weise herstellen, daß die Geschwindigkeit von *A* unter *A* und *B* im umgekehrten Verhältnis ihrer Massen verteilt wird.

139. Zur Ergänzung und weiteren Begründung fügt Kant noch einen Gedanken bei, der im „Neuen Lehrbegriff" viel ausführlicher behandelt war und dort das Hauptargument gebildet hatte: bei der Annäherung eines Körpers an einen andern „ruhenden" kommt es nicht auf den empirischen Raum an, der beide umgibt, noch auf die Gegenstände in ihm, sondern nur auf die Linie zwischen den beiden Körpern; denn diese werden lediglich in Relation zueinander betrachtet, im Hinblick auf den Einfluß, den die Bewegung des einen auf die Veränderung des Zustandes des anderen haben kann, und da gilt: „so viel der eine Körper jedem Teile des anderen näher kommt, so viel nähert sich der andere jedem Teil des ersteren" (IV 545). Oder mit den Worten des „Neuen Lehrbegriffs": sie kommen beide einander näher, ihre Beziehung ist gegenseitig, die Veränderung derselben also auch, und „trotz allem Eigensinn der Sprache" wird man daher sagen müssen: wenn die Kugel *B* auch relativ zu andern Gegenständen ruht, hat sie doch in Ansehung der bewegten Kugel *A* eine „wahrhafte" gleichmäßige Bewegung. Wenn man unter Abstraktion von allen äußeren Gegenständen nur die im Verhältnis der beiden Körper zueinander sich vollziehende Aenderung ins Auge faßt, so kann man aus dem, was zwischen beiden vorgeht, nicht abnehmen, daß einer von ihnen ruhe und bloß der andere sich bewege, noch viel weniger: welcher von ihnen ruhe, welcher sich bewege; man wird deshalb die Be-

---

in Ansehung jenes in Bewegung" sein, und zwar jeder mitsamt seinem relativen Raum. Eine schwindelerregende, in sich unmögliche Vorstellung! Den Einwurf gleichzeitiger Bewegung verschiedener Körper in Richtung auf einen dritten hat schon J. H. v. Kirchmann in seinen „Erläuterungen zu Kants Schriften zur Naturphilosophie" (1877, S. 67 ff., 179) in ähnlicher Weise erhoben. Stadler 173 f. glaubt ihn etwas spöttisch und von oben herab als ein bloßes Mißverständnis abtun zu können: es sei Kant niemals eingefallen, die Wirklichkeit der Gegenbewegung des empirischen Raums behaupten zu wollen; sie sei für ihn nur eine Hilfskonstruktion, also rein fiktiver Art. Aber wir werden u. S. 333 ff. sehn, daß Stadler Kants Aeußerungen mit dieser Auffassung Gewalt antut.

1) Ganz ähnlich II 18: „da ich nicht die geringste Ursache habe, dem einen von diesen Körpern vor dem andern einen größeren Anteil an dieser Veränderung beizulegen."

wegung beiden und zwar beiden in gleichem Maß beilegen müssen. Durch ein packendes Beispiel sucht Kant II 18 f. den Relativitätsgedanken dem Leser noch näher zu bringen: eine zwölfpfündige Kanonenkugel wird in der Gegend von Paris mit einer Geschwindigkeit von 600 Fuß in der Sekunde von Ost nach West gegen eine Mauer geschossen; da die Erde in jener Breite fast dieselbe Bewegung von West nach Ost hat, tut die Kraft des Pulvers eigentlich nichts anderes, als nur diese Bewegung der Kugel aufheben. Welcher von beiden, der Kugel oder der Mauer, soll man nun relativ auf die andere Ruhe, und welcher Bewegung beilegen? Soll man nicht vielmehr zugeben, daß „beide sich gegeneinander bewegen, ... und zwar eine mit so viel Kraft als die andere"?

140. Der abstrakten Erörterung läßt Kant in den M.A.d.N. (IV 546) eine „Konstruktion der Mitteilung der Bewegung" folgen, die „zugleich das Gesetz der Gleichheit der Wirkung und Gegenwirkung als notwendige Bedingung derselben bei sich führt" (IV 549). Zu dieser Konstruktion bedient er sich nebenstehender Figur. *A* bewege sich mit der Geschwindigkeit *AB* auf den in Ansehung des relativen Raumes ruhenden Körper *B* zu. Man teile nun die Geschwindigkeit *AB* in die beiden Teile *Ac*

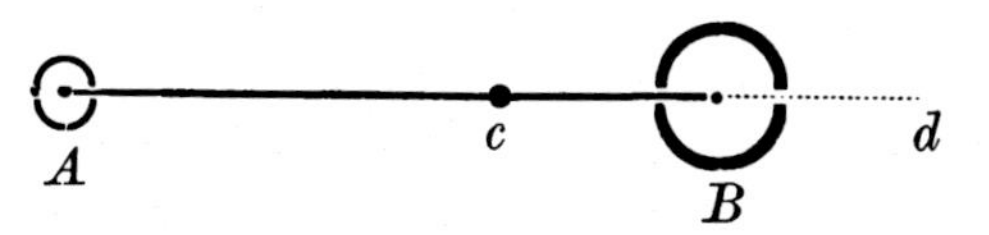

und *Bc*, die sich umgekehrt wie die Massen *A* und *B* verhalten, und stelle sich *A* mit der Geschwindigkeit *Ac* im absoluten Raum, *B* mitsamt seinem relativen Raum in entgegengesetzter Richtung (*BA*) mit der Geschwindigkeit *Bc* bewegt vor: dann sind beide Bewegungsquantitäten „einander entgegengesetzt und gleich, und da sie einander wechselseitig aufheben, so versetzen sich beide Körper beziehungsweise aufeinander, d. i. im absoluten Raume, in Ruhe" (IV 546 $_{13-16}$). Da aber der Zusammenstoß der beiden Körper die Bewegung des relativen Raumes nicht aufhebt, bewegt sich letzterer in Ansehung beider Körper in der Richtung *BA* mit der Geschwindigkeit *Bc* weiter, oder, was auf dasselbe hinauskommt, beide Körper bewegen sich mit der gleichen Geschwindigkeit *Bd* = *Bc* in der Richtung *AB* des stoßenden [1]). Weil nun die Bewegungsquantität von *B*, d. i. *B.Bc* bzw. *B.Bd*, der von *A*, d. i. *A.Ac*, gleich ist, so ist auch die Wirkung, d. h. die *B* durch den Stoß

1) II 24 wird dies Ergebnis dahin verallgemeinert, „daß eine in einem Körper aufgehobene Geschwindigkeit, welche nur respektive auf den anlaufenden Körper in dem gestoßenen gesetzt worden, und die er nicht in Ansehung des Raums hatte, in ihm eigentlich einen gleichen Grad der Bewegung in Absicht auf den Raum in der Richtung des Stoßes hervorbringt."

erteilte Bewegungsquantität *B.Bd*, der Gegenwirkung *B.Bc*, durch die *A* der Bewegungsquantität *A.Ac* beraubt wurde, jederzeit gleich [1]).

1) Auch für diesen 2. Teil des Beweises sei, um den an sich schon etwas verwickelten Gedankengang des Textes nicht noch weiter zu belasten, die Kritik in die Anmerkung verwiesen. Der 1. Teil (IV 545) hatte nicht etwa, wie Stadler 171 will, schon das 3. mechanische Gesetz abgeleitet, sondern nur die Relativität aller Bewegung aus der Wechselwirkung bewiesen, und gegen diesen angeblichen Beweis wandte sich deshalb die drittletzte Anmerkung. Der 2. Teil (IV 546) will das 3. mechanische Gesetz auf Grund des Relativitätsprinzips deduzieren und zugleich die Mitteilung der Bewegung konstruieren. Kant selbst bezeichnet IV 546_2 diesen 2. Teil, und ihn allein, als Konstruktion, will also durchaus nicht, wie Stadler 171 behauptet, nur „die Konstruktion erläutern" — als ob sie schon im 1. Teil erfolgt wäre! — noch eine bloße „Veranschaulichung des ⟨3. mechanischen⟩ Gesetzes an einem bestimmten Fall" geben, die „nicht mehr als zum Beweis gehörig, sondern nur als ein Beispiel" zu betrachten wäre. Vielmehr vollzieht sich die g a n z e Konstruktion an der Hand der Figur. Stadler hat sich vermutlich dadurch täuschen lassen, daß der im Verlauf des 1. Teils schon dreimal ausgesprochene Gedanke einer Verteilung der Geschwindigkeit von *A* auf *A* und *B* im umgekehrten Verhältnis ihrer Massen im 2. Teil zunächst noch einmal wiederholt und auf die Verhältnisse der Figur angewandt wird. Aber das Entscheidende und angeblich Beweisende bringen erst die weiteren Ausführungen (von dem o. abgedruckten Zitat IV 546_{13-16} ab), die ganz neu sind und im 1. Teil keine Parallele haben. Hier ist Kant stark von Huyghens und der an ihn sich anschließenden Tradition abhängig. Huyghens hatte Anfang 1669, fast gleichzeitig mit Wallis und Wren, bei der Londoner Royal Society eine Arbeit eingereicht, in der er die Stoßgesetze für elastische Körper entwickelte. In seiner Schrift „De motu corporum ex percussione", die erst nach seinem Tod in den Opuscula postuma (1703; 1728, II 73 ff.) erschien, kommt er auf das Problem zurück. Hier legt er als Erfahrungssatz zugrunde, daß zwei elastische Körper *A* und *B* von gleicher Masse, die mit gleicher entgegengesetzter Geschwindigkeit *v* gerade aufeinander stoßen, mit derselben Geschwindigkeit wieder zurückspringen. Um die andern Stoßgesetze abzuleiten, läßt er sich jenen Vorgang auf einem Schiff abspielen, das selbst mit der Geschwindigkeit *v* stromabwärts fährt und auf dem der Körper *A* sich in der Fahrtrichtung, *B* ihr entgegengesetzt bewegt. Einem Zuschauer am Ufer wird sich dann der Vorgang so darstellen, als ob vor dem Stoß *B* ruhe und *A* mit der Geschwindigkeit 2 *v* auf ihn stoße, nach dem Stoß aber *B* sich mit der Geschwindigkeit 2 *v* in der Fahrtrichtung bewege, während *A* ruhe. Daraus folgt die allgemeine Regel: wenn ein elastischer Körper auf einen andern ruhenden von gleicher Masse trifft, geht seine ganze Geschwindigkeit auf diesen über, er selbst aber wird in Ruhe versetzt. Auf ähnliche Art deduziert Huyghens mit Hilfe fingierter Schiffsbewegungen auch die übrigen Stoßgesetze (Näheres bei Mach 355—67). Er machte mit dieser Betrachtungsweise Schule. So übernahmen sie zum Beispiel W. J. 's Gravesande in seinen Physices elementa mathematica (von der 2. Aufl. 1725 ab; in der 3. Aufl. von 1742 ist I 305 f. zu vergleichen) und Musschenbroek (Essai I 246 f., Elementa 168 f., Introductio I 241 f.) bei Behandlung des Stoßes elastischer Körper. 's Gravesande benutzt a. a. O. I 271 den Gedanken in etwas abgeänderter Form auch bei dem Stoß weicher Körper, und Musschenbroek (Essai I 239—241) schließt sich ihm darin an. Den Stoß voll-

Der „Neue Lehrbegriff“ erörtert II 24 f. auch noch den Fall, daß 2 Körper A und B von verschiedenen Massen (3 und 2) mit verschiedener

---

kommen harter (unelastischer) Körper behandelt Musschenbroek nur in seiner Introductio I 235 f., und zwar im Anschluß an Maupertuis: Les loix du mouvement et du repos („Histoire“ der Berliner Akademie für 1746, S. 288 ff., auch in den Oeuvres de Maupertuis 1752 im Essai de Cosmologie S. 40 ff.); beide bedienen sich hier zwar nicht fiktiver Schiffsbewegungen, aber doch fiktiver Bewegungen der relativen Räume (der Ebenen, auf denen die stoßenden Körper sich bewegen). Derartige fiktive Bewegungen hatte vor ihnen, aber nach Huyghens, auch schon Jh. Bernoulli in seinem Discours sur les loix de la communication du mouvement (1727; in den Opera omnia 1742 S. 27 ff.) benutzt.

Die Verwandtschaft zwischen der Ableitung der Stoßgesetze durch Huyghens usw. und Kants Beweis für das 3. mechanische Gesetz springt in die Augen. Ein Vergleich des beiderseitigen Vorgehens ist sehr lehrreich: er zeigt zugleich, was der 2. Teil dieses Beweises leisten kann, was nicht. Daß Huyghens nur elastische Körper behandelt, Kant nur unelastische, d. h. solche ohne formwiederherstellende Kräfte, ist für unsere Ziele unwesentlich. Sowohl Huyghens wie Kant bedienen sich fiktiver Bewegungen (denn daß auch bei Kant tatsächlich nur solche in Frage kommen, ist zweifellos), und zwar beide zu demselben Zweck, um nämlich von einer Art des Stoßes, deren Regeln sie als bekannt voraussetzen, Regeln einer andern Art abzuleiten. Die als bekannt vorausgesetzte Art ist der Zusammenstoß zweier bewegter Körper mit gleichen Bewegungsquantitäten. Huyghens geht von ihm aus und gewinnt aus ihm durch Einführung einer fiktiven Bewegung des relativen Raumes die Regel auch für den Fall, daß einer der beiden Körper ruht. Für Kant dagegen bildet gerade diese Art des Stoßes den Ausgangspunkt: er subsumiert sie vermittelst einer fiktiven Bewegung des relativen Raumes unter den als bekannt vorausgesetzten Fall der beiderseitigen Bewegung. Huyghens' Gedankengang ist bedeutend klarer, insofern Voraussetzung und Folgerung, jede in ihrer Bedeutung, deutlich auseinandertreten und als Grundlage jener ausdrücklich die Erfahrung anerkannt wird. Kant dagegen kennzeichnet die Voraussetzung nicht als solche, er ist sich ihrer in dieser Eigenschaft vielleicht nicht einmal bewußt; er beruft sich nur im Lauf des Beweises (in dem obigen Zitat IV 546 $_{13-16}$) auf sie und behandelt sie als eine Selbstverständlichkeit. Dies ist sie aber so wenig, daß sie vielmehr das 3. mechanische Gesetz, das doch erst vermittelst ihrer bewiesen werden soll, schon als gültig voraussetzt. Denn daß zwei Bewegungen, wenn „einander entgegengesetzt und gleich, einander wechselseitig aufheben“, beruht eben nur darauf, daß Wirkung und Gegenwirkung gleich sind. Und auch die Verteilung der Geschwindigkeit von A auf die beiden Körper A und B im umgekehrten Verhältnis ihrer Massen (deren Notwendigkeit schon im 1. Teil des Kantischen Beweises dreimal ausgesprochen wird) erfolgte natürlich schon im Hinblick auf die vorausgesetzte Konstanz der Bewegungsquantität mv bei allen Stoßvorgängen, die aber ihrerseits wieder das 3. mechanische Gesetz zur Voraussetzung hat. In doppelter Weise ist also Kants Beweis für dies Gesetz erschlichen, zweimal begeht er eine petitio principii, indem er das schon voraussetzt, was er beweisen will. Was der Beweis in seinem 2. Teil wirklich leistet, ist also nur die Ableitung der Stoßregeln für den Fall, daß ein Körper ruht, unter der Voraussetzung, daß das Verhalten der Körper, wenn beide mit gleicher Bewegungsquantität bewegt aufeinandertreffen, bekannt ist. Diese Ableitung aber ist mit

Geschwindigkeit (3 und 2) einander entgegenlaufen. Die Geschwindigkeit ihrer gegenseitigen Annäherung ist also 5. Sie ist im umgekehrten

IV 546 $_{25}$ abgeschlossen. Was Kant noch darüber hinaus sagt (der letzte Satz des Beweises in meiner obigen Darstellung), ist vom Uebel. Denn jene Stoßregel ist ja nur unter Voraussetzung der Gültigkeit des 3. Gesetzes abgeleitet, und es ist deshalb ganz selbstverständlich, daß das 3. Gesetz auch für sie gilt. Die Fragestellung müßte eigentlich sein: Wie muß der Stoßeffekt beschaffen sein, damit das 3. Gesetz bei dem Stoß zutrifft? (Im „Neuen Lehrbegriff" II 23—25 ist der Sachverhalt ganz ähnlich; hier entsprechen der petitio principii von IV 546 $_{13-16}$ die Worte: „so werden durch den Stoß diese zwei gleiche Kräfte einander aufheben, und beide werden gegeneinander respektive ruhen" (II 24 $_{12}$ f.). Der Gedankengang des „Neuen Lehrbegriffs" ist aber insofern einheitlicher, als er mit der Ableitung der Regel für den Stoß, bei dem ein Körper ruht, abbricht und nicht auf dem unmöglichen Weg der M.A.d.N. einen Beweis für das 3. mechanische Gesetz zu führen sucht, vielmehr vor Beginn der Ableitung es ausdrücklich voraussetzt (vgl. II 19). Demgemäß trägt der betreffende Teil auch den Titel: „Schlüssel zur Erläuterung der Gesetze des Stoßes nach dem neuen Begriffe der Bewegung und Ruhe.")

Wie wenig klar Kant sich über die Bedeutung der Zeilen IV 546 $_{13-16}$ im Ganzen seines Beweisganges ist, zeigt die unmittelbar nach Abschluß des letzteren vorgenommene Verallgemeinerung, über die der übernächste Textabsatz berichten wird. Ein weiteres Zeichen für jene Unklarheit ist das Fehlen eines Hinweises darauf, daß Kant in seiner „Konstruktion" nur nicht-elastische, d. h. nicht mit formwiederherstellenden Kräften ausgestattete Körper ins Auge faßt, während bei elastischen Körpern die Zeilen IV 546 $_{13-16}$ im Sinn der Huyghens'schen Voraussetzung geändert werden müßten, was dann auch eine Aenderung der abgeleiteten Stoßregel nach sich ziehn würde. Eine Ahnung des wahren Sachverhalts dämmert Kant IV 549, wenn er von der Konstruktion der Mitteilung der Bewegung sagt, sie führe zugleich das 3. mechanische Gesetz „als notwendige Bedingung derselben" (sc. der Mitteilung) bei sich. Wäre er sich über dies Bedingung-Sein völlig klar geworden, so hätte er erkennen müssen, daß er das 3. mechanische Gesetz bei seiner Konstruktion nicht bewiesen, sondern vorausgesetzt habe. Diese Konstruktion kann als eine bloße Als-ob-Betrachtung überhaupt nichts zum Beweis beitragen, sie kann nur, ebenso wie bei der Lehre von der Zusammensetzung der Bewegungen, zur Veranschaulichung dienen.

An den bisherigen Nachweis, daß Kants Deduktion des 3. mechanischen Gesetzes aus dem Relativitätsprinzip mißlungen ist, schließe ich die Behauptung an, daß eine jede solche Deduktion mißlingen muß, da 3. mechanisches Gesetz und Relativitätsprinzip (in Kants 2. Bedeutung) einander unabhängig gegenüberstehn. Nach O. Liebmanns Analysis der Wirklichkeit [3] 1900, S. 124, 128, hat auch Leibniz im 2., von ihm selbst nicht veröffentlichten Teil seines Specimen dynamicum (Leibnizens mathemat. Schriften II 2 S. 247 f.) eine solche Deduktion versucht. Ich vermag auf den genannten Seiten nichts Derartiges zu finden, wohl aber enthalten die S. 251—252 einen derartigen Gedanken. Liebmann hat sich wohl durch die gesperrt gedruckten Worte oben auf S. 248 zu seiner Ansicht verführen lassen. Sie ziehn aber in Wirklichkeit aus dem Relativitätsprinzip nur die ganz berechtigte Folge, daß beim Stoß die actio zweier Körper gegeneinander dieselbe bleibe, welchem von beiden man auch die Ruhe oder Bewegung in Wahrheit zuschreibe, voraus-

Verhältnis der Massen zu verteilen, so daß *A* 2 und *B* 3 Teile erhält. Die Folge ist, daß sie sich „durch die Gleichheit der entgegengesetzten Kräfte in respektive Ruhe gegeneinander versetzen". Nun hatte *B* aber mit Bezug auf den äußern Raum nur eine Geschwindigkeit von 2 Teilen, nur diese kann im Stoß aufgehoben werden, und der relative Raum muß sich deshalb mit der Geschwindigkeit 1 in der Richtung des *B* weiter bewegen, oder, was auf dasselbe hinauskommt, *B* mit derselben Geschwindigkeit in entgegengesetzter Richtung. Da *A* mit Bezug auf *B* ruht, gilt von ihm dasselbe; beide Körper werden sich also in der Stoßrichtung des *A* mit einem Grad Geschwindigkeit fortbewegen.

141. Solche kompliziertere Fälle hat Kant wohl im Auge, wenn er IV 546 f. nach Abschluß des 2. Teils seines Beweises eine Verallgemeinerung seines Ergebnisses mit den Worten vornimmt: „Da eben dasselbe Gesetz (wie die mathematische Mechanik lehrt) keine Abänderung erleidet, wenn anstatt des Stoßes auf einen ruhigen ein Stoß desselben Körpers auf einen gleichfalls bewegten Körper angenommen wird, imgleichen

gesetzt nur, daß die Geschwindigkeit der Annäherung sich nicht ändere; tue sie das nicht, dann sei auch der Endeffekt (eventus) in den resultierenden Phänomenen immer derselbe, „etiam respectu actionis corporum inter se". Diese Folgerung ist so weit davon entfernt, das 3. mechanische Gesetz zu deduzieren oder zu beweisen, daß sie es vielmehr schon voraussetzt. Die Relativität der Bewegung ist nicht an die Gleichheit von Wirkung und Gegenwirkung gebunden. Sie besagt nur, daß die Stoßerscheinungen unabhängig sind von der Art, wie die gegenseitige Annäherung der beiden Körper erfolgt, daß sie also immer dieselben bleiben, einerlei ob ein Körper ruhe oder beide sich bewegen und wie die Bewegung auf beide verteilt werde. Aber darin liegt noch nicht, daß Wirkung und Gegenwirkung einander gleich sein müßten. Es ist sehr wohl eine Welt widerspruchsfrei denkbar, in der dieses Grundgesetz keine Gültigkeit hätte, in der vielmehr in dieser Hinsicht volle Gesetzlosigkeit und Willkür herrschte; das Relativitätsprinzip der Bewegung könnte trotzdem auch für sie gelten und würde es tun, wenn nur die Art der gegenseitigen Annäherung zweier Körper auf die Stoßerscheinungen ohne Einfluß wäre. Und anderseits wäre auch sehr wohl eine Welt widerspruchsfrei denkbar, in der das Prinzip der Relativität der Bewegung in der oben festgesetzten Bedeutung keine Gültigkeit hätte, in der etwa die Geschwindigkeit ganz anders bewertet werden müßte als in unserer Welt, so daß *mv* sich nicht gleich bliebe, sondern der (in Beziehung auf den absoluten Raum) schneller bewegte Körper eine größere Wucht hätte als ein langsamer bewegter von gleich großer Bewegungsquantität (*mv*), in der deshalb die Stoßerscheinungen ganz andere sein würden, je nachdem beide Körper bewegt wären oder einer ruhte, und je nachdem, wie im 1. Fall die gegenseitige Annäherungsgeschwindigkeit auf beide verteilt würde. Auch in einer solchen Welt könnte das 3. mechanische Gesetz bei jedem einzelnen Zusammenstoß seine Gültigkeit haben, sobald nur jene besondere Bedeutung des Geschwindigkeitsfaktors sich irgendwie gesetzmäßig zur Geltung brächte. Es müßte nur die Konstanz von *mv* durch die Konstanz eines andern, viel komplizierteren Produktes ersetzt werden.

die Mitteilung der Bewegung durch den S t o ß von der durch den Z u g nur in der Richtung, nach welcher die Materien einander in ihren Bewegungen widerstehen, unterschieden ist: so folgt, daß in aller Mitteilung der Bewegung Wirkung und Gegenwirkung einander jederzeit gleich seien.“ Das 1. Drittel dieses Zitats ist sehr auffallend, da es die Tatsache völlig ignoriert, daß der Stoß zweier entgegengesetzt bewegter Körper, soweit sie gleiche Bewegungsquantität haben, in Kants Beweis schon erledigt ist, ja noch mehr, daß er dort die als bekannt vorausgesetzte Grundlage bildet, von der aus das Gesetz für den Stoß auf einen ruhenden Körper gefunden wird. Ein Zeichen, wie wenig Kant sich der prinzipiellen Bedeutung der Zeilen IV 546 $_{13-16}$ für den Aufbau seines Beweises bewußt war (vgl. die letzte Anm. S. 320).

Die Ausdehnung des Ergebnisses auch auf die Anziehung ist mit Stadler 176 f. insofern entschieden zu beanstanden, als sie nicht die von Kant behauptete Selbstverständlichkeit hat und außerdem seine Art der Konstruktion auf die Anziehung nicht ohne weiteres übertragbar ist. Dagegen ist Stadlers Einwurf gegen Kants Wendung, daß jeder Zug nur durch einen gleichen Gegenzug die Bewegung eines Körpers dem andern mitteilen könne (IV 547), unbegründet: zwei anziehende Körper, meint Stadler, brächten jeder im andern eine Bewegung hervor, die der eignen in der Richtung entgegengesetzt sei, da könne also doch eigentlich nicht die Rede davon sein, daß sie ihre eignen Bewegungen mitteilten. Aber Stadler denkt dabei nur an die ursprüngliche E r t e i l u n g von Bewegung durch Anziehung, Kant dagegen an wirkliche M i t t e i l u n g, wie sie nach IV 537 z. B. vorliegen würde, wenn ein Komet von stärkerer Anziehung als die Erde diese im Vorbeigehen nach sich zöge und mit sich fortschleppte. Da würde der Komet der Erde mit seiner eignen Bewegung auch seine Bewegungsrichtung mitteilen; doch könnte diese Mitteilung, wie Kant mit Recht sagt, nur so erfolgen, daß dem Zug ein gleicher Gegenzug entspräche.

142. An mehreren Stellen benutzt Kant die ursprünglich bewegenden Kräfte der Anziehung und Abstoßung mit ihrer unleugbaren Wechselseitigkeit, um daraus die Relativität aller Bewegung (in der 2. Bedeutung des Worts) zu beweisen. Diese Beweise bilden also eine Ergänzung zu dem IV 545 gegebenen, ohne daß sie als solche eingeführt oder gekennzeichnet würden. Nach IV 547 Anm. kann ein Körper, der durch seine eigene Bewegung einen andern bewegt, dies nur dadurch tun, daß er mit ihm in Gemeinschaft kommt: entweder, bei seiner Annäherung, durch die Kraft der Undurchdringlichkeit (Zurückstoßung) oder, bei seiner Entfernung, durch die Kraft der Anziehung. „Da beide Kräfte nun jederzeit beiderseitig in entgegengesetzten Richtungen und gleich wirken [1]), so kann kein Körper vermittelst ihrer durch seine Bewegung auf einen anderen wirken, ohne gerade so viel, als der andere mit gleicher Quantität der Bewegung entgegenwirkt." Daraus wird die Relativität der Bewegung gefolgert: kein Körper kann durch seine Bewegung einem schlechthin-ruhigen Bewegung erteilen. Nur auf diese Anmerkung paßt es, wenn Kant im Beweis seines 3. phänomenologischen Lehrsatzes (IV 558) auf das 3. mechanische Gesetz mit der Behauptung Bezug nimmt, nach ihm sei „die Mitteilung der Bewegung der Körper nur durch die Gemeinschaft ihrer ursprünglich bewegenden Kräfte und diese nur durch beiderseitige entgegengesetzte und gleiche Bewegung möglich" [2]). Und schließlich IV 550 meint Kant, die Relativität der Bewegung könne völlig a priori dadurch eingesehen werden, daß der Körper *B*, möge er in Ansehung des empirisch kennbaren Raumes ruhig oder bewegt sein, doch in Ansehung des Körpers *A* notwendig als in entgegengesetzter Richtung bewegt angesehen werden müsse, „weil sonst kein Einfluß desselben auf die repulsive Kraft beider stattfinden würde, ohne welchen ganz und gar keine mechanische Wirkung der Materien aufeinander, d. i. keine Mitteilung der Bewegung durch den Stoß, möglich ist".

Diese Begründung ist nichts wert. Sie kommt (einerlei ob man „des-

1) Der Sinn kann selbstverständlich nur der sein, daß bei jeder der beiden Kräfte Wirkung und entgegengesetzte Gegenwirkung einander gleich sind, so daß jedem Zug ein gleicher Gegenzug, jedem Stoß ein gleicher Gegenstoß entspricht. J. Chr. Schwab macht daraus in seiner wertlosen, in Mißverständnissen ertrinkenden „Prüfung der Kantischen Begriffe von der Undurchdringlichkeit, der Anziehung und der Zurückstoßung der Körper" (1807, S. 51 f.), daß Anziehungs- und Zurückstoßungskraft jederzeit einander entgegen und gleich wirken, und findet dann, daß die obige Stelle den Lehren der Dynamik über das Verhältnis der beiden Kräfte zueinander widerspreche!!

2) Aehnlich IV 562 bei dem Rückblick auf den 3. phänomenologischen Lehrsatz. — Auch XI 234 scheint Kant an die ursprünglich bewegenden Kräfte zu denken, wenn er das 3. mechanische Gesetz sich auf das „Verhältnis der wirkenden Kräfte im Raume überhaupt" gründen läßt, „welches Verhältnis notwendig wechselseitig einander entgegengesetzt und jederzeit gleich sein muß". Zur Begründung verweist er auf die Eigentümlichkeit des Raumes, daß er keine einseitige, sondern jederzeit nur wechselseitige Verhältnisse zulasse; daraus folge ohne weiteres, daß auch bei den Wirkungen der Körper aufeinander und den daraus hervorgehenden Veränderungen jener Verhältnisse nur „lauter wechselseitige und gleiche einander entgegengesetzte Bewegungen" möglich seien. Aber das ist eine bloße Behauptung ohne jeden Beweis. Die Wechselseitigkeit der räumlichen Verhältnisse greift keineswegs auch ohne weiteres auf die Bewegungen über, und wäre es wirklich der Fall, so schlösse doch deren Wechselseitigkeit (Relativität) sicher nicht auch noch die Gleichheit von Wirkung und Gegenwirkung in sich (vgl. o. S. 321 Anm.).

selben", wie wahrscheinlich, auf *A* oder auf *B* beziehe), ebenso wie die von IV 547 und 558, darauf hinaus, daß wegen der Wechselseitigkeit der (ursprünglichen, Bewegung erteilenden) repulsiven Kräfte auch auf beiden Seiten, sowohl bei *A* als bei *B*, Bewegung (und zwar dem ganzen Zusammenhang nach: wirkliche Bewegung, nicht etwa nur: fiktive) vorhanden sein muß; nur wenn das der Fall ist, können angeblich die repulsiven Kräfte zur Wechselwirkung bestimmt (erregt) werden. Das ist aber eine ganz unbewiesene Behauptung. Ohne Wechselwirkung gibt es allerdings keine Betätigung repulsiver Kräfte; aber diese Wechselwirkung findet erst im Augenblick des Stoßes statt, und es ist deshalb, soweit nur sie und ihre Voraussetzungen in Betracht kommen, durchaus unnötig, beide Körper als bewegt anzusehn, geschweige denn, daß sie beide auch wirklich bewegt sein müßten. Bei der Anziehungskraft, die Kant als fernwirkende betrachtet, ist sein Argument allerdings gültig: bei ihr ist die Wechselwirkung nur in der Weise möglich, daß die beiden sich anziehenden Körper sich auch wechselseitig Bewegungen (und zwar wirkliche) gegeneinander erteilen [1]. Vermutlich ließ Kant sich dadurch verleiten, diese Eigentümlichkeit der Anziehungskräfte in falscher Analogie auch auf die repulsiven als gleichfalls ursprünglich bewegende Kräfte zu übertragen.

143. Auch für diese ursprünglichen Kräfte, insofern vermittelst ihrer ein Körper nicht seine eigne Bewegung einem andern mitteilt, sondern ihm Bewegung ursprünglich erteilt und durch sein (des andern) Widerstreben zugleich in sich hervorbringt, deduziert Kant (IV 548 f.) das Gesetz der Gleichheit von Wirkung und Gegenwirkung, stellt es aber dem 3. mechanischen Gesetz als „ein anderes, nämlich dynamisches" gegenüber. Stadler hält diese Unterscheidung für unzweckmäßig, da es sich doch auch bei der Erteilung von Bewegung um die Einwirkung auf den Bewegungszustand der Massen, also um etwas Mechanisches, nicht um den Bestand der Materie handle (S. 179). Hier muß ich Kant gegen seinen sonst so treuen Schüler in Schutz nehmen. Bei der Erteilung von Bewegung wirken Kräfte, die der Materie „(dynamisch) vor aller Bewegung" und also auch in Ruhe zukommen; die Mechanik dagegen betrachtet die Materie nur als bewegt, insofern sie als solche bewegende Kraft hat (IV 550, 536). Erkennt man diese Art, die Aufgabe der Mechanik zu be-

1) A. G. Kästner hält in seinen Anfangsgründen der höhern Mechanik (1766, S. 307) eine einseitige Anziehung (bloß des Apfels gegen die Erde, des Eisens gegen den Magneten), falls sie durch Aetherstöße hergestellt werde, für möglich und nicht gegen das Gesetz von der Gleichheit der Wirkung und Gegenwirkung verstoßend; nur die Erfahrung spreche dagegen, also gegen die Wirklichkeit.

stimmen, an, wie Stadler es S. 127 f. tut, dann kann man Kant keinen Vorwurf daraus machen, daß er neben das 3. mechanische Gesetz noch ein „anderes dynamisches" stellt.

Der Beweis, den er für letzteres gibt, lautet folgendermaßen: „Wenn die Materie *A* die Materie *B* zieht, so nötigt sie diese sich ihr zu nähern, oder, welches einerlei ist, jene widersteht der Kraft, womit diese sich zu entfernen trachten möchte. Weil es aber einerlei ist, ob *B* sich von *A* oder *A* von *B* entferne: so ist dieser Widerstand zugleich ein Widerstand, den der Körper *B* gegen *A* ausübt, sofern er sich von ihm zu entfernen trachten möchte, mithin sind Zug und Gegenzug einander gleich. Ebenso, wenn *A* die Materie *B* zurückstößt, so widersteht *A* der Annäherung von *B*. Da es aber einerlei ist, ob sich *B* dem *A* oder *A* dem *B* nähere, so widersteht *B* auch ebensoviel der Annäherung von *A*; Druck und Gegendruck sind also auch jederzeit einander gleich."

Diese Deduktion ist wieder auf das Relativitätsprinzip gegründet, eben darum aber nicht beweiskräftig. Denn die Relativität der Bewegung sagt auch hier wieder (vgl. o. S. 321 Anm.) in Wirklichkeit nur etwas Negatives aus: daß es nämlich für das Ergebnis nichts ausmacht, ob man *A* als sich von *B* oder *B* als sich von *A* entfernend usw. betrachtet. Welches aber das Ergebnis selbst in beiden Fällen ist, kann durch die Relativität der Bewegung nicht bestimmt werden. Es hängt vielmehr ganz davon ab, ob das Gesetz der Gleichheit von Wirkung und Gegenwirkung gilt. Letzteres wird also auch hier nicht bewiesen, sondern vorausgesetzt. Sieht man von der Einmengung des Relativitätsgedankens ab, so enthält Kants Deduktion nur eine Darlegung des erfahrungsmäßigen Tatbestandes, trägt also in keiner Weise einen Apriori-Charakter.

144. Noch eine Folgerung zieht Kant IV 548 aus dem 3. mechanischen Gesetz, nämlich „das für die allgemeine Mechanik nicht unwichtige Naturgesetz: daß ein jeder Körper, wie groß auch seine Masse sei, durch den Stoß eines jeden anderen, wie klein auch seine Masse oder Geschwindigkeit sein mag, beweglich sein müsse". Der Beweis entspricht ganz dem zweiten, in die Form einer Konstruktion gekleideten Teil des Beweises für das 3. mechanische Gesetz (IV 546): wieder wird die Relativität der Bewegung zugrunde gelegt und die Gleichheit von Wirkung und Gegenwirkung vorausgesetzt, diesmal aber ohne Schaden anzurichten, da es sich nur um Ableitung der Stoßregel für einen besonderen Fall auf Grund eines andern als bekannt vorausgesetzten handelt. Der Bewegung von *A* in Richtung *AB* korrespondiert, hören wir, notwendigerweise eine entgegengesetzte gleiche [1]) des (im Verhältnis zum rela-

1) D. h. von gleicher Bewegungsquantität.

tiven Raum ruhenden) *B*, natürlich mitsamt dem relativen Raum, was Kant, wohl als selbstverständlich, nicht erwähnt. Die Körper versetzen sich durch den Stoß beziehungsweise aufeinander, also im absoluten Raum, in Ruhe [1]); der relative Raum jedoch behält seine Bewegung bei, das heißt aber bekanntlich soviel als: *A* und *B* erhalten beide eine Bewegung in der Richtung des stoßenden.

Die Behauptung, daß auch der größte und schwerste Körper durch den schwächsten Stoß des kleinsten Körpers beweglich sei, selbst aufwärts der Schwere entgegen, geht schon auf Galilei zurück und wird von ihm damit begründet, daß die Kraft des Stoßes der des Druckes gegenüber unendlich groß sei. Diesen letzteren Gedanken übernimmt Leibniz und gründet auf ihn seine Unterscheidung zwischen lebendigen und toten Kräften (vgl. XIV 477). Huyghens gibt ihm in einer Schrift „De motu corporum ex percussione" (Opera postuma II 79 f.) eine ganz ähnliche Fassung wie Kant: „Corpus quamlibet magnum a quamlibet exiguo corpore et qualicumque celeritate impacto movetur." Auch der Beweis, den Huyghens vermittelst einer fiktiven Schiffsbewegung (also einer fiktiven Bewegung des relativen Raumes) in der dem Stoß entgegengesetzten Richtung führt, bewegt sich auf prinzipiell denselben Bahnen wie der Kants; doch sind die o. S. 319 Anm. festgestellten Unterschiede in der Betrachtungsweise auch hier vorhanden. Nach A. G. Kästners Anfangsgründen der höhern Mechanik (1766 S. 298, 345) bekommt sogar eine unendlich große Masse nach der Richtung, nach der sie von einem kleinen Körper gestoßen wird, eine unendlich kleine Geschwindigkeit.

Kant selbst hat sich in seinen handschriftlichen Aufzeichnungen wiederholt mit dem Problem beschäftigt [2]). Vor allem kommt ein L.Bl. in Betracht, das aus den 80er Jahren, wahrscheinlich ihrer 1. Hälfte, stammt (XIV 470—474). Es bringt den Galilei-Leibnizischen Gedanken von der unendlichen Ueberlegenheit des Stoßes über den Druck in Form folgenden Lehrsatzes: „Die bewegende Kraft eines Körpers von so weniger Masse als man will, der mit einer gewissen noch so kleinen Geschwindigkeit bewegt ist, ist unendlich größer, als die eines Körpers von noch so großer Masse, die er bloß vermittelst eines Gewichts (d. i. im Anfangs-

---

1) Wegen ihrer gleichen Bewegungsquantität. Die Stoßregel für diesen Fall wird also als bekannt vorausgesetzt und das Gesetz der Gleichheit von Wirkung und Gegenwirkung, das der Stoßregel zugrunde liegt, als zu Recht bestehend.

2) Auch in seiner Erstlingsschrift bespricht er schon nahverwandte Fragen, ohne sich hier zu der echt naturwissenschaftlichen Auffassung durchringen zu können. Vgl. o. § 41.

augenblicke seines Falles) besitzt." Den Beweis führt Kant, indem er die Ruhe des großen Körpers als unendlich kleine Geschwindigkeit im Anfangsaugenblick des Falls betrachtet und so das Ergebnis gewinnt, daß seine Bewegungsquantität als unendlich kleines Produkt der Bewegungsquantität jedes endlichen, mit endlicher Geschwindigkeit bewegten Körpers unendlich unterlegen sei. Daraus zieht er die Folgerung, daß die bewegende Kraft, die ein Sandkorn durch seinen Stoß auf den Pik von Teneriffa ausübe, dessen „Gewicht übertreffen" werde und daß man auch die Höhe berechnen könne, zu der er, vom Sandkorn gestoßen, zu steigen genötigt sein würde. Freilich nur unter der Bedingung, daß beide Körper als vollkommen hart angenommen werden, was aber Kants Ansicht, nach der jede Materie durch jeden Stoß kondensabel ist, widerstreitet. Ihr gemäß dauert jeder Stoß eine gewisse Zeit und besteht aus einer Reihe unendlich vieler Drückungen [1]). Bei sehr großem Unterschied der Massen ist dann aber der Druck des gestoßenen Körpers *M* durch sein Gewicht in jedem Augenblick größer als „das Moment der Bewegung" durch die Stoßdrückungen, d. h. als die unendlich kleine durch die einzelne Drückung hervorgebrachte Bewegung bzw. Geschwindigkeit; jene vermag also diese ständig zu paralysieren, und *M* kann daher nicht zum Steigen gebracht werden. Anders bei der Mariotte'schen Stoßmaschine, wo der an einem Faden hängende Körper *M* auch als weiche Masse durch den kleinsten Stoß zur Seite getrieben werden muß. Denn andernfalls würde die Stoßbewegung ohne Wirkung aufgewandt werden, da sie, sei sie auch noch so klein, nicht durch die bloße inertia des *M*, als ob diese eine positive Kraft wäre, verschlungen werden könnte. — In Wirklichkeit stehn die beiden Fälle völlig gleich: die Richtung, nach welcher der Stoß erfolgt, ist ganz gleichgültig; nur nimmt bei dem Stoß aufwärts die Geschwindigkeit, wegen der Gegenwirkung der Schwere, sehr viel rascher ab. Kant hat (um bei der Galilei-Leibnizischen Anschauungsweise, auf deren Boden er ja steht, zu bleiben) fälschlicherweise die unendlich kleinen Stoßmomente als Drückungen (tote Kraft) betrachtet, während sie als unendlich kleine Stöße (lebendige Kraft) aufgefaßt werden müßten, die auch ihrerseits noch, als wirkliche Bewegungen und damit als ein Unendlich-Kleines höherer Ordnung, gegenüber jedem Druck als bloßem Bestreben, Bewegung hervorzubringen, unendlich groß sein würden (Näheres XIV 4 79 f.).

---

1) So sah auch L. Euler die Sache an, indem er zugleich die Möglichkeit vollkommen harter Körper leugnete. Der Gedanke findet sich schon bei Galilei, der freilich für die vollkommen harten Körper eine Ausnahmestellung in Anspruch nahm (vgl. XIV 477 f.).

Um 1775 hatte Kant allgemein, ebenso wie IV 548, „vollkommene Beweglichkeit durch die mindeste Kraft“ behauptet (XIV 167 f.) [1]). Für vier Stellen des Op. p. (A 438, B 365, 370, C 142) gilt das Gleiche. B 88 f. [2]) dagegen bringt er für die Aufwärtsbewegung, die er dort allein bespricht, dieselbe Einschränkung der absoluten Härte wie XIV 472 f. an — ein Schwanken, welches zeigt, daß er sich bei dieser Frage nicht dauernd auf der Höhe streng naturwissenschaftlichen Denkens halten konnte, sondern mitunter zu einer Auffassung zurücksank, die dem naturwissenschaftlichen Laien zunächst wohl stets als die wahrscheinlichere vorkommen wird.

145. Um die Bedeutung seines Beweises für das 3. mechanische Gesetz, das zugleich die Konstruktion der Mitteilung der Bewegung enthält, in das rechte Licht zu setzen, wendet Kant sich IV 549—551 in zwei „Anmerkungen“ noch gegen die Anhänger einer besonderen Trägheitskraft und gegen die „Transfusionisten der Bewegung“, um zu zeigen, daß sie von ihren Standpunkten aus mit den beiden Problemen, die er auf einen Schlag löst, nicht fertig werden können.

Den Denkern, die um des 3. mechanischen Gesetzes willen eine besondere Kraft der Materie unter dem von Kepler geprägten Namen der Trägheitskraft (vis inertiae) in die Naturwissenschaft einführen, wirft er vor, sie leiteten das Gesetz im Grunde gerade so wie Newton aus der Erfahrung ab, und er fordert, daß der Name und Begriff „Trägheitskraft“ aus der Naturwissenschaft gänzlich verschwinde.

Der junge Kant war anderer Ansicht gewesen. In seiner Erstlingsschrift hatte er selbst gerade das getan, was er jetzt bekämpft: nämlich die Trägheitskraft mit der Gegenwirkung der Körper in engste Verbindung gebracht und behauptet, der gestoßene Körper beraube durch seine Trägheitskraft den stoßenden Körper eines Teiles seiner Geschwindigkeit bzw. Kraft (Erstlingsschrift § 14 — vgl. dazu o. § 33 — 42, 53, 64, 100).

In der Nova dilucidatio (1755) dagegen ist der Zusammenhang zwischen Trägheitskraft und Gegenwirkung gelöst. Diese erfolgt jetzt seitens der wesentlichen Kraft oder der vis insita ex interno efficaciae principio (vgl. o. § 50).

In der „Monadologia physica“ (1756) spielt der Begriff der Trägheitskraft zwar eine bedeutsame Rolle. Aber von dem, was bei ihren sonstigen Anhängern für sie charakteristisch ist, trägt sie hier fast nichts

1) Aehnlich in § 7 der von Rink herausgegebenen physischen Geographie (IX 168).

2) Die Stelle ist (ebenso wie die von B 370) XIV 475 f. abgedruckt.

mehr an sich. Was Kant mit ihr meint, ist eigentlich die Masse als bewegungbestimmender Faktor (vgl. o. § 64).

Zwei Jahre später, im „Neuen Lehrbegriff" (II 19—21), gibt er sie völlig preis. Was er ausführlich bekämpft, ist jedoch eigentlich nicht sie, obwohl die Ueberschrift des betreffenden Abschnitts „Von der Trägheitskraft" lautet, sondern G. E. Hambergers Lehre von der vis insita, auf der angeblich die Undurchdringlichkeit und der Widerstand der Körper beruhen; letzterer soll eine vera actio sein, da jeder Körper in beständiger, gleichmäßiger Bestrebung zur Bewegung nach allen Richtungen hin und von allen Richtungen her begriffen ist, wobei jedoch die entgegengesetzten Tendenzen einander aufheben, solange der Körper im Gleichgewicht der Kraft, d. h. in Ruhe ist (Hamberger: Elementa physices ³ 1741 § 15 ff., 20 ff., 35 ff., sowie o. § 33, 46). Von der Trägheitskraft selbst spricht Hamberger nur in § 28. Nachdem er in § 26 und 27 das Trägheits*gesetz* aufgestellt hat, daß jeder Körper im Zustand der Ruhe bzw. der Bewegung beharrt, wenn nicht die äußeren Gelegenheitsursachen geändert werden, fährt er in § 28 fort: „Hae permansiones in eodem statu Newtono dependere dicuntur a vi inertiae." Da nun beim Stoß die äußeren Gelegenheitsursachen tatsächlich geändert werden, kann Hamberger den Widerstand, den der gestoßene Körper ausübt, nicht auf die Trägheitskraft zurückführen. Kant aber stellt es, ohne Hambergers Namen zu nennen, so dar, als ob schon im Begriff der Trägheitskraft liege, „daß ein Körper, der, solange ein gegen ihn anlaufender Körper ihn noch nicht berührt, völlig ruhig, oder wenn man es so will, im Gleichgewichte der Kraft ist [1]), dennoch im Augenblicke des Stoßes plötzlich eine Bewegung gegen den stoßenden von selber annehme [2]) oder sich in ein Uebergewicht [3]) versetze, um in ihm eine entgegengesetzte Kraft aufzuheben". Wie sollte aber, wirft Kant ein, eine solche Aufhebung des Gleichgewichts von selber, also von innen heraus, vor sich gehen können? Fände sie aber nicht statt: wie könnte die innere Kraft Widerstand leisten? Und wenn wirklich das Unmögliche möglich und das Gleichgewicht von selbst aufgehoben würde, so könnte der gestoßene Körper doch keine Bewegung bekommen. Denn 1. würden der Stoß und die Gegenwirkung sich aufheben und Ruhe der beiden Körper gegeneinander das Ergebnis sein; 2. müßte die Trägheitskraft als natür-

1) Vgl. Hamberger § 24 (o. S. 129), 45, 46.

2) Vgl. Hamberger § 36 (o. S. 129).

3) Statt dessen gebraucht Kant etwas später auch den Ausdruck: „in eine gegen die Seite des anlaufenden überwiegende Bewegung oder Bestrebung". Mit „Bestrebung" übersetzt Kant Hambergers „tendentia" (vgl. z. B. §§ 38—43).

liche Kraft das aufgehobene Gleichgewicht im Augenblick nach dem Stoß von selber wieder herstellen, was wieder Ruhe des Körpers bedeuten würde.

Diese Einwände — den letzten kennen wir schon aus der Erstlingsschrift § 13, vgl. o. S. 89 — taugen nichts. Gegen den 1. und 3. würde Hamberger darauf verweisen, daß er das Trägheitsgesetz durchaus anerkenne: der Gleichgewichtszustand werde nicht „von selber" aufgehoben und der ruhende Körper versetze sich auch nicht „von selber" in eine Bewegung oder Bestrebung gegen den stoßenden, sondern nur auf Grund einer Veränderung in den äußeren Gelegenheitsursachen. Eine solche fehle aber gerade n a c h dem Stoß, und darum müsse die gestörte Gleichgewichtslage in dem gestoßenen Körper, d. h. seine Bewegung, anhalten, bis eine neue Einwirkung irgendeines dritten Körpers das Gleichgewicht zwischen den entgegengesetzten Tendenzen und damit die Ruhe wieder herstelle. Denn die Bewegung entsteht ja, wie wir oben in § 33 (gegen Schluß) sahen, nach Hamberger in dem gestoßenen Körper nur dadurch, daß eine seiner zentripetalen Tendenzen ihn in Richtung des Stoßes treibt, und zwar deshalb treiben kann, weil ihr keine gleich starke zentrifugale Tendenz mehr entgegenwirkt; letztere ist vielmehr zum Teil durch den dem stoßenden Körper geleisteten Widerstand paralysiert, und diese Vorherrschaft der zentripetalen Tendenz kann vom Körper nicht durch eigene Kraft aufgehoben werden — das wäre gegen das Trägheitsgesetz —, sondern nur auf Grund der Einwirkung eines dritten Körpers bei einem neuen Zusammenstoß [1]). Damit ist zugleich auch der mittlere Einwand Kants abgewiesen. Man wird also seinen Kampf gegen Hamberger und die Trägheitskraft als wenig glücklich bezeichnen müssen, ohne damit für beide irgendwie Partei nehmen zu wollen. Kant behauptet noch weit mehr Gründe gegen den Begriff der Trägheitskraft und wider die für

1) In § 77 beschäftigt Hamberger sich mit den Verhältnissen nach dem Stoß im Anschluß an eine Figur, in der die stoßende Kugel A und die gestoßene B aneinander liegen; e ist der Mittelpunkt von B, f der Punkt, wo der Stoß traf. Der Paragraph lautet: „Inaequales sunt vires contrariae ab f versus e et e versus f qua causam occasionalem; i. e. agunt in se invicem inaequaliter, non solum momento conflictus, sed etiam omnibus sequentibus momentis, usque dum nova quaedam tertii cujusdam corporis actio, actioni corporis B ab f versus e contraria et aequalis, accedat et prius aequilibrium actionum contrariarum in corpore B restituat. Nullum enim corpus statum quemcunque suum, in quo est, ipsum mutare potest, sed manet in suo statu sive aequalitatis sive inaequalitatis actionum suarum contrariarum. Ergo corpus B movebitur, si nihil aliud ab extra resistat, secundum directionem tendentiae fortioris fe, et vis, qua movetur, erit aequalis resistentiae, quam corpus B dedit corpori A.

sie vorgebrachten metaphysischen Beweise in Bereitschaft zu haben; aus Raummangel wolle er aber auf ihre Entwickelung verzichten. Ob wir viel daran verloren haben?

Der Sache nach verwirft Kant also die Trägheitskraft durchaus. Doch hat er nichts dagegen, sie in dem Sinn beizubehalten, in dem Newton eine Anziehungskraft aller Materie zur Erklärung der großen Bewegungen des Weltbaues benutze, „nämlich nur als das Gesetz einer durch die Erfahrung erkannten allgemeinen Erscheinung, wovon man die Ursache nicht weiß und welche folglich man sich nicht übereilen muß sogleich auf eine dahin zielende innere Naturkraft zu schieben.“ [1]) In diesem Sinn ist die Trägheitskraft eine „ungemein geschickte“ Annahme, da man alle Bewegungsgesetze „sehr richtig und leicht“ aus ihr herleiten kann. Aber sie sagt dann nur, daß alle Körper in Ansehung der gegen sie bewegten eine Kraft haben, deren Handlung in gleichem Grade entgegenzuwirken. Und, setzt Kant hinzu, sie scheinen zwar diese Kraft in völliger Ruhe als eine innere Kraft an sich zu haben, haben sie aber in der Tat nur darum, „weil sie gegen den anlaufenden in wirklicher und gleicher Bewegung sind, und sie haben solche nimmer, insofern sie sich respektive auf ihn in Ruhe befinden“ (II 20).

Ganz dieselbe Auffassungsweise tritt uns in den Aufzeichnungen der 70er Jahre entgegen (XIV 116, 166—170, 181, 187, 194, 270; vgl. o. S. 183). Eine wirkliche Trägheitskraft gibt es nicht, trotzdem wird der Name zugelassen und auch das Gesetz von der Gleichheit der Wirkung und Gegenwirkung mit der Trägheit in Verbindung gebracht. Soweit diese Verbindung in Frage kommt, wird die Trägheit als bloß negativ bezeichnet, soweit sie dagegen die Grundlage für die lex inertiae bildet, als positiv (167); an andern Stellen (181, 187) werden die Prädikate mit mehr Recht vertauscht.

---

1) Lasswitz meint II 459 hieraus schließen zu müssen, daß Kant 1758 die Gravitation als wirkliche Fernkraft geleugnet habe. Da er 1755/56 sehr energisch für sie eintritt, 1762 (II 288) sie mindestens als sehr wahrscheinlich betrachtet und später bis an sein Lebensende stets an ihr festgehalten hat, spricht nicht gerade viel dafür, daß er 1758 einen entgegengesetzten Standpunkt eingenommen habe. Und der Text zwingt keineswegs dazu. Er sagt nur, daß Newton mit dem Begriff seiner Gravitation nur ein Gesetz für das tatsächliche Verhalten aufstellen wollte, ohne zugleich den Versuch zu machen, das letztere (die gegenseitige Annäherung) durch eine innere Kraft zu erklären. Bei der Trägheitskraft würde es nach Kant eine „Uebereilung“ sein, auf eine wirkliche Kraft zu schließen. Aber daraus folgt nicht, daß dies auch bei der Gravitation der Fall sein müßte. Hier konnten im Gegenteil für Kant sehr wohl gewichtige Gründe vorliegen, die ihn zwangen, sich für das Vorhandensein einer Fernkraft zu entscheiden.

Viel radikaler gehen die M.A.d.N. vor: sie wollen Begriff und Namen der Trägheitskraft aus der Naturwissenschaft vollständig verbannt wissen [1]). Aus drei Gründen. Erstens führt sie schon im Namen selbst einen Widerspruch bei sich [2]). Sodann werden das 2. und 3. mechanische Gesetz leicht ineinander gewirrt, wenn bei beiden von der Trägheit die Rede ist. Schließlich wird bei manchen, die der mechanischen Gesetze nicht recht kundig sind, die irrige Vorstellung erweckt, als ob „die Gegenwirkung der Körper, von der unter dem Namen der Trägheitskraft die Rede ist", nicht bloß die Grundlage darstelle, auf der sich die Mitteilung der Bewegung vollziehe, sondern als ob durch sie „die Bewegung in der Welt aufgezehrt, vermindert oder vertilgt" werde [3]), indem der bewegende Körper einen Teil seiner bewegenden Kraft nur dazu aufwenden müßte, um die Trägheit des ruhenden zu überwinden [4]), was einen reinen Verlust bedeuten würde; mit dem Rest allein könne er ihm Bewegung erteilen; sei der Rest aber bei sehr großen Massenunterschieden = 0, so vermöge der Stoß den ruhenden Körper überhaupt nicht in Bewegung zu bringen. Demgegenüber stellt Kant die Behauptung auf: „Einer Bewegung kann nichts widerstehen, als entgegengesetzte Bewegung eines anderen, keineswegs aber dessen Ruhe." Trägheit der Materie, d. i. bloßes Unvermögen sich von selbst zu bewegen, kann also nicht Ursache eines Widerstandes sein, und eine besondere Kraft, die bloß widerstehn, aber nicht bewegen könnte, wäre eine zwecklose Annahme, weil sie das, was sie erklären soll, doch nicht zu erklären vermöchte (IV 550 f.) [5]).

1) Darin wird man ihnen auch dann recht geben, wenn man Kants Beweis für das 3. mechanische Gesetz, durch den er zugleich auch die Entbehrlichkeit der Trägheitskraft erwiesen haben will, nicht anerkennen kann. Was man früher durch die Trägheitskraft erreichen wollte, erreicht man jetzt, indem man die Masse als bewegungbestimmenden Faktor betrachtet.

2) XIV 187 wird sie widersinnisch genannt. Nach IV 544 ist Trägheit so viel wie Leblosigkeit und kann daher nicht als eine Kraft, von der Tätigkeit ausgeht, oder als „ein positives Bestreben, seinen Zustand zu erhalten", aufgefaßt werden.

3) Vgl. hierzu Kants Erstlingsschrift, wo sich in §§ 53, 64 ganz ähnliche Ausdrücke finden: daß die Trägheitskraft des gestoßenen Körpers A im stoßenden B Kraft vernichte und verzehre; doch soll hier die von B verlorene Kraft auf A übergehn.

4) Vgl. o. § 67 das Leibniz-Zitat.

5) Die bekämpfte Ansicht findet sich z. B. in Chr. Wolffs Cosmologia generalis 1737, §§ 130 ff.: „Principium resistentiae motus in corporibus dicitur vis inertiae sive vis passiva"; das Prinzip der Veränderuugen ist dagegen die vis activa oder motrix (vgl. o. § 31). Entschiedene Gegner einer besondern Trägheitskraft sind L. Euler (vgl. Timerding, Kant und Euler, in: Kantstudien XXIII 49 f.), A. G. Kästner, Anfangsgründe der höhern Mechanik, 1766, S. 12 ff., 302 ff., und im Anschluß an ihn Erxleben [3] § 54 ff. Im letzteren Werk (eine Zeitlang Kants Vorlesungskompendium) wird in § 55 gegen die Trägheitskraft eingewandt: „Braucht

146. Nach dieser Ausführung — man beachte vor allem die in Gänsefüßchen gesetzten Worte — ist Kant ohne Zweifel der Meinung, daß bei jedem Stoß eines bewegten Körpers auf einen ruhenden diesem eine wirkliche, nicht nur fiktive Gegenbewegung zukommen muß [1]). Es handelt sich auch nicht etwa nur um das Postulat einer bewegenden K r a f t, wie im Anfang der Dynamik (IV 497), wo Kant die Raumerfüllung (Undurchdringlichkeit) nur auf diese Weise glaubte begreiflich machen zu können (vgl. o. § 75), sondern um eine w i r k l i c h e entgegengesetzte Bewegung [2]).

---

denn ein Ding eine eigne Kraft, um das zu bleiben, was es einmal ist? Läßt sich wohl eine Kraft gedenken, die niemals von selbst wirkt, sondern nur widersteht? die gar keine Größe für sich hat, sondern nur groß oder klein ist, nachdem das ist, dem sie sich widersetzt?" Hinsichtlich Newtons vgl. o. §§ 50, 134.

1) Zum Beweis, daß diese Ansicht damals auch bei eigentlichen Naturwissenschaftlern Anklang fand und von ihnen sogar experimentell gestützt wurde, sei folgende Stelle aus A. G. Kästners Anfangsgründen der höhern Mechanik (1766, S. 304 f.) angeführt: „Man findet Naturforscher, die sich die Gegenwirkung als etwas vorstellen, das in der Tat dem Körper, der stößt, entgegenstieße und Bewegungen, die der Richtung seines Stoßes entgegengesetzt sind, hervorbrächte. Sie legen leicht zu bewegende Körperchen, Sand u. d. g. (Bleikugeln oder Schrot sind dazu fast noch besser) nahe an den Rand eines Tellers, geben dem Teller an der entgegengesetzten Stelle einen Schlag und finden alsdenn, was auf ihm lag, näher als zuvor bei dieser Stelle: da bilden sie sich ein, was auf dem Teller lag, habe durch die Gegenwirkung eine Bewegung der Richtung des Schlages entgegen bekommen und sei dieserwegen nach der Stelle, wo der Schlag geschah, zugegangen; sie bedenken aber nicht, daß der Teller dem Schlage schneller gehorsamt hat, als sich die Wirkung desselben in das, was auf dem Teller lag, fortpflanzen konnte, daß also eigentlich dieses liegen geblieben und der Teller darunter fortgegangen ist, also sich die geschlagene Stelle des Tellers dem, was darauf lag, nicht dieses ihr, genähert hat. In unterschiedlichen Sammlungen mathematischer und anderer Spielwerke findet sich ein ähnliches Kunststück. Man legt auf ein Glas eine hölzerne Scheibe und darauf ein Stück Geld. Man schlägt die Scheibe geschwind vom Glase weg, so fällt das Geld in das Glas. Schwenter mathem. Exquickst. 10. T. 19. Aufg., wo man noch mehr solche Künste antrifft, deren einige auch von Naturforschern als Beweise ihres unrichtigen Begriffs von der Gegenwirkung sind angeführt worden." Kästner stellt diese Auffassung der des Kindes gleich, das die Stelle des Erdbodens, auf die es gefallen ist, oder den Tisch, an dem es sich mit dem Kopf gestoßen hat, schlägt, als ob vom Erdboden und Tisch wirkliche Gegenbewegungen ausgegangen wären.

2) Stadler 68, 166 (vgl. 168 u.) will zwar die obige Stelle (IV 551) im Sinn des Anfangs der Dynamik interpretieren. Aber das ist ganz unmöglich. Denn IV 497 wird eine zwiefache, entgegengesetzte Bewegung in e i n u n d d e m s e l b e n Beweglichen verlangt, und in der Materie, in deren Raum es eindringen will, nur eine bewegende K r a f t, um die dem Eindringen entgegengesetzte Bewegung in ihm hervorzubringen. IV 551 dagegen fordert Kant, daß beide Körper, der stoßende und der scheinbar ruhende, in Wirklichkeit bewegt seien.

Und eine ganze Reihe anderer Stellen zwingt zu derselben Auffassung. So die Anmerkung IV 547, die zwischen Phoronomie und Mechanik den Unterschied statuiert, daß es dort gleichgültig gewesen sei, ob man den Körper im ruhenden relativen Raum oder diesen bei ruhendem Körper in entgegengesetzter Richtung bewegt sein lasse, während es hier notwendig sei, bei jedem Stoß jeden der beiden Körper als bewegt anzunehmen. „Also kann kein Körper einem schlechthin-ruhigen durch seine Bewegung Bewegung erteilen, sondern dieser muß gerade mit derselben Quantität der Bewegung (zusamt dem Raume) in entgegengesetzter Richtung bewegt sein, als diejenige ist, die er durch die Bewegung des ersteren und in der Richtung desselben erhalten soll."

Diese hier entdeckte Notwendigkeit ermöglicht dann, in der „Phänomenologie" den 3. Lehrsatz zu schaffen: „In jeder Bewegung eines Körpers, wodurch er in Ansehung eines anderen bewegend ist, ist eine entgegengesetzte gleiche Bewegung des letzteren notwendig" (IV 558). Der erste Satz des Beweises ist schon o. § 142 abgedruckt. Die Fortsetzung lautet: „Die Bewegung beider ist also wirklich. Da aber die Wirklichkeit dieser Bewegung nicht (wie im zweiten Lehrsatze) auf dem Einflusse äußerer Kräfte beruht, sondern aus dem Begriffe der Relation des Bewegten im Raume zu jedem anderen dadurch Beweglichen [1]) unmittelbar und unvermeidlich folgt, so ist die Bewegung des letzteren notwendig" [2]). Die Beziehung auf den 2. Lehrsatz ist außerordentlich lehrreich, denn in ihm wird der Kreisbewegung einer Materie Wirklichkeit zugesprochen, während die entgegengesetzte Bewegung des relativen Raumes, wenn sie gleich der Erscheinung nach mit jener übereinkäme, nichts als bloßer Schein, d. h. also rein fiktiv, sein würde. Und mit der hier behaupteten Wirklichkeit wird die des 3. Lehrsatzes als im Wesen gleichartig auf e i n e Stufe gestellt.

Fast könnte man zu der Annahme geneigt sein, die Einführung des Terminus Notwendigkeit in der Anmerkung IV 547 sei nur aus systematisch-architektonischen Gründen erfolgt, um dem Kategorienschema genug zu tun und den 3. phänomenologischen Lehrsatz zu ermöglichen. Mitgespielt haben mag dieser Gesichtspunkt. Doch darf man darüber die tie-

---

1) Vgl. IV 562: „aus bloßen Begriffen einer relativen Bewegung, wenn sie im absoluten Raume, d. i. nach der Wahrheit betrachtet wird."

2) In einem Rückblick auf den 3. phänomenologischen Lehrsatz (IV 562) spricht Kant von der „Wahrheit der wechselseitig-entgegengesetzten und gleichen Bewegung beider Körper", von dem aus bloßen Begriffen hinreichend erweislichen „Gesetz einer schlechterdings notwendigen Gegenbewegung" und weist gleichfalls auf den 2. Lehrsatz zurück.

feren Gründe nicht außer acht lassen. Solange Kant nur nach Huyghens'scher Art die Stoßgesetze für einzelne Fälle ableiten will, bedarf er allerdings nur einer fiktiven Bewegung. Anders sobald er vermittelst seines neuen Prinzips die Mitteilung der Bewegung „begreiflich machen" (IV 550) und das 3. mechanische Gesetz beweisen will. Da müssen die Bewegungen wirkliche sein. Denn fiktive könnten weder bewegende Kraft und eine wirkliche Gegenwirkung erzeugen noch den Uebergang der Bewegung hervorbringen oder erklären.

Gegen die Transfusionisten, welche die Mitteilung der Bewegung in deren allmählichem Uebergang vom einen Körper auf den andern bestehen lassen, wobei der bewegende gerade so viel Bewegung einbüßt, als er dem bewegten eindrückt, bis dessen Geschwindigkeit der seinen gleich geworden ist und er ihm also keine weitere mehr erteilen kann — gegen diese Transfusionisten macht Kant IV 549 f. gerade geltend, daß sie von ihrem Standpunkt aus, der eben eine wirkliche Gegenbewegung des scheinbar ruhenden Körpers nicht kennt, weder das 3. mechanische Gesetz beweisen noch die Mitteilung der Bewegung ihrer Möglichkeit nach erklären [1]) können noch ein Recht haben, im Ernst von Gegenwirkung zu reden, sondern im Gegenteil diese, „d. i. alle wirklich entgegenwirkende Kraft des gestoßenen ⟨Körpers⟩ gegen den stoßenden (die [2]) etwa vermögend wäre, eine Springfeder zu spannen)", geradezu aufheben. Ganz besondere Schwierigkeiten macht ihnen sodann noch der Stoß elastischer Körper [3]). Bei ihm tritt nach Kants Meinung be-

---

1) Denn der Ausdruck „Uebergang der Bewegung von einem Körper auf den andern" erklärt nichts, zumal man ihn doch nicht buchstäblich nehmen kann, als wenn Bewegung von einem Körper in den andern wie Wasser aus einem Glas in das andere gegossen würde, — eine Anschauungsweise, die dem Grundsatz: „accidentia non migrant e substantiis in substantias" zuwider sein würde.

2) So ist doch wohl statt „der" zu lesen.

3) Auch beim Stoß vollkommen harter Körper geht ihre Theorie angeblich in die Brüche. Denn hier würde der bewegte Körper dem ruhenden in einem Augenblick seine ganze Bewegung überliefern und also nach dem Stoß selbst ruhen — ein Bewegungsgesetz, das „weder mit der Erfahrung noch mit sich selbst in der Anwendung zusammenstimmt". Deshalb blieb, wie Kant meint, den Transfusionisten nichts anderes übrig, als die Existenz völlig harter Körper ganz zu leugnen, womit sie freilich zugleich die Zufälligkeit des 3. mechanischen Gesetzes zugestanden, indem sie es auf die besondere Qualität der einander bewegenden Materien gründen mußten. Demgegenüber betont Kant die Vorzüge seines Beweises, bei dem es ganz einerlei sei, ob man die sich stoßenden Körper absolut hart denke oder nicht. Das trifft aber nur dann zu, wenn man schon voraussetzt, was erst festgestellt werden müßte: daß nämlich die Zeilen IV 546 $_{13-16}$ auch für die völlig harten Körper gelten, daß diese sich also ganz wie die unelastischen weichen verhalten, indem

sonders klar zutage, „daß der ruhende Körper nicht als bloß ruhend Bewegung bekomme, die der stoßende einbüßt, sondern daß er im Stoße wirkliche Kraft in entgegengesetzter Richtung gegen den stoßenden ausübe, um gleichsam die Feder zwischen beiden zusammenzudrücken, welches von seiner Seite ebensowohl wirkliche Bewegung (aber in entgegengesetzter Richtung) erfordert, als der bewegende Körper seinerseits dazu nötig hat". Fiktive Bewegungen stünden auch dem Transfusionisten zu Gebote, ohne daß er seinem Standpunkt untreu zu werden brauchte, weil sie nur zur Veranschaulichung dienen bzw. dazu, aus einem als bekannt vorausgesetzten allgemeinen Fall weitere Stoßregeln abzuleiten. Aber fiktive Bewegungen können niemals das tun, was Kant fordert: wirkliche Kraft ausüben und eine Feder zusammendrücken. Dazu sind vielmehr wirkliche Bewegungen nötig. Die aber gehn den Transfusionisten eben ab, während Kant ihre Tatsächlichkeit glaubt nachweisen zu können [1]).

Als notwendig wird die Gegenbewegung auch in dem Beweis für die Beweglichkeit jeder Masse auch durch den kleinsten Stoß bezeichnet (vgl. o. S. 325 f.), und kurz darauf heißt es, „daß kein Körper einen anderen stoße, der in Ansehung seiner ruhig ist, sondern, ist dieser es in Ansehung des Raums, nur sofern er zusamt diesem Raume in gleichem Maße, aber in entgegengesetzter Richtung bewegt" werde (IV 548).

Im „Neuen Lehrbegriff" ist die Sachlage schon ganz dieselbe. Außer den drei o. S. 314, 316, 331 abgedruckten Zitaten von II 19, II 18 und II 20 kommen hauptsächlich folgende Stellen in Frage. II 18: „Wird man die Bewegung nicht beiden und zwar beiden in gleichem Maße beilegen müssen?" „Unerachtet aller Ruhe, darin der Körper B in Ansehung der andern nächsten Gegenstände des Raumes sein mag, hat er dennoch eine wahrhafte Bewegung in Ansehung eines jeden Körpers, der gegen ihn anrückt." II 20: „Nun ich bewiesen habe, daß, was man fälschlich

---

auch sie sich in Beziehung aufeinander in Ruhe versetzen, wenn sie mit gleichen Bewegungsquantitäten aufeinander stoßen (vgl. o. S. 125 f., 319 f., u. S. 343 f., 348).

1) Ist diese Tatsächlichkeit hinfällig, so verschwindet auch der Vorzug, den Kant für seine Theorie gegenüber der transfusionistischen in Anspruch nimmt. Was Stadler 167 f. vorbringt, um diesen Vorzug zu rechtfertigen, beruht auf dem Mißverständnis, als ob die Transfusionisten keine Repulsionskräfte anerkennen könnten. „Die repulsive Kraft erklärt mehr, als die Transfusion", meint Stadler. Aber nichts hindert die Transfusionisten, auch ihrerseits von den ursprünglichen, Bewegung erteilenden Kräften Gebrauch zu machen. Was sie von Kant eigentlich trennt, sind die Gegenbewegungen, deren Wirklichkeit sie leugnen, während er sie behauptet. Da Stadler aber gerade dies bestreitet, kann er auch den Unterschied zwischen den beiden Ansichten nicht richtig erfassen.

für eine Ruhe in Ansehung des stoßenden Körpers gehalten hat, in der Tat beziehungsweise auf ihn eine Bewegung sei: so leuchtet von selber ein, daß diese Trägheitskraft ohne Not erdacht sei und bei jedem Stoße eine Bewegung eines Körpers gegen einen andern, mit gleichem Grade ihm entgegen bewegten angetroffen werde."

An allen diesen Aeußerungen geht Stadler 173 f. achtlos vorüber; er spottet über die Erklärer, die Kants „Hilfskonstruktion hypostasieren", und sucht durch eine Anzahl von Zitaten zu beweisen, daß Kant nur fiktive Bewegungen im Auge gehabt habe. Aber keine von diesen Stellen erfüllt ihre Aufgabe. Sie sind alle vollkommen verständlich auch von dem Gesichtspunkt aus, daß Kant der festen Ueberzeugung war, dem notwendigen Denken und Annehmen der Gegenbewegung entspreche auch in Wirklichkeit eine solche, und seine neue „Vorstellungsart der Mitteilung der Bewegung" (IV 547) sei keine willkürlich gewählte, bloß fiktive, sondern eine in der Natur der Sache begründete. Nur bei dieser Auffassung kann man den zahlreichen Aeußerungen, die ich anführte, wirklich gerecht werden. Stadlers Interpretation würde ihnen gegenüber völlig versagen. Die einzige Möglichkeit, sie zu „behandeln", wären für ihn Umdeutungen und Vergewaltigungen, denen ähnlich, durch die H. Cohen und seine Schule über die zahlreichen Stellen hinwegzukommen suchen, in denen Kant die extramentale Existenz von Dingen an sich in unzweifelhafter Weise behauptet. Das Mindeste, was die von mir beigebrachten Stellen verlangen, wäre, ein Schwanken Kants zwischen fiktiven und wirklichen Gegenbewegungen anzunehmen. Was bei der ursprünglichen Konzeption vielleicht nur eine Fiktion war, hätte sich mit der Zeit, um mit Vaihinger zu sprechen, zu einer Hypothese, und schließlich zu einer als notwendig bezeichneten Wirklichkeit ausgewachsen, dann und wann aber fiele Kant noch auf den Fiktionen-Standpunkt zurück. Doch betone ich nochmals, daß diese letztere Annahme in keiner Weise notwendig ist, daß sich vielmehr auch Stadlers Stellen von dem Standpunkt aus, daß Kant von der Wirklichkeit der Gegenbewegungen überzeugt gewesen sei, ohne Schwierigkeiten erklären lassen.

Wie kam Kant nun zu dieser seltsamen Ansicht? Die Antwort kann wohl nur lauten: dadurch daß er das klassische Relativitätsprinzip nicht mit der nötigen Umsicht und Kritik durchdachte und sich so verleiten ließ, eine ebenso unnötige wie unmögliche Konsequenz aus ihm zu ziehen. Für diese Erklärung müßte grade unsere Zeit, die es an sich selbst erlebt, bis zu welchem Grade die Relativitätslehre die Köpfe scharfsinnigster Mathematiker, Physiker und Philosophen in Verwirrung setzen kann, eigentlich Verständnis haben. Was Kant mit Fug und Recht behaupten durfte, war nur: daß man eine absolute Bewegung oder Ruhe als solche niemals erfahren kann, daß es beim Stoß zweier Körper ganz dieselben Erscheinungen gibt, ob man den einen Körper ruhend oder ob man ihn mitsamt dem relativen Raum dem stoßenden entgegenbewegt denkt, daß sich deshalb auf Grund der bloßen Tatsache der gegenseitigen Annäherung zweier Körper in gerader Linie nicht bestimmen läßt, ob sich in Wahrheit beide Körper bewegen oder nur einer. Kant meint aber den Relativitätsgedanken noch viel weiter treiben zu müssen und behauptet zu Unrecht, daß bei j e d e m Stoß sich beide Körper gegeneinander bewegen m ü s s e n , macht also aus einer möglichen Betrachtungsweise ohne Not eine Wirklichkeit und sogar Notwendigkeit. Was ihn dazu verführte, waren wohl Beispiele wie das vom Schiff auf dem Pregel, von der Mauer und Kanonenkugel (vgl. o. S. 277 f., 317), und Erwägungen, daß absolute Ruhe, selbst wenn man sie als möglich zugäbe, doch für alle Gegenstände um uns her äußerst unwahrscheinlich sein würde, weil sich die verschiedenen Bewegungen, in denen sie begriffen sind (eventuelle Eigenbewegung, Achsendrehung der Erde, Bewegung um die Sonne usw.), gerade aufheben müßten. Ferner spielte wohl auch die Doppeldeutigkeit des Ausdrucks „absolute Bewegung" mit (vgl. o. S. 275 ff., 314): indem Kant die absolute Bewegung im 1. Sinn, „die ohne alle Beziehung einer Materie auf eine andere gedacht wird", als unmöglich erwies, glaubte er zugleich auch für ihre Unmöglichkeit im 2. Sinn, d. h. dafür, daß kein Körper einem andern schlechthin ruhigen Bewegung erteilen könne, den Nachweis erbracht zu haben.

Gewiß hat er insoweit recht, als ein Körper, der relativ zu seiner Umgebung ruht und von einem andern in gradem Stoß getroffen wird, vielfach relativ zu diesem nicht ruhen, sondern sich mitsamt seiner Umgebung ihm entgegen bewegen wird. Aber selbst bei diesen einfachsten Verhältnissen des graden Stoßes zweier Körper läßt sich Kants Betrachtungsweise doch nur auf eine Minderheit von Fällen anwenden, und nur unter der Bedingung, daß man statt seiner Lehre vom absoluten Raum, nach der dieser eine bloße Idee ist, Newtons Lehre, nach der er eine Realität ist, als Arbeitshypothese gebraucht. Denn man müßte sich die verschiedenen gleichzeitigen Bewegungen, in denen jeder der beiden Körper begriffen ist, doch zu je e i n e r zusammengesetzt denken, die dem betreffenden Körper dann als absolute zukäme. Und es wären dann, gerade so wie bei den Phänomenen, die der r e l a t i v e Raum zeigt, drei Fälle möglich: entweder ruhte einer der beiden Körper, im Verhältnis zum a b s o l u t e n Raum, oder beide bewegten sich mit Bezug auf ihn, sei es in derselben, sei es in entgegengesetzter Richtung. In allen drei Fällen könnte die äußere Erscheinung dieselbe sein und darin bestehen, daß einer der beiden Körper im Verhältnis zum relativen Raum ruht. Aber nur im dritten Fall könnte von einer wirklichen Gegen bewegung und darum (nach IV 549—551) auch nur in ihm von wahrer Gegen wirkung die Rede sein. Worin zugleich liegt, daß in den ersten beiden Fällen das 3. mechanische Gesetz streng genommen gar nicht gültig sein würde, da in ihnen eine eigentliche Gegenwirkung nicht möglich ist. Und sobald man nur etwas kompliziertere Verhältnisse ins Auge faßt, wie z. B. den gleichzeitigen Stoß mehrerer Körper auf einen ruhenden, so gerät man, wie o. S. 315f. dargelegt wurde, in die größten Schwierigkeiten und Unmöglichkeiten, aus denen es kein Entrinnen gibt. Sie beweisen die Unhaltbarkeit dieser Lehre Kants und sind zugleich ein Zeichen dafür, wie wenig er sie durchgearbeitet und ihre Konsequenzen nach allen Seiten hin entwickelt hat.

5. Allgemeine Anmerkung zur Mechanik.

147. Rückblickend auf die Mechanik stellt Kant IV 551 fest, daß ihre „gesamten Lehrsätze" den Kategorien der Substanz, Kausalität und Gemeinschaft, sofern sie auf Materie angewandt werden, genau entsprechen. Hier fehlt allerdings die Künstlichkeit in der Beziehung des Inhalts der M.A.d.N. auf die Kategorien, die in den andern drei Hauptstücken so stark auffällt. Doch spricht das nicht etwa für den heuristischen Wert der Kategorientafel, sondern erklärt sich sehr einfach daraus, daß Kant unter dem Titel der Relation drei Begriffe bzw. Begriffspaare vereinigt hat, die für alles naturwissenschaftliche Geschehn eine grundlegende Bedeutung haben; da ist es dann kein Wunder, daß auch die naturwissenschaftlich-mechanischen Grundgesetze in natürlicher Beziehung zu ihnen stehn. Dagegen vergißt Kant plötzlich ganz, daß seine Mechanik nicht drei, sondern vier Lehrsätze enthält. Sehr verständlich! Denn für den 1. Lehrsatz läßt sich mit dem besten Willen unter den Kategorien der Relation keine Parallele entdecken, und ebensowenig unter den Analogien der Erfahrung.

148. In der „Allgemeinen Anmerkung zur Mechanik" (IV 551—553) beschäftigt Kant sich mit dem Problem der absolut harten Körper und der Lehre von der Kontinuität.

In seiner Erstlingsschrift gestand er die Möglichkeit vollkommen harter Körper in dem Sinn zu, daß es Körper gebe, die sich unendlich wenig eindrücken lassen und die deshalb ohne Irrtum mit jenem Namen benannt werden können (vgl. o. § 45). In der Monadologia physica dagegen verwirft er sie schon, da er hier jede Materie, sowohl die einzelne

Monade wie die Körper, die Monadenkomplexe, für elastisch und also für eindrückbar hält.

Im „Neuen Lehrbegriff“ (II 21—23) nimmt er zur Frage der wirklichen Existenz vollkommen harter Körper keine Stellung. Als Grenzbegriff oder Fiktion hält er sie für unentbehrlich, da man von den Stoßgesetzen, die für sie gelten würden, ausgehn müsse, um vermittelst ihrer die für biegsame Körper zu finden [1]). Von seinem neuen Standpunkt aus kann er in der Aufstellung jener Stoßgesetze keine Schwierigkeiten sehn, da er seiner Ableitung derselben einen so allgemeinen Charakter gibt, daß sie auf den Unterschied zwischen vollkommener und unvollkommener Härte keine Rücksicht nimmt, und da er als „aus der Statik bekannt“ voraussetzt, daß ein völlig harter Körper in einen gleichartigen, gleich großen, ruhenden durch seinen Stoß nur die Hälfte seiner Kraft hineinbringt; danach würde also die Annahme, von der er bei seiner Behandlung der Stoßgesetze ausgeht, auch für sie zutreffen: daß nämlich zwei Körper, die mit gleichen Bewegungsquantitäten gerade gegeneinander anlaufen, sich mit Bezug aufeinander in Ruhe versetzen [2]). Wer sich aber an den „gemeinen Begriff“ von Bewegung und Ruhe hält, kommt bei dem Stoß harter Körper in die größten Verlegenheiten und muß seine Zuflucht zu dem unhaltbaren physischen Gesetz der Kontinuität nehmen, nach dem ein Körper dem andern seine Kraft nicht auf einmal mitteilt, sondern nur allmählich durch alle unendlich kleinen Zwischengrade von der Ruhe an bis zur bestimmten Geschwindigkeit. Denn wenn der harte Körper mit seiner ganzen Kraft auf einmal auf den ruhenden wirken könnte, so würde er es gewiß tun und ihm also seine ganze Bewegung erteilen, selbst aber in den Zustand der Ruhe übergehen. Daß dem nicht so ist, läßt sich nur daraus erklären, daß er auf den ruhenden überhaupt nicht mit endlicher Kraft auf einmal wirkt, sondern nur nach und nach vermittelst einer Folge von unendlich vielen unendlich kleinen momentanen Drükkungen, d. h. eben gemäß dem Gesetz der Kontinuität. Gilt das, dann ist selbstverständlich, daß die Drückungen nur solange erfolgen können, bis — bei gleichen Massen — der stoßende Körper die Hälfte seiner Geschwindigkeit auf den ruhenden übertragen hat; denn alsdann entzieht sich der gestoßene Körper jeder ferneren Einwirkung des stoßenden.

1) Diesen Weg wählen z. B. Chr. Wolff in seiner Cosmologia generalis §§ 386 ff., J. P. Eberhard [1] 68 ff., Musschenbroek [3] I 235, Abr. G. Kästner in seinen Anfangsgründen der höhern Mechanik 1766, S. 293 ff., J. C. P. Erxleben [1] 57 ff. Nähere Nachweise habe ich XIV 208 f. gegeben.

2) Das behaupten in der Tat die sämtlichen in der vorigen Anmerkung genannten Werke. Vgl. dazu u. S. 343.

Das physische Gesetz der Kontinuität aber ist nicht einmal als Hypothese zulässig [1]). Kant glaubt es sogar strikte widerlegen zu können, und zwar auf Grund der Ueberlegung, daß es verschieden große unendlich kleine Momente gebe, mit denen ein Körper in einem Augenblick auf einmal wirke und aus deren gehäufter Wirkung dann in endlicher Zeit eine endliche Geschwindigkeit hervorgehe. So sei das Moment der Schwere unendlich klein im Verhältnis zu dem „Moment der Handlung bei dem Stoße der Körper"; dieses bringe in ganz unmerklicher Zeit große Grade Geschwindigkeit hervor, welche die Schwere nur in weit längerer erzeugen könnte. Und überhaupt lasse sich gegenüber jedem Moment, mit dem irgendein Körper faktisch wirke, ein noch kleineres denken, aus dessen Summierung jenes erwachsen sei. Da nun aber jedes Moment doch in einem Augenblick, also auf einmal, wirken soll, ist seine Wirkung tatsächlich immer, auch im Stoß, eine plötzliche und also dem Gesetz der Kontinuität zuwider (denn es sind beliebig viele kleinere Momente denkbar, durch deren Zusammensetzung jenes größere hätte entstehen können). Jede Veränderung geht also ruckweise vor sich, zwar durch unendlich kleine Momente, die aber doch jedes eine plötzliche Wirkung darstellen. Ist aber die Wirkung beim Moment eine plötzliche, so ist nicht einzusehn, weshalb nicht auch die g a n z e Veränderung plötzlich sollte eintreten können, statt durch Anhäufung ihrer Momente nur allmählich zu erwachsen. Und umgekehrt: ist letzteres deshalb unmöglich, weil ein Körper in einen andern niemals mit einem Grad auf einmal wirken kann, ohne alle möglichen kleinen Zwischengrade (eben die Momente, d. h. die augenblicklichen Wirkungen der betreffenden Kraft) vorher durchzugehen, so wird er überhaupt nicht auf ihn wirken können, weil auch jene Momente wieder jedes einen auf einmal wirkenden Grad Kraft bedeuten, für den noch viele kleinere Zwischengrade denkbar sind.

Kant hat sich hier, wie auch sonst öfter, durch den Begriff des Unendlich-Kleinen irreführen lassen und ist in die eigentliche Meinung des Leibniz'schen Kontinuitätsbegriffs nicht tief genug eingedrungen. Gewiß ist es richtig, daß im Vergleich zu jedem Moment sich ein noch kleineres denken läßt. Aber die einzige Folgerung, die man nach Leibniz daraus

1) Im logischen Sinn ist es dagegen „eine sehr schöne und richtige Regel zum Urteilen". Da behauptet es z. B.: was für den Stoß zweier bewegter Körper gilt, gilt auch für den Fall, daß einer ruht, denn Ruhe ist als eine unendlich kleine Bewegung anzusehn; ein Kräftemaß, das von der wirklichen Bewegung gilt, gilt auch vom bloßen Druck, denn dieser kann als wirkliche Bewegung durch einen unendlich kleinen Raum betrachtet werden. — In diesem logischen Sinn verwendet Kant das Gesetz schon in seiner Erstlingsschrift (I 37 f., 105, 127, 145 f., 181, vgl. o. S. 105 f.). Aber auch in physischem Sinn erkennt er es dort an, vgl. I 166.

ziehen darf, ist die, daß die Veränderung auch durch dies kleinere Moment, ja, sogar durch alle die unendlichen Zwischengrade, die das Moment vom Nichts trennen, kontinuierlich hindurchgehn mußte. Das Moment ist doch nur eine Abstraktion oder Fiktion, um verschiedene Kräfte von bestimmten Gesichtspunkten aus nach ihrer Wirksamkeit, insbesondere nach dem Grad ihrer Fähigkeit oder Bestrebung, Geschwindigkeit mitzuteilen, vergleichen zu können: man wählt zu diesem Zweck die Wirkung, die beide in dem gleichen unendlich kleinen Zeitteil zu vollziehen imstande sind, und nennt sie Moment. Darin soll aber beileibe nicht liegen, daß dies Moment nun, wie Kant will, eine unteilbare Einheit sei, die plötzlich als Ganzes auf einmal in die Erscheinung trete [1]. Sondern auch der unendlich kleine Zeitteil ist doch noch eine Zeit, kein Zeitpunkt, und darum auch seinerseits noch ein Kontinuum; in ihm verfließen also auch noch unendlich viele Zeitteilchen von unendlicher Kleinheit zweiten Grades, innerhalb deren das Moment allmählich zu seiner Größe heranwächst. Das Moment ist also nichts als ein Querschnitt in einer nach Leibniz durchaus homogenen, kontinuierlichen Entwickelung, der den Intensitätsgrad und damit die Schnelligkeit bezeichnet, womit die Veränderung vor sich geht. Daß Kant selbst das Ungenügende seines Arguments einsah, geht daraus hervor, daß er später aus einem Gegner zu einem Anhänger des physischen Gesetzes der Kontinuität geworden ist.

149. Um die Mitte der 70er Jahre wirft Kant auf einem L.Bl. die Frage auf: „Ob es absolut harte Körper gebe, oder ob alsdenn das Bewegungsgesetz unelastisch harter Körper (rigidorum) würde anders sein.“ Auf die erste Frage geht er nicht weiter ein, läßt also die wirkliche Existenz derartiger Körper dahingestellt [2]. Die zweite Frage beantwortet er mit einem Nein und begründet es, wie folgt: „Sie sind in der

1) Dasselbe Mißverständnis liegt auch dem 6. der Kiesewetter-Aufsätze aus den Jahren 1788—91 (XIV 495—7) zugrunde. Kant will hier beweisen, daß man einem Körper im Anfangsaugenblick des Falls noch nicht eine gewisse Geschwindigkeit (und zwar eine andere auf der Oberfläche der Erde, eine andere auf der der Sonne) beilegen dürfe, sondern nur eine verschiedene Tendenz zur Bewegung. Dem Beweis fehlt aber, wie ich a. a. O. gezeigt habe, die Stringenz, und zwar gerade deshalb, weil er es mit dem Begriff eines Moments der Geschwindigkeit nicht für vereinbar hält, daß zu seiner Erreichung eine gewisse, wenn auch unendlich kleine Zeit erforderlich sei.

2) Natürlich mußte er sie auch damals leugnen; das ist die notwendige Konsequenz seiner dynamischen Theorie der Materie. Dementsprechend stellt er auch auf einem andern L.Bl. (wahrscheinlich aus der 1. Hälfte der 80er Jahre) fest, daß vollkommene Härte nach seiner metaphysischen Körperlehre der Natur der Materie, als welche durch jeden Stoß kondensabel sei, widerspreche (XIV 472 f.).

Berührung sogleich ein System, und da ihre respektive Bewegung vor der Berührung auch als in einem System mußte betrachtet werden, so wird dieselbe Folge nach der Berührung sein wie vor derselben" (XIV 202 f.). Ich habe XIV 210 f. eingehend nachgewiesen, daß Kant bei dieser nicht ganz leicht verständlichen Begründung nur an seine neue Art der Ableitung der Stoßgesetze auf Grund des Prinzips der Relativität aller Bewegung (II 16 ff.) gedacht haben kann. Durch sie glaubte er der Pflicht des Nachweises, daß die Besonderheit der absolut harten Körper keine Abweichungen von den Stoßgesetzen der unelastischen, unvollkommen harten Körper herbeiführe, überhoben zu sein. Er hatte die Deduktion der Stoßgesetze auf einer so allgemeinen Grundlage gegeben, daß auf die Unterschiede zwischen den beiden Arten unelastischer Körper gar keine Rücksicht genommen wurde. So schien kein Platz mehr für den Einwand zu sein, daß die Deformierbarkeit der unvollkommen harten unelastischen Körper und die damit gegebene Stetigkeit in der Aenderung der Geschwindigkeiten der eigentliche Grund der für sie geltenden Stoßgesetze sei (vgl. I 70 f.). Demgemäß rühmt Kant denn auch, wie wir o. S. 335 f. Anm. sahen, IV 549 an seiner Ableitung, daß es bei ihr, im Gegensatz zur transfusionistischen Auffassung, ganz einerlei sei, ob man die einander stoßenden Körper absolut hart denke oder nicht. In Wirklichkeit aber setzt er sowohl II 24 f. als IV 546 unbewiesenermaßen ein ganz bestimmtes Verhalten der sich stoßenden Körper als selbstverständlich voraus: daß sie sich nämlich, wenn sie mit gleichen Bewegungsgrößen gerade gegeneinander anlaufen, beziehungsweise aufeinander in Ruhe versetzen. Nun ist aber in Wahrheit trotz Wolff, Eberhard, Musschenbroek, Kästner, Erxleben (vgl. o. S. 340) gerade fraglich, ob dies Gesetz auch bei etwaigen absolut harten Körpern zuträfe. Vielleicht zöge ihre Nichtdeformierbarkeit, vor allem wenn, wie Kant IV 549 $_{21-26}$ annimmt, der Stoß bei ihnen nur eine unendlich kleine Zeit beanspruchen sollte, eine besondere Art der Reaktion nach sich, abweichend von der bei unvollkommen harten unelastischen Körpern. Vielleicht würden sich zwei gleich große, vollkommen harte Körper ebenso wie die elastischen mit vertauschten Geschwindigkeiten wieder voneinander entfernen, oder sie könnten auch — was jedoch sehr viel unwahrscheinlicher wäre — Erscheinungen zeigen, die etwa in der Mitte stünden zwischen denen, die bei elastischen, und denen, die bei unelastischen, unvollkommen harten Körpern auftreten [1].

---

1) Bei L. Eulers Auffassung ist eine Uebertragung der Stoßgesetze unelastischer, unvollkommen harter Körper auf absolut harte ausgeschlossen; denn er gründet jene Stoßgesetze in seiner Ableitung ganz und gar auf die Fähigkeit der Körper, auch von der kleinsten Kraft Eindrückungen zu erhalten. Nach Joh. Bernoulli

Die Frage, wie sich die absolut harten Körper unter den genannten Voraussetzungen benehmen würden, mußte also auf jeden Fall sowohl II 21 ff. (vgl. o. S. 340), als XIV 202 f., als IV 546, 549 besonders untersucht werden. Kant durfte nicht als selbstverständlich annehmen, daß sie gar nicht anders könnten als dieselben Erscheinungen zeigen wie die unvollkommen harten unelastischen Körper. Weit davon entfernt ein Vorzug zu sein, ist es also vielmehr ein schweres Versäumnis, daß er bei seinen Deduktionen auf den Unterschied zwischen absolut und unvollkommen harten, unelastischen Körpern nirgends Rücksicht genommen hat (vgl. XIV 209—11).

Auch mit dem Gesetz der Kontinuität beschäftigen sich die handschriftlichen Aufzeichnungen der 70er und 80er Jahre öfter, jedoch nur in Stichworten oder Andeutungen, die nichts Bemerkenswertes enthalten (vgl. XIV 122, 129 f., 141, 145—150, 481).

150. Desto wichtiger ist die „Allgemeine Anmerkung zur Mechanik" in den M.A.d.N. (IV 551—53). Kant erörtert hier zunächst in prinzipieller Weise das Problem der absolut harten Körper und sucht ihre Unmöglichkeit nachzuweisen. In einer Polemik gegen die Transfusionisten hatte er IV 549 (vgl. o. S. 335) das Problem schon gestreift, aber nicht die Frage ihrer Existenz erörtert, sondern nur die Frage, welche Stoßgesetze für sie angenommen werden müßten, falls sie wirklich existierten. Jetzt holt er, um ein Ziel zu erreichen, weit aus.

Zunächst definiert er die Sollizitation [1]) eines Körpers als die Wirkung, die eine bewegende Kraft in einem Augenblicke auf ihn ausübt, und das Moment der Acceleration als die in dem Körper durch die Sollizitation gewirkte Geschwindigkeit, sofern sie in gleichem Verhältnis mit der Zeit wachsen kann [2]). Die Möglichkeit einer solchen „Beschleunigung durch ein fortwährendes Moment derselben", d. h. durch allmähliches, gleichförmiges Wachstum, beruht auf dem Gesetz der Trägheit.

Dann stellt er die Werte jener beiden Größen für die Anziehung und Abstoßung, die beiden ursprünglichen, Bewegung erteilenden Kräfte,

---

würden die (von ihm geleugneten) absolut harten Körper den elastischen bedeutend näher stehn als den unelastischen. Hamberger identifiziert sogar vollkommen harte und vollkommen elastische Körper (Näheres XIV 204 ff., 208, vgl. o. § 45).

1) Mit der Etymologie des Wortes beschäftigen sich zwei Stellen des Op. p. Vgl. mein Werk über das Op. p. 123.

2) Hinsichtlich des Ausdrucks „Moment" vgl. o. § 7 Anfang. Mehrere Blätter aus den letzten 80er Jahren im IV. Konv. des Op. p. sowie der 6. Kiesewetter-Aufsatz wollen unter „Moment" gerade das verstanden wissen, was IV 551 Sollizitation heißt (vgl. Kants Op. p. S. 41 f. und XIV 495 f.).

die der Materie auch in Ruhe beiwohnen, fest. Er findet, daß das Moment der Acceleration jederzeit unendlich klein sein muß, da sonst der Körper in einer endlichen Zeit eine unendlich große Geschwindigkeit erlangen würde, eine solche aber unmöglich ist. Die Sollizitation bei der Abstoßuug muß stets eine endliche Größe haben, da sie von einer Flächenkraft und also von einem unendlich kleinen Quantum (Scheibchen) Materie ausgeht und doch imstande ist, einem Gewicht Widerstand zu leisten (wenn etwa die Luft durch ein Gewicht zusammengedrückt wird) [1]). Denn die Bewegungsquantität (mv) muß in beiden Fällen gleich sein. Es handelt sich zwar nicht um wirkliche Bewegungen, sondern nur um solche, die stattfinden würden, wenn die entgegenstehenden Hindernisse aufgehoben würden. Doch auch die Ruhe kann ja, wie wir wissen (vgl. o. § 112), als Bewegung mit unendlich kleiner Geschwindigkeit (v) betrachtet werden. Beim Gewicht kommt die letztere einem Körper von endlicher Masse zu; also muß bei der entgegenwirkenden Abstoßungskraft, die von einer unendlich kleinen Materie ausgeht, die Sollizitation eine endliche Größe haben. Da die Geschwindigkeit aber einer endlichen Masse eingedrückt werden soll, ist das Moment der Acceleration doch nur unendlich klein. Anders bei der durchdringenden Anziehung, wo ein endliches Quantum Materie auf ein gleichfalls endliches Quantum einer andern Materie bewegende Kraft ausübt. Hier haben Sollizitation und Moment der Acceleration gleiche Größe, jene muß daher unendlich klein sein. Sobald sie endlich würde, müßte die Materie sich durch ihre eigene Anziehungskraft selbst durchdringen. Denn dann wäre sowohl m als v endlich, und das Produkt mv würde der entgegenwirkenden Bewegungsquantität bei der Undurchdringlichkeit (Abstoßung), wo m unendlich klein, die Sollizitation zwar endlich, die gewirkte Geschwindigkeit aber auch nur unendlich klein ist, in allen Punkten der Zusammendrückung überlegen sein. Diese Ueberlegenheit würde wegfallen, die Materie sich also auch nicht durch ihre Anziehungskraft selbst durchdringen, wenn diese nur eine Flächenkraft wäre, wie viele sich den Zusammenhang (die Kohäsion) denken. Kant hält diese Auffassung aber nur dann für möglich, wenn man den Zusammenhang nicht

1) Auf einem L.Bl. (etwa aus dem Jahr 1796) zieht Kant hieraus die Folgerung: „Die Elastizität der Luft muß also auch ⟨ebenso wie der Kohäsionszusammenhang⟩ auf lebendiger Kraft beruhen, welche die Warmmaterie und durch sie jede andere, in die sie dringt, erschüttert" (Kants Op. p. 51). Hier wird die Möglichkeit einer Sollizitation mit endlicher Geschwindigkeit also auf einem ganz andern Wege — vermittelst der allgemeinen Aethertheorie des Op. p. — begreiflich gemacht als in der Fortsetzung des obigen Textes.

als wahre Anziehung betrachtet, sondern ihn auf äußere Zusammendrückung durch den Aether zurückführt (vgl. u. § 210—213).

Nach dieser Vorbereitung kommt Kant auf die absolut-harten Körper zu sprechen und bestimmt ihren Begriff dahin, daß ihre Teile einander so stark ziehn, „daß sie durch kein Gewicht getrennt, noch in ihrer Lage gegeneinander verändert werden“ können. Bei dieser Begriffsbestimmung und dem daran sich anschließenden Nachweis der Unmöglichkeit absolut harter Körper schweben Kant (was bisher, soweit ich sehe, noch von keinem beachtet worden ist) zwei ganz verschiedene Fälle vor, die es ihm aber leider nicht gelingt scharf voneinander zu trennen und jeden gesondert für sich durchzuführen. Infolgedessen ist der Gedankengang so verworren und Kants eigentliche Meinung tritt so wenig klar hervor, daß die Stelle die schwerverständlichste der ganzen Schrift ist. Sie hat zwar viele Erklärer gefunden [1]), aber keiner hat ihr Rätsel gelöst.

Sie lautet: „Weil die Teile der Materie eines solchen ⟨sc. absolut-harten⟩ Körpers sich mit einem Moment der Acceleration ziehen müßten, welches gegen das der Schwere unendlich, der ⟨lies: die⟩ Masse aber, welche dadurch getrieben ⟨= zurückgestoßen⟩ wird, endlich sein würde, so müßte der Widerstand durch Undurchdringlichkeit als expansive Kraft, da er jederzeit mit einer unendlich-kleinen Quantität der Materie geschieht, mit mehr als endlicher Geschwindigkeit der Sollizitation geschehen, d. i. die Materie würde sich mit unendlicher Geschwindigkeit auszudehnen trachten, welches unmöglich ist. Also ist ein absolut-harter Körper, d. i. ein solcher, der einem mit endlicher Geschwindigkeit bewegten Körper im Stoße einen Widerstand, der der ganzen Kraft desselben gleich wäre, in einem Augenblick entgegensetzte, unmöglich. Folglich leistet eine Materie durch ihre Undurchdringlichkeit oder Zusammenhang gegen die Kraft eines ⟨stoßenden⟩ Körpers in endlicher Bewegung in einem Augenblicke nur unendlich kleinen Widerstand“ (IV 552).

Diese Worte sollen den Nachweis der Unmöglichkeit absolut-harter Körper von zwei Seiten her erbringen, entsprechend der zwiefachen Art, wie wir in einem nicht völlig harten Körper Veränderungen hervorbringen können: entweder durch den Zug eines Gewichts, der ihn zerreißt, oder indem seine Teile durch einen Stoß oder Druck in ihrer Lage gegeneinan-

1) Vor allem sind G. S. A. Mellin (Enzyklopäd. Wörterbuch d. kritischen Philos. 1800 (III 1 S. 243 ff.) und Stadler 198 ff. zu nennen. Sogar zu einer eignen Schrift hat sie Veranlassung gegeben, nämlich zu Fr. Chr. Gräffes „Kommentar über eine der schwersten Stellen in Kants M.A.d.N., das mechanische Gesetz der Stetigkeit betreffend“ (1798).

der verschoben werden. Mit dem ersten Fall hat Kant sich oft beschäftigt [1]), vor allem in der Form, daß ein Stab oder Draht so lang gemacht wird, daß er durch sein eignes Gewicht reißt. Dieser erste Fall wird IV 552 mehr angedeutet als ausgeführt: auf ihn beziehen sich die Worte „durch kein Gewicht getrennt" (in der Definition der absolut-harten Körper), „Weil-unendlich", „oder Zusammenhang" (im letzten Satz des Zitats). Nach den Stellen, in denen Kant von dem Zerreißen eines Stabes oder Drahts durch sein eignes Gewicht handelt [2]), muß man den obigen Gedankengang etwa folgendermaßen ergänzen: bei absolut-harten Körpern könnte kein Gewicht von solcher Größe gefunden werden, daß sie von ihm auseinandergerissen werden könnten; der Kohäsionszusammenhang, der hier allein in Betracht käme, müßte also, obwohl er nach Kants Meinung nur in der Berührung wirkt und also von einem unendlich kleinen Quantum der Materie ausgeht (vgl. u. § 211), doch der Schwere überlegen sein und also mit einem Moment der Acceleration wirken (die Teilchen gegeneinander drücken), das der Schwere gegenüber unendlich groß wäre, müßte also den Teilchen in jeder unendlich kleinen Zeit einen endlichen Geschwindigkeitszuwachs und in endlicher Zeit eine unendlich große Geschwindigkeit mitteilen, was aber unmöglich ist [3]).

Beim zweiten Fall denkt Kant offenbar an IV 549 zurück und hat daher allein den Stoß im Auge. Hier kommt der Zusammenhang, der nur der Trennung, nicht der Verschiebbarkeit der Teile widersteht (IV 527, vgl. u. § 214), nicht in Frage, sondern allein die Undurchdringlichkeit (Abstoßung). Sie macht, daß die absolut-harten Körper uneindrückbar sind; jede Eindrückung würde mit einer Verschiebung (Lageänderung) der Teilchen verbunden sein. Nun bewegt sich im Stoß eine (natürlich auch als absolut-hart zu denkende) Masse mit endlicher Geschwindigkeit gegen den harten Körper. Vermöchte dieser durch seine Undurchdringlichkeit als expansive Kraft jener in einem Augenblick einen Widerstand entgegenzusetzen, der ihrer ganzen (Stoß-) Kraft gleich wäre,

---

1) So I 373 f., XIV 138 f. (vgl. 173, 309, 498) und vor allem im Op. p. Vgl. mein Werk über das Op. p. 38, 40, 535—55 und u. § 240.

2) Vgl. u. § 211 Absatz 5, § 240.

3) Auf ähnlichem Wege könnte, wie es XIV 138 wirklich geschieht (vgl. u. § 211 Absatz 5), der Nachweis geführt werden, daß der Zusammenhang keine wahre Anziehung ist und auf keiner innern Kraft beruht. Heutzutage freilich würde dieser Nachweis ebenso wie der des Textes keine Gültigkeit mehr haben, da experimentell festgestellt ist, daß die molekularen Anziehungskräfte eine Wirksamkeit auch auf kleinere Entfernungen ausüben und daß deshalb als ihre Basis nicht eine unendlich dünne Lamelle, sondern stets ein endliches, wenn auch nur kleines Quantum Materie in Betracht kommt (vgl. u. § 211 Absatz 3).

so müßte dieser Widerstand, da er wie jede Abstoßungskraft von einer unendlich kleinen Quantität Materie ausgeht, mit mehr als endlicher Geschwindigkeit der Sollizitation geschehen, d. h. die Materie würde sich mit unendlicher Geschwindigkeit auszudehnen trachten. Da das unmöglich ist, kann der Widerstand in jedem Augenblick und damit auch die dem stoßenden Körper in jedem Augenblick entzogene Geschwindigkeit nur unendlich klein sein [1]), jeder Stoß muß also eine endliche Zeit dauern, jeder Körper eindrückbar sein. Absolut-harte Körper sind daher unmöglich [2]).

1) In diese Folgerung des Schlußsatzes des Zitats passen die Worte „oder Zusammenhang" offensichtlich gar nicht hinein. Vielleicht ist die ganze Berücksichtigung des ersten Falls erst nachträglich durch Zusätze usw. ins Werk gesetzt worden.

2) Der Atomist würde die Beweiskraft dieses Arguments nicht anerkennen, da er ja für seine Atome, die keine leeren Räume enthalten, eine absolute Undurchdringlichkeit behauptet (vgl. o.S. 194 f.). Aber auch vom Standpunkt der dynamischen Theorie aus lassen sich gegen den Beweis gewichtige Einwände erheben. Erstens ist, wie wir o.S. 192 f. sahn, von Kant nicht bewiesen, daß jede Undurchdringlichkeitskraft zugleich auch eine expansive sein muß. Es ließe sich sehr wohl eine Undurchdringlichkeitskraft von solcher Größe denken, daß eine Zusammen- oder Eindrückung völlig ausgeschlossen wäre, ohne daß doch ein Streben nach weiterer Ausdehnung vorhanden zu sein brauchte. Zweitens ist nicht abzusehn, weshalb nicht auch bei absolut harten Körpern der Stoß eine endliche Zeit dauern sollte. Kant selbst nimmt das sogar an (ohne sich darüber klar zu sein), wenn er IV 549 $_{30-32}$ behauptet, für seine Ableitung des 3. mechanischen Gesetzes mache es nichts aus, ob die sich stoßenden Körper absolut hart seien oder nicht. Das setzt nämlich, wie sich o. S. 335 f. zeigte, voraus, daß auch für die absolut harten Körper die Regel von IV 546 $_{13-16}$ gelten muß, nach der sie sich gegenseitig in Ruhe versetzen, wenn sie mit derselben Bewegungsquantität aus entgegengesetzten Richtungen aufeinandertreffen; gilt aber diese Regel, dann gilt auch, daß ein auf einen ruhenden gleich großen Körper stoßender diesem die Hälfte seiner Geschwindigkeit mitteilt. Eine solche Uebertragung wird aber doch höchstwahrscheinlich eine endliche Zeit in Anspruch nehmen. Kant hält IV 549 $_{21-26}$ sogar für selbstverständlich, daß, wenn der stoßende Körper in einem Augenblick seine Bewegung dem ruhenden übermittle, er auch die ganze übertrage und nach dem Stoß selber ruhe. Daß der Stoß so verläuft, ist gewiß möglich. Aber auch die andere Möglichkeit, für die Kant sich IV 549 $_{30-32}$ (in Verbindung mit IV 546) entscheidet, ist nicht von der Hand zu weisen: daß nämlich ein Ausgleich der Geschwindigkeit stattfindet (vgl. o. S. 343). Ein solcher Ausgleich würde, wie gesagt, doch sehr wahrscheinlich eine gewisse, endliche Zeit erfordern. Die dem ruhenden Körper mitgeteilte Geschwindigkeit würde gleichmäßig vom Nichts bis zur Hälfte der Geschwindigkeit des gleich großen stoßenden Körpers zunehmen; ist diese erreicht, dann liegt der gestoßene Körper dem stoßenden nicht mehr im Wege, und dieser hat keine Möglichkeit mehr, noch weiter auf ihn zu wirken. Man könnte also auch beim Stoß völlig harter Körper — mit Euler zugleich und trotz Euler (vgl. o. S. 126, 343 f.) — sehr wohl von einer Reihe von Drückungen sprechen, aus denen sich der Stoß zusammensetze, nur nicht von Zusammen- oder Eindrückungen.

151. Damit behauptet Kant zugleich das mechanische Gesetz der Stetigkeit für den Stoß abgeleitet zu haben, das dann „aus einem ähnlichen Grund" auch auf die Erscheinungen der Anziehung übertragbar sein soll. Er gibt ihm folgende Fassung: „An keinem Körper wird der Zustand der Ruhe oder der Bewegung und an dieser der Geschwindigkeit oder der Richtung durch den Stoß in einem Augenblicke verändert, sondern nur in einer gewissen Zeit durch eine unendliche Reihe von Zwischenzuständen, deren Unterschied voneinander kleiner ist, als der des ersten und letzten." Kant zieht also die Richtungsänderung ohne weiteres mit in das Gesetz hinein, ohne daß er für nötig hielte, die Zulässigkeit dieser Erweiterung noch besonders zu beweisen. Nur fügt er noch die Erläuterung hinzu, daß die Richtung einer „Bewegung in eine solche, die mit jener einen Winkel macht, nicht anders als vermittelst aller möglichen dazwischenliegenden Richtungen, d. i. vermittelst der Bewegung in einer krummen Linie, verändert" werden kann.

152. Schon in seiner Inauguraldissertation (II 399 f.) hatte er sich mit diesem Problem beschäftigt. An den Nachweis, daß die Zeit ein quantum continuum und das Prinzip der Stetigkeitsgesetze in den Veränderungen der Welt ist, schließt er hier unmittelbar Leibnizens metaphysisches Gesetz der Stetigkeit an in der Form: „Mutationes omnes sunt continuae s. fluunt, h. e. non succedunt sibi status oppositi, nisi per seriem statuum diversorum intermediam." Er begründet es mit der Kontinuität der Zeit: zwei entgegengesetzte Zustände sind in verschiedenen Zeitpunkten, zwischen zwei Zeitpunkten liegt immer eine gewisse Zeit, die eine unendliche Reihe von Momenten in sich schließt; in ihnen ist die Substanz weder in dem einen noch in dem andern der beiden entgegengesetzten Zustände, aber auch in keinem, also wird sie sich in verschiedenen befinden, und so weiter ins Unendliche. Dann wendet Kant sich gegen A. G. Kästner, der in seinen Anfangsgründen der höhern Mechanik (1766 S. 350 ff.) die Allgemeingültigkeit des Gesetzes der Stetigkeit bezweifelt hatte: in der Geometrie treffe es zwar bei krummen Linien überall zu. „Aber kann es auch bei gradlinigen Figuren beibehalten werden?" Daß er diese rhetorische Frage mit Nein beantwortet wissen will, geht aus den beiden unmittelbar folgenden Sätzen deutlich hervor: „Ist es schlechterdings unmöglich, daß ein Punkt seinen Weg plötzlich ändert, so kann kein Punkt in dem Umfange eines Vierecks oder Dreiecks herumgehen. Wenn also das Gesetz der Stetigkeit in der Geometrie so große Ausnahmen leidet, so kann dieses schon einen Zweifel erregen, ob es auch in der Mechanik ganz allgemein sein mag" (S. 353 f.). Kästner betrachtet es also als ganz selbstverständlich, daß die Bewegung durch die Seiten eines Dreiecks keine kontinuierliche sein kann. Eine solche Bewegung kann nur unter plötzlicher Richtungsänderung, d. h. diskontinuierlich, vor sich gehen. Gilt das Kontinuitätsgesetz also allgemein, so ist jene Bewegung überhaupt unmöglich; ist sie möglich und auch wirklich, wovon die Erfahrung uns jeden Augenblick überzeugen kann, so muß das Kontinuitätsgesetz zahlreiche Ausnahmen zulassen.

Diesen Gedankengang hat Kant völlig mißverstanden: er deutet ihn im Sinn einer Aufforderung Kästners an die Verteidiger des Kontinuitätsgesetzes nachzuweisen, daß die stetige Bewegung eines Punktes durch alle Seiten eines Dreiecks unmöglich sei. Als ob Kästner diese Unmöglichkeit irgendwie geleugnet und sie nicht vielmehr als selbstverständlich behauptet bzw. vorausgesetzt hätte. Kant tritt den Beweis an, indem er zeigt, daß das Bewegliche in jedem Eckpunkt, also z. B. im Punkt *b* des Dreiecks *a b c*, eine gewisse Zeit gegenwärtig sein, d. h. dort ruhn und also nicht in stetiger Bewegung sein würde. Denn es muß sich durch jenen Punkt sowohl in der Richtung *a b* als in der Richtung *b c* bewegen; diese beiden Bewegungen können als verschiedene nicht zugleich stattfinden, es muß also in zwei verschiedenen Momenten, zwischen denen eine Zeit liegt, in jenem Punkt gegenwärtig sein. Derselbe Beweis soll auch für beliebige gerade Linien, die einen angebbaren Winkel einschließen, gelten. Und so ergibt sich die Folgerung, daß der Lehre Leibnizens entsprechend ein Körper in stetiger Bewegung seine Richtung nur in einer Linie, von der kein Teil gerade ist, d. h. in einer krummen Linie, ändern kann. Wozu Kästner wieder bemerken würde: das habe er ja niemals bestritten, sondern im Gegenteil selbst behauptet; aber die eigentliche Frage schneide Kant überhaupt nicht an, die Frage nämlich, ob wirklich j e d e Richtungsänderung in einer Bewegung stetig vor sich gehn müsse und also nur in einer krummen Linie erfolgen könne; es handle sich darum, ob erfahrungsgemäß bei allen Richtungsänderungen Kontinuität Platz greife, nicht darum, ob bei Bewegungen auf den Schenkeln eines Winkels von ihr die Rede sein könne, das sei selbstverständlich zu verneinen; in der Inauguraldissertation habe Kant das Problem also völlig verfehlt, in den M.A.d.N. es zwar richtig erfaßt, aber die Kontinuität jeder Richtungsänderung nur behauptet, nicht bewiesen.

153. Das m e t a p h y s i s c h e Gesetz der Stetigkeit behandelt Kant auch in der R.V. bei Gelegenheit der 2. Analogie (R.V.² 252—56), nachdem er 40 Seiten vorher in dem Abschnitt über die Antizipation der Wahrnehmung (R.V.² 212 f.) eine Erörterung mit der Begründung abgelehnt hatte, daß die Kausalität einer Veränderung überhaupt ganz außerhalb den Grenzen einer Transzendentalphilosophie liege und empirische Prinzipien voraussetze, daß deshalb jene Erörterung in die „allgemeine Naturwissenschaft, welche auf gewisse Grunderfahrungen gebauet ist", übergreifen würde. An der späteren Stelle deduziert Kant das Gesetz in dreifachem Beweisgang auf Grund seiner Lehre, daß sowohl die Zeit wie alle Erscheinungen in ihr kontinuierliche Größen sind. In den M.A.d.N. sagt er im Anschluß an die Ableitung des mechanischen Kontinuitätsgesetzes: „Diese lex continui gründet sich auf dem Gesetze der Trägheit der Materie, da hingegen das metaphysische Gesetz der Stetigkeit auf alle Veränderung (innere [1]) sowohl als äußere) überhaupt ausgedehnt sein müßte und also auf dem bloßen Begriffe einer Veränderung überhaupt als Größe und der Erzeugung derselben (die notwendig in einer gewissen Zeit kontinuierlich, sowie die Zeit selbst vorginge) gegründet sein würde, hier also keinen Platz findet" (IV 553). Dazu meint Stadler 195 f. nicht ohne Grund: wenn das metaphysische Stetigkeitsgesetz in der R.V. gültig erwiesen sei, müßten die M.A.d.N. eigentlich darauf zurückgreifen und brauchten das mechanische nur als Spezialfall aus ihm abzuleiten; daß Kant nicht so vorging, erklärt er daraus, daß der Beweis für das metaphysische Stetigkeitsgesetz in der R.V. ihn 1786 — mit Recht — nicht mehr befriedigt habe. Aber wäre das wirklich der Fall gewesen, dann hätte Kant den Beweis doch sehr wahrscheinlich in der 2. Auflage von 1787 umgearbeitet.

Mir scheint folgende Erklärung näher zu liegen: als Kant 1786 die Worte von IV 553 niederschrieb, hatte er vorübergehend ganz vergessen, daß das metaphysische Stetigkeitsgesetz in der R.V. schon von ihm behandelt und bewiesen war. Er konnte doch selbstverständlich den ganzen Einzelinhalt des großen Werkes nicht immer im Gedächtnis haben. Und ähnliche Vergeßlichkeiten begegnen uns bei ihm auch sonst häufig. Als er R.V.^{2} 252 ff. niederschrieb, kann er z. B. nicht daran gedacht haben, daß er R.V.^{2} 212 f. die Ableitung des Stetigkeitsgesetzes abgelehnt hatte. Vielleicht las er für die Phoronomie und den Nachweis der Geschwindigkeit als intensiver Größe den Abschnitt über die Antizipationen genau wieder durch und behielt deshalb das dort über das Stetigkeitsgesetz Gesagte in frischer Erinnerung. Aus R.V.^{2} 213 schien ihm nun die Verpflichtung zu erwachsen, in den M.A.d.N. auch das metaphysische Stetigkeitsgesetz zu beweisen. Das paßte ihm aber 1786 nicht mehr in den Gang der Untersuchung. Darum die ablehnende Aeußerung auf IV 553 und anderseits die rein naturwissenschaftliche Ableitung des mechani-

---

1) Für die innern Veränderungen behauptet Kant IV 471 seine Gültigkeit.

schen Stetigkeitsgesetzes auf Grund des Gesetzes der Trägheit, d. h. vermittelst des Begriffs einer Beschleunigung bzw. Verlangsamung „durch ein fortwährendes Moment derselben“ (vgl. o. S. 344) [1]).

d) Phänomenologie.

154. Die Definition der Materie, die in diesem letzten Teil des Werkes zugrundegelegt wird, lautet: „Materie ist das Bewegliche, sofern es als ein solches ein Gegenstand der Erfahrung sein kann.“

Erfahrung steht im Gegensatz zur Erscheinung. Soweit Bewegung bloß den Sinnen gegeben und durch sie vorgestellt wird, ist sie nur Erscheinung. Soll ihre Vorstellung Erfahrung und damit das Bewegliche ein Gegenstand der Erfahrung werden, so muß zu der Art, wie jene Vorstellung dem Subjekt inhäriert, noch ein Denken des Verstandes hinzukommen, wodurch ein gewisses Objekt (materielles Ding) in Ansehung des Prädikats der Bewegung als bestimmt gedacht wird. Liest man das, so erwartet man, diese Bestimmung werde durch Anwendung der Kategorie der Substantialität und Inhärenz vor sich gehn. Aber weit gefehlt! Kant will vielmehr auf die Kategorien der Modalität und die Postulate des empirischen Denkens hinaus. Er fährt nämlich fort: Bewegung ist Veränderung der Relation im Raum, wozu immer zwei Korrelate gehören. Dabei sind drei Fälle zu unterscheiden: 1. es kann in der Erscheinung dem einen so gut wie dem andern die Veränderung beigelegt werden, es ist also gleichgültig, welches von beiden bewegt, welches ruhig genannt wird; 2. eines muß in der Erfahrung mit Ausschließung des andern als bewegt gedacht werden; 3. beide müssen notwendig durch Vernunft als zugleich bewegt vorgestellt werden. „In der Erscheinung, die nichts als die Relation in der Bewegung (ihrer Veränderung nach) enthält [2]), ist nichts von diesen Bestimmungen enthalten; wenn aber das Bewegliche als ein solches, nämlich seiner Bewegung nach, bestimmt gedacht werden soll, d. i. zum Behuf einer möglichen Erfahrung, ist es nötig die Bedingungen anzuzeigen, unter welchen der Gegenstand (die Materie) auf eine oder andere Art durch das Prädikat der Bewegung bestimmt werden müsse“ (IV 554 f.).

155. Den drei Modalitätskategorien entsprechend enthält die Phänomenologie drei Lehrsätze, in deren jedem einer der drei Fälle zur Dar-

---

1) Vgl. auch das Doppelblatt 39/40 im IV. Konvol. des Op. p. (um 1795), das Betrachtungen über die verschiedenen Gestaltungen des Gesetzes der Kontinuität (lex continui geometrica, dynamica, mechanica, cosmologica, logica, transscendentalis) enthält.

2) Z. B. die Verringerung des Zwischenraumes zwischen zwei Körpern.

stellung kommt. Nur der mittlere bringt Neues. Der erste wiederholt in etwas anderer Form den „Grundsatz“ der Phoronomie und stellt noch einmal die schon wiederholt behauptete Unmöglichkeit einer absoluten Bewegung im 1. Sinn (vgl. o. S. 275 f.) fest. Er lautet: „Die gradlinichte Bewegung einer Materie in Ansehung eines empirischen Raumes ist zum Unterschiede von der entgegengesetzten Bewegung des Raumes ein bloß mögliches Prädikat. Eben dasselbe in gar keiner Relation auf eine Materie außer ihr, d. i. als absolute Bewegung gedacht, ist unmöglich.“ Im Beweis treffen wir fast nur auf altbekannte Gedanken. Neu ist nur eine architektonische Spielerei mit der alternativen und disjunktiven Entgegensetzung, die in der „Allgemeinen Anmerkung zur Phänomenologie“ (IV 559 f.) unter Hereinziehung der distributiven Begriffsbestimmung noch weitergeführt wird; für Kants ganzen Denkhabitus ist sie zwar sehr charakteristisch, sachlich aber ohne jede Bedeutung. Erwähnenswert ist dagegen, daß der Gegensatz zwischen Erscheinung und Erfahrung, der ganzen Einstellung der Phänomenologie entsprechend, in dem Beweis eine ziemliche Rolle spielt. Auch der Terminus „Gegenstand der Erfahrung“ kommt öfter vor. Vor allem wird, ganz wie in der Phoronomie (IV 481, 487), die Unmöglichkeit einer absoluten Bewegung im 1. Sinn auf der Grundlage bewiesen, daß keine Relation, also auch keine Bewegung als Veränderung derselben, Gegenstand der Erfahrung werden kann, wenn nicht beide Korrelate Gegenstände der Erfahrung sind; der absolute Raum aber ist kein Gegenstand der Erfahrung [1]), also — — —.

Der 3. Lehrsatz wiederholt die vom 3. mechanischen Gesetz her genügend bekannte Behauptung, daß bei jeder Bewegung eines Körpers, durch die er einen andern bewegt, eine entgegengesetzte, gleiche Bewegung des letzteren notwendig ist. Lehrsatz und Beweis wurden schon o. S. 323, 334 mitgeteilt und besprochen. Es zeigte sich (vgl. vor allem S. 315 f.), zu welchen Unmöglichkeiten Kants Theorie führt, wenn sie mehr sein soll — und das soll sie nach seiner Absicht ganz entschieden — als eine bloße Als-ob-Betrachtung.

156. Neu ist dagegen der Inhalt des 2. Lehrsatzes, der den Wortlaut

1) Schon o. in § 104 Schluß, 114 wurde nachgewiesen, daß dieser Ausdruck hier einen ganz andern Sinn hat als in der R.V. Dort ist vom Problem der Vergegenständlichung überhaupt die Rede, während es sich hier um Eigenschaften handelt, die einer bestimmten Art von Erfahrungsgegenständen stets und überall zukommen müssen, und nur insofern auch um Bedingungen (aber materiale, nicht formale!), ohne die sie nicht erfahren werden können.

hat: „Die Kreisbewegung einer Materie ist zum Unterschiede von der entgegengesetzten Bewegung des Raumes ein wirkliches Prädikat derselben; dagegen ist die entgegengesetzte Bewegung eines relativen Raums, statt der Bewegung des Körpers genommen, keine wirkliche Bewegung des letzteren, sondern, wenn sie dafür gehalten wird, ein bloßer Schein [1]." Schon in der Phoronomie (IV 488, 495) hatte Kant darauf hingewiesen, daß die krummlinige Bewegung eine besondere Untersuchung verlange, weil in ihr die Bewegung kontinuierlich der Richtung nach verändert werde. Das ist nun auch der Nerv des Beweises in der Phänomenologie: jede Kreisbewegung eines Körpers bedeutet ein kontinuierliches Entstehen neuer Bewegungen, wofür nach dem Trägheitsgesetz eine äußere Ursache, d. h. eine bewegende Kraft, vorhanden sein muß, die dem Streben des Körpers, in jedem Punkt des Kreises in der Tangente fortzugehn, entgegenwirkt; eine etwaige entgegengesetzte Bewegung des relativen Raumes würde bloß phoronomisch und ohne bewegende Kraft sein, ist also zur Erklärung nicht brauchbar und kann — im Gegensatz zu den Verhältnissen bei der gradlinigen Bewegung — nicht an die Stelle der Kreisbewegung gesetzt werden; diese ist also „zum Unterschiede von der ⟨entgegengesetzten⟩ Bewegung des Raumes wirkliche Bewegung, folglich die letztere, wenn sie gleich der Erscheinung nach mit der ersteren übereinkommt, dennoch im Zusammenhange aller Erscheinungen, d. i. der möglichen Erfahrung, dieser widerstreitend, also nichts als bloßer Schein" (IV 557).

157. Wie der 1. und 3. Lehrsatz die Modalität der Bewegung in Ansehung der Phoronomie und Mechanik bestimmen, so der 2. in Ansehung der Dynamik. Denn da die Kreisbewegung nicht ohne den Einfluß einer kontinuierlich wirkenden äußeren bewegenden Kraft stattfinden kann, beweist sie mittelbar oder unmittelbar ursprüngliche Bewegkräfte der Materie, es sei der Anziehung oder der Zurückstoßung [2]).

158. Kant steht hier auf dem Boden der klassischen Relativitätstheorie Newtons. Mit ihr betrachtet er die gleichförmige gradlinige Bewegung als ersetzbar durch die entgegengesetzte gleichgeschwinde des relativen Raumes. Für alle krummlinigen Bewegungen dagegen, speziell für die Kreisbewegungen, leugnet er diese Möglichkeit, im Gegensatz zur Einstein'schen allgemeinen Relativitätstheorie. Damit macht er aber

---

1) Vgl. XIV 467.

2) Diese Beziehung zur Dynamik ist an den Haaren herbeigezogen. Geradesogut könnte der 3. Lehrsatz mit ihr in Verbindung gebracht werden, da ja, wie auch der Beweis ausdrücklich hervorhebt, die Mitteilung der Bewegung der Körper nur durch die Gemeinschaft ihrer ursprünglich bewegenden Kräfte möglich ist.

aus der Kreisbewegung eine absolute Bewegung im 1. Sinn des Worts und widerspricht also dem 2. Teil seines 1. Lehrsatzes.

Er selbst fühlt das und sucht IV 560—62 diesen Vorwurf als unberechtigt zurückzuweisen [1]). „Daß die Kreisbewegung zweier Körper um einen gemeinschaftlichen Mittelpunkt <= Schwerpunkt, vgl. IV 563 $_{36}$> selbst im leeren Raume, also ohne alle durch Erfahrung mögliche Vergleichung mit dem äußeren Raume, dennoch vermittelst der Erfahrung könne erkannt werden, daß also eine Bewegung, die eine Veränderung der äußeren Verhältnisse im Raume ist, empirisch gegeben werden könne, obgleich dieser Raum selbst nicht empirisch gegeben und kein Gegenstand der Erfahrung ist“, gibt er zu, indem er es zugleich als ein Paradoxon bezeichnet. Er beruft sich dabei auf Newton, der in seinen Phil. natur. princ. math. (Ausg. von 1714 S. 10 f.) gezeigt hatte, wie aus der Spannung eines Fadens, durch den man die beiden Körper verbindet, die Wirklichkeit der Bewegung samt ihrer Richtung und Größe bestimmt werden könne. Diesen Nachweis Newtons ergänzt Kant seinerseits noch dadurch, daß er Mittel und Wege angibt, wie man auch die Achsendrehung der Erde inmitten eines unendlichen leeren Raumes erfahrungsmäßig feststellen könnte, obwohl nichts auf und in der Erde durch sie seine Stelle ändern würde und mit Bezug auf den leeren Raum überhaupt kein Wechsel in den äußeren Verhältnissen, also auch keine Bewegungserscheinung, stattfinden kann. Er denkt sich eine bis zum Mittelpunkt der Erde gehende Höhle. Läßt man einen Stein fallen, so wird er von der senkrechten Richtung kontinuierlich abgelenkt werden, und zwar von West nach Ost. Das ist nur durch die Annahme einer gleichgerichteten Achsendrehung der Erde erklärbar, bei welcher der Stein auf der Erdoberfläche eine größere Winkelgeschwindigkeit haben muß als ein näher dem Mittelpunkt rotierender Körper; kommt der Stein nun, natürlich unter Beibehaltung jener größeren Geschwindigkeit, in tiefere Regionen, so wird er von der senkrechten Linie nach Osten zu abweichen. Treibe ich umgekehrt den Stein von der Erdoberfläche aus in die Höhe und er bleibt nicht senkrecht über dem Punkt, von dem er ausging, sondern weicht allmählich von Ost nach West ab, so ist das wieder ein untrüglicher Beweis für die Achsendrehung der Erde von West nach Ost; sie verleiht dem Stein auf der Erde eine kleinere Winkelgeschwindigkeit als einem in größerer Höhe rotierenden Körper, weshalb der aufwärts getriebene Stein in höheren Regionen hinter den dort rotierenden Körpern zurückbleiben muß [2]).

1) Vgl. hierzu und zum folgenden auch IV 481 f.

2) Stadler 229 f., 266 hat den Gedankengang Kants mißverstanden; er ändert an der 1. Stelle (IV 561 $_{52}$) „von West nach Ost“ in „von Ost nach West“ ab, ent-

Die Veränderung in dem Verhältnisse der Erde zum relativen Raum (dem Fixsternhimmel) würde als Beweis der Wirklichkeit ihrer Rotation nicht ausreichen. Denn sie ist eine „bloße Erscheinung, die von zwei in der Tat entgegengesetzten Gründen [1]) herrühren kann, und nicht ein aus dem Erklärungsgrunde aller Erscheinungen dieser Veränderung abgeleitetes Erkenntnis, d. i. Erfahrung" (IV 561). Was Kant hier Erfahrung nennt, ist nicht die allgemein menschliche Erfahrung, deren Möglichkeit in der transzendentalen Deduktion der Kategorien erörtert wird, auch nicht die wissenschaftliche Erfahrung im allgemeinen, von deren formellen Grundlagen in dem System der Grundsätze des reinen Verstandes die Rede ist, sondern ein Ausschnitt materieller Erfahrungserkenntnisse, die das Resultat einer allseitigen Erforschung der in Betracht kommenden Bewegungsvorgänge sind, — einer Forschung, die sich nicht auf den Augenschein und die von ihm gebotene „Erscheinung" beschränkt, sondern die Frage stellt: welche Nebenfolgen bei Annahme von Zentralkräften, die zur Erklärung der Erdrotation unbedingt notwendig sein würden, sonst noch auftreten müßten, und diese Nebenfolgen dann experimentell feststellt. Mit der Möglichkeit der Erfahrung im Sinn der R.V. hat also diese Stelle, obwohl IV 557_{25} am Schluß des Beweises des 2. Lehrsatzes (vgl. o. S. 354) in gleichem Zusammenhang von „möglicher Erfahrung" gesprochen wird, nichts zu tun.

Kant ist also mit Newton insofern in voller Uebereinstimmung, als auch er annimmt, daß die Kreisbewegung (Achsendrehung) eines Körpers sich sogar im unendlichen leeren Raum, mit Bezug auf den keine Veränderung je wahrgenommen werden kann, doch mit Sicherheit experi-

---

sprechend der 2. Stelle (IV 561_{28}), wo Kant diese Lesart hat. Umgekehrt ändert Höfler (auch in der Akademie-Ausgabe) an dieser 2. Stelle „von Osten nach Westen" in „von Westen nach Osten" um, und E. König billigt es in einer Besprechung in den Kantstudien VII 455. Alle drei sind der Meinung, daß Kant beide Male die Fallbewegung im Auge habe, das 2. Mal etwa den Fall von einem Turm, auf den der Stein geschafft (IV 561_{28} f.: von der Oberfläche der Erde weiter entfernt) ist. Aber das heißt den Worten Kants Gewalt antun und zwingt zugleich unnötigerweise zu einer Aenderung des Wortlauts. Nimmt man (wie auch Keferstein 24) im 2. Fall eine Aufwärtsbewegung des Steines an, was Höfler IV 648 f. wenigstens als möglich zugibt, so ist alles in bester Ordnung. Nur darf man freilich nicht so gänzlich unphysikalisch denken, wie Stadler, der es fertigbringt zu behaupten, der fallende Stein sei nicht ein Teil der Erde, sondern ein Körper außer ihr! Wie seine Textänderung zeigt, stellt er sich die Sache so vor, als ob die Erde, während der Stein fällt, gleichsam von West nach Ost unter ihm weglaufe und er selbst deshalb von der senkrechten Richtung nach Westen zu abweiche!

1) Entweder der Erdrotation oder der entgegengesetzten Bewegung des Fixsternhimmels.

mentell feststellen ließe, und zwar auf Grund der Verhältnisse im und am kreisenden Körper selbst, die unter dem Einfluß der zur Kreisbewegung erforderlichen Zentralkraft gewisse Veränderungen erleiden müßten. Trotzdem will Kant, im Gegensatz zu Newton, eine solche Kreisbewegung nicht als absolute anerkannt wissen. Er schärft vielmehr ein, „daß hier von der wahren (wirklichen) Bewegung [1]), die doch nicht als solche erscheint, die also, wenn man sie bloß nach empirischen Verhältnissen zum Raume [2]) beurteilen wollte, für Ruhe könnte gehalten werden [3]), d. i. von der wahren Bewegung zum Unterschiede vom Schein, nicht aber von ihr als absoluten Bewegung im Gegensatze der relativen die Rede sei". Denn es trete dabei eine „kontinuierliche Veränderung der Relationen der Materien ⟨des rotierenden Körpers⟩ zueinander" ein, indem jeder Teil desselben (außerhalb der Achse) sich von dem ihm in gleicher Entfernung vom Mittelpunkt im Durchmesser gegenüberliegenden ständig entferne; dadurch werde die Verminderung dieser Entfernung, die von der Schwere für sich allein herbeigeführt werden würde, kontinuierlich ersetzt, und zwar finde dieser Ersatz statt „durch wirkliche, aber auf den innerhalb der bewegten Materie ... beschlossenen, nicht aber auf den äußeren Raum bezogene Bewegung" (IV 561 f.). Auch eine Rotation des ganzen Weltgebäudes wäre also eine bloß relative Bewegung und darum denkbar, wenngleich ihre Annahme, „soviel man absehen kann, ganz ohne begreiflichen Nutzen sein würde" (IV 563, vgl. o. S. 276) [4]).

Dagegen ist zu sagen, daß die Verminderung des Abstandes zwischen zwei an den Enden eines Durchmessers liegenden Teilen durch die Schwere und die Vermehrung des Abstandes durch die Schwungkraft doch nicht wirklich eintreten, sondern nur eintreten würden, wenn eine der beiden einander entgegenwirkenden Kräfte aufgehoben würde. Sind beide tätig, so handelt es sich nur um entgegengesetzte Tendenzen, nicht aber um wirkliche entgegengesetzte Bewegungen. Aber wären sie auch wirklich, dann wären zwar sie selbst relativ, wie ja auch noch Billionen anderer relativer Bewegungen auf der rotierenden Erde stattfinden würden; aber sie könnten doch diese ihre Relativität nicht auf die Rotationsbewegung als solche und als Ganzes übertragen, wenn sie auch von ihr ab-

---

1) Z. B. der Achsendrehung der Erde.

2) D. h. nach dem Augenschein.

3) Während der Fixsternhimmel sich in entgegengesetzter Richtung bewegte.

4) Diese Stelle hat H. E. Timerding übersehn, wenn er in seinem Aufsatz: Kant und Euler (Kantstudien XXIII 44) Kant den Vorwurf macht, er habe nur eine geradlinig fortschreitende, nicht auch eine drehende Bewegung des Weltganzen ins Auge gefaßt.

hängig sind. Letztere würde vielmehr trotzdem absolut im 1. Sinn des Wortes bleiben, weil sie sich auf keine andere Materie mehr bezöge, sondern nur auf den absoluten Raum. Kant bedient sich, um dieser Folgerung zu entgehen, der Unterscheidung zwischen wahrer und scheinbarer Bewegung, die er von Newton übernimmt, aber in ganz anderer Bedeutung gebraucht; denn bei Newton fällt die wahre Bewegung mit der absoluten zusammen, wie schon aus dem von Kant selbst IV 562 angeführten Zitat aus den „Principia" klar ersichtlich ist.

159. Nur e i n e Bewegung würde nach Kant wirklich absolut sein: die gradlinige Bewegung des Weltganzen, des Systems aller Materie. Die ist aber eben deshalb, als absolute, schlechterdings unmöglich [1]). Und darum ist jeder Beweis eines Bewegungsgesetzes, der darauf hinausläuft, daß das Gegenteil eine gradlinige Bewegung des Weltganzen zur Folge haben müßte, von apodiktischer Gültigkeit. Das gilt z. B. vom 3. mechanischen Gesetz: jede Abweichung von ihm würde den gemeinschaftlichen Mittelpunkt der Schwere aller Materie, mithin das ganze Weltgebäude, aus der Stelle rücken (IV 562 f.).

160. Der 2. der sieben kleinen Aufsätze, die Kiesewetter 1788/89 und 1791 von Kant erhielt, betitelt „Ueber Wunder", benutzt die Unmöglichkeit einer Bewegung des Universums als Beweis für die Unmöglichkeit einer Hervorbringung von Bewegungen in der Welt durch Wunder [2]) oder geistige Wesen. In beiden Fällen würden die Ursachen nicht der Erscheinungswelt angehören, die Vorgänge also auch nicht dem 3. mechanischen Gesetz unterliegen, da dieses nur dann gilt, wenn sowohl die Ursache wie die Wirkung Teile der Sinnenwelt sind. Die Folge wäre, daß das centrum gravitatis der Welt verrückt würde und eine Bewegung im absoluten, leeren Raum entstünde; eine solche ist aber als Relation eines Dinges zu einem Nichts ein Widerspruch. Außerdem würde, da in beiden Fällen die Ursache keine natürliche wäre und das Kausalgesetz also nicht Platz griffe, eine Bestimmung der Wirkung in der empirischen, relativen

---

1) Vgl. XIV 193: „Es gibt keine Bewegung im absoluten Raum. Das Universum ruht." Nach XIV 195 können die bewegenden Kräfte in der Welt überhaupt keine Bewegung des Universums im leeren Raum hervorbringen, nicht nur keine fortrückende, sondern auch keine drehende. Vgl. auch XIV 166, 270. An einer Stelle des Op. p. wird die geradlinige Bewegung des Universums für ungereimt erklärt. Aus dieser Ungereimtheit folgt, daß die Quantität der Bewegung (wenn man entgegengesetzte Bewegungen mit + und — bezeichnet) konstant bleiben muß (Kants Op. p. 120 f.).

2) Vgl. auch das L.Bl. 35 aus dem IV. Konv. des Op. p., auf dem Kant in den 90er Jahren einen ähnlichen Gedanken verzeichnet hat (vgl. meine Schrift über das Op. p. S. 43 f.).

Zeit unmöglich sein; statt dessen müßte eine Bestimmung in der absoluten, leeren Zeit angenommen werden. Eine solche wäre aber ein Widerspruch, da eines der beiden zu jeder Relation unbedingt erforderlichen Correlata fehlen würde [1]).

Was Kant bei den „geistigen Wesen" im Auge hat, darüber spricht er sich nicht klar aus. Doch scheint er nicht etwaige Einflüsse der Seelen auf ihre Körper, wie der empirische Dualismus sie annimmt, leugnen zu wollen. Auf jeden Fall werden sie durch seine Argumente nicht widerlegt, da bei solchen Einflüssen sowohl die Ursache wie die Wirkung der Erscheinungswelt angehören würden, jene allerdings den Erscheinungen des inneren, diese denen der äußeren Sinne. Doch umspannt nach Kant e i n gemeinsames Kausalgesetz die ganze Erscheinungswelt, und der empirische Charakter des Menschen ist einer ihrer gesetzmäßig wirkenden berechenbaren Faktoren. Worauf Kant eigentlich abzielt, zeigt der 2. Absatz, wenn er „Freiheit" und „eigentliche Wunder" auf eine Stufe stellt, und der vorletzte Absatz der Anmerkung, der zwischen miraculum rigorosum und miraculum comparativum unterscheidet: jenes hat seinen Grund in einem Ding außer der Welt (also nicht in der Natur), dieses hat ihn zwar in einer Natur, aber in einer solchen, deren Gesetze wir nicht kennen. Und Kant setzt hinzu: „von der letzteren Art sind die Dinge, die man den Geistern zuschreibt." Diese Ausdrucksweise wäre im Hinblick auf etwaige Einflüsse der Seelen auf ihre Leiber sehr wenig geeignet [2]), dagegen paßt sie vorzüglich auf Geistergeschichten, wie sie über Swedenborg umgingen, und andere spiritistische Phänomene. Mit Handlungen aus Freiheit stehn diese insofern gleich, als beidemal, ebenso wie auch bei göttlichen Eingriffen, die intelligible Welt als Ursache in Betracht kommen würde. Was Kant leugnen will, scheint also nur ein Hereinreichen und Eingreifen dieser intelligibeln Welt in die Erscheinungswelt zu sein; wo es stattfände, da würde das 3. mechanische Gesetz verletzt und eine Bewegung der Welt im leeren Raum herbeigeführt werden, die doch in sich unmöglich ist.

161. Aehnlich wie im Kiesewetter-Aufsatz spricht Kant sich an zwei Stellen des L.Bl. D 30 aus den Jahren 1773—75 aus. XIV 279—82 wendet

1) Hinsichtlich dieses auf die Zeit bezüglichen Gedankenganges ist Kant mit sich selbst nicht ganz einig. Nach dem 2. Absatz des Aufsatzes ist die Betrachtung auf a l l e übernatürlichen Begebenheiten auszudehnen, nach der Anmerkung scheint man nur an i n n e r e Wunder (übernatürliche Erleuchtungen usw.) denken zu sollen. Ueberhaupt ist der Aufsatz weit davon entfernt, eine nach allen Seiten hin durchdachte und abgeklärte Behandlung des Problems zu geben.

2) Kant könnte doch vom empirischen Seelenleben trotz IV 471 nicht so kategorisch behaupten, daß wir seine Gesetze nicht kennen!

er sich gegen Newtons Behauptung, daß Gott selbst die Planeten geworfen habe (vgl. II 142, 144, und u. § 249), und bezeichnet ihre Konsequenz: die Bewegung des Universums im leeren Raum als ein absurdum cosmologicum [1]). Nach XIV 262 müssen alle Bewegungen in der Welt aus Kräften der Natur, d. h. aus den inneren Kräften der Materie erklärt werden; denn entsprängen sie „übernatürlich oder durch einen Geist", so würde sich das ganze Universum bewegen. Auch diese letzte Stelle scheint nur Gottes Eingreifen oder daneben höchstens noch die spiritistischen Phänomene [2]), keineswegs aber etwaige Einflüsse der Seelen auf ihre Leiber ausschließen zu wollen.

Anderseits kann es freilich nicht zweifelhaft sein, daß diese Einflüsse dem 3. mechanischen Gesetz nicht unterliegen würden. Denn als mechanisches gilt es nur da, wo Ursache und Wirkung materielle Vorgänge und also schließlich Bewegungen sind. Das ist aber bei psychischen Einwirkungen gerade nicht der Fall. Sie gehören wohl, um mit XIV 262 zu sprechen, im Gegensatz zu den geleugneten „übernatürlichen" Einflüssen zu den „Kräften der Natur", könnten aber nicht auf „innere Kräfte der Materie" zurückgeführt werden. Bei jeder, auch der kleinsten Bewegung, die meine Seele in meinem Körper vornimmt, würde also das 3. mechanische Gesetz durchbrochen und damit nach IV 562 f. das ganze Weltgebäude aus der Stelle gerückt werden.

Es wird sich kaum entscheiden lassen, ob Kant bei Niederschrift des Kiesewetter-Aufsatzes und des L.Bl. die Möglichkeit eines Einflusses der Seelen auf ihre Leiber als zu einem absurdum cosmologicum führend bestritten haben würde oder nicht. Der Wortlaut spricht, wie wir sahen, gegen eine solche Bestreitung. Doch liegt sie sicher in der Konsequenz des gegen Wunder und Geisteswirkungen vorgebrachten Arguments, so sehr sie anderseits in Gegensatz zum empirischen Dualismus stehen würde, den Kant sonst vertritt (vgl. o. § 136). Ob ihm die Schwierigkeiten, in die er sich hier verwickelte, klar zum Bewußtsein gekommen sind? Ob er unter dem Einfluß jenes Arguments seinen Dualismus zeitenweise aufgegeben hat? Oder ob er etwa seine Zuflucht zu der Hypothese nahm, der psychische Einfluß verändere nur die Richtung schon vorhandener Bewegungen, oder: er löse, um modern zu sprechen,

---

1) XIV 270 werden diese Bewegung sowie die Veränderung des Anfangs der Welt in der leeren Zeit leere Vorstellungen genannt, weil sie eine Beziehung auf nichts ausdrücken.

2) Es kommt darauf an, wie man das „oder" vor „durch einen Geist" auffaßt, ob im Sinn von „d. h." oder so, daß es zur Unterscheidung von zwei verschiedenen Fällen dienen soll.

nur potentielle Energie aus[1]? Hätte er das Problem allseitig durchdacht, so hätte er auch berücksichtigen müssen, daß niemals ein einzelner psychischer Einfluß für sich allein stattfindet, sondern stets ungezählte Tausende von ihnen zugleich, woraus sich dann wenigstens eine vage Möglichkeit ergibt, daß die in der materiellen Welt von ihnen hervorgebrachten Bewegungen sich im Endresultat gegenseitig aufheben. Zu erwägen wäre ferner gewesen, daß dem Bewegungsgewinn bei jeder Willensäußerung ein Bewegungsverlust bei jeder Empfindung entsprechen müßte, und es hätte sich gefragt, ob der dabei sich ergebende Gesamtgewinn und Gesamtverlust einander mit irgendwelcher Wahrscheinlichkeit gleichzusetzen seien und ob auch hier etwa eine gegenseitige Aufhebung mit Bezug auf die Richtungen eintrete.

An allen diesen Fragen geht Kant vorüber, ohne sie, soweit ich sehe, in seinen sämtlichen Schriften auch nur zu streifen. Vielleicht läßt sich das doch als ein Zeichen dafür deuten, daß selbst die Aussicht auf das absurdum cosmologicum nicht vermocht hat, ihn seinem empirischen Dualismus im Ernst untreu zu machen. Ein anderes L.Bl. aus den Jahren 1773—75 zeigt uns ihn jedenfalls (in Uebereinstimmung mit IV 544, vgl. o. § 135 f.) als entschiedenen Dualisten: „Alle belebte Materie bewegt sich nur dadurch, daß sie etwas anderes in entgegengesetzter Richtung ⟨ebensoviel⟩ bewegt und umgekehrt. Das erste principium des Anfangs der Bewegung muß also immaterial sein, d. i. nicht durch ursprüngliche Kräfte unter Widerstande der Materie eingeschränkt sein" (XIV 119—21)[2]. Bei dem immaterialen Prinzip ist dem Zusammenhang entsprechend natürlich an Seelen und deren Einfluß auf ihre Leiber zu denken. Für diesen gilt also das 3. mechanische Gesetz nicht; denn, wie Kant feststellt, ist jenes Prinzip nicht durch die ursprünglichen Kräfte der Materie eingeschränkt, seiner Wirksamkeit wird durch ihren Widerstand kein Abbruch getan, es kann also zwischen ihm und diesen Kräften auch kein Verhältnis der Gleichheit von Aktion und Reaktion obwalten.

162. Auch im Op. p. tritt uns Kant als überzeugter Dualist entgegen. An zahlreichen Stellen versichert er, daß die Organismen nur vermittelst eines immateriellen Prinzips (bei den Menschen: Seele bzw. Geist) funktionieren können, wie auch hinsichtlich ihrer ersten Entstehung auf ein immaterielles (göttliches) Prinzip zurückgegriffen werden müsse.

---

1) In diese Richtung weisen die Nrn. 1296 und 1298 (etwa 1776—78) in den von B. Erdmann hrsgg. „Reflexionen Kants z. krit. Philos." (1884 II 370 f.).

2) Vgl. XIV 170: „Der erste Anfang der Bewegung ist durch die bloße Materie unmöglich; ob aber eine Reihe Bewegungen ohne Anfang möglich sei?"

Doch will er letzteres nicht als erste Ursache aller Bewegung in der Welt betrachtet wissen. Sondern in einer Minderheit von Stellen sieht er die Kette der Bewegungen, wenigstens beim Aether, als anfangslos an, während er meistens, seinem (angeblich transzendentalen) Aetherbeweis zuliebe, in schärfstem Gegensatz zur Antinomienlehre einen ersten Anfang aller Bewegung durch die inneren, ursprünglichen, dynamisch-bewegenden Kräfte der Materie (Anziehung und Abstoßung) behauptet. Diese kommen nur dem Aether zu; sie versetzen ihn von sich aus (also unter Bruch des Trägheitsgesetzes) ganz wie in der Erstlingsschrift und in der A.N.u.Th. in innere Agitation, von der dann alle ortverändernde Bewegung der ponderablen Materie ihren Ursprung nimmt und in Gang erhalten wird [1]).

Den metaphysischen Untergrund für diese Gedanken bildet vermutlich noch immer, ebenso wie 1755, die Ueberzeugung, daß die ganze Welt nicht nur ihrer Existenz, sondern auch ihrer Essenz nach durch und durch von Gott abhängig ist: er hat schon in die essentiae des Aethers und der ponderablen Materie die nötigen Eigenschaften (Bewegungsimpulse in Form der innern ursprünglichen Kräfte usw.) hineingelegt, und aus ihnen entwickelt sich dann, sobald die essentiae von ihm in die existentia überführt sind, alles Weitere, sowohl die erste Bewegung als die ganze fernere komplizierte Entwicklung, rein natürlich-mechanisch (soweit die Dinge, wie sie an sich selbst sind, in Betracht kommen, natürlich in raum-zeitloser Weise), ohne daß er noch irgendwie unmittelbar einzugreifen brauchte. Sobald also der Aether als die den ganzen Raum kontinuierlich erfüllende Materie und die in ihm verbreitete (aufgelöste) ponderable Materie als Erscheinungen „da sind", beginnt auch sofort in ihnen das Spiel der innern Kräfte: durch die auch dem Aether zukommende Gravitationskraft werden seine Teile gegenseitig voneinander wie auch von der ponderablen Materie angezogen, und so wird er in einen Zustand der Kompression versetzt (verdichtet); darauf treten sofort seine starken Repulsionskräfte in Tätigkeit und dehnen ihn wieder aus, und so weiter in unaufhörlichem Rhythmus der Oszillation. Und diese seine Bewegung teilt der Aether dann auch der ponderablen Materie mit und zwingt sie, sich zu Körpern zu vereinigen. Nach dem Oktaventwurf und dem frühen Folioentwurf *α—ε* hat die allgemeine Gravitationsanziehung zur Folge, daß sich die gesamte Materie des Weltalls (Aether wie ponderable Materie) zu einer einheitlichen, begrenzten, in ewiger Oszillation befindlichen Kugel zusammenschließt, innerhalb deren

---

1) So schon in dem Oktav-Entwurf (um 1796) und auch schon auf zwei L.Bl. aus den letzten 80er Jahren im IV. Konv. des Op. p. (vgl. meine Schrift über dieses Werk S. 40, 42, 60 f. und u. § 213).

dann Aetherstöße die Bildung einzelner Körper (sowohl der Gestirne wie der irdischen Körper) herbeiführen und die Ursache alles Kohäsionszusammenhanges werden [1]).

Ob Kant sich zur Zeit des Kiesewetter-Aufsatzes und früher zur Zeit des L.Bl. D 30 auch schon mit solchen Gedanken trug? Ob er vielleicht auch damals, um dem absurdum cosmologicum zu entgehn und anderseits doch die Abhängigkeit der Welt von Gott aufrechtzuerhalten, dem Trägheitsgesetz mit Bezug auf den Urzustand der Dinge die Gültigkeit absprach? Die beiden L.Bl. aus den letzten 80er Jahren im IV. Konv. des Op. p. weisen entschieden in diese Richtung, und schon in den Jahren 1775—77 bezeichnet Kant den in beständigen Zitterungen begriffenen Aether als die allgemeine, durch die ganze Natur verbreitete treibende Kraft, als einen Grund der Gemeinschaft durchs ganze Universum, und betrachtet die ponderable Materie als verdichteten Aether (XIV 334—36, 343, vgl. o. S. 184 f.).

163. Einige Worte noch über Kants Stellung zur Relativitätstheorie, sowie über den Gebrauch, den er in der Phänomenologie von der transzendentalen Methode macht. Jene sollen einen Beitrag zur materialen, diese einen Beitrag zur formalen Kritik des 4. Hauptstückes liefern.

Kant stellt sich, wie wir sahen (S. 275, 354, 358), prinzipiell auf den Boden der klassischen Relativitätstheorie, wie sie von Newton ausgebildet ist. Mit ihr behauptet er, daß sich bei einer gleichförmigen geradlinigen Bewegung auf Grund der Erfahrung und der Folgen aus ihr niemals mit Sicherheit feststellen lasse, ob sich der Körper im ruhenden empirischen Raum bewege oder dieser Raum bei ruhendem Kröper gleichgeschwind in entgegengesetzter Richtung. Die eine Bewegung gilt ihm also in jeder Beziehung als durch die andere ersetzbar, und er würde ohne weiteres auch dem Gesetz zugestimmt haben, das man heutzutage als das „Relativitätsprinzip der klassischen Mechanik" bezeichnet. Man kann es folgendermaßen formulieren: „Die Gesetze der Mechanik lauten für ein geradlinig und gleichförmig durch den absoluten Raum bewegtes Koordinatensystem genau ebenso wie für ein in dem Raum ruhendes Koordinatensystem" [2]), oder auch: „Körper, die in einem gegebenen Raum eingeschlossen sind, haben relativ zueinander dieselbe Bewegung, einerlei ob dieser Raum ruht oder sich gerade-gleichförmig fortbewegt" [3]).

---

1) Vgl. des Näheren Kants Op. p. 60 f., 216—35, 369—77, 436, sowie o. § 46, u. §§ 263, 332.

2) Vgl. M. Born: Die Relativitätstheorie Einsteins, 1920, S. 49.

3) Auf einem Schiff z. B. ist es ganz einerlei, ob es ruht oder sich bewegt: ein Stein fällt beide Male vertikal.

Ganz anders, sobald Trägheitswirkungen auftreten, wie bei den beschleunigten oder verlangsamten Bewegungen, sowie bei jeder Rotations- und überhaupt bei jeder Kreisbewegung, wo sich die betreffenden Kräfte in der Form von Flieh- oder Zentrifugalkräften zur Geltung bringen. Diese letzteren spielen sowohl bei Newton wie bei Kant eine große Rolle: sie sind der Grund, weshalb die Rotationsbewegungen sich als wahre, d. h. als solche erweisen lassen, die nicht durch die entgegengesetzte des empirischen Raumes (bei Ruhe des Körpers) ersetzbar sind.

Soweit stimmen Kant und Newton überein und stehn in gemeinsamem, scharfem Gegensatz zur heutigen allgemeinen Relativitätstheorie. Dann aber trennen sich ihre Wege. Newton sieht gerade in dem Auftreten von Fliehkräften ein sicheres Unterscheidungsmerkmal zwischen absoluten und relativen Bewegungen. Und auch jeder relativen geradlinigen gleichförmigen Bewegung liegt etwas eindeutig Absolutes, sei es Bewegung, sei es Ruhe, zugrunde, nur daß w i r nicht imstande sind, dies Absolute festzustellen. Newton kennt also wirkliche absolute Bewegung, vor sich gehend im absoluten Raum und in der absoluten Zeit. Und es sind echte Absolute, die er annimmt, ohne irgendwelche Einschränkung und Abschwächung. Kant dagegen leugnet jede absolute Bewegung in beiden Bedeutungen des Worts. Auch die Rotation, selbst die des Weltalls im unendlichen leeren Raum, soll eine bloß relative Bewegung sein, und die fortschreitende Bewegung des Weltalls wird für unmöglich und in sich widerspruchsvoll erklärt, weil sie keine Beziehung einer Materie auf eine andere in sich schließen würde, sondern nur eine solche auf den absoluten Raum, d. h. auf ein Nichts. Für Newton ist dagegen eben dieser absolute Raum in so hohem Maß eine (wenn auch nicht sinnlich wahrnehmbare) Wirklichkeit, daß er, die Endlichkeit des Weltalls vorausgesetzt, auch in einer fortschreitenden Bewegung des letzteren gar keine Schwierigkeit gesehen haben würde. Und noch nach einer zweiten Richtung geht Kant in der Erweiterung des Relativitätsprinzips über Newton hinaus: indem er nämlich auch jede Bewegung in Verhältnis auf einen schlechthin ruhigen Körper als absolute bezeichnet und für unmöglich erklärt. So kommt er zu der Behauptung, daß bei jedem Stoß und überhaupt bei jeder Bewegungsmitteilung beide Körper in wirklicher Bewegung begriffen sein müssen. Dabei verwechselt er aber eine bloße Als-ob-Betrachtung, die nur von phoronomischen Gesichtspunkten ausgeht, mit tatsächlichem Geschehn, bei dem mechanische Gesichtspunkte in Betracht kommen und wirkende Kräfte beteiligt sind; aus einer zulässigen Fiktion macht er unzulässigerweise Wirklichkeit.

Der Gegensatz zwischen Newton und Kant greift hier vom physikalischen Gebiet auf das metaphysische über und ist letzthin in der Art ihres Erlebens begründet: das Newtons ist viel realistischer als das Kants. Gewiß gibt es auch bei diesem nicht zu unterschätzende realistische Tendenzen; sie zwingen ihn z. B., an den Dingen an sich festzuhalten und ihre Existenz sogar als eine schon mit dem Begriff der Erscheinung gegebene Selbstverständlichkeit zu betrachten. Sie haben zur Folge, daß sein Erleben und damit auch sein Philosophieren einen ganz andern Charakter trägt als das der extremen Idealisten: eines Berkeley, eines Fichte, eines Cohen. Aber bei Newton sind die realistischen Elemente doch noch wesentlich stärker und von keinem metaphysischen Idealismus angekränkelt; daher das Einheitliche, Ungebrochene, was seine Anschauungsweise hat.

Mein eignes Erleben steht auch stark unter dem Zeichen des Realismus und ähnelt dadurch mehr dem Newtons als dem Kants. Und so kommt es, daß mich Newtons Lehre mit ihrem absoluten Raum, ihrer absoluten Zeit und Bewegung mehr befriedigt als die Kants, geschweige denn als Einsteins übertriebener Relativismus. Auch glaube ich nicht, daß Newtons prinzipieller Standpunkt, soweit es sich nicht um unsere Messungen, sondern die letzte Wirklichkeit selbst handelt, durch Kants oder Einsteins Bemühungen ernstlich erschüttert ist. Das Hauptverdienst von Höflers „Studien" sehe ich darin, daß er mit Mut und Geschick eine Lanze zugunsten der absoluten Bewegung gebrochen hat (S. 120—158). Doch ist es in diesem vorwiegend historisch gerichteten Werk nicht am Platz und auch wegen Raummangels nicht möglich, auf das heute so aktuelle Problem näher einzugehn.

Nur e i n e Frage bedarf noch einer kurzen Erörterung: wie würde Kant sich heute zu Einsteins Theorie verhalten? Man hat in ihr — sehr mit Unrecht — eine Bestätigung von Kants Raum- und Zeitlehre erblickt oder wenigstens, wie die Marburger Schule, einen Beleg und ein Zeugnis für den kritischen Erfahrungsbegriff in ihr sehen wollen. Auf der andern Seite hat man gemeint, unter dem Zeichen Kants den Kampf gegen Einstein besonders aussichtsreich führen zu können [1]). Wie Kant selbst, wenn er wieder auferstünde, über Einstein urteilen würde — darüber kann kein Mensch etwas Sicheres oder auch nur Wahrscheinliches ausmachen. Schon deshalb nicht, weil sich nicht entscheiden läßt, welcher von den möglichen bzw. von den bisher versuchten Deutungen der mathematischen Formeln Einsteins er beitreten würde. Würde auch er der Verwechselung einer bloßen Relativität unserer M e s s u n g e n

1) L. Ripke-Kühn: Kant contra Einstein, 1920 (Beiträge z. Philos. des deutschen Idealismus, Heft 7).

mit der Relativität der *Wirklichkeit* selbst zum Opfer fallen, die wie eine Massensuggestion um sich gegriffen und auch allgemein anerkannte Forscher, von denen man mehr Kritik erwartet hätte, in ihren Bann geschlagen hat? Oder würde er auch hier seine Unterscheidung zwischen den *Einzelerscheinungen* und unserer auf sie bezüglichen *subjektiven* Zeit- und Raummessung einerseits und der *Erfahrung* als einer „Erkenntnis, die das Objekt <hier die im Sinn des empirischen Realismus *objektiven* Zeit- und Raumverhältnisse> für alle Erscheinungen gültig bestimmt" (IV 555, vgl. u. auf der S.), anderseits zur festen Grundlage machen? Und weiter: würde auch er der extrem positivistisch-phänomenalistischen Täuschung erliegen, daß, was für die Physik und ihre experimentellen Nachweise nicht beobachtbar und meßbar ist, überhaupt nicht vorhanden sei? Seine kritische Einstellung würde ihn wohl vor einer solchen Vermischung von Physik und Metaphysik, von Einzelwissenschaft und Weltanschauung bewahren, und auch die realistischen Tendenzen in seiner Geistesart sowie seine praktische Philosophie würden ohne Zweifel ein sehr starkes Gegengewicht abgeben. Auf der andern Seite aber ist die Tatsache, daß er in den Beweisen des 3. mechanischen Gesetzes und des 3. phänomenologischen Lehrsatzes durch eine rein phoronomische Als-ob-Betrachtung das tatsächliche mechanische Geschehn mit seinen der Relativität nicht unterliegenden Kraftwirkungen bestimmen zu können glaubte, nicht gerade von günstiger Vorbedeutung für seine etwaige Widerstandskraft gegenüber den Einseitigkeiten der Einstein'schen Theorie.

164. Durch öfteren Gebrauch der Termini „Gegenstand der Erfahrung" und „mögliche Erfahrung" will Kant, ähnlich wie in der Phoronomie, auch in der Phänomenologie den Eindruck erwecken, daß die transzendentale Methode der R.V. unverändert wiederkehre und in vollberechtigter Weise ein neues Anwendungsgebiet finde. Aber hier zeigt sich klar, wie unbestimmt und — geduldig der Begriff „Möglichkeit der Erfahrung" ist und wie wenig er sich zu einem festen Kriterium für apriorische Erkenntnisse eignet. Es kann doch in Wirklichkeit keine Rede davon sein, daß Erfahrung nicht zustande kommen könne, ohne daß das Bewegliche seiner Bewegung nach bestimmt gedacht und zu diesem Zweck unter einen der drei von Kant unterschiedenen Fälle (o. S. 352) subsumiert werde. Dieser Einwand besteht auch dann zu Recht, wenn man Erfahrung im engsten Sinn als streng wissenschaftliche Erfahrung nimmt, wie Kant es tut, wenn er sie IV 555 (und ähnlich IV 559_{29}) als eine Erkenntnis definiert, „die das Objekt für alle Erscheinungen gültig bestimmt", oder wenn er IV 560 die Erscheinung von Bewegung und

Ruhe „in einen bestimmten Erfahrungsbegriff, der alle Erscheinungen vereinigt, verwandelt werden" läßt.

In der R.V. sollte die transzendentale Methode nur die Bedingungen der Möglichkeit der Erfahrung überhaupt, d. h. ihre prinzipiellen, rein formalen Voraussetzungen nachweisen. Die Möglichkeit einzelner Erfahrungsgegenstände kam dabei nicht in Betracht, sondern nur die allgemeinen Bedingungen der Vergegenständlichung überhaupt (vgl. o. § 104 Schluß, 114, 155). Diese behauptete die R.V. aber auch sämtlich mit lückenloser Vollständigkeit abgeleitet zu haben. Stellt man sich also auf ihren Standpunkt, so hat bei allem, was jenen Bedingungen Genüge tut, das „Gegenstand der Erfahrung sein" nichts Problematisches mehr an sich. Die M.A.d.N. bauen auf der Grundlage der R.V. weiter: für sie muß also von vornherein das Bewegliche ein Gegenstand der Erfahrung sein, nur als ein solcher kann es auch schon in den ersten drei Hauptstücken einer Untersuchung unterzogen werden. Die Definition der Materie in der Phänomenologie bringt demnach in Wirklichkeit keinen neuen, nur für das 4. Hauptstück gültigen Gesichtspunkt, sondern müßte vielmehr nach Auffassung der R.V. den Ausgangspunkt für die ganzen M.A.d.N. bilden.

Wenn Kant trotzdem im Anfang der Phänomenologie, angeblich in Befolgung der transzendentalen Methode, das Problem aufwirft, wie „das Bewegliche als ein solches Gegenstand der Erfahrung wird" (IV 554), und findet, daß es dazu einem der drei genannten Fälle gemäß bestimmt werden müsse, so verändert er Sinn und Charakter der Methode bzw. überschreitet die Grenze, die er selbst ihr in der R.V. gesteckt hatte; denn es handelt sich jetzt um die Möglichkeit einzelner Objekte oder genauer: einer ganzen Klasse von Objekten (des Beweglichen als solchen), und die Bestimmungen, die gesucht werden, sind, obwohl sie a priori sein sollen, doch nicht formaler, sondern materialer Art. Sie betreffen Bewegungen (geradlinige oder kreisförmige), die den Sinnen tatsächlich gegeben sind, und sollen festsetzen, ob sie nur möglich oder wirklich sind, bzw. daß bei jeder Mitteilung von Bewegung diese notwendigerweise wechselseitig-entgegengesetzt und gleich sei. Was die letztere Auffassung betrifft, so haben wir o. S. 315 f. gesehn, daß sie, sobald sie mehr sein soll als eine bloße Als-ob-Betrachtung, zu Unmöglichkeiten und direkten Widersprüchen mit der Erfahrung führt. Es ist daher ganz ausgeschlossen, daß sie ihrerseits erst die Erfahrung ermögliche und begründen helfe. Und im 1. Fall sollen ja die gradlinige Bewegung des Körpers und die entgegengesetzte des relativen Raumes gleich möglich sein. Hier kann also eine wirkliche „Bestimmung" der Bewegung, von der doch nach

IV 554 die Verwandlung der Erscheinung in Erfahrung abhängt, überhaupt nicht erfolgen, und es ist nicht abzusehn, inwiefern die Erkenntnis der Gleichwertigkeit der beiden Arten von Bewegungen einen Beitrag zur Möglichkeit der Erfahrung liefern sollte. Daß sie auch zur Konstruktion der Zusammensetzung von Bewegungen und zur Erfassung der Geschwindigkeit als intensiver Größe nicht erforderlich ist, wurde o. S. 284 ff. nachgewiesen.

Die Art, wie Kant IV 555, 559, 560 den Begriff der Erfahrung bestimmt, würde, folgerichtig weitergebildet, mit Bezug auf unsern 1. Fall keineswegs zu Kants 1. Lehrsatz führen, sondern vielmehr zu der Idealforderung, daß, da die Wirklichkeit doch nur e i n e sein könne und entweder in der Bewegung des Körpers oder in der entgegengesetzten des relativen Raumes oder auch in beiden zugleich bestehe, die Erfahrung diese Wirklichkeit festzustellen und damit die Bewegung als solche (wem sie in Wahrheit zukomme) zu bestimmen habe. Wobei ganz dahingestellt bliebe, ob diese Forderung jemals erfüllbar und also Erfahrung in jenem höchsten Sinn überhaupt möglich ist. Vorausgesetzt werden müßte allerdings die prinzipielle Möglichkeit absoluter Bewegungen im 1. Sinn des Worts, nicht dagegen ihre Erkennbarkeit; letztere nur dann, wenn die genannte Forderung erfüllbar sein sollte.

Kant seinerseits leugnet diese Erfüllbarkeit für die geradlinigen Bewegungen, erkennt sie aber an für die kreisförmigen, ohne sich doch, wie Newton, zur Anerkennung auch der a b s o l u t e n Natur der letzteren entschließen zu können. Auch dieser 2. Fall und Lehrsatz hat, wie wir sahen, mit der prinzipiellen Möglichkeit der Erfahrung, sei es der allgemein menschlichen oder der allgemein wissenschaftlichen, mit ihren apriorischen Voraussetzungen und der Möglichkeit ihrer Gegenstände überhaupt nicht das Geringste zu tun. In Betracht kommt vielmehr nur ein ganz bestimmter Ausschnitt materialer Erfahrungserkenntnisse, die sich auf die allseitige Erforschung aller mit der Kreisbewegung eines Körpers etwa verbundenen Vorgänge beziehn; und nicht um ihre Möglichkeit, um ihre apriorischen V o r a u s s e t z u n g e n handelt es sich, sondern um die F o l g e r u n g e n, die sich aus ihnen hinsichtlich der Wirklichkeit der Kreisbewegung im Gegensatz zu der entgegengesetzten des relativen Raumes ziehn lassen.

Die ganze Beziehung der Phänomenologie auf die transzendentale Methode, auf die Modalitätskategorien und auf die „Postulate des empirischen Denkens überhaupt“ ist also nur eine erkünstelte, gequälte. Um sie — wenigstens äußerlich — zustandezubringen, werden der vieldeutige Erfahrungsbegriff und seine Derivate (Gegenstand der Erfahrung, mögliche Erfahrung) eingeführt, angeblich in demselben Sinn, wie sie in der R.V. zwecks Ableitung apriorischer Erkenntnisse gebraucht werden, in Wirklichkeit aber in ganz anderer Bedeutung [1]). Der 1. und 3. Lehrsatz sind sachlich absolut überflüssig und nur um des von der R.V. vorgezeichneten systematischen Gerüstes willen da. Anderseits hätte der 2. Lehrsatz seinen richtigen Platz in der Phoronomie gehabt in nächster Nähe des dortigen Grundsatzes; beide zusammen hätten dann die klassische Relativitätstheorie nach ihren beiden Seiten hin (geradlinige — krummlinige Bewegung) dargestellt. So haben hier, wie auch sonst öfter, Kants architektonische Neigungen die übelsten Folgen gezeitigt [2]): die in der R.V. entworfene Systematik hat, als heuristisches Prinzip verwertet, dazu gezwungen, eng Zusammengehöriges auseinanderzureißen und zur Ausfüllung des einmal vorhandenen Schemas unnötige Wiederholungen eintreten zu lassen, die nicht als solche gekennzeichnet sind. Sie wurden vermutlich auch von Kant selbst unter dem suggestiven Einfluß seiner architektonischen Tendenzen nicht einmal als Wiederholungen empfunden, werden auf jeden Fall in einer Weise eingeführt, als brächten sie völlig Neues.

165. Um ähnliche, schon öfter geltend gemachte Vorwürfe abzuwehren, behauptet Stadler 220 f., die Phänomenologie solle nach Kants Absicht gar nichts Neues, sondern nur einen methodischen Rückblick bringen. Der Denker überschaue das vollendete Werk, er besinne sich noch einmal auf das Verhältnis, in dem die gefundenen Sätze zu seiner erkenntnistheoretischen Ueberzeugung stehn. Doch sei diese Prüfung nicht mehr systematische Pflicht, sondern nur eine aus subjektiver Gewissenhaftigkeit entsprungene Selbstkontrolle. Wer den Schlußteil für unentbehrlich halte, der beweise dadurch, daß er schon den ersten Schritten der Untersuchung nicht folgen konnte.

Diese Ansicht, der eine sehr gezwungene unkantische Deutung der „Postulate des empirischen Denkens überhaupt" zugrunde liegt, ist unhaltbar. Sie verstößt sowohl gegen den Tatbestand, den die Phänomenologie selbst aufweist, als gegen die Art, wie die Vorrede zu den M.A.d.N.

1) In diesem Urteil kann mich auch das nicht irre machen, was Stadler 223, 225, 232 f. ausführt, um den „genaueren Zusammenhang ⟨der drei Lehrsätze⟩ mit der reinen Erkenntnistheorie, dessen Darstellung bei Kant einigermaßen verkürzt erscheine", nachzuweisen. Stadler zeigt sich hier sicher als sehr scharfsinnig und erfindungsreich. Aber er ist mir eben *zu* erfindungsreich. Er konstruiert sich transzendentale Zusammenhänge zurecht, die doch in Wahrheit keine sind, und deutet sie dann in die M.A.d.N. hinein.

2) Nähere Nachweise in meiner Schrift: Kants Systematik als systembildender Faktor, 1887.

(IV 477) diesen 4. Teil den drei ersten als ebenso selbständig und auch sonst völlig gleichberechtigt an die Seite stellt. Daß der 1. und 3. Lehrsatz faktisch nichts Neues enthalten, ist zwar richtig, nicht aber, daß Kant in ihnen überhaupt nichts anderes als einen methodischen Rückblick zu geben beabsichtige. Sie sollen ohne Zweifel, ebenso wie die „Postulate", notwendige Bestandteile seines Systems sein und also solche den übrigen Grund- und Lehrsätzen nach jeder Richtung hin gleich stehn: sowohl an innerer Bedeutsamkeit wie an Unentbehrlichkeit, wie darin, daß sie Gedanken ihre systematische Stätte bereiten, die grade an diesem Ort und nur an ihm erforderlich sind und die dementsprechend an früheren Stellen noch nicht zutage getreten waren. Was vom 2. Lehrsatz wirklich gilt: daß er durchaus Neues und damit eine wesentliche Ergänzung zu früheren Ausführungen bringt, das soll nach Kants Absicht sicher auch für den 1. und 3. Lehrsatz zutreffen. Kant würde daher sehr entschiedenen Einspruch gegen Stadlers Behauptung einlegen, daß die Phänomenologie nicht eine besondere Wissenschaft wie Phoronomie, Dynamik und Mechanik sei, sondern vielmehr zu den „Metaphysischen Anfangsgründen" dieser Disziplinen gehöre und ihnen daher nicht durch den Titel „Metaphysische Anfangsgründe der Phänomenologie" (IV 554) koordiniert werden dürfe.

e) Gesamturteil über die M.A.d.N.

166. Blicken wir auf die Untersuchung zurück, die hinter uns liegt, so drängt sich als eines ihrer Hauptergebnisse die völlige Unfruchtbarkeit der transzendentalen Methode auf. Um überhaupt auf die M.A.d.N. anwendbar zu werden, mußte sie Sinn und Absicht ganz erheblich ändern, die ihr in der R.V. gesteckten Grenzen weit überschreiten und aus einer Feststellung der formalen Voraussetzungen der Erfahrung und Vergegenständlichung überhaupt zu einer Untersuchung der materialen Bedingungen einzelner Erfahrungsgegenstände bzw. Klassen von Erfahrungsgegenständen (Materie und Bewegung) werden. Dabei bekamen dann, wie sich bei der Einzelinterpretation der entscheidenden Stellen zeigte (vgl. vor allem o. §§ 114, 155, 164), der Terminus „Möglichkeit der Erfahrung" und die ihm verwandten Ausdrücke eine ganz andere Bedeutung als in der R.V. Hält man sich also streng an den Standpunkt der letzteren, dann besteht keine Möglichkeit, durch Anwendung der transzendentalen Methode den Inhalt der M.A.d.N. zu gewinnen. Und umgekehrt: die Methode, die in den M.A.d.N. gehandhabt wird, ist gar nicht die echte transzendentale Methode; sie kann daher auch nicht auf die Apriorität (Allgemeingültigkeit und Notwendigkeit) Anspruch machen, die von der

R.V. denen verheißen wird, die ihre, d. i. die echte transzendentale Methode konsequent durchführen.

167. Dazu kommt, daß die Folgeerscheinung der transzendentalen Methode: die Stoffverteilung im Anschluß an die Kategorientafel und an das System der Grundsätze weder Allgemeingültigkeit-Notwendigkeit nach sich zieht noch erschöpfende Vollständigkeit mit irgendwelcher Sicherheit zu verbürgen vermag. Im Gegenteil herrscht in der Anordnung und Rückbeziehung auf das systematische Gerüste der R.V. große Willkür und Künstelei. Schon o. S. 260 ff. wurde darauf hingewiesen, daß statt der gewählten Beziehungen auf die Kategorien und Grundsätze andere Beziehungen ebensogut möglich und teilweise sogar noch natürlicher gewesen wären. Das dort Gesagte möge, nachdem wir nunmehr die ganzen M.A.d.N. an uns haben vorbeiziehn lassen, noch durch einige Bemerkungen ergänzt werden.

Das 1. und 2. Hauptstück könnten sehr gut ihre Plätze tauschen, und eine Beziehung auf die Kategorientafel ließe sich trotzdem mühelos herstellen. Es wäre sogar viel natürlicher, wenn das 2. Hauptstück vor das 1. gestellt würde, da jenes von dem Substantiellen, dem Raumerfüllenden, dieses von einer seiner Eigenschaften, der Beweglichkeit, handelt und von Beweglichkeit bzw. Bewegung doch erst dann die Rede sein kann, wenn etwas da ist, was sich bewegt. Auch würde die Schrift einen einheitlicheren Gedankengang bekommen, insofern erst die Lehre von der Materie und ihren Voraussetzungen erledigt und dann erst die Lehre von der Bewegung in Angriff genommen würde, die jetzt durch die Dynamik in zwei Teile zerrissen wird. Selbst Stadler 18 und Keferstein 6 müssen zugeben, daß die Dynamik oder mindestens gewisse ihrer Erklärungen dem 1. Hauptstück besser vorangingen.

Dazu kommt, daß das 2. Hauptstück genau genommen eigentlich die Bewegung der Qualität nach betrachten müßte, wie das 1. Hauptstück es der Quantität nach tut. Unter diese Formel hätte freilich selbst ein Kant, so wenig er bei seinen architektonischen Spielereien sonst vor Gewaltsamkeiten zurückschreckt, den Inhalt des 2. Hauptstücks doch nicht bringen können. Daher wählt er IV 477 den gekünstelten und (wegen der Gleichstellung von Bewegung und ursprünglich bewegender Kraft) sogar unlogischen Ausdruck, daß die Dynamik die Bewegung „als zur Qualität der Materie gehörig unter dem Namen einer ursprünglich bewegenden Kraft in Erwägung ziehe“.

Die Beziehung der Einzelprobleme der Dynamik auf die Kategorien der Realität, Negation und Limitation erwies sich o. S. 218 f. als sehr willkürlich und gekünstelt, ebenso o. S. 282 die Parallele zwischen den drei

Fällen des phoronomischen Lehrsatzes und den Kategorien der Quantität. Ließe man das 1. und 2. Hauptstück ihre Stellen tauschen, so würde die Beziehung auf die jedesmaligen drei Kategorien durchaus nicht gekünstelter ausfallen, als sie jetzt ist. Der Inhalt der Dynamik würde sich ohne Schwierigkeit dem Begriff der Quantität zuordnen lassen, da ja die höchste Aufgabe dieses Hauptstücks darin besteht, die Möglichkeit eines in bestimmtem Grade dynamisch erfüllten Raumes und damit die Quantität der Materie ihrer Möglichkeit nach begreiflich zu machen und womöglich zu konstruieren. Die Anziehungskraft würde sodann mit der Kategorie der Einheit in Verbindung gebracht werden können, insofern sie für sich allein dahin wirkt, die ganze Materie des Universums in einem Punkt zu vereinigen, die Repulsionskraft mit der Kategorie der Vielheit, insofern sie dahin strebt, die Materie nach einer Vielheit von Richtungen hin ins Unendliche zu zerstreuen, und beider Gegeneinanderwirken ergibt eine Materie, die alle Punkte des Raumes kontinuierlich (ins Unendliche teilbar) erfüllt — auf welche Weise also auch die Lehre von der unendlichen Teilbarkeit der Materie ihre Anlehnung an eine Kategorie gefunden hätte. Umgekehrt könnte das 1. Hauptstück sehr wohl dem Titel der Qualität subsumiert werden, da doch Beweglichkeit ohne Zweifel eine Qualität der Materie ist. Der 1. Fall der Zusammensetzung zweier Bewegungen (in derselben Linie und Richtung) würde der Kategorie der Realität zugeordnet werden, weil bei ihm beide Bewegungen etwas Positives, Reales sind, der 2. Fall der Negation, weil hier die eine Bewegung negativen Charakter trägt, der 3. Fall der Limitation, weil hier beide Bewegungen sich gegenseitig einschränken, modifizieren, limitieren. Stadler und Keferstein würden zwar Protest erheben und auf die Grundsätze des reinen Verstandes verweisen, die viel wichtiger seien als die Kategorien. Aber auch bei den ersten beiden Arten von Grundsätzen wäre es nicht nur sehr wohl möglich, sondern in gewisser Weise sogar natürlicher, wenn die Beziehungen auf sie vertauscht würden. Gewiß handelt es sich in der Phoronomie (als reiner Größenlehre der Bewegung) um Konstruktion der Bewegungen überhaupt als Größen. Aber die ganze Lehre von der Zusammensetzung der Bewegungen gruppiert sich doch eigentlich um die Frage, ob die Geschwindigkeit mit Recht als intensive Größe betrachtet werden darf, und dies Problem läßt sich auf keinen Fall mit dem Prinzip der Axiome der Anschauung, wohl aber mit dem der Antizipationen der Wahrnehmung in Verbindung bringen. Auf der andern Seite geht die Dynamik auf die Feststellung der Bedingungen aus, die notwendig sind, damit Materie ihren Raum kontinuierlich erfüllen, d. h. eine extensive

Größe sein könne, — eine Untersuchung, die natürlicherweise doch nicht zu den Antizipationen der Wahrnehmung, sondern zu den Axiomen der Anschauung in Beziehung gesetzt werden müßte. Daran ändert auch der Umstand nichts, daß sich bei der Untersuchung herausstellt, die Materie erfülle ihren Raum nicht durch bloße Solidität, sondern durch Kräfte, die einen Grad, d. h. eine intensive Größe haben. Entweder muß der Inhalt der Dynamik auf zwei Hauptstücke entsprechend den ersten beiden Grundsätzen verteilt werden, oder man wählt die Beziehung auf e i n e n der beiden Grundsätze a potiori. Und in diesem Fall wäre die Beziehung der Dynamik auf die Axiome d. Ansch. die natürlichere, insofern die Feststellung der Bedingungen, unter denen Materie einen Raum erfüllt und also extensive Größe hat — Gegeneinanderwirken zweier Kräfte —, logisch-sachlich entschieden der weiteren Untersuchung vorausgehen müßte, ob mit der extensiven Größe auch die Raumerfüllung ihrer Größe nach ohne weiteres bestimmt ist oder ob letztere noch unabhängig von der extensiven Größe einen Grad, d. h. eine wechselnde intensive Größe hat (vgl. o. S. 262).

Auch unter den Titel der Relation wäre der Inhalt der ersten beiden Hauptstücke ohne Mühe zu bringen. Der des ersten insofern, als nach Kant alle Bewegung nur r e l a t i v ist und die ganze Lehre von der Zusammensetzung der Bewegung nur mit Hilfe des r e l a t i v e n Raumes konstruiert werden kann. Auch die Kategorie der Gemeinschaft ließe sich hier wohl heranziehn, während zu den Kategorien der Substantialität und Kausalität wohl kaum eine Beziehung herstellbar wäre. Noch günstiger liegt die Sache bei Subsumtion der Dynamik unter den Titel der Relation. Hier wäre, wenn man sich, wie auch Kant es IV 473, 477, 551 tut, an die Kategorien hält und die Grundsätze (Analogien) unberücksichtigt läßt, nicht nur die Zuordnung im allgemeinen gerechtfertigt, insofern Anziehungs- und Repulsionskraft bewegende Kräfte sind, die also auf Bewegung, d. h. „Veränderung der R e l a t i o n im Raume" (IV 554) ausgehn oder insofern beide nur in R e l a t i o n zueinander Raumerfüllung von bestimmtem Grade hervorbringen können. Sondern auch die drei Kategorien könnten zur Geltung kommen, und zwar in umgekehrter Reihenfolge, was noch einen ganz besonderen architektonischen Reiz bei sich führen würde und sich ohne Zweifel durch eine jener treuherzigen Anmerkungen, in denen Kant die architektonischen Schönheiten seines Systems sorgsam ins rechte Licht zu setzen sucht, sehr wohl begründen ließe. Man würde etwa sagen: das Gegeneinanderwirken von Anziehungs- und Repulsionskraft entspricht der Kategorie der G e m e i n s c h a f t (Wechselwirkung); dadurch werden die beiden Kräfte

Ursachen der Erfüllung eines Raumes in bestimmtem Grade, womit dann auch die materielle, den Raum kontinuierlich erfüllende Substanz gegeben ist.

Das 3. Hauptstück anderseits würde recht gut zum Titel der Quantität passen: die Ausführungen über die Quantität der Materie in seinem Anfang bekämen so erst ihren transzendentalen Untergrund. Und das 1. mechanische Gesetz von dem Einerleibleiben der Quantität der Materie träte in ganz „natürliche" Beziehung zur Kategorie der Einheit; die 2. Kategorie hätte ihr Gegenbild in der Vielheit der Veränderungen der Materie, von denen nach dem 2. mechanischen Gesetz jede eine äußere Ursache hat; und die Allheit schließlich bezöge sich auf das 3. mechanische Gesetz mit seiner Gleichheit von Wirkung und Gegenwirkung bei aller Mitteilung der Bewegung.

Wenn endlich das 4. Hauptstück nach IV 477 die Bewegung oder Ruhe der Materie „bloß in Beziehung auf die Vorstellungsart oder Modalität, mithin als Erscheinung äußerer Sinne" bestimmen soll, so ist damit nichts Charakteristisches gerade für dies Hauptstück gesagt; denn die ganzen M.A.d.N. haben mit der Bewegung nur als einer Erscheinung äußerer Sinne zu tun. Insoweit könnte auch ein anderes Hauptstück, z. B. die Dynamik, mit dem Titel der Modalität verbunden werden. Auch die Erläuterung des Titels Modalität durch „Vorstellungsart" könnte dabei zu ihrem Recht kommen, insofern als in der Dynamik an Stelle der gewöhnlichen massiven Auffassung von Undurchdringlichkeit (Solidität) die dynamische „Vorstellungsart" tritt, wie im jetzigen 4. Hauptstück an Stelle der gewöhnlichen Auffassung von der Bewegung die relative „Vorstellungsart". Und die drei Modalitätskategorien könnten auch ihre Anwendung finden, indem die Anziehungskraft für sich allein nur die Möglichkeit der Materie bedeutet und diese erst im Zusammenwirken mit der Repulsionskraft in die Wirklichkeit überführt, weshalb ein solches Zusammenwirken im Hinblick auf die Möglichkeit der Erfahrung als notwendig zu bezeichnen ist. Auch eine Kombination des 1. und 4. Hauptstücks unter dem Titel der Modalität wäre möglich und dem jetzigen Zustand sogar weit vorzuziehn; denn jetzt verteilen sich die Erörterungen über absoluten und relativen Raum, über absolute und relative Bewegung auf zwei weit getrennte Plätze, und, um dem 4. Hauptstück genügenden Inhalt zu verschaffen, müssen in seinem 1. und 3. Lehrsatz frühere Sätze in etwas anderer Aufmachung noch einmal wiederholt werden.

Das Ergebnis dieser Ueberlegungen ist, daß sich zwischen dem Inhalt der einzelnen Hauptstücke der M.A.d.N. und den vier Kategorienklassen bzw. den in ihnen enthaltenen einzelnen Kategorien in sehr mannigfaltiger Weise Beziehungen herstellen lassen. Die von Kant gewählten sind durchaus nicht etwa besonders natürlich und selbstverständlich, sondern im Gegenteil oft recht gekünstelt und wären leicht durch andere teils natürlichere, teils wenigstens nicht-unnatürlichere zu ersetzen.

Auf der einen Seite bringt also die Anwendung des Schemas der R.V. (Kategorientafel und System der Grundsätze) nicht die ersehnte Notwendigkeit-Allgemeingültigkeit, noch vermag sie eine Bürgschaft für die erschöpfende Vollständigkeit der Untersuchung zu geben. Auf der andern Seite reißt die Einzwängung des Stoffs in die ihm fremde Systematik eng Zusammengehöriges auseinander und zwingt zu Wiederholungen, um das einmal vorhandene Gerüste auszufüllen. Anderswo wieder erweist sich dieses als zu eng: wichtige Gegenstände, wie das Gesetz von der Erhaltung der Kraft und der Begriff der Spannkraft, werden überhaupt nicht behandelt, hauptsächlich wohl deshalb, weil sie im a priori bereitliegenden Schema keinen Unterschlupf mehr finden konnten. Oder Kant vermag gewissen Erörterungen, die er als unentbehrliche Bestandteile des Gedankenganges der M.A.d.N. nicht ausschließen kann, wie denen über die unendliche Teilbarkeit der Materie, über die Quantität der Materie und Bewegung usw. (vgl. o. S. 260), keine Kategorie und keinen Grundsatz als Stütze beizugeben, so daß sie also eigentlich auch keinen Anspruch auf Apriorität machen dürften. Die transzendentale Methode erweist sich also nicht nur als völlig unfruchtbar, sie stiftet sogar Schaden statt Nutzen. Und das wird auch durch Einführung des Begriffs der Konstruktion nicht gebessert, zumal die Art, wie er benutzt wird, eine starke Abschwächung und Verwässerung gegenüber der R.V. darstellt [1]).

168. Hat Kant also, vom Standpunkt der R.V. aus geurteilt, überhaupt kein Recht, die transzendentale Methode so zu verwenden, wie es in den M.A.d.N. geschieht, und hat diese Verwendung außerdem statt des verheißenen Segens nur Unsegen im Gefolge, so verlieren die M.A.d.N. die Ausnahmestellung, die sie auf Grund jener Methode als apriorische Grundlage der empirischen Naturwissenschaft für sich in Anspruch nehmen möchten. Sie sind dann nicht mehr und nicht weniger als erkenntnistheoretische Untersuchungen auf dem Grenzgebiet zwischen Philosophie und Naturwissenschaft, die keinen größeren Gewißheits- und Vollständigkeitsgrad für sich reklamieren können als ähnliche Erörterungen, die nicht an dem Faden der Kategorientafel und des Systems der Grundsätze einhergehn. Die Aufgaben, die Stadler den M.A.d.N. stellt,

1) Vgl. o. S. 198 ff., 212, 267—271, 275, 280 f., 284 ff., 296 ff., 317 ff.

laufen mehrfach auch nur auf solche allgemeine erkenntnistheoretische Untersuchungen hinaus; so ist nach S. 135 der Hauptzweck des Buchs, den methodischen Unterschied in der Behandlung empirischer Probleme und prinzipieller Festsetzungen darzustellen, nach S. 241 ist sein Ziel: die Aufklärung der Naturwissenschaft über ihre eigenen Prinzipien, nach S. 262 will es zur wissenschaftlichen Methode zwingen [1]). Meistens weist Stadler den M.A.d.N. dagegen ausgesprochen transzendentale Aufgaben zu, ergeht sich freilich dabei des öfteren [2]) in freien Konstruktionen, die an Kants Worten keine Stütze finden.

169. Was den Ertrag der M.A.d.N. betrifft, so ist das Wichtigste, was sie bringen, die dynamische Theorie der Materie, der geniale Gedanke aus Kants Frühzeit, freilich durch die Verbindung mit der Lehre von der unendlichen Teilbarkeit der Materie in eine Form gebracht, die der Monadologia physica entschieden nachsteht (vgl. o. S. 213 ff., 230 ff.).

Die erste Hälfte der Phoronomie und die Phänomenologie gehören eng zusammen: sie lehren uns Kants Stellung zur klassischen Relativitätslehre kennen. Wie man diese Ausführungen bewertet: ob man in ihnen einen Fortschritt oder Rückschritt gegenüber Newtons Ansicht sieht, hängt ganz von dem Standpunkt ab, den man selbst in dieser Frage einnimmt.

Was die Konstruktion der Zusammensetzung der Bewegung angeht, um die sich der weitere Inhalt der Phoronomie gruppiert, so erwies sich Kants Anspruch, daß erst durch sie die Voraussetzung geschaffen werde, unter der allein die Anwendung des Größenbegriffs auf Bewegung und Geschwindigkeit und damit auch die der Mathematik auf Naturwissenschaft möglich sei, als unbegründet. Es zeigte sich, daß jene Konstruktion eine bloße Als-ob-Betrachtung ist, welche die betreffenden Sätze nicht zu beweisen, sondern nur zu veranschaulichen vermag, und daß sie außerdem nicht der einzige, ja! nicht einmal der beste Weg zu einer solchen Veranschaulichung ist. Die Zusammensetzbarkeit von Bewegungen und Geschwindigkeiten wird durch sie weder deduziert noch verständlich gemacht, sondern vielmehr schon als tausendfach bezeugte Erfahrungstatsache zugrunde gelegt und eben nur veranschaulicht.

Kants Massenbegriff in der Mechanik stellte sich als sehr angreifbar heraus: er widerspricht der Lehre von der unendlichen Teilbarkeit der Materie und drängt zur monadologischen Auffassung hinüber.

An den drei mechanischen Gesetzen interessieren besonders die Beweise. Sie müßten von strengster Notwendigkeit sein, wenn die transzen-

1) Vgl. auch o. S. 291 den Bericht über Stadler 53—55.

2) Z. B. S. 11 f., 130, 176, 240.

dentale Methode die Lobsprüche wirklich verdienen soll, mit denen sie von Kant und seinen Anhängern in so reichlichem Maß bedacht wird. Hier vor allem müßte ihre Ueberlegenheit über das übliche Vorgehn der empirischen Naturwissenschaft klar zutage treten. Und in der Tat ist Kant auch nicht wenig stolz auf seinen Beweis für das 3. mechanische Gesetz, wie der etwas geringschätzige Seitenblick zeigt, den er IV 549 auf Newton und andere Naturwissenschaftler wirft, die das Gesetz aus der Erfahrung ableiten, wie auch auf die Transfusionisten, die seine Notwendigkeit preisgeben, indem sie um seinetwillen die Existenz absolut harter Körper leugnen (vgl. o. S. 314, 335). Auch Stadler tadelt S. 185, 188 an Newtons Standpunkt, daß für ihn die Notwendigkeit bei den Bewegungsgesetzen aufhöre; eine empirische Bestätigung könne nie der Würde eines Prinzips gerecht werden, gebe es keine andere Bewahrheitung, dann müsse man eben auf den Namen Prinzip verzichten; aber Kant habe als erster strenge Beweise geliefert und so dem Zufall seine letzten unrechtmäßigen Gebiete entrissen. Aber gerade der Beweis für das 3. mechanische Gesetz, dem Kant so großen Wert beimißt, taugt in Wirklichkeit gar nichts. Er ist in seinen beiden Teilen erschlichen und begeht eine doppelte petitio principii, indem er zweimal eben das Gesetz, dessen Gültigkeit bewiesen werden soll, schon als gültig voraussetzt. Und die Konstruktion der Mitteilung der Bewegung entpuppte sich als eine bloße Als-ob-Betrachtung, die schon als solche zum Beweis nichts beitragen, sondern nur, wie bei der Lehre von der Zusammensetzung der Bewegungen, zur Veranschaulichung dienen kann. Der Beweis für das 2. mechanische Gesetz leidet an demselben Mangel wie der für das dritte: auch in ihm wird das zu Beweisende (daß die Ursache der Veränderungen der Materie nicht in inneren Bestimmungen gefunden werden kann) schon als bekannt und feststehend vorausgesetzt. Und außerdem stützen sich die Beweise für die drei mechanischen Gesetze auf die Beweise für die Analogien der Erfahrung; bestreitet man bei diesen die Beweiskraft — und wer außerhalb des engeren Kreises der Kantianer täte das nicht! —, dann wird auch jenen der Boden entzogen.

Auch die übrigen Beweise der M.A.d.N. sind zu einem guten Teil von Mängeln und Schwächen mancher Art nicht frei; diese Beweisfehler schärfer herausgearbeitet zu haben, als bisher geschehn ist, darf sich die vorliegende Schrift vielleicht als ein kleines Verdienst anrechnen. Nicht als ob sie dadurch Kant selbst verkleinern wollte. Nicht gegen den Denker, nur gegen die transzendentale Methode richten sich die Angriffe. Diese hat nach meiner Ansicht in den M.A.d.N. nur Unheil gestiftet. Ihr und der mit ihr engverbundenen rationalistischen Tendenz entstammen die übertriebenen Anforderungen, die Kant an wahre Wissenschaft (im Gegensatz zu bloß empirischer Naturwissenschaft) stellt, entstammt das von vornherein zur Erfolglosigkeit verdammte Streben nach strengster Notwendigkeit und Allgemeingültigkeit, nach apodiktischen Beweisen auf einem Gebiet, wo der Natur der Sache nach Wahrscheinlichkeit und Induktionsallgemeinheit das Höchste sind und deshalb die angeblichen Beweise „mit Notwendigkeit" in Scheinbeweise ausarten.

So hat also gerade das Werk, durch das Kant am meisten auf die Naturwissenschaft wirken und sie neu fundamentieren wollte, seine großen Schwächen. Schuld daran ist die transzendentale Methode. Kant wälzt den Stein des Sisyphus: er fordert und sucht Apriorität da, wo sie nun einmal unerreichbar ist.

Geschichtlich ist das Werk für die Entwicklung der Naturwissenschaft fast wirkungslos gewesen. Diese ist festen Schritts ihren Weg weitergegangen, unbekümmert darum, was der Philosoph von seiner apriorischen Warte aus ihr für Richtlinien gab. Das sollte eine Warnung für die Zukunft sein. Der Urteilsspruch von fast anderthalb Jahrhunderten Geschichte ist doch nicht ohne Gewicht. Hat die Wirkung des Buchs die Wissenschaft, auf die es berechnet war, in dieser langen Zeit trotz des berühmten Namens seines Urhebers nicht erreichen können, so muß es wohl nicht das allein seligmachende Evangelium enthalten haben.